国家社科基金
后期资助项目

二战后欧美关系的演进及其动力研究

洪邮生 等著

南京大学出版社

国家社科基金后期资助项目
出版说明

后期资助项目是国家社科基金设立的一类重要项目,旨在鼓励广大社科研究者潜心治学,支持基础研究多出优秀成果。它是经过严格评审,从接近完成的科研成果中遴选立项的。为扩大后期资助项目的影响,更好地推动学术发展,促进成果转化,全国哲学社会科学规划办公室按照"统一设计、统一标识、统一版式、形成系列"的总体要求,组织出版国家社科基金后期资助项目成果。

全国哲学社会科学规划办公室

序

本书缘起于本人主持的南京大学人文基金资助科研项目"合作与纷争：二战后欧美关系的嬗变"。以该项目初稿为基础，2017年作为项目主持人，我有幸成功申请到题为"二战后欧美关系的演进及其动力研究"的国家社科基金后期资助项目（17FSS010）。在随后的研撰过程中，本项目团队对原稿进行了较大幅度的修改和完善，其内容时段的下限也延展至2019年申请结项之际。实际上，本书选题和构思的酝酿要远早于做项目，因为多年来我科研和教学工作的一个主要领域是欧洲国际关系，跨大西洋关系是其中绕不过去的内容，因而我经常会想一个问题，即怎样才能对它进行一番比较系统和深入的探讨。就像远处有一座云遮雾罩的高山，我总是惦记着有机会与我的学生们一起前往探幽览胜、登高望远。

欧洲国际关系研究是一个重要的学术领域。近代的欧洲俨然是世界的中心，学者们主要关注彼时欧洲国家之间走马灯似的战争与和平交替变化的过程，以及殖民扩张背景下欧洲与世界的关系。然而，斗转星移，进入20世纪之后，随着欧洲的衰落、世界力量重心的转移，美苏崛起并为争霸世界而进行争夺，冷战后美国则成为唯一的超级大国，这些都成为学界研究的重点。尽管如此，心怀复兴之梦的欧洲人在二战后国际格局的嬗变中仍然起到了不可替代的作用，跨大西洋关系则不仅对欧洲和美国双方的安全和经济繁荣举足轻重，而且深刻影响着国际局势的走向。可以说，新旧大陆之间的对话和碰撞生动反映了历史潮流的涨落、时代的变迁。换言之，如同研究近代欧洲国际关系需要熟悉英国与欧陆的外交关系一样，只有了解二战后跨大西洋关系的变化，才能更全面深刻地理解当代的大国兴衰和"百年未有之大变局"之趋势。

二战后欧美关系的演进是以二者的霸权转移、东西方冷战以及冷战后一超多强的世界格局为大背景的，其基本特征是，一方面欧美在安全同盟、经贸往来等领域进行跨大西洋紧密合作,另一方面它们之间则是纷争不断乃至同盟危机频现。因此,本书内容所涉及的线索和问题错综复杂,对其主题的把握和缜密的阐述殊为不易。由南京大学国际关系专业博士和博士后人员组成的项目团队迎难而上、精心研撰并勉力出新,为促进该领域的学术发展作出了自己的贡献,对此本人在主持项目的构思、推进和后期统稿过程中深有体会,并为他们的成长倍感欣慰,同时也由衷感谢他们帮助我了却了一个心愿。本书难免存在不足之处,并或有讹误,谨请方家指正。

本书撰写分工如下:绪论、上篇和下篇导言、结束语,洪邮生(南京大学历史学院/国际关系研究院教授、博导);第一章,马朝林(海南医学院马克思主义学院副教授);第二、八章,严骁骁(上海社会科学院国际问题研究所助理研究员);第三章,陈洁(南京航空航天大学人文与社会科学学院教授);第四章,徐若琦(云南民族大学政治与公共管理学院讲师);第五章,方晴(南京大学博士);第六、七章,魏光启(阜阳师范大学法学院副教授);第九、十章,李泽生(昆明理工大学外国语言文化学院副教授);第十一章,董勤(南京信息工程大学法政学院副教授);第十二章,宋芳(中共中央党校/国家行政学院国际战略研究院美国研究所助理研究员)。

借此项目成果出版机会,本人和项目团队诚挚感谢南京大学人文基金和国家社科基金的资助,对南京大学出版社并编辑江潘婷为本书付梓所做的辛勤而专业的工作深表谢忱。

洪邮生
2020 年 10 月
于南京港龙园寓所

目 录

绪 论 …………………………………………………………… 1

上篇 合作与竞争:冷战同盟下的欧美关系

导 言 …………………………………………………………… 13
第一章 冷战与跨大西洋同盟关系 ……………………………… 18
  第一节 遏制苏联:跨大西洋同盟的形成 …………………… 19
    一、谁主沉浮:关于冷战起源的解释 …………………… 19
    二、"留住美国人"与欧洲的边缘化 ……………………… 23
  第二节 一波三折的西德重新武装 …………………………… 30
    一、问题的提出与美国的意图 …………………………… 31
    二、围绕普利文计划的博弈 ……………………………… 33
    三、同盟的"危机"与艾登计划的实施 ………………… 38
  第三节 戴高乐的公开挑战:同盟结构性矛盾的呈现 ……… 40
    一、戴高乐发起挑战的背景和政策基础 ………………… 40
    二、美国对危机的反应 …………………………………… 44
    三、一种戴高乐主义的大战略? ………………………… 47
  第四节 美国对苏战略的变化和欧洲的疑虑 ………………… 51
    一、"缓和"与跨大西洋关系的再调整 ………………… 51
    二、冷战回归之后:战略分歧与步调差异 ……………… 60
  本章小结 ………………………………………………………… 67

第二章 欧洲一体化:美国的支持与不安 ……………………… 68
  第一节 美国支持欧洲一体化的动因 ………………………… 69
    一、美国人的价值观念与欧洲复兴 ……………………… 70

二、战略与安全:双重遏制 ………………………………… 73
　　三、分摊责任:利益与责任的平衡? …………………… 76
　第二节　美国对欧洲一体化的政策 …………………………… 80
　　一、美国的鼓励和支持 …………………………………… 80
　　二、围绕布雷顿森林体系的欧美争端 …………………… 84
　　三、平等的伙伴关系?——美国对欧政策的调整 ……… 88
　第三节　依存中的竞争:美欧经贸关系发展 ………………… 92
　　一、美国对美欧经济关系的推动 ………………………… 92
　　二、经济依存与愈演愈烈的经贸纷争 …………………… 95
　本章小结 ………………………………………………………… 100

第三章　英美特殊关系的形成与发展 ……………………………… 101
　第一节　英美特殊关系的形成 ………………………………… 102
　　一、战后初期的英美关系 ………………………………… 102
　　二、英美特殊关系的形成 ………………………………… 105
　　三、英美合作中的分歧 …………………………………… 108
　第二节　苏伊士运河危机:面临严峻考验 …………………… 114
　　一、"苏伊士运河危机"与英美关系的危机 …………… 114
　　二、英美特殊关系的修复 ………………………………… 117
　第三节　20世纪七八十年代美欧之间的艰难平衡 ………… 120
　　一、加入欧共体:英美特殊关系的结束? ……………… 120
　　二、撒切尔政府与英美特殊关系的重温 ………………… 125
　第四节　影响英美特殊关系的因素分析 ……………………… 128
　本章小结 ………………………………………………………… 134

第四章　法美关系:反对霸权与维护同盟 ………………………… 135
　第一节　艰难的转变:从严惩德国到加入大西洋同盟 ……… 136
　　一、坚持肢解德国和在美苏之间保持平衡 ……………… 137
　　二、加入美国主导的大西洋同盟 ………………………… 140
　第二节　戴高乐执政后法美关系的恶化 ……………………… 147
　　一、认知分歧与矛盾凸显 ………………………………… 147
　　二、公开挑战美国的霸权 ………………………………… 154
　第三节　戴高乐之后不平静的法美关系 ……………………… 157
　　一、蓬皮杜:戴高乐主义的继承者 ……………………… 158

二、德斯坦：法美关系的改善 …………………………………… 161
　　三、密特朗：戴高乐主义的加强 ………………………………… 162
  本章小结 ……………………………………………………………… 165
第五章　周旋于美法之间的联邦德国 ………………………………… 167
　第一节　阿登纳的"一边倒"和法德和解 ……………………………… 168
　　一、"一边倒"与融入西方阵营 …………………………………… 168
　　二、法德和解与欧洲的联合 ……………………………………… 174
　第二节　安全依赖下外交自主的努力 ………………………………… 179
　　一、"多边核力量计划"：自主还是追随？ ……………………… 180
　　二、第二次柏林危机与德美分歧 ………………………………… 182
　　三、西德与1966年"北约危机" ………………………………… 183
　第三节　"新东方政策"与缓和时期的德美关系 ……………………… 185
　　一、"新东方政策"的出台与大国的反应 ………………………… 185
　　二、西德对美自主性的加强 ……………………………………… 191
　第四节　平衡战略的发展和两德的统一 ……………………………… 193
　　一、美法之间的外交平衡 ………………………………………… 194
　　二、走向两德统一的博弈 ………………………………………… 197
  本章小结 ……………………………………………………………… 201

下篇　延续与挑战：后冷战时代的欧美关系

导　言 …………………………………………………………………… 205
第六章　北约的转型和东扩：欧美同盟的存续 ……………………… 209
　第一节　冷战后北约存续的动力分析 ………………………………… 210
　　一、理解北约存续问题的理论视角 ……………………………… 210
　　二、影响北约存续的主要因素 …………………………………… 213
　第二节　北约转型与欧美关系 ………………………………………… 220
　　一、北约的新战略及其适应性调整 ……………………………… 221
　　二、欧美关于北约适应性调整的主要分歧 ……………………… 225
　　三、"9·11"事件后北约转型的发展 …………………………… 230
　　四、2010年北约新战略的出台 …………………………………… 235
　第三节　北约东扩中的利益博弈 ……………………………………… 237

一、北约东扩的基本进程 ·············· 238
　　二、北约东扩中的各方利益博弈 ·········· 241
　　三、俄罗斯与北约东扩 ··············· 243
　本章小结 ···························· 247
第七章　北约的"域外使命"与欧美分歧 ············ 249
　第一节　"域外使命"与欧美的国家安全战略 ······· 250
　　一、北约"域外使命"的产生及其本质 ········ 250
　　二、欧洲和美国国家安全战略的差异 ········· 254
　第二节　海湾战争与大西洋同盟 ············· 258
　　一、美欧对海湾危机的不同反应及其原因 ······ 259
　　二、海湾战争期间的美欧协同与矛盾 ········· 267
　　三、善后问题上的欧美分歧 ············· 271
　第三节　波黑战争：欧洲的力不从心 ··········· 274
　　一、美欧对波黑危机的态度及原因 ·········· 275
　　二、从北约空袭到《代顿协议》的签署 ········ 282
　　三、波黑内战结束后欧美分歧的延续 ········· 289
　第四节　科索沃战争：北约牙齿的背后 ·········· 290
　　一、科索沃危机及美欧立场的差别 ·········· 290
　　二、美欧战时的协作与纷争 ············· 296
　　三、战争对欧美关系的影响 ············· 301
　本章小结 ···························· 302
第八章　新欧洲的崛起：挑战美国的单极世界？ ········ 304
　第一节　冷战后相互依存的欧美经贸关系 ········ 305
　　一、美欧经贸合作的加强 ·············· 305
　　二、贸易摩擦与经济纷争 ·············· 309
　第二节　欧盟的CFSP：新一轮的挑战？ ·········· 312
　　一、欧洲追求独立防务能力之路 ··········· 312
　　二、欧盟CFSP的发展及美国的态度 ·········· 316
　　三、ESDP的出台和发展：欧洲防务一体化？ ····· 320
　第三节　美国与欧盟东扩 ················· 324
　　一、欧盟东扩与美国的态度 ············· 324
　　二、美国应对欧盟东扩的基本政策 ·········· 328

第四节　价值观的差异:"规范性力量欧洲"与美国 …………… 332
　　本章小结 ……………………………………………………………… 337
第九章　伊拉克战争与跨大西洋关系的危机 …………………………… 339
　　第一节　从同盟分歧到分裂之路 ………………………………… 340
　　　　一、认知的分歧:从"9·11"到阿富汗战争 …………………… 340
　　　　二、通向联合国 1441 号决议的博弈 …………………………… 344
　　　　三、前所未有的同盟分裂危机 ………………………………… 347
　　　　四、战争进程中的博弈与妥协 ………………………………… 350
　　第二节　关于危机原因的不同解释 ……………………………… 353
　　　　一、事出偶然? …………………………………………………… 353
　　　　二、大势所趋和力量结构变化? ………………………………… 358
　　　　三、欧美文化和价值观的分歧? ………………………………… 365
　　第三节　对三种解释的评价 ……………………………………… 372
　　本章小结 ……………………………………………………………… 377
第十章　伊拉克战争之后欧美关系的调整 ……………………………… 378
　　第一节　外交协调与合作 ………………………………………… 379
　　　　一、对北非和中东乱局的政策协调 …………………………… 381
　　　　二、伊朗核问题上合作的加强 ………………………………… 383
　　　　三、对俄政策的趋近 …………………………………………… 386
　　第二节　TTIP:欧美强化经济合作的努力 ……………………… 389
　　　　一、TTIP 谈判的启动 …………………………………………… 389
　　　　二、欧美推动 TTIP 谈判的动因和目的 ……………………… 392
　　第三节　新兴力量的崛起与欧美关系 …………………………… 396
　　　　一、美国"亚太再平衡"战略:表现和动因 …………………… 396
　　　　二、全球权势转移对欧美关系的影响 ………………………… 400
　　第四节　欧美分歧的延续 ………………………………………… 403
　　　　一、"奥巴马热"与欧洲反美主义 ……………………………… 404
　　　　二、欧美分歧的结构性特点 …………………………………… 406
　　本章小结 ……………………………………………………………… 409
第十一章　气候变化、《京都议定书》与欧美纷争 ……………………… 410
　　第一节　欧美围绕《联合国气候变化框架公约》展开斗争 …… 411
　　　　一、欧美在气候变化问题上立场的形成 ……………………… 411

二、欧美围绕《联合国气候变化框架公约》的博弈 ………… 415
第二节　《京都议定书》：新一轮博弈 ……………………………… 416
　　一、《框架公约》通过后欧美分歧的加大 ………………… 417
　　二、美国极力阻挠《京都议定书》的谈判及生效 ………… 420
　　三、欧盟积极推动《京都议定书》生效与实施 …………… 422
第三节　欧美气候政策背后的利益驱动 …………………………… 424
　　一、欧盟气候政策背后的利益驱动 ………………………… 424
　　二、美国气候政策背后的利益驱动 ………………………… 427
本章小结 ………………………………………………………………… 430

第十二章　渐行渐远？欧美关系面临新的考验 …………………… 432
第一节　特朗普上台后欧美关系的持续紧张 ……………………… 435
　　一、原有矛盾的加深：利益分配的分歧加深 ……………… 436
　　二、新矛盾的产生：特朗普的"另类"观念 ……………… 439
第二节　"战略自主"：欧洲要掌握自己的命运？ ………………… 444
　　一、维护自身利益的需要 …………………………………… 444
　　二、加强自身军事和防务能力的需要 ……………………… 446
　　三、英国脱欧背景下欧洲内部整合的需要 ………………… 447
第三节　跨大西洋关系的变局还是延续？ ………………………… 449
本章小结 ………………………………………………………………… 453

结束语　合作与纷争：二战后欧美关系演进的逻辑 ……………… 455

参考文献 ………………………………………………………………… 466

绪　论

欧美关系或曰跨大西洋关系①是当今世界上最重要的双边关系之一。第二次世界大战后,在美苏对抗的两极格局下,出于共同的安全和战略需要,欧美结成紧密合作的同盟关系,通过北约组织,在国际舞台上发挥着重要作用。冷战结束后,北约的基础发生了动摇,但是在全球化背景下,面对各种新的区域和全球性问题,欧美关系仍然具有相当的活力,在安全、政治、经济、社会、文化诸领域影响着世界格局的重塑和国际关系的发展。然而,"一部大西洋同盟史就是一部危机的历史"。② 从一开始,伴随着同盟和合作,欧美之间就纷争和博弈不断,乃至屡屡出现危机。如20世纪60年代法国戴高乐总统挑战美国对北约的控制;"9·11"事件后,在伊拉克战争问题上"老欧洲"与美国之间发生公开冲突,双边关系受到重创;2017年美国特朗普政府上台后至今,欧美关系又面临着新的严峻考验。"乱花渐欲迷人眼。"那么,二战后欧美关系是如何演变的?它的动力和性质究竟是什么?人们应如何理解欧美之间既合作又纷争的关系?欧美关系未来可能向什么方向发展,对国际关系和世界格局的变化有何重要影响?从实证和学理上探究上述问题、全面深入地理解二战后欧美关系的发展不仅具有重要的学术价值,而且有助于认识当今世界格局多极化的趋势和中国崛起

---

① "欧洲"本是一个地理学概念,在第二次世界大战后冷战的国际关系语境中,多指以美国为首的西方阵营的西欧国家,包括在西欧逐渐发展起来的欧洲共同体,即属于西方的欧洲。随着冷战以及东西欧分裂的结束,欧洲的内涵发生变化,在广义上指包括俄罗斯在内的整个欧洲。本书主要在狭义的地缘政治意义上使用"欧洲"一词,主要指俄罗斯以及多数获得独立的苏联加盟共和国之外的欧洲。其主要政治特征是,随着东欧国家加入欧盟和以美国为首的北约的成立,这一区域内的大多数国家成为欧盟成员国或北约成员国。在西方学术界,冷战期间及至今日,美国与欧洲的这一关系一般被称为"跨大西洋关系"。

② Stanley Hoffmann, "NATO and Nuclear Weapons: Reason and Unreason," *Foreign Affairs*, Vol.60(1981–82), No.2, p.327.

所面临的机遇和挑战。

　　欧美关系是世界近代历史演进的产物,而随着欧洲的盛极而衰和美国的崛起,权势结构的转换使它们在国际体系中的地位发生了对现代世界影响至深的巨大嬗变:从欧洲占据世界舞台的中心到美国成为全球国际体系中举足轻重的超级大国角色。以跨大西洋区域国际体系观之,欧美之间已然是一种美国主导、欧洲追随的美主欧从的双边战略和外交关系结构。

　　从历史演变的视角来看,欧美权势的转移大体经历了三个时期。第一个时期是从1776年美利坚合众国在北美大陆诞生到19世纪末美国的崛起。美国的横空出世本身就是来自欧洲的移民(主要是英国移民)反对母国殖民统治和压迫的结果,从其诞生到随后的发展壮大,欧美之间有着剪不断理还乱的密切联系。欧洲凭借工业革命的巨大推动力、资本主义生产方式的建立,以及海外市场的建立和殖民扩张,在近代世界经济政治体系中占据了支配地位。尤其随着欧洲体系的全球性扩张,在第一次工业革命中独占鳌头的大英帝国建立了"英国治下的和平",欧洲的权势可谓如日中天。新生的美国筚路蓝缕,周旋于英国、法国、西班牙、俄罗斯等欧洲诸强在美洲的殖民势力之间。虽然美国借助天时地利最终在北美大陆拓展了一片新天地,但与全盛期的欧洲相比,它相对弱势且难以在世界政治中抗衡欧洲列强,只能奉行所谓的"门罗主义",孤立于欧洲之外,这很大程度上是对欧强美弱的基本权势格局的反映。对美国人来说幸运的是,孤立主义并未阻碍美国的经济力量与欧洲同时迅速发展,而赶上19世纪后叶第二次工业革命的美国国力更是突飞猛进,到19世纪末已成为世界工业产品产量第一大国。而由于欧洲国家力量发展的不平衡和相互间的殖民争夺,彼时的欧洲多极均势体系陷入重重危机之中,欧洲的衰落势头显现,欧美权势的转移悄然发生。

　　第二个时期是从20世纪初期至第二次世界大战。世纪之交,欧洲列强的全球性殖民争夺和欧洲霸权博弈愈演愈烈,最终酿成人类历史上的第一次世界大战,这不仅重创了正在崛起的欧洲霸权的挑战者德意志帝国,包括大英帝国在内的欧洲的总体实力也受到了沉重打击,欧洲的衰落加速。与此相反,大西洋彼岸羽翼已丰的美国以制衡者的姿态加入第一次世界大战,帮助协约国战胜了雄心勃勃的德意志帝国,然后伍德罗·威尔逊(Thomas Woodrow Wilson)总统在巴黎和会上挟战场之威,意图构建美国主导的以国际联盟为核心的战后世界"新秩序"。威尔逊总统的美式战后世界蓝图是对欧洲列强纵横捭阖、操弄均势的旧秩序的挑战。可是以国会否决《凡尔赛和约》为标志，美国又退回到孤立主义路线。然而，美国的崛起已经势不可挡，它通过"道威斯计划"帮助欧洲进行经济复苏和重建，而它的"不作为"被认为是欧洲乃至世界再次陷入兵燹之祸的重要原因：先是任由20世纪30年代的国际经济体系瓦解——查尔斯·金德尔伯格（Charles Kindleberger）、罗伯特·吉尔平（Robert Gilpin）等持"霸权稳定论"的学者称彼时衰落的霸主英国已经没有能力维护国际货币金融秩序，而有能力的美国却又不愿意充当这样的霸主；对于束缚德国东山再起的凡尔赛体系的瓦解，美国因没有为欧洲安全承担责任而被认为难辞其咎。凡此种种，反过来又凸显了欧洲的孱弱和美国的强盛。第二次世界大战给了大西洋彼岸的美国再次制衡欧洲乃至领导世界的机会：一方面，纳粹德国在欧洲的征服和得势又一次充分暴露了传统欧洲均势机制的失灵。如同第一次世界大战时那样，英国、法国和苏联的力量加在一起都不能遏制和战胜强大的德国。尤其昔日的日不落大英帝国再次受到重创——它的世界霸主地位看上去确实失落于欧洲大陆德意志帝国的两次沉重打击，给美国与英国霸权的所谓"和平转移"提供了良机。另一方面，苏联在二战中崛起为超级大国，改变了世界力量的格局，它与西方国家难以调和的矛盾在大战后期已然显现，战后的欧洲不仅需要美国来制衡德国，而且更重要、更紧迫的是制衡苏联。至此，运行300年的欧洲均势体系被纳入东西方力量均衡的大格局中，而斗转星移，西方阵营的领导者也已经不是英国人或其他欧洲人，而是大西洋彼岸的美国人。①

二战结束后，欧美关系进入了其历史演变的第三个时期。这一时期的主要特征是英美霸权实现了转移，或许在广义上应该说是欧美权势转移的完成，以及美国对欧洲乃至世界霸权的维持。其基本原因在于欧美力量对比的根本性变化，而美强欧弱的权势结构决定了二战后双方在战略和外交上美主欧从的关系结构。这种不对称的欧美关系结构不同于以往世界历史中任何一种区域性秩序或"英国治下的和平"的全球性秩序之处，在于美国凭借其超强的综合实力，建立起旨在维护"自由国际秩序"的、全面的"制度霸权"。从支配西方经贸关系的布雷顿森林国际货币金融体系、《关贸总

---

① W. Deporte, *Europe Between Superpowers: The Enduring Balance*, second edition, New Heaven and London: Yale University Press, 1986.

协定》，到跨大西洋军事安全同盟北约组织，直至美国的文化霸权，美国在不同程度上将欧洲的对外经贸、安全和政治乃至文化关系全都置于自己的支配或影响之下。国际制度强化了美国的霸权，也使美主欧从的关系结构具有相当的稳定性。虽然从一开始欧洲国家对美国的霸权就有着诸多抱怨，美国对欧洲伙伴亦有不满，美欧合作的同时纷争不断，并不时爆发公开的冲突，但这种结构仍然延续至今，欧美之间的矛盾和博弈尚未突破既存的框架。或许可以说，二战后的欧美关系一直运行于该结构之中，乃是一种双方结构性合作和矛盾的演进。

本书主要探讨第三个时期，即二战结束至今欧美关系的演进，这是学术界研究的一个重要领域。迄今为止，国际学术界，主要是欧美国家的相关研究大体集中在二战后跨大西洋关系发展的如下四个阶段：

(1) 二战结束至20世纪50年代冷战初期。这一阶段研究的主题：一是冷战和跨大西洋联盟形成和发展过程中美国与西欧国家的互动，尤其是西欧在这一过程中所起的作用；二是美国与欧洲一体化的关系。由于有关这一时期的各国档案文献已经解密，相关的研究比较深入，成果也比较丰富，包括霍根(M.J. Hogan)的《马歇尔计划：美国、英国与西欧的重建》[1]和雷诺兹(D. Reynolds)主编的《欧洲冷战的起源》[2]等。一些欧洲学者提出"非极论"，强调欧洲在冷战起源中的作用，并挑战美国是欧洲一体化主要推动者这一观点[如艾伦·米尔沃德(Alan Milward)的《西欧的重建》[3]等]，反映了欧美学者的学术分歧。

(2) 20世纪60年代至冷战结束。学者们对该阶段的研究主要集中于欧美同盟关系出现的裂痕，包括戴高乐挑战美国在北约中的霸权地位和欧美在欧洲安全和经济等问题上较为严重的分歧等。主要成果包括亨利·基辛格(Henry Kissinger)的《麻烦的伙伴关系》[4]、艾利森(James Ellison)

---

[1] M.J. Hogan, *The Marshall Plan: America, Britain, and the Reconstruction of Western Europe, 1947-1952*, Cambridge: Cambridge University Press, 1989.

[2] D. Reynolds, ed., *The Origins of the Cold War in Europe: International Perspectives*, New Haven: Yale University Press, 1994.

[3] Alan Milward, *The Reconstruction of Western Europe, 1945-1951*, Berkeley: University of California Press, 1984.

[4] Henry Kissinger, *The Troubled Partnership: A Reappraisal of the Atlantic Alliance*, New York: McGraw-Hill Book Co., 1965.

的《美国、英国与跨大西洋危机:戴高乐主义挑战的兴起,1963—1968》①、哈恩(Walter F. Hahn)和普法尔茨格拉夫(Robert L. Pfaltzgraff)主编的《大西洋共同体的危机:重新定义跨大西洋关系》② 等,研究了这一阶段欧美关系出现分歧的原因和发展趋势,其中美国学者较多地指责欧洲"搭便车"却不愿分担责任,欧洲学者则从自己的安全焦虑出发对美国忽视欧洲利益及其霸权主义颇多批评。

(3) 冷战结束至"9·11"事件前。冷战结束后国际格局的变化对跨大西洋同盟的影响和欧美在诸如海湾战争、巴尔干危机等问题上的分歧是学者们探讨的重点。主要成果包括霍尔姆斯(J.W. Holmes)的《冷战后的美国与欧洲》③、兰德公司冈珀特和拉腊比(D.C. Gompert & F.S. Larrabee)主编的《美国与欧洲:新时代的伙伴关系》④ 等。这些学者研究了国际秩序新格局对欧美关系的挑战,大多从"调适"的角度分析了维持冷战后时代欧美伙伴关系的重要性和跨大西洋同盟存续的必要性。

(4) "9·11"事件至今。该事件后在伊拉克战争问题上"老欧洲"与美国发生的公开冲突使欧美伙伴关系面临战后最为严峻的考验,新近的研究成果较多,影响较大的有罗伯特·卡根(Robert Kagan)的《天堂与实力:世界新秩序下的美国与欧洲》⑤、安德逊(J. Anderson)等人主编的《西方的结束:大西洋秩序中的危机和变化》⑥、默克尔(P.H. Merkel)的《美国与老欧洲之间的分歧:烦恼之鹰》⑦ 等,形成对未来跨大西洋同盟关系悲观(如 C. A. 库普乾)和乐观(如 H.R. 诺)两种观点的分歧和争论。2013 年出版的

---

① James Ellison, *The United States, Britain and the Transatlantic Crisis: Rising to the Gaullist Challenge, 1963-68*, New York: Palgrave, 2007.

② Walter F. Hahn and Robert L. Pfaltzgraff, eds., *Atlantic Community in Crisis: A Redefinition of the Transatlantic Relationship*, New York: Pergamon Press, 1979.

③ J.W. Holmes, *The United States and Europe after the Cold War: A New Alliance?*, Columbia, SC.: The University of South Carolina Press, 1997.

④ D.C. Gompert & F.S. Larrabee, eds., *America and Europe: A Partnership for a New Era*, Cambridge & New York: Cambridge University Press, 1997.

⑤ Robert Kagan, *Of Paradise and Power: America and Europe in the New World Order*, New York: Alfred A. Knopf, 2003.

⑥ J. Anderson, et al, eds, *The End of the West: Crisis and Change in the Atlantic Order*, Ithaca: Cornell University Press, 2008.

⑦ P.H. Merkel, *The Rift Between America and Old Europe: The Distracted Eagle*, London: Routledge, 2005.

西蒙(Serena Simoni)所著《理解跨大西洋关系：西方向何处去？》[①] 一书论述了"9·11"事件的影响及之后的欧美关系，是一部试图以建构主义理论视角进行分析的近著。

以上所提到的关于战后欧美关系发展各阶段的主要研究成果仅仅是部分影响较大的著作，另外还有大量在具体问题上讨论美国与欧洲国家双边或多边关系的其他专著和文献。

上述国际学术界的研究涉及战后欧美关系的方方面面，为本书的研究提供了不可或缺的学术资源。但尚存在两个主要不足：一是这些研究成果多为专题和案例研究，对某一特定阶段或问题的探讨比较深入，而全面、系统的探讨并不多见。即使如格罗塞(A. Grosser)的《西方同盟：1945年以来的欧美关系》[②] 这样的通论著作，时间上也只到该书出版的1980年，未能对发展至今的战后欧美关系作出高屋建瓴的长时段分析，从而把握其规律性或总体趋势。伦德施塔特(Geir Lundestad)的近著《1945年以来的美国与西欧：从邀请来的"帝国"到跨大西洋的漂移》[③] 在一定程度上弥补了这一不足，但其内容也仅至出版时的2003年。而汉希梅基(Jussi M. Hanhimäki)等人的著作《1945年以来的跨大西洋关系导论》[④] 虽然出版于2011年，但它仅是一部编年体的教科书。二是他们的西方立场和视角，导致他们对欧美关系的评判总是带着自己的价值尺度和世界观。中国学术界近年来出现了一些研究战后欧美关系的著述，如叶江的《解读美欧——欧洲一体化进程中的美欧关系》[⑤] 等，特别是外交学院教授赵怀普的近著《当代美欧关系史》[⑥] 对二战后美欧关系史进行了比较全面的梳理和分析，提出了许多富于启示性的见解，将这一领域的研究向前推进了一大步。

本书旨在以历史唯物主义为指导，运用国际关系理论，以二战结束以

[①] Serena Simoni, *Understanding Transatlantic Relations: Whither the West?*, New York: Routledge, 2013.

[②] A. Grosser, *The Western Alliance: European-American Relations since 1945*, New York: Random House, 1982.

[③] Geir Lundestad, *The United States and Western Europe since 1945: From "Empire" by Invitation to Transatlantic Drift*, Oxford: Oxford University Press, 2003.

[④] Jussi M. Hanhimäki, Benedikt Schoenborn and Barbara Zanchetta, *Transatlantic Relations since 1945: An Introduction*, New York: Routledge, 2012.

[⑤] 叶江：《解读美欧——欧洲一体化进程中的美欧关系》，上海：上海三联书店，1999年。

[⑥] 赵怀普：《当代美欧关系史》，北京：世界知识出版社，2011年。

来国际格局的变动为大背景,对这一时期欧美关系的形成和演变过程进行较为全面、深入的考察;本书还进一步探讨欧美之间合作和纷争的动因、性质和影响,力图探究和把握欧美关系发展的基本规律和未来趋势。

本书的主要分析框架及理论观点是:19世纪末至20世纪上半叶国际体系中欧美权势发生转移,二战后初期即已形成影响至今的美强欧弱的权势结构,在战略和外交上具体表现为美主欧从的跨大西洋关系结构。在此结构框架下,四大自变量——共同安全威胁、经济相互依赖、政治和社会认同、价值观和文化纽带——构成了二战后欧美关系的利益链和基础,决定其性质,它们的向度及变化影响着战后欧美关系的合作和纷争。

一般认为,国家行为体对外行为的基本目标是追求自身的国家利益。在经典现实主义国际关系理论中,这种国家利益与国家对权力的追求如影随形,这就是汉斯·摩根索所说的国际政治中的"以权力界定利益"。① 国家利益与权力相联系,欧美关系的本质实际上就是双方在追求各自权力过程中利益的博弈。英国学者迈克尔·曼在他的名著《社会权力的来源》中认为,社会权力包括政治、经济、军事和意识形态四大权力。② 我们对影响二战后欧美关系演变的四大自变量的界定大体对应了他对社会权力的划分,以此作为分析欧美之间合作与纷争的有效工具。总的来看,二战后初期为了应对来自苏联的安全威胁,西欧与美国结成了军事同盟,形成了所谓的大西洋安全共同体,奠定了欧美之间安全合作的基础;战后跨大西洋经贸往来频繁,形成了高度依存的经济关系,这是欧美伙伴关系的经济基础;相似的政治体制、生活方式和主流社会精英的彼此认同是欧美伙伴关系的政治和社会基础;欧美共享的西方价值观和文化为欧美伙伴关系提供了观念基础。

显然,上述四大自变量一般性地解释了二战后跨大西洋关系保持紧密合作的原因,但并不能解释欧美关系中合作和纷争并存的现象或特征。应该说,四大自变量之间不仅相互交叉,甚至互为条件,而且是不平衡的、不断变化的,难以等量齐观;更为重要的是,每一个变量都有着各自积极和消极的趋向。在这四大自变量中,西方的安全及其所导致的跨大西洋军事同

---

① Hans J. Morgenthau, *Politics among Nations: The Struggle for Power and Peace*, sixth edition, New York: McGraw-Hill Companies, Inc., 1985, p. 5.

② 〔英〕迈克尔·曼:《社会权力的来源》(第一卷),刘北成、李少军译,上海:上海人民出版社,2002年,第30—32页。

盟关系是重中之重。因为对于任何国家来说,生存的安全是一切国家行为的必要前提,捍卫国家的安全便成为国家的主要职能之一。大西洋两岸国家的安全在很大程度上端赖以北约为核心的军事同盟关系的构建和存续,但不同时期各国对安全概念内涵的理解及应对方式又是不同的,这对跨大西洋军事同盟关系有着深刻的影响。欧美作为世界上的主要发达经济体,二战结束以来相互依赖的经济和贸易关系一直是它们双边合作和伙伴关系强有力的纽带。这一关系既受到双方安全和战略合作关系的影响,又由于资本主义市场经济中资源配置和生产的跨国化而在很大程度上相对独立。相互依赖的关系不仅促进了跨大西洋经贸合作关系的加强,也带来了更多的矛盾和摩擦。跨大西洋政治关系则主要表现为欧美政府之间的外交关系和相互往来,虽然欧美实行类似的西方宪政体制,精英和民众之间也存在着较为广泛的政治和社会共识,但由于利益分配或政策分歧的存在,双方政治关系仍然在不同时期、不同问题上表现出或热或冷、或合作或疏远的变化。价值观和文化则是跨大西洋关系中一个相对稳定的变量,它既能促进欧美之间安全和政治领域紧密持久的合作,又是造成欧美之间产生各种分歧和纷争的深层次因素。

因此,上述四大自变量可以起积极作用,也可以起消极作用,其效力还取决于它们的向度及变化。这里的向度(或向量)指的是四大自变量的作用方向(正或负)及强度(大或小),它们决定了欧美之间为了追求共同利益而产生的合作及其强弱,或者因利益分歧(包括作为目标或结果的共同利益的分配)而导致的纷争及其大小。正向度的存在解释了欧美长期稳定的同盟和合作关系的动因,双方之间纷争和冲突的产生则是源于自变量向度的变化——负向度趋势的产生及其干扰,在权力的分配与合作产生的利益和成本的分配等因素的影响下,美国不满西欧"搭便车",西欧则指责美国在很多问题上不顾欧洲利益。而相对于冷战时期,在后冷战和全球化时代,安全威胁的内涵和强度的变化引起欧美围绕伊拉克战争、气候变化等重要传统和非传统安全问题的不断争论,乃至出现双边关系危机。然而,基于自变量正向度的相对稳定性,二战后至今欧美之间的合作仍然大于它们之间的纷争。

需要指出的是,不同于相对单一的行为体美国,本书中的"欧洲"(或"西欧")是一个多主权国家组成的地缘政治概念,其内部同样存在着基于四大自变量向度变化的合作和纷争,这为欧美关系的演进增添了复杂性,这将在本书具体章节的研究内容中得到较多的反映。然而,由于地缘和历史的因素,欧洲国家有着更多的利益交集并在战后欧洲一体化进程中形成了具有一定的超国家性质的共同体,在对美关系中也展示了较大的认同度和一致性。

不同于跨大西洋关系研究中以美国为主导方(美欧关系)的阐述路径,本书重点探讨欧洲/欧盟与美国的关系,并在欧美关系的整体框架下比较分析主要欧洲国家(如英、法、德)对美政策的不同特点及其原因。基本思路是,结合战后不同阶段欧美关系演进的特点,以主题为导向,以探究欧美二战后合作的基础和纷争的根源为路径展开本书的研究。本书大体以国际格局的变化将欧美关系的发展分为冷战和冷战后两个大的时期,按照上、下两篇进行有分别而又相互联系的具体阐述。在上篇中,跨大西洋同盟的形成和发展与欧洲一体化进程中的欧美关系是研究重点,其中对微妙的双重三角,即美国—英国—法国关系与美国—西德—法国关系的探讨将使研究更加深入。在下篇中,冷战结束和国际格局的嬗变导致欧美伙伴关系不稳定、北约何以存续、新欧洲的崛起会给美国带来什么挑战,以及从海湾战争到科索沃战争欧美之间利益的分歧如何影响双方的关系将是研究的一个重点。"9·11"事件至今,以单边主义为特征的美国霸权主义与欧洲国家以多边主义为特征的世界多极化理念的矛盾在诸多国际问题上表现出来,在伊拉克战争问题上的冲突形成一个高潮,本书将重点关注国际学术界的相关争论,着力探讨其矛盾原因、性质以及发展趋势,包括迄至美国特朗普总统上台后欧美关系面临的新挑战。在上述实证分析的基础上,本书最后将回到对导致欧美关系波动和变化的基本变量的探讨,通过对主体部分经验论述的验证,尝试总结战后欧美关系发展动力的逻辑。

上篇 合作与竞争：冷战同盟下的欧美关系

导　言

　　本书上篇内容主要关于冷战时期西欧国家与美国的关系,将在这一时期欧美权势结构体系的大背景下,从安全、经济、政治和社会、价值观和文化四大自变量向度的变化来探讨和阐述跨大西洋关系的演变及其动力。

　　我们认为,冷战时期西欧国际关系的主要特征是"边缘化"和"一体化"。"边缘化"是对二战后西欧国际地位的表述,即如绪论中所论及的,彼时欧洲的相对实力已经大不如前,在世界格局中整体上退居次要地位。曾经的世界霸主、战后初期的头号欧洲强国英国,虽然号称"三巨头"之一,实则早已难与美国和苏联两个超级大国相提并论。除了经济重建外,从地缘政治和区域安全的角度看,欧洲面临的主要任务一是如何处置战败的德国,防止因其东山再起而使欧洲重蹈覆辙,二是如何应对东方的苏联对欧洲的威胁。如果仅仅只有第一项任务,以英法为首的欧洲国家需要做的是协调和整合自身的力量,建立起针对德国的欧洲防务体系。同时以英国的私心,它还设计了一个以自己为领袖的欧洲国家联盟的"宏伟计划",即建立美苏之外的世界"第三种力量",旨在以其为支撑维护英国与美苏平起平坐的世界大国地位。当然,鉴于历史教训,这也许是一项不会轻易甚或难以完成的任务,而东西方关系的急转直下则使得"欧洲如何应对苏联"成为当务之急。以彼时西欧的实力和状况——一个已经"边缘化"的欧洲是难以同时完成这两项任务的,借助美国的力量则既可以制衡苏联,又可以有效应对德国的潜在威胁,这种结构性合作就成了欧洲的不二选择,这就是首任北约秘书长、英国人伊斯梅勋爵(Lord Ismay)建立北约的目的(也是当时西欧安全所面临的主要任务)——"挡住俄国人、压住德国人、留住美国人"(keep the Russians out, the Germans down, and the Americans in)

的著名论述①的内涵。可是如此一来,欧洲充当世界"第三种力量"便成为泡影,而"边缘化"又被坐实和强化了。然而,曾经在世界舞台上叱咤风云的欧洲人是不会心甘情愿地接受美主欧从的跨大西洋关系结构的。尤其是高傲不羁的法国人、精明老练的英国人以及自信恢复后的德国人,他们均以不同的方式不断向美国的霸权地位发起挑战,包括欧洲社会对美国在西欧建立"文化帝国"的抵制。② 这是一种同盟合作背后的(有时是公开的)结构性矛盾,尽管囿于跨大西洋关系的美强欧弱权势结构框架,冷战期间的欧美关系还是呈现出利益博弈的复杂一面。

"一体化"则是通过西欧国家之间超国家经济一体化的制度构建,以化解引发两次世界大战的法德宿怨,实现西欧经济的共同发展和繁荣,进而使得联合的欧洲能够重新崛起,在国际舞台上占有举足轻重的地位。西欧一体化诚为欧洲史无前例的伟大创举,但西欧国家如何实现一体化并不断发展却是一个甚有争议的问题,对于其动因有着不同的解释。西欧一体化的出现有其深厚的历史背景和强有力的内部动力,但美国在其起源和发展进程中的作用不可忽视,甚至有人认为它是美国推动的结果,而对此观点又存在着不同看法。然而,无论如何,美国与西欧一体化的关系乃是研究冷战期间欧美关系的又一主要课题。实际上,二战后以冷战的形成为契机,美国不同于一战后退回到孤立主义立场,而是深度卷入了欧洲事务并充当西方的盟主,可以称之为"邀请"来的霸主。③ 西欧国家"邀请"美国来帮助它们制衡苏联,这对彼时欲领导西方的美国来说正中下怀,当仁不让,而促进西欧的联合也正是美国对苏全球大战略中一个至关重要的有机组成部分。美国不仅对法德的西欧经济一体化诉求大力支持,而且不时暗中

---

① 引自 Geir Lundestad, *The United States and Western Europe since 1945*, pp. 7-8。伊斯梅勋爵 1952 年 3 月被任命为北大西洋理事会副主席和北约组织秘书长,虽然该作者称伊斯梅勋爵这一"妙语"的出处查无实证,但因其简练概括了当时北约的三大任务而被广为流传和认可。

② 关于美国在欧洲文化霸权的形成及其对西欧民众生活方式的影响和受到的抵制,可参见两部重要的著作:Volker R. Berghahn, *America and the Intellectual Cold War in Europe: Shepard Stone Between Philanthropy, Academy, and Diplomacy*, Princeton and Oxford: Princeton University Press, 2001; Victoria de Grazia, *Irresistible Empire: America's Advance Through Twentieth-Century Europe*, Cambridge, Massachusetts: The Belknap Press of Harvard University Press, 2005.

③ 伦德施塔特认为,使用"帝国"一词比"霸主"更能反映二战后美国在欧洲的作用和影响,他将"邀请来的'帝国'"作为他的欧美关系专著的主题并加以详释。见 Geir Lundestad, *The United States and Western Europe since 1945*, pp. 2-3.

抑制对欧陆国家超国家一体化心怀不满的英国人的"破坏"冲动,为西欧一体化的成功确实立下了汗马功劳。实质上,西欧"邀请"美国霸主的所作所为在很大程度上也符合西欧的利益。正如伦德施塔特所说:欧洲之所以"邀请"美国,是因为"美国的愿望与欧洲的愿望常常是不谋而合的"。① 然而,如同在冷战背景下的安全和政治领域那样,无论"仁慈"与否,霸主毕竟是霸主,随着战后西欧经济的复苏和繁荣,欧美在经贸关系领域的龃龉和摩擦也同样持续不断,美国对欧洲经济共同体的态度也变得越来越复杂,给跨大西洋关系带来了新的不确定因素。这大体是理查德·库珀(Richard Cooper)在20世纪60年代就观察到的现象:经济相互依赖不仅反映了合作的深化,也会造成摩擦和管理的困难②,其本质还是欧美之间利益分配的博弈。

冷战期间欧美既合作又竞争的关系在西欧三大国——英国、法国和西德分别与美国的双边或多边外交中比较有代表性地表现出来,这在较大程度上不同于冷战后期的情形:由于冷战后欧洲一体化从经贸领域向外交和安全领域的"外溢"和不断深化,彼时欧洲国家越来越多地在欧盟的框架下共同与美国讨价还价,尽管它们尚未能真正完全用一个声音来说话。西欧三大国的对美关系和外交各具特点。对于世界权势重心向大洋彼岸的转移,英国既无还手之力,又乏招架之功,二战后初期其本欲以"三环外交"继续维持英国的世界大国地位,特别是将传统的欧洲均势之策熟练地运用于战后冷战体制的形塑。英国在西欧"邀请"美国霸主领导西方以制衡苏联的过程中委实居功至伟,但对昔日大英帝国荣光的过多依恋使它不仅与美国的关系陡生波折,而且失去了主导战后西欧一体化的良机,致使美国对英国乐于渲染的两国"特殊关系"之说时冷时热。可以说,冷战期间英国"三环外交"的推行在每一方面都没有顺风顺水过,加入欧共体后英国似乎也还没有真正找到自己的国际"角色"。③

---

① Geir Lundestad, *The United States and Western Europe since 1945*, p. 2.
② Richard Cooper, *The Economics of Interdependence*, New York: Mcgraw-Hill Companies, Inc., 1968.
③ 美国国务卿迪安·艾奇逊曾在1962年有过一句不无揶揄的著名评论:英国"失去了一个帝国,但又没有找到自己的角色"。(见 David Sanders, *Losing an Empire, Finding a Role: An Introduction to British Foreign Policy since 1945*, New York: Macmillan Education, 1989, p. 292.)

相比英国的失落和纠结,法国领导人不仅有过之而无不及,而且对大西洋同盟的结构尤其不能接受,这一点迥异于英吉利海峡对岸的盎格鲁—撒克逊人。冷战逐步形成之际,法国人既想坚持严惩宿敌德国,又担忧苏联势力的扩张,而要与美英联手反苏,就必然感受到美英坚持将西占区纳入西方阵营的难以抵制的压力,因此就产生了"谁是法国的主要敌人"之难题。[1] 然而,问题的关键是,法国早已不具备独立建立自己的针对德国的防务体系的实力,实际上它的防德或反苏战略都不得不依靠盎格鲁—撒克逊人。欧洲一体化和西方冷战体系的双重结构(反苏和防德)看上去解决了法国的难题,但法国从未对德国的复兴感到完全放心,不过比起大西洋同盟由美国人支配,坚持法兰西国家主权至上的戴高乐总统感到十分不满和愤懑。然而,戴高乐的挑战并没有导致法美关系的破裂和大西洋同盟的瓦解,因为冷战和对美国的安全依赖制约了法国的行为,而美国也顺水推舟地作出了"克制"的反应,可是"戴高乐主义"作为政治遗产延续了下来,恰如法国外交的底色,深刻影响着此后法美关系的发展。

冷战期间,西欧三大国的对美政策总是与它们各自的欧洲政策紧密联系在一起,而联邦德国尤甚。冷战造成了德国的分裂,但同时也造就了联邦德国得以建立和恢复主权的环境和条件,阿登纳政府深知这一逻辑,他的"一边倒"方针、依靠美国的安全庇护是审时度势的一种选择。而联邦德国在欧洲立足、谋求复兴和发展又需要法国的善意,欧洲一体化则为法德和解提供了历史性的机遇。上述态势使联邦德国成为西欧三国中最不愿意在美国与欧洲盟友,特别是美法之间做出选择的国家,但是当不得不做选择时,国家安全优先还是使联邦德国站在了美国一边。多少出人意料的是,法国退出北约军事一体化机构反而明显加强了德国在欧洲地缘政治中的实力和地位,这在某种程度上又助力勃兰特(Willy Brandt)政府推行"新东方政策",并为两德的最终统一创造条件。总的来看,在冷战期间西欧三大国的对美关系中,虽然不乏龃龉,德美关系是相对最为稳定的,联邦德国为此付出了一些代价,但很大程度上由于其冷战前沿的特殊地理位置,它从中获得的收益也许更为突出。

总之,从西欧国家与美国的军事安全同盟的建立到经济相互依赖关系

---

[1] David Reynolds, ed., *The Origins of the Cold War in Europe: International Perspectives*, p. 96.

的发展,冷战期间跨大西洋关系的这种演进展现了双方基于共同政治和经济利益的深度合作。同时这种合作还有着深层次的社会认同和价值观取向基础,后者融入前者,在双方的冷战战略和外交中具体体现出来。欧美关系发展中的纷争则不仅源于它们合作中的利益分配,也反映了欧洲人对昔日辉煌的守望和自身文化传统的自信,但均受制于现实的欧美权势结构和冷战格局。

第一章　冷战与跨大西洋同盟关系

建立北约的目的是"挡住俄国人、压住德国人和留住美国人"。①
　　　　　　　　　　　　　　——首任北约秘书长伊斯梅勋爵

二战后初期东西方冷战的发生及其后的发展无疑是影响战后欧美关系演进的最重要的事件，它不仅造就了跨大西洋军事安全同盟，而且给冷战期间大西洋两岸的政治、经济乃至社会关系都打上了深刻的烙印，其影响持续至后冷战时代。冷战反映了以苏联和美国为首的东西方阵营对峙和博弈的过程，也反映了欧美之间合作和纷争的过程。在冷战和世界格局中被"边缘化"的西欧国家，一方面"邀请"来美国人以联手抗衡苏联集团，另一方面致力于维护自身的独立自主和国家利益。本章将主要论述冷战期间跨大西洋同盟关系。首先，第一节将探讨关于冷战起源的学术讨论与大西洋同盟的形成。笔者认为，美国的对苏遏制战略和西欧国家对美国的安全依赖，共同造就了跨大西洋反苏军事同盟，该同盟以欧美相似的意识形态和对苏联威胁的认知为纽带，符合双方共同的安全和政治利益。但是，双方的矛盾也同时产生和发展，它与西欧内部的斗争相互交织，构成了跨大西洋关系合作和纷争此消彼长的态势，这在西德的重新武装事件和戴高乐总统挑战美国霸权事件中得到了充分的反映，本章第二节和第三节将围绕这两个问题进行阐述。第四节将主要研究 20 世纪 60 年代末开始的冷战缓和进程中欧美的政策协调和矛盾，以及七八十年代大西洋同盟内部关于北约战略的辩论。从 20 世纪 50 年代至冷战结束，这一时期跨大西洋关系的发展表明，随着欧美实力对比和安全形势的不断变化，双方结构性矛盾不可避免地一再表现出来，西欧要求独立自主的倾向也在不断增强。

---

① Geir Lundestad, *The United States and Western Europe since 1945*, pp. 7–8.

第一节 遏制苏联:跨大西洋同盟的形成

一、谁主沉浮:关于冷战起源的解释

冷战起源一直是学界探讨的一个热门话题,自 20 世纪 50 年代以来,产生了大量重要的观点。令人感兴趣的是,尽管在有关苏联一方行为的认知上有着较高的一致性,但美国学者与欧洲学者对于西方阵营内部美国及其欧洲伙伴在冷战形成过程中所起作用问题的解释上,却有着明显差别。从美国方面来看,先后形成了冷战起源的传统派(traditionalism)、修正派(revisionism)和后修正派(post-revisionism)三派解释,此外还有工团主义(corporatism)等。而在欧洲的视角下,冷战起源的"英国学派"独树一帜,提出所谓"非极论"的观点,即冷战并非仅仅美苏两个超级大国的对抗,而强调英国乃至欧洲在冷战起源中的重要作用。美欧学者的分歧看上去是学术观点的差别,但实质上反映了欧洲人对与冷战同时形成的跨大西洋关系中美主欧从结构的某种不满情绪。

(一)美国学者的解释

(1)传统派。冷战起源的传统派(也称"正统派")解释出现于 20 世纪五六十年代,这其中既有一些直率的辩护士,也有批判现实主义者。① 他们普遍认为苏联应为冷战的产生负主要责任,认定斯大林统治下的苏联并非一个普通的超级大国,与苏联的合作是不可能的,造成冷战的主要原因是苏联的扩张主义和意识形态因素。而冷战产生的直接原因,则是苏联在第二次世界大战结束前就开始的控制东欧的单边行动,美国只是被迫采取了一系列应对措施,最终将西欧"从苏联的扩张主义和共产主义下解救出来"。②

---

① Anderson Stephanson, "The United States," in David Reynolds, ed., *The Origins of Cold War in Europe: International Perspective*, p. 27.

② Anderson Stephanson, "The United States," pp. 27 - 28. 关于冷战起源的正统派解释,除此处所引书外,还可参见 Martin McCauley, *Origins of the Cold War, 1941 - 1949*, (revised third edition), London: Pearson Education, 2008, p. 11; Melvyn P. Leffler and David S. Painter, eds., *Origins of the Cold War: An International History*, New York: Routledge, 1994, p. 2.

(2) 修正派。冷战起源的修正派解释出现于 20 世纪六七十年代,其观点与传统派截然相反,认为苏联政策较谨慎而美国政策更扩张,后者应为冷战的发生负主要责任。修正派认为,美苏从合作到对抗的原因可以从美国经济和政治体系中找到。美国自由资本主义经济需要不断增长的贸易和投资机会,以克服其内在的缺陷,而这反过来意味着美国政治影响力的提升。这就造就了美国的"门户开放"政策,要求各国开放市场,实行自由贸易,融入世界资本主义体系。① 其实,华盛顿本可以有更好的选择,即便不能消除冲突,也可以避免"最糟糕的结果"。②

(3) 后修正派。20 世纪 70 年代以后,随着相关档案逐渐开放和政治气氛的缓和,出现了秉持修正主义精神,但摒除其政治倾向的对整个冷战重新进行历史考量的趋势,这被称作冷战起源的后修正派解释。后修正派认为,传统派很少注意苏联合法的安全需求,修正派则忽略了苏联行为对美国的影响;③ 如果要追究冷战起源的话,美苏双方都有责任。不过,与上述传统派和修正派相比,后修正派内部观点显得更加多元。

例如,伦德施塔特"邀请来的帝国"这一观点在各种后修正派解释中可谓独树一帜,颇具影响。他的观点基于两项基本假设:第一,支持修正派的观点,认为美国的扩张比苏联更显著,只有美国才称得上是一个全球大国。第二,与修正派不同,他认为美国是一个"邀请来的帝国",美国的控制方式比莫斯科更符合当地人的意愿,他甚至认为在该体系之下邀请者比美国得到了更好的发展。④ 又如,莱夫勒(Melvyn P. Leffler)把冷战视为二战的遗产,他指出二战扰乱了国际秩序,改变了国际体系,给人留下了深深的恐惧感,使安全成为主导性关切。杜鲁门政府的安全政策一方面是要遏制苏联,另一方面也是试图吸取二战的教训,处理二战留下的遗产。⑤

(4) 工团主义。除以上讨论的传统派、修正派、后修正派之外,解释冷

---

① McCauley, *Origins of the Cold War, 1941 - 1949*, (revised third edition), p. 13.
② Stephanson, "The United States," p. 32.
③ McCauley, *Origins of the Cold War, 1941 - 1949*, (revised third edition), p. 15.
④ Geir Lundestad, "Empire by Invitation? The United States and Western Europe, 1945 - 1952," *Journal of Peace Research*, Vol. 23, No. 3 (Sep., 1986), pp. 263 - 277.
⑤ Melvyn P. Leffler, *A Preponderance of Power: National Security, the Truman Administration, and the Cold War*, Stanford: Stanford University Press, 1992.

战起源的视角还有很多,① 其中工团主义是给后修正派带来挑战的一种较为重要的解释冷战起源的视角。

工团主义有意识地与后修正派的国家中心论的新现实主义拉开距离,提倡一种社会—经济或者非中心化的路径(a socio-economic or decentered approach)。工团主义的一个核心主题就是寻求一种真正的新综合(相对于后修正派的综合)。在社会学理论中,工团主义是一个与"多元主义"相反的界定资本主义社会的概念,国家并非一个由众多相互竞争的独立行为体构成的中立舞台,其内部存在着确定的固有利益、结构或"公司"。工团主义最持续的支持者是霍根,在他的著作《马歇尔计划:美国、英国与西欧的重建》中,他试图把马歇尔计划置于美国20世纪在国内外寻求一种新的经济秩序背景之下来理解。按照这种观点,马歇尔计划可以被视为美国内政和外交政策的逻辑延伸。② 在工团主义者看来,冷战正是这些经济团体或公司利益扩张驱动的结果。工团主义在一定程度上似乎是对后修正派向传统派回归的一种反击,有回到修正派的意味。

(二)冷战起源的欧洲维度和"英国学派"

20世纪70年代以后,在英国和欧洲大陆,越来越多的学者对冷战起源的两极式解读提出挑战。他们认为,欧洲的分裂不仅要从苏美两极敌对的角度去看待,而且要从欧洲的社会、经济和政治史的背景下去理解,即所谓的"非极论"。他们坚持认为,欧洲国家及其精英对冷战的发展负有比美国学者所认为的更大的责任。欧洲本土的经济、政治和社会发展,地区冲突和传统的种族矛盾极大地塑造了美苏关系。欧洲的情境影响了美苏决策者的选择和策略。③ 至20世纪90年代,一些欧洲学者甚至强调欧洲的问题和力量在塑造美苏冲突中发挥了决定性作用,④ 而其中最突出和最有影响力的就是英国学者的研究,他们逐渐形成了冷战起源的"欧洲维度"

---

① David S. Painter and Melvyn P. Leffler, "Introduction: The International System and the Origins of the Cold War," in Melvyn P. Leffler and David S. Painter, eds., *Origins of the Cold War: An International History*, p. 2.

② Stephanson, "The United States," pp. 41–42.

③ Painter and Leffler, "Introduction: The International System and the Origins of the Cold War," p. 6.

④ David Reynolds, "The European Dimension of the Cold War," in Leffler and Painter eds., *Origins of the Cold War: An International History*, p. 6.

"英国学派"或"非极论派"。①

20世纪80年代以后,二战后初期的英国政府档案陆续解密,很多历史学家发现英国档案是理解冷战起源的极有价值的资料,他们认为这些档案说明冷战不是美苏两极事务,英国警告并推动美国对苏联和共产主义的扩张采取更强硬立场。② 尽管在今天人们容易忽略英国的重要性,但在1955年之前,特别是20世纪40年代,英国依然是欧洲经济、军事实力最强大的国家和仅次于美苏的世界第三强国,拥有世界范围内的责任和义务,战后初期的英国政府也决心维持其作为世界大国的地位。相较于法国和西欧其他国家,英国在战后初期的政治稳定性以及遍布世界各地的军事基地,使其对美国的遏制战略具有极大的重要性。由于美国对领导西方世界这一新角色缺乏经验,再加上国内孤立主义情绪的存在,英国成为美国颇为依赖的支持者。英国在建立冷战制度框架的过程中发挥了重要作用,在柏林封锁危机等战后初期东西方对抗的关键时刻比美国更加坚定、强硬。③

总的来说,对苏联而言,战后初期英国的世界大国地位和广泛的海外势力,特别是对地中海的控制,是促使苏联在地中海和北非采取进攻政策的重要原因。对英国而言,苏联战后的扩张再加上纳粹和绥靖的历史记忆,使其对苏联采取强硬态度,这反过来加剧了战后初期的冷战对抗。④

笔者认为,以上美欧学者理解冷战起源的各种视角都有一定的解释力,同时,笔者不赞同过分夸大某一种视角解释力的态度。对于欧美学者之间解释的不同点,一方面,在对待苏联的态度上,他们有着共同且强大的安全和意识形态利益,实际上大都同属于传统派的观点;另一方面,尽管英国和其他欧洲国家在冷战起源过程中扮演了重要的角色,但美盛英衰的权势结构和美国咄咄逼人的态度还是引起了抱有大英帝国情结的英国学者的反感,他们不甘居人下,这在欧洲具有一定的代表性,反映了同盟内部的

---

① 洪邮生:《冷战起源研究中的"英国学派"》,载于洪邮生:《欧洲国际关系的演进:现实逻辑与价值取向》,北京:生活·读书·新知三联书店,2013年,第38—50页。

② John Kent, "British Policy and the Origins of the Cold War," in Leffler and Painter eds., *Origins of the Cold War: An International History*, p. 139.

③ David Reynolds, "Great Britain," in Reynolds, ed., *The Origins of Cold War in Europe: International Perspective*, pp. 83–87.

④ Reynolds, "Great Britain"; John Kent, "British Policy and the Origins of the Cold War".

竞争和分歧。笔者将尽可能客观地采纳各家观点的合理之处，客观、全面地论述冷战的起源和跨大西洋同盟的形成。

二、"留住美国人"与欧洲的边缘化

二战结束后，美国和苏联这两个过去在地理位置上并无直接关系且社会制度完全不同的超级大国，由于它们各自所控制的势力范围而实际形成了在中东欧、巴尔干、中近东和远东直接面对面的军事对峙，美国全球扩张的大战略与苏联保障国家安全的大战略便针锋相对，迎头相撞。实际上，从冷战的形成到终结过程中，欧洲一直是美苏对抗的核心地区和主战场，美国的对苏遏制战略和西欧国家对美国的安全依赖，共同造就了跨大西洋反苏军事同盟。该同盟以欧美相似的意识形态和对苏联威胁的认知为纽带，符合双方共同的安全和政治利益。西欧国家迫不及待地极力"邀请"美国留在欧洲并主导欧洲安全壁垒的构建，以应对苏联的威胁。尤其是英国，不仅不遗余力地帮助美国谋划遏制苏联的战略和策略，而且在促成冷战形成的历次事件中一马当先，主动配合甚至"引导"美国政府冷战政策的落地，这成为这一时期欧美关系中一个显著的特点。

（一）冷战的产生

冷战的起源有着复杂而深刻的历史和现实的地缘政治博弈背景，也带有浓厚的意识形态竞争色彩。前者突出反映了苏联与欧美之间的利益争夺的本质，并导致安全困境的产生；后者则大大加剧了双方的战略互疑，很大程度上使得冷战难以避免。1946年2月9日，斯大林在莫斯科选区的选民大会上发表重要演说，对资本主义采取严厉的批判态度，明确指出现代资本主义是新的世界大战的根源，表示要搞三个甚至更多的五年计划来促进国家的工业化，使苏联具有"足以应对各种意外事件的保障"。[1] 斯大林的演说在西方引起了强烈反响，华盛顿有很多人认为这是冷战的宣言。美国最高法院法官威廉·道格拉斯（William O. Douglas）称其为"第三次世界大战的宣言书"，[2]《时代》杂志则认为这是"自对日作战胜利日以来一个

---

[1] 〔苏联〕斯大林：《斯大林选集》（下卷），中共中央马克思恩格斯列宁斯大林著作编译局编译，北京：人民出版社，1979年，第488—500页。

[2] 〔美〕沃尔特·拉菲贝：《美苏冷战史话：1945—1975》，游燮庭等译，北京：商务印书馆，1980年，第44页。

高级政治家所发出过的最好战的声明"。①

按照美国国务院的训令,驻苏使馆临时代办乔治·凯南(George F. Kennan)对斯大林的讲话做出解读。凯南在同年2月22日给国务院的长电报中,从社会制度和意识形态着手,分析苏联几十年来所处的国际环境,认为"布尔什维克有一种天生的对外部世界的恐惧心理",一贯敌视资本主义世界。凯南认为,苏联为了追求其安全利益而推行扩张政策,将"在一切认为合乎时机和会有好结果的地方,做出努力来推进苏联政权的正式疆界"。他认为苏联"听不进理智的逻辑,但对武力的逻辑却十分敏感",因此,"如果对方拥有足够的武力,并清楚地表明它准备使用武力,这就几乎用不着真的动武。如果正确地处理形势,就不需要有影响威望的摊牌"。②凯南的电报从理论上说明了美国政府前一时期对苏政策的实际做法和主要决策人的一些设想,而且巧妙地把美国实行的对苏强硬政策说成对苏联"扩张"做出的"反应"。这份电报正投美国决策者所好。③

1946年3月5日,在杜鲁门总统的陪同下,英国前首相丘吉尔(Winston Churchill)在美国密苏里州富尔顿发表了著名的"铁幕演说",呼吁美英合作,建立军事联盟,以共同对抗苏联的威胁,被普遍视为冷战开始的标志。美国政府希望以此来试探民意,随后又在各大媒体上渲染紧张对立的气氛。此后,美国政府内部很快排除了不同声音,形成了对苏强硬的一致立场,遏制思想主导了美国的外交政策。

几乎与美国政府遏制苏联的政策思想形成同时,英国也在酝酿着对苏强硬的政策,与美国人的遏制思想遥相呼应,反映了英国乃至西欧国家与大洋彼岸的美国基于相同意识形态和价值取向的对苏安全观。就在凯南发回著名的"长电报"不久,英国方面也有类似的电报。1946年3月17日,英国驻苏公使弗兰克·罗伯茨(Frank Roberts)向伦敦发回了自己的"长电报",警告称"苏联安全与苏联帝国主义已难以区分,很难确定苏联扩张是否还有所限制"。更有影响力的是俄国委员会主席、外交部北方局局长克里斯托弗·华纳(Christopher Warner),他1946年4月2日的备忘录

---

① 〔美〕丹·考德威尔:《论美苏关系——1947年至尼克松、基辛格时期》,何立译,北京:世界知识出版社,1984年,第13页。
② 凯南长电报详见 George F. Kennan, Memoirs: 1925 - 1950, Boston: Little, Brown, 1967, pp. 547 - 559.
③ 王绳祖主编:《国际关系史》(第七卷),北京:世界知识出版社,1995年,第104—105页。

《苏联反应行动和我们的对策》被誉为"毫无疑问是一份关键的冷战文献,比凯南'长电报'走得更远"。华纳总结说,"苏联政府最近的声明和行为已经清楚表明,它已决心采取基于好斗共产主义和俄国沙文主义的侵略政策……因此我主张我们必须马上采取防御措施,并制定一项防御—进攻政策"。① 根据相关研究,由于英国战后初期广泛的海外利益和英俄150多年历史矛盾的影响,1945—1947年间英国在推进与苏联对抗方面发挥了与美国同样重要的作用,如果不是更重要作用的话。②

在苏联方面也有凯南和罗伯茨长电报的对应物,就是20世纪90年代才解密的当年苏联驻美国大使尼古拉·诺维科夫(Nicholas Novikov)在外长莫洛托夫(Vyacheslav M. Molotov)的指示和实际参与下,于1946年9月27日给参加巴黎和会的苏联代表团的秘密报告,题为《战后美国对外政策的长篇报告》。这份长报告同样全面分析了战后美国对外政策的意图和目的,以及美国在全球的扩张行为,断定美国战后对外政策的特征是"谋求世界霸权",并将苏联视为"其通往世界霸权道路上的主要障碍"。为此,美国以各种方式扩充军备,并且"是把苏联作为战争的对象而准备未来的战争的"。由此可见,战争结束仅仅一年,苏联已经完全否定和批判美国的对外政策,对美苏关系的发展前途不抱希望。因此,同凯南和罗伯茨的长电报一样,诺维科夫的长报告也为苏联对美国采取不妥协的强硬态度和政策起到了论证与导向作用。③

东西方冲突从有着浓厚意识形态色彩的观念冲突和政策酝酿,发展为行动上的公开冷战对立,开始于1947年的欧洲。是年年初,欧洲的能源危机加上严寒的冬天,使英国经济雪上加霜。承受巨大压力的英国决定终止向希腊、土耳其提供援助,这使美国不得不加速采取决定性的公开行动,承担全球责任。④ 这场能源危机也迫使法国接受美英的德国政策,与它们合作。此外,在1947年3月的莫斯科美、苏、英、法四国外长会议上,由于苏

---

① Reynolds, "Great Britain," pp. 80 – 82. 关于罗伯茨长电报还可见 Sean Greenwood, "Frank Roberts and the 'other' Long Telegram: The View from the British Embassy in Moscow, March 1946," *Journal of Contemporary History*, Vol. 25 (1990), pp. 103 – 122.

② Reynolds, "Great Britain," p. 80.

③ 徐蓝:《美苏大战略与冷战格局的演变(1945—1972)》,《历史教学问题》2008年第5期,第17页.

④ Reynolds, "Great Britain," p. 84.

联与西方三大国在讨论德国问题上出现较大的分歧,以致无法就签订对德和约问题达成协议,最终导致法国对外政策发生重大转变,准备与美英结盟。① 这一变化给业已坚定反苏决心的美英以很大鼓舞。

1947年3月12日,杜鲁门总统在国会做了随后被称作"杜鲁门主义"的演说,影射攻击苏联和各国共产党人试图通过"直接或间接侵犯",把"极权政体"强加给各国人民。他把世界上的各种斗争概括为"自由制度"与"极权政体"之间的斗争,断言所有国家都必须在两者之间进行选择。杜鲁门认为,"这是美国外交政策的转折点,它现在宣布,不论什么地方,不论直接或间接侵略威胁了和平,都与美国的安全有关",美国都有权进行干涉。②

随后的4月20日,法国外长皮杜尔(Georges Bidault)在与美国国务卿乔治·马歇尔(Gorge Marshall)谈话时表示,法国准备接受美英在德国问题上的立场,与西方大国结盟。皮杜尔还请求美国给予经济援助,马歇尔向他介绍了美国正在酝酿的计划要点,他们还同意将德国纳入这一计划。这就成为此后产生巨大影响的西方复兴计划的基础。③

6月5日,马歇尔在哈佛大学发表演说,提出了酝酿已久的"欧洲复兴计划"。很快,"马歇尔计划"一词就流传开来。杜鲁门主义虽然言辞强硬,但它只是一项政策声明,在强化冷战并在两极格局中起到关键作用的是以经济方式实践杜鲁门主义的马歇尔计划。④ 在杜鲁门主义尚处于构想阶段时,欧洲复兴计划就已经被拿到台面上讨论了。实际上,在杜鲁门政府看来,这两项政策从一开始就是相互关联的,用杜鲁门的话说,是"一颗核桃的两半"。⑤

不过,由于彼时美国对充当西方盟主尚缺乏经验,再加上国内孤立主义情绪的存在,英国便有了机会成为美国颇为依赖的支持者,在建立对苏冷战制度框架的过程中发挥了重要作用。其中英国外交大臣贝文(Ernest Bevin)作用突出,他帮助美国将起先尚为一个"天上的飞碟"的马歇尔计划

---

① Georges-Henri Soutou, "France," in Reynolds, ed., *The Origins of Cold War in Europe: International Perspective*, p. 103.
② 〔美〕哈里·杜鲁门:《杜鲁门回忆录》(第二卷),李石译,北京:世界知识出版社,1965年,第119页。
③ Soutou, "France," p. 103.
④ 徐蓝:《美苏大战略与冷战格局的演变(1945—1972)》,第19页。
⑤ 〔英〕理查德·克罗卡特:《50年战争》,王振西主译,北京:新华出版社,2003年,第106页。

具体化并付诸实施。贝文坚持欧洲作为一个整体提出一项方案,迫使苏联集团退出该计划的谈判。①

马歇尔计划的提出与实施对东西方关系的破裂造成了直接影响,它蓄意将苏联和东欧国家排除在外,导致了欧洲的分裂和两大集团的形成,加速了冷战的最终形成。针对马歇尔计划,苏联在1947年7月到8月一个多月的时间里,先后迅速与东欧多国签订了贸易协定,被称为"莫洛托夫计划",初步筑起了东欧的经济壁垒。紧接着,9月,在苏联主导下成立了欧洲九国共产党与工人党情报局,同时提出战后的世界已经分裂为两大对立的阵营,苏联对世界政治的两极看法也正式成为现实。随后,苏联取消了东欧各国共产党的自主权,并对这些国家进行政治、经济、思想文化等全方位的内政改造,实现了东欧政权的苏联模式化。至此,一个与美国和西欧相对而立的、以苏联为首的苏东集团,已经在经济上和政治上基本确立。②

(二) 德国的分裂与跨大西洋同盟的形成

在最终建立的东西方对抗的冷战格局中,军事安全体制至关重要。而在欧美跨大西洋同盟的形成过程中,围绕德国问题的东西方博弈起到了关键作用,马歇尔就曾明确地表示过:"德国问题是欧洲问题的核心。"③二战结束时在德国形成了四大战胜国共同占领的局面,在德国赔偿问题上苏联也接受了美国的分区赔偿方案。然而,美苏之间还是在赔偿问题上产生了难以弥合的矛盾。1945年12月11日,美国国务院声称反对任何国家以牺牲德国和平工业为代价,来达到其商业目的。接着,美占区副军事长官克莱(Lucius D. Clay)以未能实现统一的进出口贸易政策为借口,扬言要修改赔偿计划。1946年5月3日,克莱在盟国对德管制委员会上宣布:除了先前已预支作为赔偿的工厂外,将不再从美占区提供任何赔偿。事后,克莱自称这是美苏对德政策的"第一次破裂",罗斯托(Walt W. Rostow)也认为这是"冷战中的一大转折点"。此后,美国的立场便是"稳步转向于统一西方各占领区,承认德国的分裂"。④

西方分裂德国的具体行动始于英国。由于经济吃紧,英国不愿意花费

---

① Reynolds, "Great Britain," p. 84.
② 徐蓝:《美苏大战略与冷战格局的演变(1945—1972)》,第21页。
③ 〔德意志联邦共和国〕康拉德·阿登纳:《阿登纳回忆录(一)(1945—1953)》,上海外国语学院德法语系德语组译,上海:上海人民出版社,1976年,第131页。
④ 王绳祖主编:《国际关系史》(第七卷),第93—94页。

大量的美元贷款来维持受到战争严重破坏的鲁尔占领区和英占区的民生。因此,外交大臣贝文在1946年5月提出将英、美、法三个占领区合并为一个统一的经济单位,以重建工业,应对已露端倪的经济危机。这一主张被称作"英国遏制政策的首要来源"。7月11日,在英国的压力下,美国国务卿贝尔纳斯声明愿意将美占区与其他占领区合并。这标志着《波茨坦公告》关于战后维护德国统一的协议破裂。1947年1月,英美"双占区"成立,正式开始了德国分裂的进程。[1]

随着东西方对立的加剧,西方国家建立反苏军事同盟的步伐也加快了。1947年3月4日,贝文和法国外长皮杜尔在敦刻尔克签署了针对德国的英法同盟条约,即《敦刻尔克条约》。英国的目的是以英法条约为核心,把西欧组织起来,而法国则从向苏联寻求制止德国东山再起的保证转而同英国结盟以建立欧洲安全体系。同年12月,苏、美、英、法四国伦敦外长会议破裂后,西方三大国外长又召开重要会议。皮杜尔表示法国已准备好在德国问题上与美英达成一致,并与贝文商定举行英法军方参谋部门谈判,并于随后将美国也纳入进来。回到巴黎后,皮杜尔又说服内阁同意,法国将与美、英、比、荷、卢展开组建军事组织的谈判。这最终导致1948年1月美、英、法军方在纽约附近的秘密谈判,确定了共同安全政策原则。[2] 在此基础上,1948年3月17日,英国、法国、比利时、荷兰和卢森堡五国外长举行《布鲁塞尔条约》签字仪式,布鲁塞尔条约组织正式成立。

从《敦刻尔克条约》到《布鲁塞尔条约》,它们表面上都是欧洲国家为防范德国所签订的安全同盟条约。实际上,如果说前者签订时东西方的对立尚在酝酿之中,而防止德国东山再起确实是当务之急的话,那么到后者签订时冷战已经不可避免了,其实质上的针对苏联的目的也昭然若揭。对于这两个条约,大洋彼岸的美国并没有参加,因而彼时美国并不对欧洲安全承担义务。然而,鉴于美苏关系已然恶化,美国遏制苏联的战略亦大体成形,它在幕后推动西欧联合的同时自身却引而不发。美国的目的在于先鼓励西欧国家建立安全同盟,而后自己再加入其中。因为美国不仅需要时间进行更充分的国内动员,更重要的是让欧洲人以自身安全同盟的建立为条

---

[1] Reynolds, "Great Britain," pp. 82 – 83.
[2] Soutou, "France," p. 105.

件,能够水到渠成地主动请求美国加入。① 简言之,急于与西欧联手抗苏的美国却又不急于出手,最终成为高傲的欧洲人"邀请"来的霸主,这正是欧美关系的微妙之处。②

紧接着发生的柏林封锁危机加剧了欧洲人"请进美国人"的紧迫感,而这场危机却是西方国家分裂德国的行为所直接引起的。1948年2月至6月,美、英、法、比、荷、卢六国召开伦敦外长会议,提出"伦敦建议",内容为法占区与英美双占区协调经济政策,共同管制对外贸易,更重要的是西占区共同制宪,准备成立德意志联邦共和国,并将联邦德国纳入欧洲复兴计划。针对西方六国伦敦会议在政治上和经济上分裂德国的图谋,苏联决定采取反击措施。3月30日,苏联通知美国方面,从4月1日起,苏联将开始在柏林加强检查和实行交通管制。对此,美英一方面提出抗议,一方面加紧建立西德的步伐。6月,六国伦敦会议议定书签署,西德成立的具体步骤和办法均已拟妥。6月18日,美、英、法宣布在西占区实行货币改革,迈出了正式分裂德国的第一步。6月21日,货币改革开始实行。作为回应,次日苏联决定在柏林发行新货币,在整个大柏林地区流通。美、英、法拒绝接受,23日下令将在西柏林实行货币改革。这一措施成为"柏林危机"的导火索。从1948年6月到次年5月,苏联切断了西柏林与西占区之间的一切水陆交通和运输,迫使美英通过空运维持西柏林的运转。值得注意的是,在封锁初期,当美国政府表现出犹豫不决的态度时,英国人公开表达了他们将坚定不移地留在柏林的决心,并将空运作为向西柏林提供物资的选择,从而表现得比美国人更加强硬,以此推动美国坚持和西欧一起与苏联对抗下去。③

包括柏林封锁在内的一系列事件,使欧洲进一步深切感受到它们在没有美国帮助的情况下将无法维持自身安全,欧美安全合作的步伐加快了。1948年3月,英国、美国和加拿大在美国五角大楼进行秘密商议,确立了北大西洋条约的核心框架。尽管法国没有参加这次会谈,但它在大西洋同

---

① 洪邮生:《论战后初期英国对欧政策的形成》,《世界历史》1999年第1期。
② 《布鲁塞尔条约》酝酿之时,美国国务院负责欧洲事务的官员希克森(Hicherson)在对英国大使谈到美欧结盟的可能性时,意味深长地表示:"该问题的重要性在于,任何这样的概念……应主要基于欧洲的主动。如果欧洲国家建立了这样一种组织并使之发挥作用,那么处理我们与它的长期关系就不会成为问题。"见 Department of State, US, FRUS, 1948, Vol.3, pp. 10–12。
③ Reynolds, "Great Britain," p. 87.

盟的创始中也发挥了促进作用。3月和4月,皮杜尔两次写信给马歇尔,催促美国给欧洲提供安全保证,并指出,法国接受一个西德国家的出现是以美国与西欧结盟为前提的。而与此相呼应,贝文也告诉美国人,只有一个大西洋安全体系才能说服法国人接受一个西德国家的现实。同年7月,一个美国军事代表团前往伦敦加入了布鲁塞尔条约组织军事委员会。①

1949年4月4日,美、英、法、加、比、荷、卢、丹麦、挪威、冰岛、葡萄牙、意大利12国正式签署《北大西洋公约》,其第五条规定了成员国集体安全的责任和义务。在英法的迫切"邀请"和不懈努力下,一个美国主导的跨大西洋军事同盟终于建立了起来。在柏林问题上,由于美苏都没有下定决心走向武装冲突,1949年5月苏、美、英、法达成协议,苏联对西柏林的封锁解除,柏林危机得以暂时解决,但大柏林市的分裂却已成事实。1949年9月和10月,德意志联邦共和国和德意志民主共和国相继成立,德国正式分裂。

从冷战形成的过程来看,东西方的敌意与对立行为相互交织并呈现出螺旋上升的趋势。从西方来看,毫无疑问,欧美对苏联的威胁有着基于意识形态和现实地缘政治利益的共同认知,它成为跨大西洋同盟产生的主要动力。而急于抗衡苏联的西欧国家,尤其是英国在其中起到了重要作用,因为它们的实力捉襟见肘,并且面临着安全和经济、社会危机。然而,尽管它们成功地"邀请"来实力雄厚的美国,跨大西洋同盟却给美国领导西方提供了机会,西欧国家成了美国的"小伙伴",为该同盟美主欧从的双边关系结构的形成奠定了基础。尽管英国彼时仍以世界大国自居,英国学者后来也处处强调英国在冷战起源中不可或缺的作用,但邀请来美国霸主毕竟意味着大英帝国的没落,而且反映了欧美权势转移所导致的一个结果——欧洲在国际舞台上的边缘化!

第二节 一波三折的西德重新武装

欧洲的安全依赖推动了主要西欧国家与美国建立跨大西洋同盟,但双方的矛盾也同时产生和发展,它与西欧内部的斗争相互交织,构成了跨大

---

① Soutou, "France," pp. 106-107.

西洋关系合作和纷争此消彼长的态势。同盟首先面临的一个紧迫问题是西德的重新武装,围绕这一问题,美国、法国、英国乃至西德之间展开了一波错综复杂的博弈,甚至发生了所谓的跨大西洋关系危机。

一、问题的提出与美国的意图

1949年4月欧美签订的《北大西洋公约》只是一个传统的联盟协定,虽然它规定所有参与其中的国家承诺,在任何一个成员国受到外敌侵犯时都采取必要措施进行援助,但缺少一个政治架构、一个联合指挥部以及用于联盟防御的军事力量,[①] 即NATO(北大西洋公约组织)彼时还缺少一个"O"(组织)。用杜鲁门总统的话说,"除非在共同防御和互相支援上做到通力协作,否则《北大西洋公约》就没有任何意义"。而联邦德国参与欧洲防御无疑是其中的关键。"没有德国,欧洲的防御不过是大西洋岸边的一场后卫战。有了德国,就能够有一个纵深的防御,有足够的力量来对付来自东方的侵略。……任何地图都可以说明这一点。只要懂得一点算术就可证明,把德国的人力加进去,对欧洲联合防御的实力究竟会有什么样的意义。"[②] 对美国来说,从1949年起,西德重新武装只是时间问题而非原则问题。[③] 在东西方关系急转直下之后,美国从全球视角出发,力图将联邦德国纳入一个西欧反苏防务体系和西方民主、自由市场国家共同体。[④]

可是,尽管二战后初期的西欧各国感受到了所谓的来自苏联的共产主义侵略扩张的威胁,却并不认为苏联的威胁是迫在眉睫的。西欧各国公众对刚刚结束的大战记忆犹新,并不支持德国重新武装。特别是法国,反对尤为强烈,在二战结束还不到五年之际,法国人无论如何也无法接受德国

---

① Helga Haftendorn, "Germany's Accession to NATO 50 Years on," *NATO Review*, Summer 2005. http://www.nato.int/docu/review/2005/issue2/english/history.html.
② 〔美〕哈里·杜鲁门:《杜鲁门回忆录》(第二卷),第295页。
③ Melvyn Leffler, *A Preponderance of Power: National Security, the Truman Administration, and the Cold War*, p. 322.
④ Frank A. Ninkovich, "The United States and the German Question, 1949-1968," in Detlef Junker ed., *The United States and Germany in the Era of the Cold War, 1945-1990, a Handbook*, Vol. 2: 1968-1990, New York: Cambridge University Press, 2004, p. 118.

重新武装。受此影响,西欧各国外交部门用各种借口反对美国的意见。①在英国,军方出于对苏联威胁的担心和坚定联邦德国与西方结盟决心的考虑,支持德国重新武装。不过,外交部对此态度还是比较谨慎的。② 可以说,"无论是在英国还是在欧洲大陆,对德国军国主义复活的恐惧如悬于头顶的达摩克利斯之剑",何况重新武装联邦德国还有给美国为减轻负担而削减驻欧兵力以口实之虞。③

然而,1949年8月苏联成功爆炸原子弹,打破了美国的核垄断。特别是1950年6月25日朝鲜战争的爆发改变了局势,人们将东西德国与南北朝鲜进行类比是难免的,西欧国家感受到危险的逼近。北约的西欧盟国请求美国提供更多的军事援助、派遣更多军队驻扎西欧;还要求北约成员国的军事力量转由北约统一指挥,而非由各国指挥,并要求美国指派一位最高指挥官。④ 为了预防战争蔓延到欧洲,1950年9月美国提出加强西欧防务的计划,并在同月召开的美、英、法三国纽约外长会议上进行了讨论。朝鲜战争的爆发推动北约开始了对其组织制度的构建和军事力量的整合,以全面实现其军事同盟。

美国计划的主要内容是:在北约框架内建立由西欧各国派兵组成的欧洲联合防务部队,设立北约欧洲盟军最高司令部统一指挥,其中一个关键问题是战败的德国的重新武装。该计划提出,德国提供10个师的兵力,它们以"军事单位"的形式加入欧洲防务部队,而不得构成"国家军",以保证其处于北约的牢固控制之下。为争取西欧国家同意这一安排,美国拟派出一名最高司令,增加对西欧的兵员部署和军备援助。美国认为,建立这样一支欧洲防务部队"是获得欧洲国家最大贡献的最佳方式,并提供了德国能够做出重大贡献的框架"。⑤ 美国的这个计划是"一揽子"的,它提出美国加大对西欧的经济和军事援助是以盟国接受承担更多的防务责任,特别是联邦德国的重新武装为条件的。

---

① Terry L. Cockman, *West German Rearmament: From Enemy to Ally in Ten Short Years*, Master Degree Thesis, Indiana University, January 1988, pp. 17 – 18; "Germany's Accession to NATO 50 Years On".
② 鞠维伟:《英国对西德重新武装的政策初探》,《历史教学》2013年第10期,第26—27页。
③ 洪邮生:《英国与德国的重新武装》,《史学月刊》2002年第12期,第61页。
④ Cockman, *West German Rearmament: From Enemy to Ally in Ten Short Years*, p. 18.
⑤ 洪邮生:《英国与德国的重新武装》,第61页。

如上所述,英国对于德国的重新武装是支持的,但它的策略是渐进性的,逐步将联邦德国拉入西方集团:先让其参加欧洲经合组织,然后再加入欧洲委员会,最后成为北约的成员。这样,在西德重新武装之前,其他西欧国家可以先充分武装起来,既可先对联邦德国进行预防,又能使西欧的舆论有时间逐步接受联邦德国融入西方。鉴于以上原因,英国艾德礼(Clement R. Attlee)工党政府对美国立即重新武装联邦德国的计划,起初在时间和方式上难以接受。① 不过,当时英国欧洲政策的核心是依靠美国人的大西洋联盟,英国政府自然不愿轻易失去借德国重新武装使美国政府对西欧安全承担更多责任的良机。这样,在美国的"大棒加胡萝卜"政策的压力下,当然更重要的是在原则上与美国没有分歧,工党政府最终勉强同意了美国的计划。②

关于法国的态度,很多研究认为法国坚决反对美国的计划。然而,有学者根据多国解密档案,提出法国政府"在原则上也是接受西德重新武装的"。但是由于担心国内公众无法接受,法国要求与美国关于这一问题的协定必须保密。然而美国却坚持公众必须接受这一原则。法国担心的不仅是国内因素,还担心西德重新武装"会削弱盟国对联邦德国的讨价还价的地位","而这反过来会对西方大国尚未与联邦德国签订的最后协定产生不利影响。特别是,联邦德国可能会在舒曼计划的谈判中采取更强硬的立场"。因此,法国希望西德重新武装在时间上能够推迟。更为重要的是,法国人害怕这会刺激到苏联人,从而引发苏联的攻击。③ 因此,针对美国的坚持,法国另寻良策,提出了自己的方案。

二、围绕普利文计划的博弈

根据让·莫内(Jean Monnet)的建议,1950 年 10 月 24 日,法国总理勒内·普利文(René Pleven)以政府声明的形式宣布了法国关于西德重新武装的框架计划,即"普利文计划"(又称欧洲防务集团计划)。该计划提出,

---

① Saki Dockrill, "Britain and the Settlement of the West German Rearmament Question in 1954," in Michael L. Dockrill, John W. Young eds., *British Foreign Policy, 1945 - 1956*, London: MacMillan, 1991, pp. 150 - 151. 转引自洪邮生:《英国与德国的重新武装》,第 61 页。
② 洪邮生:《英国与德国的重新武装》,第 61 页。
③ Michael Creswell and Marc Trachtenberg, "France and the German Question, 1945 - 1955," *Journal of Cold War Studies*, Summer 2003, Vol. 5, No. 3, pp. 17 - 21.

西德不得加入北约,不能设立自己的国防部、国防军和总参谋部;拟组建一支拥有超国家权力的欧洲军,加入其中的西德部队编制为营级单位,每个单位为一千人,但总人数不得超过欧洲军的五分之一;欧洲军内的任何一国部队不经批准不得单独行动,但目前对本国军队拥有支配权的参加国,将继续保留其对未编入欧洲军的军队的权力;欧洲防务集团的防务委员经理事会批准,可将某国在欧洲军中的部队交由该国政府使用,以满足该国在共同防务之外的需要。①

普利文计划是一个将舒曼计划运用于军事领域的计划,欧洲军是一支高度一体化的军队。该计划将西德重新武装的框架从北约转移到一体化的欧洲,旨在防止联邦德国的军事力量将来能够独立行动而对法国构成军事威胁。这在根本上区别于美国的计划,后者将允许联邦德国最终拥有自己的总参谋部、一支国家军队并平等地加入北约组织。此外,普利文还指出,只有在当时还在谈判中的《欧洲煤钢联营条约》签署后,才可以研究上述计划。显然,法国希望以重新武装联邦德国为筹码,促成法国所倡导的欧洲煤钢联营的建立。这样,欧洲防务集团和欧洲煤钢联营珠联璧合,最终可以从军事上和经济上形成对联邦德国的控制机制。②

美国对普利文计划的最初反应是消极的,大多数美国官员认为该计划只是法国试图拖延西德重新武装的一个伎俩,是没有希望取得成功的。③英国人认为普利文计划模糊且不切实际,对他们而言,这一计划既不能让他们在短期内从美国援欧"一揽子"计划中得到好处,又背离了英国一直坚持在大西洋体系范围内解决重新武装德国的原则。④ 其他北约盟国也都以技术上不现实、军事上无效率和政治上无法实现为理由拒绝支持普利文

---

① 刘同舜、姚椿龄主编:《战后世界历史长编(1952)》,上海:上海人民出版社,1989年,第150页。

② FRUS, 1950: Vol. Ⅲ, pp. 377 - 380,411 - 412;洪邮生:《英国与德国的重新武装》,第61页。

③ Robert McGeehan, *The German Rearmament Question: American Diplomacy and European Defense after World War Ⅱ*, Urbana: University of Illinois Press, 1971, p. 67; Dean Acheson, *Present at the Creation: My Years in the State Department*, New York: W.W. Norton and Company, 1969, p. 458.

④ Mark Smith, *NATO Enlargement during the Cold War: Strategy and System in the Western Alliance*, New York: Palgrave, p. 108;张才圣:《西德重新武装与西欧早期一体化》,《郑州航空工业管理学院学报(社会科学版)》2006年第5期,第50页。

计划。① 联邦德国的反应则有些复杂,它一方面对将其武装力量置于一个超国家联盟指挥官之下表示接受,另一方面却强烈反对计划中公然将联邦德国置于二流地位的安排。②

尽管认为普利文计划无法落实,美英却觉得不能公然拒绝它,因为这会强化法国与它们的对立,因此必须找到一个法美都能接受的中间方案。③ 为了能够打破僵局、迅速重新武装德国,北约执行委员会主席、美国代表查尔斯·斯波福德(Charles Spofford)提出一个折中计划。即一方面实施美国的原计划,包括临时招募和训练德国军队,另一方面法国可进行关于实施普利文计划的谈判,以消除美国和法国关于重新武装德国问题在时间和方式上的分歧。④ 具体来说,斯波福德计划在建立西德部队的程序及编制、在欧洲军中的份额等方面超出了普利文计划的范围,但在有关联邦德国不得设立国防部和总参谋部以及欧洲军制度设置等方面则尊重了法国的意见。⑤

英国对斯波福德计划重新武装德国的内容感到满意,但对建立欧洲军的谈判深表怀疑。为此,1950年11月英国外交大臣贝文向内阁提出"大西洋联邦部队"的计划。贝文认为,该计划的最终目的是建立一支独立的、充分一体化的大西洋部队,以区别于由分散的国家单位构成的一体化部队。它不仅在运作上处于北约最高司令部的统一指挥下,而且在行政上处于一个在北约理事会领导下的北约特别机构的统一管理之下。但是,对英国来说,贝文计划面临的是与处理普利文计划一样的困难,即为了大西洋防务必须让渡军事主权,而且较之普利文计划其范围更为广泛。显然,贝文试图以牺牲英国对欧政策中的一个原则(主权不能让渡)来维护另一个原则(依靠大西洋共同体)的动议,并不能让他的同事满意。⑥ 该计划未能获得内阁通过。

---

① Cockman, *West German Rearmament: From Enemy to Ally in Ten Short Years*, p. 37.
② Simon Duke, *The Elusive Quest for European Security: From EDC to CFSP*, New York: St. Martin's Press, 2000, p. 19.
③ Smith, *NATO Enlargement during the Cold War: Strategy and System in the Western Alliance*, p. 108.
④ 洪邮生:《英国与德国的重新武装》,第62页。
⑤ 刘芝平:《冷战时期联邦德国在北约发展中的地位和作用》,华东师范大学博士论文,2005年4月,第17页。
⑥ 洪邮生:《英国与德国的重新武装》,第62页。

1950年年底国际局势了发生很大变化,特别是中国人民志愿军参加朝鲜战争后美国感受到巨大的压力,迫切希望加强西欧防务。在这种情况下,法国的态度逐渐松动,准备接受斯波福德计划,英国也有条件地同意斯波福德计划。在12月8日召开的北大西洋理事会上,斯波福德计划得到批准。① 1951年年初,盟国最高委员会(the Allied High Commission)与阿登纳政府在波恩附近的彼得斯堡就北约方案、法德在巴黎就普利文计划展开谈判。不过,斯波福德计划最终遭到联邦德国的拒绝,因为德国人认为该计划含有歧视性条款,它不过是以一种形式的不平等代替了另一种形式的不平等(普利文计划),阿登纳重申西德的重新武装必须建立在平等的基础上。② 美国迅速武装西德的希望落空。

德国拒绝斯波福德计划和欧洲防务体系建立的不断推迟,对美国的对欧政策产生了重大影响,美国逐渐转向支持普利文计划。多种因素推动了美国的这一转变:首先,1951年以后远东的形势表明,战争蔓延的可能性并不大,东西方在欧洲进行军事对抗的压力得到缓解,德国重新武装的迫切性大为减弱。其次,美国认识到,法国不会接受欧洲防务集团以外的任何德国重新武装计划。再次,艾森豪威尔(Dwight D. Eisenhower)开始公开支持欧洲防务集团计划,将其视为当时使欧洲防务力量最大化的一个可行方式。最后,1951年年初美国参议院通过关于美国国际角色的"大辩论",最终批准了行政部门提出的关于增派部队到西欧的动议,同意任命一位美国将军担任盟军最高司令。参议院的决议特别指出,欧洲地面部队应对盟国地面部队作出必要的贡献,后者还要利用意大利、联邦德国和西班牙的军事资源。③

在这种背景下,对美国人来说,德国的重新武装很大程度上已经成为一个政治问题而不是军事问题。欧洲防务集团计划不仅为保证欧洲更为紧密的防务合作和建立自立的大陆军事组织提供了框架,而且通过一体化

---

① 洪邮生:《英国与德国的重新武装》,第63页。

② Duke, *The Elusive Quest for European Security: From EDC to CFSP*, p. 21; Smith, *NATO Enlargement during the Cold War: Strategy and System in the Western Alliance*, p. 109.

③ Smith, *NATO Enlargement during the Cold War: Strategy and System in the Western Alliance*, pp. 109—110;洪邮生:《英国与德国的重新武装》,第63页;刘芝平:《冷战时期联邦德国在北约发展中的地位和作用》,第13—14页;Duke, *The Elusive Quest for European Security: From EDC to CFSP*, pp. 22-23.

的途径使法德和解,为联邦德国的重新武装提供了一个解决办法,最终可使联邦德国完全融入西方世界。这两点——西欧防务自立与法德和解——均符合美国在欧洲的长期安全目标。①

美国的决定对英国产生了决定性影响,再加上英国同样认识到除普利文计划外法国不会接受任何其他方案,它最终也接受了普利文计划。在英国不参加的前提下,普利文计划自有对英国的有利之处:能满足联邦德国的平等待遇要求;将纯军事的西德重新武装问题纳入更为广泛的西欧一体化政治轨道中,不仅可以使法国人容易接受一些,而且可以减轻英德和其他国家舆论对德国军国主义复活的担忧;艾森豪威尔被提名为临时欧洲防务委员,欧洲防务集团与北约的这种联系能够保证前者服从北约一体化部队最高司令部的统一指挥。②

1951年9月14日,美、英、法三国外长华盛顿声明体现了英国对欧洲防务集团政策的这一调整。英国随后又同意与欧洲防务集团六国(法国、联邦德国、意大利、比利时、荷兰、卢森堡)签署互助条约,保证在欧洲防务集团任何成员国或欧洲军受到攻击时,向其提供军事援助,旨在进一步解除法国的后顾之忧。这两个步骤有力地促进了六国最终于1952年5月在巴黎签订《欧洲防务集团条约》。③ 而在前一天,美、英、法三国和联邦德国代表在波恩签订了《关于德意志联邦共和国和三大国关系的条约》,即《一般性条约》或《波恩条约》。它规定:美、英、法三国废除占领法规,但三国军队仍留驻联邦德国境内。

虽然《欧洲防务集团条约》中仍有一些歧视性条款,但是对联邦德国来说,这至少开启了其未来进一步融入欧洲的可能性。而且,同时签订的《一般性条约》使波恩获得了结束被占领状态和恢复主权的前景。尽管在国内受到了一些批评,联邦德国还是对这一结果表示满意并获得了联邦议院的批准。在阿登纳总理看来,保持中立将会给联邦德国带来极大的危害甚至灾难,重新武装则是有利于联邦德国的生存、发展和统一的。④

---

① 洪邮生:《英国与德国的重新武装》,第63页。
② Smith, *NATO Enlargement during the Cold War: Strategy and System in the Western Alliance*, p. 110;洪邮生:《英国与德国的重新武装》,第63—64页。
③ 洪邮生:《英国与德国的重新武装》,第64页。
④ Haftendorn, "Germany's Accession to NATO 50 Years On";刘芝平、饶国宾:《阿登纳与联邦德国建国初期的重新武装问题》,《德国研究》2009年第3期。

然而,法国对最终签署的《欧洲防务集团条约》很不满意。条约规定联邦德国部队将以1.3万人的师级编制编入欧洲军,这大大超过了法国最初的设想。英国没有加入欧洲防务集团进一步加大了法国对联邦德国军事力量的担忧,害怕它成为欧洲防务集团及西欧的主宰。另外,法国还希望在限制联邦德国军队独立的同时,保持法国独立的国家军队和法兰西联邦的完整,从而保持其世界大国地位,因而对于该组织的超国家性顾虑重重,朝野反对之声不断。然而,这些要求都没有得到满足。法国还试图以国内反对为由从联邦德国那里得到更多让步,包括联邦德国在五到八年内不实施任何超国家法规,在此期间德国军事力量由法国人指挥,在萨尔地区未来归属问题上向法国做出妥协等,这遭到波恩方面的拒绝。此外,1954年7月法国在苏联的支持下达成了关于印度支那问题的《日内瓦协议》,这使它有理由减少对苏联威胁的担忧。[1] 因此,尽管美国不断施压,法国国民议会还是在1954年8月30日否决了《欧洲防务集团条约》。

三、同盟的"危机"与艾登计划的实施

法国国民议会对《欧洲防务集团条约》的否决引起美国的强烈不满。彼时的艾森豪威尔总统及国务卿杜勒斯(John Foster Dulles)对美国政府倾注数年心血而一朝付之东流十分恼火,因为美国不仅期望西德能够最终以平等的身份加入北约,而且将欧洲防务集团视为进一步使其融入欧洲超国家一体化的平台,而欧洲一体化的发展乃是欧洲长治久安的保证,这正是美国的欧洲战略和高度重视该组织的关键所在。《欧洲防务集团条约》被否决的次日,杜勒斯便在一份声明中发出威胁说,美国现在必须"重新评估它的对外政策,尤其是它与欧洲的关系"。[2] 美国的强烈反应使盟国大为不安,跨大西洋关系一时紧张起来,以致被认为出现了危机。

其实,美英早已在寻找建立欧洲防务集团失败后的替代方案。美、英、法三大国在1952年就已达成一致,如果欧洲防务集团未能实现,西德重新武装问题必须作为包括结束其被占领状态在内的一揽子问题解决,它们还保证尽快找出一个新的解决方案。[3] 但是三大国一直没有找到令人满意

---

[1] 刘芝平:《冷战时期联邦德国在北约发展中的地位和作用》,第30页;Haftendorn, "Germany's Accession to NATO 50 Years On".

[2] *FRUS*, 1952–54, Vol. V, pp. 1120–1122.

[3] Haftendorn, "Germany's Accession to NATO 50 Years On".

的替代方案。危急关头,英国挑起了大梁。

1954年9月5日,英国外交大臣艾登(Anthony Eden)提出,可以让西德加入布鲁塞尔条约组织以替代欧洲防务集团。这样不仅能够使西德被正式纳入西欧防务,而且前者本是英法主导的西欧防务组织,又不具备超国家性质,容易让法国接受。艾登计划的主要内容是:尽快结束对联邦德国的占领状态;修改《布鲁塞尔条约》,邀请联邦德国参加布鲁塞尔条约组织,将该组织更名为西欧联盟,接纳联邦德国以平等成员国身份加入北大西洋公约组织,联邦德国可以有一支受控于西欧联盟的军队;英美保证将长期在欧洲驻军,以消除法国对武装后的联邦德国的恐惧;等等。①

艾登计划的核心是"北约—布鲁塞尔条约"双重结构,它是以政府间合作的形式建立的一个松散的政治军事同盟,不具有超国家机构的性质。但是用西欧联盟的方式把联邦德国重新武装起来,又把它捆绑在西欧阵营内与其宿敌法国同在一个防务体系,其作用是显而易见的:既壮大了西方阵营的防御力量,又避免法德两国发生军事冲突,达到了重新武装联邦德国的目的。虽然美国起初对艾登计划并不满意,但是也别无良策。为防止法国再次拒绝,英美威胁说,如果法国不同意,它们将会抛开法国继续推进。在英美的双重压力和安全保证下,法国最终接受了艾登计划,同时要求,必须使扩大后的《布鲁塞尔条约》足以限制联邦德国的军事自由并阻止它再次发动侵略。随后,联邦德国同意对重新武装做出自愿限制,西欧盟国也接受了艾登计划。②

在艾登的积极斡旋下,1954年9月28日到10月3日,美国、英国、法国、联邦德国、意大利、比利时、荷兰、卢森堡和加拿大九国外长在伦敦举行会议。与会各国就结束联邦德国占领状态、修订《布鲁塞尔条约》并邀请联邦德国和意大利加入布鲁塞尔条约组织,以及邀请联邦德国加入北约三项议题达成了一致。美国重申了对西欧的安全保证,联邦德国则需保证不制造原子武器、化学武器和生物武器,绝不以武力来实现重新统一或改变目前德国的疆界,以和平方法解决与其他国家的争端。会议结束时通过了最

---

① 刘芝平:《冷战时期联邦德国在北约发展中的地位和作用》,第34页;张才圣:《西德重新武装与西欧早期一体化》,第51页。

② 张才圣:《西德重新武装与西欧早期一体化》,第51页;刘芝平:《冷战时期联邦德国在北约发展中的地位和作用》,第34页;Smith, *NATO Enlargement during the Cold War: Strategy and System in the Western Alliance*, p. 113.

后议定书,声明尽快结束对联邦德国的占领状态,邀请其加入北约。

根据伦敦会议达成的原则协议,九国于10月21日到23日在巴黎举行了一系列会议,签署了《巴黎协定》。根据该协定,西德、意大利加入布鲁塞尔条约组织,该组织更名为西欧联盟;西德在与其他国家地位平等的基础上加入北大西洋公约组织;结束对西德的占领状态,西德获得独立主权国家地位,拥有处理内政外交的全部权力。1955年5月5日,协定正式生效,联邦德国成为北约正式成员。

从联邦德国的成立到其重新武装的最终实现,意味着西方对德政策转变的完成,即从伊斯梅勋爵所说的"压住"德国人到扶植德国,使西德在战败后短短十年内就恢复了国家主权,成为西方阵营中反苏的桥头堡。因此,北约的使命也相应地演变为:为了"挡住"俄国人,不仅"邀请"进了美国人,而且扶植起了德国人。从跨大西洋关系来看,通过西德重新武装问题的解决,美国加强了对西欧的安全承诺,英国也以条约形式对欧洲大陆承担了义务。北约不仅仅是一项军事保证,而且成为西欧的一个永久性机构、西欧的核心组织,[①]甚至是大西洋同盟的纽带和象征,欧美关系得到了强化。所以,尽管西德重新武装之路一波三折,欧美矛盾贯穿始终,但共同的安全利益毕竟占主导地位,而纷争又受制于不对称的欧美权力结构。

第三节 戴高乐的公开挑战:同盟结构性矛盾的呈现[②]

一、戴高乐发起挑战的背景和政策基础

战后初期,欧洲急需美国的帮助以恢复经济社会发展,走出战争造成的残破局面。同时,由于冷战爆发,美欧面临共同的苏联威胁,欧洲需要美国提供安全保护,特别是核保护,大西洋两岸建立起密切的同盟合作关系。然而,进入20世纪50年代以后,随着西欧国家经济的恢复和发展,欧美经济实力的相对地位发生变化,西欧国家越来越难以容忍长期以来的由美国

[①] Smith, *NATO Enlargement during the Cold War: Strategy and System in the Western Alliance*, pp. 119, 125-126.

[②] 本节主要从战略和跨大西洋关系层面分析戴高乐的挑战所反映出来的欧美同盟中的结构性矛盾。关于戴高乐政府相关政策发展的更多内容见第四章第二节。

控制局面,开始向美国的霸权地位发起挑战,追求双方更为平等的关系。另一方面,1962年的古巴导弹危机客观上促进了美苏关系和东西方关系的缓和,同时美苏核力量也逐渐趋于均衡,双方关系进入了一段平稳期,也使西欧更加趋向于独立自主。"如果说美苏关系和东西方关系中出现的缓和势头,再次对西方联盟的黏合剂产生了稀释作用的话,那么,美欧之间初露端倪的权力关系调整则加剧了大西洋联盟内的离心倾向。"① 可以说,国际环境和美欧关系发生了某种结构性的变化,美国的领导地位受到质疑,大西洋联盟的性质也需要重新思考。正是在这种背景下,戴高乐对冷战两极结构和美国霸权地位发起了挑战,力图重塑法国的世界大国地位。

作为法兰西民族的杰出代表,1958年重新上台的戴高乐总统一直将法兰西的重新"伟大"视为自己的使命。戴高乐认为,自从大西洋联盟建立之后,国际环境已经发生了极大的变化,现存的联盟结构已不适应新的政治—战略现实,其中最重要的是核因素。② 亨利·基辛格在其探讨大西洋关系的著作中就认为,联盟在核时代面临更大困境,核武器使联盟过时,因为在面临彻底毁灭的风险时,没有国家会为了他国而冒风险。③ 另一方面,1957年后美苏核均势发生变化,苏联核运载工具的发展,使美国本土受到天然保护的时代一去不复返。在这一新形势下,艾森豪威尔政府时期制定的"大规模报复"战略已失去可信度。此外,基辛格还强调,随着非殖民化进程的发展,在联盟内部只有美国拥有世界范围内的利益,这不免造成双方视角的差异。④

因此,在美欧双方实力对比发生变化、美苏关系缓和、新的核时代背景等因素影响下,跨大西洋关系面临调整。戴高乐认为,必须走出美苏两大集团对抗的结构,改变欧洲对美国的依附地位,使之成为法国领导下的独立自主的第三大力量,以重塑法国的世界大国地位。他主张建立一个以法国为主导的、以法德合作为支柱的由各主权国家联合起来、摆脱美国和苏

---

① 赵怀普:《当代美欧关系史》,第118页。
② Frédéric Bozo, *Two Srategies for Europe: De Gaulle, the United States, and the Atlantic Alliance* (translated by Susan Emanuel), Lanham, Maryland: Rowman & Littlefield, 2001, p. xii.
③ Henry A. Kissinger, *The Troubled Partnership: A Reappraisal of the Atlantic Alliance*, pp. 11 - 13.
④ Henry A. Kissinger, *The Troubled Partnership: A Reappraisal of the Atlantic Alliance*, p. 9.

联控制的欧洲,使其"成为世界三大势力之一,必要时,使它成为苏联和盎格鲁—撒克逊两大阵营之间的仲裁者"。这就是法国的欧洲战略:首先要实现法德和解,建立法德联盟;其次是建设"(欧共体)六国的欧洲",然后扩大到整个西欧;最后实现"从大西洋到乌拉尔"的欧洲。①

另一方面,法国国内也逐渐具备了推行独立抗美政策的条件。20世纪60年代是法国经济发展的"黄金时代",国内生产总值年均增长水平达5.8%,其增长速度居资本主义世界前列。这种经济形势为戴高乐推行独立外交提供了物质基础。国内新宪政体制的确立,第五共和国新宪法赋予了总统制定和掌握政策的权力,这就使戴高乐能排除一切干扰,将其经多年构思形成的政策设想付诸实施。尤其是1962年结束了阿尔及利亚战争,法属殖民地国家先后独立,法国不仅卸掉了其背负的沉重包袱(为维持殖民统治所付出的代价),而且为发展同第三世界国家的关系以借重第三世界的力量抗衡超级大国,开辟了道路。最后,独立核力量的建立和发展,既是法国独立政策的主要表现之一,也成了其在各个领域与美国分庭抗礼的重要资本。② 法国政府的政策在一定程度上也是民意的反映。根据一项调查,1956年年末,只有10%的法国人认为美国是在平等的基础上对待法国的(到1957年年末这个数字更仅仅是4%),却有高达39%的人认为美国对法国政策的影响是多余的。③ 国内外的新环境,为戴高乐发起挑战提供了有利条件和坚实基础。

在战后初期,法国是不愿接受冷战逻辑及结果的。但是到20世纪40年代末,冷战加剧,法国选择参与大西洋同盟。④ 然而很快,一系列危机使法国感到北约成员的身份对于受国际不稳定和殖民问题困扰的法国来说是有问题的。可以说,从同盟建立开始,法国对大西洋政策就充满担忧。法国清楚地看到同盟成员身份使它面临一些中长期风险。首先,北约支持下联邦德国的重新武装对法国来讲是不可接受的。其次,在非殖民化的背

---

① 王绳祖主编:《国际关系史》(第九卷),北京:世界知识出版社,1996年,第197页。
② 王绳祖主编:《国际关系史》(第九卷),第192—193页。
③ Frédéric Bozo, *Two Strategies for Europe: De Gaulle, the United States, and the Atlantic Alliance*, p. 3.
④ Frédéric Bozo, "France, 'Gaullism,' and the Cold War,"in Melvyn P. Leffler and Odd Arne Westad, eds., *The Cambridge History of the Cold War*, Vol. II: *Crises and Détente*, Cambridge: Cambridge University Press, 2010, p. 158.

景下,法国是否能获得大西洋盟友对其海外政策的承认,法国的海外利益将会面临何种前景?最后,在一个盎格鲁—撒克逊人主导的大西洋联盟下,法国无疑将会被边缘化,这是它不愿看到的。因此,到第四共和国后期,法国就已对北约感到不满,并逐渐失去信心。① 大西洋主义越来越让人失望,盎格鲁—撒克逊人只是把法国当作一个"小伙伴",特别是在核武器问题上。结果,从20世纪50年代早期开始,法国的北约政策逐渐成了争取被视为三强之一的斗争。②

戴高乐的一些政策仅仅是第四共和国政策的逻辑延伸,一些政策转向在戴高乐上台之前就已经开始。发展核武器政策始于二战后不久,且得到了每届政府的支持。戴高乐1960年2月做出进行首次核爆炸的决定,仅仅是重新确认了1958年4月第四共和国最后一届政府的决定。③ 1954年法国国民议会否决《欧洲防务集团条约》,标志着法国对北约结构和美国不愿法国获得核武器不满的开始。④ 1956年的苏伊士运河危机使法国感到受了羞辱,认识到北约的不可靠,也使北约的性质受到质疑。法国领导人对美欧在一个地区(欧洲—大西洋)结盟,而在另一个地区冲突的事实感到难以理解。⑤ 苏伊士危机是法国走向战略独立的转折点,也是其最终走向1966年退出北约军事一体化的真正起点。⑥ 戴高乐与联邦德国发展密切关系的追求也在很大程度上归功于第四共和国的政策。戴高乐上台时,法国与西德的历史性和解已经得到很好的发展,并在诸如欧洲煤钢联营等国际机构中得以体现。法德《爱丽舍条约》仅仅是法典化和加强了已经持续

---

① Frédéric Bozo, *Two Strategies for Europe: De Gaulle, the United States, and the Atlantic Alliance*, pp. 1 – 2.

② Frédéric Bozo, "France, 'Gaullism,' and the Cold War," in Melvyn P. Leffler and Odd Arne Westad, eds., *The Cambridge History of the Cold War*, Vol. II: *Crises and Détente*, p. 163.

③ Mark Kramer, "Introduction: De Gaulle and Gaullism in France's Cold War Foreign Policy," in Christian Nuenlist, Anna Locher, and Garret Martin, eds., *Globalizing de Gaulle: International Perspectives on French Foreign Policies, 1958 – 1969*, New York: Lexington Books, 2010, p. 2.

④ Kramer, "Introduction: De Gaulle and Gaullism in France's Cold War Foreign Policy," p. 18.

⑤ Pierre Mélandri, "The Troubled Partnership: France and the United States, 1945 – 1989," in Geir Lundstad, ed., *No End to Alliance: The United States and Western Europe: Past, Present and Future*, New York: St. Marin's Press, 1998, p. 123.

⑥ Frédéric Bozo, "France, 'Gaullism,' and the Cold War," p. 164.

了15年的趋势。① 因此,有人甚至认为,即便没有戴高乐,20世纪50年代末到60年代末的法国对外关系也不会有根本不同。② 这一观点尽管不无夸大其词,但反映了法国对外政策的连续性和戴高乐主义的产生并不是偶然的。

二、美国对危机的反应

戴高乐政策的核心就是要恢复法国的独立和大国地位,而北约成员的身份在他看来是实现这一目标的一大障碍。事实上,在上台前,戴高乐就已表达了他对北约的不满。戴高乐上台后采取的第一个重要外交举措,就是在1958年9月发给美英领导人一份秘密备忘录,提出美、法、英"三国领导体制"(或"三驾马车")共管跨大西洋同盟的建议。这份备忘录表明了法国大西洋政策的新取向,也清楚地标志着法国作为一个主要西方大国的回归。③ 自此到1966年法国退出北约军事一体化机构,戴高乐的政策保持了相当的连续性。④ 可以说,在此期间,戴高乐一以贯之地践行着他超越冷战两极体系、恢复法国独立自主和大国地位的大战略。

1966年3月7日,通过美国驻法大使波伦,戴高乐转交给美国约翰逊(Lyndon Johnson)总统一份备忘录。其中指出,由于现在的形势和法国的地位与力量同成立北约时大不相同了,同盟成立后在军事方面作出的规定对法国已不再适用。由于盟国军队在法国长期驻扎和对法国领空的使用,法国的主权受到了损害。现在在法国决定在它的领土上全面恢复行使主权,法国不再参加统一的北约指挥部,法国军队也不再受北约的支配。3月9日,法国公布了信的内容,并宣称它不参加北约组织的军事一体化机构,并非退出北约;对于法国来说,同盟将继续存在下去。⑤ 由此,北约建立后的第一次重大危机爆发。

美国和北约对戴高乐的挑战并不感到吃惊,因为法国退出北约军事一

---

① Kramer, "Introduction: De Gaulle and Gaullism in France's Cold War Foreign Policy," p. 18.

② Kramer, "Introduction: De Gaulle and Gaullism in France's Cold War Foreign Policy," p. 16.

③ Frédéric Bozo, *Two Strategies for Europe: De Gaulle, the United States, and the Atlantic Alliance*, pp. 1, xi.

④ Garret Martin, "Conclusion: A Gaullist Grand Strategy?", in *Globalizing de Gaulle: International Perspectives on French Foreign Policies, 1958–1969*, p. 295.

⑤ Garret Martin, "Conclusion: A Gaullist Grand Strategy?", p. 295.

体化是一个渐进的过程,法国1966年3月的决定是一系列相似决定的最后一步,因此是可以预见的,只是戴高乐的决策方式使盟国感到有些吃惊。另外,法国也并非与北约决裂,因为退出只是军事上的,在政治上法国依然留在北约,并且法国承诺在战争情况下与北约进行军事合作。戴高乐甚至也认为这是法国与北约关系新的开始。①

确实,戴高乐的立场在北约内部并不是秘密。在上台之前他已对记者讲过,他上台后法国将退出北约。西德总理阿登纳也早在1958年5月中旬就曾警告说,应阻止戴高乐上台,以避免三重危险:巴黎和莫斯科的联盟,法国从北约的退出,欧洲一体化的终结。② 因此,美国和包括英国、西德在内的北约盟国在1965和1966年年初已做了长期准备,使联盟得以应对戴高乐的挑战而不至于产生持久的破坏性影响。

戴高乐的决定标志着跨大西洋关系中结构性矛盾所导致的纷争之顶点,但从美国方面来看,更重要的是它也是一个起点,美国由此对盟国关系进行了重要调整,重建了它在北约的领导地位。③ 不过对于这场危机,起初美国只是被动地做出反应,后来逐渐学会了温和地应对这一挑战,接受了法国的要求而不是针锋相对,最终采取了一种更加主动和建设性的方式。

事实上,美国的温和反应在政府内部经历了一个形成过程。美国政府内部在如何应对上存在分歧:一方面,国务院出于政治考虑,倾向于采取强硬态度;另一方面,五角大楼和军方支持采用一种更温和的政策。④ 约翰逊总统是一位拥有30多年从政经验的政治家,⑤ 他采取了以柔克刚的态度。约翰逊后来回忆说:"许多人期待我谴责法国领袖这一动议,抵制他的

---

① Frédéric Bozo, "The NATO Crisis of 1966 - 1967: A French Point of View,"pp. 111 - 112.

② Diary Entry by Herbert Blankenhorn, May 19, 1958, Federal Archive, Koblenz (BA), Blankenhorn Papers, Vol. 87. Quoted in Anna Locher and Christian Nuenlist, "NATO Strategies toward de Gaulle's France, 1958 - 1966: Learning to Cope," in *Globalizing de Gaulle: International Perspectives on French Foreign Policies, 1958 -1969*, p. 87.

③ Frédéric Bozo, "The NATO Crisis of 1966 - 1967: A French Point of View," in Helga Haftendorn et al. eds., *The Strategic Triangle: France, Germany, and the United States in the Shaping of the New Europe*, Baltimore: The Johns Hopkins University Press, 2006, p. 103.

④ Frédéric Bozo, "The NATO Crisis of 1966 - 1967: A French Point of View," pp. 112 - 114.

⑤ Davidson, "Dealing with de Gaulle: The United States and France," p. 124.

分裂手段,但我早就决定,对付戴高乐强烈民族主义的唯一办法是克制与忍耐。"如果攻击了戴高乐,那只会进一步激起法国的民族主义情绪,挫伤法国人的自豪感。这样做也只会在欧洲共同市场诸国中制造摩擦,并使它们的国内局势复杂化。因此,约翰逊告诉他的国防部长麦克纳马拉(Robert McNamara):"当一个人让你离开他的家,你别争论,拿起帽子就走。"① 约翰逊总统倾向于军方的温和政策,并认识到法国退出是一个解决很多与联盟相关问题的机会:从灵活反应战略到核分享,甚至是与美国军事存在相关的财政负担问题以及缓和问题。不少西方学者给予约翰逊高度评价,称他在处理北约和法国问题上"远比肯尼迪灵活"。② 历史证明他的决策是正确的,他很好地利用了1966—1967年的危机。③

约翰逊政府的灵活应对是危机得以解决并使美国领导地位得以加强的关键,使得1966年的跨大西洋同盟危机转变为美国的一个机会。④ 由于法国的退出,北约反而可能走向所谓的"合理化""民主化",北约以"14＋1"的方式运作使其得以采取"灵活反应战略",这标志着"走出在战略上解决同盟分歧的一大步"。事实上,美国成功地利用了戴高乐的决定作为重建美国领导地位、恢复北约统一的工具。在战略方面,美国也利用与法国的分歧作为杠杆恢复了同盟对美国"灵活反应战略"的一致认可,法国的战略概念被边缘化。另一方面,北约通过积极参与缓和而使缓和过程"北约化",从而使同盟的政治合法化得以恢复。⑤ 总之,戴高乐的挑战虽迫使

---

① Lyndon Johnson, *The Vantage Point, 1963 - 1969*, New York: Holt, Rinehat and Winston, 1971, p. 305.

② Kramer, "Introduction: De Gaulle and Gaullism in France's Cold War Foreign Policy," pp. 8 - 9.

③ Thomas A. Schwartz, "The de Gaulle Challenge: The Johnson Administration and the NATO Crisis of 1966 - 1967," in Haftendorn, et al., eds., *The Strategic Triangle: France, Germany, and the United States in the Shaping of the New Europe*, pp. 127 - 145.

④ James Ellison, *The United States, Britain and the Transatlantic Crisis: Rising to the Gaullist Challenge, 1963 - 68*, New York: Palgrave, 2007; Helga Haftendorn, *NATO and the Nuclear Revolution: A Crisis of Credibility, 1966 - 1967*, Oxford: Clarendon Press, 1996; Frédéric Bozo, "Détente Versus Alliance: France, the United States and the Politics of the Harmel Report, 1964 - 1968," *Contemporary European History*, Vol. 7, No. 3, November, 1998, pp. 343 - 360; Thomas Schwartz, *Lyndon Johnson and Europe: In the Shadow of Vietnam*, Cambridge, MA: Harvard University Press, 2003.

⑤ Frédéric Bozo, "The NATO Crisis of 1966 - 1967: A French Point of View," pp. 116 - 119.

美国对北约进行调整,却不是按照他设想的方式进行的。

然而,这次危机毕竟反映了跨大西洋关系中深层次的结构性矛盾,裂痕已经造成,尽管美国的温和应对和北约的调整化解了危机,但并不能掩盖这种结构性矛盾存在的事实。

三、一种戴高乐主义的大战略?

戴高乐 20 世纪 60 年代对北约和美国霸权的挑战,一直以来广受争议,存在着颇为不同的解读。在法国,戴高乐的决定很快成了恢复法兰西民族独立的神话;在美国,它被认为本质上是反美的;而在联盟内部,则被视为离经叛道。① 而关于戴高乐是否在其挑战中贯彻了一种大战略,或者说是受一种大战略的指导,也存在着不同的看法。有一些同戴高乐打过交道的政治家,还有一些学者,认为戴高乐没有贯彻一种大战略。比如时任北约秘书长斯巴克说:"我在他的行为中没有看到连贯追求的信条或大战略。"还有一些人认为戴高乐确实有着某种大战略,却是服务于自私、狭隘甚至不负责任的目标的。还有一部分人则认为,戴高乐的对外政策是克服冷战秩序和改变国际现状的尝试,他认为现有主导体系是危险的,被美国著名学者斯坦利·霍夫曼(Stanley Hoffman)所称的一种"全球修正主义"所驱动。他不仅要恢复法国的尊严,还想摆脱超级大国的主导,塑造一种基于民族国家多样性满足它们自身需要的国际秩序,力图挑战冷战秩序,谋求大国地位。② 看起来,戴高乐的政策超越了长期以来被认为的狭隘的民族主义目标,③ 他确实有一个大战略,集中于重获法国的大国地位和超越欧洲的冷战秩序。④

戴高乐始终强调国家是国际事务中的首要行为体,他不信任超国家一体化,对其有着长期的敌意。⑤ 他关于国际秩序的观点以三个元素为基础:平衡、领导地位和斗争。戴高乐相信冷战是二战特殊环境下产生的反

---

① Frédéric Bozo, *Two Strategies for Europe: De Gaulle, the United States, and the Atlantic Alliance*, p. x.
② Martin, "Conclusion: A Gaullist Grand Strategy?", pp. 293 - 294.
③ Frédéric Bozo, *Two Strategies for Europe: De Gaulle, the United States, and the Atlantic Alliance*, p. x.
④ Martin, "Conclusion: A Gaullist Grand Strategy?", p. 291.
⑤ Frédéric Bozo, *Two Strategies for Europe: De Gaulle, the United States, and the Atlantic Alliance*, p. 9.

常状态,认为两极没有多极稳定,在国际舞台上的成功需要坚强领导和强大国家。① 戴高乐的做法代表了东西方关系的一种独特的路径,来自一种复杂的、有时是矛盾的对现状的适应与不满的结合。它可以被称作"冷战修正主义",努力追求超越雅尔塔体系,变革国际秩序,走出集团对抗。他认为当前的东西方秩序一定会终结,至少从长期看是如此;在新的欧洲体系里,法国将处于领导地位。②

戴高乐大西洋政策的核心是实力、独立和尊严。可以说,戴高乐发起挑战的顶点时期,也是法国实力达到顶点的一个时期,其拥有史无前例的经济扩张、政治稳定,以及可以操作核的能力。独立,包括军事独立是不变的政策基石——因此外国军事存在与国家主权完全不相符;战略独立——核武器不能被分享,这加强了法国从北约分离的逻辑;政治独立——法国的目标是世界大国地位,这与留在北约内做二流国家是矛盾的。而戴高乐深知法美实力不对等,因此需要战略不妥协和策略灵活构成的尊严政策,同时表现为语言强硬、尝试出奇制胜以及对谈判缺乏耐心。③

这种尊严政策首先是一个大战略,正如霍夫曼所言,实力、独立与尊严对戴高乐而言是与变革国际体系的大战略不可分的,包括西方—西方和东方—西方两个方面。在西方—西方方面,戴高乐并非要削弱北约。在整个过程中,甚至在1965—1967年挑战的顶点时期,戴高乐从未严重质疑大西洋联盟,也没有质疑美国卷入旧大陆的必要性。他是要改革北约以适应新的国际环境,特别是新的核对峙现实。而在这其中,西欧独立自主是其政策的根本组成部分和推动力。④

关于东方—西方或泛欧洲方面,戴高乐的挑战在其顶点时刻甚至真有超越冷战逻辑、转变国际体系的可能。起初几年,面对一系列危机,他坚定地站在西方一边;然而,1964年后他的大西洋政策越来越清晰地被"缓和、

---

① Frédéric Bozo, *Two Strategies for Europe: De Gaulle, the United States, and the Atlantic Alliance*, p. 292.
② Frédéric Bozo, "France, 'Gaullism,' and the Cold War," pp. 159, 165 – 166.
③ Frédéric Bozo, *Two Strategies for Europe: De Gaulle, the United States, and the Atlantic Alliance*, p. xi.
④ Frédéric Bozo, *Two Strategies for Europe: De Gaulle, the United States, and the Atlantic Alliance*, p. xii.

第一章 冷战与跨大西洋同盟关系

谅解、合作"所主导。① 事实上,法国调整与苏联的关系和向美国的霸权挑战、争取独立自主的权利几乎是同步进行的。法国在退出北约军事一体化机构的同时,对苏联、东欧国家推行的"缓和、谅解、合作"政策也取得了新进展。1966年6月21日至7月1日,戴高乐正式访问苏联,这是法国对苏新政策推行进程中的最重大举动。这使西方感到不安,认为法国在采取中立主义政策,这种看法其实是错误的。② 戴高乐的"缓和、谅解、合作"政策的立足点是坚定地站在西方阵营一边,不仅在危及西方利益的重要关头毫不犹豫地站在西方一边,而且力图"要使俄国发生演变,使之从自由的人民和自由的民族共同取得的进步中看到自己的前途",实现从大西洋到乌拉尔的新平衡,使欧洲在协调和合作中得到建设。③

戴高乐关于法国和国际体系的目标没能实现。到1969年4月戴高乐辞职时,他的全面的修正主义未能改变现状,不管是在东西方关系上还是在两大集团内部。④ 他的外交政策存在一些缺陷,比如轻视意识形态因素,过分夸大法国影响他国的能力。⑤ 更重要的是,戴高乐的政策在实施时面临很大的障碍。首要的就是包括法国在内的整个西欧对美国的长期军事依赖;其次则是其他欧洲国家对戴高乐主张的抵制;而最根本的障碍则来自法国国内,只有法国能够维持长期的财政平衡、经济发展和社会福利,他的政策才能得到支持,获得成功,而这显然很难做到。⑥

事实上,戴高乐要超越冷战体系的做法使美苏双方都觉得受到了挑战。尽管法苏双方存在一些共同利益,苏联乐于看到法国挑战美国霸权和戴高乐对北约的政策,但它的局限性也是非常明显的,苏联显然不欢迎戴高乐要求建立一个更独立的东欧的愿望。⑦ 另外,苏联还没有准备好参与

---

① Frédéric Bozo, *Two Strategies for Europe: De Gaulle, the United States, and the Atlantic Alliance*, p. xiii.
② Frédéric Bozo, "France, 'Gaullism,' and the Cold War," p. 172.
③ 〔法〕阿尔弗雷德·格鲁塞:《法国对外政策:1944—1984》,陆伯源、穆文等译,北京:世界知识出版社,1989年,第203页。
④ Frédéric Bozo, "France, 'Gaullism,' and the Cold War," p. 174.
⑤ Martin, "Conclusion: A Gaullist Grand Strategy?", p. 304.
⑥ Stanley Hoffmann, "De Gaulle, Europe, and the Atlantic Alliance," *International Organization*, Vol. 18, No. 1 (Winter, 1964), pp. 22-27.
⑦ Frédéric Bozo, "France, 'Gaullism,' and the Cold War," p. 171.

一个如戴高乐所设想的欧洲大陆体系。① 而美国显然对戴高乐的修正主义感到更加不安,视其为"反美"。

但另一方面,虽然戴高乐挑战美国霸权和变革国际体系的愿望没有实现,他的修正主义方案在当时也没有取得成功,但戴高乐成功地塑造了一种东西方关系的新视野,它代表了对两极模式的一种有效的替代方案。② 他雄心勃勃的超越冷战两极体系的大战略在当时及之后都具有极大的世界影响。他提供了一个后冷战世界的设想,推动了缓和原则日渐被接受,也对包括跨大西洋关系在内的塑造世界的辩论产生了至关重要的影响。戴高乐的遗产对于理解当代法国对外政策至关重要,可以看出它如何看待自己在世界上的独特角色和对独立自主的强调。③ 戴高乐的政策很大程度上在他的继任者们那里得到了延续,"戴高乐派"始终是法国一支极有影响的政治力量。

虽然北约改革未能按照戴高乐设想的方向进行,但改革一定程度上吸纳了戴高乐的观点,跨大西洋同盟在很多方面不同于从前。在政治上,北约吸纳了戴高乐对东欧的缓和政策,北约革新为"既包括遏制又包括缓和"的机构;在战略方面,北约在核问题上考虑了法国提倡的欧洲战略概念,才使美国的"灵活反应战略"被接受;在军事领域,北约也采取了一种新的军事合作形式,对军事一体化的教条有所调整。可以说,戴高乐的政策在某种程度上为同盟的加强作出了贡献。④

戴高乐在 20 世纪 60 年代对大西洋同盟的挑战,对西方乃至整个世界都产生了极大影响。之所以能够做到这一点,根本原因在于美苏冷战格局和欧美实力对比在 20 世纪 60 年代发生的改变。戴高乐的挑战从根本上说是美欧关系中结构性矛盾的最初呈现,而随着冷战格局的嬗变和欧美实力对比的进一步变化,这种结构性矛盾将不可避免地一再具体表现出来。

---

① Martin, "Conclusion: A Gaullist Grand Strategy?", p. 304.
② Frédéric Bozo, "France, 'Gaullism,' and the Cold War," p. 174.
③ Martin, "Conclusion: A Gaullist Grand Strategy?", p. 304.
④ Bozo, *Two Strategies for Europe: De Gaulle, the United States, and the Atlantic Alliance*, pp. xvi - xvii; Kramer, "Introduction: De Gaulle and Gaullism in France's Cold War Foreign Policy," p. 8.

第四节　美国对苏战略的变化和欧洲的疑虑

一、"缓和"与跨大西洋关系的再调整

20世纪60年代末到70年代末,国际关系的主流就是缓和。"缓和"是指冷战中两大首要敌手之间形成的更加稳定合作的关系。到20世纪60年代末,苏联在战略核武器方面已与美国形成了大致平衡,这种变化的权力对比现实构成了缓和的根本前提。一方面,美国的军事实力及经济发展的稳定性与活力相对下降,再加上越南战争,西欧、日本的经济复兴,美国无法继续它自20世纪40年代末以来的霸权政策。[1] 尼克松和基辛格认识到美国实力的相对下降以及多极的出现,因此在1969年1月20日的就职演说中,尼克松宣称:"在一段时间的对抗之后,我们与苏联进入了一个和谈的时代。"[2] 作为总统,尼克松将他之前对共产主义体系的批判放在一边,选择拓展与冷战对手的共同利益领域,以促进他所说的一种"和平结构"。[3] 另一方面,到20世纪60年代末,苏联也在国内和对外政策上面临一些问题,使它开始寻求与美国发展更紧密的关系:经济不景气,与中国日渐升温的摩擦,以及避免与美国的核对抗。[4]

"缓和"的一个标志是美苏两国通过军控协议谈判来降低核战争的威胁。1972年5月,尼克松对苏联进行了正式访问。5月29日,美苏签订了《美苏关系基本原则宣言》,并发表了《美苏联合公报》。《宣言》规定了双方应共同遵守的12条行为准则,确认以"和平共处""缓和"作为两国关系的指导原则,在相互关系中保持克制。双方保证应尽量避免军事冲突,防止核战争,不谋求对世界的特殊影响,以和平手段解决争端。尼克松和勃列

---

[1] Robert McMahon, *The Cold War: A Very Short Introduction*, Oxford: Oxford University Press, 2003, pp. 122-123.

[2] Richard Nixon, "Inaugural Address" (January 20, 1969), *Public Papers of the President of the United States*, Washington, DC: US Government Printing Office, 1970, p. 3.

[3] Robert D. Schulzinger, "Détente in the Nixon-Ford years, 1969-1976," in Melvyn P. Leffler and Odd Arne Westad eds. *The Cambridge History of the Cold War, Vol. II: Crises and Détente*, New York: Cambridge University Press, 2010, p. 373.

[4] John W. Mason, *The Cold War, 1945-1991*, New York: Routledge, 1996, p. 50.

日涅夫的这次首脑会晤标志着美苏关系"缓和"高潮的到来。西方舆论称,勃列日涅夫和尼克松的莫斯科会晤和签署的文件,标志着苏美关系在发生"根本转折"。① 不仅如此,两个超级大国还拓展了贸易联系、技术交流和科学分享的范围,并努力制定一套核心"规则"来管理它们的关系,以一种更安全、更有控制的方式管理冷战,以使战争或不稳定的军备竞赛的可能性最小化。②

(一)"新东方政策"与欧洲"缓和"的启动

与超级大国缓和平行展开的是欧洲的缓和进程,③ 有人甚至认为,东西方关系在欧洲的缓和是欧洲对两极体系挑战的结果,缓和首先是一个欧洲的事情,事实上开始于欧洲并且在欧洲持续得更久。④ 从20世纪60年代一直持续到80年代,欧洲有着自己特别的缓和过程,"包括一定程度的从主导超级大国托管下自我解放"。欧洲缓和关注那些不同于美苏之间的问题,它关注的不是核武器而是在东西之间寻找各种经济、文化交流机会,以及边界正式化。⑤ 欧洲缓和进程赢得了欧洲冷战阵营双方的支持,带来了东西欧之间贸易的极大增长、更大的人员自由流动和中欧紧张的平息,也促进了总体上的欧洲和平。⑥

诚然,欧洲缓和与超级大国缓和有关,但又有着不同的渊源——主要动力来自西德而非美国。⑦ 与维利·勃兰特的名字联系在一起的联邦德国的"新东方政策",萌发于20世纪60年代初期。作为彼时的西柏林市长,勃兰特在处理1961年8月的"柏林墙"事件的过程中开始意识到,进入核对抗时期后,在任何重大的危机中,联邦德国事实上已不再能期盼西方盟国的全力投入,除了尽可能避免对抗性冲突外,联邦德国已无其他出路。

---

① 王绳祖主编:《国际关系史》(第十卷),北京:世界知识出版社,1996年,第53—55页。
② McMahon, *The Cold War: A Very Short Introduction*, p. 122.
③ Bozo, *Two Strategies for Europe: De Gaulle, the United States, and the Atlantic Alliance*, p. 131.
④ Jussi M. Hanhimaki, "Détente in Europe, 1962-1975," in Leffler and Westad eds., *The Cambridge History of the Cold War*, Vol. Ⅱ: *Crises and Détente*, pp. 198-199.
⑤ Michael L. Dockrill and Michael F. Hopkins, *The Cold War, 1945-1991* (second edition), New York: Palgrave Macmillan, 2006, p. 104.
⑥ McMahon, *The Cold War: A Very Short Introduction*, p. 131.
⑦ John W. Mason, *The Cold War, 1945-1991*, p. 53.

这使他对战后联邦德国东方政策的主导思想"哈尔斯坦主义"①的继续有效性产生了疑问。② 哈尔斯坦主义孤立了西德自己而非东德。③ 勃兰特认识到"重新统一只有同东西方关系的改变联系起来才有现实意义"。以此为出发点，他开始探索新的东方政策。1966年，勃兰特出任副总理兼外长，由于他的影响，新政府的施政纲领明确表现出愿意与苏联及其他东欧国家改善关系。作为起步，联邦德国在1967年1月与罗马尼亚建立了外交关系，次年与南斯拉夫实现了关系正常化。然而，1968年8月苏联武装干涉捷克斯洛伐克事件，使新东方政策的推进一时蒙上了阴影。④

1969年9月，勃兰特出任社民党—自民党联合政府总理，新东方政策又以更强劲的势头重新起步了。勃兰特在其执政后的第一个施政纲领中，对新东方政策做了全面的阐述，表明了与东欧国家和平相处和实现关系正常化的愿望。他还在演说中承认了两个德国的现实，支持召开欧安会，并宣布联邦德国准备签署《核不扩散条约》——放弃核武装。这些主动表现是十分适时的，得到了苏联方面的响应。⑤ 苏联想利用欧洲缓和来赢得西方对德国分裂和东欧领土现状的接受。⑥

然而，美国人对勃兰特的"新东方政策"相当忧虑，害怕它会给苏联增加平衡西德乃至其他欧洲盟国的筹码。在基辛格的回忆录里，他称尼克松和他被迫与苏联发展一种"美国的缓和"，部分是为了阻止一种西德领导人与苏联的"欧洲的缓和"，后者意图将美国排除在外，分裂西方联盟。⑦ 他们不愿看到自己处于一种独立的德国政策的阴影中。尼克松政府想要确保西方立场足够统一，苏联不能从中渔利。在1969年2月，尼克松曾警告勃兰特，苏联对新东方政策的兴趣是"削弱北约特别是西德的目标"。⑧ 新

---

① 1955年9月阿登纳指出，"联邦政府今后也将把与它保持正式关系的第三国同意志民主共和国建立外交关系视作不友好的行动，因为这种行动会加深德国的分裂"。此后，联邦德国外交部发言人宣称联邦政府将与所有同民主德国建交的国家断交，苏联作为占领国而成为例外。1956年6月，外交部国务秘书哈尔斯坦重申和补充了这种说法，因此到1958年就出现了所谓的"哈尔斯坦主义"。
② 王绳祖主编：《国际关系史》（第十卷），第73—74页。
③ John W. Mason, *The Cold War, 1945-1991*, p. 53.
④ 王绳祖主编：《国际关系史》（第十卷），第74页。
⑤ 王绳祖主编：《国际关系史》（第十卷），第75页。
⑥ John W. Mason, *The Cold War, 1945-1991*, p. 53.
⑦ Dockrill and Hopkins, *The Cold War, 1945-1991* (second edition), pp. 105-106.
⑧ Hanhimaki, "Détente in Europe, 1962-1975," p. 210.

东方政策引起了美国关于联邦德国可能恢复在东西方之间摇摆的传统政策的恐惧,而跨大西洋同盟刚刚经受了戴高乐的挑战。正如基辛格所言,西德可能寻求类似的民族主义"擅自退出"的前景使华盛顿充满惶恐。他担心的是权力的全球多极化可能最终扩展到欧洲,在欧洲,戴高乐已成为这种多极化的代言人,看起来德国新东方政策的长远目标也是朝向这个方向的。这些目标的实现可能导致美国丧失在德国问题上的发言权。为了避免一种选择性缓和,看起来美国应该在塑造西德的新东方政策上采取积极措施,以便对其加以控制。①

勃兰特非常明白将他的行动与美国的政策协调起来的必要性。他并不想与北约产生裂痕,而是想找到办法将新东方政策与北约政策协调起来。正如埃贡·巴尔(Egon Bahr)在名为《关于一个未来联邦政府的对外政策》的备忘录(这构成联合政府对外政策的基础)里所说:"美国仍然是我们最重要的伙伴;我们的安全最终取决于我们与美国的关系……大西洋同盟以及我们与美国的密切联系必须仍然作为我们政策的基础。"② 与苏联的谈判也只有在获得西方盟友的完全支持下才可能成功。甚至在就任总理之前,勃兰特就派巴尔到华盛顿告知美国政府他的意图,打消美国关于他的政府可能在亲西方倾向上有所动摇的疑虑。一条白宫和总理办公室之间的幕后渠道也建立了起来,确保基辛格与巴尔之间的沟通。后来,正是通过这条渠道,巴尔经常告知基辛格他与莫斯科的谈判情况。③ 尽管有些矛盾,美国还是给予了勃兰特支持,这对新东方政策是至关重要的。

尽管新东方政策的最终目标是实现两德统一,但勃兰特政府非常清楚,这只有在与莫斯科实现关系正常化之后才能实现。④ 从1970年1月底起,联邦德国与苏联就双方关系进一步正常化问题举行会议。经过四轮

---

① Klaus Schwabe, "Détente and Multipolarity: The Cold War and German-American Relations, 1968-1990," (Translated by Richard Sharp) in Detlef Junker ed., *The United States and Germany in the Era of the Cold War, 1945-1990, a Handbook*, Vol. 2: 1968-1990, pp. 2-3.

② Werner Link, "Ostpolitik: Détente German-Style and Adapting to America," (Translated by Richard Sharp) in Junker ed., *The United States and Germany in the Era of the Cold War, 1945-1990, a Handbook*, Vol. 2: 1968-1990, p. 35.

③ Helga Haftendorn, "German Ostpolitik in a Multilateral Setting," in Helga Haftendorn et al., eds., *The Strategic Triangle: France, Germany, and the United States in the Shaping of the New Europe*, pp. 212-213.

④ Haftendorn, "German Ostpolitik in a Multilateral Setting," p. 212.

谈判后,双方就一项《苏德互不侵犯条约》达成了协议,并在当年8月勃兰特访苏时举行了签字仪式。该条约虽然是双边性的,但由于确认了互不使用武力和现有边界不可侵犯,这就为联邦德国与其他东欧国家的关系正常化扫清了道路。与此同时,勃兰特还迈出了改善与波兰关系的重要一步。两德间的政治关系也出现了解冻,1972年7月两德开始就一项基本条约进行谈判,并在当年12月就双方达成的关系基础条约举行了签字仪式。虽然仍然坚持"一个德国"和德国重新统一的目标,西德还是正式承认了东德存在的事实,从而完全抛弃了已不合时宜的哈尔斯坦主义。1973年12月,联邦德国与捷克斯洛伐克签署了《德捷条约》,建立外交关系。之后,又与匈牙利及保加利亚正式建交,完成了与东欧国家关系正常化的整个过程。苏、美、英、法四国还于1971年9月签订四国协定,就柏林的地位问题达成了妥协。1972年6月,在四国签署了最后议定书后,协定正式生效。这一协定的签订消除了东西方缓和的一个重要障碍。

作为欧洲缓和产物的新东方政策,成功地解决了战后威胁欧洲和平的两个紧密联系在一起的症结——边界问题与德国问题,从而成为欧洲缓和中最重要和最有效的组成部分。①"新东方政策"使两德的最终和平统一变得更容易(如果不是不可避免的话),它的影响远超出两德关系的界限,推动了铁幕两边的频繁交流,这为欧安会的成功铺平了道路,成为缓和时代的一个关键事件。②

(二)欧安会与欧洲"缓和"的高潮

欧洲安全与合作会议(欧安会)是欧洲缓和的主要产物,是欧洲缓和的一种制度体现。③召开欧洲安全会议,最早是由苏联在20世纪50年代中期日内瓦首脑会议上首次提出的,其目的是谋求各方对战后欧洲现状的承认,并对西德对西方"一边倒"的政策进行限制。它还被宣称是缓和的一种工具。在西方看来,苏联试图利用它使自己成为欧洲和平与安全的首要保证者,使欧洲不再受美国的军事保护。④

在缓和的背景下,欧安会具备了召开的时机和条件。1973年7月3

---

① 王绳祖主编:《国际关系史》(第十卷),第78页。
② Hanhimaki, "Détente in Europe, 1962–1975," p. 212.
③ Hanhimaki, "Détente in Europe, 1962–1975," pp. 215, 217.
④ Haftendorn, "German Ostpolitik in a Multilateral Setting," p. 221.

日,会议正式开幕。除阿尔巴尼亚外,33个欧洲国家(包括梵蒂冈)及美国与加拿大的代表出席,这是欧洲历史上规模空前的一次多边会议。根据筹备会的商定,会议分三个阶段举行:第一阶段为1973年7月3日至7日,在赫尔辛基举行外长会议,通过筹备会准备的议程和陈述各国的立场;第二阶段为1973年9月18日至1975年7月21日,在日内瓦举行专家会议,对各项议题进行实质性讨论并起草结论性文件;第三阶段为1975年7月30到8月1日,在赫尔辛基举行与会国首脑会议,签署专家会议起草的《欧洲安全与合作会议最后文件》。会议议题涉及欧洲安全、经济合作和人员与文化交流"三只篮子"。《最后文件》内容庞杂,涉及面很广。此文件在整个欧洲的范围内确认了不诉诸武力和以和平方式解决争端的原则,虽然这只有道义上的约束力而无法律效力,但对欧洲局势的继续缓和是有积极意义的。《最后文件》在某种意义上还具有和平协定的作用,确认了欧洲的边界与现状,这也有助于欧洲局势的稳定。此外,它在加强交流与合作上的一些规定,也有利于打开东西欧之间曾长期紧闭的大门。①

赫尔辛基《最后文件》的签订代表了欧洲冷战中的一个极有影响的时刻。虽然没有签订正式条约,欧安会仍然可能是冷战已经进入一个全新阶段的标志,它说明欧洲不再是被东西方冲突主导的欧洲,而是一个新的欧洲。欧安会不仅促进了东西方之间的贸易和人员往来,还极大地促进了国际社会对人的安全、人权的关注。在赫尔辛基会议之后,对一国国内人权的保护和促进已成为国际普遍接受的准则。② 可以说,赫尔辛基《最后文件》的签署代表着欧洲缓和高潮的到来,它是缓和与新东方政策的最终胜利。③

然而,美欧在对待欧安会的态度上却存在很大分歧。美国对欧安会兴趣不大。④ 对美国来讲,欧安会应该是对苏联在国内和第三世界良好表现的回报,因此只有苏联满足美国和西方在人权和政治自由化上的要求时才能继续。这种观点认为欧安会是对冷战提起诉讼的一个舞台,其目的是给苏联政治社会体系造成不稳定和革命性变化。同样,美国也把欧安会看作

---

① 王绳祖主编:《国际关系史》(第十卷),第82—83页。
② Schulzinger, "Détente in the Nixon-Ford years, 1969 - 1976," p. 392.
③ Schwabe, "Détente and Multipolarity: The Cold War and German-American Relations, 1968 - 1990," p. 4.
④ Hanhimaki, "Détente in Europe, 1962 - 1975," pp. 214 - 215.

支持苏联、中东欧草根人权、民权运动的一个框架。而对西欧来讲,"缓和"与欧安会的目的不是对苏联体系进行挑战,而是缓和东西方两大体系在欧洲的紧张关系。因此,美国想要将欧安会作为一个人权俱乐部来削弱、扰乱苏联体系的倾向是对这个国际机构的危险滥用。美国特别关注"第三只篮子"人权,而西欧各国政府不接受华盛顿将人权状况与扩张经济合作做惩罚性联系,以及把经济制裁作为对东欧的外交政策工具。西欧国家认为经济交往能够帮助稳定东西方关系,并由此促进东欧的政治和经济自由化,最终促进人权。不过,不能夸大美欧之间的分歧,美欧对于欧安会可以说是价值取向和目标相同,但方式和关注重点相异:美国倾向于对抗,提最大化要求;欧洲要求合作,追求长远利益。① 总之,在西方内部存在着"缓和"与试图改变苏联行为两者之间的适当平衡。

美欧矛盾在缓和过程中加深与激化并不奇怪,甚至可以说是必然的。缓和是美苏均势的产物,或者说是双方对均势无可奈何的承认。美国要与其对手苏联讲缓和,需要取得西欧盟国的支持。而处于"两超"均势夹缝中的西欧,感到了被作为交易筹码的危险,也开始认识到了自己的价值与分量,它们为了自身的利益与生存,不甘心再听任别人的摆布了。②

与超级大国间关系的缓和不同,欧洲的缓和并非仅关注于核武器或传统安全问题,而是更注重促进东西欧之间实实在在的交往和人权的发展。从1970年到1979年,东西方贸易总额几乎增长了六倍。③ 与超级大国关系的缓和相比,欧洲的缓和相对温和、持久。虽然没有像超级大国的缓和那样取得如军备控制方面获得的重大突破,但也许正因为如此,它也没有遭受迅速的退潮和崩溃,而是一直持续到20世纪80年代。④

(三)"欧洲年"与跨大西洋同盟关系的再调整

20世纪60年代末70年代初是美国对欧战略的关键转折点。这一时期的经济困难使得严重的贸易竞争主导了美欧关系,再加上美欧在安全问

---

① Michael R. Lucas, "Creative Tension: The United States and the Federal Republic in the CSCE," in Junker ed., *The United States and Germany in the Era of the Cold War, 1945-1990, a Handbook*, Vol. 2: 1968-1990, pp. 43—46.
② 王绳祖主编:《国际关系史》(第十卷),第90—91页。
③ Hanhimaki, "Détente in Europe, 1962-1975," p. 215.
④ Hanhimaki, "Détente in Europe, 1962-1975," p. 217.

题上和北约对苏政策上的分歧,导致跨大西洋关系的紧张。① 西欧与美国的摩擦在 20 世纪 60 年代末爆发的世界金融危机中首先显露了出来。尼克松政府为转嫁危机出台了所谓的新经济政策,这一做法激怒了首当其冲的西欧国家。随着以美元与黄金脱钩为标志的布雷顿森林体系的崩溃,西欧的经济政策也终于与美国分道扬镳了。可以说,在 20 世纪 70 年代前半期,正当国际局势走向缓和之际,随着西欧与美国之间的摩擦增加,西欧要求"独立自主"的倾向进一步发展。如果说 20 世纪 60 年代中期戴高乐主义对美国的挑战主要还是法国与美国之间的纠葛,并没有得到更多其他西欧国家的响应,那么 20 世纪 70 年代站在美国对面的几乎是整个西欧。②

在这种情况下,华盛顿开始将欧共体日益增强的竞争力和排他性的贸易惯例视为对其领导地位的挑战。③ 尼克松政府感到有必要调整美欧关系以适应新的形势。他在执政后的第一篇国情咨文中强调,西欧已经成为美国"有力的竞争对手",美国同西欧的关系"必须改变适合于战后时代的那种美国支配一切的状况,来适应今天的新环境";他宣布美国和西欧的"伙伴关系"是美国对外政策的三项原则之一,力图加强与盟国的关系。④ 1973 年 2 月,尼克松宣布 1973 年为"欧洲年"。同年 4 月,基辛格进而提议美国与西欧缔结一项《新大西洋宪章》。尼克松在当年 5 月初向美国国会提交的外交政策报告中,进一步阐述了"欧洲年"思想。他指出,1973 年之所以被称为"欧洲年",是因为"国际环境,尤其是欧洲发生的变化,带来了新的问题和新的机会"。他提出从经济、防务与外交三方面调整美欧关系。在经济方面,针对日益增加的美欧贸易摩擦,他要求进行全面谈判,"制止大西洋地区实行经济保护主义的趋势"。在防务方面,他认为在新的战略均势下常规防御的重要性突出,西欧盟国应更多地承担北约的防务责任。在外交方面,他认为西欧应在影响到基本安全结构的那些问题上,与美国协调并保持一致。⑤

---

① Klaus Larres, "West Germany and European Unity in U.S. Foreign Policy," in Junker ed., *The United States and Germany in the Era of the Cold War*, 1945 - 1990, a Handbook, Vol. 2: 1968 - 1990, p. 62.
② 王绳祖主编:《国际关系史》(第十卷),第 87—88 页。
③ Larres, "West Germany and European Unity in U.S. Foreign Policy," pp. 62 - 63.
④ 王绳祖主编:《国际关系史》(第十卷),第 9 页。
⑤ Richard Nixon, Report to the Congress, May 3, 1973.

第一章 冷战与跨大西洋同盟关系

表面上看,欧洲年计划富有建设性,尼克松政府试图通过欧洲年计划重新强调大西洋同盟合作的重要性。① 但实际上,美国是想通过此举,一方面联合西欧国家对付苏联,要求西欧更多地承担经济和军事责任,以减轻美国不胜负荷的重担;另一方面借抗苏的名义发展美欧关系,保持美国在欧洲的主导地位,限制西欧各国对美国离心倾向的发展。②

1973年10月第四次中东战争爆发后,严重依赖中东石油的西欧国家不得不选择了不同于美国的立场。美国企图改善与西欧关系的欧洲年计划也因此受到冲击。当年12月,在哥本哈根举行的欧共体九国首脑会议上还通过了由外长们起草的《欧洲同一性文件》。该文件声称欧洲要"团结起来,并越来越用一个声音说话",并指出与美国的紧密联系"与九国决定它们自己建立一个独立与独特的实体是不相冲突的"。这种近乎宣布"独立"的宣言以及随后与阿拉伯国家发展合作的外交行动,不啻在美国背后狠狠地踢了一脚,使美国十分恼火。尼克松1974年3月在芝加哥发表的一次电视讲话道出了他的心态:"欧洲人总不能两样都要。他们不能既在安全方面要求美国的参与和合作,却又在经济与政治上与美国唱对台戏和持对立态度。"而当他扬言如果这种情况继续下去,"美国在安全方面就不可能继续在欧洲保持目前水平的存在了",语气就几近要挟了。③

在美国的强大压力下,西欧国家不得不做出让步。1974年4月下旬,在西德首都波恩附近召开的一次专门会议上,欧共体成员国外长们达成了一项"君子协议"。其主要内容是,无论美国的利益何时受到影响,美国都将能够在欧洲政治合作机制的决定达成之前参与欧洲的决策过程,甚至能够否决欧共体的决策过程。不难看出,这一妥协等于承认了欧洲没有排斥美国的领导地位。④

1974年6月26日,北约15个成员国首脑在布鲁塞尔签署了《大西洋关系宣言》。美国的跨大西洋关系概念在宣言里很大程度上取得了胜利,盟国间在国防、对外政策和经济方面的合作得到重申。这项宣言对美欧关系有着重要意义:首先,它标志着同盟重申对1949年《北大西洋公约》的忠诚,确认了各签署国对共同防务不可分割性的认可。事实上,宣言包含了

---

① 赵怀普:《当代美欧关系史》,第172页。
② 王绳祖主编:《国际关系史》(第十卷),第9页。
③ 王绳祖主编:《国际关系史》(第十卷),第90页。
④ 赵怀普:《当代美欧关系史》,第174—175页。

欧美双方为了有效的大西洋防务所做出的共同保证和各自的让步。一方面,西欧各国承认美国核力量和美军在欧洲的存在对它们的安全来讲"依然是必不可少的",它们承认了自己对美国的结构性依赖,也接受了责任分担原则;另一方面,尼克松政府也表明其在欧洲维持足以确保同盟威慑可信性军力的决心。其次,宣言确认同盟有两项互为补充的任务:遏制军事侵略和促进东西方缓和,并宣称安全是缓和政策的前提。最后,宣言也标志着欧洲寻求一种政治统一愿望的失败。宣言确实代表了主要大国间再次拥有了关于大西洋合作必不可少和必要性的共识,并且同意让对方充分了解己方情况,及时坦率沟通。①

西欧在安全上依然未能摆脱对美国的结构性依赖,使华盛顿能够坚持大西洋框架的重要性,在西方盟国里重获领导地位,西欧看起来"只能在美国的领导下统一"。然而,对双方关系的某种重新评估已经发生,与对华盛顿领导地位的重申相伴,欧洲更多地关注自身的经济、政治利益。② 另一方面,在经济领域美国霸权的衰落和欧共体实力的增长,不可避免地导致大西洋关系的结构发生了变化。即使在安全政策方面,虽然西欧的独立性受到制约,但美国霸权的弱化趋势还在继续。③ 宣言也没有消除同盟所有的紧张来源。在重申集体防御的总体原则之外,同盟内依然存在着根本的分歧,主要是关于在缓和时期多少防务费用才是足够的,以及超级大国间的核均势是否能够确保欧洲在同盟内的安全。而且,宣言里关于措施的表述过于宽泛、模糊,无法掩盖其背后的分歧。④

二、冷战回归之后:战略分歧与步调差异

(一)"缓和"退潮与卡特时期的美欧关系

1977年卡特(Jimmy Carter)总统上台后,十分重视美欧关系。他认为,在东西方的激烈竞争中,欧洲立场的摆动有可能决定性地改变历史的天平。1977年1月23日,卡特入主白宫的第三天便派副总统蒙代尔

---

① Daniel Möckli, *European Foreign Policy during the Cold War: Heath, Brandt, Pompidou and the Dream of Political Unity*, New York: I.B.Tauris, 2009, pp. 332-334.
② Larres, "West Germany and European Unity in U.S. Foreign Policy," p. 64.
③ 赵怀普:《当代美欧关系史》,第176页。
④ Daniel Möckli, *European Foreign Policy during the Cold War: Heath, Brandt, Pompidou and the Dream of Political Unity*, p. 334.

(Walter F. Mondale)出访欧洲主要盟国。同年5月上旬,他本人亲自前往伦敦连续出席北约组织首脑会议、西方七国首脑会议和讨论西柏林问题的四国首脑会议,大体勾勒出美国对欧政策的轮廓。首先,以低姿态出现,强调同西欧建立平等的伙伴关系。卡特访欧时称自己是盟国领导人的"好学生"。其次,突出苏联对西方威胁的严重性和西方联合抗苏的紧迫性,以制止西欧对美国的离心倾向。美国许多高级官员在西方内部的各类会议上均保证要履行对北约的所有义务,加强驻欧美军的综合能力。再次,要求北约盟国承担更多的防务责任。美国反复强调北约盟国必须把共同对付威胁所需的力量保持在足够的水平上。最后,在某些问题上略做让步以弥合美欧之间的分歧。美国在联邦德国和法国出售核技术问题上做出让步以避免闹僵,对于欧洲建立货币体系表面上也"表示欢迎"。虽然卡特政府的上述政策不能从根本上解决美欧矛盾,但对缩小分歧、联合抗苏也有一定作用,改善了美国在欧洲的战略处境。①

然而,20世纪70年代后期,苏联发动了一轮新的战略攻势,这给大西洋联盟带来了极大考验。超级大国之间的缓和到20世纪70年代末已经逐渐"退潮"。20世纪70年代苏联在非洲的积极政策是缓和退潮的一个主要原因。另外一个原因是第二阶段限制战略武器谈判(SALT Ⅱ)。美国越来越担心苏联正在建立起战略优势,国会拒绝批准第二阶段限制战略武器协议,这意味着军控和缓和的结束。1979年年底,苏联入侵阿富汗则给予缓和最后的致命一击。卡特当政的最后一年东西方已回归冷战状态。②

面对苏联的威胁,卡特未与西欧盟国磋商就增加了防务开支,对莫斯科进行制裁,还公开提出了不惜使用武力保卫波斯湾、遏制苏联南下的"卡特主义"。但西欧国家在如何对待苏联扩张的问题上却与美国发生了分歧,一些欧洲国家不愿采取强烈的制裁措施,担心影响与苏联的缓和格局,强调要与苏联对话,积极谋求阿富汗问题的"政治解决"。一些欧洲国家的不满表现得很明显,对美国的对苏禁运政策也没有支持。这使美国怀疑,由于缓和,西欧变得过于依赖苏联集团。③

---

① 王绳祖主编:《国际关系史》(第十卷),第14—15页。
② John W. Mason, *The Cold War, 1945-1991*, pp. 55-56.
③ John W. Young, "Western Europe and the End of the Cold War, 1979-1989," in Melvyn P. Leffler and Odd Arne Westad, eds. *The Cambridge History of the Cold War*, Vol.Ⅲ: *Endings*, New York: Cambridge University Press, 2010, p. 292.

欧洲人并不想回归冷战状态。大部分欧洲人很难理解苏联入侵阿富汗竟然会导致冷战恢复。他们想保持与东欧的联系,担心"缓和可能无法经受住再一次类似的冲击"。阿富汗离得很远,欧洲人已经没有殖民地,无法理解超级大国在第三世界的零和博弈。对西欧来说,缓和的意义与超级大国不同。苏联想通过缓和维持与华盛顿的核均势,确保技术转让,并且使自己对东欧的控制合法化。美国则希望利用缓和调整与莫斯科的关系,因为这时遏制政策因受越南战争的影响而受到质疑。而对于西欧来说,缓和不仅降低了欧洲大陆遭受核毁灭的风险,还使其与东欧的贸易、人员往来成为可能,促进了双方关系的稳定。而且,由于经济不景气,西欧很想开拓东欧市场。①

在阿富汗危机发生之际,西欧将缓和继续下去的愿望成为"新冷战"时期对美国政策的一种约束,并且促进了此后东西方关系的改善。可能更为重要的是,西欧在使其经济得以发展的同时,促进了南欧的民主。事实上,西方国家在赫尔辛基的议程最终实现了。如约翰·扬(John Young)所说,冷战的终结不仅是由美苏两大国促成的,也是在华约门口建立起一个充满活力的自由民主堡垒的结果,它成为一种对东欧充满吸引力的模式。②

但这些并没有妨碍西欧国家依然保持对北约的忠诚,也并不意味着在西欧官方层面对苏联政策有任何同情。在西方国家看来,缓和是通过在苏联集团内部培养一种开放、市场经济和西方民主的意识来摧毁它的一种更精妙的方式,即和平演变。美国与其大洋彼岸的西欧盟友在东西方关系上的分歧只是策略上的,而非基本价值观上的。在1980年欧安会马德里续会上,西欧国家、加拿大和美国保持一致立场,坚定地抵制了东欧集团降低人权重要性的尝试。③

然而,这并不意味着这一时期美欧关系有了很大改善。虽然卡特宣称亲欧并想与欧洲建立更合作、更有建设性的关系,但日渐增多的国内和国际困难使他没有时间关注欧洲一体化。在安全方面,军控谈判和重整军备

---

① John W. Young, "Western Europe and the End of the Cold War, 1979 - 1989," pp. 291 - 292.

② John W. Young, "Western Europe and the End of the Cold War, 1979 - 1989," pp. 289 - 290.

③ John W. Young, "Western Europe and the End of the Cold War, 1979 - 1989," pp. 291, 293.

问题,包括卡特首先宣布发展,然后又取消的关于中子弹的单边决定,还有关于缓和问题的分歧,都成为卡特时期跨大西洋关系紧张的表现。①

(二)"第二次冷战"与美欧关系紧张的加剧

20世纪70年代末80年代初,美苏争夺世界霸权的斗争加剧。随着苏联入侵阿富汗和波兰实施军管事件的发生,东西方关系骤然变冷。双方不仅在欧洲部署了大量可运载核武器、中程导弹,还在太空展开了激烈的争夺,美苏关系降至20年来的最低点。

在美国,里根(Ronald Reagan)的上台标志着对外政策的巨大变化。里根总统对缓和与军控进行了激烈的批评,他认为:第一,华盛顿与一个"极权"国家保持稳定关系是不可能的。第二,在军控(第一、第二阶段限制战略武器谈判,即SALT Ⅰ和SALT Ⅱ)的掩盖下,苏联事实上取得了对西方的军事优势。第三,美国军事优势的失去不是不可避免的,相反,恢复其军事"安全边界"是可能的。里根是一个有信念的政治家,他的直觉就是以意识形态方式对抗苏联。1983年,他甚至称苏联是一个"邪恶帝国"。②

里根政府对冷战的进攻性方式不仅遭到苏联的谴责,也遭到西方内部的反对,主要的北约西欧盟国并不赞成美国过于好斗的、极其危险的立场。③ 由于种种原因,西欧国家不顾美国让其放弃对苏联及东欧国家缓和政策的要求,在20世纪70年代东西方缓和的基础上,继续并不断深化与苏联、东欧国家关系的改善。④ 因此在这一时期,跨大西洋关系的发展更加困难。西德总理施密特(Helmut Schmit)抱怨说,里根"不比前任卡特更关心盟国利益"。里根在1981年9月2日的一个演讲中警告说,美国将要展开核军备竞赛,而在同年11月2日的一份声明中又称欧洲的核战争不需要战略磋商。欧洲人觉得他们的安全在超级大国眼里是次要的。⑤

里根对缓和与军控的攻击使美国与其西欧盟友关系非常紧张,波兰事件和天然气管道事件则使美欧冲突达到前所未有的程度。1981年,波兰政府通过《军事法》并镇压了团结工会运动,华盛顿对波兰和苏联进行经济

---

① Larres, "West Germany and European Unity in U.S. Foreign Policy," p. 65.
② John W. Mason, *The Cold War*, *1945-1991*, p. 60.
③ McMahon, *The Cold War: A Very Short Introduction*, p. 150.
④ 中国国际关系学会主编:《国际关系史》(第十一卷),北京:世界知识出版社,2004年,第125页。
⑤ John W. Young, "Western Europe and the End of the Cold War, 1979-1989," p. 293.

制裁。但欧洲人没有追随美国的严厉措施,只是对苏联采取了温和的贸易限制。美国政府以波兰事件和制裁苏联为借口,反对并破坏一些西欧国家与苏联的天然气管道合作,由此引发了一场更严重的美欧利益冲突。

西欧国家与苏联在修建西伯利亚天然气管道方面的合作不仅是一个重要投资项目,也是为了在1973年中东石油危机之后满足欧洲的能源需求。美国因天然气管道事件对西欧施加压力,在经济上进行限制。1982年6月,里根施加了更强大的压力,声称任何使用美国授权技术或设备,包括任何在欧洲使用美国零部件的欧洲公司,必须撤销所有与苏联相关的天然气管道合同,否则将对其进行制裁。美国政府的这一粗暴行为惹恼了欧洲领导人。法国外交部长指责美国"向盟国宣布了经济战争",警告这可能成为"大西洋同盟结束的开始"。西德总理施密特则直率地怒斥道:"美国政策采取了一种意味着友谊和伙伴关系终结的形式。"在欧共体成员的共同抵制下,里根政府退却了。这一插曲使美国决策者认识到西欧人极不情愿断绝与苏联的经贸联系,因为这一缓和关系被证明既受欢迎,在经济上又是有利的。尽管美苏缓和在20世纪70年代末走向终结,欧洲人却以其他方式维系着自身与苏联缓和的动力。[①]

1983年,里根政府提出了著名的"战略防御计划"(SDI),但西欧国家对该计划却忧心忡忡,担心美苏围绕SDI展开新一轮军备竞赛,可能对东西方关系带来不利影响。它们还担心SDI将军备竞赛扩展到太空,造成美欧防务脱节,威胁"西欧的安全"。因此,当美国竭力邀请西欧盟国加入SDI时,西欧各国普遍态度冷漠,法国则公开表示不支持。[②] 它们质疑这种计划的可行性,担心这会激起苏联的反措施,破坏核均势。[③] 很多欧洲人认为战争的最大威胁不是来自苏联,而是来自军备竞赛本身和美国的进攻性行为。西欧仍然想追求与苏联的缓和。[④]

这一时期欧美关系中存在着较大的分歧,但它们之间的合作还是主要方面,最重要的标志是它们防范苏联目标的一致性,以及维护针对苏联的强有力的共同防务的决心,这些反映在1979到1983年北约内部频繁的协

[①] McMahon, *The Cold War: A Very Short Introduction*, pp. 151-153.
[②] 中国国际关系学会主编:《国际关系史》(第十一卷),第34页。
[③] John W. Young, "Western Europe and the End of the Cold War, 1979-1989," p. 295.
[④] John W. Mason, *The Cold War, 1945-1991*, p. 62.

商和互动上。① 70年代后期，苏联开始在东欧部署先进的SS-20中程导弹。1979年年底北约外长和国防部长特别会议做出了一项"双重决定"：一方面，北约将从1983年年底开始在西欧部署美国新式中程导弹；另一方面，要求美国尽早与苏联就限制中程导弹问题进行谈判。里根上台后，为了争取西欧盟国的支持，做出妥协，采纳了"先谈判、后部署"的方针。② 虽然公众对核竞赛的关注引发了一种大规模的遍及西欧的和平运动，③ 但是1983年年底美苏中导谈判失败后，西欧各国政府和议会还是坚决顶住了内外压力，按照约定如期部署新式中程导弹，使美欧联盟经受住了一次严峻的考验。

（三）美苏和解与美欧关系持续冷淡

里根被认为是20世纪80年代初新冷战的发动者，也是80年代后期美苏和解的推动者。随着1985年米哈伊尔·戈尔巴乔夫（Mihail Gorbachov）上台，美苏两国元首在1985到1988年间举行了四次峰会，包括1986年的雷克雅未克峰会，并随后在1987到1988年达成了所谓的"双零协定"，美苏关系迅速转暖。然而，美国没有事先与欧洲人进行磋商和协调。更重要的是，欧洲人认为，在西方寻求与苏联缓和的同时须保持北约防务的紧密性，以使欧洲不受苏联的威胁，因此西欧国家不像里根总统那样急于与克里姆林宫达成协议，因为那可能会损害北约的防务战略。80年代欧洲政府的对苏战略被认为可能比美国的决策更具连贯性。④

除了军控问题上的矛盾，美国空袭利比亚也在美欧之间引发了争议。1986年4月，美国决定以利比亚支持恐怖主义为由对之进行军事打击。为此，美国要求西欧盟国允许美国战机飞越其领空并为美国提供军事基地。但美国的要求遭到许多西欧国家的反对，只有英国最后同意了向美国提供军事基地。对美欧之间的这一分歧，当时担任北约秘书长的彼得·卡林顿（Peter Carrington）曾这样评论道："这是我在北约任职以来所知的欧洲和美国之间出现的最坏的情况。"⑤

---

① John W. Young, "Western Europe and the End of the Cold War, 1979-1989," p. 295.
② 中国国际关系学会主编：《国际关系史》（第十一卷），第33—34页。
③ McMahon, *The Cold War: A Very Short Introduction*, pp. 153-156.
④ John W. Young, "Western Europe and the End of the Cold War, 1979-1989," pp. 305, 309.
⑤ 赵怀普：《当代美欧关系史》，第191—192页。

在经济贸易领域,美欧也是摩擦不断。继天然气管道问题之后,美欧又爆发了钢铁战。除此之外,20世纪80年代美欧之间还爆发过巧克力战、黄油战、小麦战、玉米战等。里根时期,欧共体与东德、苏联、发展中世界以及一些阿拉伯国家频繁的贸易关系使华盛顿对西欧人充满疑虑与嫉妒。为了限制欧共体国家的竞争,里根毫不犹豫地利用跨大西洋安全同盟作为工具让欧洲人相信美国贸易政策的逻辑。20世纪80年代后半期的经济困难也增加了美国从欧洲撤军的可能性。这种联系带来了欧美之间严重的经济冲突。① 西欧虽然在安全问题上仍需依赖美国,但在经济上越来越倾向于坚决维护自己的利益。除了现实经济利益的驱使,西欧的态度也反映了由于经济一体化取得的重大进展和经济实力的增强,西欧在经济上基本取得了与美国平等的地位。②

因此,到里根任期结束时,美国在20世纪40年代末、50年代与西欧保持密切的跨大西洋同盟关系的战略看起来已经有了很大变化。尽管里根政府在1984—1985年之后对美国的冷战战略做出了全面、重大的调整,但在跨大西洋关系上却没有做出类似的努力。美国明白,只要苏联的威胁继续存在,欧洲国家和欧共体势必会在安全和政治问题上做出妥协。③ 确实,欧美依然将苏联视为共同的首要威胁,这使跨大西洋同盟关系没有走向解体。然而,尽管到戈尔巴乔夫上台时,北约已经存在了将近40年,且它在之前的20年里一直为保持一致而努力,可是到20世纪80年代中期战略分歧使欧美关系如此紧张,以至于有人认为,如果不是戈尔巴乔夫推动改革的话,同盟就有可能终结:戈尔巴乔夫的改革挽救了北约,如果他的行动慢点的话,美欧之间的分歧可能会使联盟破裂。④

不过,以上观点虽然指出了这一时期跨大西洋同盟关系中结构性矛盾的严重性,但未免夸大其词,更遑论苏联瓦解后北约仍然得以存续。从总体上看,与20世纪五六十年代早期的混乱相比,七八十年代美欧同盟内关

---

① Larres, "West Germany and European Unity in U.S. Foreign Policy," p. 66.
② 中国国际关系学会主编:《国际关系史》(第十一卷),第39—40页。
③ Larres, "West Germany and European Unity in U.S. Foreign Policy," pp. 66 - 67.
④ Kori N. Schake, "NATO Strategy and the German-American Relationship," in Junker ed., *The United States and Germany in the Era of the Cold War, 1945 - 1990, a Handbook, Vol. 2: 1968 -1990*, pp. 133, 138 - 139.

于北约战略的辩论虽然更加尖锐,但是更少涉及实质①:不是关于意识形态和核心价值观,而是关于应对苏联威胁的合适方式。②

本章小结

冷战时期欧美关系经历了重大变化,其稳定性主要是源于面对苏联威胁的共同的安全挑战。欧美构建了跨大西洋安全同盟,形成了这一时期双边关系相对稳定发展的基轴。虽然这一同盟关系以美主欧从的结构为核心,但对于"邀请"来的美国霸主,由于安全依赖是欧洲国家对外政策的基本诉求,所以它们在不同程度上都对同盟关系小心翼翼地加以维护。但是,即便在冷战形成阶段,由于利益的分歧,欧美之间的矛盾就已显现。从20世纪50年代中晚期起,大西洋两岸实力对比的变化日渐有利于欧洲,随着国际形势和格局的演变,西方同盟内部分歧日渐严重,美国的霸权受到质疑,相继经历了戴高乐的挑战、新东方政策的分歧、严重的经济摩擦、在东西方缓和与对苏战略问题上的龃龉等等,欧美纷争不断。然而,从总体上看,这些分歧虽然导致欧美之间一时烽烟四起,但最终都得以化解,美国主导的跨大西洋同盟关系保持了总体稳定,以至于有学者认为,强调跨大西洋关系的冲突或合作性,取决于衡量标准:如果期望完美和谐,那么跨大西洋关系的冲突很明显;如果是从历史的角度看同盟的总体性质,那么一定会强调北约之下美欧合作的密切性。③ 实际上,这一时期欧美关系中的合作与纷争均有其深层次的结构性原因,而又都受制于冷战格局的演变和跨大西洋同盟机制的运行。

---

① Schake, "NATO Strategy and the German-American Relationship," p. 133.
② John W. Young, "Western Europe and the End of the Cold War, 1979 – 1989," p. 308.
③ Geir Lundestad, *The United States and Western Europe since 1945*, pp. 2 – 12.

第二章　欧洲一体化：美国的支持与不安

> "美国满怀希望和敬意地看待欧洲联合这一崭新的壮举。我们不认为一个强大和统一的欧洲会成为我们的对手,相反它会成为我们的伙伴。推进这一进程是我们17年来外交政策的基本目标。"[①]
>
> ——约翰·肯尼迪总统

第二次世界大战结束后,欧洲面临着如何处置战后的德国和经济重建的严峻考验,其重要性堪比战后东西方关系逐渐恶化最终形成冷战格局对欧洲安全的影响。由于遭受战争严重创伤的欧洲实力下降,在战后安全格局的重塑中欧洲只能依赖美国的安全保护,充当跨大西洋同盟中的"小伙伴",因而被"边缘化"了;但是在自身如何重建和发展的问题上,欧洲创造性地走上了"一体化"的道路,这成为冷战期间乃至今日欧洲长治久安和经济繁荣的基石。欧洲缘何走上一体化的道路?欧洲学者对此有许多讨论,有人认为它主要出自欧洲自身的动力,对于美国的影响则有意无意地加以忽视。然而,人们一般认为,冷战和欧洲一体化有着密不可分的联系,而美国出于自己的安全需要,不仅与西欧建立了反苏联盟,而且大力支持欧洲的联合。同样,就像上章所探讨的那样,欧美同盟关系并没有排除二者之间的纷争,欧洲一体化带来的欧洲繁荣和稳定不仅增强了大西洋两岸经济相互依存的程度,而且使欧美之间的政治、经济摩擦和矛盾有增无减。本章重点即是考察美国支持欧洲一体化的动因以及欧美在经济和贸易问题上的合作与博弈。

---

① President Kennedy's Speech at Independence Hall, 4 July 1962, John F. Kennedy President Library and Museum, http://www.jfklibrary.org/Asset-Viewer/RrjaDhW5B0OYm2zaJbyPgg.aspx.

第一节 美国支持欧洲一体化的动因

第二次世界大战之后,美国凭借其强大的实力,成为西方头号强国。作为超级大国之一的美国在战后百废待兴的局面下积极地推动世界政治格局,包括从杜鲁门政府开始,每一届美国政府都大力支持和推进欧洲一体化。那么,是什么构成了美国支持欧洲一体化的主要动因呢?

探寻美国支持欧洲一体化的原因对研究美欧关系有着重要的意义。首先,它可以为美国支持欧洲一体化的原因提炼出一个基本框架,在诸多影响因素中找出美国支持欧洲一体化政策的主要因素。其次,美国支持欧洲一体化的动因也可以作为观察二战后直至冷战结束前,影响美欧关系变化的重要因素,从另一个视角考察美国在欧洲的核心利益。欧洲一体化可以看作战后跨大西洋关系中,影响美国与欧洲大陆、美国与欧洲大国之间关系的核心问题之一。美国支持欧洲一体化的原因大致可以归纳为五个方面,分别是美国模式的吸引、建设一个更具理性和效率的欧洲的期望、减轻美国负担、双重遏制(对苏联的遏制以及对德国的遏制)。[①] 美国模式是指美国人希望战后的欧洲走一条与美国国内联邦主义政治体制相似的整合道路。美国模式所传递的思想是美国人对于自己政治文化中的诸如自由主义、民主、联邦制度等基本价值的高度肯定,他们认为这些价值具有普世意义,欧洲如果沿用美国的这套体系,不仅能够恢复自身的实力,还能从根本上保障美国的利益。提升欧洲的能力和减轻美国的负担这两个原因其实可以看作一对孪生兄弟。美国人希望的是在美国引导的框架之内,欧洲国家通过一体化的方式构成一股强大的力量,在世界事务中分摊美国的责任,以支撑美国的西方霸主地位。通过这种支持欧洲国家联合的方式,美国可以达成其冷战时期的战略目标,即双重遏制。因此,本节将这五个基本的影响因素归纳为三个部分,即从美国对外政策中的价值观念、双重遏制的战略目标以及分摊美国的责任三个方面来阐述美国支持欧洲一体化的动因。

[①] Geir Lundestad, *Empire by Integration: The United States and European Integration 1945-1997*, Oxford: Oxford University Press, 1998, p. 13.

一、美国人的价值观念与欧洲复兴

美国的政治文化中包含了一些被美国人奉为信条的价值观念,这些价值观念不仅塑造了美国的政治制度,而且极大地影响了美国对外政策的制定。不过,显而易见的是,美利坚的价值理念及其体现在外交政策上的具体行为之间存在着差距。纵观美国历史,自由、民主、平等、个人主义这些信条大致代表了美国人的价值取向,并且从18世纪开始,这些价值观念和政治理念构成了美利坚的民族认同。这些价值取向对战后美国大力支持和积极推动欧洲整合起到了非常重要的作用。缘于对这些价值观念的笃信,美国的外交政策传统倾向于认为,美国的国家安全和利益与建立一个民主国家的世界政治体系和一个自由贸易、机会均等的世界经济体系息息相关,这不仅能够促进其他国家的经济发展,而且能从根本上确保美国的利益。美国的政治、经济利益依赖于世界范围内的这样一个稳定的政治和经济体系。但是,美国的这些价值观和其实际的行为之间存在着鸿沟却是不争的事实。这种鸿沟存在于美国人坚定的理念和将这些理念付诸行动的制度之间,造成了美国对外政策规范性和现实状况之间的不一致。① 比如,美国外交政策传统中一直都含有理想主义情结,这种情结扎根于美国的道德主义政治传统中。第一次世界大战后,美国总统威尔逊提出的"十四点计划"就表达了美国对外政策中所包含的理想主义价值理念。"十四点计划"中有一条就是希望通过消除国家之间的关税壁垒以及通过贸易自由来消除战争,确保和平。而在现实中,美国追求的理想主义价值观念在外交实践中并不是单纯的,它是综合了现实主义的产物,体现出了理性主义的特征。特别是二战后,美国在国外推行民主制度时,其表现出对如何创造一个稳定的国际政治秩序和一个共同的安全环境持有一种实用的、渐进的、成熟的理解,这可以被视为美国的自由主义大战略。② 所以,美国支持欧洲一体化从侧面反映了美国对外政策中的自由主义价值理念,同时它又是美国追求其自身利益的战略选择。

第二次世界大战结束两年后,欧洲的经济尚未恢复到战前水平,经济

---

① Samuel P. Huntington, "American Ideals Versus American Institution," in G. John Ikenberry, *American Foreign Policy*: *Theoretical Essays*, Princeton University, 2005, p. 204.

② G. John Ikenberry, "America's Liberal Grand Strategy: Democracy and National Security in the Post-War Era," in *American Foreign Policy*: *Theoretical Essays*, p. 268.

增长艰难缓慢。欧洲的工业生产总值仅仅能够保持在 1938 年水平的 88%,农业生产只能维持在战前的 88%。除此之外,由于战争,欧洲许多重要的交通运输设施都遭到了破坏,铁路、桥梁以及道路的受损程度都相当严重。如何恢复战争给欧洲带来的巨大创伤是政治家们面临的一道严峻难题。当时,在大西洋两岸都有这样一种观点,即通过建立欧洲合众国,或者通过欧洲政治联合的道路来实现欧洲复兴。这种观点源于对美国模式具有普世性的一种认可,该观点认为美国模式——联邦式的政治体制、民主的政治制度,以及开放的市场和自由的贸易是国家(或者地区)稳定繁荣的保证,世界上的其他国家和地区都应该效仿。1947 年 3 月,参议员富布赖特、托马斯、众议员博格斯向国会建议:国会应当支持在联合国的框架下建立一个欧罗巴合众国。① 这种设想不仅代表了美国支持欧洲整合的一种基本思想,而且体现出早期美国对如何重振欧洲所设计的方案。美国人认为应当用一种新的国家体系来替代旧的欧洲体系,以实现他们在欧洲大陆的政策目标。因此,他们希望将美国的联邦主义原则应用到改造欧洲的计划中去,在欧洲建立一个类似于美国国内政治体制的整合体系。在美国,热衷于这种想法的人坚持认为,经济的一体化和政治的联邦化将是战后欧洲和平与稳定的两个重要保证。

从经济角度来看,美国政府认为基于自由资本主义体系的开放的国际经济环境、自由贸易、公平的竞争机会都是美国根本利益的保证。美国相信欧洲的经济复苏对于美国的长期利益至关重要。杜鲁门政府时期的政策制定者们相信,美欧之间有活力的经济关系需要美国进行大量的对外贸易和投资,这样就需要欧洲的主要贸易伙伴恢复其实力,并且彼此之间结成一个多边的世界贸易体系。② 在这样的一个自由多边主义体系中,贸易和金融关系是建立在多边而非双边的基础上的;商业活动主要是由市场中私营行为体参与完成的,各个国家加入国际贸易和金融制度的建立中,在国际经济制度的框架下参与国际经济活动的同时,不断地随着国际经济的变化调整其行为。③ 战后,美国国务院和财政部希望在创造一个以自由的、多边的国际经济制度为框架的世界经济贸易体系中,美国能够处于领

---

① Geir Lundestad, *Empire by Integration*, p.14.
② M. J. Hogan, *The Marshall Plan*, p. 26.
③ G. John Ikenberry, "Rethinking the Origins of American Hegemony," in *American Foreign Policy: Theoretical Essays*, p. 117.

导地位。在美国与英国就战后世界经济秩序的主要原则与制度进行的谈判中,美国的这种诉求最早得到了体现。

1944年布雷顿森林会议上,英美两国在构建战后国际货币体系问题上持不同意见,主要集中于债务国和债权国因经济能力的差异如何分摊责任的问题上。会议的最后成果就是国际货币基金组织(IMF)和国际复兴发展银行(IBRD)的建立,这也是美英相互妥协的结果。布雷顿森林体系建立后,美英之间的这些分歧依然存在:美国希望该体系能够为其追求的多边自由贸易体系提供制度基础;而英国则坚持认为,美国政府应当努力帮助英国恢复其特殊地位,英国的经济复苏应当首先获得大量的美国资金援助。[1] 战后初期的美国,一直寄希望于通过多边贸易的恢复建立一种指导国际经济关系的框架结构,但是美国的这种努力遇到了许多阻碍。首先,因为二战,欧洲的经济和政治实力大不如前,美国和欧洲各国实力极其不对等。美国的这种愿望只能建立在国家的经济和政治实力大致相等的情况下,美国设计的战后世界经济体系方案与实际的实力分配存在冲突。[2] 其次,由于战后美苏对抗局面的出现,美国的计划被苏联不断向东部欧洲扩张的举措所打乱,"铁幕"的出现使美国关于建立一个稳定的世界经济体系的愿望难以实现。由于这些因素,建立一个自由的、多边的世界经济体系变得相当困难,美国的对外政策由此做出了相应的调整,开始通过支持欧洲政治和经济的恢复,并通过建立一个整合的欧洲来支持自己的计划。最后,美国最初关于欧洲复兴的计划收效甚微。战争结束伊始,美国官方对于欧洲的重建之路是持乐观态度的。他们认为仅仅通过双边贷款、经济援助或者是稳定汇率的方式就能够实现欧洲经济的复苏。但是,结果却与想象差距甚远,美国采取的这些促使欧洲经济复苏的措施仍然收效不佳。截至1947年冬,美国花费在各类援助欧洲经济重建项目上的资金已经达到90亿美金,但是欧洲的工业和农业总产值仍旧落后于战前水平。由于工厂设施和机器设备过于陈旧或毁于战火无法修复,加之劳动力的极度短缺和原料的严重匮乏,特别是煤炭和钢铁十分匮乏,虽然一些欧洲国家经过了艰苦卓绝的努力,但欧洲大陆仍然处在食物短缺、通货膨胀

---

[1] G. John Ikenberry, "Rethinking the Origins of American Hegemony," p. 118.
[2] Richard N. Gardner, *Sterling-Dollar Diplomacy: The Origins and the Prospects of Our International Economic Order*, New York: McGraw Hill, 1969, p. 382.

严重的局面中。由于援助采取的是双边性的贸易协定和支付手段,这就降低了重要物资的进口和人力资源的使用效率。加上1946年年底到1947年年初的严冬,欧洲经济复苏似乎看不到希望。①

此刻,美国面对的局势是战时的同盟解体,欧洲各国经济萎靡,苏联开始加强对于东欧的控制。如果按照这个局面发展下去,欧洲加入美国规划的多边世界贸易体系就不再有可能。因此,美国开始调整其对欧政策,一些政策制定者认为经济一体化是美国实现其有关战后欧洲相互关联的政治、经济、战略目标的最好办法。

二、战略与安全:双重遏制

美国设计的战后多边世界贸易体系离不开欧洲的和平与稳定,一个经济繁荣、民族国家和谐相处的欧洲是实现这样一个体系必不可少的前提条件。但是欧洲的安全在二战后存在着两大隐患:德国问题和苏联的扩张。首先,由于欧洲国家之间的战争和冲突在漫长的历史中一直不断,特别是进入20世纪,欧洲更是成了两次世界大战的发源地。而德国作为两次世界大战的策动者,带给了许多欧洲国家难以磨灭的创伤。特别是法国,对于德国的行为一直抱有戒心,因为德国在历史上一直扮演着其敌手的角色。法德作为欧洲大陆的两个大国,它们之间的关系直接影响着整个欧洲局势。德国问题是欧洲安全的重心,如何防止德国的军国主义抬头,如何消除德国对其他欧洲国家的军事威胁,如何摆脱紧张的法德关系是战后欧洲面临的政治难题。其次,二战后,中东欧的很多国家都在苏联的支持下建立了共产党政权。苏联的势力范围不断向西扩张,加之战后各国都陷入了不同程度的经济困境,社会矛盾尖锐,共产主义在欧洲的影响日益增强。美国希望一个和平团结、民主自由的欧洲出现,因此需要妥善处理战后德国问题以及抵挡苏联的影响。

德国问题在战争结束伊始到20世纪60年代是美国支持欧洲一体化的重要原因,也就是说在一体化的早期阶段,恢复德国的经济水平与消除德国对欧洲安全的威胁是促成美国支持欧洲一体化的最大动力。从1947年开始,美国的政策制定者们已经清楚地认识到德国的重建和欧洲的复兴是紧密联系的。但是,如果违反法国的意愿,在法国经济恢复前就着手德

---

① M. J. Hogan, *The Marshall Plan*, p. 30.

国的重建工作,势必会引起法国的强烈反对。所以,援助欧洲的计划必须将法国和德国紧密地联系在一起。① 然而,有关将复兴德国和重振欧洲相互联系起来的想法最初在欧洲大陆并没有获得认可。

由于法国、比利时、波兰等国家都遭受过德国的侵略,所以它们都非常忌惮德国的复兴。欧洲国家在战后初期通过军事合作或结成军事同盟的方式遏制德国的民族主义,防止其国内的军国主义死灰复燃。1947年,英法签订了《敦刻尔克条约》,建立了针对德国的双边军事防御同盟。一年之后,比利时、荷兰、卢森堡三国加入该协定,从而形成了布鲁塞尔条约组织,其目标之一是预防潜在的德国入侵威胁。除了建立军事同盟外,在经济上对德国进行限制是遏制策略的另一种办法。法国的战后复兴计划就是希望通过占领德国的一些领土来建立新欧洲的工业中心,实现新的欧洲均势。法国希望自己的出口商品在国际市场上,特别是在欧洲市场上更富有竞争力,用法国的产品替代德国的产品。这样不但振兴了法国的经济,而且缓解了一直占据法国国家安全重心的德国问题。因此,战后法国坚持法国的经济复兴要先于欧洲,恢复法国的钢铁生产能力必须首先获得德国鲁尔区的煤矿资源,德国的钢铁产量必须被限制,以避免欧洲钢材市场的饱和。总体上看来,战后初期法国对德国的政策基本上还是延续了一战之后法国针对德国的政策:将鲁尔地区从德国划走,实行鲁尔工业区的国际化;将德国的萨尔融入法国。1947年法国开始实施的第一个五年复兴计划就是想通过输送德国廉价的煤炭资源到法国,用法国产品占据德国市场,借此达到振兴法国、削弱德国的目的。法国表示,除非这些要求得以实现,否则法国拒绝允许德国工业恢复到战前水平,并拒绝接受有关德国统一的任何建议。② 因此,在1947年的莫斯科外长会议上,法国拒绝了英美提出的将德国的生产水平恢复到较高水平的建议。

从1947年夏天开始,美国陆续与中东欧国家进行磋商,并决定将德国纳入统一的欧洲经济秩序中。美国国务院试图将英美双占区的资源统一到一个直接的欧洲复兴计划中,并且在原则上同意考虑对鲁尔地区煤钢工业进行国际监管的建议。在杜鲁门总统的指示下,美国前总统胡佛前往德国考察工业生产和经济恢复情况。1947年3月,完成了调查任务的胡佛

---

① Geir Lundestad, *Empire by Integration*, pp. 22 – 23.
② M. J. Hogan, *The Marshall Plan*, p. 32.

提交了一份报告。报告主要分析了德国经济恢复缓慢的原因,重新评估了欧洲经济与德国经济恢复的计划。报告认为,应当停止拆除德国境内的非军事工业设备,并允许将鲁尔地区和莱茵地区保留在德国境内。报告认为,需要对现行的政策进行修正,使德国保有恢复和提高生产能力所必需的工厂和资源。① 如果能充分利用德国的工业潜力以及能源资源来促进欧洲的和平稳定,不仅可以缩减美国对德国进行援助的财政支出,还能够实现预防德国军国主义复苏的目标。

胡佛报告中有关欧洲复兴的构想在后来的马歇尔计划中都有所体现。1947年6月5日,马歇尔在哈佛大学发表的演讲中强调了"将欧洲作为一个整体"的复兴计划,并且邀请包括苏联和东欧国家在内的所有欧洲国家共同参与全面的经济合作计划。马歇尔的演讲表达了美国给予复兴计划经济支持和友好援助的意愿。但是,美国的动议要求所有欧洲国家,至少是大多数欧洲国家参与"共同的复兴计划"。② 美国所设想的欧洲复兴计划是通过建立一个超国家的一体化经济秩序,将经济复兴和国际安全联系起来。一方面,欧洲的整合可以控制德国的民族主义,既可以重建德国经济,又可以打消战后法国的经济和安全顾虑;另一方面,第二次世界大战结束后,英、法、德实力的萎缩使得中东欧地区形成了权力的真空地带,美国需要通过重建足够强大的经济和政治体系来填补这些权力真空,用以抵御苏联的侵略。欧洲的市场、原料供给、人力资源、工业能力是抵抗苏联的重要战略资产。通过整合这些分散在各个民族国家的重要资源,可以在西欧扶植起一个足够强大的同盟来制衡苏联在东欧地区的影响和扩张。而且建立这样一种超国家的政治体系,还可以遏制共产主义在欧洲的扩散,将西欧各国的经济问题进行分摊,缓和激化的社会阶层矛盾,减弱社会问题的影响,从而确保多边世界贸易体系可以顺利地建立。苏联在1947年6月的英、法、苏三国外长会议上,拒绝了美国的要求。苏联担心英法与美国背着苏联进行密谋,响应美国的计划会牺牲苏联的利益,所以拒绝在四大国协商德国和平条约之前考虑欧洲经济复兴计划。苏联的拒绝并没有让美国感到意外,甚至正中美国下怀。因为美国视马歇尔计划为一种双重战略,既可以复兴欧洲经济,又可以遏制苏联,削弱苏联与东欧国家的合作。

---

① M. J. Hogan, *The Marshall Plan*, pp. 133-34.
② M. J. Hogan, *The Marshall Plan*, p. 43.

不管有没有苏联的支持，欧洲整合已经成为美国追求的目标之一，美国希望改造旧的世界秩序，设计新的世界秩序。① 战后初期，美国还希望将经济整合作为缓和美苏关系的通道，但是随着苏联在东欧影响的扩大和势力的不断扩张，美国开始把欧洲整合当作抵抗苏联推进其利益的工具。1947年三国外长伦敦会议谈判再次破裂之后，美国放弃了先前全欧合作的思想，转而集中注意力于西欧的整合和经济恢复。可以看出，美国支持欧洲走一体化的道路实现经济复兴，能够实现遏制德国和遏制苏联的双重战略目标。

三、分摊责任：利益与责任的平衡？

乔治·凯南领导的美国国务院政策规划室在1947年10月的报告中提到：我们的政策有一个关键点，那就是必须要在亚欧大陆尽可能快地发展出其他的独立力量，以减轻我们肩头关于"两极"的负担。② 凯南认为欧洲复兴计划应该由欧洲国家动议。虽然美国政府酝酿马歇尔计划准备更加直接地介入欧洲的重建工作中，但其仍旧坚持欧洲领导者自己承担重建项目的主要责任。凯南于1947年5月29日在国务院的一次会议中提到：欧洲必须对援助计划负有更大的责任，防止欧洲将有关重建的重要事宜全部推开，使之都落在美国身上而增加美国的负担；倘若计划失败，美国会成为替罪羊。③ 马歇尔哈佛演讲的起草人查尔斯·波伦（Charles Bolen）也认为，美国需要让欧洲人认识到，美国愿意给予欧洲援助的唯一可行的政治基础就是必须要有足够的证据表明，欧洲人在进行着一个全盘的经济合作，这种合作会持续3到4年。④

20世纪50年代之后，美国对欧政策的一个明显变化就是美国逐渐开始强调欧洲自身在经济、军事事务上的能力。美国越来越关注如何让欧洲承担更多的责任以减轻美国在欧洲的负担。虽然作为一个整体的欧洲增加了美国在世界贸易上的竞争，但是欧洲的整合为美欧之间创造的收益要

---

① M. J. Hogan, *The Marshall Plan*, p. 53.
② G. John Ikenberry, "Rethinking the Origins of American Hegemony," p. 120.
③ *FRUS*, Vol. Ⅳ, 1945, Europe. 转引自 G. John Ikenberry, "Rethinking the Origins of American Hegemony," p. 121.
④ *FRUS*, Vol. Ⅳ, 1945, Europe. 转引自 G. John Ikenberry, "Rethinking the Origins of American Hegemony," p. 121.

第二章 欧洲一体化：美国的支持与不安

远大于其对美国经济造成的影响。1948年中期，冷战的加速形成使得欧洲国家感到仅仅依靠布鲁塞尔条约组织来抵御苏联的威胁是远远不够的，西欧国家希望能够借助美国的军事力量来保障欧洲的安全。西欧国家同美国就保卫欧洲领土安全的问题进行了磋商，结果就是北大西洋公约组织的诞生。但是仅仅依靠北约的力量来确保欧洲的安全是不够的，因为北约是一个预防外部潜在威胁的军事同盟组织，其目的就是针对可能来自苏联的外部侵略，而欧洲安全的内部威胁——德国问题，仍然没有得到完全解决。法德的敌对关系仍然是未来欧洲不稳定的政治隐患。

1950年朝鲜战争爆发，美国全面卷入战争。战争爆发之后，杜鲁门政府认识到德国的实力是确保欧洲安全的重要组成部分。因此提出重新武装德国，要求欧洲主动分摊美国在欧洲承担的安全责任。此后，美国积极支持欧洲各国在北约的框架下组建欧洲防务集团，希望将重新武装的德国统一到欧洲的政治体制中，并保持德国的独立地位。① 美国希望该计划能够实现，欧洲各国共同拥有一支混合部队来处理共同的安全危机，与此同时这支部队又可以分摊美国驻欧军队的安全责任。艾森豪威尔对欧洲防务集团的坚决支持无疑表现出他对该计划的期望和设想。但由于德法两国积怨已久，法国政府一直未将条约送到国会讨论。因此，美国开始动用外交资源向法国施压，希望该计划能够顺利进行。1953年12月的百慕大会议上，艾森豪威尔表明了美国政府对于组建欧洲防务集团的态度。艾森豪威尔强调，如果该计划失败，美国政府不得不撤走其驻扎在欧洲的地面部队。② 虽然美国对法国政府施加了很大的压力，但是由于欧洲防务集团需要重新武装德国，法国国民议会最终还是否决了《欧洲防务集团条约》。

欧洲防务集团的计划虽然失败了，但美国对积极推动欧洲一体化的信心并没有随之消减。美国对欧洲煤钢合作计划表示了明确的欢迎，国务卿杜勒斯就指示美国在波恩的外交官要向欧洲清楚地表达美国对欧洲认识到推行超主权合作重要性的认可。③ 1954年，欧洲煤钢联营主席让·莫内访问美国时，美国与其签订了一份1亿美元的协议，美国还向让·莫内许

---

① Charlotte Bretherton and John Vogler, *The European Union as a Global Actor*, London and New York: Routledge, 2006, p. 187.

② Kevin Ruane, *The Rise and Fall of the European Security Community*, Chippenham Wiltshire: Antony Rowe Ltd, 2000, p. 55.

③ Geir Lundestad, *Empire by Integration*, p. 51.

诺,要帮助欧洲煤钢联营获得关贸总协定的特惠许可。1956年双方更是签订了一个双边贸易协定。美国同欧洲煤钢联营的一系列活动,都表明了华盛顿对于一体化的信心并未因欧洲防务集团计划的失败而丧失殆尽。1957年3月25日,建立欧洲经济共同体的《罗马条约》签订,杜勒斯立刻向法德的关键政治领袖送去了祝贺。① 艾森豪威尔不止一次地发表过希望欧洲成为"第三支力量"的言论,他希望欧洲可以成为一支除美国和苏联之外的独立力量。不过,艾森豪威尔虽然支持欧洲成为第三力量,但是他希望欧洲在与美国进行紧密合作的框架下进行整合,实际上是支持一支依附于美国而不是独立自主的欧洲"第三种力量"。

肯尼迪上台后,摆在他眼前的一个事实就是从20世纪50年代中期之后,欧洲的经济实力已经同战后初期大不一样。由于内部关税的消除、共同农业政策的实施等,西欧六国的经济得到迅速增长。从1950年到1957年,经济共同体六国的经济增长率为0.46%,而美国仅为0.27%;到了1960年,欧洲的经济增长率高达0.68%,美国则为0.38%。欧洲的经济增长率已经远远高于美国。② 除了对欧洲的经济优势逐步缩小外,日益恶化的美国政府财政收支状况使肯尼迪总统感到,美国的当务之急是卸下过分沉重的负担。他认识到,如果美国承担的责任少一些,那么欧洲就自然会承担多一些。一个联合的欧洲应当有能力在共同防御领域承担更多的责任,在对外援助领域欧洲也应该为欠发达国家作出更多的贡献。欧洲应当同美国一道,在所有的经济、政治、外交领域共同努力以降低贸易壁垒,解决商务和金融问题,协调发展援助政策。③ 然而,到了20世纪60年代中后期,美国对欧洲一体化的态度却发生了微妙的变化。尼克松上台之后,美国政府因与苏联之间综合实力差距缩小、经济困难、越南战争等因素,绝对霸权地位受到相当程度的削弱。相较于美国,欧洲的实力却呈上升之势。尼克松认为,对美国来说,仅凭一己之力承担保卫世界自由国家的全部责任,这个负担过于沉重,他希望美国的其他全球盟友与美国一起,分摊美国军事、政治、经济方面的责任。尼克松的主张是美国针对世界局势做

---

① Geir Lundestad, *Empire by Integration*, p. 55.
② John M. Letiche, *European Integration: An American View*, Berkeley: Press of University of California, 1965, pp. 5-6.
③ Public Papers of the Presidents of the US, John F. Kennedy, 1962, p. 538. 转引自 Geir Lundestad, *Empire by Integration*, p. 20.

出的外交政策调整,美国虽然还是一贯支持欧洲一体化,但是越来越感到欧洲一体化给美国带来的挑战。所以,美国开始强调跨大西洋合作对于美国和欧共体的重要性。

尼克松的继任者卡特相较于他的前任,更加重视美国传统盟友欧洲和日本的力量。卡特认为尼克松时期美国为了缓和同苏联的关系、发展与中华人民共和国的关系而冷落了美国的传统盟友,因此卡特政府更为支持欧洲一体化。卡特本人就说过:"和我的前任们比起来,我更支持欧洲国家之间建立起一种亲密的相互关系。"① 1978年卡特访问位于布鲁塞尔的欧共体总部时就曾经承诺,美国会对欧共体想实现的目标予以无条件的支持,并且欢迎欧共体的领导人参加G7峰会。在卡特之后,美欧关系的发展出现了新的特点。随着欧洲一体化程度不断加深,特别是1986年通过了《单一欧洲法案》,美国感受到了欧洲一体化给美国带来的冲击。最初,美国人关于欧共体的看法还是停留在对于欧洲的传统认识上,并没有认真对待。但是旨在建立一个人员、商品、资本、服务自由流动市场的《单一欧洲法案》出台之后,美国开始见识到"欧洲堡垒"产生的巨大威胁。

从第二次世界大战结束到20世纪80年代中后期,出于维护美国利益、确立美国霸主地位的需要,美国一直是欧洲一体化的积极推动者;美国的对欧政策虽然一直在变化和调整之中,但是其核心的成分却一直得以保留和延续。在政治上,美国希望通过一体化的道路促成一个联合、稳定的欧洲,使其成为美国可靠的盟友,并期望欧洲在美国领导下的北大西洋政治框架内发展成"第三种力量"。在价值取向上,战后美国推行其带有自由主义色彩的全球经济政治体系,欧洲是构成这个体系的关键一部分,因此,建立统一、和平的欧洲与美国的自由主义价值理念不谋而合。在安全上,战后初期美国推动欧洲走上一体化的道路,将欧洲国家聚合为一个整体,不仅可以化解德法长久以来的宿怨、控制德国军国主义的复苏,而且能够抵御来自东方苏联的威胁,遏制苏联的势力向西欧扩张。20世纪60年代之后,随着战争创伤的逐渐愈合,欧洲的实力不断增长,而美国的实力则相对下降,美国需要欧洲分摊美国对欧洲的安全责任及其他国际义务,随之而来的是美欧竞争的加强和美国人对欧心态的微妙变化。

---

① Geir Lundestad, *Empire by Integration*, p.109.

第二节 美国对欧洲一体化的政策

一、美国的鼓励和支持

从二战结束后不久的1946年一直到20世纪50年代末,美国政府对欧洲联合一直表现出了巨大的热忱和支持。美欧对欧洲一体化政策的这一基本立场主要是出于其全球战略的考量。1946至1947年,美国根据世界政治格局的变化,制定出了针对苏联的"遏制战略"。为了配合这一战略,美国也随即对对欧政策进行了相应的调整,其中一个鲜明的特点就是主动支持欧洲一体化运动。美国政府对西欧的经济援助计划中也体现了这种外交方针,即将欧洲通过某种方式联合起来,以整个欧洲大陆为单位实现欧洲复兴。可以说在这一时期内,美国支持欧洲一体化的态度是坚定不移的,也正是因为有了美国的强力支持,从"欧洲煤钢联营"到"欧洲经济共同体"的成立,西欧各国的一体化之路才较为顺利地开展起来。

当"马歇尔计划"还在酝酿之时,美国支持欧洲经济一体化的基本政策就已经形成,美国希望通过欧洲联合的方式使西欧各国加强合作,摆脱经济困境,从而实现欧洲的经济复苏。一个联合的欧洲可以巩固美国构想的战后世界自由贸易体系,同时以欧洲一体化作为其对欧政策的基本方针,与苏联展开全球范围内的冷战。在政策的实施过程中,美国甚至不惜对其传统意义上的特殊盟友英国施加外交压力,促使其加入欧洲经济一体化之中。

英国对待欧洲一体化的态度与美国有着较大的出入。失去了昔日风采的英帝国在战后不得不面对如何重塑帝国梦想这一问题,丘吉尔提出的"三环外交"就是基于这种现实的一种考虑。"三环外交"的主要思想是要突出英国在英联邦国家、跨大西洋关系以及西欧联合中的作用。英国希望能够依靠英美的特殊关系维持自己不同于其他西欧国家的独特地位,又希望英国在欧洲一体化运动中能够保持一种超脱灵活的地位,同时也能够继续发挥自己领导英联邦的作用。可以说,英国战后的外交方针中"总脱不出这三个环,只不过'三环'的内容时时都在变化而已"。[①] 因此,英国虽然

[①] 陈乐民主编:《战后英国外交史》,北京:世界知识出版社,1994年,第77页。

第二章 欧洲一体化：美国的支持与不安

开始有意识地关注欧洲联合的问题，但是它仍然强调自己同美国之间的密切关系，希望能够维持其世界大国的地位。英美双方的这种分歧在有关马歇尔计划的谈判中就首先暴露出来。1947年6月，克莱顿与贝文等英国官员就马歇尔计划展开了谈判。贝文希望美国能够认识到英国的特殊地位及其与美国的特殊关系，希望美国在欧洲共同复兴计划的框架之外向英国提供特殊的财政援助；而克莱顿则认为英国不具备独立于欧洲国家之外的经济资源，它应该与欧洲结合成有机整体，英镑区和英联邦特惠制也不足以证明英国不同于欧陆国家或有获得美国单独援助的必要。① 由此可见，在战后初期，美国期望的是将西欧国家作为一个整体来对待，帮助其实现经济复苏的同时推动其整合；而英国则希望能够继续维持其一贯采取的游离于欧洲大陆之外的传统外交方针，反对超国家性质的西欧一体化，在参与美国主导的经济援助计划时可以获得不同于其他西欧国家的特殊地位。在西欧实现经济一体化的几个重要环节中，英国同美国以及西欧各国关于一体化的途径和手段的分歧一直成为战后双方有关欧洲联合的争论焦点。

1950年5月，法国外长舒曼提出了一个将法德的煤钢工业生产全部置于一个高级机构管理之下的计划。舒曼提及的煤钢联营计划成了战后欧洲一体化运动的起点。不久，舒曼就将该计划的内容告诉了美国国务卿艾奇逊。艾奇逊随后发表声明表示欢迎该计划。艾奇逊称该计划是"法德两国和解和向西欧经济一体化前进的"愿望所推动的"一个最重要的事态发展"，并且表明"美国政府是以同情和赞赏的心情来认识法国这个创议的重大和深远的意图"。② 6月2日，艾奇逊向美国驻欧有关使馆发出了国务院的训令，阐明了美国对舒曼计划的政策。训令指出，美国欢迎舒曼的建议，因为它是一个在"欧洲经济和政治关系领域具有想象力和建设性的倡议"。值得特别指出的是，这份训令强调"美国将施加强大影响……以防止某个参加者(例如英国)对(法国)计划泼冷水"。为此，政府将"密切注视"计划的发展。③ 在法德等六国参与讨论该计划的巴黎谈判中，美国不断对

---

① 洪邮生：《英国对西欧一体化政策的起源和演变(1945—1960)》，南京：南京大学出版社，2001年，第32—33页。
② 〔美〕迪安·艾奇逊：《艾奇逊回忆录》，上海《国际问题资料》编辑组、伍协力合译，上海：上海译文出版社，1978年，242页。
③ 洪邮生：《英国对西欧一体化政策的起源和演变(1945—1960)》，第117页。

谈判施加影响。美国驻法大使布鲁斯和驻德高级专员麦克洛伊在谈判过程中与法德两国的政要、政府专员以及煤钢产业的企业巨头保持了充分的接触,他们向法德双方表达美国政府支持的立场。同时,他们告诉法德,美国不希望煤钢共同体发展成一个具有贸易保护性质的组织,欧洲煤钢产业的联合应当以贸易自由为前提。在煤钢联营的问题上,美国一方面反对英国对此持有的消极态度,另一方面极力促成西德同意对煤钢工业实行非卡特尔化和非集中化,制定反卡特尔条款。最后,在美国的干涉下,煤钢共同体成功建立了起来。在这之后,美国又对该机构给予包括技术、运输、经济援助在内的多方面支持。① 煤钢共同体的成功使欧洲的政治家们认识到,经济领域的合作不像政治和安全事务那样敏感度高,这条全新的道路似乎为欧洲联合的未来寻找到一条更佳的路径。

为了促进西欧经济一体化的发展,1954年2月欧洲煤钢联营的内部会上,各国讨论了将该机构的职能扩大到运输业和其他能源领域的问题。时任煤钢联营高级机构主席的让·莫内认为该计划具有较大的可操作性。莫内同时认为原子能是一个相当重要的领域,需要成立专门性的组织。莫内认为,欧洲建立原子能共同体一方面可以打破美、英、苏三国的核技术垄断,西欧国家能够很快就拥有制造核武器的能力;另一方面,原子能共同体的建立排除了西德向这一方向发展的可能,使西德能够在和其他伙伴平等的基础上参与进来,并接受共同的监督。② 当时有着类似想法的还有荷兰外交大臣贝耶,不过贝耶主张的是实现全面的经济一体化,建立一个不局限于某几个部门的全面共同市场。1955年4月,比利时外交大臣斯巴克与贝耶以及卢森堡外交大臣贝克会谈之后,起草了一份备忘录,将莫内的想法和贝耶的想法综合起来,建议对运输、能源,特别是原子能采取分部门行动,同时也提出了关于建立共同市场的建议。同年6月,煤钢联营六国在墨西拿举行会议,会议讨论了上述备忘录所构想的内容。最后会议决定推荐斯巴克为主席组建一个委员会来筹备该计划,为建立上述领域中的一体化部门和共同市场制订相关的计划,并且邀请英国参加该委员会。美国政府收到这一消息后表示欢迎,美国国务院在对各驻欧使馆发送的训令中

---

① 陈六生、严双伍:《美国与欧洲一体化(1942—1957)》,《武汉大学学报(人文科学版)》2003年第1期,第71页。
② 洪邮生:《英国对西欧一体化政策的起源和演变(1945—1960)》,第162页。

表达了美国对一体化一如既往的支持态度。

英国虽然也派遣代表参加了斯巴克委员会的工作,但是在有关欧洲联合的方向问题上却与六国产生了较大的分歧。英国认为,如果参加共同市场计划,势必会影响其既定的贸易自由方针,以及其在英联邦特惠区的既得利益,部分地丧失经贸方面的控制权。英国希望的是能够在全欧范围内实现自由贸易,对成立这样一个多国参加的共同市场则兴趣不大。更为重要的是,英国希望通过发挥欧洲经合组织的作用促进经济贸易发展,采取政府间合作的形式来实现这一目标,而不是采取建立类似成员国让渡部分主权的超国家性质的组织和某些领域一体化的办法。所以,英国在认识到无法改变六国建立共同市场的意图时,决定退出斯巴克委员会,并且试图对六国施加压力以实现己方的主张。

不过这一次,美国显然更加支持煤钢联营六国提出的欧洲联合方案。1955年12月,美国国务卿杜勒斯写信给英国外交大臣麦克米伦,阐述了美国对欧洲一体化的态度。杜勒斯在信中写道:虽然美国对欧洲加强联合的两种方式(第一种以煤钢联营为标志,第二种是欧洲经合组织的方式)都给予支持,但从长远看,"欧洲所能建立的利益共同体越紧密,它发挥其潜力实现安全、繁荣和在世界事务中的影响也越有希望……六国集团方式赋予实现这一目标以最大的希望,因为这个共同体存在着固有的更为紧密的联合,因为它将对更为广泛的欧洲集团的力量和团结做出贡献"。① 杜勒斯的这封信清楚地表明了美国对欧洲一体化的政策。美国支持欧洲联合的形式是以煤钢联营的方式实行一种超国家形式的一体化,美国并不支持英国在六国计划之外另起炉灶,也不希望英国对现有的欧洲一体化方式造成负面影响。因此,1956年年初英国首相艾登访美时,双方在建立原子能共同体、共同市场等有关欧洲一体化的问题上的政策分歧相当大。会谈中,英国大谈欧洲经合组织的作用,希望用一切办法提高经合组织的地位;而美国则坚持它原先的立场,赞同共同市场的建立。在这次会谈上,虽然美国没能改变英国对欧洲的方针,但是在六国策划建立共同市场的关键时期,美国通过及时地表明自己的态度对英国施加了外交压力,阻挠了英国干扰这一计划的举措,减少了欧洲经合组织与欧洲共同市场之间的路线之争对欧洲一体化带来的负面影响。美国的支持对启动欧洲一体化是至关

---

① 洪邮生:《英国对西欧一体化政策的起源和演变(1945—1960)》,第213页。

重要的,比如在法德等国筹备欧洲原子能共同体的过程中,美国的支持是其成功的关键。因为西欧国家在核能技术和铀材料方面高度依赖美国,如果美国不希望西欧六国建立这样一种机构,它完全有能力阻挠它们的这种努力。① 由此可见,在"欧洲防务集团"计划失败之后,美国对一体化的支持是欧洲一体化重新启动的巨大推动力。在筹备欧洲原子能共同体、经济共同体和共同市场的过程中,美国对英国施加了足够多的压力,它对一体化表现出的坚定支持,为日后签订《罗马条约》、成立欧洲经济共同体清除了道路上的最大障碍。

二、围绕布雷顿森林体系的欧美争端

进入 20 世纪 60 年代之后,欧美之间的矛盾开始逐渐增多。从政治和军事上来看,美国一方面想保持自己对跨大西洋同盟的领导力,另一方面又希望西欧国家能够分担更多的防务和安全责任,减轻自己的负担。美国原先希望欧洲国家通过一体化的道路扩大内部需求,创造一个有利于美国商品对欧出口的环境。1956 年 9 月,美国政府对外经济政策委员会的一份报告中提到,"欧洲经济一体化虽然会增加欧洲的实力,但从长远更符合美国的利益。经济一体化会促进现代经济的高速发展,同时提高生产力水平和消费水平。一体化会使欧洲成为美国商品出口更好的市场"。② 然而,20 世纪 50 年代末以来随着西欧各国实力的恢复,欧共体与美国之间的贸易摩擦增多,特别是欧共体共同农业政策的实行打击了美国对欧的农产品销售,使得美国对欧农业出口能力下降。因此,从肯尼迪政府开始,虽然美国对欧洲一体化的基本态度未变,但是美国已经开始认识到了一个统一的欧洲会给美国带来的压力和挑战,因此对欧政策开始出现了一些摇摆。美国希望欧洲联合能够在大西洋框架之下进行,欧洲一体化的成果应当有利于美国在欧的利益扩展,而不是形成一支独立于美国的"第三种力量",从而对美国现有的西方霸主地位和利益造成挑战。在一些关于自身重大利益的问题上,美国与欧洲各国产生了激烈的矛盾,双方围绕布雷顿森林体系的争端就是美欧矛盾扩大化的一个具体表现。

1944 年建立的战后的布雷顿森林体系以美元为中心,主要机制是美

---

① 朱明权:《欧盟共同外交和安全政策与欧美协调》,上海:文汇出版社,2002 年,第 315 页。
② Geir Lundestad, *Empire by Integration*, p. 85.

元与黄金挂钩,而各国货币又与美元挂钩,旨在维护二战后国际货币金融秩序的稳定。但是,战后初期欧洲国家美元短缺,该体系无法正常运行,美国通过其国际收支逆差使美元源源不断地流向欧洲市场。然而,大量涌入欧洲市场的美元不受相关国家政府的管束,从20世纪50年代开始形成了一个自由的"欧洲美元"市场,这就为自由地进行美元投机提供了条件,维持固定的美元汇率变得越来越困难。① 从艾森豪威尔政府时期开始,美国就出现了货币紧缺的苗头。到1960年年底,美国在国际上的收支赤字高达111亿美元,而西欧各国持有的美元多达64亿。② 在不到十年的时间里,美元从美国的大量外流已经威胁到了每盎司黄金35美元的固定汇率制。1958年,外国所储有的全部美元价值已经超过了美国政府所储备的全部黄金价值。20世纪60年代,西欧国家对以黄金与美元、美元与各国货币"双挂钩"为核心的国际金融货币体系的信心已经大打折扣。随着美国黄金储备总量的不断减少与美元外流的加剧,抛售美元引发了美元危机,国际货币体系越来越不安全。西欧各国的中央银行不得不开始干预民间货币市场以保证美元的固定汇率。因此,在如何维持美元汇率稳定以及如何维系依靠美元的垄断地位而形成的布雷顿森林体系等一系列问题上,美国同西欧各国之间出现了激烈的矛盾。

美元危机加剧了美国经济状况的恶化,美国政府为了改变这一状况甚至要求西欧与日本中央银行以固定汇率在私人市场购买美元来阻止美元的大量抛售,但局面并未得到改善。到肯尼迪入主白宫时,情况已经变得十分危急:法德已经纷纷将其持有的美元从美国兑换回黄金,美国的黄金流失速度达到年均10亿美元的水平,黄金储备量急剧下降。因此,肯尼迪政府希望说服西欧两大国——法国和德国停止用盈余的美元从美国购买黄金,但是遭到了法德的反对。法国戴高乐总统认为,当前的情况是布雷顿森林体系的缺陷造成的。美元的霸主地位使得美国将自身的代价转移到欧洲国家身上,使西欧各国承担了美国在海外的军事支出;要解决当前

---

① 〔美〕戴维·卡莱欧:《欧洲的未来》,冯绍雷等译,上海:上海人民出版社,2003年,第180页。
② 陈宝森:《美国经济与政府政策:从罗斯福到里根》,北京:世界知识出版社,1988年,第847页。

的问题,还是需要通过大国之间谈判来建立一个新的国际货币体系。① 而美国却希望法国在美元流失的问题上采取与美国配合的态度,帮助美国解决支付赤字的问题。戴高乐的顾问、著名经济学家鲁伊夫认为,国际黄金交易不应同美元挂钩,而应基于纯粹的黄金价格标准。法国财政部部长德斯坦也表示美国设计的方案缺乏可行性,即使国际货币基金组织提供帮助,美国也无力独自应对美元面临的严峻挑战,而唯一有效的办法是持有大量美元的西欧国家央行与美国充分协调合作。② 为了防止美元危机对法国的冲击,戴高乐政府采取了用法国存有的美元兑换黄金的政策。这一政策打击了美国在国际货币领域的霸主地位,同时对即将到来的国际货币体系改革起到了推波助澜的作用。

与法国不同,在美国国际收支失衡、美元大量外流的背景下,20世纪60年代初的联邦德国政府采取了另一种政策。战后联邦德国的经济和社会发展的一个重要特征就是其对外出口贸易迅速扩张,不断增加的贸易收支盈余和马克的强势成为其经济复兴的标志。以美元为中心的国际金融货币体系为联邦德国贸易出口的繁荣提供了一个良好的国际环境。联邦德国的货币政策必须满足保持商品价格稳定的条件,才能使德国的出口贸易一直维持较强的国际竞争力。这也是联邦德国的通货膨胀率一直低于其贸易伙伴的一个重要原因。然而,由于德国在政治和安全上仍然依赖于美国,所以即使美元的强势地位不断衰落,联邦德国的对外货币政策也只能顺应美国的意愿进行调整。德国央行决定支持美元,抑制美元兑换黄金,而只要有像德国这样的国家继续支持美元,现行的货币体系就能够继续运行。可以说,很大程度上是联邦德国在延续着布雷顿森林体系的有效性。③ 20世纪50年代到60年代,联邦德国一直在努力维持着马克与美元汇率基本持平的状态。但是随着形势的恶化,如果联邦德国的央行继续维持这一货币政策,就会引发马克的实际贬值,④ 这显然不利于德国的出口

---

① 温强:《浅析肯尼迪政府时期美法在支付领域的矛盾》,《美国研究》2006年第3期,第112页。
② 温强:《浅析肯尼迪政府时期美法在支付领域的矛盾》,第115页。
③ Michael Kreile, "The Search for a New Monetary System: Germany's Balancing Act," in Helga Haftendorn, et al., eds., *The Strategic Triangle: France, Germany, and the United States in the Shaping of the New Europe*, pp.149 – 170.
④ Michael Kreile, "The Search for a New Monetary System: Germany's Balancing Act," p.156.

贸易,势必会引发联邦德国内部的不满。除了内部的压力外,同样重要的是,联邦德国与美国在货币政策上的合作同时也受到了一定的外部压力,联邦德国需要对欧洲一体化表现出忠诚和支持的态度,因此它需要在美国和欧共体之间建立一种相对平衡的关系。

伴随着美国国际收支逆差的进一步恶化,以美元为基础的金本位制岌岌可危。在这种情况下,建立一种新的全球储备货币体系就被提上了日程。1963年,美、英、法、德等十个主要工业国家在国际货币基金组织的会议上讨论了世界经济的流动性问题。通过多次磋商,最终得出的方案是支持国际货币基金组织创设特殊提款权制度,而不是重新建立一种货币体系来解决当前美元短缺造成的国际流通手段不足的问题。对这一方案,美国和法国的态度截然相反,美国表示支持,而法国却拒绝签字接受。美国反复强调不充分的货币流通性的危害,而法国却强调美元的特权地位是造成美元泛滥的主要原因,因而需要建立一种全新的货币储备体系。联邦德国则是在两国之间扮演了一个调停者的角色,支持加强对双边经济与货币政策的监管。在这次会议上,联邦德国政府被要求对马克进行升值,这显然不利于联邦德国的出口和经济恢复。

随着美国国际收支情况的进一步恶化,美国的黄金储量也急剧下降,美元危机爆发的频率也增加了。1971年5月到8月爆发的两次美元危机使尼克松政府不得不宣布执行"新经济政策",对内冻结工资,降低物价,对外增收商品进口附加税,减少对外经济援助,并且单方面终止美国负有的允许其他国家政府和央行以美元自由兑换黄金的义务。美国的这一单方面举动令西欧国家大为不满,以联邦德国为代表的国际收支顺差国家为了维持本币与美元的固定汇率,投放了大量的本币,导致这些国家内部普遍的通货膨胀。为了应付美元波动对欧洲经济的影响,欧共体决定对美元实行浮动汇率,其中联邦德国和法国等欧共体国家实行联合浮动汇率,英国、意大利等国实行单独浮动汇率,实行浮动汇率的欧洲货币对美元进行了不同程度的升值。① 此后欧共体进一步建立了自己的欧洲货币体系,以应对当前美元霸权地位所导致的国际货币体系紊乱而给欧洲带来的冲击。美元与黄金的脱钩,各国货币与美元的汇率实行浮动制,这两项举措最终宣

---

① 〔英〕J. F. 佩克:《国际经济关系——1850年以来的国际经济体系的演变》,卢明华、程亦赤、王在邦等译,贵州:贵州人民出版社,1990年,第361页。

告了以美元汇兑金本位为中心的布雷顿森林体系的终结。

布雷顿森林体系的动荡和瓦解让美国认识到,欧洲一体化不仅仅恢复了西欧各国的实力,也使欧洲变得越发强大。在关于自身切实利益的问题上,欧洲已经拥有了足够的实力来挑战美国了。因此,美国对欧洲一体化的政策应当做出相应的调整,进一步将支持西欧一体化运动融入美国的跨大西洋战略框架中,以确保西欧的强大不会给美国带来更多的麻烦和挑战。

三、平等的伙伴关系？——美国对欧政策的调整

当一个更加联合的欧洲出现在美国人面前时,应该如何应对这样的一个新欧洲成了美国外交政策中的重要问题。从20世纪50年代末开始,西欧给美国带来的挑战已经初见端倪。在贸易领域,美国已经见识到一个统一的欧洲对美国对外贸易造成的巨大冲击,华盛顿希望依靠全球性的贸易机构,通过加强双边或多边的贸易磋商来减少欧洲一体化给美国造成的经济损失,推动跨大西洋战略框架内的经济联系,并且希望通过实际行动来实现这一目的。

美国的第一个举措是建议在1958年10月重启新一回合的关贸总协定谈判,就因欧共体成立而出现的欧洲关税同盟问题进行磋商。1960年至1962年的关贸总协定第五轮"狄龙回合"贸易谈判就是在这样的背景下召开的,这次谈判的目的是降低和稳定大西洋两岸工业国家之间的关税。该回合谈判的最后结果是工业国家平均降低了20%的进口税率,并且使欧共体统一对外关税,平均降低6.5%。美国的第二个举措是推动美欧之间经济政策的协调,赋予跨大西洋合作除了政治之外的其他色彩。1960年12月,在美国的领导下,欧洲经济合作组织(OEEC)改组成经济合作与发展组织(OECD),美国成为经合组织的直接成员,并且处于领导地位。美国对经合组织寄予了很高的期望,希望其可以将大西洋两岸的安全合作与联系拓展到经济领域,成为美国和欧洲主要工业国家进行咨询、谈判和协商的场所。[①] 美国国务院在1960年8月向巴黎的美国大使馆发出指示:北约应当成为成员国合作与磋商的主要论坛,这一论坛在经济领域发

[①] 〔法〕法布里斯·拉哈:《欧洲一体化史(1945—2004)》,彭姝祎、陈志瑞译,北京:中国科学社会出版社,2005年,第55页。

第二章 欧洲一体化：美国的支持与不安

挥的作用应当由经济合作与发展组织补充完成。① 美国的这些行为表现说明，美国已经认识到了来自大西洋彼岸的挑战，必须适时地调整其对欧外交方针和对欧洲一体化的立场。

1962年7月4日，肯尼迪在费城独立厅发表的演讲显示了美国对欧政策和对欧洲一体化态度的进一步转变。肯尼迪在演讲中说："美国满怀希望和敬意地看待欧洲联合这一崭新的壮举。我们不认为一个强大和统一的欧洲会成为我们的对手，相反它会成为我们的伙伴。促进这一进程是我们17年来外交政策的基本目标。我们相信一个更加统一的欧洲能够在共同防务上扮演更为重要的角色，能够更加慷慨地回应那些贫穷国家的需求，能够与美国及其他国家一道减少贸易壁垒，解决商业、商品、货币问题，并且协调经济、政治和外交领域的各项政策。"② 肯尼迪的这番演讲很快就成为美国对欧政策的指导思想。负责欧洲事务的美国助理国务卿威廉·泰勒在1963年递交的一份备忘录中指出：要"支持和促进欧洲经济统一，以及利用经济合作与发展组织（OECD）这些机构，来协调成员国各方面的经济政策"，"要支持和鼓励西欧在相当程度上进行政治整合，以及支持美国与包括英国在内的联合的欧洲之间的大西洋伙伴关系这一概念"，美国要"把欧洲当成一个平等的伙伴……为北约和经合组织这两个主要的跨大西洋组织注入新的活力，赋予其意义，以加强跨大西洋的联系"。③ 1961年4月在华盛顿会见来访的英国首相麦克米伦时，肯尼迪还表达了希望英国加入欧洲经济共同体的愿望。美国迫切希望英国加入欧洲经济共同体，因为美国越来越无法忍受经济共同体歧视性的对内保护政策，特别是在共同体实施共同农业政策之后，美国的农产品无法打开欧洲市场。美国希望英国加入欧洲经济共同体，一方面可以增加其政治意义，另一方面可以削弱一些共同体的对内保护主义。④ 如果英国能够顺利加入，不仅可以形成一个包括英国在内的西方欧洲集团，将北大西洋的自由贸易区连成一片，

---

① Geir Lundestad, *Empire by Integration*, p. 54.
② President Kennedy's Speech at Independence Hall, 4 July 1962, John F. Kennedy President Library and Museum, http://www.jfklibrary.org/Asset-Viewer/RrjaDhW5B0OYm2zaJbyPgg.aspx.
③ 马西米利亚诺·古德佐，许海云译：《美国与欧洲经济共同体：从约翰·肯尼迪到林登·约翰逊》，《冷战国际史研究》2008年第1期，第137—139页。
④ Alan P. Dobson, *Anglo-American Relations in the Twentieth Century: Of Friendship, Conflict and the Rise and Decline of Superpowers*, London and New York: Routledge, 1995, pp.125-126.

而且一个包含英国在内的联合的西欧政治集团可以为美国分摊其在西欧肩负的军事和安全责任。由此我们可以看出，肯尼迪时期美国对欧政策和对欧洲一体化的态度已经发生了微妙的改变。美国清楚地认识到在自身实力下降、西欧实力上升的事实面前，应该主动卸掉一些包袱来减轻负担。因此，此时美国支持欧洲一体化的最大动力是出于欧洲可以分摊美国责任的考虑。

尼克松总统上台后，国际形势又出现了一些新的变化。美国国内经济萧条、失业率增高，同时深陷越南战争的泥潭，政府开支巨大，国会也多次催促政府削减军费。因此，尼克松在任期间，多次在国情咨文中呼吁美国的盟友应当发挥自身的作用，分摊欧洲安全的责任。尼克松进而把这一主张延伸为美国的全球政策，以及处理与其盟友全面关系的总方针。这就是后来被称为"尼克松主义"的对外政策，美国开始重视其与全球盟友之间的"伙伴关系"（包括军事、政治和经济等方面）。尼克松认为，把保卫西欧安全的责任全部压在美国肩头对美国来说过于沉重，美国应当鼓励它的欧洲盟友以及其他全球盟友一起承担起军事、政治、经济方面的责任。

尼克松执政时期，美国对欧政策基本按照上述的思路来制定。由于越南战争和美国经济衰退、与苏联的缓和等，欧洲事务对美国来说并不能排在第一位，但是尼克松和国家安全顾问基辛格仍然把欧洲一体化视为北约框架内最重要的事务。① 一个强大、统一的欧洲对美国的支持能够增加美国同苏联缓和的筹码。虽然这一时期美欧矛盾已经呈现恶化的趋势，但尼克松政府没有对一体化直接表示质疑或者反对，尼克松本人则认为美国应该对欧洲一体化保持理性，将欧洲一体化的动议权留给欧洲人。时任国务卿基辛格也认为，美国虽然会支持欧洲统一的理念，但是如果其代价是美国不能再与它的传统欧洲朋友进行交流的话，那么在经过一段时间之后，势必会引起美欧关系的巨大变化。② 当欧洲人全力以赴地推动进一步的一体化进程时，美国应该支持这一目标，这是尼克松政府在新的环境下适时做出的外交方针的调整。基辛格在给尼克松总统的备忘录中清楚地表达了上述立场：一、肯定美国对北约组织的义务；二、肯定美国对欧洲一体

---

① Geir Lundestad, *Empire by Integration*, p. 99.
② Henry Kissinger, *Years of Upheaval*, Boston: Little, Brown & Co., 1982, p.701.

化的支持,并支持英国加入;三、表明美国不介入西欧各国关于一体化的争论。① 可以看出,尼克松政府在对待欧洲一体化问题上采取了一种折中谨慎的政策,以避免欧洲人的反感,即一方面赞成欧洲统一,并支持英国加入欧共体;另一方面,把欧洲作为自己平等的伙伴,在欧洲内部有关一体化的争论上保持中立,不插足欧洲人自己的事务。在基辛格的建议下,尼克松积极谋求与西欧建立一种新型的跨大西洋关系。在这种新的美欧关系中,虽然美国仍继续秉持一贯支持欧洲一体化的态度,保证其对欧洲承担的军事和安全义务,但同时期望每一个欧洲盟国能够承担起共同的防务责任,加强美欧之间的政策磋商和协调。这种经过调整的美欧关系是符合当时美国利益需求的,因为尼克松政府既需要考虑如何与苏联实现战略意义上的缓和,又需要考虑到缓和的手段——北约与华约共同裁军不会增加欧洲盟友对美国在欧洲安全问题上的疑虑。因此,鼓励美国的欧洲盟友承担起常规的防务任务,既可以实现上述目标,又能够有效地减小驻欧军费的压力。

1973年年底,尼克松在他的欧洲之行中向西欧各国宣传此种主张,希望与欧共体及欧共体成员拟定一个关于"大西洋关系"的文件。最终在1974年6月,美国与欧共体成员国以及北约15国签订了《大西洋关系宣言》。在这份宣言中,北大西洋联盟的成员"再次确认了它们的共同防务是统一不可分割的……美国的核武器和欧洲的北美驻军对整个联盟的安全贡献仍旧不可或缺……各国希望和谐的政治与经济关系的支持能确保它们的基本安全,特别是它们将会努力消除彼此之间在经济政策上的冲突因素,并且鼓励彼此间的经济合作"。② 这份宣言可以看作尼克松时期美欧关系调整的一个阶段性成果,以修补20世纪60年代后期以来欧美在诸多问题上,包括1973年"欧洲年"本身问题上的矛盾所导致的跨大西洋关系的冷淡和困难。美国希望能够在加强西方联盟的同时,巩固自己在西方世界中的领导地位,并且通过建立美欧战略协调机制来相应地减轻美国的负担。

---

① 〔美〕亨利·基辛格:《白宫岁月——基辛格回忆录》(第一册),陈瑶华、方辉盛、赵仲强等译,北京:世界知识出版社,1980年,第520页。

② NATO, *Declaration on Atlantic Relations*, 19 June 1974, issued by the North Atlantic Council.

纵观二战结束至冷战结束前这段时间,美国对欧洲一体化的政策以支持和鼓励为主,美国希望欧洲国家通过一体化加强军事、经济、政治各方面的合作,建立一个对美国持友好态度的"欧洲合众国"。随着欧洲实力的增强,美国也同样认识到欧洲带来的挑战。虽然欧洲安全仍然离不开美国的核保护伞,但是欧洲已经不再对美国言听计从,在某些领域甚至与美国产生了很大的分歧。因此,从肯尼迪政府开始,美国在维护自身霸权地位的基础上,调整与欧洲的关系,缓解欧洲伙伴的不满,希望欧洲在国际舞台上发挥越来越重要的作用来分摊美国的责任。然而,跨大西洋关系中纷争是其结构性矛盾的反映,双方有关利益分配的分歧决定了在合作的同时,摩擦乃至冲突是难以避免的,这在下节阐述的美欧经贸关系的发展中得到了充分展现。

第三节　依存中的竞争:美欧经贸关系发展

一、美国对美欧经济关系的推动

二战后初期,美欧之间经济往来的主要推动力显然是来自美国一方。二战彻底摧毁了欧洲经济,在战争结束两年后,欧洲的经济尚未回到战前水平,经济增长艰难缓慢。欧洲的工业生产总值仅仅能够保持在1938年水平的88%。除此之外,由于战争,欧洲许多重要的交通运输设施和基础设施都遭到了严重破坏。正是在这样的局面下,美国通过一系列的援助帮助欧洲重建、恢复经济发展,从而推动美欧之间的经贸往来。当然,在这种美国主导下的美欧经贸关系中,美国也自然成为最大的受益者,美国通过援助打开了欧洲市场,并迅速成为世界经济的霸主。

1947年欧洲地区的商品进口额仅为202亿美元,出口和其他经常性收入总额也只有131亿美元,逆差达71亿美元。此时美国最大的担心是西欧国家因为支付能力不足,无法使贸易活动正常运转起来。到1947年8月,欧洲主要国家的美元储备都已经消耗殆尽。美国国务院和陆军部、海军部协调委员会的政策制定者们预见,以1946年至1947年的汇率来计算,购买美国出口商品的国家将在12至18个月之内就不再具有支付能

第二章 欧洲一体化:美国的支持与不安

力,1948年的欧洲对外贸易要低于10年前的水平。① 欧洲严重的经济困难从表面上看仅对西欧国家的社会稳定和生产状况造成了巨大冲击,然而如果情况长期发展下去,也会造成美国经济的严重失衡。1946年美国对西欧的贸易顺差达到80亿美元,1947年美国的商品和劳务出口额达到162亿美元,而相应的商品和劳务进口额仅为87亿美元。这意味着,美国在1947年的进出口顺差高达75亿美元。根据1945—1947年的情况,西欧国家的经济情况如果持续恶化,那么仅有一半的出口额可以完成,其他国家将进一步失去购买美国商品的能力,从而导致美国国内的商品过剩,进一步引发美国的工业衰退,造成美国的失业率大幅度上升。

从对外政策角度看,扭转欧洲的经济形势也是为了适应当时遏制苏联的政策需要。乔治·凯南指出,苏联对欧洲的主要威胁并非其对西欧的直接军事威胁,而是其通过欧洲各国的共产党组织对欧洲进行渗透。欧洲严重的经济危机使得社会动荡,资产阶级政府失去民心,为共产主义的渗透提供了很好的契机。要改变欧洲的经济困境,美国还应当提供经济上的援助,缓和西欧的社会矛盾。② 早期研究欧洲复兴计划的是国务卿艾奇逊组建的国务院、陆军部和海军部协调委员会,以及由乔治·凯南领导的政策规划室。1947年4月,委员会的一份报告中指出,支持经济一体化和德国的合并是稳定欧洲的核心战略。报告坚持认为,盟军占领地区的经济计划应当作为一个整体复兴计划的有机组成部分,这样可以建立一种区域贸易和生产体系,使该区域内参与计划的国家能够自给自足。除此之外,报告还提出了促进货币的可兑换性、鼓励降低关税壁垒、将欧洲经济委员会作为实施项目的机构等办法来缓解欧洲的经济困难。③ 这份报告同时也影响了凯南和他的团队。凯南提出,他希望欧洲国家共同行动来设计一个一体性的复兴计划,并且为实现该计划承担共同的责任,美国应在起始阶段给予欧洲国家友好的帮助以及金融支持。持有相同观点的还有副国务卿克莱顿,1947年5月,他提交了一份关于欧洲经济状况的备忘录。他指出,如果美国不给予欧洲实质性的经济援助,那么欧洲的社会、经济、政治将会出现大的分裂。美国需要每年向欧洲提供60至70亿美元的经济援

---

① 〔英〕J. F. 佩克:《国际经济关系——1850年以来的国际经济关系的演变》,第280页。
② M. J. Hogan, *The Marshall Plan*, pp. 40 - 41.
③ M. J. Hogan, *The Marshall Plan*, pp. 40 - 41.

助,帮助其复兴经济。马歇尔认可了克莱顿的这一想法,这份报告也成为他后来在哈佛大学发表演讲的重要文件之一。马歇尔受到凯南的观点和克莱顿报告的影响,正是在两者的共同作用下,马歇尔计划孕育而生。1948年5月28日,凯南、克莱顿同美国国务院其他部门的首脑一起讨论了克莱顿的备忘录和凯南政策规划室的报告。欧洲复兴计划获得一致认可,该计划将包括东欧国家在内的所有欧洲国家一起纳入,甚至考虑到邀请苏联加入,并且要求参与国家制订出全面的经济合作计划。就这样,美国首先承担起了复兴战后欧洲经济的责任。

美国在执行马歇尔计划时坚持一个原则,即要求欧洲国家在该援助计划中处于主动地位。美国通过无偿贷款、赠予以及商品供应等手段,极力促进欧洲经济振兴,并扶植欧洲企业恢复生产和发展。但是,欧洲国家必须就美国的援助行动达成一个共识,欧洲国家要最大限度地利用受援资金和物资,必须通过国家间合作来实现。1947年12月,杜鲁门总统提交给国会的国情咨文中指出,要在5年内向欧洲划拨170亿美元。国会经过激烈的讨论,终于通过了《1948年对外援助法》,统一向西欧拨款。1948年4月,为了配合美国提出的复兴计划,西欧各国联合成立了欧洲经济合作组织,具体负责马歇尔计划在西欧的实施。从1948至1952年,马歇尔计划一共为欧洲提供了130亿美元的援助。欧洲的钢产量从1947年的3100万吨上升到1951年的近6000万吨。到1952年,欧洲的国民生产总值在援助计划的4年内上升了25%,达到1250亿美元。马歇尔计划除了起到帮助欧洲重建的目的之外,还有效阻止了美元短缺造成的国际贸易崩溃,并且解决了美国自1927年第三季度就开始出现的出口下降问题。[①] 到1949年,西欧的贸易总量已经基本恢复到战前水平。

马歇尔计划的实施在帮助欧洲走出经济困境的同时,还成功地为美国打开了欧洲市场。比如:根据《1948年对外援助法》规定,美国的农业部部长有权决定向西欧运送美国过剩的农产品,成为美国援助对象的西欧国家必须同美国首先签订合作意向书,并且在接下来援助活动开展期间,再次同美国签订一个双边性的贸易协定,相互确认对方的权益。[②] 此外,马歇尔计划在美国国内的执行机构经济合作署(ECA)就接到过美国国会的指

---

① 〔英〕J. F. 佩克:《国际经济关系——1850年以来的国际经济关系的演变》,第283页。
② Henry Pelling, *Britain and Marshall Plan*, London: Macmillan Press Ltd, 1988, p. 35.

示,要求其尽可能多地采购美国国内的过剩产品,尽量少地购买美国国内的稀缺产品。钢材、原油、石油制品、农业机械、有色金属这些美国国内的稀缺产品受到了美国法律的特别限制,或者受到了经济合作署的严格控制。有数据表明,1948年经济合作署采购的40.58亿美元的货物中,只有3.82亿美元用于购买西欧急需的机械设备,而且经济合作署还限制了西欧钢铁工业的复兴。欧洲经济合作组织要求美国向西欧国家提供钢铁制成品、原料以及钢铁工业设备。然而美国出于保护本国钢铁企业的考虑,采取多给成品、少给原料和设备的政策,限制了西欧钢铁工业的恢复和发展,同时对美国国内滞销的工业制成品却大开方便之门。法国、瑞典的汽车和造船业受到了相当程度的冲击。[①]

由此可见,马歇尔计划的实施在帮助欧洲走出经济困境的同时,还为美国成功地打开了欧洲市场。美国对西欧实施援助是附带一定条件的,受援国家必须按照美国的要求签订双边贸易协定,放松对美元的管制,保障美国在欧洲的私人投资。美国通过经济援助的手段加快了向西欧进行经济渗透的步伐。1955年到1965年,美国向西欧的直接投资由30亿美元急剧增长到139亿美元,美国公司在西欧取得了垄断优势,几乎在所有迅速发展的行业中都占据了重要地位。同时,由于布雷顿森林体系将美元同黄金和各国货币挂钩,并保持固定汇率,使得美元成为唯一的国际支付手段,西欧国家的发展都对美元产生了严重的依赖,美元大量充斥着国际金融市场。[②] 客观地说,虽然美国在帮助欧洲恢复经济时确实存在打压西欧重工业的恢复、专断采购、倾销美国国内过剩产品的行为,但是美国的援助仍然是拯救欧洲濒临崩溃的经济的强效救心丸。欧洲通过美国的援助实现了经济的复兴与发展。[③]

二、经济依存与愈演愈烈的经贸纷争

20世纪50年代开始,随着重建过程的结束,欧洲的经济开始摆脱萎

[①] 王新谦:《战后初期美国在西欧确立经济霸权过程中的矛盾性》,《史学月刊》2012年第8期,第71—75页。

[②] 〔美〕戴维·卡莱欧:《欧洲的未来》,第179页。

[③] 也有欧洲学者质疑马歇尔计划对欧洲复兴的重要作用,如英国学者艾伦·米尔沃德(Alan Milward)认为该计划启动之时欧洲经济的复苏已在进行之中,美国援助的作用是温和的(*The Reconstruction of Western Europe, 1941–1951*)。格尔德·哈达赫(Gerd Hardach)、布拉德·德隆(Brad DeLong)、巴里·艾肯格林(Barry Eichengreen)等人也持类似观点。

靡状态,呈高速发展之势。1958—1970年,欧洲经济共同体成员国的出口量增加了3.2倍,进口量增加了3.4倍,而同期美国的出口量才增加了1.9倍,进口量增加了2.4倍。欧洲对美国的依赖程度逐渐减弱,其独立自主性日益增强。欧共体成员国在关税和农业政策领域取得了重大进展,进一步为共同市场的建立做好了准备。同时,欧洲共同体在国际经济中的活动愈发频繁,不断加强与其前殖民地国家的经济联系,并且缔结了大量经济和贸易协定。① 从20世纪50年代末60年代初开始,美欧经济关系就逐渐从单纯的依附关系转变为了合作与竞争并存的关系。一方面,美国加强大西洋两岸的经济联系,促进双边或多边的自由贸易体系的发展。另一方面,美国与欧洲之间的经济矛盾贸易纷争不断,特别是经过20世纪70年代资本主义经济危机美国的相对实力下滑而欧洲加速经济一体化进程之后,欧洲作为第一大区域经济体在世界经济中的地位愈发重要。在经济贸易领域,欧洲已经摆脱了美国随从的角色,双方不对称的经贸关系结构开始发生转变,改变了战后初期单向度的依附关系。在关乎切身重大经济和贸易利益的问题上,欧洲往往会与美国产生争端和摩擦。

纵观战后美欧双方的经贸争端,呈现出以下几个特点。第一,双方的贸易争端由来已久,涉及的产品范围相当广泛,特别是在农产品贸易领域,双方的矛盾更为突出。早在共同体成立之初,美欧之间的贸易争端就出现了。1963—1964年,因为欧共体关税同盟的成立,美欧之间爆发了一场"鸡腿贸易战"。美国对欧的禽类出口因关税的提高而损失惨重,于是美国援引关贸总协定的条款要求赔偿。进入20世纪70年代以后,受世界经济危机影响,西欧国家陷入经济滞胀、工业生产能力下降、市场需求萎缩的困境。为了走出经济危机,欧洲各国加大了贸易保护的力度,美欧双方的贸易争端愈演愈烈。1982年,美国的七家钢铁公司联合向法院上诉,指责欧共体国家通过政府补贴的形式向其国内的钢铁生产商提供大量资金,造成其钢铁制成品向美国大量倾销的局面。欧共体对这一指责予以否认。美国政府决定向欧洲出口美国的钢铁征收高额关税以反对倾销,欧共体扬言要进行报复性回击。

在农产品贸易中,美欧之间的矛盾更为突出。1958年欧共体成立之后,对内减少成员国之间的关税,实行商品贸易的自由流通;对外则建立起

---

① 〔法〕法布里斯·拉哈:《欧洲一体化史(1945—2004)》,第63—64页。

第二章 欧洲一体化:美国的支持与不安

统一的关税壁垒,抵制美国产品进入欧洲市场。特别是欧共体共同农业政策的出台,不仅有效提升了成员国农产品的国际竞争力,还对美国的对欧农产品出口和世界贸易格局造成了巨大冲击。欧共体共同农业政策的出台显然不利于美国对欧的农产品出口,美国一再对共同体农产品出口补贴政策表示不满,指责欧共体以补贴价格支持农产品出口是"不公正"的"贸易手段"。① 由于欧共体的共同农业政策,美国的农产品在欧洲市场不断受到严重的冲击,美国对欧洲的保护性农业政策愈发不满。尼克松上台时,虽然表达过"一个统一的欧洲的经济代价远远不及欧洲作为一个整体的政治的重要性"的观点,但是他也不得不承认经济事务越发重要。他告诉基辛格:"与欧共体打交道时,我们似乎一直在吃亏,农业就是一个很好的例子。国会显然不能继续容忍我们的代表在谈判中处于过度被动的地位。"② 以小麦出口为例,欧共体自实施共同的农业政策之后,对美国小麦征收差价税,引发了美国农场主的强烈不满,美欧之间拉开了一场关于小麦的倾销与反倾销战。美国再次降低小麦价格,欧共体则增加对小麦的出口补贴。欧共体自20世纪80年代开始已经实现小麦完全自给,从粮食进口国转变为出口国,于是开始争夺美国在北非和中东的传统市场。

美欧之间贸易争端的第二个特点是双方围绕农产品关税削减、农业补贴政策等问题在关贸总协定的框架下进行了多个回合的激烈较量。在1960年至1962年关贸总协定的"狄龙回合"谈判中,欧共体要求美国同意其共同的对外关税政策,而美国则要求欧共体降低关税水平,双方在这一问题上的分歧较大,谈判未能取得任何成果。在1964年至1967年"肯尼迪回合"的谈判中,美国和欧共体又就小麦出口问题发生了争执。美国要求欧共体削减其小麦进口关税,并取消进口数量限制,但遭到了欧共体的拒绝,于是美国报复性地降低小麦出口价格。1973年至1978年的"东京回合"谈判中,双方在农产品问题上虽然达成了一些协议,但是在包括小麦、玉米等主要谷类作物的价格问题上却未能达成一致。1986年至1994年的"乌拉圭回合"谈判中,美欧双方就农产品补贴政策问题又重新展开了谈判。美国建议在今后十年里逐步取消所有农业补贴,但欧共体仅同意最

---

① 唐棣:《麻烦的伙伴——美欧农产品贸易战》,《世界知识》1983年第10期,第18页。
② Geir Lundestad, *Empire by Integration*, pp. 97–98.

多削减30%的农业补贴。① 虽然在1992年11月20日,欧共体与美国在华盛顿就农产品问题达成了协议,从而使双方长期以来对农产品出口补贴的激烈争端暂时平息,但是美欧之间的这种争端一直没有消除,并且延续到了关贸总协定的继任机构世贸组织之中。在世贸组织的谈判中,虽然欧盟也就共同农业政策做出承诺,愿意进行一定的调整,但从20世纪90年代初开始,欧盟以产品价格补贴替代了原先的直接给予农民收入补贴,其农业保护倾向仍旧十分明显,其农产品的平均关税为工业产品的4倍以上。相比于其他经济合作与发展组织的成员国,欧盟国家依然是农业补贴数额最高的国家。② 在世贸组织"多哈回合"谈判中,美欧之间在农产品补贴和农产品准入、服务贸易等方面存在较大的意见分歧,并都力图使自己的主张为世界贸易组织所接受。③ 双方之间的重大分歧也是造成"多哈回合"谈判未能有任何实质性成果的重要原因。由此可见,农产品问题是欧美贸易问题的一大症结所在。

美欧之间经贸争端的第三个特点是,美欧为争夺贸易和投资市场进行了激烈的竞争,双方都试图扩大自身经济影响力的范围。1986年,欧共体内部成员国签订了《单一欧洲法案》,该法案修正了《罗马条约》,目标是改变欧洲经济共同体的机制程序,消除共同体内部的贸易壁垒,建成单一大市场,为欧洲经济一体化的进一步发展奠定基础。欧洲从制度上深化一体化进程的同时,也从区位上扩大了一体化的范围和影响。1973年,英国、爱尔兰、丹麦加入欧共体,随后希腊、西班牙、葡萄牙也成为欧共体正式成员。到1992年《马斯特里赫特条约》签订之时,欧共体已经由原先的6个成员国扩大到12个成员国。欧共体的扩大不仅增大了其内部贸易量,还将原先的区域外贸易变成了区域内贸易,进一步减少了其外部依赖性。加入共同体的西班牙和葡萄牙等南欧国家工业生产水平相比西欧还较为落后,农业生产占据了其国内GDP相当的比重。因此,欧共体的扩大并不会对现行的农业政策进行重大的调整,欧共体采取的农业保护政策还会在一定时期内保持下去,这就势必加剧美欧之间的贸易摩擦。

---

① 张世兵:《美欧农产品贸易战的历史及原因分析》,《世界经济》1993年第2期,第30—32页。

② Charlotte Bretherton and John Vogler, *The European Union as a Global Actor*, p. 67.

③ 陈志敏等:《中国、美国与欧洲:新三边关系中的合作与竞争》,上海:上海人民出版社,2011年,第48页。

第二章　欧洲一体化：美国的支持与不安

除了继续巩固共同体内部的经济一体化成果外，共同体也开始加强与前欧洲殖民地的经济联系，与美国争夺世界贸易市场。从1963年欧共体与非洲18个国家签订的《雅温得协定》开始，欧洲通过与非加太国家签订一系列的经济协定来加强与这些国家的经济联系，如1973年的《洛美协定》、1998年的《科托努协定》。通过这些协定，欧洲扩大了在非加太等第三世界国家的影响力，有利于欧洲进一步打开这些地区的贸易和商品市场，并向这些国家和地区进行资本输出。欧盟利用这些国家低廉的劳动力、富足的原生资源，提高了自己在世界经济竞争中的实力。北美自由贸易区是美国用来巩固和扩大它在西半球经济主导地位的重要区域性经济组织。为了同欧洲争夺更多的国际市场，美国也把泛太平洋地区作为扩展自我经济影响力的区域。1994年，在美国迈阿密举行的西半球首脑会议上，美国提出建立美洲自由贸易区的设想。美洲自由贸易区一旦建成，美国自然成为该组织的领导者。这一方面可以巩固美国在西半球的经济霸主地位，另一方面又可以有效制止如欧、日等经济体在美洲的经济扩张与渗透。

美欧之间的经贸摩擦随着各自对经济空间和国际投资市场的争夺而愈发激烈。为了缓和美欧之间的经济纷争，加强彼此间的沟通和经济合作，1990年11月，美国和欧共体发表《跨大西洋宣言》，确定了双方伙伴关系的准则、共同目标、合作领域及措施等。该文件被称为新时期美欧关系发展的指导性文件。1995年美国和欧盟在马德里举行的首脑会议上共同签署了《跨大西洋新议程》，确立了双方在广泛领域进行合作的伙伴关系，并决定为进一步消除双边的贸易壁垒、建立跨大西洋经济贸易区做准备。[①] 这种跨大西洋会谈机制的创立和发展目的是加强欧美在贸易上的合作，扩大双方在投资领域里的相互资本渗透，并且通过适时的谈判和协商解决贸易争端。但是由于美欧之间经济贸易的纷争涉及范围和层面错综复杂，这些倡议基本上都停留在纸面上，未能发挥实际的作用。

---

① New Transatlantic Agenda, December 5, 1995. http://useu.usmission.gov/new_transatlantic_agenda.html.

本章小结

　　本章主要考察的是第二次世界大战结束之后到冷战结束之前这段时间内，美国和西欧在欧洲一体化的大背景下，在经济、政治等领域的互动关系。通过分析不难看出，在这段时间内影响美欧关系的主要变量是共同的安全威胁和相互的经济依赖。战后美国积极帮助欧洲人重建家园、鼓励和推动欧洲一体化，除了其价值理念外，主要是出于安全和经济方面的考虑：美国规划的战后世界秩序以及自由开放的国际贸易体系离不开一个更加团结和稳定的欧洲。而与此同时，由于二战遗留下来的德国问题以及美国与苏联的全球对峙，美国更加需要团结西欧，与其结成紧密的盟友关系。不过，美国推动一体化发展除了带来安全和防务上的成效之外，也产生了市场等其他方面的效益。西欧各国虽然依赖美国的保护，但它们通过欧洲一体化建立了内部市场、统一关税，提高了欧共体对外的经贸竞争实力。从20世纪60年代开始，美国越来越感到欧洲一体化在经贸方面给美国带来的压力。因此，美国也开始调整其对欧洲一体化的立场和政策，有条件地支持欧洲各国推动一体化建设，即美国希望通过一体化逐渐强大起来的欧洲可以分摊美国的部分责任，强调通过跨大西洋关系来协调美国与欧共体之间的摩擦。然而，随着西欧经济实力的增强，欧美权力结构逐渐发生了重要变化，双方在利益分配上的矛盾也在不断增加，这在经贸领域频繁出现的摩擦和纷争中充分体现出来。

第三章　英美特殊关系的形成与发展

> 在将欧洲还是跨大西洋同盟作为英国的力量基础的问题上,"按照我们的看法,答案是大西洋……我得出这个结论不是因为我反对欧洲,而是因为我不相信欧洲能强大到足以单独保卫自己。这是一个现实问题,而不是感情问题"。
>
> ——英国外交大臣欧内斯特·贝文[①]

在二战后跨大西洋关系中,欧洲强国英国与美国的关系是其中一个重要的组成部分,在某种意义上也是一种看上去颇具特殊色彩的关系。17世纪以降,英国迅速成为欧洲资本主义工商业的中心,并因其全球性的殖民扩张建立了"日不落帝国"。然而19世纪末20世纪初,英国步入了相对衰落的历史发展时期。一战后,英国的总体实力进一步下降,至二战后,英国已经远远落后于美苏两个超级大国,沦为二流国家。出于共同的安全和战略需要,英国以及欧陆主要国家与美国结成大西洋同盟,而该同盟却是一种美主欧从的战略和外交关系结构。此后,英国外交大体倾向基于英美特殊关系的所谓"大西洋主义"。[②]

英国的大西洋主义取向有其历史渊源,更是英国实力下降而产生的内在需求与国际格局发生深刻变化所带来的外部压力相互作用的结果。从某种意义上说,大西洋主义是在新的世界格局下,英国单靠一己之力无法

[①] Roger Bullen & M. E. Pelly, eds., *Documents on British Policy Overseas*, Series Ⅱ, Vol. Ⅲ, London: MHSO, 1989, p. 290.

[②] "大西洋主义"的历史可以追溯到1492年,英国、西班牙和葡萄牙等国建立的跨大西洋联系,以后成为国际关系的信条之一,指建立和加强大西洋国家的团结。当代"大西洋主义"则主要指在冷战期间形成的一种理念和战略取向,它以构建以美国和西欧国家为主体的合作结构和体系为目标。

维持欧洲大陆均势,遂强调与美国结盟的重要性以对抗苏联,从而维持欧洲大陆的和平,维护英国已然衰落的世界大国地位。然而,冷战期间,各种内外因素导致英美特殊关系的波澜起伏以及英国与欧陆的疏离与合作,英国、美国以及欧陆国家之间复杂的互动和博弈在不同历史阶段呈现出曲折的发展过程和不同的特点。本章将首先论述英美特殊关系的形成及其成因,在第二节重点阐述苏伊士运河危机及其给英美关系带来的严峻挑战,接着在第三节对20世纪七八十年代英国加入欧共体后就如何在大西洋两岸寻求平衡进行讨论,最后在第四节将就影响冷战时期英美特殊关系的主要因素进行具体的探讨,以加深对二战后跨大西洋关系复杂性的理解。

第一节 英美特殊关系的形成

英美特殊关系对英国具有重要意义,然而这种关系的建立并不是一帆风顺的。英美之间存在着长期的历史恩怨,从19世纪末开始,伴随着世界霸权转移的渐次展开,两国间的博弈有增无减,如一战期间及之后激烈的海军军备竞赛。第二次世界大战迫使英美两国暂时搁置分歧,建立联盟以应对共同的外部法西斯威胁。但是,二战结束后英美之间的矛盾又很快暴露出来,两国关系迅速变得冷淡,英国酝酿着建立西欧联盟以支撑其大国地位。然而,随着西欧安全形势的恶化,英国发现苏联不断膨胀的实力会危及欧洲的平衡,英国开始调整其外交政策,由试图建立"第三种力量"转向主动积极地"邀请"来美国,推进跨大西洋反苏冷战同盟的建立,始于二战时期的所谓英美特殊关系得以接续,①进而成为冷战期间英国外交政策的基石。英国人以自己的"大西洋主义"为战略导向,美国则从其整体欧洲战略出发看待与英国的关系,在与英国保持密切合作的同时,大力支持英国与之保持距离的西欧一体化,因而导致英美关系复杂而微妙。

一、战后初期的英美关系

英国人总是自豪地声称英美特殊关系是建立在二战期间丘吉尔首相

---

① 梁军:《不对称的特殊伙伴——联盟视野下的战后英美关系研究》,北京:中国社会科学出版社,2011年,第166页。

与罗斯福总统特殊的私人关系基础上的。确实,战时英美军事合作和双方领袖以及政府官员之间的私人友谊推动了英美关系的发展,但是无论是战时还是战后,英美之间一直纷争不断。早在战争期间,英美就由于利益、战后规划和战略等问题产生一些分歧。二战尚未结束,为维持海外殖民地的统治和遏制苏联势力,英国积极谋求战后同美国合作。然而,美国此时更多地考虑发展和保持与苏联的友好关系,对英国怀有一定的警惕。罗斯福总统曾对他的加勒比海问题首席顾问查尔斯·陶西格说:"我们战后将会同英国发生的纠纷,也许比目前同德国发生的纠纷来得大。"① 二战刚结束,战时形成的英美伙伴关系就受到重创。彼时经历大战后英国的经济十分困难,英国著名经济学家凯恩斯甚至发出了"财政敦刻尔克"的警告。1945年8月,美国单方面宣布终止《租借法案》。由于英国是《租借法案》的最大受益者,其中美国"租借"的三分之二以上的物资都投向英国,此举造成英国经济接近崩溃。英国不得不寻求美国的援助,而美国借机提出苛刻的贷款条件。1946年,美国国会通过《麦克马洪法案》(又称《1946年原子能法案》),强调禁止美国向其他国家提供和转让核技术和相关材料,试图保持美国的核垄断地位。"保密"和"拒绝分享"的条款结束了英美两国在原子能研究领域的合作,并且迫使英国独立发展核武器。此外,英美围绕巴勒斯坦问题纷争不断。一战后,英国在委任统治的名义下,开始了对巴勒斯坦的殖民统治。二战后,杜鲁门政府出于国内政治的需要而干预巴勒斯坦问题,最终迫使英国撤出巴勒斯坦。1945年7月波茨坦会议期间,杜鲁门要求英国撤销1939年白皮书中对犹太人移居巴勒斯坦的限制。随后,杜鲁门给英国首相艾德礼写信,要求其采取行动以准许10万犹太人移入巴勒斯坦。此后,英美之间试图合作来解决巴勒斯坦问题,但是双方相继就联合调查报告、"分省自治方案"("莫里森—格雷迪计划")、分治计划等冲突不断。杜鲁门于1946年10月4日犹太教赎罪日发表声明,公开支持犹太复国主义,并表示随时准备帮助10万名犹太人移入巴勒斯坦。杜鲁门的"赎罪日声明"宣告英美在巴勒斯坦问题上寻求合作的努力走向失败,这影响了英美关系。②

---

① 〔美〕罗伯特·达莱克:《罗斯福与美国对外政策(1932—1945)》(下册),陈启迪等译,北京:商务印书馆,1984年,第612页。
② 袁征:《艰难的政策抉择——论杜鲁门政府的巴勒斯坦政策(1945~1948)》,《美国研究》2009年第4期,第98—101页。

战后初期,影响英美关系的因素比较复杂。第一,英美对苏联威胁的认知均经历一个过程,在这一过程中,英美都设法避免刺激苏联。1945年,艾德礼击败寻求连任的丘吉尔,成为新一任英国首相。由于冷战局势尚未明朗,英国工党政府积极寻求和苏联改善关系。1946年2月底,英美联合情报委员会出台关于苏联战略利益与政策意图的第三份评估报告,即JIC(46)1(0)号文件。该文件促使英国外交部反思苏联外交政策意图和未来英苏关系的发展,由此产生的罗伯茨电报推动了英国工党政府对苏政策的调整,即维护英美特殊关系,推动英美联手遏制苏联,以确保英国的利益和安全。[①] 1946年3月,丘吉尔发表著名的"铁幕演说",指出苏联扩张政策威胁欧洲和世界和平。美国在战后初期也不愿与苏联产生正面冲突,认为英国刻意夸大苏联威胁,英国与苏联的分歧是传统矛盾的延伸。直到1946年2月,乔治·凯南的长电报在美国国务院受到重视。长电报和英国外交的不懈努力促成了美国政府对苏冷战战略的形成,美国对苏政策才渐趋强硬。1947年3月,"杜鲁门主义"出台,美国确立对苏联实行全面遏制的战略思想。

第二,英国的帝国体系与美国的自由主义理念相违背,双方在帝国主义和自由化问题上分歧明显。美国一直倡导建立自由开放的国际体系,早在1945年美国就希望战后建立一个实现资本主义自由贸易等原则的世界;战后初期,美国对英国是否会恢复自己的殖民体系持怀疑态度。而对于英国来说,大英帝国对于英国的经济和政治影响力至关重要,因此英国积极维护帝国利益,对美国倡导的贸易自由化心存不满。

第三,美国传统孤立主义影响深刻。早在战争未结束时,美国国内孤立主义势力重新抬头。1945年,罗斯福在雅尔塔会议上就告诉英国,美国军队在胜利之后最多在欧洲维持驻军两年。战争刚结束,大批美军就撤离欧洲。在冷战局势尚未明朗之际,美国的孤立主义倾向导致其希望与欧洲保持距离,不愿受制于同盟关系。

第四,英国在战后初期一度将西欧联合作为优先的战略目标,没有精心打造也没有条件接续战时的英美特殊关系。二战使欧陆各国受到重创,英国也蒙受巨大损失,在美国在欧洲的去留尚未明朗之际,西欧联合有助

---

① 韩长青:《罗伯茨电报和英国对苏政策方针的转折(1946—1947)》,《历史教学(高校版)》2008年第6期,第37—43页。

于各国的复兴,也有助于保持英国昔日的世界大国地位。基于英国在欧洲事务中的传统地位和战后的相对实力,英国是唯一有能力主导西欧的欧洲国家。因此,英国积极倡导欧洲联合,试图借联合成为欧洲的领导者,与美苏两个超级大国抗衡。早在1942年,丘吉尔在给外交大臣艾登的备忘录中就提出"欧洲联合"的构想。1945年11月,丘吉尔在比利时发表了题为"欧洲合众国"的演讲,进一步宣扬欧洲联合的思想。战后初期,新任外交大臣贝文积极倡导欧洲联合,其目的是建立英国领导的独立于美苏的西欧联盟。贝文在战时西欧联盟计划的基础上提出"宏伟计划",即以英法合作为核心,把西欧建设为美苏之间的"第三种力量"。由于战后初期英国面临严峻的经济形势,贝文所设想的联盟并非局限于防务合作,而是强调西欧国家的经济合作。[①] 然而,由于英国为了避免刺激苏联而降低西欧合作的调子,以及英法关系的不和谐,贝文倡导的西欧联合进展缓慢。直到1947年3月,英国与法国才签订战后欧洲第一个双边安全和防务同盟条约,即《敦刻尔克条约》。英国希望与其他西欧国家签订类似的双边条约,英国居于这些条约的核心,从而充当西欧的盟主。但是,东西方关系从当年4月开始恶化,冷战局势日益明朗。随着冷战的深入,英国日益认识到西欧联合即使实现也难以抵挡苏联,保障欧洲和英国的安全有赖于美国的军事力量。随后,英国逐渐调整其对美和对欧战略,积极推进英美特殊关系的建立。

二、英美特殊关系的形成

在东西方冲突难以避免的情况下,英国逐渐认识到欧洲的安全离不开美国,英国大国地位的恢复也依赖于与美国建立特殊关系。英国借助英美特殊关系,可以成为美国与西欧之间的联系人,而不是与其他西欧国家平起平坐。英国外交的不懈努力以及英美之间就欧洲复兴、苏联威胁等问题的契合点都促进了英美关系的发展,进而推进了跨大西洋同盟的建立。

确实,从某种意义上看,在冷战形成的过程中积极配合美国而成为欧洲国家中促成西方反苏同盟建立最重要的角色,是英国与美国特殊关系续建的主要条件和机遇,也是其实至名归的特殊之处。

在欧洲经济分裂问题上,英国扮演了"始作俑者"的角色。1946年12

---

① 洪邮生:《英国对西欧一体化政策的起源和演变(1945—1960)》,第7页。

月,由于经济困难,英国首先提出英美的德占领区合并,并一再向美国施加压力,导致英美双占区的建立。同一时期,美国向英国提供的贷款在一定程度上缓解了英国经济的困境。然而,由于庞大的军事义务、国内工业生产不足和出口不足,英国仍然面临国际收支不平衡的困境。此时,美国认识到英国和欧洲的战后经济形势不利于美国出口贸易的发展和欧洲的复兴。随着东西方关系的紧张,美国开始重新考虑并逐渐转变其对欧政策。1947年6月,美国国务卿马歇尔发表演说,提出欧洲复兴计划。1948年4月,美国国会批准了马歇尔计划,英美两国在同年7月签订了《英美经济合作协定》。马歇尔计划对英国经济的复兴和社会的稳定起到至关重要的作用,而外交大臣贝文为此主动与美国对接、排斥苏联,造成了欧洲经济分裂的事实,为该计划的落地立下了汗马功劳。[1] 美国的援助加重了英国对美国的经济依赖,却为随后英美特殊关系的建立奠定了基础。

在德国分裂问题上,英国又是一马当先。英美尽管在德国问题和欧洲统一等问题上存在分歧,但苏联的威胁迫使双方在西欧防务问题上形成默契并展开了密切合作。1947年2月21日,英国因为希腊和土耳其局势严峻而向美国求援,英国政府照会美国国务院:受国内外形势所迫,英国不得不停止向希腊和土耳其提供军事和经济援助。为防止希土两国落入社会主义阵营,美国接管了英国的重任,承担向希腊和土耳其提供经济和军事援助的责任和义务,并出台"杜鲁门主义"。1948年6月爆发的第一次柏林危机强化了英美之间的协作关系。在危机不断升级的过程中,英美两国就相关问题展开了密切的外交协调,英国坚持以空运的方式固守西柏林来坚定美国的决心,[2] 并与美国联合向柏林空运补给品。同时,英国同意美国轰炸机进驻英国。7月,美国B-29战略轰炸机飞抵英国,在英国建立了第一个美军战略空军基地。柏林危机的结果是西方不顾苏联的极力反对,达到了分裂德国的目的,而英美在此过程中的密切协作进一步促进了英美特殊关系的建立。

在冷战经济体系的形成方面,英国以自己的方式作出了贡献。美国起初对欧洲联合一直缺乏兴趣,担心欧洲联合会破坏美国自由贸易政策以及

---

[1] Henry Pelling, *Britain and the Marshall Plan*, 1988.
[2] Avi Shlaim, "Britain, the Berlin Blockade, and the Cold War: The European Dimension, 1945-1951," *Historical Journal*, Vol. 28, No. 2, 1985; Anne Deighton, *The Impossible Peace: The Decision of Germany and the Origins of the Cold War*, New York: Clarendon Press, 1990.

引发苏联的不安。由于欧洲经济复苏缓慢以及苏联势力日益膨胀,美国开始转变认识并逐渐调整其对欧政策。美国认为西欧国家的经济一体化有助于遏制苏联,减轻美国对于欧洲安全和经济复兴的负担,进而有助于美国对西欧的控制。在英国的主导下,1947年7月西欧马歇尔计划受援国成立欧洲经济合作委员会以研究共同的欧洲复兴计划。随后,欧洲经济合作委员会更名为欧洲经济合作组织,主要目的是确保各成员国实施欧洲复兴计划和促进欧洲的经济合作。可是,英国与美国就欧洲联合的方式和性质等问题存在分歧。英国倡导的西欧联合乃是由英国主导的政府间合作,在英国的坚持下,欧洲经济合作组织一直局限于政府间合作;而美国则更倾向于超国家性质的西欧经济整合,对于1950年之后的西欧一体化的启动和发展,美国坚定不移地加以支持。

在西方冷战安全同盟体制的构建方面,英国更是不遗余力地配合美国。在东西方冲突愈演愈烈的背景下,加强防务合作进而建立跨大西洋安全体系的问题被提上了议程,但美国迫切希望西欧国家主动,英国对此心领神会。1948年3月,英国积极推动并建立了战后西欧国家之间第一个多边安全和防务组织——布鲁塞尔条约组织,以此作为"邀请"大西洋彼岸的美国的跳板。[①] 又是在英国的倡议和贝文的积极周旋下,美国、英国和加拿大在1948年3月就建立大西洋安全体系进行秘密会谈,并起草相关文件。同年7月,英、美、法等12国进行正式会谈和磋商,最终促成1949年4月《北大西洋公约》的签署。跨大西洋军事同盟的建立,不仅标志着西方一整套反苏冷战制度大体构建完成,也使英国与美国的特殊关系得到了彰显。

在英美特殊关系的形成过程中,英方在外交政策话语中对这种特殊性的着力宣示使之得到强化。1946年3月,已下野的丘吉尔在富尔顿演说中第一次公开提出英美特殊关系的概念:"没有我所称之为各英语民族同胞手足式的联合,有效地防止战争和继续发展世界组织都是办不到的。这意味着英联邦与帝国要和美利坚合众国建立特殊的关系。"[②] 然而,丘吉尔的提议并未得到双方政府的积极响应。随后,日益严峻的冷战局势迫使英

---

① 洪邮生:《论战后初期英国对欧政策的形成》,第22—29页。
② Winston S. Churchill, "The Sinews of Peace ('Iron Curtain Speech')," Missour, March 5, 1946.

国政府放弃建立"第三种力量"的企图,转而积极推进以英美特殊关系为核心的大西洋同盟。1948年9月,一份英国官方文件谈到"与欧洲之间紧密联系将会使英帝国做出太大的牺牲,'第三种力量'将会损害而不是增进英国的国家利益。但是英帝国与美国之间的联盟则是完全有可能的……"。①这份文件表明英国在新的形势下放弃英国领导的西欧联盟计划,转向依靠美国的力量来对抗苏联。同年10月,丘吉尔在保守党年会上正式提出"三环外交"方针,即在英联邦和英帝国、以英美同盟为基础的大西洋沿岸国家、联合起来的欧洲这三环中,英国理所应当地充当联结点和纽带。按照三环的次序,英美特殊关系被置于英欧关系之上,体现了英国外交战略重心的调整。同时,冷战的深化带来美国外交政策的转变,美国顺水推舟地逐渐卷入欧洲事务。美国对欧政策的变化为英国外交目标的实现提供了契机,英美两国的契合最终导致美欧大西洋同盟关系的建立。此后,英国刻意渲染其在该同盟中与美国的特殊关系,强调其外交和安全政策依赖北约和美国。北约建立之后,美国的外交文件也承认了英美特殊关系:"英国是铁幕以西除了美国外唯一有强大军事力量的国家,这一事实使得英美无可避免地在实质上建立了某种特殊关系。"②

三、英美合作中的分歧

大西洋联盟建立之后,英美出于共同的战略利益在欧洲一直维系着特殊关系,但是双方也不乏分歧。在20世纪50年代,英美两国在经济、安全等一系列问题上既有一致的立场,又对联盟义务的认识屡有不一致,经常各行其是,导致英美特殊关系呈现出复杂多变的状态。③ 实质上,英美关系既特殊又一般,特殊性不能掩盖其分歧,分歧中又维持其特殊性,两国通过积极协商和妥协,往往最终能化解矛盾,小心维持着两国特殊关系。

总的来看,这种英美特殊关系表现出三个特点:一是英国更愿意渲染与美国的特殊关系,旨在借此维护自己的世界大国地位,同时突出自己与欧陆国家的区别,主导欧洲事务;而美国更愿意作淡化处理,以避免欧洲大陆国家对其厚此薄彼的不满。二是由于双方的实力对比悬殊,英国更多地

---

① 转引自梁军:《不对称的特殊伙伴——联盟视野下的战后英美关系研究》,第135页。
② 转引自梁军:《不对称的特殊伙伴——联盟视野下的战后英美关系研究》,第145—146页。
③ 王玮:《美国联盟体系的制度分析》,《美国研究》2013年第4期,第34—51页。

依赖美国的支持,因而虽有特殊关系之名,却难掩美主英从之实,实际上并没有摆脱大西洋同盟中美强欧弱的权力结构的制约。三是英美特殊关系更多地体现在共同维护跨大西洋反苏安全同盟上,尤其是在欧洲地区,而在欧洲之外的全球和地区事务上,英美关系未见多少特殊,反而龃龉不断,甚至矛盾深刻,难以化解。①

在冷战形成过程中,英国的主动"邀请"和积极配合促成了美国主导的大西洋同盟的建立,英国在此后大体上与美国保持着对苏冷战战略和政策的一致性,反映了双方在应对苏联威胁问题上有着高度一致的共同利益。但是,除了这种共同利益,英国还有着自己的特殊利益,比较突出地体现在二战后它仍然力图维护其实际上已经失去的世界大国地位。因而正如丘吉尔"三环外交"构想的那样,英国意在借助与美国的特殊关系,维护大英帝国及其殖民影响,并在国际事务中扮演举足轻重的角色。而已成西方霸主的美国则从维护其霸权和全球战略出发,对英国的意图和政策并不完全认同,同盟中利益分配的分歧和纷争不时出现,英美矛盾盖源于此。

首先,英美在核武器问题上的根本分歧决定了双方难以达成一致,最终导致美国的核垄断计划以失败告终。美国早在二战中就研制出了原子弹,并在1945年成功地投击日本,显示了核武器的巨大威力。为了垄断核武器,1946年美国国会出台《麦克马洪法案》,以防止核扩散为名,对核情报交流做出了严格限制,即使对英国亦是如此。英国则将拥有原子弹视为世界大国地位的象征,坚持研发自己的核武器,美国的严格限制自然引起了英国的强烈不满。1949年8月,苏联成功试爆了自己独立研制的第一颗原子弹,美国的核垄断被打破。美国政府开始重新评估对英核政策,但仍然打算将英国的核项目纳入美国的核项目之中,以巩固其在西方世界的核垄断地位。在随后举行的美英核会谈中,双方都希望开展全面核交流和合作。然而,英美之间的分歧显著:美国提出全面合作的前提是英国放弃本国核项目,而英国虽然迫切希望与美国实现核信息的分享与合作,但是坚决不同意放弃独立发展核武器。② 迫于美国的压力,英国政府一度做出让步,不过英美之间在根本的原则问题上存在分歧,导致美英核谈判停滞

---

① David Reynolds, "Great Britain," in David Reynolds, ed., *The Origins of Cold War in Europe: International Perspective*, New Haven: Yale University Press, 1994.

② 王娟娟:《论1949—1950年美国合并英国核项目的计划及失败》,《东北师大学报(哲学社会科学版)》2011年第3期,第89—91页。

不前。直到1952年10月英国也成功地进行了自己的核试验后,美国才逐步改变了态度,出台《1954年原子能法案》,有限放松了与英国的核情报交流,在核问题上两国关系才趋于缓和。

在欧洲之外的太平洋和中东防务问题上,由于目标相左,英美之间关系呈现出复杂和矛盾的状态。二战后,为了维护世界大国地位,英国一直将英联邦和英帝国视为禁脔,这在丘吉尔的"三环外交"战略设计中就明确体现了出来。为此,英国不仅竭力抵制美国建立自由开放的国际经济体系,而且希望加强对英联邦国家的控制,包括一再强调英联邦防务合作的重要性。然而,由于实力日渐下降,英国心有余而力不足。在这样的情况下,澳大利亚积极寻求与美国建立防务合作同盟,与美国及新西兰就缔结防务同盟进行磋商,最后达成一致,已经力不从心的英国工党政府被迫接受三方谈判的结果。1951年9月1日,三国签订了《美澳新同盟条约》。随着丘吉尔在同年10月再度出任首相,英国政府开始积极寻求与该联盟建立一定联系。1952年8月,美澳新同盟理事会(The ANZUS Council)第一次会议在夏威夷召开,英国提出以观察员身份参会,遭到美国的拒绝。此后,英国政府虽然多方努力,但仍然无缘这一美国主导的、英联邦国家参与的太平洋冷战防务同盟。①

在中东地区,英美之间既有共同利益,也存在着重要分歧。为了抵制苏联势力在中东的渗透,美国积极推进地区性军事同盟,期望借助建立巴格达条约组织来拉拢阿拉伯国家。英国起初对于《巴格达条约》缺乏热情,但是很快认识到该条约有利于本国保持和恢复在中东地区的势力。因此,英国从初期的不情愿到后来积极推动巴格达条约组织的发展。然而,考虑到以色列和埃及的强烈反对,以及英国借机扩大势力范围,作为巴格达条约组织建立的最初推动者,美国却最终决定不加入该条约,这引起了英国的不满。② 英美在中东政策上的分歧还体现在伊朗问题上。二战后,英国通过英伊石油公司控制伊朗的石油,获得巨额利润。1951年,伊朗宣布将英伊石油公司国有化,英国在中东的石油霸权地位受到挑战。伊朗石油国有化期间,英国打算动用武力解决危机,遭到美国的反对。英国政府没有

---

① W. David McIntyre, *Background to the ANZUS Pact: Policy-Makers, Strategy and Diplomacy, 1945–55*, London: MacMillan, 1995, pp. 352–367.
② 杨冬燕:《苏伊士运河危机与英美关系》,南京:南京大学出版社,2003年,第19页。

像几年后的苏伊士运河危机那样联合法国采取军事行动,而是最终屈从于美国,放弃了动用武力。英美随后进行一系列紧密合作,1953年双方共同策划推翻了伊朗民选首相摩萨台(Mohammad Mosaddegh),并与新上台的亲美政府就赔偿达成协议。英美的协作确保了西方石油供应安全,并阻止了苏联在中东的势力渗透,反映了它们既矛盾又合作的一面。

此外,英国担心美国过度关注遏制苏联在全球的扩张而忽略了对欧洲的安全承诺,因此在相关问题上不时奉行独立的与美国相左的政策。但是美国的干扰和对共产主义的恐惧又导致英国的立场摇摆不定和最终的让步,这首先体现在对华政策上。1949年中华人民共和国成立后,英国政府认为敌视新中国的政策会使中国完全倒向苏联,希望与新中国建立贸易关系,因此英国政府不顾美国政府的不满而在1950年率先承认了中华人民共和国。① 然而,受到美国对中国采取不承认和遏制政策的影响,英国一直没有与中国建立大使级外交关系。英国这种前后矛盾的对外政策还体现在对待朝鲜战争的态度上。1950年6月朝鲜战争爆发后,英国起初积极支持美国的朝鲜政策,义无反顾地出兵支持美国。不过,英国等欧洲盟国关注的重点始终是加强西欧防务建设,这一迫切需要限制了它们对美国朝鲜战争政策的支持。由于中国人民志愿军参战,1951年战争局势发生变化,对战争扩大的担忧影响了英国的态度,英国不再一味地追随美国。当麦克阿瑟将军威胁要对华使用核武器时,闻讯后的英国首相艾德礼紧急前往华盛顿劝阻,以避免战火烧到欧洲。② 可是在1958年台湾海峡危机中,虽然英国一直不赞同美国协防沿海岛屿的政策,但是在美国强硬立场面前,它最终不得不屈从于美国。③

即使在大西洋同盟内部,虽然英国在对苏冷战战略上与美国能保持一致,但在欧陆一体化问题上却与美国存在着严重的分歧。英国20世纪40年代末形成的对欧政策影响了整个50年代乃至更为久远,"即在欧洲的安全上全心全意依靠以美国为核心的大西洋联盟,辅之以支持传统的政府间

---

① Michael Parsons, "China, Korea and the Special Relationship Between the United States and the United Kingdom 1945 - 1953," in Celcia, ed., *The "Special Relationship"*, Rouen: France: Universitaires de Rouen, 2003, pp. 89 - 90.
② 吴宇:《北约成员对美防区外战争的反应》,《国际政治科学》2013年第2期,第46—50页。
③ 戴超武:《美国的政策、英美"特殊关系"与第二次台湾海峡危机——兼论联盟关系对美国外交决策的作用和影响》,《河北师范大学学报(哲学社会科学版)》2004年第3期,第142—148页。

合作的欧洲组织"。① 跨大西洋同盟建立之后,英国表现出鲜明的大西洋主义倾向,在对外政策中并未给予欧陆足够的重视,与西欧国家的关系局限在政府间合作的欧洲组织之内,特别是与大西洋同盟重合的领域。例如,由于大西洋主义的影响,英国主导的西欧联盟虽是冷战期间欧洲国家间唯一的军事组织,但它是北约防务体系的一部分,成立以来一直处于休眠状态,没有独立的军事能力。

如果说英国在欧洲安全和防务领域的大西洋主义取向与美国的利益不谋而合并得到其支持的话,那么它对于西欧一体化的态度和政策却引起了美国的不满。英国希望战后欧洲联合只是通过传统的国家间合作的方式,反对让渡国家主权和建立超国家机构,因而战后初期它极力引导欧洲的联合朝着政府间合作组织的方向发展。彼时的欧洲委员会、欧洲经合组织等即是在英国的主导下建立的。可是,如前所述,美国虽然总体上支持西欧的联合,但更希望其能够按照超国家一体化的方向发展,这样不仅能使西欧国家更紧密地团结起来以有效防范苏联的渗透,而且能够以此种方式将其纳入美国主导的自由开放的国际经济体系之中,这更加符合美国的利益。1950年5月法国提出建立欧洲煤钢联营的"舒曼计划"时,英国没有接受;同年10月法国提出建立西欧防务集团的"普利文计划",英国又作壁上观。当欧陆国家建立欧洲经济共同体的计划出台后,英国先是退出谈判,后又提议建立大自由贸易区,失败之后通过建立欧洲自由贸易联盟,千方百计地抵消欧共体的影响。战后初期英国未能按照美国设想的目标推动欧洲的一体化,美国政府感到失望,转而支持法国扛起西欧联合的大旗;当西欧一体化启动后,英国的消极抵制乃至暗中破坏则招致美国的不满,以致其出手抑制英国的行为。②

20世纪50年代英美在欧洲一体化问题上的较量,表面上看是它们在欧洲联合路径上认知不同,实质上反映了双方各自利益和价值观的分歧。就英国而言,它选择不加入欧洲一体化的背后的利益考量复杂,其中包括英美特殊关系的影响。第一,英国担心欧洲一体化会导致英国丧失对西欧的领导权。战后初期,凭借相对强大的综合实力和丰富的外交经验,英国在西欧以及国际事务中的优势地位是显著的。参加一体化进程必然使得

---

① 洪邮生:《英国对西欧一体化政策的起源和演变(1945—1960)》,第69页。
② Miriam Camps, *Britain and European Community, 1955-1963*, London, 1964.

英国与法德等国平等协商共事,英国不愿为了一体化而放弃其相对于欧陆国家的优势地位,而是希望能够像过去那样,以自由之身制衡欧陆。第二,英国一向主张国家间合作,反对让渡国家主权和具有联邦主义色彩的欧洲一体化。在让渡国家主权问题上,英国与法德存在着根本分歧,原因之一是三大国具有不同的历史经历。特别是在二战中,大多数欧陆国家被敌军占领而不得不依靠外国军队的拯救,这一经历导致它们对于民族主义的怀疑以及对超国家性质的欧洲一体化的向往。然而,英国凭借其特殊的地理位置,在战争中免受敌军的入侵,并且与美苏并肩直到战争的胜利。这一特殊历史经历加深了英国的民族主义自信心和大国情结,成为英国反对让渡国家主权的原因之一。[①] 第三,英国担心参加一体化会损害与英帝国和英联邦国家的关系。英帝国和英联邦国家对于英国经济有重要意义,参加一体化必然损害帝国特惠制,减少英国与它们之间的经济往来,从而削弱英帝国和英联邦与母国的重要联系。第四,没有充分的理由能证明欧洲一体化会取得成功。法德一直是宿敌,而且战后初期法德经济受到重创,无论从历史还是现状来说,英国都有理由相信基于法德和解的欧洲一体化前途渺茫。第四,虽然美国一直支持英国参加欧洲一体化,但是英国仍然担心一体化会影响其苦心营造的与美国的特殊关系。在英国看来,英美特殊关系是其维护世界大国地位的重要支柱,而且英国在很大程度上希望借助这种特殊关系来恢复本国的经济和维护安全,而不是指望欧陆国家。

总之,冷战的爆发和升级迫使英国政府逐渐调整对外战略,它放弃了建立"第三种力量"的打算,对外政策的重心逐渐转向大西洋主义,"邀请"来美国霸主并与之建立特殊关系。然而,跨大西洋同盟框架内的英美特殊关系并不意味着双方在所有问题上都意见一致,而是指出现矛盾时双方能迅速弥合分歧并有意继续维持关系。[②] 英美特殊关系自建立后即表现出既合作又矛盾的特征,其矛盾的一面在下节论述的苏伊士运河危机中达到了高潮,但对抗苏联威胁的冷战乃是这一时期国际政治中最重大的问题,英美对此有着高度一致的安全利益,这成为彼时双方关系的主导面,因而所谓英美特殊关系大体得以维持。

---

① F.S. Northedge, *Descent from Power: British Foreign Policy 1945-1973*, London: George Allen & Unwin Ltd., 1974, p. 145.

② Peter Jones, *America and the British Labour Party: The Special Relationship at Work*, London: I.B. Tauris Publishers, 1997, p. 11.

第二节　苏伊士运河危机：面临严峻考验

英美特殊关系在 20 世纪下半叶经历了一些政治危机，其中最为严重的一次无疑是苏伊士运河危机。① 在苏伊士运河危机中，英美表现出少有的尖锐矛盾和公开分歧。该危机不仅折射出英国与美国在中东和殖民地问题上的分歧，而且对英国与美国、欧陆关系产生了较大的影响。然而，英美特殊关系虽受到巨大冲击，但并没有分崩离析。在冷战背景下，双方都认识到彼此是不可或缺、相互借重的战略伙伴。因此，在英美双方的共同努力下，受损的关系很快得以修复。

一、"苏伊士运河危机"与英美关系的危机

苏伊士运河危机的爆发有着复杂的历史和时代背景。危机爆发之前，英美在中东虽然存在一些利益冲突，但是抵挡苏联势力渗透的共同立场导致双方关系相对稳定，分歧并没有激化，也没有公开化。此外，英美在埃及问题上的根本立场是一致的。在英国的积极配合下，美国起初试图拉拢埃及，随后对埃及实施打压政策。然而，随着危机的爆发，英美之间就如何处理该事件的分歧日益凸显，最终导致双方矛盾公开化，双边关系受到重创，也反映了在欧洲地区的安全之外，英美关系委实难言特殊。

苏伊士运河是沟通欧、亚、非三大洲的交通要道，自 1869 年开通以来，它的重要战略地位和经济价值越来越受重视，引发了英法对于运河管理权的争夺。苏伊士运河建成后，英国谋求独占的企图失败，之后运河一直为英法两国共管。1936 年，英国迫使埃及与其签订了《英埃二十年同盟条约》，规定英国可在苏伊士运河驻扎陆军和空军。二战结束后，埃及要求英军撤出埃及，未果。1952 年 7 月，在纳赛尔（Gamal Abdel Nasser）的策划和领导下，埃及爆发了革命，推翻了法鲁克王朝，建立埃及共和国。纳赛尔就任总统后奉行中立、不结盟政策，反对帝国主义和殖民主义。他的主张造成埃及与英美产生一系列激烈冲突，英美政府遂对埃及由起初的拉拢调

---

① Ursula Lehmkuhl & Gustav Schmidt, eds., *From Enmity to Friendship: Anglo-American Relations in the 19th and 20th Century*, Augsburg: Wissner-Verlag, 2005, Preface.

整为后来的敌对和打击。随着英美与埃及的矛盾不断升级,最终导致苏伊士运河危机的爆发。

早在1952年,美国和英法等国就试图建立以埃及为中心的中东防御组织来遏制苏联。在遭到纳赛尔的拒绝之后,美国发起建立巴格达条约组织,这激起了埃及的强烈不满。纳赛尔认为《巴格达条约》导致阿拉伯世界的分裂,并造成埃及的孤立,因此不断攻击该条约。巴格达条约组织虽然不久即宣告失败,但其影响是深远的,被认为是苏伊士运河危机爆发的重要原因。[1]

此外,埃及与苏联的武器交易以及埃及在阿斯旺水坝问题上的立场引发英美的极大不满,导致英美与埃及关系的恶化。由于埃及对巴勒斯坦的支持,埃以之间矛盾日益尖锐。1955年2月,以色列突袭埃及在加沙的军事营地。在以色列袭击之后,埃及认识到双方武器装备的悬殊。为了改变埃及在军备上落后的局面,纳赛尔先后向英美提出要购买武器,却受到敷衍和刁难。在向英美求助不成的情况下,埃及被迫转向苏联。苏联欣然同意埃及的要求,不仅愿意向埃及提供武器,还允许埃及用棉花和大米分期支付。由于当时即将召开日内瓦四国首脑会议,为了避免破坏东西方关系,苏联决定通过捷克同埃及谈判。经过几个月的密谈,双方于9月签订了购买武器的协定。埃及对武器的需求导致苏联势力乘机渗透到中东,英美对此非常恼火。此后,英美几度要求埃及取消与苏联的军火交易,均遭到纳赛尔的拒绝。苏埃武器交易以及随后英美政府对埃及采取的敌对政策被认为是苏伊士运河危机爆发的直接原因。[2]

为了推动经济发展,埃及决定建设阿斯旺水坝,然而该工程耗资巨大。1955年10月,埃及要求美国提供援助。美英担心埃及会倒向苏联,因此答应给予援助,但是提出了几个附加条件。纳赛尔担心西方提出的条件旨在控制埃及的经济,因此断然拒绝。此时,苏联表示愿为埃及建坝提供援助,这使得纳赛尔有了退路。随后,美国与埃及就阿斯旺水坝援助问题的谈判难以达成一致。上述事件导致英美对纳赛尔日益不满,美国于1956年3月决定对埃及采取强硬政策:从经济上和政治上对埃及实施打击,在中东孤立埃及,迫使纳赛尔就范。5月,在巴黎会议上英美决定取消对

---

[1] 杨冬燕:《苏伊士运河危机与英美关系》,第7—20页。
[2] 杨冬燕:《苏伊士运河危机与英美关系》,第45页。

阿斯旺水坝的援助,并决定向以色列提供武器。7月19日和20日,美英相继宣布撤销对阿斯旺水坝的援助,这成为苏伊士运河危机的导火索。

纳赛尔在获悉美英取消对阿斯旺水坝的援助之后,很快做出反击。1956年7月26日,埃及宣布将苏伊士运河收归国有,用运河收入来建造大坝,由此引发了苏伊士运河危机。英美两国围绕如何应对苏伊士运河问题产生了分歧。苏伊士运河对于英国有非常重要的经济和战略价值,因此英国主张用武力解决。法国政府也认为必须采取强硬措施回击,英法两国就联合军事行动达成初步共识。然而,美国担心苏联会乘机插手中东事务,积极主张通过谈判来和平解决问题,实现苏伊士运河的国际共管。在美国的斡旋下,英、法、美等国围绕苏伊士运河问题进行了一系列磋商。8月16日,英、法、美、苏、埃等22国在伦敦举行会议,美国提出一份决议,主张苏伊士运河国际化。该决议获得18个国家的支持,但遭到苏联、印度等4国的反对,埃及随后也断然拒绝了该决议。9月30日,英法在没有得到美国支持的前提下,将苏伊士运河问题提交联合国安理会。10月13日,安理会否决了英法的提案。在此背景下,英法决定通过武力夺回运河。在事先达成默契之后,以色列军队于10月29日对埃及发起进攻。美国随即向以色列施压并于30日向联合国安理会提交停火决议,英法投了否决票。31日,英法对埃及发起攻击。美国对于英法的行为极为不满,于11月1日再度向联合国大会提交停火决议,并获得通过。英国起初拒绝接受联合国停火决议,然而由于埃及切断了石油供应,在西欧引发了石油危机,英国爆发了英镑危机,而此时美国不仅拒绝对英国施以援手,而且阻挠英国从国际货币基金组织获得资金。结果,迫于美国的压力和苏联的威胁,英法很快宣布停火并最终撤离了埃及,苏伊士运河危机结束。

苏伊士运河危机具有深远的影响,其中之一是造成了英美同盟的分裂。[①] 苏伊士运河危机中,美国在关键时刻不仅没有支持英国,艾森豪威尔总统还公开指责英国,使得英美分歧公开化。美国虽然对纳赛尔不满,希望推翻纳赛尔政府,但是时机不适宜以及英美在处理危机的方式上存在差异,导致在苏伊士运河危机中英美矛盾激化。美国出于冷战全局的考

---

① Peter L. Hahn, *The United States, Great Britain, and Egypt, 1945 – 1956: Strategy and Diplomacy in the Early Cold War*, Chapel Hill: The University of North Carolina Press, 1991, pp. 211 – 239.

量,反对采取军事行动,担心苏联势力借机渗入中东。而且当时正值美国大选年,时任美国总统艾森豪威尔倾向于谨慎行事。此外,美国认为英法对于运河的军事控制是帝国主义残余,担心公开支持英法会引起国际社会的非议。最后,当时正值苏联武装干涉匈牙利内部事务,英法的行动使美国谴责苏联丧失了道德基础。①

苏伊士运河危机沉重打击了英国,它的威望乃至国际地位受到了严重削弱,英帝国和英联邦的成员国对英国的质疑和不满也导致其离心倾向加剧,进一步削弱了英国对殖民地和自治领的领导和控制。危机促使英国开始认真反思其对外战略,并对英美关系和英欧关系做出调整。一方面,英国政府逐渐认识到自身实力下降和全球义务庞大而无力维持对殖民地的绝对控制和统治,因此在英帝国和英联邦进行战略收缩。另一方面,危机表明英国在英美同盟中的不对等地位,暴露出英国对美国的依附和美国为了自身利益可以损害特殊关系。危机之后,英美之间仍然保持着合作,但是英国认识到英美特殊关系并不牢靠,此后在继续坚持掌握独立核力量的同时,加快调整同西欧国家的关系,以期在大西洋两岸取得平衡。

二、英美特殊关系的修复

苏伊士运河危机沉重打击了英国苦心经营和倚重的英美特殊关系,但是这并不意味着英美同盟的终结。危机使英国更清醒地认识到其实力的衰落和在国际事务中离不开美国的支持,而冷战的局势也决定了美国需要维持与英国的同盟关系。冷战局势依然紧张,美欧在彼时压倒一切的共同遏制苏联的战略方面仍存在共同利益。因此,危机后不久,受损的英美关系便得以迅速修复。

对英方来说,政策调整是一个痛苦的过程。从苏伊士运河撤军一周后的1957年1月5日,外交大臣劳埃德(Selwyn Lloyd)向内阁提交了一份备忘录,其中心是以英国与欧陆国家的核合作作为基础,推进西欧联合,并加速正在进行的欧洲自由贸易区计划谈判,其实质则是减少对美国的依赖,疏远美国而接近欧陆。但是在讨论该备忘录的内阁会议上,劳埃德的英欧核合作建议却遭到了大臣们的强烈反对,枢密院院长索尔兹伯里侯爵(Marquess of Salisbury)指出,这将严重损害英美关系,而"英美联盟……

---

① 洪邮生:《英国对西欧一体化政策的起源和演变(1945—1960)》,第257页。

是保证自由世界免受苏联威胁的最大希望所在"。① 希望英国与美国继续保持特殊关系的力量最终占了上风,虽然决策者们看到了加强与欧陆关系的必要性,但维持与美国的特殊关系仍然是英国对外政策的基石。

英美特殊关系的修复首先体现在英美就核合作达成一致上。1957年1月,麦克米伦就任英国首相,他将修复英美关系和推动美国修改《麦克马洪法案》作为迫切需要解决的问题。同时,艾森豪威尔总统认为帮助英国发展核力量将有助于其在世界其他地区维持常规军事力量,以减轻美国的负担。在美国的建议下,英美首脑于3月底在百慕大会晤,双方在一些问题上达成一致,包括:美国向英国提供核潜艇推进器反应堆技术、中程弹道导弹以使英国继续核试验。10月23至25日,麦克米伦与艾森豪威尔举行华盛顿会谈,达成一份《共同目标宣言》,其中包括修改《麦克马洪法案》为核合作消除障碍。1958年2月,两国签署《英美关于中程弹道导弹协定的意见互换》,美国同意将导弹及相关设备的所有权交给英国政府。6月,美国国会通过《麦克马洪法修正案》,修正先前一系列限制美国政府与其他国家分享核信息的相关法案。7月,两国正式签订《英美为共同防御目的利用原子能的合作协定》,英国得到美国提供的特权,与美国在核武器的设计发展等方面共享情报。② 其次,英美在中东问题上达成共识,对中东政策逐渐强硬。1958年7月14日,伊拉克爆发革命,成立共和国,引起了中东一些亲西方政权的恐慌。为协助亲西方政权维护其统治,美英决定派兵干涉黎巴嫩和约旦。1958年7月15日,美国以黎巴嫩政府的请求和"保护黎巴嫩主权"为借口,派兵在黎巴嫩登陆,武装干涉黎巴嫩内政。英国紧随美国之后,于7月17日出兵干涉约旦事务。另外,在东西方关系问题上,英美之间积极协调与合作。在1958年年末的第二次柏林危机、1961年的柏林墙事件和次年的古巴导弹危机中,英美表现默契。1962年的古巴导弹危机是冷战时期美苏之间最严重的一次直接对峙。在这场危机中,英美两国首脑保持密切联系,表现出相互信任。最后,英美之间即使出现分歧也很快弥合。1960年,英国决定从美国订购"闪电"导弹。但是1962年,美

---

① Roger Bullen & M. E. Pelly, eds., *Documents on British Policy Overseas*, Series Ⅱ, Vol. Ⅲ, Part 1, London: MHSO, 1989, p. 108.
② John Simpson, "The US-UK Special Relationship: The Nuclear Dimension," in Alan P. Dobson, Steve Marsh eds., *Anglo-American Relations: Contemporary Perspectives*, New York: Routledge, 2013, pp. 241–258.

国单方面宣布由于技术问题,取消"闪电"导弹的研制计划,此举激怒了英国。然而同年年底,双方即达成《拿骚协定》,以"北极星"导弹作为替代而成功渡过这一危机。

英美关系在苏伊士运河危机之后很快得以修复,主要原因有:第一,苏联势力在全球的扩张引发英美两国的不安。1953 年 3 月斯大林去世后,苏联领导人开始缓和同西方的紧张关系。但在 1956 年年底发生的"匈牙利事件"中,苏联两次出兵干预,以及 1958 年的第二次柏林危机都导致美苏关系重新紧张。第二,由于苏联加速了核武器的研制和生产步伐,在核武器研制和太空竞赛中均取得重大突破。随着苏联与美国的差距缩小,美国核威慑优势下降,苏联威胁再度被列为美国对外战略的重点。1949 年和 1953 年,苏联分别成功试爆原子弹和氢弹,打破了美国在该领域的垄断地位。1957 年 10 月,苏联成功发射世界上第一颗人造卫星。苏联的核成就和太空竞赛中的暂时优势引发了美国的不安,增添了英美合作的紧迫性。第三,麦克米伦政府的新国防战略与艾森豪威尔的国防战略新构想有相似性,都强调核威慑,并且双方都意识到要避免重复与相互取长补短,这为英美的核合作奠定了基础。① 第四,英国独立发展核计划,并且取得了迅速进展,为英美之间的核合作奠定了基础。1947 年,英国开始独立发展核计划,1952 年和 1957 英国分别成功试爆第一颗原子弹和第一颗氢弹。英国独立核计划的重大进展为自己赢得了谈判筹码,因此英美的核谈判取得进展,双方的核合作再度启动。第五,英国从 20 世纪 50 年代开始的第二波去殖民化运动符合美国的意愿,进一步表明英国对美国民主理念的认同。同时,英国虽然积极开展去殖民化运动,但是在一些重要军事基地仍然维持其军事存在,这在某种程度上分担了美国的全球义务。

总之,20 世纪 50 年代可以说是英美特殊关系的一个转折期。这一时期爆发的苏伊士运河危机严重影响了英美关系;危机之后英国更清醒地认识到其实力和全球影响力下降的不可逆转,英美关系中美强英弱的权势结构乃是英国不得不面对的现实,对英国的外交政策进行全面调整势在必行。

---

① 耿志:《哈罗德·麦克米伦政府与英美核同盟的建立》,《首都师范大学学报(社会科学版)》,2010 年第 6 期,第 20 页。

第三节　20世纪七八十年代美欧之间的艰难平衡

从20世纪60年代中后期开始,美国面临一系列国内外挑战,特别是美国主导的布雷顿森林体系的瓦解导致国际货币金融市场的动荡,美国霸权衰落论在舆论场中出现。而大洋彼岸的欧洲一体化进一步发展,西欧经济快速增长,独立自主倾向也在不断加强。在这一背景下,英国对于美国和欧陆的态度趋于复杂化。总体上看,在继续维持安全领域合作的同时,英美特殊关系向自然关系转化;同时,英国逐渐将对外政策的重心转向欧陆。直到1979年撒切尔夫人(Margaret Thatcher)执政之后,英国重新将巩固和发展对美关系作为外交政策的重中之重,英美特殊关系得到了一定程度的恢复。

一、加入欧共体:英美特殊关系的结束?

苏伊士运河危机之后,经过双方的努力,英美关系重新密切起来,但20世纪60年代中期由于在若干重要问题上的分歧,英美关系又出现了一定程度的波动。首先,在"多边核力量计划"问题上出现矛盾。美国一直反对欧洲盟国拥有独立的核力量,它在1962年提出"多边核力量计划",试图将英法的核武器都纳入其主导的北约体系。虽然在1962年年底的拿骚会谈中麦克米伦首相向艾森豪威尔总统做出了口头承诺,但英国决策层担心失去独立的核威慑力量会危及英国的世界大国地位,最终对该计划反应消极。为抵制美国"多边核力量计划",英国提出了建立所谓的大西洋核力量计划,此举引发了美国的不满。其次,英美在越南战争问题上产生分歧。1961年年初美国卷入越南战争,它提出让盟国组成一支联军,但没有得到英国的响应。英国没有像朝鲜战争时那样提供及时的军事和舆论支持,主要原因是它不愿美国深陷越南战争而转移对欧洲安全的关注,主张通过谈判协商解决越南问题。1964年秋,美国在越南战场显得力不从心,约翰逊总统呼吁盟国向越南战场派兵以支援美军作战。1965年年初和1966年局势发展不利于美国,他又两度向英提出派兵的建议,英国均没有同意。本着避免卷入与自己没有重大直接利益关系的国际冲突中的原则,英国不但没有向美国提供任何形式的支持,还以协调者的身份积极调停,这引起了美国的极大不满。最后,在美国深陷越战之际,英国宣布从苏伊士运河以东撤军,这加重了美国全球防务负担。苏伊士运河以东防务曾是英国捍卫其在中东和亚洲地区殖民地的重要海外战略。到了20世纪60年代,这些地区的殖民地纷纷独立,它们虽然加入了英联邦,但由于英联邦离心倾向加强,日益成为英国的包袱,而且庞大的军费开支已经造成英国严重的财政困难,英国决定收缩其全球军事义务,将防务重点转向欧洲。为此,英国不顾美国的反对,于1967年宣布最迟将于1970年代完成从苏伊士以东的撤军。为了防止苏联借机染指苏伊士以东,美国不得不在孤身深陷越战之际,调拨军事力量去填补由于英国撤军而在波斯湾、印度洋地区留下的权力真空。

到了70年代,英美之间虽然仍保持多层次交流,但是双方特殊关系进一步淡化,进而为"自然关系"所取代,这种变化很大程度上是由于英国对欧政策的重大调整。从20世纪60年代末开始,美国和西欧大国的领导人均出现新旧交替,曾经历过战时紧密合作的老一代相继退休,接替他们的政界要人不仅缺少战时的深厚友谊,更重要的是有着不同的执政理念和外交思想。1969年,尼克松入主白宫,爱德华·希思(Edward Heath)于次年当选为英国首相。美国试图修复英美关系的裂痕,然而英国正忙于加入欧共体事宜,并没有积极响应美国改善英美关系的举措。对于希思政府来说,英国前两次申请加入欧共体均归于失败,最大的障碍是戴高乐总统的阻挠。为了消除法国对英国依附美国的担心,英国必须设法在英美关系和英法关系间维持一种平衡。此后,希思虽然与美国人仍然保持密切的会晤和一些合作,但是在提及英美关系时,言辞上发生一些转变。希思在不同场合谈到英美关系时均避免强调英美特殊关系,而是公开以自然关系代替之。1971年7月,希思在下院关于英国加入欧共体问题的讨论中说:"事实是——我认为,几乎所有的人今天都认识到——无论是作为联合国成员或英联邦成员,还是我们与美国的自然关系,都不能帮助我们影响世界事务。"① 同年12月,希思在百慕大同尼克松会谈时表示,英美两国之间只是自然关系而不是特殊关系。由于欧共体扩大以及美欧在经济与货币领域

---

① "United Kingdom and European Communities"(Parliamentary Debates, House of Commons Official Report, First Session of the Forty-Fifth Parliament of the United Kingdom of Great Britain and Northern Ireland), *Hansard*, 1970-1971, No. 821, fifth series, London: Her Majesty's Stationery Office, pp. 1542-1460, 1465-1469.

竞争加剧,美国希望改善与欧洲的关系,主动示好,提出1973年为"欧洲年"。英国对美国的建议起初积极响应,但又要"避免发挥带头作用"。当欧陆国家反应冷淡时,美国希望英国在影响法德方面发挥作用,英国却态度谨慎,这导致美国领导人对于英国的不信任和不满加剧。同年8月,基辛格说:"如果英国人和欧洲人分享一切情报,我们不能再因为特殊关系而信任他们。"尼克松对此表示认同:"当然,没有特殊关系。是的,他们将和法国建立关系。"① 该年爆发的阿以"十月战争"中,美国支持以色列并向其提供武器,而英美虽然仍保持密切磋商和情报交流,但是英国与西欧国家一起采取了不同于美国的立场,谴责美国纵容以色列的侵略政策。

的确,希思首相为了在美欧之间维持平衡,以英美自然关系取代特殊关系是用心良苦的。如上所述,苏伊士运河危机之后,英国重新检讨了其外交政策中的大西洋主义倾向,做出了加强向欧陆靠拢的决策,到1961年正式申请加入欧共体。这一决定标志着英国对欧政策的重大转变,也是其务实主义外交传统的体现,即不囿于成见,善于接受现实。在欧洲大陆,随着一体化的发展,西欧各成员国经济出现了不同程度的复苏和持续增长。西欧的经济发展速度惊人,而英国经济复苏缓慢,明显落后于西欧各国。作为传统的欧洲均势的制衡者,英国担心随着欧洲一体化的发展,自己会丧失对欧洲的主导权。欧洲一体化已经走上正轨,英国的抵制和破坏措施均未起作用,英国不如顺应潮流,加入其中来维护自己的利益,同时避免欧洲一体化完全由法德控制。因此,正如基辛格所说:"只有欧洲经济一体化的成功发展使得英国别无选择,它才会加入欧洲。"② 此外,英联邦国家离心倾向加剧,与英国之间的政治和经济联系逐渐松散,英联邦不再是英国实现政治和经济利益的工具,而日益成为其包袱。

与此同时,美国出于自身利益考虑,一直利用自己的实力地位施加压力,迫使英国放弃帝国特惠制,并对英国游离于欧洲一体化之外,甚至做出的一些破坏性举动甚为不满。特别是20世纪60年代,法德轴心领导下的欧共体表现出的离心倾向加剧,美国更是希望英国加入欧共体来抵消这种影响。在这一背景下,苏伊士运河危机之后英国调整其外交政策,将目光

---

① Justin Adam Brummer, "Anglo-American Relations and the EC Enlargement, 1969–1974," University College of London, PhD Thesis, 2012, pp. 111–115.

② Henry Kissinger, *The Troubled Partnership: A Reappraisal of the Atlantic Alliance*, p. 33.

重新投向欧洲,1961年7月英国正式申请加入欧洲共同体。然而,英美特殊关系的双刃剑效应在英国申请加入欧共体期间展现无遗:一方面,美国积极促成英国加入欧共体,这使得英国无后顾之忧;另一方面,英国与美国的特殊关系又对英国加入欧共体起到消极作用。在第一次申请加入欧共体期间,麦克米伦政府仍然难以放弃与英联邦的传统关系,要求维持与英联邦国家间的特殊贸易关系,不愿参加欧共体共同的农业政策;更重要的是,英国还不愿放弃与美国的特殊关系。英美特殊关系和英法围绕共同农业政策产生的分歧导致戴高乐对英国强烈不满,他担心英国是美国试图打入欧共体的"特洛伊木马",来破坏欧洲的一体化,而英美达成的《拿骚协定》更是火上浇油,1963年欧共体否决了英国的第一次申请。1967年,工党威尔逊(Harold Wilson)首相决定再次申请加入欧共体,戴高乐以英国经济状况不好为由,再次拒绝了英国。实际上,彼时的欧洲和国际形势正在发生变化。一方面,1966年法国退出北约军事一体化机构导致北约危机,英国一边积极与美国合作"转危为机",一边调整对欧洲共同体的政策,"利用西欧国家对戴高乐的广泛不满",向欧洲示好,出现了所谓"北约—欧共体情结"(NATO-EEC Complex),这有利于英国申请入欧;另一方面,恢复主权后的西德经济发展迅速,影响不断扩大,美国和苏联均积极拉拢西德,而在北约危机中,英国与美国"虽目的不同,但同心协力,使联邦德国维持对西欧制度的忠诚,并与德国人一起引导北约渡过危机"。[1] 西德在欧洲战略地位的变化也引起了法国的不安,为了抗衡美苏和制约西德,戴高乐下台后继任的蓬皮杜总统改变了对英国的态度,这为希思政府加入欧共体提供了契机。经历艰苦的谈判之后,1973年1月1日,英国最终正式成为欧共体的成员。为了密切与欧陆的关系,希思不惜渲染与美国的"自然关系",被称为亲欧派,直到1974年威尔逊再次上台后欧美关系才得到缓和。

英美关系在20世纪60年代和70年代的大部分时期矛盾不断甚至陷入低谷,归纳起来,有以下几个原因:第一,英国在美国政府外交政策中的战略地位下降。英国在欧洲和海外军事义务庞大、开支巨大,导致收支不平衡,因此英国决定收缩海外义务。英国在美国深陷越战之际决定从苏伊

---

[1] James Ellison, *The United States, Britain and the Transatlantic Crisis: Rising to the Gaullist Challenge, 1963-68*, pp. 34-35.

士运河以东撤军,这打击了美国的士气,加重了美国的负担,引发美国的极大不满。此外,英国由于经济不景气持续削减国防开支,西德取代英国成为北约常规部队的主要来源。这些因素造成英国在美国全球战略中的重要性明显下降,美国对英政策由原来的将其视为最重要的盟友转变为众多盟友中的一个。第二,从20世纪60年代中期开始,美苏关系改善,东西方关系出现有限缓和。美苏之间举行了一系列军备控制谈判,达成了限制战略核武器协定。东西方贸易往来也有了很大增长,出现了许多新的经济合作形式。这种东西方缓和局势削弱了苏联威胁的严峻性,动摇了英美特殊关系的重要基础——对共同威胁的认知。第三,美国深陷越战和持续的经济衰退,西欧逐渐崛起,美国的霸权地位不稳。1971年美国因为财政困难,宣布取消美元兑换黄金的金本位制,1973年及1979年两度爆发石油危机。布雷顿森林体系的瓦解和两次石油危机导致70年代美国经济实力的衰减。此时,欧共体成功地运作了起来,而且表现出强大的经济实力和政治影响力,对美国不再俯首帖耳。1966年,戴高乐总统宣布法国退出北约军事一体化结构,首先向美国的霸权发起了挑战。联邦德国在缓和的背景下,也提出了"新东方政策"。西欧在许多问题上为维护自身利益而不愿屈从美国,并对美国的越南和中东政策进行批评。在此背景下,英国逐渐调整其对外政策的重心,由强调英美特殊关系转向欧陆。第四,英国决心加入欧共体而调整政策产生的影响。英国两次申请加入欧共体都受到法国的阻挠,导致其不得不刻意淡化英美特殊关系。英国加入欧共体之后,为了设法拉近与欧共体国家的距离,在一系列问题上采取与美国相左的立场。

总之,20世纪六七十年代,美苏关系的有限缓和、美国霸权地位的衰落和欧共体的崛起均对英美关系产生离心效应,使其特殊性不断衰减,并逐渐向所谓的自然关系转变。然而,另一方面,虽然英国的对外方针经历了结构性调整,在政治、经济和外交方面将重心转向欧洲大陆,但是英美两国的特殊关系并没有完全终结。英美特殊关系是围绕安全问题而建立的①,虽然经历了一些波动,但在冷战的背景下两国在防务、核合作等安全问题上一直维持着稳定的紧密合作,互信的基础仍然稳固,这是欧陆国家

―――――――――――
① William Wallace, Christopher Phillips, "Reassessing the Special Relationship," *International Affairs*, Vol. 85, No. 2, 2009, p. 282.

与美国的关系所难以比肩的。

二、撒切尔政府与英美特殊关系的重温

随着1979年撒切尔夫人在英国上台,英美特殊关系很快重新升温。撒切尔首相上台伊始,即反复强调英美关系的重要性,申明美国是英国最主要的盟国。当里根总统于次年入主白宫后,由于撒切尔夫人与里根之间具有良好的个人关系、相似的政治经济理念和强烈的反共倾向,双方更是将加强双边关系置于重要的战略地位,英美特殊关系得以深化。[①]

这一时期英美特殊关系的彰显首先体现在双方在防务领域的一系列合作上。20世纪70年代,华约集团在常规力量上占优势,苏联于1977年在东欧部署了先进的SS-20中程弹道导弹,北约集团准备在欧洲部署美国"潘兴"导弹予以应对。西欧国家对苏联的行动感到严重不安,但和平主义运动使得一些西欧国家政府感到犹豫,而撒切尔政府则率先宣布允许美国将160枚巡航导弹部署在英国领土上。这一支持具有重要的象征意义,表明了英国对美国的信任。英国一向重视发展海军和独立的核力量,早在20世纪60年代就从美国购买了北极星A-3导弹装备在核潜艇上。为了应对苏联的新威胁,1980年7月,撒切尔政府宣布向美国购买"三叉戟-Ⅰ"型导弹来取代北极星导弹。1981年1月,里根入主白宫,进一步推进了英美之间的防务合作。2月,撒切尔首度访美,公开发表声明支持里根的快速部署部队(Rapid Deployment Force)计划。同年10月,里根政府宣布"三叉戟-Ⅱ"型导弹将提前运作,并欢迎英国政府购买。1982年3月,英美就英国购买"三叉戟-Ⅱ"型导弹签署了协定,美国还给予英国很大的优惠条件。[②] 从美国购买的导弹为英国节约了大笔自行研制的费用,大大升级了英国的武器系统。英国还在一系列危机和冲突中与美国基本保持一致立场。1979年苏联入侵阿富汗,英美不仅强烈谴责苏联的侵略行径,要求苏军立即撤回,而且对苏联采取了经济制裁措施。英国还响应美国政府的倡议,对1980年在莫斯科举办的奥林匹克运动会加以抵制。

[①] Sally-Ann Treharne, *Reagan and Thatcher's Special Relationship: Latin America and Anglo-American Relations*, Edinburgh: Edinburgh University Press, 2015, pp.250-260.

[②] David Sanders, and David Patrick Houghton, *Losing an Empire, Finding a Role: British Foreign Policy since 1945*, London: Palgrave, 2017, pp.174-175.

此外,英美之间在一些问题上虽然不乏分歧,但是双方协调之后都能做出让步。1982年4月到6月,英国和阿根廷为争夺马尔维纳斯群岛(福克兰群岛)的主权而爆发战争。阿根廷是美国在拉丁美洲的重要盟友,因此美国并没有直接对阿根廷提出外交上的谴责,而是声称外交上会保持中立。美国积极在英国和阿根廷之间进行外交协调,对英国施压,力促双方和平解决争端。然而,美国在其调停未能取得成功后便明显倒向英国,不仅公开支持英国,而且为其提供后勤保障、卫星情报等支援,最终帮助英国重新控制了马岛,在一定程度上重塑了英国的大国形象,使英国人恢复了自信。马岛战争再度表明,在英国面临危机之际,美国是可以依赖的。1983年10月,美国入侵格林纳达。由于格林纳达是英联邦成员国,且美国未提前告知其军事行动,这使得英国十分震惊。撒切尔夫人起初对美国的行为表示强烈不满,里根随后采取弥补措施,积极与撒切尔夫人沟通以缓解双方的紧张关系。英美之间围绕格林纳达事件产生的短暂分歧并没有严重影响英美特殊关系。[①] 1986年4月,针对利比亚支持恐怖主义的行为,美国决定采取报复行动,旨在消灭利比亚领导人卡扎菲。英国撒切尔政府给予美国最坚定的支持,同意美国利用英国的空军基地;而与英国相反,西欧其他国家普遍不支持美国的行动,例如美国政府曾要求法国和西班牙允许其F-111战斗轰炸机飞越两国领空,但被拒绝。此外,利比亚空袭之后,西方盟友纷纷谴责美国,但是英国公开为美国辩护。[②]

20世纪80年代英美特殊关系再度升温,首先是因为东西方关系相对缓和的局势再度停止,形成了所谓的第二次冷战的大背景。美国从越战中脱身之后不断扩展自己的军事和政治义务,苏联则从70年代后期也开始介入亚洲和非洲的一系列军事冲突。特别是苏联入侵阿富汗,引起了东西方关系的再度紧张,美苏重新走向对抗,这为英美特殊关系的提升提供了契机。

其次,英美两国领导人在国际政治的性质和全球威胁的严峻性等问题上具有共识。撒切尔首相和里根总统在意识形态上都与共产主义誓不相

[①] David Sanders, David Patrick Houghton, *Losing an Empire, Finding a Role: British Foreign Policy since 1945*, pp.175-176.

[②] Gregory Francis Intoccia, "American Bombing of Libya: An International Legal Analysis," *Case Western Reserve Journal of International Law*, Vol.19, 1987, pp.177-213.

容,主张对苏联毫不妥协,采取强硬姿态;他们都奉行自由市场、低税率和强大国防政策;另外,撒切尔保守党政府对欧洲一体化持保留态度,她对欧洲一体化的怀疑和抵制与美国政府对欧洲一体化复杂的态度大体契合。里根上台后虽然表示支持欧洲一体化,但也要求欧洲承担起更多的同盟和世界责任,美欧之间的经济争端不断出现。① 撒切尔夫人强调独立主权国家联合的欧洲,而不是日益走向一体化的欧共体。在撒切尔夫人的第一个任期,英国政府对欧陆采取一种旁观政策,英欧围绕欧共体预算问题产生的矛盾日趋尖锐,展开的谈判旷日持久,影响了欧共体的正常运转。此时,密特朗(François Mitterrand)总统执掌法国并提出新欧洲政策,他与德国总理科尔(Helmut Kohl)不断威胁说将实施"双轨欧洲"(two-track Europe)或"双层欧洲"(two-tier Europe),并将英国排除在外。为避免在欧洲一体化的未来发展中被法德进一步排挤,英国智库呼吁英国采取较为妥协的态度。② 此后,英国在一些议题上转向积极的态度。1984年的枫丹白露峰会各方就英国预算份额问题达成共识,英国还加强了与欧共体的外交防务合作。然而,撒切尔夫人在执政后期转向抵制欧洲一体化的深入发展。在筹备建立欧洲货币体系时,撒切尔政府持反对该计划的立场。总的来看,撒切尔执政时期的对美与对欧政策形成了强烈的对比,她将巩固和发展英美特殊关系作为外交政策的优先方向,同时有限地参与欧洲一体化,目的是防止英国在欧洲一体化中被边缘化,从而能在欧美之间扮演"黏合剂"的特殊角色。

总之,1979年撒切尔夫人上台之后,冷战的国际背景、撒切尔夫人和里根总统相似的外交理念,均为20世纪70年代的英美自然关系恢复为特殊关系提供了必要条件。就英国而言,与美国特殊关系的重温和英欧矛盾的上升,可以看作它在大西洋两岸之间的一种基于自身利益变化的政策再平衡,不过这种转变并不利于英国自诩的英欧之间"黏合剂"或"桥梁"的角色。

---

① 赵怀普:《战后美国对欧洲一体化政策论析》,《美国研究》1999年第2期,第13页。
② Andrew Moravcsik, "Negotiating the Single European Act: National Interest and Conventional Statecraft in the EC," *International Organization*, Vol.45, No.1, 1991, pp. 36–37.

第四节　影响英美特殊关系的因素分析

英美特殊关系的建立源于"英国国际地位的相对下降和美国地位的上升"。① 大西洋同盟建立以后,英国强调英美特殊关系,将大西洋主义视为其外交政策的重点。然而,尽管英国精心营造这种特殊关系,双方仍不乏分歧。从 20 世纪 50 年代末开始,英美特殊关系的局限性和脆弱性就暴露了出来。为此,英国决定在不损害英美关系的前提下,采取转向欧洲的政策。此后,英国凭借其外交技巧,设法平衡与美国以及与欧陆之间的关系。英国根据其利益得失,不断调整外交政策,时而投向美国,时而转向欧陆,因此形成一种"剪不断,理还乱"的错综复杂的关系。

然而,纵使英国在历史上以运用纯熟高超的外交技巧而著称,作为一个实力大大衰落的国家,在一个复杂的世界格局中,英国想要在大西洋和欧陆之间维持一种微妙的平衡也并非易事。由于英美关系和英欧关系是相互影响、此消彼长的,每当英美同盟紧密时,英欧关系常常受到削弱而出现松动,反之亦然,但英国维持与美国的特殊关系却是其一直所坚持的基本信念和外交方向。

作为战后欧美关系中的一个重要组成部分,英美特殊关系的维系和变化也取决于四大自变量:安全威胁、经济依存、基于共同文明的政治和社会认同,以及价值观念。对于英美同盟关系,四大自变量的影响不仅不是均衡的,而且还是此消彼长的,同盟之间的合作和分歧取决于四大自变量向度的变化。其中价值观念和社会认同是英美特殊关系的观念基础,具有相对稳定性,而经济依存和安全威胁则受到国际形势和国内形势的影响而发生变化。除四大自变量之外,权力的分配与合作产生的利益和成本的分配也作为干预变量对英美特殊关系的变化产生影响。

(一) 安全威胁及其变化。英国学者杰弗雷·华纳认为,英美特殊关

---

① John Dumbrell, "The US-UK Special Relationship: Taking the 21st-Century Temperature," *The British Journal of Politics and International Relations*, Vol.11, 2009, p.72.

系"一直有赖于历届政府对苏联威胁的认知"。① 这种观点与现实主义理论是相符合的,后者提出,国家为了自我生存倾向于选择与具有相同威胁认知的国家结成联盟,而对共同威胁的认知程度对于联盟的维系有重要影响。② 二战期间,英、美、苏为了应对德、日、意轴心国这一共同威胁而结成反法西斯统一战线。战后初期,英美对苏联威胁的认知程度不一,英美战时同盟关系曾出现松动。鉴于西欧对于英国安全的重要性,英国坚持把欧陆的安全作为其对外安全政策的中心,试图借助西欧联合抵挡来自德国和苏联的威胁。然而,随着冷战的开始和发展,英国认识到自身以及西欧力量的不足,遂极力"邀请"美国,而这与美国遏制苏联的战略相契合,英美对苏联的威胁认知程度日益趋同,导致英美特殊关系迅速强化。因此,英国和美国对于安全威胁的共同认知构成英美特殊关系的政治安全基础,以此为核心,它们共同促成了大西洋同盟的建立。

但是,英美结盟并不意味着两国之间不存在矛盾和摩擦。一般来说,一个同盟中成员国对于共同威胁的认知程度会影响同盟关系:当同盟国家对于共同威胁的认知一致且强烈时,它们倾向于以协调和忍让的方式解决相互之间的分歧,同盟将运作良好;当对国家安全的威胁减少,各国牺牲自己利益的意愿也随之减弱,原先同盟内部被搁置的争议成为关注的焦点。20世纪60年代以后,美国由于经济危机和越战出现一定程度的实力衰退,愿意与苏联展开一系列谈判。美苏之间关系改善,东西方之间出现有限缓和,苏联威胁的紧迫性程度大大降低,英美特殊关系的政治安全基础受到削弱。这一时期英国将其对外关系的重点转向欧洲,这一变化与安全变量向度的变化有着密切关系。

（二）不对称的经济依存。一战前美国欠英国20亿美元的债务,二战后英国反欠了美国42.77亿美元的债务。③ 二战之前,英国就深陷严重的经济危机之中,二战更是严重削弱了英国的实力。二战期间,由于法国和欧洲大陆其他国家纷纷败降,美国又迟迟未加入战争,英国在西线孤军奋战,损失惨重,欠下了巨额债务。二战还导致英帝国殖民体系迅速瓦解,战

---

① Geoffrey Warner,"The Anglo-American Special Relationship," *Diplomatic History*, Vol. 13, No. 4,1989, p. 499.
② 张心怡:《论英美特殊关系的特质及其维系原因》,《欧洲国际评论》2009年第5期,第91页。
③ 王绳祖主编:《国际关系史》(第五卷),北京:世界知识出版社,1995年,第55页。

后英属殖民地纷纷宣布独立,使英国失去了广阔的市场和廉价的原材料来源。战后初期,英国面临严重的经济危机,由于持续的国际收支逆差和债台高筑,英国经济步履维艰。为了遏制共产主义的扩张和换取美国对欧洲安全的保障,英国在世界范围内承担了广泛的防务义务,庞大的国防开支更是加剧其国际收支不平衡。由于国内经济形势严峻,英国不得不向美国求援,并最终接受了美国提供的带有苛刻附加条件的援助。1945年12月,英美两国达成贷款协定:美国向英国提供利息为2%的长期贷款,条件是英国必须批准《布雷顿森林协定》,取消英镑区的外汇管制等。[①] 英美贷款协定的谈判过程和结果折射出英国对美国的依赖程度。1947年,英国爆发严重的经济危机,经济日趋恶化,财政赤字严重,国际收支逆差越来越大。1948—1952年,美国通过"马歇尔计划"给西欧国家提供的援助合计约为130亿美元,其中最大的受惠国英国获得32.97亿美元,法国和德国分别为22.96亿美元、14.48亿美元。[②] 美国通过马歇尔计划向英国提供的经济援助对于英国的经济复苏起了一定作用。但是,在英美经济联系加强的同时,英国对美国的不对称经济依赖也在加深,在经济层面造成了英美同盟的不对称性。

从20世纪50年代末开始,英国开始调整其对外政策,并做出转向欧洲的决定。这一调整与经济形势的变化和英国经济重心的转移有着密切联系。战后英国的经济实力受到严重削弱,英国逐渐无法维持英镑的国际储备货币地位,英镑危机频频爆发,影响了英国经济的恢复和发展。20世纪60年代,英国经济出现了滞胀现象,经济增长缓慢。鉴于英国的经济形势,英镑区许多国家不再将英镑作为主要的储备货币,并且取消本国货币与英镑挂钩,英镑区名存实亡。此外,从20世纪60年代末开始,美国出现持续的贸易逆差,引发美元危机,美国的经济实力受到削弱。然而,此时西欧国家的经济由于一体化建设出现不同程度的复兴。例如,1970年,欧共体的出口贸易额占全球的比例(27.6%)和黄金储备比例(36.9%)均超过美国(分别为13.7%和29.9%)。[③] 随着英国与英镑区国家的经济联系减少

---

① Inderjeet Parmar, *Special Interests, the State and the Anglo-American Alliance, 1939-1945*, New York: Routledge, 2013, p.170.
② Michael Holm, *The Marshall Plan: A New Deal For Europe*, New York: Routledge, 2017, pp.76-77.
③ 陈德照:《美国经济"衰落"的历史比较》,《国际问题研究》2011年第4期,第16页。

及其对美国的经济依赖程度下降,英国与欧陆国家的贸易比重日益增加。英国与西欧各国的贸易额持续上升,欧陆逐渐取代英帝国成为英国重要的贸易伙伴。英国海外贸易模式的变化是促使英国将对外战略的重心转向欧洲的重要因素。① 由于英国与欧陆之间的经贸往来增加,英欧逐渐形成高度的经济依存关系,英美同盟的经济基础相应受到削弱,导致英国逐渐偏离大西洋主义取向而转向欧陆。

（三）基于共同文明的政治和社会认同。英国虽地处欧洲,但由于历史原因,其二战后在感情上却与大西洋彼岸的美国更为亲近。尽管两国在自然环境、国土和人口规模、经济结构等方面存在差异,但是美国的经济和政治制度在很大程度上源于英国。与欧陆国家相比,英美之间更具有相似的宪政体制、社会制度和生活方式,从而形成较强的政治和社会认同感。此外,英国与美国共同经历两次世界大战,战争中的合作伙伴关系为英美特殊关系的形成奠定了基础。在两次战争中,英国均依赖美国施以援手,这增强了英美感情上的亲近。

学者罗伯特·亨德绍特提出英美"文明认同"(civilizational identity)这一概念来理解英美特殊关系,并将其定义为"基于英美两国人民对共同的历史、文化、价值观和语言的认知,而产生的一个独特的想象共同体"。② 文明认同为英美特殊关系的建立和维系奠定了基础,这在一定程度上是因为温斯顿·丘吉尔。应该说,文明认同在丘吉尔任首相前就已经存在,其显著标志是美国公众在1918年12月7日举行各种活动庆祝"英国日",并称赞英国人为"坚定的手足同胞,本质与美国人形成互补,自然会导致密不可分的英美团结、友谊与和平"。③ 在丘吉尔首相的推动下,英美两国的文明认同得到强化。丘吉尔借助媒体报道来操纵民意,强调两国是世界上幸存的民主国家,拥有共同的宗教、宗教信仰自由、民权、代议制政府等。丘吉尔还善于利用精湛的演讲技巧及其与美国的渊源来打动听众(丘吉尔的

---

① David Sanders, and David Patrick Houghton, *Losing an Empire, Finding a Role: British Foreign Policy since 1945*, p. 147.

② Robert M. Hendershot, "Manipulating the Anglo-American Civilizational Identity in the Era of Churchill," in Alan P. Dobson & Steve Marsh, eds., *Churchill and the Anglo-American Special Relationship*, New York: Routledge, 2017, p. 64.

③ Robert M. Hendershot, "Manipulating the Anglo-American Civilizational Identity in the Era of Churchill," p. 65.

母亲珍妮·杰罗姆是美国人),他在演讲中反复强调英美之间共同的历史、文化和语言,不仅加强了与罗斯福总统的友谊,而且在一定程度上赢得了美国公众的认同。丘吉尔精心营造的文化背景促进了英美两国的精英和公众彼此之间相互认同。文明认同有助于促进英美两国形成对威胁或者利益的共同认知,推动战时紧密的英美关系上升为特殊关系。此外,文化认同还有助于缓和英美的紧张关系,使因特定事件而受损的特殊关系能迅速恢复。

(四)共同的价值观念。建构主义理论强调观念的作用,认为联盟关系得以建立和维系的关键是相同的价值观念。相同的价值观念将导致相似的认知,从而影响国家外交政策的制定。因此,"英美两国视彼此为彰显盎格鲁—撒克逊传统的自由民主国家,对自由主义价值观持有强烈的认同感"。[1] 确实,美国与英国之间存在无法割舍的血缘联系,由此产生的共同的价值观念为英美特殊关系提供了观念基础。英美曾经是母国与殖民地的关系。1620年,一群在英国本土受到迫害的清教徒,搭乘"五月花号",飘过大西洋,抵达北美。随后的一个世纪中,英国殖民者先后在北美洲东岸建立了十三个殖民地。1776年7月4日,美国人民建立美利坚合众国,并且宣布完全脱离英国。此后,欧洲移民怀揣着梦想,源源不断来到美国,构成这个特殊的移民国家。当今美国社会的主流族群是 WASP(White Anglo-Saxon Protestant),即信奉新教的盎格鲁—撒克逊白人,其祖先大多是殖民时代来自欧洲,尤其是英国(英格兰和苏格兰居多)的移民。此群体拥有庞大的经济、政治势力,构成美国上流社会和中上级阶层的绝大部分。不过,英美两国起初彼此厌恶,在价值观方面曾存在着较大的差异。美国将英国视为"重要的他者",认为英国的价值观与美国不同,英国的"贵族、专制、君主制和帝国"等特点对美国的自由和民主不利。而英国则认为美国未开化,并且鄙视其奴隶制。价值观作为一种观念,虽然相对稳定,但是其内涵不是一成不变的。随着英美国内在政治、经济和社会方面出现一系列变革,两国于19世纪末在价值观念上逐渐趋同。由于美国取消了奴隶制以及英国社会的逐渐民主化,英美消除了对彼此的负面观念。此后,英美两国共同的语言和文化传统促进了双方相互交流和相互理解,并在此

---

[1] 徐瑞珂:《特朗普与英美特殊关系的嬗变》,《国际展望》2019年第3期,第120页。

基础上培育了共同的价值观,例如自由、民主、法制和人权等①,深深影响了两国决策层和民众的舆论倾向,在英美特殊关系的形成中起了无形的推动作用。

除上述四大自变量之外,影响英美关系的主要干预变量是英美同盟中权力的分配以及合作产生的利益与成本的分配,它们的变化往往造成自变量向度的负面趋向,使双方在合作中产生分歧甚至冲突。在英国所期望的英美关系中,在重大和涉及双方利益的国际事务中,双方能够采用协商和对话的方式协调立场和行动,且合作产生的利益与成本的分配能够相对均衡。但在实际操作中,由于两国权力不对称,英美特殊关系从一开始就不是平等的而更多的是主从的关系结构。在冷战的大部分时期,出于国家利益的考量,英国不得不在外交政策上追随美国,并以协调和退让的方式来处理彼此间的摩擦,甚至不惜牺牲国家利益。英美同盟中的权力不对称导致英美之间的关系是不对称的相互依赖,即英国对特殊关系的依赖程度远甚于美国,英美合作产生的利益与成本的分配正是这种不对称相互依赖的反映。这种现象亦发生在欧洲大陆强国与美国之间,但大西洋同盟建立之后,由于英国对于与美国特殊关系的追求、依靠美国来维护欧陆安全和恢复大国地位的强烈需要及其外交风格,它们双方倘若产生分歧,特别是在涉及重大国际事件的情况下,英国通常会迫于美国的压力而改变立场,转而支持美国的政策。即使英美之间关系出现短暂的危机,英国也会在相当程度上采取主动措施,修补因反对美国的政策而造成的双边关系的裂痕。

然而,从20世纪50年代末开始,英国逐渐认识到其实力持续衰弱是不可逆转的,一味与美国保持特殊关系、疏远欧陆有损于英国的经济和政治利益。随着西欧一体化的成功,英国决定在维持大西洋同盟关系的前提下转向欧陆。这一转变导致双方就利益与成本的分配问题产生的分歧增加,就决策和行动的主导权以及费用分摊等问题争吵不断,这对英美同盟关系产生了负面影响。因此,虽然英国不愿放弃与美国的特殊关系,但在冷战时期的不同阶段,英国一直在不同程度上对大西洋主义怀有矛盾心理,特别在20世纪60年代以后,其外交政策表现出在大西洋主义与欧洲主义之间的摇摆。

---

① Ruike Xu, *Alliance Persistence within the Anglo-American Special Relationship: The Post-Cold War Era*, London: Palgrave Macmillan, 2017, pp. 87–90.

本章小结

从总体上看,冷战期间英国与美国关系的发展受制于东西方对峙的国际格局和美强英弱的权力结构。这与欧陆大国与美国之间美主欧从的关系基本相同,都是美强欧弱权力结构的具体体现,它们都不能摆脱对美国安全保护的依赖。可是,不同的是,相比欧陆大国,英国曾经拥有"日不落"帝国,是昔日的海上霸主,而且是卷入二战的民主国家中唯一自始至终抵抗纳粹德国而没有沦陷的战胜国,这令人尊敬,也是欧陆国家所难以匹敌的,英国人对此感到无上荣光。历史记忆给二战后初期的英国人带来的是坚守世界大国地位的信念,就像丘吉尔"三环外交"演说中的那样,他们仍把英国视为世界的中心。这种梦想随着东西方冷战格局的形成而破灭,善于与时俱进的英国及时调整战略,为挡住苏联人,积极奔走"邀请"来大洋彼岸的美国人,建立了跨大西洋同盟,孜孜追求与美国的特殊关系并极力渲染。如果说这种特殊关系并没有改变英美权力关系的结构,美国成了西方的霸主,那么它确实会给英国带来实在的利益:有助于维护英国的世界大国声望,同时凸显其相对于欧陆大国的优势。可是,英国人始料未及的是,与美国的特殊关系成了英国的包袱:维持英美特殊关系殊为不易,双方各为自己利益而龃龉不断甚至出现危机;同时英国也为轻视欧陆的"光荣孤立"付出了代价,错过了领导西欧一体化的最佳时机,其结果不仅是欧陆经济的振兴和政治地位的提高而英国相对滞后,英国作为欧洲制衡者的角色也成了明日黄花,而且得罪了一心鼓励欧洲联合的美国。冷战形势的变化和欧洲权势的转移使熟谙国际政治之道的英国人再一次与时俱进,虽一波三折,但最终英国还是加入了欧共体。但其直接代价是公开申明放弃与美国的特殊关系而代之以自然关系,尽管精英们内心仍然坚守着英伦比之欧陆的优越感和英美关系的特殊性。这种坚守一有机会就表现了出来,前者表现为与欧陆大国在一体化问题上不间断的摩擦,进而是当下的"脱欧",后者则是撒切尔政府对英美特殊关系的重温。在欧美之间寻求平衡或许是英国人的真诚愿望,但摇摆而非平衡却是几经证明的事实,乃至延续到冷战结束之后,庶几成为英国对欧美外交的一个特点。

第四章　法美关系:反对霸权与维护同盟

"法国如果不承担世界责任,那就毫无价值了。法国反对北大西洋公约组织,是因为法国不被允许在决策中发挥自己的作用,并且这个组织仅仅局限于欧洲。法国希望拥有原子武器,是因为只有这样,我们的国防和政治才能恢复独立——这一点我们认为比什么都重要。"①

——夏尔·戴高乐

在二战后的大西洋同盟中,处于欧洲大陆的法国与大洋彼岸的美国之间的关系十分独特。一方面,冷战时期法美分歧的存在成为跨大西洋关系中的一个突出现象,反映了两国外交政策目标的不一致、两国实力对比不对称,以及在对欧洲事务与国际事务中某些问题的判断上,两国存在着差异。另一方面,战后初期法美两国共同面临来自苏联的安全威胁,这构成了两国同盟关系的政治安全基础,两国之间形成的高度经济依存关系是两国伙伴关系的经济纽带,两国共同拥有的西方价值观、社会认同把两国紧密地联系在一起。正是以上四个因素构成了冷战期间法美同盟和合作的前提。总之,相比于英美特殊关系,法美同盟关系的基础似乎不够坚实,但是又具有足够的韧性,在面临严峻挑战时,总是能够渡过难关而不致破裂。

从二战结束到冷战结束,法美关系大致经历了三个阶段:1945年到1958年,从戴高乐短期执政到第四共和国时期,经过波折,法国最终加入美国主导的大西洋同盟;1958年到1969年戴高乐执政时期,法美关系出现严重困难;1969年到1989年,法国坚持没有戴高乐的"戴高乐主义",法

---

① 〔法〕夏尔·戴高乐:《希望回忆录》,《希望回忆录》翻译组译,北京:中国人民大学出版社,2005年,第185页。

美的合作加强但仍纷争不断。在这三个阶段中,戴高乐执政时期无疑最为引人注意、影响也最大。法美矛盾的激化不仅造成两国关系的疏远达到了顶点,也导致跨大西洋关系前所未有的紧张,以致成为冷战期间欧美关系中最为严重的一场危机。本章按照上述冷战期间法美关系发展的三个阶段,依次论述这一时期法美之间的合作、摩擦和博弈,以探讨法美关系的特点和性质。

第一节 艰难的转变:从严惩德国到加入大西洋同盟

二战初期,法国即战败沦陷,这对法国的国际地位和法国人的心理都产生了深刻影响。一方面,法国丧失了世界大国地位。虽然二战结束的时候法国是战胜国,但早在1940年法国沦陷时,美国和英国就认为法国已经真正地衰落了。虽然戴高乐将军领导法国抵抗运动坚持斗争,但相对于美国、苏联和英国,它在战争中的贡献并不突出。二战结束时美国和英国也都没有把法国视为真正的战胜国,不论是1945年2月召开的雅尔塔会议,还是7月召开的波茨坦会议,法国领导人都未获邀参加,被排除在战后雅尔塔国际体系的构建之外。另一方面,法国过早战败沦陷使法国人民感到羞耻,而法国还是在其他国家的帮助下才重获自由,这些都深深打击了骄傲的法兰西民族的自信心。战时罗斯福总统和丘吉尔首相对法国的轻视则让有着强烈民族自尊心的戴高乐将军一直耿耿于怀。然而,法国领导人和法国民众都不相信,也不容许自己的祖国从此衰落,他们渴望法兰西重新获得大国地位。

正是在这样的大背景之下,二战结束后重获自由的法国面临严峻的挑战。首先是如何重建法国的问题。战争结束初期,法国国内的三大党,即共产党、社会党和人民共和党控制议会,总统权力有限。戴高乐深受政党政治的牵制,于1946年1月宣布下野,结束了自1944年9月以来的首个执政期。1946年10月23日,法兰西第四共和国成立,它持续了12年,直到1958年终结,其间共更换20届政府。即使政府更换如此频繁,法国的对外政策还是体现出明显的连续性。

更重要的挑战是法国在二战后的欧洲安全战略上与美国和英国的矛盾。第四共和国的外交政策主要关注两个核心议题和目标:一是在重建经济、恢复法国实力的基础上,重新获得法国所丧失的大国地位;二是法国的安全问题,特别是德国问题的解决。从1871年普法战争开始,德国始终是法国安全的噩梦。在法国看来,二战中德国的战败并不意味着德国的威胁从此消失。因此,如何严惩德国,防范其东山再起成为法国对外政策制定中的核心任务。实际上,在当时的情况下,法国大国地位的恢复在很大程度上有赖于德国问题的解决。然而,当冷战来临时,苏联的威胁成为欧洲面临的压倒一切的挑战,而扶植德国也成为美国和英国冷战战略的迫切需要。在战略上把"压住德国人"变为"扶植德国人",对于英国人来说并无多少困难,却使法国面临艰难的抉择:德国抑或苏联,谁是法国的主要敌人?① 法国的对外政策和外交因而变得异常复杂起来。总的来看,第四共和国时期,法国经历了一个从严惩德国向最终接受德国的复兴、加入美国主导的大西洋反苏同盟的重大而复杂的转变过程。就法美关系而言,这一过程主要经历了两个阶段。第一个阶段从二战结束到1947年。在这个阶段,美国为法国重建提供援助;法国把德国视为最主要的潜在安全威胁,主张肢解德国,这与美国以及英国对德政策的转变发生冲突;法国还期望能够同时保持与美国和苏联的关系。第二个阶段从1947年东西方矛盾的激化到1958年。在此期间,法国最终选择加入大西洋同盟,与德国的关系改善,并接受了通过欧洲框架来解决德国问题。由于法国支持重新武装西德,苏联在1954年宣布废除与法国在1944年签订的《法苏同盟互助条约》,两国关系因此降至冰点。

一、坚持肢解德国和在美苏之间保持平衡

二战不仅改变了国际格局,也改变了欧洲的地缘政治地图。战后建立的雅尔塔体系基本上根据战时大国实力的消长形成了东西方政治疆界的分野,美国和苏联两个超级大国分别为其主导者。在西方的政治地图中,欧洲各国的实力和国际地位无一例外地大为下降,欧洲中心的时代终结,欧洲不复为世界的主宰者。失去大国地位的法国不仅清楚地认识到自己的处境,同时也知道自己的首要目标,即恢复大国地位和严惩德国。因此,

---

① 法国学者索托认为,不同于美国人和英国人,"法国人对所面临的真正威胁存在着分歧:德国还是苏联? 虽然这一时期从前者逐渐转移向后者,但直到1955年,法国人对该问题仍旧存在分歧"。Georges-Henri Soutou, "France," p. 96.

战后初期法国给自己确定的任务是：重建法国，肢解德国，并试图同时维持与美国和苏联的关系，在两个超级大国之间保持平衡。显然，在战后新的国际力量格局之下，要完成这些任务，与美国的关系至关重要。

法美关系在战后初期受到战争期间法美关系的影响，特别是戴高乐担任法国临时政府首脑之后，他与罗斯福之间的关系并不和谐。二战期间，罗斯福政府并不准备承认戴高乐在伦敦的流亡政府，美国此举遭到戴高乐及其支持者的强烈抨击，同时也多少为战后的法美关系投下阴影。另外，戴高乐也对法国战时未被邀请参加美、苏、英三大国会议而耿耿于怀。戴高乐认为美国轻视法国是错误的，对此感到强烈不满，他坚信法国一定会再次成为大国。1945年1月，他在会见美国官员时曾提到："你们只会在最后一刻才会帮助我们，而且还是不情愿的，你们这么做也许是对的。如果法国自己不能再次崛起、不能最终自己站起来、不能重获大国地位的话，你们就是对的；但是如果法国的确再次崛起、自己再次站起来，并且最终重获大国地位的话，那么你们就是错的。"① 1945年年初，戴高乐拒绝了罗斯福提出的在巴黎之外与其见面的提议。当欧洲战事结束时，因罗斯福病逝，哈里·杜鲁门接任美国总统，杜鲁门政府战后与法国有了更多的互动，法美两国关系开始有所进展。

法美的合作在经济领域得到了突出的体现，两国在该领域的政策目标具有相当大的一致性。二战结束后，临时执政的戴高乐政府致力于恢复法国的实力和大国地位。面对国内萧条的经济，法国迫切需要解决国内严峻的经济问题。美国也希望欧洲国家的经济尽快复苏，以根除其国内和国际冲突的经济根源。② 早在1945年1月，美国国务院就主张帮助法国以修补美法关系，同时认为一旦法国的经济得到恢复，就可以按照法国的潜力来对待法国。③ 1945年2月，美国与让·莫内根据《租借法案》达成一系列援助项目协议，双方最终签订了正式协定。欧战结束后，法美两国在经济领域合作主要体现在法国的战后重建方面，法国寻求美国的援助，而美

---

① FRUS, 1945, Vol. IV, Europe, pp. 666 – 667.

② John Hill, "Germany, the United States, and De Gaulle's Strategy for Economic Reconstruction, 1944 – 1946," in Robert O. Paxton & Nicholas Wahl, eds., *De Gaulle and The United States: A Centennial Reappraisal*, Oxford, Providence, R.I.: Berg Publishers, 1994, p. 104.

③ John Hill, "Germany, the United States, and De Gaulle's Strategy for Economic Reconstruction, 1944 – 1946," p. 104.

第四章 法美关系：反对霸权与维护同盟

国也乐于帮助法国。美国的援助帮助法国熬过了战后初期最艰难的几年。在1945年8月的会晤中，杜鲁门向戴高乐表示，法国的重建和复兴符合美国的利益，法国可以在重建方面依赖美国。[①]

战后初期，法美在法国经济重建领域有着密切的合作，但是在安全领域两国的分歧暴露了出来，主要体现在它们处理德国问题的目标和主张上。对于法国来说，德国在二战中对法国的羞辱是刻骨铭心的。毫无疑问，法国把德国问题视为关乎自身安全的核心问题。在冷战格局尚未形成的背景下，戴高乐政府的基本态度是肢解并严惩德国，削弱其实力，以防止德国的威胁再次出现，并且还要防止德国成为被其他大国利用的政治工具。[②] 1945年9月，在美、英、法、苏四国外长会议上，法国正式提出对德方案：首先使鲁尔脱离德国，对其实行国际共管；在莱茵河左岸成立新的独立国家；萨尔地区脱离德国，经济上归并于法国。然而，法国的对德方案与美国的主张存在很大的分歧。尽管美国与苏联、英国在1945年2月召开的雅尔塔会议上确认了分区占领和肢解德国的原则，但是在波茨坦会议上，美国最终放弃了肢解德国的主张。1945年8月，杜鲁门与戴高乐在白宫会晤，当戴高乐表示他对潜在的德国威胁感到担忧的时候，杜鲁门回应说不应夸大德国的威胁。[③] 针对法国的立场，1946年美国首次正式阐明对德政策：反对国际共管鲁尔区，反对把莱茵河左岸地区从德国分离出去，主张在美、英、法三个占领区建立联邦制国家。从1946年开始，美国和英国就在各自的占领区推行经济统一政策，并且于12月签订合并双方在德占领区的协议。随着冷战局势的逐步形成以及美国和英国的坚决反对，法国肢解德国的强硬立场逐步软化，不得不向美英的主张靠拢。在1947年年底召开的四国外长会议上，法国已经不再提肢解德国的要求。

对于自己与美国和苏联这两个战后崛起的超级大国的关系，战后初期法国给自己的定位是同时与两国建立稳定的关系，并且尽可能在两者之间实现某种平衡，条件许可的情况下可以充当美苏之间的桥梁。早在1944年，时任法国临时政府外长乔治·皮杜尔就曾提到，法国可以充当美国、英国和苏联之间的桥梁，因为法国"理解俄国的想法，而在道义上和地理上接

[①] *FRUS*, diplomatic papers, 1945, Vol. Ⅳ, Europe, p. 710.
[②] *FRUS*, 1945, Vol. Ⅳ, Europe, p. 710.
[③] *FRUS*, 1945, Vol. Ⅳ, Europe, p. 709.

近盎格鲁—撒克逊国家"。① 在法国历史上,相较于与德国的关系,法国与俄国关系要更好。自从1871年德意志统一以后,法国首先将其视为首要的安全威胁;而俄国在历史上并没有像德国那样直接入侵过法国,而且为了对抗德国,俄国一直都是法国选择结盟的对象之一。二战时期,苏联在对德作战中作出了贡献。此外,在法国内部,法国共产党和左翼势力得到不少民众的支持。因此,法国能够在东西方之间起到桥梁作用。

确实,戴高乐是用现实主义的眼光来认识苏联的。1944年11月,戴高乐作为临时政府总理出访苏联,并与苏联签订了主要针对德国的两国互助同盟条约。根据条约内容,法国和苏联将采取一切步骤以消除来自德国的威胁,防止德国的侵略行为。因此,对于法国来说,至少在二战结束后的最初几年,主要的安全威胁不是来自苏联而是德国。同时法国相信自己有能力在美国与苏联之间维持平衡,条件成熟的时候,甚至能够发挥桥梁作用。当然,最重要的是,法国认为这样的平衡角色符合法国的利益。实际上,即使法国在1944年与苏联签订了同盟条约,出于对自身的欧洲战略和国家利益的考虑,战后苏联在德国问题上并不支持法国肢解德国的主张。② 因而当时法国希望在美苏之间扮演桥梁角色的愿望,既无实力基础,又缺乏现实条件,也在一定程度上导致法苏关系的疏远。

二、加入美国主导的大西洋同盟

1947年,美国对苏联的遏制政策浮出水面,美苏对峙的冷战格局逐渐形成。在这一两极体系中,欧洲成为冷战的主战场,一边是以苏联为首、东欧国家参加的东方阵营,另一边是感受到苏联威胁的西欧国家,它们"邀请"来美国霸主,1949年建立了大西洋反苏同盟。

对于法国来说,如果说战后初期它致力于通过肢解德国来保障自身安全,并且同时维持与苏联的关系的话,那么所谓"形势比人强",随着东西方矛盾的激化以及西德对法国做出的和解努力,对抗苏联逐渐成为法国对外政策的重心。一方面,防范德国被纳入了西方反苏政策之中,西方冷战体

---

① 张锡昌、周剑卿:《战后法国外交史(1944—1992)》,北京:世界知识出版社,1993年,第6页。

② Wolfram F. Hanrieder, and Graeme P. Auton, *The Foreign Policies of West Germany, France, and Britain*, Redwood City, Calif.: Prentice-Hall, 1980, p. 99.

系的双重遏制功能——反苏和防德开始显现;另一方面,西德表现出与法国实现和解的努力,而法国也开始认识到实现两国和解的可能性。上述两个因素即使没有完全消除,也在一定程度上缓解了法国对德国这个历史宿敌的担忧以及如何对待苏联的纠结。实际上,西欧在"邀请"美国的过程中,虽然不如英国那样迫切和卖力,法国也一直予以支持,从马歇尔计划到北约的建立均未缺席;然而,在涉及德国的问题上,由其特殊利益所驱动,法国与美国以及英国还是产生了诸多分歧。

另外,法国态度的转变与国内局势的变化有一定关联。此时的法国正处于重建国内经济的过程中,在此过程中法国受到通货膨胀的严峻挑战。严重的通货膨胀引发法国国内政局的变动。1947年1月,樊尚·奥里奥尔(Vincent Auriol)当选为共和国总统,由保罗·拉马迪埃(Paul Ramadier)组织政府。1947年4月,法国国内发生罢工,法国社会党与共产党的关系恶化,拉马迪埃解除了所有共产党部长的职务。面对国际形势和国内局势的变化,法国对外政策的目标也相应发生了变化。法国在1947年设定的新目标包括以下几方面。首先,防范苏联,确保法国安全。法国并不相信苏联,特别是苏联在德国问题上的主张让法国很难相信苏联对法国具有善意。其次,法国决定继续依靠美国援助,振兴法国经济,①因此法国积极回应美国提出的"马歇尔计划"。美国的援助在法国经济的复兴过程中发挥了不可替代的作用。② 据估计,从1947年到1951年,马歇尔计划为法国提供了总共27亿美元的援助。③

与此同时,美国对法国的政策变得更加明确。第一,美国力图使法国在以美国为首的西方阵营中的立场更加坚定,从而使大西洋同盟更加稳固,以共同遏制来自苏联的威胁。第二,使法国进一步为大西洋同盟作出贡献。第三,防止法国政府落入法国共产党的手中。第四,在经济上帮助法国实现经济复兴。美国国务院在1948年9月提出了美国对法政策主张,认为美国对法国政策的目标是:第一,在美国遏制苏联以及世界共产主

---

① Wolfram F. Hanrieder, Graeme P. Auton, *The Foreign Policies of West Germany, France, and Britain*, p. 100.
② 法国学界对于美援的性质有不同的看法,修正主义派意见认为,这是"华盛顿充分利用机会推行对法国的帝国主义政策"。(见 Georges-Henri Soutou, "France," p. 97.)但马歇尔计划对当时法国经济复兴的贡献后来还是为法国人所普遍肯定。
③ 聂希斌、柏铮主编:《外国近现代经济史》,中共中央党校函授学院,1992年,第50页。

义威胁的斗争中,法国应该为美国的安全作出贡献,并且为美国在政治上的"反攻"提供最大的帮助。第二,法国应为大西洋共同体的福祉作出更大的贡献。此外,美国对法国的基本经济目标是帮助法国实现快速的经济复苏。①

法国和美国的政策目标在两个方面具有基本共识。第一,对苏联的怀疑。虽然法国并不像美国那样冷战开始后就一直把苏联视为首要敌人和最大的安全威胁,但是法国认为苏联可能会对自己的安全构成威胁,特别是苏联可能会利用德国问题来威胁法国的安全。第二,法国与美国之间在经济领域存在共识,那就是复兴法国经济。美国决定继续帮助法国,而法国也决定继续依靠美国援助,复兴法国经济。尽管法美在安全和经济领域存在着以上共识,但在某些特定议题以及具体政策主张方面,法国有着自己的诉求。

应该说,冷战爆发后,正是法国与美国在安全问题上的共识促成了法美同盟的建立。法国、美国以及英国都认为,它们面临相同的安全威胁——来自苏联的扩张,因此应采取共同措施来防范苏联的攻击,确保自身安全。对于美国来说,在与苏联的对峙中,美国希望西欧国家能够与自己密切合作来共同对抗苏联。因此,美国在欧洲的首要目标是巩固西方阵营,防止任何西欧国家在对抗苏联的立场上有所松动。美国尤其关注法国的立场。此时的法国已经认识到,在美苏冷战的对峙局面形成以后,法国既要应对德国对法国的潜在安全威胁,还要准备应对来自苏联的威胁,这是法国无法单独完成的任务,只有借助大西洋同盟才有可能完成。在1948年美国驻法大使卡弗里发给国务卿的电报中提到,关于参加国应该就建立西欧联盟而签订何种类型的协定这一问题,法国外长皮杜尔想要的是一个具体针对苏联攻击的军事同盟;但是,与此同时,他也希望能够清楚地提到德国,这是出于法国国内政治的原因。② 1948年3月17日,英、法、荷、比、卢五国签订《布鲁塞尔条约》,虽然该条约在形式上强调了旨在防范德国,但实际上主要针对苏联。《布鲁塞尔条约》的签订,为美国参与西欧的安全事务做好了准备。1949年4月,《北大西洋公约》签订。1949年7月,法国批准该公约组织。至此,法国正式加入大西洋安全共同体。可以

---

① *FRUS*, 1948, Vol. Ⅲ, Western Europe, pp. 651 - 652.
② *FRUS*, 1948, Vol. Ⅲ, Western Europe, pp. 34 - 35.

说,《布鲁塞尔条约》的签订也为法国加入北大西洋公约组织奠定了基础,而前者具有防范苏联和德国的双重功能。

此外,实现欧洲经济复兴成为法美在经济领域的共识。在冷战逐步形成的背景下,美国积极推行马歇尔计划,旨在帮助欧洲实现重建与复兴。法国经济在二战中已经千疮百孔,因此恢复国民经济成为法国在战后的首要任务。但是,在美国的欧洲复兴计划中对德国的规划与法国对德国的战后重建计划之间,法国与美国各自的政策重点不一致,并因此产生矛盾。

法国战后复兴规划的构想建立在使其取代德国成为欧洲工业中心的前提之下,因此极力压制德国的经济恢复,以有利于自己的经济结构调整和工业生产的发展,所谓"莫内计划"便是以此为原则的。① 然而,从1947年开始,美国开始转变对欧洲经济复兴的政策选择。到1947年,美国发现欧洲经济复苏的步伐缓慢,成效并不显著,尤其是作为战败国的德国的经济,在法国的压制下难有起色。这种状况使得美国领导人重新考虑欧洲经济复兴的问题,开始重视欧洲经济一体化的想法。② 美国大多数决策者认为,有必要改变原有的以双边方式为主的欧洲经济复兴政策,采取新的途径,即鼓励西欧国家把经济主权融入统一的超国家体系中,这个体系要足够大,以控制德国。③ 这个新的计划与以前老计划之间的不同之处在于,以前的计划旨在使德国与欧洲其他国家经济之间恢复某种平衡,把德国置于自足的基础之上,使德国的发展不会威胁到二战中受其侵略的国家;新的计划则是认识到欧洲经济的复兴有赖于德国经济的复苏,通过整合的方式将德国经济纳入欧洲经济体系之中,达到既恢复德国经济,又使其与欧洲经济融为一体,维护欧洲的稳定与和平的目标。可谓德国经济与欧洲经济、经济与政治均实现一体化的一箭双雕之策。

针对美国提出的复兴德国经济的主张,看到无法动摇其决心的法国,顺势提出了自己具体的相应方案。1950年5月9日,法国提出"舒曼计划",该计划主张把法国、德国以及其他西欧国家的煤钢生产和销售置于一个超国家的机构管理之下,建立欧洲煤钢共同市场。法国之所以提出该计划,主要是为了应对美国提出的复兴德国经济的主张。而且法国认为,必

---

① M. J. Hogan, *The Marshall Plan*, p. 32.
② M. J. Hogan, *The Marshall Plan*, p. 28.
③ M. J. Hogan, *The Marshall Plan*, p. 32.

须把德国捆绑在欧洲框架之内,而不希望西德与《北大西洋公约》有任何联系。① 法国认为,只有这样才能防止德国的发展再次威胁到法国的安全;另外,只有对德国煤炭和钢铁的生产进行统一的管理,才能够控制德国工业和军事的发展。舒曼计划受到了美国的欢迎,但是美国避免直接介入其中。② 虽然该计划为英国所反对,但在美国的有力支持下,1951年4月18日,法国、西德、意大利、荷兰、卢森堡和比利时六国正式签署《欧洲煤钢联营条约》,正式建立了煤钢共同市场,由它的超国家的高级机构对成员国的煤钢生产进行统一管理和监督,战后欧洲一体化进程由此发端。德国经济之锚被锁定在欧洲一体化框架之中,这正是美国所希望看到的,也让法国的"法德之间的任何战争不仅不可想象,而且实际上也不可能"③ 有了崭新的制度保障。

几乎与舒曼计划出台的同时,美国又提出德国的重新武装问题,法美关系乃至大西洋同盟关系又一次经受了考验。如第一章所述,1950年6月朝鲜战争爆发后,美国认为,为了防止战火扩大到欧洲,不仅急需进一步加强西欧的军事力量,而且有必要重新武装德国。美国根据情报做出的判断是,苏联军队为战争做好了准备,并且会在毫无警告的情况下发动进攻,在任何时候夺取莱茵河以东的西德地区、北海港口以及低地国家,并可能发起针对整个欧洲大陆的攻击;而只有当西德与那些同美国敌对的大国或者一些国家结盟时,它才会成为西方的军事威胁。④ 正是基于这样的判断,美国决定无论如何都要重新武装德国,使德国对欧洲的防务作出贡献。

法国当然反对美国让德国参与欧洲防务的主张。1950年10月16日,法国国防部部长朱尔·莫克(Jules Moch)与时任美国国防部部长乔治·马歇尔就重新武装德国的问题展开对话,莫克表示法国不能接受美国重新武装德国的主张。⑤ 莫克认为,苏联不会在欧洲采取侵略行动而会采取和平攻势,而西德会一如既往地和最强大的一方结盟,因此不能依靠德国军队来捍卫西方;而且考虑到法国国内对重新武装德国的反对倾向,有必要

---

① R. Bullen & M.E. Pelly, eds., *Documents on British Policy Overseas*, Series 2, Vol. 1, London: HMSO, 1986, p. 8.
② *FRUS*, 1950, Vol. Ⅲ, Western Europe, p. 714.
③ 语出舒曼计划,见 *FRUS*, 1950, Vol. Ⅲ, Western Europe, pp. 692–694.
④ *FRUS*, 1950, Vol. Ⅲ, Western Europe, pp. 1411–1412.
⑤ *FRUS*, 1950, Vol. Ⅲ, Western Europe, pp. 1412–1415.

推迟武装德国并进一步研究德国问题。但是美方却提出,必须采取实际的步骤尽快把德国纳入西方防御计划之中。如果法国不接受美国的提议,就必须提出一个务实的解决方案。①

为了应对来自美国的压力,1950年10月,法国总理普利文向国民议会提出建立欧洲军计划,即"普利文计划",该计划旨在将西德军队纳入一体化的"欧洲军"中,防止其单独重新武装。美国最终同意了法国的建议。在美国的敦促下,1952年,法国与西德、意大利、荷兰、比利时、卢森堡六国基于普利文计划的原则签订了《欧洲防务集团条约》,但是1954年10月法国国民会议否决了该条约。法国最终未能接受自己提出的欧洲军计划,这让美国非常不满。美国随后向法国施加压力,法国最终接受英国的解决方案,即让西德先加入布鲁塞尔条约组织,然后加入北约。②

围绕西德重新武装问题的博弈,充分反映了法国人对于德国这个历史宿敌的深切担忧。即使在苏联对欧洲的威胁看上去迫在眉睫的情况下,他们首先考虑的仍然是西德的潜在威胁。这一问题的解决反映了西方反苏冷战制度的双重遏制结构性功能的作用,即如同法国加入大西洋同盟时那样,通过让西德先加入布鲁塞尔条约组织然后再加入北约,法国减轻了对西德潜在威胁的忧虑。尽管对它来说,这仅仅是不得不接受的次优选择。更为重要的是,法国的最终让步是迫于美国的强大压力,反映了美强法弱的权势结构。在法美伙伴关系中,对于那些美国认为能够探讨和讨论的问题,美国愿意在某种程度上给予法国选择的空间和自由;但是这种空间和自由是有限度的,对于那些美国认为无法让步的要求,即使法国极力抗争,美国也会与其他盟国一起来推进其政策目标的实现。尽管从长远来看,美国的战略设计或许更符合西方冷战的全局需要,甚至也符合法国的国家利益,但美国施加强大压力仍然是其霸权主义的体现。在西德重新武装问题的最后阶段,美国国务卿杜勒斯扬言美国要重新评估对欧关系从而引发大西洋同盟的危机即是如此,而美强法弱的权势结构以及冷战局势下对美国的安全依赖迫使法国最终不得不接受美国的方案。③ 对于美国来说,西德重新武装也是一种次优选择,因为它对该问题的政策目标之一是促使安全

---

① *FRUS*, 1950, Vol. Ⅲ, Western Europe, p. 1413.
② 关于西德重新武装更为具体、全面的论述,见本书第一章第二节。
③ 有些法国学者认为,法国参与冷战走得太远了,由于其全力支持反苏的西方联盟而导致西德的重新武装。见 Georges-Henri Soutou, "France," p. 96.

领域的西欧一体化,因而彼时其更倾向于接受一个超国家的西欧防务集团的建立。而法国并没有对自身的核心利益诉求做出让步,同盟框架内的纷争还将继续下去。

第四共和国时期法美的纷争与合作还表现在法属殖民地以及第三世界问题上。二战结束后,法国宣称它愿与其殖民地在权利义务平等的基础上建立法兰西联邦。法国领导人的初衷是尽可能保留法国殖民地,但是风起云涌的民族独立斗争却使法国卷入殖民地的战争之中,元气大伤。在殖民地问题上,老牌殖民国家法国和新兴国家美国之间存在较大的价值观分歧。美国在原则上支持各殖民地的民族独立,而法国却不大愿意真正放弃自己的殖民地。二战结束后,戴高乐临时政府即派遣法国部队前往越南,旨在恢复法国在印度支那的殖民统治,但遭到胡志明领导的越南人民的抵抗。从1945年到1949年,法国独自进行在印度支那的战争,美国没有介入。但是,随着美苏冷战的进一步扩大,美国认为在第三世界发生的冲突与苏联在全球的扩张野心密切相关,于是开始转变对殖民战争的态度,但又视自身的利益需要而采取不同的政策。朝鲜战争爆发后,美国认为,介入印度支那冲突是为了遏制共产主义在全球的扩张。① 1950年5月,美国宣布向法国提供军事援助以支持其在印度支那的战争。1953年3月,法国军队在奠边府陷入越南军队的包围之中,情况对法军极为不利,法国内阁正式向美国提出对奠边府进行直接干预的请求。但是,美国的军事干预计划最终受挫,法国军队在奠边府遭受重大失败。法国认为在奠边府战役中美国见死不救,因此对美国感到失望。1954年4月,日内瓦国际会议召开,讨论印度支那问题,最终于7月达成《日内瓦协议》,法国从印度支那退出。

1956年法国和英国一起出兵埃及,占领苏伊士运河。苏伊士运河危机爆发后,美国出于其冷战的战略需要和对欧洲老牌殖民主义的不满,不仅没有予以支持,而且与苏联站在一起,在联合国谴责英法的侵略行为,对其施加了强大的压力,最终迫使英法妥协,撤出埃及。英国和法国各自与

---

① 关于法国殖民地问题与冷战关系的讨论吸引了法国学界的高度重视并出现观点分歧,这被认为是法国冷战史研究中的一个特点。一种观点认为,法国的印度支那战争是东西方冲突的一部分;而另一种观点认为,法国政府"在保卫西方的名义下不失时机地扩张原有的法兰西利益",如果不是这样,本可以在1946年与胡志明领导的越共达成妥协,从而避免后来的印度支那战争。Georges-Henri Soutou, "France," pp. 96 - 97.

美国的关系都受到了苏伊士运河事件的影响,它们都怀疑作为盟友的美国是否可靠。① 经过苏伊士运河事件,法国更加确认,不能指望依靠超级大国。②

法国维持殖民地统治与其内政有着紧密的联系。1954 年 11 月 1 日,阿尔及利亚爆发起义。1958 年 5 月,阿尔及利亚的殖民集团和极端殖民主义者在阿尔及尔制造骚乱,成立了"救国委员会",与第四共和国政府对峙,法国面临内战的威胁。法国的危机为戴高乐再次上台执政扫清了道路。1958 年 6 月 1 日,法国国民议会投票通过赞成戴高乐组阁。③ 法国开始了长达 11 年的戴高乐执政时期(1958—1969)。

第二节 戴高乐执政后法美关系的恶化

20 世纪 60 年代,经过战后重建和复兴经济的努力,西欧各国的经济和其他方面的实力得到了大幅提升,而美国的实力相对下降,西方与苏联的军事实力对比总体趋于平衡,东西方冷战被普遍认为进入某种战略均势状态。法美关系在 60 年代经历了严峻的挑战和考验,步入二战结束以来的冰点。但是法美之间的同盟关系却始终没有破裂,这在很大程度上体现出法美关系所具有的持续力。戴高乐执政时期的法美关系大致可分成两个阶段:第一个阶段从 1958 到 1960 年,这个阶段法美关系的特征是,戴高乐提出一系列新主张以调整法美关系,美国对法国主张采取拖延措施并消极回应;第二个阶段从 1961 到 1969 年,这个阶段以戴高乐采取行动挑战美国、谋求独立为特征。1969 年尼克松政府上台后,法美关系有了一定的缓和。

一、认知分歧与矛盾凸显

戴高乐在离开 12 年后再次返回法国政坛,这位在二战期间领导自由

---

① 关于苏伊士运河事件的过程及其对英美关系影响的更多论述,见第三章第二节。
② John Newhouse, *De Gaulle and Anglo-Saxons*, New York: The Viking Press, 1970, p. 4.
③ 根据 1958 年 10 月制定的《法兰西第五共和国宪法》,法国建立第五共和国。1959 年 1 月 8 日戴高乐当选为第五共和国第一任总统。2016 年 7 月该宪法修订,正式确定法国为半总统制国家。

法国抵抗纳粹德国的将军,一如既往地对法国命运的理解带有强烈的民族主义色彩,他的思想深刻地塑造和影响了这一时期的法美关系。戴高乐从根本上说是一个民族主义者,他认为第四共和国时期的法美关系是美国主导的,有必要改变这种状况,因为法国是一个伟大的具有崇高威望的国家,有着自己特殊的使命,应该在世界事务中发挥领导作用。[1] 他坚定地相信法国的荣耀和重要性。[2] 戴高乐认为,美国忽视了法国,没有充分认识到法国的伟大和重要性,尤其在欧洲事务中法国存在被美国边缘化的危险。

根据解密的美国政府外交档案,在美国政府官员的眼中,法国的实力有限,声望也有待恢复,因此不足以赋予法国世界性的角色。换句话说,法国想在世界事务中发挥领导作用的想法是不现实的,戴高乐的许多个人观点都是基于他弥赛亚式地相信法国的荣耀和重要性。但是,对于美国政府来说,首先需要考虑的一个重要问题是,即使不谈其他因素,仅从法国在欧洲的地理位置来看,美国还是要紧紧依靠像法国这样的盟国。[3] 由于法国内政的变化以及戴高乐本人认识的改变,美国不再像法兰西第四共和国时期那样警惕法国国内共产主义力量的发展。相应地,美国对法国可能落入共产主义阵营的担心也减少了。然而,到了约翰逊政府时期,法国在诸多领域都刻意奉行独立于美国的政策,这给法美关系带来不少挑战。美国政府也意识到,戴高乐并不是一个容易打交道的人,倘若要与法国达成共识或者满足法国的要求,就必须放弃或者修改美国的目标,而这个代价过高。因此,美国政府决定不对戴高乐的政策做出实质性让步。[4] 它认为,美国一方面应确保戴高乐领导的法国的任何行为不会破坏大西洋联盟的根本架构,另一方面应以长远的眼光来应对戴高乐领导的法国对美国的离心倾向。

实际上,戴高乐政府与美国政府在彼时最重要的冷战问题上还是有着共识的,这体现在对欧洲安全以及苏联威胁的共同认知上。美国认为,苏联是西方"自由世界"面临的最大威胁;戴高乐对苏联的认识则与美国的看法日益接近,承认苏联在某种程度上构成了对西方"自由世界"的威胁。重新执政之初,戴高乐认为,相较于苏联的共产主义理念,俄罗斯传统的民族

---

[1] *FRUS*, 1958-1960, Vol. Ⅶ, Part 2, Western Europe, p. 46.
[2] *FRUS*, 1964-1968, Vol. Ⅻ, Western Europe, pp. 111-113.
[3] *FRUS*, 1958-1960, Vol. Ⅶ, Part 2, Western Europe, p. 204.
[4] *FRUS*, 1964-1968, Vol. Ⅻ, Western Europe, pp. 111-113.

第四章 法美关系：反对霸权与维护同盟

主义在苏联的对外政策中发挥着主导作用。但是不久，他开始认同美国对苏联的判断，这是因为苏联共产主义的全球野心给世界，特别是西方自由世界带来了最大的威胁。对苏联威胁的看法直接决定了法国对待美国和北约的根本态度。法国认为，有必要捍卫欧洲的安全，而美国则负有主要责任来确保之。因此，在戴高乐看来，跨大西洋同盟的存在是有必要的。法美双方的共识决定了两国关系的基本框架。

从戴高乐重新上台到1960年，法国和美国分别表明了各自在一些关键问题上的立场和看法。对美关系是戴高乐这一阶段的重心。戴高乐执政之初，法美双方都真诚地希望两国能够建立良好关系。美国方面担心法国对美国、欧洲一体化和北约的政策会有所改变，因此小心处理与戴高乐的关系；而戴高乐一方面承认美国和苏联作为超级大国的地位，同时也一再强调法国具有的不可忽视的地位以及恢复法国地位的伟大决心。艾森豪威尔总统和戴高乐在二战期间的共同经历是法美关系在第五共和国任内建立良好开局的有利因素之一。但是戴高乐上台后不久，法美关系的发展就遇到了困难。1958年11月，美国国务院负责欧洲事务的助理国务卿在评价法美关系时就曾提到，法美关系在整体上并不令人满意。[1] 同年12月，国务卿杜勒斯又提到，戴高乐变得越来越麻烦。[2] 艾森豪威尔总统则认为法国的一些主张是不合逻辑的。[3] 导致这一时期法美两国关系麻烦不断的主要原因是两国在下述问题上存在分歧。

首先，在关于法国要求分享大西洋同盟中领导权的问题上，法美分歧严重。1958年戴高乐上台后即在致美国和英国领导人的备忘录中提出建立由美、英、法三国构成的北约三国领导（或"三驾马车"）体制，由三国来共同掌管西方安全事务。戴高乐指出，之所以提出这个建议，是因为这三个大国承担的责任超出了欧洲的范围，而且都是（或者即将成为）核大国。[4] 具体而言，戴高乐希望由这个美、英、法三国构成的领导机制来确认世界性的问题（应该包括非洲和中东在内），然后进行规划，以确保三国采取共同行动；另外，针对任何军事冲突，三国能够采取共同的战略行动，在落实计划的过程中，再让其他国家参加进来。实际上，戴高乐之所以提出这样的

---

[1] FRUS, 1958–1960, Vol. Ⅶ, Part 2, Western Europe, pp. 124–125.
[2] FRUS, 1958–1960, Vol. Ⅶ, Part 2, Western Europe, p. 145.
[3] FRUS, 1958–1960, Vol. Ⅶ, Part 2, Western Europe, p. 204.
[4] FRUS, 1958–1960, Vol. Ⅶ, Part 2, Western Europe, p. 114.

建议,还因为法国的大国地位一直没有得到应有的承认和对待,而在第四共和国时期,在涉及国家利益的问题上,法国却把自己的命运交给了其他国家。因此,戴高乐一上台就要改变这种状况,第一步就是提出与美国和英国一起来管理世界。

美国、英国反对戴高乐的建议,西德以及意大利等国也不支持法国。但是美国认为不能断然拒绝戴高乐的主张,艾森豪威尔总统只是明确地向意大利大使表明,美国的政策没有改变,北约各个成员国是自由的,尽管各成员国的经济实力不尽相同,但是在其他方面各国在北约的合作中都能发挥同样强大的作用。① 美国不接受戴高乐的主张,主要是因为美国认为建立三国领导机制会阻碍美国在欧洲落实它的对外政策,同时还会给美国的盟友以及中立国带来问题。此外,美国认为,法国想要建立的是由美、英、法三国机制来协调全球政策和战略以及共同控制核力量,但是美国认为与法国分享对核武器的控制权将会极大地损害美国的利益。② 因此,在这个涉及美国根本利益的问题上,美国并不打算让步。

实际上,法美在北约领导权问题上的分歧还与双方在北约改革问题上的矛盾联系在一起。法国认为北约的现有形式不符合现实需要,提出要重组北约。法国要求扩大北约的职责所覆盖的范围,提出北约应该扩大到非洲和中东。在戴高乐眼中,三大国领导机制是凌驾于北约之上的。首先,三国应对世界性问题进行协商,共同就全球政策和战略问题达成共识,北约的其他成员国并不介入其中。另外,戴高乐提出,整合不同国家的军队并使之受命于美国,这样的安排并不能令法国感到满意。而由此形成的北约的基本战略体现的只是美国的战略,并未考虑到法国在欧洲之外所承担的责任。③ 由于美国一直未能满足法国的要求,1959 年 3 月法国做出决定,命令其地中海舰队退出北约。

法美的恩怨还表现在发展核武器问题上。在这一问题上,戴高乐延续了第四共和国的立场,坚持法国的独立自主,坚决反对美国的核垄断。戴高乐将独立发展法国自己的核武器视为法国大国地位的象征,重新上台后他对此积极加以推进。1960 年 2 月,法国成功试爆了自己的原子弹,成为

---

① FRUS, 1958-1960, Vol. Ⅶ, Part 2, Western Europe, p. 89.
② FRUS, 1958-1960, Vol. Ⅶ, Part 2, Western Europe, p. 209.
③ FRUS, 1958-1960, Vol. Ⅶ, Part 2, Western Europe, p. 150.

世界上第四个拥有核武器的国家。但是,法国的核力量落后于其他核国家,尤其在运载工具方面。因此,戴高乐政府仍将加强法国的核力量视为国防建设的重中之重。

对于法国发展独立核武器的努力,美国政府依然坚持不给予实质性帮助。美国认为,考虑到当前戴高乐政府的政策,不帮助法国发展核弹头的能力或者不帮助法国发展运送战略核武器的能力符合美国的国家利益。① 美国的这种态度与戴高乐坚持发展法国独立自主的核力量有着直接的关系。艾森豪威尔政府后期推出"多边核力量"计划,劝说法国放弃自己的核计划。美国认为北约各盟国没有必要再发展独立核力量,因为美国已经为整个北约盟国提供了可靠的核威慑。但是法国表示,法国需要拥有对部署在法国本土的核武器的控制权,并一定要发展自己的核武器,因为随着洲际导弹的发展,戴高乐感到美国会越来越不情愿通过对苏联使用核武器的方式来保卫欧洲国家。② 戴高乐希望以法国的核武器为基础,发展"欧洲的威慑",在这其中法国会是唯一发展和生产核武器的国家,其他欧洲国家特别是西德和意大利则提供资金支持。法国会和欧共体六个成员国分享核武器,其条件类似于美国在北约国家部署核武器的方式。③ 但是,自始至终美国都不愿意为法国发展核武器提供实质性帮助。

1960年肯尼迪总统上台后继续推行"多边核力量"计划,法国还是拒绝参加,以致法美核合作难以为继。美国认为,戴高乐或者任何法国高级官员都未曾具体要求美国政府与法国合作以帮助其发展核武器,虽然戴高乐不提并不意味着他会反对美国帮助法国发展核武器。④ 实际上,法美在法国建造核潜艇方面本来有合作的机会。美国1957年在北约政府首脑会议上曾提出在这个领域为法国提供帮助,但是一直没有得到落实。到了1961年,法国提出有兴趣从美国获取核潜艇的燃料,但美国在1962年年初做出决定,拒绝了法国的要求。1962年美国政府发言人暗示,美国有可能向法国出售一艘核潜艇,法国对此非常感兴趣。然而,美国的表态是以实现"多边核力量"计划为目的的,这在年底肯尼迪与英国麦克米伦的拿骚会谈中充分暴露出来,引起戴高乐的强烈不满,导致戴高乐公开拒绝英国

---

① *FRUS*,1964-1968,Vol. XIII,Western Europe,p. 50.
② *FRUS*,1958-1960,Vol. VII,Part 2,Western Europe,pp. 237-238.
③ *FRUS*,1958-1960,Vol. VII,Part 2,Western Europe,p. 238.
④ *FRUS*,1964-1968,Vol. XIII,Western Europe,pp. 72-73.

加入欧共体。法国的这一举动使美国改变了双边合作的主意,拒绝向法国出售核潜艇。① 此后法美关系进一步恶化,核合作陷入困境。

美国和法国在殖民地问题上也存在分歧。法国原则上承认殖民地时代已经结束,这一点与美国的观点一致,但两国在具体落实这一原则的问题上却存在着很大认识差距。法国对原法属非洲殖民地国家的政策是由以下观点决定的:首先,法国认为这些殖民地国家是原始且落后的,它们需要时间成长,才能变得足够成熟,因此需要干预这些国家,等它们发展成熟到一定程度才能让它们独立。其次,法国希望这些非洲殖民地国家即使获得了独立,也依然能与法国保持某种特殊关系。总之,法国希望自己对这些国家依然有影响,这充分体现了作为老殖民国家的法国实际上并不太情愿让殖民地获得真正独立。法国的观点与美国反对欧洲老殖民主义的立场相矛盾。例如,关于阿尔及利亚问题,法国打算承认其独立,但又希望还能和阿尔及利亚保持某种特殊联系。1958年12月3日,在联合国就阿尔及利亚独立的问题表决时,美国最后投了弃权票。12月9日,联合国安理会就几内亚获得联合国成员国身份投票,美国支持几内亚。法国本来指望美国能在联合国支持自己,阻挠几内亚进入联合国,但是美国的行为却让法国失望。总的来说,美国在非洲问题上的选择让法国不满。

最后,在欧洲联合的问题上法美也存在分歧。对于欧洲的未来,戴高乐期望实现的是建立一个法国人主导的"欧洲人的欧洲"和"从乌拉尔到大西洋的欧洲"。他认为欧洲的一体化应该以法国为中心。② 戴高乐上台后便开始加强与德国的紧密关系。1958年9月14日,戴高乐就在他的乡间住所会见了联邦德国总理阿登纳,两人进行了深入的沟通,并就欧洲联合以及法德和解等问题达成了基本共识。戴高乐和阿登纳都认为,欧洲联合和团结具有极端的重要性和必要性,而法德合作是建设欧洲的基础。此后两人又进行了多次会晤,一直到1963年阿登纳下台。这些会晤消除了双方的许多疑虑,为法德和解创造了条件。法美矛盾趋于激化后,1962年7月阿登纳首次正式访问法国,同年9月戴高乐回访西德。1963年1月,法德在爱丽舍宫签署友好合作条约,该条约体现了法德之间正式和解和两国轴心的形成,两国走上了和平合作的道路。

---

① *FRUS*, 1964–1968, Vol. XII, Western Europe, pp. 74–75.
② *FRUS*, 1958–1960, Vol. VII, Part 2, Western Europe, p. 21.

第四章　法美关系：反对霸权与维护同盟

美国从二战后初期就一直支持欧洲一体化的发展，对于法德和解也乐见其成，予以支持。但是美国还希望一体化的欧洲与自己建立紧密的伙伴关系，使其服从于自己的冷战战略，成为美国支配下的战后西方国际体系中的一个有机组成部分，而不是真正成为独立于美苏的力量[①]，后者恰恰是戴高乐法国的目标。这种矛盾突出体现在戴高乐对待英国的态度上。

戴高乐执政时期，英国是法美关系中一个不可忽视的因素。戴高乐看到美国和英国之间存在特殊关系，美英关系比美法关系要亲密得多。在许多问题上，英国站在美国一边，而美国也期望英国能够积极支持美国的计划，特别是在欧洲事务上美国需要英国的帮助。针对戴高乐提出的建立三国领导机制的问题，英国与美国完全站在一起；戴高乐强烈反对美国旨在实现核垄断的"多边核力量"计划，但是英国看上去又积极配合美国。通过对英国人言行的判断，戴高乐认为，英国人与美国人同属"盎格鲁—撒克逊人"，他们并非真正与欧洲人同心同德，英国是美国在欧洲的"特洛伊木马"。因此，当英国申请加入欧洲经济共同体时，如上所述，1963年1月戴高乐不仅公开拒绝参加"多边核力量"计划，而且断然否决了英国的申请。[②] 戴高乐的态度充分体现出，他所期望建立的欧洲联合是以法国为中心的欧洲，而且这个欧洲是与美国所希望的相区别的欧洲，是一个独立于超级大国的欧洲。而美国希望建立的是美国与欧洲的伙伴关系，这个伙伴关系包括欧洲一体化以及欧洲对美国的依靠。

在法美之间充满结构性矛盾张力的伙伴关系中，美国周全地顾及这个盟国的自尊，同时也愿意给予它一定的自由空间，但是对于一些关涉美国核心利益的问题，美国并不会让步。与第四共和国时期法国的对外政策相比，戴高乐的法国对美国表现出了较大的独立性。法国反对美国在一些问题上的主张，但是法国的反对始终保持在一定的限度之内。法美之间的一个共同底线就是不论两国的分歧有多大，法国始终都是大西洋同盟的一员。在一些根本问题上或者紧要关头，比如在柏林问题和古巴导弹危机爆发之时，法国总会表现出自己站在美国一边的坚定立场。从美方这边来看，美国小心处理与法国的关系。在很多情况下，美国在对待法国的言行上都表现出一定程度的克制。美国在坚持自己根本立场的前提下，避免在

[①] *FRUS*, 1964-1968, Vol. XII, Western Europe, p. 51.
[②] 张锡昌、周剑卿：《战后法国外交史（1944—1992）》，第203—209页。

言语上刺激戴高乐领导的法国,以防止它采取进一步损害法美同盟关系的行为。然而,尽管如此,法美关系还是很快滑向一场危机。

二、公开挑战美国的霸权

经过重新上台初期与美国的博弈,戴高乐看到美国和英国并不赞同法国提出的建立三国领导体制的主张。因此,从1961年开始,戴高乐政府的对美政策愈益表现出较大的离心倾向。法国采取了一系列行动来挑战美国的霸权。法国的主要原则是:法国仅坚持保留北约成员国身份这一底线,除非涉及重大的军事安全问题,在对外政策的许多方面,法国奉行独立于美国以及以美国为首的北约政策。这些行动体现出戴高乐日趋强烈的民族主义倾向,同时也给法美关系以及大西洋同盟带来了新的挑战,法美关系的基础变得更加薄弱。戴高乐政府积极奉行的独立自主的对外政策主要表现在以下问题上。

首先,法国对美国在大西洋同盟中的霸权发起挑战。① 在1959年3月将法国的地中海舰队撤出北约后,戴高乐拒绝了北约的空防一体化计划,并开始重建法国自己的空中防御体系。戴高乐最终于1966年宣布退出北约军事一体化机构,3月又要求北约指挥机构、美国驻军和军事设施在一个月内撤出法国,从而引发了一场令世界瞩目的跨大西洋关系的危机。

面对戴高乐日益强硬的挑战,美国的基本对策是,依然努力维护与法国的关系,避免对法国的挑战行为表现出过多的公开关注。② 针对法国对北约的挑战,美国做好一切准备,以确保北约在即使没有法国的情况下也能继续存在。此外,美国还认为,在制定政策时有必要区分戴高乐本人与法国民众,所以美国应充分考虑到与戴高乐个人倾向不同的法国人民的基本观点和利益。③ 这样的判断建立在美国对法国民意的分析之上。根据美国的分析,法国普通民众中几乎不存在反美主义,而在法国政府官员和公职人员等群体中,大概有90%的人并不认同戴高乐处理对外事务的方式,这些人总体上对美国是友善的。④

---

① 详见本书第一章第三节。
② FRUS, 1964-1968, Vol. XII, Western Europe, pp.51-53.
③ FRUS, 1964-1968, Vol. XII, Western Europe, pp.111-113.
④ FRUS, 1964-1968, Vol. XII, Western Europe, pp.44-46.

第四章 法美关系:反对霸权与维护同盟

因此,对于戴高乐的挑战行为,约翰逊政府保持了克制,避免公开对法国的行为做出激烈反应。因为美国认为,戴高乐把任何摆脱美国保持独立的行为都视为法国的机会。国务卿腊斯克(Dean Rusk)建议,如果法国退出北约、共同市场或者其他国际组织的话,美国应该清楚地向法国民众表明:如果法国决定回来的话,总有一个空椅子为法国预备着,等着它的回归。法国人民同戴高乐及其追随者是不同的,为了保持与法国人民的友谊,这点非常重要。不论美国对戴高乐或者戴高乐政府有怎样的恼怒,美国都应该继续努力保持这种基本的友谊。① 总之,从美国回应法国挑战行为的方式可以看出,它准确把握了戴高乐的意图,即法国的一系列挑战行为并不意味着法国要完全退出大西洋同盟。美国作出了明智的回应,从而维护了法美关系。美国认为,对法国采取强硬态度会引起戴高乐政府采取更加激进的行动,也不利于争取法国人民对美国的好感。

面对法国对美国下的逐客令,北约军队最终平静且顺利地撤出了法国。法美两国于1966年11月开始就军事合作进行谈判,并且于1967年1月达成协议,确定了法国军队在战争期间的行为不会因为法国退出北约而有什么改变,法国继续参加处理政治事务的北大西洋理事会,但退出了防务计划委员会。② 由此来看,在很大程度上,约翰逊政府的冷静应对使这场危机给北约、跨大西洋关系以及法美关系带来的负面影响降到了最低。美国看上去的包容大度和忍耐,不仅有利于增加其他盟国对美国的信心,而且为法国将来重返北约预备了空间,显示出美国在处理自己与盟国的关系时所具有的高度灵活性。

戴高乐奉行独立于美国的政策还体现在东西方关系问题上,他不顾西方阵营的反对,不仅承认了中华人民共和国,而且亲自访问苏联。在法美关系趋于恶化的背景下,这种行为被视为戴高乐刻意对抗美国,与其讨价还价的有利筹码。

在东西方关系问题上,戴高乐有自己的一套想法,他既看到苏联的潜在威胁,又愿意让法国在东西方之间扮演桥梁的角色,旨在彰显法国独立自主的大国地位。在中苏关系破裂的背景下,尽管美国强烈反对,法国还

---

① *FRUS*, 1964-1968, Vol. XⅢ, Western Europe, pp. 111-113.
② Frédéric Bozo, "The NATO Crisis of 1966-1967: A French Point of View," pp. 114-115.

是在1964年1月27日承认了中华人民共和国,成为西方大国中第一个与新中国建交的国家。

对于苏联和东欧,戴高乐提出"缓和、谅解、合作"的政策方针,1966年6月对苏联进行了正式访问,之后还访问了波兰等东欧国家。戴高乐认为,苏联人非常渴望东西方在欧洲的缓和,而且即使在柏林,苏联也不再具有进攻性,不再是威胁。① 戴高乐之所以开始打苏联这张牌,首先是因为法国察觉到苏联的威胁似乎在减弱,并且苏联希望在欧洲实现缓和,这样法国就可以相对安全地在苏联和美国之间保持平衡。同时,法国也希望能够从苏联那里得到双方对德国问题的某种共同认识。这样,戴高乐就能够从两个超级大国的矛盾中获得最大好处。但是,戴高乐对苏联的亲近并不是没有限度的,他也向美国表明法国并不是要抛弃大西洋同盟。法国驻美大使曾于1966年3月对美国副总统说,法国并不期望从戴高乐的访问中获得什么重大成果,而且"法国认为没有必要建立法俄同盟或者签订某种法俄条约"。② 针对法国对苏联的举动,美国的反应基本都是平静应对,避免自己做出任何过度的反应。

最后,在第三世界国家,特别是在越南战争问题上,戴高乐与美国存在分歧。法国不支持美国卷入越南战争,戴高乐劝说美国直接从越南撤出,停止战争。1966年12月,戴高乐在对法国人民的电视讲话中把越南战争描述成非正义的,并认为是美国对越南领土的军事干涉导致的。③

总之,1958至1969年间的法国外交被打上了戴高乐的深刻烙印。戴高乐根据法国的伟大和独立信念制定法国的对外政策,体现出独立于美国的强烈倾向,凸显法国作为一个独立大国的地位。尽管法国的实力依然有限,但是戴高乐却把法国所具有的资源发挥到了极致。戴高乐当然知道美国需要法国,特别是在美国与苏联的对峙中,美国不希望失去法国这个盟国;他也深知,只要法国的举动不超越基本的底线,美国应该不会非常严厉地惩罚法国的挑战行为。作为同盟关系中实力最强大的一方,美国对法国的挑战行为表现出了足够的容忍,这体现了美国是从其跨大西洋关系的整体战略和法美关系的长远发展出发来应对的,它充分认识到戴高乐本人与

---

① *FRUS*, 1964-1968, Vol. XII, Western Europe, pp. 135-137.
② *FRUS*, 1964-1968, Vol. XII, Western Europe, p. 115.
③ *FRUS*, 1964-1968, Vol. XII, Western Europe, p. 139.

法国政府其他官员以及法国民众对美国态度的不同。但是在基本问题上，美国固守自己的原则立场，不会为了修复法美关系而做出任何实质性的让步。这样，法美关系尽管冷淡到了极点，但是总没有破裂，法国依然留在同盟之内，美国也默认法国具有自主选择和采取独立行动的权利。戴高乐对法国外交的影响充分体现在所谓的"戴高乐主义"这一概念中，这在戴高乐以后历届法国政府中得到继承，只是以不同的形式体现出来。

第三节 戴高乐之后不平静的法美关系

20世纪70年代，美苏冷战进入缓和阶段。与戴高乐时期纷争不断的法美紧张关系相比，这一阶段西方同盟内的法美关系进入一个缓和期，戴高乐之后先后上台的蓬皮杜和德斯坦两届政府任内，两国的紧张关系得到不同程度的修复和缓解。导致法美关系变化的因素有以下几个方面：蓬皮杜和德斯坦的个人风格与戴高乐强硬的特殊性格不同；法国的国内状况不同，蓬皮杜上台后面临的是1968年"五月风暴"带来的一系列挑战，学生和工人运动给法国经济和政治造成的诸多负面影响迫使蓬皮杜更加关注国内问题；美苏冷战进入缓和阶段，为法国外交提供更大的自由空间。然而，尽管蓬皮杜和德斯坦政府的对外政策与戴高乐时期有较多不同，法美关系也有变化，但是它们的对美政策依然没有也无法超出戴高乐对外政策的界限。这主要体现在他们依然奉行法国的独立自主政策，希望法国能够在国际事务中发挥自己独特的作用。法国政治以政党林立和政见分裂为特征，而无论右翼还是极左翼，它们的共识就是维持法国的独立性。[①] 至20世纪80年代社会党领袖密特朗上台执政后，在东西方关系缓和期结束的"第二次冷战"背景下，法美合作有了新的动力，但同时密特朗政府依然坚持"戴高乐主义"，延续了与美关系既合作又纷争不断的局面，尽管如同20世纪70年代那样，双方博弈的内容和方式具有自身时代的特征。

---

① Dorothy Pickles, "The Decline of Gaullist Foreign Policy," *International Affairs*, Vol. 51, No. 2 (Apr., 1975), p. 228.

一、蓬皮杜：戴高乐主义的继承者

1968年法国因内政问题引发学生和工人反政府的"五月风暴",最终迫使戴高乐离开政治舞台,乔治·蓬皮杜被选为新一任法国总统(1969—1974)。作为戴高乐总统的助手,担任过法国总理的蓬皮杜在竞选中提出"延续中开放"的主张,他的对外政策继承了"戴高乐主义",依然奉行法国的独立自主原则。蓬皮杜上台后世界局势正处于东西方关系缓和的所谓冷战转型阶段,世界力量格局发生分化改组,多极化趋势显现。蓬皮杜的性格也与戴高乐不同,他不像戴高乐那么强硬,而是显得相对温和与务实。因此,蓬皮杜执政时期的对外政策在表现形式和特征上不同于戴高乐执政时期。

蓬皮杜上台后收缩了戴高乐时期法国对外政策的辐射范围,重点关注直接影响法国利益的欧洲和地中海地区,对北约防务和联合国的关注都退到了后台。[①] 法国外交的收缩很大程度上减少了法美产生较大分歧的可能性。另外,在法美存在分歧的问题上,比如越南战争,蓬皮杜修正了戴高乐的政策。由于以上原因,相较于戴高乐时期法美之间冷淡紧张的关系,蓬皮杜执政后两国关系总体上得到了缓和与改善,但也仍然是合作与纷争并存。

首先,在大西洋同盟和欧洲安全问题上,法美有共识也有分歧,但总体上两国的分歧比戴高乐任内要小。蓬皮杜强调法国是西方的一员,依然属于大西洋同盟。法国对自身角色的定位始终是维系法美伙伴关系最重要的根基。关于欧洲安全以及北约问题,蓬皮杜也承认美国对于欧洲安全的重要性以及美国在欧洲驻军的必要性。但是同时他不忘强调法国的独立地位,重申法国不会返回北约军事一体化组织,表明了对戴高乐政治遗产的继承态度。

在英国加入欧共体的问题上,蓬皮杜与美国有着共识。20世纪60年代英国两次申请加入欧共体,都因为戴高乐担心英国与美国的特殊关系而被拒绝。蓬皮杜上台时欧洲的局势已经发生了很大变化,希思政府一再表示英国与美国已是一种"自然关系"。而法国由于退出北约军事一体化机构,其在欧洲安全中的地位下降,西德不仅实力壮大而且在同盟中的地位

---

① Dorothy Pickles, "The Decline of Gaullist Foreign Policy," p. 223.

上升,引起了法国人的不安,这在某种程度上促使蓬皮杜改变原有政策,同意英国加入欧共体以平衡西德。美国则一直鼓励英国入欧,西德彼时大力推行其"新东方政策"也使美国对其有着类似于法国的隐忧,因而它对法国态度的转变有了一层新的含义。法国政策的变化与美国的支持为1973年1月英国最终加入欧共体铺平了道路。

但是在欧美关系问题上,法国与美国存在较大的分歧。20 世纪60 年代至70 年代初期,西欧经济快速发展,经济实力得到增强,美国和西欧在经济领域的摩擦也相应增多。美国希望联合的欧洲能够继续依靠美国,同时美国觉得自己为欧洲提供的安全保障应该得到西欧的回报,起码"搭便车"的西欧国家应该在经济和政治上与美国积极合作;因此尼克松政府向西欧提出 1973 年为"欧洲年"的倡议。美国的目的是要借"欧洲年"之机与西欧国家签订《新大西洋宪章》,全面调整跨大西洋关系,把大西洋合作关系从军事领域扩大到政治、经济等其他领域。这一倡议表面上是美国要重新重视欧洲以平息后者的不满,实质上却是希望西欧国家分担责任。美国的倡议遭到多数西欧国家的反对,尤其蓬皮杜表示强烈反对,他认为美国签订《新大西洋宪章》的目的在于使西欧依附于美国。

"欧洲年"期间正值阿拉伯国家与以色列的"十月战争"爆发,它们以石油为武器进行抵抗,世界石油供应发生危机。美国是以色列背后的主要支持者,在战争中为以色列提供武器,也希望西欧盟国提供支持。然而,法国和其他西欧国家并不认同美国的中东政策,也担心"石油危机"影响到阿拉伯国家对西欧的能源供应,因此不仅明确表示了支持阿拉伯国家,而且拒绝了美国为其提供方便的要求。法国以及西欧其他国家与美国的关系一度紧张起来,甚至被认为是二战后欧美关系的一次"危机"。①

在上述背景下,法国等西欧国家在"欧洲年"问题上更难做出让步。在法国的倡导下,欧共体九国联合起来,在 1973 年 9 月起草《美国与共同体关系原则宣言》草案时,它们提出美欧双方可以加强在经济和科技等方面的合作,但着力强调的是欧共体的独立身份以及欧洲特性。10 月,法国外长若贝尔(Michel Jobert)提出一份大西洋同盟宣言草案,文中重申了加强

---

① Henry B. Nau, "Iraq and Previous Transatlantic Crises: Divided by Threat, not Institutions or Values," in J. Anderson, et al., eds., *The End of the West: Crisis and Change in the Atlantic Order*, pp. 89–96.

跨大西洋共同防务的重要性，但是并未提及美欧之间在政治和经济上紧密合作的问题。法国以及欧共体其他国家的观点没能说服美国。尼克松曾说，欧洲人不能在安全领域要求与美国紧密合作，但在政治和经济方面却反对美国的主张。[①] 1974 年 6 月 26 日，北约 15 国首脑最终签署《大西洋关系宣言》，重申了北约的共同防务是不可分割的，美国则重申它与盟国一起保卫北大西洋，并强调美国在欧洲驻军是不可缺少的，同时成员国也希望美国对它们间的安全关系予以支持。这份宣言仅是原则性的，欧洲国家并没有做出具体的承诺，这使美国感到很失望。[②] 在这次西欧与美国的博弈中，法国充分显示出其在欧共体内部发挥的领导作用。欧洲的立场很大程度上体现了蓬皮杜的思想，即联合起来的欧洲也是独立于美国的欧洲，是有着自己特性的独立实体的欧洲。在这一点上，蓬皮杜与戴高乐的观点一致，而与美国的想法存在差距：美国希望联合的欧洲不仅依靠美国，而且要服从美国的领导；不仅在安全事务上，而且在政治和经济事务上，西欧都应依靠美国。美国的观点是法国以及其他西欧国家所不能接受的。

在东西方关系问题上，蓬皮杜总体上欢迎冷战的缓和，但更多的是从欧洲的形势和法国的国家利益上来理解和对待，表现出一定的犹豫和不安。20 世纪 70 年代以后，美国和苏联首脑进行了频繁会晤并在核军备竞赛等领域达成了各项协议，双方的关系出现缓和局面。对于美苏关系的缓和，蓬皮杜希望法国能够从中获益，因此并不反对两个超级大国改善长期紧张对峙的关系；但也不希望美苏关系过于亲近，他特别反对美国与苏联可能越过法国等其他西欧盟国，私下达成不利于法国或者西欧的交易，以致损害法国乃至西欧的利益。因此，法国对美国的缓和外交一直保持着警惕，并不断强调欧洲的特性和独立地位。同样，蓬皮杜对苏联的态度也比较矛盾。如上所述，由于勃兰特政府上台后积极推行"新东方政策"，西德与东方的关系得到了很大改善，这使法国在一定程度上对西德的意图感到担忧。因此，蓬皮杜希望与苏联能够就德国问题达成某种谅解和共识，从而能够以此牵制西德，这与他接受英国加入欧共体的某种意图似是异曲同工。然而不同的是，他并不完全信任苏联，而英国毕竟是大西洋同盟中的盟友。

---

① 张锡昌、周剑卿：《战后法国外交史(1944—1992)》，第 259—264 页。
② 张锡昌、周剑卿：《战后法国外交史(1944—1992)》，第 259—265 页。

二、德斯坦:法美关系的改善

1974年4月蓬皮杜病逝,次月吉斯卡尔·德斯坦在大选中获胜,当选为新一届法国总统。德斯坦被称为"法国的肯尼迪",不仅因为他担任法国总统时年富力强、精力充沛,而且因为他从来就不是戴高乐主义者,与美国有着较好的私人联系,甚至具有大西洋主义倾向。然而,德斯坦的执政(1974—1981)依赖议会中戴高乐主义者的支持,他自己并没有太多的自由空间。① 尽管如此,由于他的努力,这一时期的法美合作还是得到了加强,双边关系得到了显著改善。

德斯坦被认为是一位具有"世界主义"思想的总统,他提出多极化的世界正在取代两极格局,而世界各国开始相互依存,需要共同努力来解决全球面临的问题。② 这种说法多少呼应了美国尼克松政府的"多极化"理念。这位法国新总统在外交上主张对话与合作,尽量与一切国家建立友好关系。虽然与其前任一样,德斯坦坚持法国首先要维护自己的独立自主和作为大国的地位,但是他对法国的战略构想要相对务实,认为法国应该成为仅次于超级大国的大国,在世界事务中,法国应当利用其优势来发挥自己独特的作用。③ 在德斯坦执政时期,法美关系总体发展平稳,两国关系没有遇到大的冲突和危机。这不仅与德斯坦本人缓和的外交风格有关,而且与美国的两任总统福特和卡特对待法国的友好态度有关。但是,尽管法美两国关系发展平稳,也并不意味着两国在所有重要问题上总能达成共识。

一方面,法美在北约问题上进行了有效的协调,这是两国关系得到显著改善的主要标志。应该说,这一进展是双方在承认既成事实、相互调适的基础上,通过共同的努力和妥协让步而实现的,但是法方主动采取行动来弥合与美国的分歧是主要原因。在1974年6月的《大西洋关系宣言》中,法国的核力量得到了正面评价,被视为对大西洋同盟安全具有贡献的力量,这也标志着美国事实上第一次承认了法国的独立核力量。法国则不仅在口头上而且在实际行动上开始改善与美国的关系。1976年5月德斯坦访问美国期间,一再强调法国依然是大西洋同盟中忠实的成员国,会恪

---

① Dorothy Pickles, "The Decline of Gaullist Foreign Policy," p. 228.
② 张锡昌、周剑卿:《战后法国外交史(1944—1992)》,第320—321页。
③ 张锡昌、周剑卿:《战后法国外交史(1944—1992)》,第324—327页。

守各项条约义务,而且对于美国对欧洲安全所作的贡献表示赞赏。在军事方面,法国与北约的关系开始升温,不仅开始加强与北约的军事合作,而且向美国做出让步,同意为北约留在法国领土上的设施支付1亿美元的赔偿费;①美国则投桃报李,以不公开的形式帮助法国核武器的研发等。

另一方面,对于欧洲一体化,德斯坦的认识与戴高乐的观点基本相同。德斯坦仍然强调欧洲国家的联合并不损害各国的主权,主张建设欧洲邦联而非联邦;他认为法国应该在联合的欧洲中扮演领导者的角色;他一直强调欧洲的独立与自主,主张联合的欧洲是独立于美国的。② 在这三个方面,德斯坦与戴高乐的观点是一致的,却与美国对欧洲的政策存在分歧,后者始终期望联合的西欧依靠美国,并且在一些重要问题上能够与美国采取一致立场和协调一致的行动。对于此分歧,希望与美国改善关系的德斯坦努力进行平衡,他强调独立的西欧并不反对美国;其构想是,西欧既与美国保持友谊关系,同时又应拥有自身实力并独立于美国。

总之,德斯坦总统任期内法美关系得到了较大改善,两国在北约同盟内的合作显著加强,可以说这是戴高乐执政以来的首个平稳发展阶段。这种发展出现在东西方关系缓和的国际大背景下,既体现了德斯坦的"世界主义"与所有国家做朋友的理念,也反映了戴高乐时期法美关系发生危机后,法美互相调适以建立新的双边关系框架的共同利益需要,旨在努力消除危机的负面影响。

三、密特朗:戴高乐主义的加强

1981年社会党在大选中获胜,弗朗索瓦·密特朗担任新一届法国总统。密特朗对法国在世界舞台上的角色和地位的理解与戴高乐非常接近,在他任内(1981—1989)法国的外交政策在本质上依然奉行"戴高乐主义"。在密特朗看来,尽管法国不属于超级大国,但它却应该发挥全球性作用。总的来说,法美关系在密特朗执政时期延续了合作与纷争并存的局面。尤其在1984年以后,两国在一些重大问题,特别是在同盟的安全战略和欧苏关系等问题上出现较大分歧:法国比较突出地表现出戴高乐主义的特征,即在与美国维持同盟关系的同时,不妥协地坚持自己独立自主的立场,坚

---

① 张锡昌、周剑卿:《战后法国外交史(1944—1992)》,第353页。
② 张锡昌、周剑卿:《战后法国外交史(1944—1992)》,第360—362页。

定地维护法兰西国家利益。

1979年,由于苏联入侵阿富汗,东西方冲突重新升温,缓和时期结束。如何应对苏联的挑战成为对跨大西洋关系的新的考验,因为经过20世纪六七十年代的跌宕起伏,西欧国家无论在内部政治社会还是在相互关系上都已经发生了很大变化。密特朗作为社会党领袖上台,是美国不愿意看到的。法国社会党与法国共产党之间存在着密切关系,密特朗担任总统后即任命了四位共产党人为法国内阁部长,这使美国非常担心法国共产党会对法美伙伴关系带来负面影响。但是实际上,密特朗对法国仍然是北约成员国的定位有着清醒认识,他与美国在苏联对欧洲安全构成新的威胁问题上有着共识,这就为维系这一时期的法美同盟关系奠定了基础。密特朗认为欧洲的和平应建立在美苏均势之上。但是,苏联部署SS-20中程弹道导弹和逆火战略轰炸机打破了欧洲的均势①,因为这将会使苏联在欧洲地区处于优势地位,这对法国和西欧国家的战略和工业目标构成了直接威胁。②法国政府的立场被认为是由于美国的导弹不会部署到法国的领土上而没有受苏联导弹进攻之虞,尽管如此,还是让美国人感到高兴。

密特朗还进一步表现出向北约靠近的姿态。1983年6月,北约理事会外长会议在法国巴黎召开,这是自从法国退出北约军事一体化机构以来第一次在巴黎召开此类会议。密特朗在此次会议上强调欧美彼此需要,主张双方紧密合作以共同对抗苏联;法国还明确表示法国军队将与北约建立更加紧密的关系。③ 1984年3月密特朗访问美国,美国总统里根赞扬法国为世界和平作出的贡献,而密特朗则重申法国是美国坚定的盟友。④

但是,到1984年年底,法美两国在军事战略和欧洲安全问题上的分歧开始浮出水面。法国认为,里根政府针对苏联的"星球大战计划"只会损害法国和欧洲的安全利益,明确表态反对该计划。1985年4月,法国针对性地提出"尤里卡计划"。根据这一计划,欧共体12个成员国以及其他欧洲国家将在空间开发等尖端技术领域进行紧密合作。1986年10月,美苏两

---

① Marie-Claude Smouts,"The External Policy of Francois Mitterrand," *International Affairs*, Vol. 59, No. 2 (Spring, 1983), p. 158.

② Michael M. Harrison, "Mitterrand's France in the Atlantic System: A Foreign Policy of Accommodation," *Political Science Quarterly*, Vol. 99, No. 2 (Summer, 1984), p. 228.

③ 张锡昌、周剑卿:《战后法国外交史(1944—1992)》,第457页。

④ 张锡昌、周剑卿:《战后法国外交史(1944—1992)》,第456—457页。

国领导人在冰岛雷克雅未克会晤,就核裁军问题进行谈判,涉及冻结在欧洲的中短程导弹部署的问题。但是美国在冰岛所持的立场事先并未与欧洲盟国商议,这让西欧各国担忧美国可能会背着西欧与苏联做交易,从而损害自己的利益。在法国的带动下,西欧各国开始就欧洲安全问题进行紧密的磋商。1986年法国总理雅克·希拉克(Jacques R. Chirac)提出推进西欧在安全领域的合作。1987年10月西欧联盟通过《欧洲安全共同纲领》,形成了西欧共同的安全战略。在军事安全领域,法国还在欧共体内部扮演了倡议者的角色,以欧共体和欧洲为依托,在与美国存在分歧的具体问题上提出有利于法国以及欧洲的建议。

这一时期法美在经济领域的关系也一度变得紧张起来。1980年年底,美元利率上升,并且一直持续到1982年都没有下降,这给法国和其他西欧国家的经济带来极大冲击,法国的外贸逆差升高。法国希望美国降低利率,稳定国际金融市场,但是美国并没有接受法国的要求。1982年6月,里根总统在西方七国凡尔赛首脑会议上明确表示,美国不会改变货币政策。美国在汇率问题上毫不让步的态度让法国非常失望,因为它本来认为自己在军事安全方面与美国的合作能够换来美国在经济领域的让步。①

法美在经济问题上的分歧还突出地体现在两国对苏联的经贸政策上。为了减少对中东石油的依赖,1973年以后欧洲增加了天然气的使用。1980年,法国和德国与苏联开始就所谓的"世纪交易"计划进行谈判,即从西伯利亚东部到西欧铺设长达3000英里的输气管道,从苏联进口天然气以弥补西欧的能源缺口,两国计划向该工程提供信贷并以欧洲货币购买进口天然气。此时正值新冷战升温之时,里根政府正鼓动对苏联施加全面压力,以商品和技术禁运实施经济制裁,因而极力劝说法德放弃与苏联的这笔交易。然而,法国以及西德从自身的经济利益出发不为所动,理由是从苏联进口天然气对欧洲安全无甚影响,并继续保持与苏联的几乎所有贸易往来和在空间领域的合作。② 美国人对法德的态度大为恼火,私下里称欧洲人已经变得没有骨气和贪婪,1982年6月甚至考虑将对苏禁运范围扩大到利用美国技术进行天然气设备生产的法国阿尔斯通公司。美国这种行使治外法权式的计划侵犯了盟国的国家主权,引起法国人的强烈愤慨,

---

① 张锡昌、周剑卿:《战后法国外交史(1944—1992)》,第459—462页。
② Marie-Claude Smouts, "The External Policy of Francois Mitterrand," p.162.

法国外长谢松(Claude Cheysson)称这将标志着大西洋同盟终结的开始。这场危机最后以美国不得不放弃自己的计划而告终。

法国与美国的分歧还扩大到第三世界问题上。里根政府与往届美国政府一样,把第三世界国家划分成亲西方和亲苏联的,认为那里发生的冲突都是苏联在背后制造的;但是法国却拒绝根据东西方对抗的视角来理解第三世界出现的不稳定。① 这种认知分歧比较突出地体现在南美洲地区。南美洲一直被美国视为自己的后院,为防止苏联共产主义的渗透和影响,美国政府公开反对那些对苏联友好的政权。但是,法国却同情南美的左翼力量,并不认为它们都与东西方冲突有着直接的联系,因此仍然积极介入该地区事务,包括支持萨尔瓦多的革命民主阵线和尼加拉瓜的桑地诺政权等。② 这与美国的政策恰恰相反。

本章小结

冷战期间,法国始终是大西洋同盟的一员,但又始终坚持自己的独立性,并不愿意充当完全服从美国的一个"小伙伴",其最终追求的目标是法兰西的独立自主而不受制于任何一个超级大国。法国希望美苏实力能够保持某种平衡,但相较于美国,它更加不信任苏联并保持警惕。只是法国比美国更少用意识形态的眼光来理解苏联的政策,更多地用传统的现实主义和均势的思维来看待美苏对峙。对于美国来说,冷战时期的首要目标是遏制苏联,因此它自始至终都希望法国能够留在大西洋同盟内。对于法国的挑战和诸多独立自主的主张,美国尽可能保持最大限度的容忍,防止把法国推入苏联阵营。但是在一些涉及美国核心利益的关键问题上,即使没有法国的认同和支持,美国也并不会让步。一般而言,面对与美国的分歧,法国可能会妥协,也可能会断然拒绝美国的主张,甚至采取单方面行动挑战美国的霸权。但是,总的来说,即使在法美关系最严峻的时候,法国也从未完全抛弃大西洋同盟。

这一时期的法美关系虽然受到冷战格局的制约,但它的变化还受到其

---

① Marie-Claude Smouts, "The External Policy of Francois Mitterrand," p.166.
② 张锡昌、周剑卿:《战后法国外交史(1944—1992)》,第 466 页。

他因素的影响,尤其是德国问题。冷战初期法国曾致力于通过肢解德国来化解德国的潜在威胁,并且纠结于如何对待苏联。东西方矛盾的激化迫使法国选择加入大西洋同盟,也使法国在安全问题上不得不依赖美国的保护,这使它意识到法兰西恢复伟大的目标离不开美国的支持。之后西欧一体化的发展加强了欧洲的力量,而法德轴心的形成不仅巩固了这一趋势,而且成为自身实力不足的法国主导西欧,进而实现其伟大目标主要依靠的力量。以此为依托,再次执政的戴高乐谋求建立同盟中的三国领导体制,甚至失败后(有观点认为,如果戴高乐更有耐心,他或许能够成功[1])不惜向美国的霸权挑战。然而,这种挑战的局限性不仅在于法国终究离不开大西洋安全同盟,因为该同盟具有既针对苏联又针对德国威胁的双重作用;而且在于德国虽然在欧洲联合中与法国紧密合作并且自身的发展也离不开法国的理解和支持,但对于法美博弈,德国总是选择站在美国一边。因为处在冷战最前沿的德国视美国的保护伞为其对外政策的重中之重,这导致戴高乐的挑战因缺乏德国(包括其他欧洲盟国)的助阵而显得孤独。正如一位学者所指出的那样,美国对法国的头等重要性在于它能提供法国所需要的两方面的安全保证——对付苏联和防范德国的地缘威胁,以致实际上对戴高乐及其后的历届法国政府来说,法美关系要比法德关系更为重要。[2] 相较而言,对美国来说,虽然法国在欧洲举足轻重,但作为替代,既有英美特殊关系对它的支持,又有德国对它的安全依赖,因而尽管需要法国推动欧洲的整合,美国对法国的倚重也有了更大的灵活性。总之,法美之间的纷争,既是双方结构性矛盾的反映,也是多重博弈的结果,最终都是美强欧弱权势结构效应的体现。

---

[1] Helga Haftendorn, et al., eds., *The Strategic Triangle: France, Germany, and the United States in the Shaping of the New Europe*, p. 14.

[2] Helga Haftendorn, et al., eds., *The Strategic Triangle: France, Germany, and the United States in the Shaping of the New Europe*, p. 12.

第五章 周旋于美法之间的联邦德国

"德意志联邦共和国从它诞生迄今的近40年中,已经历了六任政府首脑。……他们中没有一个曾有片刻忘记过,我国的安全归根结底取决于美国支持其欧洲盟国的战略和意愿。"①

——联邦德国总理赫尔穆特·施密特

与英国和法国相比,欧洲的另一主要大国联邦德国在冷战时期的地位比较特殊,它既是东西方冷战的产物,又在地缘上处于欧洲冷战的最前沿。二战的结果是德意志第三帝国败降,战胜国对其进行了分区占领。在东西方冷战的形成过程中,德国分裂,战胜国在德国领土上建立了联邦德国(西德)和民主德国(东德),它们分属西方阵营和东方阵营。作为大西洋反苏同盟的领袖国家,美国从它的冷战战略出发,极力扶植西德,将其纳入西方阵营和美国主导的战后西方国际政治经济体系。彼时,作为战后初期被"打倒"的对象,德国人并没有资格像英法那样"邀请"美国人入主大西洋同盟。但在第一任总理康拉德·阿登纳(1949—1963年执政)领导下的联邦德国政府深知,战败的德国之所以能够如此迅速地完成从经济、政治重建到国家主权恢复的过程,端赖冷战背景下美国及其盟国的支持,因而所谓向西方阵营"一边倒"就成为其政府对外政策的基石,西德与美国在冷战和安全问题上形成了实质上的特殊关系,不过它是一种相当不对称的结构。随着西德经济实力的恢复和戴高乐对美国霸权的挑战,西德在大西洋同盟中的地位上升。冷战缓和时期,勃兰特政府放弃"一边倒"政策转而推行"新东方政策",虽然这与美国的缓和战略并不冲突,但还是引起了后者的

---

① 〔联邦德国〕赫尔穆特·施密特:《伟人与大国——施密特回忆录》,梅兆荣等译,北京:世界知识出版社,1989年,第114页。

疑虑。彼时的美国既要借助西德的支持以维护其在同盟中的主导权,又要防止它倒向苏联。

作为跨大西洋关系中的一部分,这一时期的德美关系也不可避免地受到西德与其他欧洲大国,尤其与法国关系的深刻影响。德国问题和德美关系的变化牵动着其他欧洲大国的神经,而欧洲问题和欧美关系,尤其法美关系的发展同样让西德高度关注。法德轴心的维护关系到西德在欧洲环境中的自身发展,而法美博弈又使西德不得不在两者中做出选择,同时又须在法美之间保持平衡。值得关注的是,在上述冷战期间跨大西洋关系框架内错综复杂的大国互动演进过程中,历届西德政府都在努力维护自身的国家利益,并且随着形势的变化和实力的上升,其外交上的独立自主性也在不断增强,虽然尚不能摆脱西方同盟框架的制约。

第一节 阿登纳的"一边倒"和法德和解

一、"一边倒"与融入西方阵营

从二战结束到1949年联邦德国正式成立,国际体系的权力结构已经发生了根本性改变,世界政治的主角已不是西欧国家,美苏两个国家由于各自的经济和军事实力远远超过其他国家而成为公认的能够影响国际格局的超级大国。[①] 联邦德国与民主德国的相继建立正是以美苏为首的东西方冷战发展与深化的结果。正当西德建立之际,冷战进一步加剧。美国的冷战政策由此进入一个整合和强化西方实力,特别是军事力量,加强对苏联及东方阵营的遏制阶段。[②] 彼时新生的联邦德国仍未脱离大国的控制。在占领军政府(1945—1949)统治结束后,"盟国高级专员公署"仍控制其大部分外交、政治与经济事务。因此,严格地说,联邦德国成立初期的对外政策只局限于联邦政府与盟国高级专员公署之间,虽然拥有政府却不具备完整主权,外交上处于被动状态,国防和经济上依赖西方国家,却处于东

---

① 周琪、王国明主编:《战后西欧四大国外交(英、法、西德、意大利)1945年—1980年》,北京:中国人民公安大学出版社,1992年,第274页。

② 萧汉森、黄正柏主编:《德国的分裂、统一与国际关系》,武汉:华中师范大学出版社,1998年,第301页。

西方争斗的前沿。这种状况迫使新生的西德必须解决如何在大国夹缝中生存的问题以及如何协调与西方大国的关系。

西德在西方盟国的战略布局中占据重要地位,冷战的开始使美国感到有必要重新评估它的对德政策以协调西方国家与西德的关系。在美国看来,一方面,西德既是基于西方反苏同盟的大西洋秩序的产物,也是该秩序的支柱,它的建立适应了美国的国家利益需要。在冷战的背景下,这样一种秩序不仅需要美国这一超级大国来支撑,也需要欧洲伙伴的强有力维护,而西德在其中的作用不可或缺,所以可以说西德的建立是美国全球战略中的一个重要组成部分。另一方面,美国支持西德的发展是要利用其经济与军事潜力为美国的全球战略服务,而不是使德国成为对西欧具有支配能力的力量,因此美国对它的扶持又是有限的和受控的。对于西德入盟西方和德国重新统一的问题,美国很谨慎,认为两者无法同时进行,而是将前者置于其对德政策的首位。

美国的对德政策与法国政策的协调经历了一个复杂的过程,但美国从一开始就得到了英国的支持。就法国而言,战后初期它的对德政策极为严厉,直到冷战格局形成,意识到苏联势力西进威胁的法国,才逐渐在对德问题上向美国的政策靠拢。即使如此,法国对于德国重新崛起的疑虑仍然挥之不去,这种恐惧一直是影响法国对德政策的重要因素。英国的敌友观点受传统的势力均衡原则的支配,它更为坚决地奉行抗苏路线,因此在对德问题上较早地,也较稳定地支持美国扶持西德,希望将西德牢牢固定在西方阵营中,使之不会破坏欧洲的均势。英国还在德国问题上协调法美之间的矛盾,以此克服了西德融入西方阵营的许多困难。①

二战后德国的外交政策受到来自西方的巨大压力,但西德政府并非没有选择,它作为欧洲冷战前沿的西方阵营重要成员的地位可以转变为一种影响力。此外,西德领导人的观点对东西方关系中存在的核心问题之一,即德国的统一问题发挥了重要的影响力。一位西方学者指出:"如果西德认为西方国家在合理的条件下阻碍了统一,就会使其与西方的关系变得紧张,并危及它亲西方的政策方向和态度。"② 联邦德国 1955 年之前都不曾

---

① 王飞麟:《联邦德国重新武装与入盟西方战略:1949—1955》,武汉:武汉大学出版社,2009年,第 96—113 页。

② Thomas Banchoff, "Historical Memory and German Foreign Policy: The Cases of Adenauer and Brandt," *German Politics & Society*, Vol. 14, No. 2 (39) (Summer 1996), p. 40.

拥有完整的外部主权,但这种安排和制度在某种程度上的模棱两可为联邦德国外交政策的选择提供了空间。这位西方学者继续写道:"一方面,将联邦德国与西方联系在一起的制度与旨在解决德国统一问题的四大国制度同时存在。西方国家在致力于西方阵营联合的同时,也试图实现德国重新统一的目标。这给了联邦德国领导人一个潜在的机会来推动统一事务。另一方面,西方国家对联邦德国的控制本身也是模棱两可的,尽管西方国家在法律层面控制着联邦德国的部分主权,但在实践中它们也与波恩方面进行协商。所以,对联邦德国来说,主权的缺失并不意味着决策的缺失。"①

冷战初期,德国内部对于德国未来的定位与发展存在三种构想,分别由三个人物所代表:雅各布·凯泽尔(Jakob Kaiser)代表了柏林和苏占区的左翼人士的观点,认为未来的德国可以成为东西方之间沟通的桥梁,为此要首先确保德国真正统一,保证德国的强国地位。作为德国社会民主党主席的库尔特·舒马赫(Kurt Schumacher)不太相信这种桥梁作用,认为应该将德国纳入一个欧洲(中、西欧)的联盟中,德国应该倾向西方,反对苏联。② 阿登纳的观点和前两种中立主义和民族主义观点有所不同。阿登纳的历史经验、地区背景以及政治本能都指向西方。对他来说,德国"重新统一不是融入西方的一种替代方式,只有融入西方才能得到安全承诺、恢复主权和保障自由。尽管如此,他还是试图调和融入西方和德国重新统一这两个目标。他坚持认为在冷战中对西方的选择并不意味着在德国分裂问题上盖上封印",③ 而是一种走向重新统一的间接方式。因此,他的总体对外战略思想是以法德和解为基础的,构建西方联合的进程;同时倾向西方,保证和美国坚固的关系,以此使德国得以复兴。

在这种内外环境中,经过争论,联邦德国逐渐形成了自己的目标与任务,即一方面早日恢复完整的国家主权,进而最终实现两德的统一;另一方面逐渐获得与其他西欧国家一样的地位,成为大西洋同盟中一个平等的伙伴,从而在冷战格局中确保自身的安全,同时也对欧洲地区的安全与发展

---

① Thomas Banchoff," Historical Memory and German Foreign Policy: The Cases of Adenauer and Brandt," pp. 40 - 41.
② 关于凯泽尔和舒马赫的思想观点,详见连玉如:《国际政治与德国》,北京:北京大学出版社,2012年,第27页。
③ Gert Krell,"West German Ostpolitik and the German Question," *Journal of Peace Research*, Vol. 28, No. 3 (Aug., 1991), p. 315.

产生影响。这些目标和任务在西德国内取得了一致,但对于实现的具体战略方针和政策运作是有过争论的,其中最为重要的是对于恢复主权和重新统一的先后顺序和相互关系的选择和定位,即优先恢复主权,还是先强调重新统一。在这个问题上,阿登纳政府选择了前者。

在阿登纳看来,依靠以美国为首的西方阵营符合德国的国家利益,因此他采取了所谓"一边倒"的外交方针。阿登纳认为,德国的地理位置处于意识形态完全对立的两大国之间,对德国来说不是倒向这边,就是倒向那边,要采取中立的态度是不现实的[①]:一方面,西德与西方有着文化和传统上的政治联系,它将坚定地同与其对国家、个人、自由和所有制度一致的民族和国家一起抵抗来自东方的任何压力[②],而西方阵营的政治、经济、军事的压倒优势总有一天会迫使苏联让步。[③] 另一方面,就当时西德的实际情况而言,西德运作自己的内政外交不能避免受到外部大国的影响[④],需要获得帮助以推动复兴;而以美国为首的西方国家是西德壮大可依赖的力量,巩固与美国的联系既可尽快摆脱战败国的屈辱,成为西方世界平等的一员,又可借助西方力量促使苏联让步,在未来的统一进程中获得主动权。[⑤] 因此,阿登纳认为西德应实行一种"西方政策",努力消除西方各国对德国的不信任,倒向并加入西方阵营才是明智的选择。阿登纳恢复德国主权与地位的战略还强调合作性的机制,在该机制中德国服从领导,但同时也可以在幕后平等地追求自身的利益和目标。[⑥] 总之,阿登纳政府是从西德彼时所处的现实环境和自身的价值取向出发,制定了"一边倒"政策,并根据西方阵营的冷战需要,将两德的统一作为一个未来的而不是眼下追求的目标。实际上,阿登纳清醒地认识到,没有美国的支持,畅想两德统一的前景恰如画饼充饥。

阿登纳执政时期这种倒向西方的整体外交包含着两方面重要内容:一

---

① 康拉德·阿登纳:《阿登纳回忆录(一)(1945—1953)》,第 98 页。
② 康拉德·阿登纳:《阿登纳回忆录(一)(1945—1953)》,第 98—99 页。
③ 连玉如:《新世界政治与德国外交政策:"新德国问题"探索》,北京:北京大学出版社,2003年,第 182 页。
④ Scott Erb, *German Foreign Policy: Navigating a New Era*, Boulder: Lynne Rienner Publishers, 2003, p. 24.
⑤ 潘琪昌:《走出夹缝——联邦德国外交风云》,北京:中国社会科学出版社,1990 年,第 18 页。
⑥ Scott Erb, *German Foreign Policy: Navigating a New Era*, p. 25.

是与美国的协调,在政治、经济和军事方面巩固美德之间的跨大西洋关系。如上所述,阿登纳政府力图使德国统一问题不至成为德国加入同盟和西方团结的障碍,这一立场构成了战后初期美德关系良好发展的基础。① 二是与西欧国家的协调,主要涉及德法关系如何修复和发展的问题。虽然法国对新建立的西德戒心并未消除,但阿登纳的"一边倒"政策为德法之间的合作提供了条件。在外交实践中,阿登纳政府对上述双重关系的谨慎处理和选择使西德的处境从被动转化为主动,从而维护了自身利益,这充分体现在西德重新武装的问题上。

阿登纳对西德的重新武装问题有着全面的认识。他在自己的回忆录中指出,在通往重新武装的道路上,德意志联邦共和国可以争取充分的主权,这对于德国人民在世界上的政治地位将产生深远的影响。② 另外,重新武装与入盟西方可以更好地应对由苏联威胁而产生的安全保障问题,并增加未来欧洲联合的可能。同时既可阻止国内存在的苏联所期望的以中立化换取德国统一的倾向,又是西德争取以后在欧洲范围内实现统一的有效方式。他还认为,德国重新武装以尽快恢复国家主权,与入盟西方是密不可分的,后者是前者实现的有效途径,即用对西方军事上的支持来换取盟国对其军事和政治主权恢复的让步。由此可见,阿登纳的考虑是以他的"一边倒"政策方针为指导的。

阿登纳代表联邦德国参加的第一次外交活动是 1949 年 11 月彼得斯堡议定书的谈判,该议定书的内容包括盟国同意西德加入一定的国际组织,而后者再次承诺联邦德国领土的非军事化以及防止德国的武装。③ 尽管这一议定书中仍明确反对西德的重新武装,然而实际上美国的态度正在改变并试图劝说英法。阿登纳政府没有忽略这些变化的迹象。同年 12 月,在与美国记者的谈话中,阿登纳表面上虽仍信守承诺,但巧妙地做了保留:在万不得已的情况下,他才准备考虑在欧洲联邦军队体制中让西德部

---

① 王飞麟:《联邦德国重新武装与入盟西方战略:1949—1955》,第 102 页。
② 康拉德·阿登纳:《阿登纳回忆录(一)(1945—1953)》,第 393—394 页。
③ David F. Patton, *Cold War Politics in Postwar Germany*, New York: Palgrave Macmillan, 2001, pp. 35 - 37;[英]彼得·卡尔沃科雷西编:《国际事务概览:1949—1950 年》,王希荣等译,上海:上海译文出版社,1991 年,第 200—201 页;Detlef Junker, ed., *The United States and Germany in the Era of the Cold War, 1945 -1990, a Handbook*, Vol. 1: 1945 -1968, pp. 90 - 91.

队参与;之后他又表示,德国人也应像欧洲其他国家一样对欧洲防务作出贡献。① 1950年6月,朝鲜战争爆发,美国正式提出重新武装联邦德国,并使其加入北约,以应对朝鲜战火可能蔓延到欧洲的紧迫形势。此时的问题已经不是德国是否想要,而是将以何种形式重新武装了。② 法国极不情愿西德重新武装,但迫于压力,同年10月普利文总理提出一项折中计划,即建立超国家性质的欧洲防务集团,联邦德国军队可以加入,但不能自主行动。③

阿登纳政府对"普利文计划"表示肯定,因为这表明欧美三大国允许西德参与欧洲防务,这将是其走向完全主权国家的重要一步。欧洲军是一个超国家架构,就像"舒曼计划"所设计的欧洲煤钢联营一样,西德在其中将是一个平等的成员国。但阿登纳无法接受该计划中对西德的诸多限制,如对其部队参与数量和地位的严格规定。1951年1月,西德与法国等相关国家开始关于建立欧洲防务集团的谈判,它利用美国急于让西德重新武装的愿望,积极争取有利于自己的条件。5月27日,西欧六国在巴黎签订了《欧洲防务集团条约》,规定建立一支有西德参加的属于北约组织的欧洲一体化军队。④ 然而,由于法国各界人士的疑虑,担心"重新武装只会使西德在欧洲的军事优势发展成政治控制"⑤,1954年8月30日法国国民议会否决了该条约。法国这一举动使西德多年来重获国家主权的努力功败垂成,西德对法国的不信任加剧,同时也导致了跨大西洋关系危机。为了尽快打破僵局,英国外交大臣艾登提出一份新计划,即接纳联邦德国和意大利加入布鲁塞尔条约组织,然后再加入北约。阿登纳政府抓住这一机会,在随后的谈判中也做了一些妥协,声明西德将放弃制造原子、生物、化学武器和一系列其他重型武器,并接受监督。⑥ 1954年10月,《巴黎协定》签订,

---

① 康拉德·阿登纳:《阿登纳回忆录(一)(1945—1953)》,第393页。

② Detlef Junker, ed., *The United States and Germany in the Era of the Cold War, 1945-1990, a Handbook*, Vol. 1: 1945-1968, p. 92.

③ 参见本书第一章第二节,法国的态度见第四章第一节。

④ 方连庆、刘金质等编:《战后国际关系史(1945—1995)》(上),北京:北京大学出版社,1999年,第216—218页;吴友法:《德国现当代史》,武汉:武汉大学出版社,2007年,第318—320页;Detlef Junker, ed., *The United States and Germany in the Era of the Cold War, 1945-1990, a Handbook*, Vol. 1: 1945-1968, p. 91.

⑤ 转引自王绳祖主编:《国际关系史》(下册),武汉:武汉大学出版社,1983年,第163页。

⑥ 连玉如:《新世界政治与德国外交政策:"新德国问题"探索》,第209页。

1955年5月5日该协定生效,西德加入北约成为大西洋同盟的正式成员。

西德从建立到完全恢复国家主权仅仅花费了不到6年的时间,超出了许多欧洲人的想象。这种情况的出现,固然是冷战形势下以美国为首的同盟的扶植使然,阿登纳政府的政策选择也起到很大作用。阿登纳不顾国内左翼力量的牵制,坚持对西方阵营"一边倒",表现出坚定的反苏立场,赢得了美国的信任;他在重新武装的过程中坚持维护国家利益,周旋于同盟大国之间,最终实现了自己的目标,可以说是其"一边倒"方针的成功。西德将自己牢牢地捆绑在西方反苏的战车上,依赖美国的支持和安全保护成为其对外关系的主要诉求和突出特征。与此同时,新生的联邦德国还面临着另一同样重要并且或许更具挑战性的任务,就是如何化解与法国的宿怨。不完成这项任务,西德的真正复兴几乎是不可能的。

二、法德和解与欧洲的联合

阿登纳对欧洲的战略本质上是在法德和解的基础上构建欧洲的联合。在阿登纳看来,在两极格局中欧洲要保持自己的安全与利益就必须联合起来,成为国际体系中除了美苏以外的第三势力,同时,要解决德国问题就必须消除西方邻国因西德可能强大起来而产生的疑虑。因此,阿登纳选择把德国复兴和统一的战略融入欧洲联合的设想和政策中,希望"先牺牲德国统一以促成欧洲的统一,然后再在统一了的欧洲中统一德国"。[①] 西德政府要做的是努力利用西方国家特别是美国巨大的军事、政治与经济影响力推动和保证欧洲的联合。除了得到美国的支持,阿登纳认为欧洲联合的基础是法德的和解与合作。在回忆录中,他指出:"我一直把始终不渝地争取和法国建立友好睦邻关系,看成是德国外交政策最重要的目标之一。……因为法德之间如不建立友好关系,欧洲的联合是难以想象的,因为不这样西方就不能达到为与东方进行谈判所迫切需要的那种团结一致。跟法国取得谅解乃是西方团结的基本前提。"[②]

阿登纳的上述想法与美国的欧洲战略是一致的。美国在战后初期就认识到德国在欧洲的重要性,不仅因为地缘位置造成了德国的态度影响着

[①] 连玉如:《新世界政治与德国外交政策:"新德国问题"探索》,第182页。
[②] 康拉德·阿登纳:《阿登纳回忆录(二)(1953—1955)》,上海外国语学院德法语系德语组译,上海:上海人民出版社,1976年,第424页。

东西方力量的对比和冷战的战略态势,而且德国有着欧洲经济发动机之称,战后欧洲经济的重建与其有着直接的关系。因此,恢复德国的经济,通过促进欧洲一体化将其纳入西方国际体系之中就成为美国对欧政策的重点方向,这也是"马歇尔计划"的目标之一。应该指出,彼时美国并没有认识到欧洲经济一体化会对法德和解起到那么重要的作用,但一旦它看到了这样的契机,便会紧紧抓住不放,极力鼓励法德通过经济一体化的途径化解它们之间的宿怨。美国的支持为阿登纳欧洲构想的实现提供了有利条件,客观上促进了法德和解的进程。

法德虽然可以找到共同的安全利益,但并不等于和解很快来临。实际上,1949年年底至1950年年初,两国因鲁尔的性质、萨尔的归属以及德国是否可以重新武装等问题而关系紧张。然而,西德已经清醒地认识到,如果自己想成为一个正常国家就必须得到法国的接受和支持;而法国也因为当时两极对抗不可逆转的趋势,意识到美国复兴德国的决心无法阻挡,形势所迫,它逐渐改变了对西德的态度。1950年5月,法国提出"舒曼计划",倡议建立欧洲煤钢联营,巧妙地设计出一种多边超国家机制方案代替原有的政策,以防范对德国的军事、经济发展失去控制。

阿登纳敏感地看到了"舒曼计划"对于西德、德法关系乃至欧洲联合的重要性。建立煤钢联营意味着盟国的管制被一个国际性组织取代,西德可以作为平等成员参加,这是西德主权恢复进程中重要的一步,同时也可以在西欧联合的框架中实现与法国的和解。因此,阿登纳对该计划进行了高度评价。在接到"舒曼计划"后举行的记者招待会上他表示,该计划"是法国及其外交部长舒曼对德国和欧洲问题所采取的一个宽宏大量的步骤",因为"法国的建议是建立在平等的基础上的",[1] 这一建议使发展法德关系主要障碍之一的萨尔问题迎刃而解,并有利于进一步巩固西德主权国家的地位,基础工业的联合还将减少法德未来的矛盾和冲突。阿登纳的态度为"舒曼计划"的落实奠定了基础。1952年7月欧洲煤钢联营正式成立,二战后欧洲一体化进程启动,从此德国与法国的关系很大程度上被纳入了一体化的框架。

1958年,戴高乐重新上台。阿登纳对这位法国总统是有疑虑的,不仅因为戴高乐战后初期执政时坚持严惩德国,还因为其对欧洲一体化一直持

---

[1] 康拉德·阿登纳:《阿登纳回忆录(一)(1945—1953)》,第373—374页。

有成见。而彼时欧洲经济共同体刚刚成立不久,阿登纳担心戴高乐会改变其前任的欧洲政策,所以数次回绝了访法的邀请以便进一步观察,直到同年9月,两国领导人才在戴高乐的家乡科隆贝双教堂村举行首次会晤。阿登纳开诚布公地向戴高乐阐述了西德将西欧联合作为其基本国策的政治信念。他说:"美国和苏俄这样的超级大国的存在终究是一个事实",而西德的形势是由它与苏联相邻所决定的,因此在国家安全这一头等重要的问题上西德需要美国的帮助。然而,"我们不能永远指望美国","我们必须作最坏的打算,必须设法使欧洲摆脱对美国的依赖",因此欧洲必须团结一致,必须加强德法友好合作,"我相信这种团结有绝对的必要性"。① 戴高乐则表示法国人对美国不抱幻想,美国人毕竟是美国人,但法国将对西德实行新的政策,同意支持欧洲一体化,并认为只有法德的友好才能拯救西欧。这样,两国领导人达成了一个共识,即在美国和苏联两个超级大国之间,以法德和解为基础的欧洲联合对两国均有极其重要的意义。不过戴高乐强调的是西欧不能成为美国的工具,而阿登纳只是担心美国有朝一日会离开欧洲,"倘若美国脱离欧洲,那将是极不幸的"。② 这次会晤具有重要的历史意义,它标志着法德轴心开始形成,然而它们的紧密合作大体上局限于西欧一体化领域,对于美国和跨大西洋关系,阿登纳与戴高乐则各怀心思,存在着较大的认知差距。

科隆会晤之后,法德在欧洲问题上紧密合作,双边关系有了很大的发展。1960年7月,两国首脑在法国朗布依埃会谈,就建立欧洲共同体的政治组织计划进行了讨论。在法德两国的推动下,1961年2月,欧共体成员国开始探讨法德的建议,同意以协商交流的方式促进欧洲政治统一以及加强大西洋联盟,之后授权富歇委员会拟订相关计划。11月,该委员会就拿出了第一个"富歇计划"。由于该草案明显反映了戴高乐主义的观点,而其他国家则建议构建一个政治共同体性质的机构,并要求让英国参与,法国与其他国家产生了分歧,而1962年年初的第二个"富歇计划"提出后双方的矛盾更激化了。为了改变这种状况,1962年2月阿登纳与戴高乐再次会晤探讨解决方法。但由于分歧难以弥合,1964年2月建立欧洲政治共

---

① 康拉德·阿登纳:《阿登纳回忆录(三)(1955—1959)》,上海外国语学院德法语系德语组译,上海:上海人民出版社,1973年,第511页。
② 康拉德·阿登纳:《阿登纳回忆录(三)(1955—1959)》,第503—505页。

同体的努力终告失败。① 虽然关于欧洲政治联合的多边谈判以失败告终，但客观上却促进了法德双边关系的深化与发展。1963年1月22日，戴高乐与阿登纳在巴黎爱丽舍宫签订了《法德友好条约》。阿登纳的这一努力有两个目的："一是要通过德法紧密合作进一步推动西欧联合，以使欧洲在未来世界发展中取得它政治和军事上的应有地位；二是想借此使德国利益在美国面前得到更多强调，避免美国同苏联搞'越顶外交'而使西德利益蒙受损害。"② 这一条约标志着两国全面和解的达成，化干戈为玉帛，法德关系达到了战后以来的高潮。

从错综复杂的法、德、美三角关系来看，微妙的是，法德历史性条约签署之日，正是戴高乐同时拒绝美国的"多边核力量"计划和英国加入欧共体申请、法国与美英矛盾公开化一周之后。如果说对于前者，其严重性尚未达到3年后戴高乐退出北约军事一体化机构而引发大西洋同盟危机的程度，西德也无须做出自己的选择的话，那么对于后者，它固然是戴高乐对英国乃是美国的"特洛伊木马"之成见所致，但西德却是一直支持英国入欧的，此时便有了"默认"戴高乐所作所为之嫌，这就不得不让人们想到以下判断的不虚：如果必须在法国和英国之间站队的话，西德总是选择法国。

阿登纳执政前期的外交政策的成果在于使西德在对美国和法国的关系方面都有所巩固和推进，并形成与法美两国关系的某种平衡。然而，在他执政后期这种关系逐渐失衡，这使得德美与德法关系都出现不和谐，而阿登纳原有的通过这种间接路线实现德国统一的战略目标也未顺利达成。执政前期的阿登纳相信以美国为首的西方阵营的相对优势地位，只要苏联做出一定的妥协和让步，德国的重新统一就可以实现。这使得阿登纳政府对苏联和东德的政策具有两个特点："强硬性（拒不承认德意志民主共和国的合法地位和奥德河—尼斯河边界）和多边性（避免自己直接与苏联进行双边谈判）。"③ 在重新统一的事务上，阿登纳不仅要求将坚持所有德国人的自由地方选举作为这一进程中的第一步，并坚持任何未来的德国政府拥有选择联盟的自由；他还试图防止与莫斯科进行关于德国统一的谈判，除非德国与西方的融合成功达成。1952年3月，苏联方面向西方国家提出以

---

① 连玉如：《新世界政治与德国外交政策："新德国问题"探索》，第223—225页。
② 连玉如：《论阿登纳西欧一体化政策的实施》，《国际政治与德国》，第53页。
③ 连玉如：《阿登纳与欧洲》，《国际政治与德国》，第34页。

德国重新统一来换取德国的中立。在随后的外交交涉中,阿登纳决定性地帮助西方国家坚决反对在此基础上进行谈判,他把斯大林的努力斥为旨在破坏西方联合的宣传。① 但20世纪50年代末到60年代初,国际政治形势和力量格局变化的现实是苏联的实力和影响力在上升,而美国的实力则相对下降。在这种格局中,东德地位的合法性随之得到巩固,以至于阿登纳也感到坚持原有政策的困难。

这一问题在德法关系中也明显地表现出来。一方面,阿登纳执政前期,法德和解是在大西洋联盟的框架中进行的,符合美国当时的战略考量和利益。但是,戴高乐执政的法国独立意识逐渐强烈,甚至开始在一些事务上与美国对抗,在这种情况下,西德如果过分强调与法国增进关系,会对德美关系的稳固产生负面影响。而在此阶段的西德在安全、政治、经济上对美国的依赖是明显的,并且短期内很难改变,这决定了西德无法像法国那样具有摆脱美国控制、争取大国地位的战略意向与行动,因此很难与法国在很多方面进行协调和同步。另一方面,法国与西德在战略意图上确实存在不一致甚至是矛盾的问题。在德法关系的构建方面,法国希望自身与西德的关系发展是一种双边合作的模式,以此强化法国在欧洲的领导地位。西德则反对过分强调法德关系的紧密,认为"欧洲所有国家都是较大统一体的一部分,都倾向于一个共同中心,而不是依附在'德法轴心'之上"。② 在处理东西方关系方面,戴高乐认为法国可以利用与苏联发展一定的关系来提升法国的大国地位。阿登纳则认为可以通过法德和解乃至联合以抵御来自苏联或美国的压力。③ 显然两者的战略设想存在矛盾。

总的来说,冷战发展的环境客观上给西德恢复主权以契机,阿登纳政府以适度、灵活和着眼于未来的现实主义外交政策,选择以倒向西方的整体战略逐步获得了安全、主权、财富增长和稳定的民主政治秩序。④ 西德一方面加入了大西洋同盟,另一方面参与了欧洲一体化的进程,较为主动地将自己融入这两种多边国际制度框架中。这不仅使美国满意,而且使法

---

① Thomas Banchoff, "Historical Memory and German Foreign Policy: The Cases of Adenauer and Brandt," p.43.
② 连玉如:《阿登纳与欧洲》,《国际政治与德国》,第37页。
③ 连玉如:《阿登纳与欧洲》,《国际政治与德国》,第37—38页。
④ Wolfram F. Hanrieder, "The Foreign Policies of the Federal Republic of Germany, 1949-1989," *German Studies Review*, Vol. 12, No. 2 (May, 1989), p. 313.

国放心。有评论认为:"阿登纳对于在外交事务中重新获得完全的主权并不太感兴趣,作为坚定地融入西方政策的一部分,阿登纳满意于扮演一个拥有平等权利的可靠的合作者,以此提高联邦共和国战后的声望。"① 应该说,阿登纳很珍视国家主权,但又深知使用主权的适度性,体现了其对外政策务实灵活的特征,这取决于彼时西德所处的弱势地位和严峻而复杂的国际环境。但是,"一边倒"和法德轴心并不能消除西德与美国和法国的分歧和矛盾,随着实力的增长和国际形势的变化,西德的外交自主性愈益表现出来;同时,随着英国在20世纪50年代与欧洲大陆的疏离和与美国在"苏伊士运河事件"等问题上的矛盾,恢复了主权的西德在跨大西洋关系中的地位开始上升,它与法国和美国开始形成某种所谓的"战略三角",之后在此框架下展开了既密切合作又不乏纷争的互动过程,反映了大西洋同盟内部错综复杂的盟友关系。②

第二节　安全依赖下外交自主的努力

从阿登纳执政后期到艾哈德(Ludwig W. Erhard,1963—1966在位)和基辛格(Kurt G. Kiesinger,1966—1969在位)政府时期,西德决策精英中存在着两种外交政策的争论和斗争,它们分别具有戴高乐主义和大西洋主义倾向。两种倾向的分歧在于,前者担心美国可能越过德国同苏联做交易,因而强调以共同市场的经济力量和欧洲防务力量为支柱的法德合作;后者则更提倡灵活的东方和西方外交政策,在共同市场和东方政策方面支持英美的立场。③ 西德发现它不得不在大西洋联盟中的安全利益(在它看来不完全包含在跨大西洋安全条约中)和在西欧的经济利益、政治影响力(在它看来也不完全包含在欧共体中)之间进行选择。④ 这种艰难选择使

---

① Christian Schweiger, *Britain, Germany and The Future of The European Union*, New York: Palgrave Macmillan, 2007, p. 56.
② Helga Haftendorn, et al. eds., *The Strategic Triangle: France, Germany, and the United States in the Shaping of the New Europe*, 2006, pp. 8-11.
③ 周琪、王国明主编:《战后西欧四大国外交(英、法、西德、意大利)1945年—1980年》,第295页。
④ Wolfram F. Hanrieder, "The Foreign Policies of the Federal Republic of Germany, 1949-1989," p. 313.

这一时期西德外交政策表现出左右摇摆的特点,它在美法矛盾加剧时更为明显,也影响了德美和德法之间的关系。

一、"多边核力量计划":自主还是追随?

20世纪50年代中期,美国艾森豪威尔政府推出"大规模报复"冷战战略。它以核武器为威慑核心,削减美国的常规力量以降低其高额的军费预算,并要求其他盟国提供大部分地面部队以及当地的海空军力量。这种战略分工将减少美国在欧陆的常规部队,美国承担义务的可信度将随之降低。[①] 这一计划引起了欧洲国家的担心,特别是西德唯恐一起冲突就会引发核战争,而自己作为美苏对抗的前沿阵地势将难免遭到直接伤害。

北约的欧洲成员国对正在发展的美苏核对抗态势有不同反应。法国坚持发展自己的独立核力量,"戴高乐正从变化中的东西方核均势中得到的结论:法国需要独立的本国核威慑力量"。[②] 英国则寻求增加自己核能力的机会,准备用空对地导弹来代替原有的核运载工具——远程轰炸机。西德虽然在1958年无果而终地与法国讨论过建立某种类型的核军备伙伴关系,但它认为自己的防御仍要与美国战略核能力紧密联系;它还担心核俱乐部的不断扩大使北约联盟有产生分裂的消极趋势,这可能会严重损害西德的安全基础,因此它迫切希望获得对北约的核计划和核控制的参与。西德认为,虽然它在重新武装时对盟国郑重作出过不发展核武器的承诺,但作为西方防务联盟中的一员,它有理由在核武器在西方防务中变得重要时平等地参与关于使用核武器的决策。

应该说,在建立独立的核能力与完全不能参加对核武器的控制之间合乎逻辑的中间道路是严格一体化的核联盟,各成员国都能平等地参与对核武器的控制。[③] 1960年秋,阿登纳提出统一北约核力量的倡议,就是要向西方表明,西德并不准备建立自己独立的核力量,而是要求在一体化机制中对核力量控制的分享。[④] 阿登纳希望以这种方式来减少其他国家对于

[①] 〔美〕W. F. 汉里德、G. P. 奥顿:《西德、法国和英国外交政策》,徐宗士等译,北京:商务印书馆,1989年,第16页。

[②] 〔美〕W. F. 汉里德、G. P. 奥顿:《西德、法国和英国外交政策》,第18—19页。

[③] 〔美〕W. F. 汉里德、G. P. 奥顿:《西德、法国和英国外交政策》,第19页。

[④] 周琪、王国明主编:《战后西欧四大国外交(英、法、西德、意大利)1945年—1980年》,第303页。

第五章 周旋于美法之间的联邦德国

西德拥有核武器的警惕和忧虑,同时又可尽量避免美国由于倾向于与苏联达成防止核扩散协定,而忽视欧洲盟国的利益。1961年1月上台的肯尼迪政府一开始反对核扩散,后为保持其在大西洋联盟中的领导地位,不愿再看到法德两国缔结某种形式的核条约,终于改变了态度,接过前届政府国务卿赫脱(Christian A. Herter)于1960年提出一项多边核力量倡议加以推行。赫脱的建议是:美国在1963年以前向北约"转让"五艘装备有16枚北极星导弹的潜艇,以及向盟国出售100～120枚安装在海面舰只上的北极星导弹,组成一支北约框架内的多边核力量。

对于肯尼迪政府的多边核力量倡议,欧洲国家反应冷淡。英国不仅希望保持自己独立的核力量,而且不愿意联邦德国分享核武器使用的决策权。因此,尽管1962年年底麦克米伦与肯尼迪签署了《拿骚协定》,但因招致国内的强烈反对而只好作罢。法国则自始就表示不会参加,其理由与英国类似,态度却更为坚定。除了一直努力发展自己的核力量以独立于美国外,法国也不愿意看到联邦德国接近"核扳机",而同时英美《拿骚协定》更是火上浇油。①

西德的态度则处于矛盾中。对于自己被排除在美、英、法的考虑之外,西德感到既不满又无奈,但同时它又看到了自己参与核决策的可能性,这正符合西德政府在同盟核问题上的诉求。不过,美国把建立多边核力量看成避免法国与西德达成核合作协议的途径,这既可以增强北约的力量,又可以做到西方联盟中的核集中,实质上其最终目的还是维护美国对核武器的垄断。正因如此,多边核力量计划规定,使用核武器的最后决定权仍是由美国来掌握,这样欧洲国家对于核力量控制的分享并没有本质上的增加。尽管程度有限,对西德政府来说,这也是它争得核武器问题上发言权的难得机会,因此在欧洲盟国中只有西德支持美国的计划。由于法英先后明确反对,实施多边核力量计划的动力完全消失,肯尼迪遇刺身亡后,美国新政府只好于1964年年底草草终止了该计划,这使西德大为不满。

多边核力量计划失败后,美国政府两年来保证该计划不会因同苏联就防止核扩散达成谅解而改变。现在美国必须在防止核扩散和多边核力量

---

① 孟晓雪:《浅析20世纪60年代美国的"多边核力量"计划》,《兰州学刊》2008年第2期,第148页。

之间做出选择①,美国最终还是选择了前者,1968 年 7 月美国与苏联等国签订了《防止核扩散条约》(或《核不扩散条约》)。西德虽然因此对于自身的安全更为担忧,但因自身实力和外交自主性有限而别无选择,最终还是追随美国,于 1969 年在《防止核扩散条约》上签了字。

二、第二次柏林危机与德美分歧

二战后四大战胜国对德国的分区占领原则也适用于大柏林地区。随着东西方冲突的加剧,柏林也像整个德国一样形成了东西占领区,西柏林成为西方三国控制下的反苏桥头堡。在 1948 年第一次柏林封锁危机中,正在形成的西方同盟顶住了苏联的强大压力,最终建立了联邦德国,但是作为深入民主德国境内一块飞地的西柏林虽然仍在西方控制之下,却并不属于西德。1958 年 11 月,苏联领导人赫鲁晓夫建议西方三国和苏联结束对柏林的占领状态。三国在 6 个月内结束了对西柏林的占领,并将之设为非军事化的自由城市,由联合国监督,苏联则将同东德单独签约移交权力。苏联的建议旨在隔断西柏林与联邦德国的政治关系,它以西柏林的特殊地理位置为筹码,力图迫使西方国家就范,②导致第二次柏林危机的发生。

对于围绕着柏林和两德地位的又一次危机,西德与美欧大国反应不一。西德强烈反对苏联的行为,极力强调它违反了现行的国际公法,并对西德的整体安全构成了严重威胁。考虑到地缘政治,执行亲西方路线的西德认为,西方大国对此事不会不管,但是它们的态度有些复杂。重返政坛的戴高乐认为,法国用僵硬的敌视政策对待西德已经不符合美苏争霸的两极格局这一现实,提防德国但又不极力压制它有利于法国增强制衡局势的力量,所以法国赞同西德的对苏强硬立场。但是法国又不想过早承担义务,反对匆忙做出反应。英国认识到它与美国的"特殊关系"并不能保证美国在事关英国切身利益时总是支持英国,此外英德在 20 世纪五六十年代时因两国货币政策与驻德英军费用问题矛盾不断,所以英国并不情愿为西德冒险,从一开始它就表示要通过谈判解决危机。作为西方同盟的领导

---

① 周琪、王国明主编:《战后西欧四大国外交(英、法、西德、意大利)1945 年—1980 年》,第 306 页。
② 周琪、王国明主编:《战后西欧四大国外交(英、法、西德、意大利)1945 年—1980 年》,第 320 页。

者,美国的立场甚为关键。彼时的美国承受着来自盟国与苏联的双重压力:若接受苏联的条件,会使西德失去信心,进而影响同盟的团结;若接受西德要求对苏强硬,则难以避免危机的升级,这是美国不愿看到的。因为说到底,美国以及英国认为在两极冷战体制已经牢固建立的背景下,赫鲁晓夫在柏林问题上的发难总体上是防御性的,不会让局面失控。这样,在第二次柏林危机初期,美英与德法的政策观点就出现了分歧。

西德政府一开始就将对此危机的处理当作美国是否会在必要时维护西德利益的试金石,但它很快发现,美国以及欧洲大国更关心的是与苏联协调解决危机,而德国的地位和统一问题被放在了一边。一方面,美国在与西德接触时,都设法使西德相信肯尼迪政府会沿袭既定的政策,坚定地支持大西洋同盟保卫西柏林;但是另一方面美国却在积极与苏联接触以寻求通过缓和的外交手段处理危机。西德希望美国支持以柏林为首都的德国的重新统一,而美国只是谈及对西柏林居民的自由的保护。[1] 1961 年,柏林墙建成后,欧美几大国虽然提出抗议,但没有采取进一步的行动。

第二次柏林危机的结果使西德认识到,虽然它坚持认为任何同苏联妥协的做法都会威胁到西德的安全,但是美国仍以东西阵营交易与平衡的态度看待柏林问题,为了寻求尽快解决危机、缓和东西方关系,不惜与苏联做政治交易,以承认东德政权来换取德国现状合法化。西德进一步看到,"如果东西方紧张状态不减轻,任何一方都不会允许以对方的条件来统一德国,但如果双方关系缓和,那么两德的现状可能被双方默认,而且得到法律上的承认"。[2] 即无论东西方关系紧张或缓和,西德的安全和两德统一都难以得到保证。由此西德发现,自己极力投靠和支持美国,甚至提出"哈尔斯坦主义"这样激烈的外交主张,换来的却是在危及自身安全和利益的问题上,依然处于任凭几大国摆布的被动位置。所以在某种程度上,从该事件后,西德开始反思并逐渐改变自己对东西方关系的政策。

三、西德与 1966 年"北约危机"

在跨大西洋关系上,阿登纳总理与戴高乐存在认识分歧。虽然两人都

---

[1] Frank A. Mayer, "Adenauer and Kennedy: An Era of Distrust in German-American Relations?", *German Studies Review*, Vol. 17, No. 1 (Feb., 1994), pp. 86–87.
[2] 周琪、王国明主编:《战后西欧四大国外交(英、法、西德、意大利)1945 年—1980 年》,第 326 页。

认为北约存在问题,但与戴高乐力图使法国摆脱对美国的依赖不同,阿登纳基于其"一边倒"方针,极力主张西德加强同美国的联系,并保持北约的军事一体化。戴高乐曾经表示要进行法德合作、实施共同的外交政策,却往往在没有与西德政府进行任何磋商的情况下作出重大外交决策。阿登纳对戴高乐向美英提出的建立大西洋同盟内部美、英、法三国领导体制的建议尤其不满,因为这不仅将联邦德国排除在同盟决策层之外,而且会造成联盟的分裂,这与西德政府极力维护西方阵营团结的立场相矛盾。之后戴高乐又决定从北约撤走法国地中海舰队,还表示要重新考虑法国和大西洋同盟的关系。阿登纳认为,如果这样,必然会破坏北约组织的军事一体化,因此极为不满。为了弥合分歧,德法曾进行过磋商,但都以失败告终。西德政府不仅在法国面前显示了强硬的维护同盟的立场,而且还向美国公开申明,决不会以在美国的核保护下获得的可靠安全去换取法国新研制的原子弹的不可靠保护。西德坚定支持美国的明确态度使戴高乐利用法德轴心在北约内部抗衡美国的努力未能奏效。①

1966年法国退出北约军事一体化机构并要求盟国军事人员和军事设施撤出法国,导致了"北约危机"。这场危机是法美之间直接冲突的结果,但也严重影响了跨大西洋关系的维护。对此,追随美国的西德政府一如既往地站在美国一边,发表声明不同意法国的行为,但它也无力改变局势,同时也不能承受与法国关系恶化带来的代价和风险。在这种情况下,西德基本上服从于美国应对危机的方针,即接受戴高乐的要求重新安排军事部署,以防止大西洋同盟的破裂,维护同盟的团结。据此,西德政府与法国就驻德法军的法律地位问题进行谈判,最后两国签订了法国部队驻德章程。该章程的签订使法国军队能够继续驻扎在西德,同时它规定战争期间北约无须将法国视为中立地区,这就保留了盟国部队继续使用法国领土的可能性。西德的努力为这场"北约危机"的逐渐平息作出了贡献。

在这一时期,德、法、美三边关系的发展从来就不顺利,特别是法美之间出现紧张与分歧时,西德的处境更是十分复杂。当然,西德可以利用法美博弈时双方都想拉拢自己的契机,通过平衡两者的方式进一步获取自身的利益,但更多的时候西德在两者间处于艰难的选择中。从"北约危机"中

---

① 刘芝平:《联邦德国与北约危机的处理——以法国退出北约军事一体化机构为例》,《河南师范大学学报(哲学社会科学版)》2009年第6期,第128页。

可以看出，对于安全与防务问题，西德会选择站在美国一边，而关于欧共体等欧洲经济与政治事务，它会更接近法国。由于希望实现安全保证与在欧洲经济与政治影响力的双重目标，西德既不愿冒失去美国安全保护的风险，也不想破坏好不容易构建起来的法德和解，这就限制了西德的选择余地，在实践中有时不得不做出退让和牺牲自身的利益，以保持同盟关系的基本稳定。总的来看，正如一位学者所指出的，由于西德受到它与美法形成的三角战略关系的巨大影响，它通常在美法的利益冲突中扮演一个制衡者的角色。然而，"只有在它的伙伴有兴趣妥协时，它才会获得成功"。① 这场危机给西德带来了意料之外的好处，就是由于戴高乐的公开挑战，西德在美国欧洲战略中的地位得到了明显提升。

第三节 "新东方政策"与缓和时期的德美关系

一、"新东方政策"的出台与大国的反应

1962年"古巴导弹危机"之后，美苏从各自全球战略利益出发，分别调整了对欧洲的战略，使东西方关系出现了一种所谓的缓和状态。缓和是美苏力量对比变化和国际体系中各种力量消长的结果，主要表现在美国控制世界的能力相对下降，而苏联综合国力提高，双方取得了某种相对的战略均势。②

冷战缓和态势的形成给西德提供了调整对外战略的机会，同时它的"以接近促统一"的"新东方政策"的实施也推动了缓和的发展。对于西德来说，两德的统一是其冷战时期对外政策的主要目标之一。但如前所述，阿登纳政府原来的构想一直是德国统一是东西方关系缓和的前提，在统一之前只有联邦德国是全德唯一的合法代表，奥德河—尼斯河线不是德国东部的最终边界。在与苏联建交后，西德进一步提出"哈尔斯坦主义"，导致它与东德、苏联以及其他东欧国家关系持续紧张。但是，随着美苏缓和大

---

① Haftendorn, Helga, et al., eds., *The Strategic Triangle: France, Germany, and the United States in the Shaping of the New Europe*, p. 3.
② 刘金质：《冷战史》(中)，北京：世界知识出版社，2003年，第584—585页。

趋势的发展,美国对德国问题的态度也随之改变,开始强调解决德国问题的进展应在东西方缓和的条件下进行,要求西德放弃"哈尔斯坦主义",以改善西欧与苏联的关系。① 原来在柏林问题上较为支持西德强硬立场的法国也开始推进自己的新政策,提出"缓和、谅解与合作"的口号。与此同时,西德也在反思自己的东方政策。第二次柏林危机的处理进程和结果使西德感到奉行阿登纳政府的"哈尔斯坦主义"使自身的外交政策愈加僵硬,只会使自己成为恐惧与反对的目标而在西方盟国和世界政治中陷入孤立。阿登纳政府的外交部长格哈德·施罗德(Gerhard Schroeder)试图改变联邦德国和东欧的关系。他希望将"哈尔斯坦主义"放在一边,发展与布拉格、华沙和布加勒斯特更好的关系。② 另外,西德经济发展很快,在经济实力增长的同时,它也希望逐渐获得与其经济地位相适应的政治与外交地位,尽力摆脱对超级大国的依附,更加独立地发出自己的声音。

1963年,被公认为西德经济奇迹创造者的艾哈德上台。他是坚定支持北约和扩大共同市场的大西洋主义者,在20世纪60年代中期法国退出北约军事一体化机构等事务上,西德政府明显地倾向于美国。但到了执政中后期,艾哈德的大西洋主义也并不与美国的政策相一致。当时西德希望通过加入核防务来明确美德之间的"特殊关系",但美国已经放弃了多边核力量计划并着手缓和与苏联的关系,这被艾哈德认为是出卖了西德的利益。③ 所以艾哈德的亲美立场没能使德美关系得到进一步深化,西德在欧洲防务开支分担问题上也与肯尼迪政府分歧很大,认为自己对美军驻德承担了过多的义务。此外,西德不同意购买更多的美国武器。而在货币金融问题上,直到基辛格大联合政府上台后,1967年西德才与美方达成协议以帮助美国改善其国际收支状况。由于艾哈德不是戴高乐主义者,在他执政期间德法关系有所恶化。艾哈德认为,法国退出北约军事一体化机构威胁到了西德的安全利益。除此之外,双方在欧共体的发展方向上也存在分歧。西德希望建立超国家性质的共同体,而戴高乐一贯反对任何削弱主权的举措,造成欧共体的"空椅子"危机;在关税政策、农业补贴和资金提供等

---

① 萧汉森、黄正柏主编:《德国的分裂、统一与国际关系》,第358页。
② James H. Wolfe, "West Germany's Ostpolitik," *World Affairs*, Vol. 134, No. 3 (Winter, 1971), pp. 210 - 211.
③ 周琪、王国明主编:《战后西欧四大国外交(英、法、西德、意大利)1945年—1980年》,第298页。

具体经济问题上,两国也有着矛盾。① 到了大联合政府组成时,基辛格总理实际上对于戴高乐主义和大西洋主义都能接受,而当时作为外长的维利·勃兰特也采取了更为灵活的外交政策。勃兰特认为有必要改变东西方关系的总体趋势及处理方式,联邦德国应该将"与西方的合作与联合"和对东方的理解联系起来;② 他不把苏联视为西方的政治与军事威胁,提倡缓和政策或和平政策,认为这样的政策不仅可以完全消除德国曾经的军国主义传统,而且是促进德国重新统一的新路径。勃兰特还表达了这样的期望,即事实上承认民主德国将促进两德之间的接触,从而保持德国民族认同的共识。③ 但在这段时间里,联合政府中的右翼集团反对勃兰特的缓和政策,党派之间观点差异及相互牵制使得西德在外交上不能有所作为。

1968年8月,苏联军队对捷克斯洛伐克的行动使勃兰特意识到,如果不先通过与莫斯科的协调以扫清道路的话,与东欧小国进一步谈判是徒劳的,甚至对于它们的生存是危险的。因此,当他成为总理时,便开始致力于制定与苏联直接谈判的政策。④ 另外,1969年10月勃兰特当选联邦德国总理时,国际形势已有了明显的变化,在美国的推动下,东西方缓和已经成为大趋势,西德需要为自己的安全与利益设计出适合自己独特处境的对外政策。这样,推行"新东方政策"的必要性凸显,推行政策所需的条件也趋于成熟。⑤ 勃兰特在其回忆录中写道:"在欧洲虽然存在分裂和障碍,但我们仍然把欧洲看成一个整体。……用实事求是的合作减少并最后消除目前存在的不信任。从而希望东西方关系的缓和以及通过合作而改变的欧洲面貌,也许会给'德国问题'的解决创造新的环境。"⑥ 德国不仅仅要为保障和平作出贡献,以实现德国人民的切身利益,免遭核战争的毁灭,也要使德国免遭孤立。

经过充分酝酿,勃兰特政府正式开始推行新东方政策,其核心内容是

---

① 〔美〕W. F. 汉里德、G. P. 奥顿:《西德、法国和英国外交政策》,第 50—51 页。
② Thomas Banchoff,"Historical Memory and German Foreign Policy: The Cases of Adenauer and Brandt," p. 46.
③ Thomas Banchoff,"Historical Memory and German Foreign Policy: The Cases of Adenauer and Brandt," p. 45.
④ James H. Wolfe," West Germany's Ostpolitik," pp. 211-212.
⑤ 陈乐民:《战后西欧国际关系》,北京:中国社会科学出版社,1987年,第253页。
⑥ 〔西德〕维利·勃兰特:《会见与思考》,张连根等译,北京:商务印书馆,1979年,第209—210页。

改善同苏联的关系,同东欧国家实现关系正常化,争取实现与东德的和解。这种政策的假设在东方国家保证拥有国际安全环境的情况下,是有可能逐渐开放它们的体系以便于人员、商品、信息和思想更为自由的流动。① 新东方政策的最终目标是保护西德的安全和利益,促进德国的重新统一,并实现欧洲和平秩序。

联邦德国的新东方政策的实践有三个维度:(1) 多边缓和政策。例如关于柏林问题的四大国条约,对于欧洲安全会议(CSCE)的谈判以及相互性的裁军事务的处理。(2) 双边的东方政策。例如1970到1973年之间西德分别与苏联、波兰和捷克的双边协定,以及与民主德国在1972年签订的基础条约。(3) 新东方政策的国内维度,这在关于波兰条约批准的争论中可以清晰地表现出来。② 联邦德国推行新东方政策的主要结果是其客观上承认了民主德国,实现了它与东方国家的关系正常化。③ 同时,这一政策也向苏联证明联邦德国没有打算破坏华沙条约组织,也并没有对其中的成员构成安全威胁。由此,西德从冷战的积极支持者转变为欧洲东西方缓和的维护者。④

1974年,赫尔穆特·施密特(1974—1982执政)上台后提出"均势战略"思想,成为其任总理期间联邦德国外交政策的理论基础和指导方针。均势战略以"联盟、均势和缓和"为主要内容,即政治上和军事上与西方联盟,其主要支柱为德美关系及以德法关系为主的德欧关系;提倡低水平的战略均势;与西方联盟和与东方缓和构成西德外交的最高原则,核心内容是坚持东西方低水平的均势。⑤ 同时,他也构建了作为预防性外交手段的东方政策的经济维度。他的政策促进了联邦德国与苏联的能源贸易,以此

---

① Poul Villaume, and Odd Arne Westad, eds., *Perforating the Iron Curtain: European Détente, Transatlantic Relations, and the Cold War 1965–1985*, Copenhagen: Museum Tusculanum Press, 2010; Stephan Kieninger, "Diplomacy Beyond Deterrence: Helmut Schmidt and the Economic Dimension of *Ostpolitik*," *Cold War History*, published online, May 2019, p. 4, https://www-tandfonline-com.proxy2.cl.msu.edu/doi/full/10.1080/14682745.2019.1607308.(访问时间:2019年6月5日)

② Helga Haftendorn, "Ostpolitik Revisited 1976," *The World Today*, Vol. 32, No. 6 (Jun., 1976), p. 222.

③ David F. Patton, *Cold War Politics in Postwar Germany*, p. 98.

④ 武正弯:《德国外交战略1989—2009》,北京:中国青年出版社,2010年,第33页。

⑤ 崔大鹏:《施密特的均势战略思想刍议》,《西欧研究》1989年第5期,第1—4页。

作为应对外交事务变动和军备竞赛风险的制度手段。在20世纪80年代，为了苏联到西欧的天然气输送而建成的管道证明经济缓和可以和意识形态的争论以及可能要面对的军事危机分离开。① 施密特追求泛欧洲的贸易，以此作为在铁幕上钻孔，并最终导致其消失的手段。他认为贸易拥有巨大力量，可以消除东西方之间的界限。因此，缓和政策的经济维度是一种主要的也是潜在的跨越意识形态分裂，从而实现欧洲的沟通和融合的因素。② 可以说，施密特政府的政策实际上是新东方政策的延续和深化。

对于西德的新东方政策以及一系列外交行动，美国以及其他西方大国一开始都有疑虑。担心这一政策的推行如果失控，就有可能使西德疏远西方同盟，这就扰乱了欧洲现存格局，损害了美国和西方集团的利益。③ 亨利·基辛格在其回忆录中表达了当时美国的担心：西德同苏联的直接和解将造成"在解决欧洲一个重大问题时把美国排除在外，从而建立一个先例，可能使其他欧洲人越来越面向莫斯科而不是面向华盛顿。逐渐，这种情况必然会削弱北大西洋公约组织的联系"。④ 直到1971年苏联在柏林问题上让步后，美国才逐渐消除猜疑。在当时冷战环境中，美国不愿因为西德对东方阵营的缓和而与西德把关系搞僵，而是试图在保持与西德盟友关系的基础上，设法将其推行的政策纳入美国对苏缓和的总体战略框架中，将关于柏林的谈判、德苏谈判、召开欧安会等联系在一起。⑤ 这样美国就可以控制或是加快缓和的步伐，既适应西德这样有自己特殊要求的盟国，又符合美国的利益，不至于使西德与东方集团靠得太近。

"新东方政策"看上去似乎是西德在实力增强的基础上外交独立性的体现，实际上它同样是西德对西方政策，特别是美国政策依赖的反映，它的

---

① Stephan Kieninger, "Diplomacy Beyond Deterrence: Helmut Schmidt and the Economic Dimension of Ostpolitik," p. 2.

② Angela Romano, "Untying Cold War Knots: The European Community and Eastern Europe in the Long 1970s," *Cold War History*, Vol. 14, No. 2 (2014), pp.153 - 173; Arne Kajser, Erik van der Vleuten, and Per Högselius, eds., *Europe's Infrastructure Transition: Economy, War, Nature*, Basingstoke: Palgrave Macmillan, 2016.

③ 萧汉森、黄正柏主编：《德国的分裂、统一与国际关系》，第373页。

④ 〔美〕亨利·基辛格：《白宫岁月——基辛格回忆录》（第二册），吴继淦、张维、李朝增译，北京：世界知识出版社，1980年，第123页。

⑤ 萧汉森、黄正柏主编：《德国的分裂、统一与国际关系》，第374页。

理念与肯尼迪倡导的"和平战略"是一致的。① 西德推行新东方政策确有通过改善与苏联和东欧的关系来打开外交新局面的意图,但它并无摆脱西方联盟而投向苏联的战略动因。勃兰特在他的回忆录中强调:西德的政策要适应北约联盟,作为它的一部分,西德将为东西方力量的均衡作出贡献。② 这表明西德承认美国以及以美国为首的北约仍是自身安全的庇护者,它仍是西方阵营中坚定的一分子。在西德同东方国家进行谈判时,为了寻求谅解和协调,它从未中断过向美国和其他西欧盟国通报情况。

西德新东方政策的推行逐渐扩大了它在欧洲外交舞台上的影响力。对此,法国的反应自然是敏感和强烈的,它担心西德地位的上升会取代自己在东西方关系中的角色。这使西德意识到,新东方政策若要顺利推行,就需要深化西方政策以打消盟国对其可能重拾权力游戏的疑虑,③所以西德一再强调新东方政策不会影响法德友好关系的发展。但是,法国还是采取了一些应对行动,包括在保持法德关系的同时加强法苏关系、同意英国加入欧共体等,以平衡西德的影响。对于新东方政策最积极的反应来自英国,它希望该政策能有利于东西方缓和与核军控谈判的推进,但英国也坚持四大国的权利与责任不能被削弱。④ 对于英国的积极态度,西德则投桃报李,支持英国加入欧共体。勃兰特认为,"没有英国和其他准备加入的国家,欧洲就不能成为它应该成为和能够成为的那种欧洲"。他还强调,共同体的扩大也符合传统上反对英国加入的法国的利益,当然,这也是改变联邦德国经济负担过重的最好的平衡手段。⑤ 勃兰特以与法国不同的心态看待英国加入欧共体,看上去并不担心法国人传统的联英制德的用意,甚或是坦然接受,以慰邻居之不安。

因此,西德新东方政策的实施和英国加入欧共体产生的联动效应使西欧大国关系变得愈益复杂,尤其是与法国影响下降、英国返回欧陆政治相比,西德的国际地位明显上升。无怪乎有西方学者认为,新东方政策成功

---

① Detlef Junker, ed., *The United States and Germany in the Era of the Cold War, 1945 - 1990, a Handbook*, Vol. 2: *1968 - 1990*, Cambridge: Cambridge University Press, 2004, p.33.

② 〔西德〕维利·勃兰特:《会见与思考》,第302页。

③ Scott Erb, *German Foreign Policy: Navigating a New Era*, p. 46.

④ Helga Haftendon, et al, eds., *The Strategic Triangle: France, Germany, and the United States in the Shaping of the New Europe*, p. 213.

⑤ 〔联邦德国〕维·赫·德拉特:《维利·勃兰特传》,陈安译,北京:商务印书馆,1989年,第55—56页。

实施的重要意义在于,西德现在准备以一种在二战后初期看起来不可能的方式来保护自己的独立国家地位①,要求更为平等和独立地实行一些符合自身利益的政策。西德的新诉求对于大西洋同盟内部主要国家的关系产生了重要影响,尤其德美关系、德法关系由此出现了新的变化。

二、西德对美自主性的加强

从德美关系看,虽然美国没有明确阻止新东方政策的实行,但两国越来越不能保证步调一致。1973年4月,美国提出"欧洲年"计划。按照尼克松的想法,美国和西欧将结成新的伙伴关系,在全球性问题和经济问题上相互协调政策;美国要尊重西欧盟国的主权,西欧则要克服地方主义;美国继续对西欧实行核保护,而西欧则要在常规防务中分担责任。彼时正在华盛顿访问的勃兰特表示,西德不准备接受美国的建议,而是想把同东西方发展的关系保持下去;另外,西德正集中精力于欧共体建设,推动其进一步向西欧联合的目标发展。在同年10月爆发的中东战争和石油危机中,西德担心自己的能源供应遭到更大的威胁,一改以往在中东问题上追随美国的态度,与法国的立场保持一致,抵制美国的政策。所以,西德并不急于同美国谈判新的大西洋伙伴关系问题。② 勃兰特的这种态度与法国蓬皮杜总统是一致的,"欧洲年"计划最终未能完全按照美国的意愿实现。③

20世纪70年代中期施密特执政后,作为西方第二经济大国,西德争取平等伙伴的权利、力图摆脱美国控制的倾向进一步增强,特别是当美国的政策严重损害西德利益时,施密特政府进行了适当的抵制。④ 因此,德美的矛盾有所上升,这比较突出地体现在军控和经贸两个领域中。

对于缓和背景下的美苏军控谈判,施密特总理从联邦德国和欧洲的生存利益出发,主张在保持现有均势水平的前提下,东西方通过谈判均衡地裁减军备,抑制军备竞赛,这就是他所说的"通过条约裁减军备——一个历

---

① 〔英〕理查德·克罗卡特:《50年战争》,王振西主译,北京:新华出版社,2003年,第301页。
② 于军:《相对平等的伙伴——新东方政策时期的德美关系》,《天津师范大学学报(社会科学版)》2003年第5期,第13—14页。
③ 参见本书第四章第三节的有关内容。
④ 崔大鹏:《施密特的均势战略思想刍议》,第5页。

史性机会"。① 施密特提出,一面准备部署中程导弹,一面同苏联进行谈判,以达到同苏联低水平的军备平衡。这一武器部署与谈判同时进行的建议后被北约接受,被称为"双重决议"。但"双重决议"并未能消除美国与欧洲盟国之间的分歧,如美国主张先部署后谈判,西欧则希望先谈判后部署。1982年7月,美苏关于限制欧洲中程导弹部署谈判的代表提出一个试探性的"林中散步方案"。该方案对于美国来说,可以部分实现其在西欧部署中程导弹的计划,减少苏联SS-20导弹数量;对于苏联来说,可以阻止它担心的美国潘兴Ⅱ导弹的部署;对于西欧国家来说,可以增强它们的安全感。对于这样一个较为合理的折中方案,美国政府却在没有和西欧盟友磋商的情况下就拒绝了,这引起西德极大的愤懑,认为这是美国独断专行的表现。

在经济领域,德美的分歧比勃兰特执政时更趋明显。1977年卡特政府要求西德像日本那样,实行刺激经济更快扩张的政策;西德则拒绝美国的要求,明确表示要防止通货膨胀对自身经济产生不利影响。施密特还非常反感美国采取"弱势美元"的政策,因为这使得德国马克在货币市场中不断升值,造成了西德的出口困难。② 此外,由于20世纪70年代到80年代西方经济出现危机,美欧之间的贸易战、货币战以及关于西德核技术出口等问题,都严重影响了德美两国的经济关系。

从总体上看,德美之间矛盾的发展表明了西德的国家地位有了实质性的提高,它可以在一定程度上和美国成为相对平等的伙伴,并可以在战略、安全以及经济等问题上进行争辩和竞争。尽管如此,西德这种对美平等和自主的地位是相对的,是指在西方阵营中更为平等地为自身利益争得发言权,并不是争取摆脱美国乃至像法国那样尝试挑战美国的强势和权威。美德之间在战略、政治和军事上有很多相互补充的共同利益。譬如,施密特总理一方面批评美国在政治、经济、军事等方面居高临下的操控者地位,另一方面依然强调"我们之所以感到安全,是因为大西洋联盟保卫着这个均势,为此我们把我们全部的政治和军事力量都放到了西方的天平秤一边了。……同美国的伙伴关系仍然是大西洋联盟的核心。它符合共同的生

---

① 〔联邦德国〕赫尔穆特·施密特:《伟人与大国——施密特回忆录》,第105页。
② Scott Erb, *German Foreign Policy: Navigating a New Era*, p. 64.

命攸关的利益"。① 另外，由于美国在战后就将自己一系列的意识形态、政治制度和社会价值观输入了它所管辖的占领区，这就使后来发展起来的西德在这些方面比其他西欧国家更为趋向美国。因此，双方虽然有尖锐的矛盾，但都被双方小心地置于一定限度内，就像施密特所承认的那样，德美间的矛盾是"属于家庭内部的争吵"。

第四节 平衡战略的发展和两德的统一

20世纪70年代末至80年代中期，由于苏联入侵阿富汗，东西方关系重新恶化，缓和结束。美国意识到苏联试图通过对西欧进行核威胁，迫使它们同意苏联的利益和安全要求。因此，为了巩固和加强西方同盟的力量，整个80年代美国对于自己与西欧盟友的关系非常重视。美国宣称，北约仍然是欧美同盟的基石，而欧洲共同体乃是跨大西洋关系的经济基础，旨在把跨大西洋的合作与欧洲一体化进程结合起来，从而维持美国与欧洲盟国间关系的平衡。20世纪80年代中期，戈尔巴乔夫上台后提倡所谓的"新思维"和改革，同时调整对外政策，不再把与美国以及西方的和平共处看作阶级斗争的特殊形式，而是将其转变成国内政治经济改革的一种和平的外部环境。② 戈尔巴乔夫的"新思维"和政策变化使东西方关系再度转向缓和。

联邦德国由于新东方政策的推进而逐渐取得了较大的外交主动权，但在冷战的大背景下，与其他西欧国家一样，它的安全以及外交政策很大程度上还不得不受到美苏两大国的博弈和妥协的影响。而在科尔上台时，国际形势对联邦德国不利。一方面，自20世纪70年代下半叶以来美苏核军备竞争持续不断；另一方面，里根政府意识形态化的反苏政策以及扩军计划加剧了冷战。联邦德国被迫追随美国的对抗政策，这必然危及德苏20世纪70年代初期所建立的和解基础，势必影响德苏政治关系、两德之间的交流以及西德自身的安全和经济利益。③ 在这样的处境下，科尔政府继续

---

① 崔大鹏：《施密特的均势战略思想刍议》，第4页。
② 周琪、王国明主编：《战后西欧四大国外交（英、法、西德、意大利）1945年—1980年》，第356页。
③ 洪丁福：《德国的分裂与统一：从俾斯麦到柯尔》，台北：台湾商务印书馆，1994年，第312页。

把忠于大西洋同盟作为西德安全的基础,①确立以平衡战略为核心的外交政策方针。即一方面依赖美国,强调美国在欧驻军和核保护的不可替代性;另一方面致力于加强大西洋同盟内部的欧洲支柱,促进欧美之间平等伙伴关系的发展。这种平衡战略不仅使西德经受住了东西方对抗升级的考验,而且当两德统一的历史机遇来临时,西德政府能够不失时机地纵横捭阖于东西方之间和同盟内部大国之间,最终完成了国家统一的历史大业。

一、美法之间的外交平衡

立足于大西洋联盟、依靠美国核保护和北约集体防御以维护自身安全,这是阿登纳时期就奠定和坚守的德美关系的基石。而科尔政府比其前任更加强调这种与美国的友好同盟关系,尤其表现在这一时期北约在西德部署中程导弹的问题上。

如前所述,美苏核裁军谈判是涉及德美关系以及欧洲安全的重大问题,施密特执政后期对美国不顾德国的利益直接与苏联打交道的做法明显不满。科尔政府继承了施密特的东西方低水平军备平衡立场,支持北约"双重决议",要求两个军事集团均衡裁减军备。他还坚持西方的"零点方案"的目标,即美苏全部放弃在欧洲的陆基中短程导弹系统,并提出建立军备控制委员会,召开欧洲裁军会议。按照"双重决议",如果美苏谈判不能达成协议,西方将于1983年年底在联邦德国部署96枚巡航导弹和108枚潘兴Ⅱ式导弹,以此迫使苏联撤走其已经部署在东欧的SS-20导弹。1982年和1983年科尔总理访美时都同意在联邦德国领土上部署美国的中程导弹②,其不仅在欧洲与法国密特朗政府一道支持美国的政策,而且极力消除美国对西德国内一度高涨的中立主义的疑虑,以显示与美国保持战略上的一致。③

1983年3月,里根总统宣布美国将构建基于空间导弹防御体系的战

---

① 朱忠武:《联邦德国总理科尔》,成都:四川人民出版社,1997年,第101页。
② 朱忠武:《联邦德国总理科尔》,第106—110页。
③ 周琪、王国明主编:《战后西欧四大国外交(英、法、西德、意大利)1945年—1980年》,第344—345页;连玉如:《新世界政治与德国外交政策:"新德国问题"探索》,第316—321页;潘琪昌:《走出夹缝——联邦德国外交风云》,第271—273页。

略防御计划,即"星球大战计划",旨在保护美国免遭苏联洲际弹道导弹的袭击。① 该计划在欧洲被视为一柄双刃剑,支持者认为它是西方安全的保障,并可以促成裁军;反对者则认为这一计划在技术上不确定、不现实,可能激发东西方科技和军备的又一轮竞赛,影响东西方关系的缓和,从而危害西方的利益。② 对于科尔政府来说,它面临的困难是:如果不同意这一计划,德美关系将受到威胁,而维持这一关系乃是西德的核心安全利益所在;如果同意该计划,德苏关系的缓和又会不可避免地受到破坏。③ 科尔政府最终决定将正在日内瓦进行的东西方限制核武器谈判与这一计划挂钩,即将日内瓦谈判结果作为其支持此计划的前提,希望以此促进美苏之间的核军备裁减。

确实,对于处在东西方对峙前沿的西德来说,美苏之间的核裁军谈判是一个非常敏感的问题。美苏的核军备竞赛会增加西德首先成为核战场的危险,但核裁军又使西德担心美国将从西欧撤走驻军,或用西德和西欧的利益同苏联做交易。1984年一整年联邦德国都在为促成美国与苏联坐到谈判桌前而进行外交上的努力,次年3月美苏双方终于在日内瓦恢复中断了一年多的正式谈判。为促进协议达成,1987年6月,科尔政府宣布赞成裁减中程导弹和中短程导弹的两个"零点方案"。但西德的潘兴IA导弹成为谈判的障碍。美国认为这些导弹属于第三国武器系统,不应该包括在美苏谈判中,但苏联对此态度强硬。西德因此受到来自美苏双方的压力,为促使双方谈判达成结果,西德做出让步,最终决定有条件地拆除这些导弹。④ 因此,科尔政府虽然坚定地支持美国,但仍希望与苏联缓和关系。⑤

在与美国保持良好关系的同时,科尔政府外交战略的另一个重心是维护西德与法国的欧洲轴心关系,并通过与其他欧洲国家的经济政治合作来

---

① Scott Erb, *German Foreign Policy: Navigating a New Era*, pp.80-81.
② Robert A. Monson, "Association Star Wars and Air Land Battle: Technology, Strategy, and Politics in German-American Relations," *German Studies Review*, Vol. 9, No. 3 (Oct., 1986), p. 602.
③ 洪丁福:《德国的分裂与统一:从俾斯麦到柯尔》,第313—315页。
④ 朱忠武:《联邦德国总理科尔》,第111—115页;周琪、王国明主编:《战后西欧四大国外交(英、法、西德、意大利)1945年—1980年》,第366页。
⑤ 1987年6月15日,美苏签署根据"零点方案"达成的《美苏消除两国中程和中短程导弹条约》,即《中导条约》,它规定在全球范围内消除美苏所有陆基中程和短程导弹。

获得在国际关系中足够的影响力。① 在德法的共同努力下,20世纪80年代两国关系发展到一个新阶段,双方的合作得到了深化。

一方面,德法以双方合作为核心推动欧洲的联合,促进欧洲共同体事业的发展。科尔总理曾这样评价欧洲的联合以及德法在其中的作用:"德国与法国必须一起建立一个欧洲联盟的坚固核心——这个联盟不仅是共同市场,还是价值的共同体,基于自由的民主体制、法律规则和国家的社会责任。"② 从20世纪80年代的发展来看,举凡在英国的共同体预算争端问题、西班牙、葡萄牙加入共同体问题,1984年年底围绕葡萄酒的农业问题等一系列问题上,欧共体成员国能取得一致意见都与法德两国的彼此协调分不开。③ 两国还与英国等其他成员国合作,1986年共同推动《单一欧洲法案》的通过,为欧洲大市场的建设铺平了道路。

另一方面,德法领导人在双方的防务合作上取得突破。从彼时的战略形势来看,如果美国的"星球大战计划"真的施行,那么有可能会导致美国和西欧国家的防务发生脱离,英法所拥有的独立核力量降低其原有的战略意义,这就使得包括西德在内的西欧国家都感到怀疑。在这种背景下,德法达成协议,两国将安全方面的对话制度化,双方成立联合军事委员和工作小组,并决定两国国防部长和外交部长每年会晤两次,讨论安全和防务问题,以协调战略观点,互通情报,并在生产、部署及使用法国战术核武器方面进行磋商。④ 1986年2月,双方建立巴黎—波恩热线以便就安全与防务问题进行商讨。1988年1月,德法防务和安全委员会的创建进一步加强了双方的磋商与合作机制化。⑤

但是,尽管这一时期西德努力与大西洋两岸的两个最重要的盟友美国和法国都保持和发展较好的关系,它还是遇到了20世纪60年代出现过的外交与战略选择问题:是参与美国的"星球大战计划",还是参与法国提出的欧洲尤里卡计划?20世纪80年代初,西欧国家已经感受到在高新科技

---

① Lothar Gutjahr, *German Foreign and Defense Policy after Unification*, London: Pinter Publish Ltd., 1994, p.43.
② Scott Erb, *German Foreign Policy: Navigating a New Era*, p.116.
③ 周琪、王国明主编:《战后西欧四大国外交(英、法、西德、意大利)1945年—1980年》,第369页。
④ 朱忠武:《联邦德国总理科尔》,第118页。
⑤ Scott Erb, *German Foreign Policy: Navigating a New Era*, pp.82-83.

合作领域其能力越来越落后于美国和日本,它们意识到西欧联合起来应对高科技发展的挑战的重要性,而法德合作正是这一联合的重要核心和动力。1985年4月,密特朗在法国内阁会议提出建立"欧洲研究协调机构"的建议,即尤里卡计划。其宗旨是在西欧范围内建立一个在法律和财政上具有自主权的机构,用以协调各参与国的高新技术开发和研究活动,进行合作攻关。① 6月,德法对该计划进行讨论并达成协议,7月该计划正式诞生。

密特朗的尤里卡计划与美国的"星球大战计划"这两个战略计划的目标和利益是有很大冲突的,法美两国也由于要推行各自计划而相互不满和竞争,这就使西德政府在该问题上一度面临尴尬的选择。一方面,联邦德国深知美国对其安全保护的重要性,但随着国力逐渐增强,它不愿再完全跟着美国跑或是单纯依赖美国的保护;但另一方面,法国的实力及其始终存在的恐德心理使西德不可能指望法国能提供可靠的安全保障。在其最终选择中可以看出,西德仍将自身安全托付给美国方面,科尔总理表示完全支持美国的防御计划,并主张西欧国家也都参与这一计划,以使各国能获得技术进步的"红利"。对于尤里卡计划,西德最初并没有表现出比对美国"星球大战计划"更大的兴趣。② 西德的这种态度引起了法国的不满。但德美之间的协定签订后,"星球大战计划"由于1986年美国"挑战者"号航天飞机的失事而推迟,美国在技术方面的先进神话也由此被打破。作为一个欧洲国家,西德进一步意识到,发展欧洲自己的科技和防务计划对自身的安全与发展具有重要意义,因此它开始逐步转向尤里卡计划。

二、走向两德统一的博弈

早在1969年,科尔就指出:"我们理所应当地是统一的德国的组成部分,正因为这样,州政府将全力支持旨在尽早结束我们祖国分裂的政策。"③ 1982年10月他任联邦德国总理后,表示要通过和平手段重新统一德国。虽然20世纪80年代初期大国之间的关系处于变动中,但科尔政府在某种程度上还是坚持奉行以缓和为核心的新东方政策,主动保持并试图

---

① 潘琪昌:《走出夹缝——联邦德国外交风云》,第318—319页。
② 周琪、王国明主编:《战后西欧四大国外交(英、法、西德、意大利)1945年—1980年》,第376页。
③ 朱忠武:《联邦德国总理科尔》,第195—196页。

加强与东德的关系。科尔曾表示,"鉴于大国之间所存在的紧张关系,继续进行两德的对话是对于东西方对话、消除紧张状态和在欧洲确保和平的一个重要贡献"。① 在联邦德国的主动联系和东德的响应下,两德之间这种互动关系的领域和层面都在不断拓宽和深入。

虽然两德政府内部对德国统一需要缓和与合作达成了共识,但这又构成一个悖论:"统一以缓和为前提,缓和以军事和政治上的均势为前提,而均势又以德国的分裂为前提。"② 过度强调统一会不断触及敏感的历史遗留问题,这只会恶化两德关系。所以在执政初期,科尔的目标是有限的,即希望通过政府和民间的努力,两德人民能够相互接近。

1989年11月,柏林墙开放。德国统一的问题实际上已经从一个目标发展成具有现实性的政治进程:"柏林墙的倒塌,实际上已经奠定了两德统一的大局,1990年只不过是忙于逐步完成统一的各种手续。"③ 如何利用柏林墙的倒塌以及民主德国内部剧变的契机实现统一的目标就成为科尔政府思考的重要问题。11月28日,科尔提出了实现这一目标的方针,即"十点计划"。计划的前四点主要包括内政和经济的改革和建设问题,而从第五点到第十点则涉及主要的外交政策观点与计划:联邦结构发展的目标在于建立一个联邦;两德关系必须被进一步纳入全欧发展的整体进程;欧共体应对东欧国家采取灵活开放的态度;积极推进欧安会的发展进程;加速裁军和军备控制;重新赢得德国的统一是联邦政府公开宣布的政治目标。④ "十点计划"希望通过政治、经济、社会和外交战略的多重手段为德国重新统一铺路。

实际上,冷战时期有关德国的问题从来就不仅仅是德国自己的事情,它总是能引起相关大国的注意,作为冷战结束的标志性事件——两德统一的进程也是如此。从整体上看,欧美大国的态度各有不同,变化十分微妙,但都经历了从怀疑甚至是反对到最终赞同或是默认的过程。

---

① 德新处波恩1984年9月7日电,转引自周琪、王国明主编:《战后西欧四大国外交(英、法、西德、意大利)1945年—1980年》,第378页。
② 周琪、王国明主编:《战后西欧四大国外交(英、法、西德、意大利)1945年—1980年》,第378页。
③ 连玉如:《新世界政治与德国外交政策:"新德国问题"探索》,第350页。
④ 〔德〕维尔讷·魏登菲尔德主笔,彼得·瓦格纳、埃尔克·布鲁克合著:《德国统一史(第四卷:争取德国统一的外交政策:决定性的年代1989—1990)》,欧阳甦译,北京:社会科学文献出版社,2016年,第80—81页。

第五章 周旋于美法之间的联邦德国

作为西方阵营的盟主,美国开始时并不支持西德仓促地谋求统一。美国人存在着矛盾心理:一方面,如果是以联邦德国为主的方式统一德国,那就说明民主德国已经成功地被和平演变并融入西方世界;但另一方面,德国可能会因为统一而变得强大,这对于欧洲原有力量格局的冲击又使美国十分担心。但在科尔提出"十点计划"后,美国认识到统一的大趋势已定,遂提出关于德国统一的四项条件:德国统一必须在两德人民自决的基础上;必须维护西方盟国的利益,按西方的条件实现统一;统一应纳入整个欧洲稳定与发展的进程;维护欧安会和欧洲现存的边界。① 美国在对待德国统一的问题上要考虑到一些关系和利益的平衡:首先是自身的利益;其次要考虑欧洲盟国的承受能力和实际利益;最后也必须考虑到苏联的利益和态度。正因如此,美国就必须节制德国的行动,以保证整个欧洲的稳定。美国最终赞同德国统一的原因,在于它认为它能从未来强大、民主和统一的德国那里获得较好的利益回报,而且战后西德基本上是按美国的意愿重塑的,美国相信德国将会是一个稳定的民主国家。西方学者认为,实际上到1989年美国已认为德国是美国在欧洲最重要的盟友,其地位甚至超过英国。②

法国对于东欧剧变和德国统一问题也极为关注。对于德国的统一进程,法国人最初十分反感和恐惧。二战后德国分裂,法国觉得威胁消除,推行与联邦德国缓和的政策以获得一些好处:借助联邦德国的经济实力,带动自身经济发展;形成法德轴心,有利于法国在欧共体中发挥主导作用;冷战时期联邦德国成为法国的屏障,有利于法国的安全。③ 但如果德国统一,它就可能在经济和政治上都成为法国的竞争对手。然而,德国统一已是大势所趋,由于法国的外交政策建立在与德合作的基础上,如果法国反对统一,那么就将在整体上破坏其与德国的关系。④ 法国的态度在不断改变,密特朗在公开场合多次宣称"统一的愿望对德国人来说是合法的"。⑤

---

① 刘金质:《冷战史》(下),北京:世界知识出版社,2003年,第1473—1475页;Detlef Junker, ed., *The United States and Germany in the Era of the Cold War*, 1945-1990: A Handbook, Vol. 2: 1968-1990, p.105.

② Detlef Junker, ed., *The United States and Germany in the Era of the Cold War*, 1945-1990, a Handbook, Vol. 2: 1968-1990, pp.108-109.

③ 萧汉森、黄正柏主编:《德国的分裂、统一与国际关系》,第416页。

④ Geir Lundestad, *The United States and Western Europe since 1945*, p.235.

⑤ 萧汉森、黄正柏主编:《德国的分裂、统一与国际关系》,第415页。

但是,这种赞同实际上是有条件的,法国要求德国的统一要与欧洲一体化进程同步进行,要遵守战后国际条约,要与其他大国(美、英、法、苏)协商并取得一致意见后才可以,也反对德国变得立场中立。① 从根本上说,法国后来的态度与美国是相似的,都认为德国统一是合法目标,但实现这一目标的同时,必须保持欧洲的稳定。与美国一样,法国将德国的统一与德国的走向联系起来考虑,将统一后的德国放在国际组织的制度框架中加以控制。区别在于,美国的重点是将德国牢牢地置于北约组织之中,法国的重点则是用欧共体框架限制住德国。② 英国并不愿看到一个统一的强大德国出现,以免打破"大陆均势",但随着东德政局的急剧发展以及其他大国态度的变化,撒切尔夫人才认为对德国问题"没有理由再有保留了",但仍反对仓促地统一。

为了有效地掌控德国统一进程,美国提出"4+2"方案,即四大国加上两德,它们必须共同、平等地参与有关德国统一外部问题的讨论和谈判。苏联、英国和法国则认为两德应排除在外,即"4+0"方案。联邦德国认为,两德之间解决统一是问题的关键,也就是说,在谈判机制的表述中不应该把四大国放在前面,所以提出"2+4"方案,这就强调了"两个德国在统一道路上的领导作用,从而避免了四大国拥有过于强烈影响的印象"。③ 联邦德国和美国在方案选择上达成一致,美国又说服了英国和法国,后又获得了苏方的同意。1990年2月,北约和华约外长在渥太华举行"开放天空"会议,通过了关于解决德国统一的"2+4"方案。1990年5月在波恩召开首次"2+4"会议,通过制定新的国际条约取代战后关于德国问题的条约,确认德国将重新统一。后在同年6月、7月和9月又先后召开了三次"2+4"会议。在此期间,各大国就德国的联盟归属问题、边界问题等方面的分歧展开了频繁的外交接触和谈判。1990年9月的莫斯科会议上签订了《最终解决德国问题的条约》,10月1日几大国共同发表联合宣言,宣布从10月3日两德正式统一,终止对德国的权利与义务。④

---

① Geir Lundestad, *The United States and Western Europe since 1945*, p. 235.
② 牛军:《战略的魔咒:冷战时期的美国大战略研究》,上海:上海人民出版社,2009年,第335—336页。
③ 〔德〕维尔讷·魏登菲尔德主笔,彼得·瓦格纳、埃尔克·布鲁克合著:《德国统一史(第四卷:争取德国统一的外交政策:决定性的年代1989—1990)》,第177页。
④ David F. Patton, *Cold War Politics in Postwar Germany*, pp.134-137.

第五章　周旋于美法之间的联邦德国

二战后德国的分裂是东西方冷战和大国冲突的产物,德国的统一也是大国博弈和外交协调的结果。当然,德国的统一与联邦德国自身的努力和适当的外交方式也是分不开的。科尔政府深知美国在两德统一中的主导作用,紧紧依靠美国的支持和帮助,同时在东西方的权力争斗以及西方内部的利益分配中巧妙地寻找着平衡,以渐进的方式最终使几大国都接受并愿意通过合作与协调的方式帮助其推进统一的进程。统一的德国改变了东西方在欧洲的军事战略均势和欧洲的政治格局。作为冷战结束的一个标志,德国的统一预示着欧美关系以及欧洲内部关系将迎来一个新的时代。

本章小结

二战后,德美关系是跨大西洋关系中的一个重要组成部分。由于对苏冷战的迫切需要,美国及其盟国推行分裂德国的政策,在德国西占区建立了联邦德国,力图将其纳入西方阵营,而阿登纳"基民盟"政府与此相呼应,奉行"一边倒"的外交方针,使西德成为西方对抗东方的前沿阵地。在彼时的冷战背景下,如果说依靠美国的安全保护不仅是西德政府也是其他西欧国家的唯一选择,进而在外交和战略上形成美主欧从的跨大西洋关系结构的话,那么不同的是,西德的"一边倒"使其对美国的安全依赖显得更为突出。正如施密特总理所说:"德意志联邦共和国从它诞生迄今的近40年中,已经历了六任政府首脑。……他们中没有一个曾有片刻忘记过,我国的安全归根结底取决于美国支持其欧洲盟国的战略和意愿。"[①] 从西德建立之初一直延续到冷战结束,德美关系的这种格局深刻地影响着西德政府的对外政策,严重限制了西德外交自主的空间。同时,对西德的约束也是西方冷战体制双重结构性功能的表现,即除了对抗苏联,美国及其盟国也需要通过制度安排防范作为战败国的德国的潜在威胁或倒向东方集团。

冷战期间以不对称安全依赖为基石的德美关系一直得到了西德政府的小心维系,它始终不渝地主动支持美国的冷战战略和外交行动,竭力维护美国在西欧的军事存在和大西洋同盟的正常运行。如1966年北约危机

---

① 〔联邦德国〕赫尔穆特·施密特:《伟人与大国——施密特回忆录》,第114页。

中，西德在法美之间做出支持后者的选择而不惜冒疏远前者的风险。当西德的外交政策与美国的大战略保持一致时，美国也会对其予以鼓励和支持，在德法共同倡导和推进西欧一体化、消除两国宿怨的问题上即是如此。但是，随着经济复兴和实力增强，西德的外交自主性趋向不断发展，德美龃龉开始增多，特别是当涉及跨大西洋关系或欧洲的法德轴心时，它们的矛盾变得错综复杂。然而，无论是阿登纳对多边核力量计划失败的不满，还是勃兰特政府推行的新东方政策引起美国的疑虑，比起苏伊士运河危机或者戴高乐的公开挑战，双方的矛盾还是被有效地限制在可控的低烈度范围内，而其原因往往在于西德的妥协或顺从。这种状况与其说是西德外交的务实灵活所致，毋宁说是德美不对称的权势结构的逻辑效应和别无选择的结果。

下篇

延续与挑战：后冷战时代的欧美关系

导　言

　　20世纪80年代末90年代初,以两德的重新统一、东欧剧变和苏联解体为标志,二战后以东西方对抗为特征的两极冷战格局瓦解。冷战结束后,美国成为唯一的超级大国,一超多强的新的世界力量格局形成,而多极化被认为是大势所趋。在上述大背景下,随着新欧洲的崛起,欧美权势结构也相应地出现了重要的变化。冷战期间欧洲作为一个整体,凝聚自身力量的主要途径是欧洲一体化,而冷战结束给欧洲一体化提供了历史机遇,其进程不仅得到了延续,而且获得了深化和长足发展。继欧洲大市场建立,1993年欧洲共同体转型为欧洲联盟,至新千年来临之际欧盟又成功地实现了其建立经货联盟的目标。与此同时,欧盟的范围也在迅速扩大,通过十多年数轮的东扩,它已经成为拥有28个成员国且内部生产总值与美国不相上下的庞大经济体。而随着一体化的深入发展和经济实力的壮大,欧洲人加强了自我认同,将"民事—规范性力量"界定为欧洲的身份和国际角色,使欧盟在世界舞台上的地位和影响显著提升。因此,如果仅仅从经济实力和政治影响来看,冷战结束后至今,虽然大洋彼岸的美国仍然维持着唯一世界超级大国的地位,但相比之下,欧洲与它的实力差距在不断缩小,甚至看上去已经逐步具备了与美国相抗衡的力量。

　　那么,上述变化是否足以导致欧美权势结构的根本性改变呢? 现实是欧洲自身在两个方面存在着严重缺陷:一方面,冷战后欧洲的军事力量并没有随着其经济政治力量的增长和国际影响力的提升而有相应的发展,硬实力的不足仍然是欧洲的短板,以致其对美国主导的大西洋同盟的安全依赖依旧存在。另一方面,欧盟成员国的多元利益诉求造成其内部的分歧,它们难以真正用"一个声音说话",欧盟的对外影响力受到严重制约。2003年伊拉克战争问题上欧美纷争与欧洲内部"老欧洲"和"新欧洲"的分歧相交织便是突出的一例,及至2016年出现了英国"脱欧"的挑战,这也许是欧盟的性质所决定的一个"结构性悖论"。因此,如果说冷战后欧洲还是"经济上的巨人、政治上的侏儒"已属夸大其词,因为欧洲凭借其经济实力和内部整合在国际政治舞台上的地位已今非昔比,但以综合实力来衡量,美强欧弱的权势结构仍然是一个客观存在。

然而,尽管在某种意义上冷战后欧美关系的发展仍然大致处于与冷战期间同一权势结构总体框架之中,但这种结构毕竟已经并仍在发生有利于欧洲的变化,而冷战后的世界力量格局也已发生了更大的变化,即多极化趋势不断加强且不可逆转。在这种背景下,如果说冷战期间美主欧从的跨大西洋关系已经不断受到西欧的冲击,那么冷战后欧美之间在多领域的利益博弈有增无减,欧洲焉能甘心继续臣服于美国?这样,欧洲如何看待和应对其冷战初期"邀请"来的美国便成为一个既重要又复杂的问题。

从跨大西洋关系的欧洲层面来看,战后初期西欧之所以"邀请"美国充当西方的霸主,是因为其面临着严重的双重安全威胁,即东方苏联集团的扩张和欧洲内部德国的东山再起。但是,西欧一体化已经化解了法德宿怨,而随着冷战的结束及苏联的解体,来自东方的安全威胁本应不复为悬于欧洲人头顶的"达摩克利斯之剑"。可是,俄罗斯的地缘政治军事存在仍然是欧洲的心病,新加入欧盟的一些东欧国家尤其如此。北约和欧盟的持续东扩又引起了俄罗斯的强烈反弹,也引发了欧洲的担忧,这在2014年发生的乌克兰危机中得到了具体体现,克里米亚被并入俄罗斯则加剧了这种忧虑。冷战结束后北约是否有必要存续的问题虽然同时引起了欧洲和美国的高度关注,但欧洲内部看上去分歧更大,欧洲建立自己独立防务甚至加强北约自身军事能力的计划知易行难、步履蹒跚。北约之所以不仅继续存在而且进行了东扩和强化,从欧洲方面来看,显而易见是因为俄罗斯对欧洲仍具有潜在的威胁以及20世纪90年代其面对波黑战争、科索沃战争时的力不从心。对大西洋同盟的"路径依赖"以及"搭便车"的现实收益,加上美国维持其主导的北约的强烈意愿,使得欧洲对美国这位"霸主"欲拒还迎。

冷战后欧洲仍然接受,甚至离不开美国的安全保护,可是其内涵毕竟不同于冷战时期了。一方面,欧洲对变化了的世界形势下国际安全的认知异于美国,对安全威胁的处理方式也有不同。在冷战期间,欧洲是冷战的主战场,欧洲人主要关注的是欧洲的安全;欧洲之外的冲突往往涉及美苏争霸,但西欧国家更担心的是它们的升级是否会影响欧洲自身的安全。冷战结束后欧洲疆域内的冲突首先引起了欧洲人的不安和介入,这可以理解为欧洲安全的应有之义,而在渐次爆发的如海湾战争那样的地区冲突中,欧洲追随美国并展开了所谓的"域外使命"。然而,无论在海湾战争还是巴尔干战争中,欧洲与美国之间对于各自卷入战争的目的和方式的分歧已经暴露了出来。而对于"9·11"恐怖袭击后的伊拉克战争,引发大西洋同盟危机的"老欧洲"与盟主美国的矛盾,不仅源于双方对恐怖主义威胁的不同认知,更是前者对于后者单边主义强烈不满以及价值观差异的反映,因而动摇了它们对美国霸主角色的信心。此外,欧洲对美国安全保护的可靠性越来越不放心。冷战期间,随着美国对苏战略的变化和美苏关系的缓和,欧洲人就表现出对美国核保护伞可靠性的重重疑虑;冷战后美国的战略重心转向亚太,欧洲人一直放心不下,当奥巴马政府提出"重返亚太"战略时,他们就担心这意味着美国对欧洲的忽视。2019年特朗普政府退出冷战期间与苏联签订的《中导条约》则使欧洲人忧虑来自俄罗斯的核威胁可能复活,加上特朗普对欧外交的咄咄逼人,导致法德领导人再次强调欧洲"战略自主"和建立自己的欧洲军队的必要性和紧迫性。总之,对于"邀请"来的美国霸主,冷战后欧洲人的双重心态表露无遗。

另一方面,美国则对于欧洲分担安全责任的不力越来越感到不满。按照"霸权稳定论"的说法,霸主国通过提供"公共产品"来维持国际秩序的稳定,① 国际安全体系也是一种"公共产品",但其同盟国享受了这种产品却没有承担相应的责任,这会造成所谓的"搭便车"现象。其结果是霸主国维持原有的或提供新的公共产品的意愿下降,从而造成霸权的衰落、国际秩序的不稳定,因此需要"霸权后合作",即享受公共产品的国家应该共同维护它。② 冷战期间美国就对西欧国家"搭便车"多有抱怨,指责它们依赖美国的保护而不愿增加自己的防务开支和责任,是"自私""狭隘"的表现,但碍于对苏冷战的需要,美国充当了所谓的"仁慈的霸主",并未施加更大的压力。冷战结束后,美国与欧洲在北约责任分担问题上的分歧愈益严重,

---

① Charles P. Kingdleberger, *The World in Depression: 1929-1939*, Berkeley: University of California Press, 1973; Robert Gilpin, *War and Change in World Politics*, England: Cambridge University Press, 1981.

② Stefano Guzzini, *Realism in International Relations and International Political Economy: The Continuing Story of a Death Foretold*, London and New York: Routledge, 1998, pp. 143-146.

尤其特朗普总统公开指责欧洲,霸主不再"仁慈"了。

冷战后,欧美关系在经贸领域同样表现出合作依旧但纷争增加的态势。虽然欧美经济依然高度依存,但冷战后欧洲人对于美国制度性霸权的约束愈益不满,经贸关系中的矛盾和摩擦相较于冷战时期有增无减,要求改革美国主导的国际货币金融体系的呼声高涨。不同于冷战时期的是,冷战后欧洲多少不再像冷战时期那样直接面临俄罗斯的安全威胁,经济全球化和世界多极化趋势不断推进,而欧洲一体化的长足发展使得欧洲已经拥有更为强大的经济实力,所有这些因素使得欧洲人在与美国的经贸纷争中有了与其抗衡的底气。面对特朗普政府的施压,欧洲领袖们敢于喊出欧洲人的命运应该"掌握在我们自己手中"[①]的呼声(这种呼声不是第一次,但这次似乎不同以往),这不啻向美国的霸权地位发起了挑战。

欧洲对美国霸权的挑战还扩大到包括伊朗核问题、气候变化等地区性和全球性问题上。然而,迄今为止欧洲的挑战显得甚为谨慎,这不仅是一个"请神容易送神难"的问题,而且在于欧美之间仍然维持着不对称的权势结构,更为重要的是它们之间合作的收益对双方来说都是主要的、难以忽视的。当然,调整跨大西洋关系使之趋于平衡是欧洲人的政治诉求,而习惯于霸主地位的美国会更乐于维持美主欧从的结构,美欧关系中的合作和纷争因而还将相应地延续下去。

[①] 《默克尔回应特朗普,称欧洲人掌握自己的命运》,新华网,2017年1月17日。http://www.xinhuanet.com//world/2017-01/17/c_1120331471.htm.

第六章　北约的转型和东扩：
欧美同盟的存续

"……北约乃欧洲安全的关键和美国参与欧洲事务的主要机制，欧洲的团结端赖它所起到的作用。北约正在改变其内部结构，以便为欧洲承担更重要的职责。……北约现在对更多的国家有着越来越大的吸引力，因为它正在应对欧洲及其他地方的新挑战。"[①]

——美国国务卿玛德琳·奥尔布赖特

冷战的终结翻开了欧美关系的新篇章。冷战期间欧美关系是建立在以美国为首的跨大西洋反苏军事同盟——北约组织的基础上的，参加同盟的西欧主要国家都将对美国的安全依赖视为其对外政策的基石。但是，共同应对外部安全威胁既是任何同盟的主要目标，也是其存在的理由，当苏联和华约集团的解体使得美欧共同的外部敌人看上去从此消失时，欧美关系的新篇章就需要首先回答这一问题：对手已然不存，同盟何去何从？确实，彼时大西洋两岸的美国和欧洲国家都对这一问题进行了热烈的讨论。然而，冷战结束一直延续至今的事实是，北约不但没有解体，反而在新形势下有了新的发展空间。本章将从理论和实践上探讨北约存续的原因，并通过论述北约的适应性转型和范围扩大的过程，探讨冷战后的美欧安全关系的变化。

---

① Madeleine Albright, "Enlarging NATO: Why Bigger is Better?", *The Economist*, Feb. 15, 1997, pp. 19－21.

第一节　冷战后北约存续的动力分析

冷战结束后,北约究竟会向何种方向发展,这一问题成为当时国际关系学界论辩的热点。德国学者贡特·赫尔曼等总结了当时学术界对北约前景的讨论,认为可能存在三种发展状况。第一,这个军事同盟将继续承担成员国安全政策协调机制架构的功能,但不会扩张其成员国和改变其根本任务。第二,随着敌对阵营的消亡,北约成员国之间对冷战后的共同安全问题或存在分歧,从而逐渐瓦解或名存实亡;成员国安全政策将重新由各国自主制定,北约的规范原则将无法再约束成员国。第三,北约将改变军事同盟性质,以扩大目标任务与扩张成员国的方式得以延续。除传统的集体防御任务外,国际维和的境外军事行动是北约可以承担的责任,扩充成员国可将原敌对阵营的中东欧国家纳入防御体系之中,对于防卫该区域安全具有重大意义。[①] 从冷战后北约的发展来看,它的存续超越了纯威胁均衡论的范畴,也不完全同于赫尔曼的任何一种预测,而是在维持原同盟性质下进行功能转型,凸显出同盟在新环境下继续存在的可能性。

一、理解北约存续问题的理论视角

关于北约存续的讨论与解释涉及诸多国际关系理论的视角。由于新现实主义和新自由主义两大主流理论范式对于同盟和国际组织的讨论相对比较成熟,并且两者都侧重国际体系层次,北约存续问题作为两个大理论的研究对象相当适合。此外,20世纪90年代后逐渐发展起来的社会建构主义可以从国际体系与国家的互动角度来解释和预测北约的未来发展。

(一)新现实主义:悲观的预测

现实主义的均势理论和威胁均衡理论认为,国家之间结成同盟的根本动因是制衡军事强权或威胁;如果一个军事同盟赖以生存的外部威胁消失,这个同盟也将随之解体。经典现实主义的代表人物汉斯·摩根索提

[①] Gunther Hellmann and Reinhard Worf, "Neorealism, Neoliberal Institutionalism, and the Future of NATO," *Security Studies*, Vol.3, No.1, 1993, pp. 3–4.

出,同盟的持久性建立在成员国相互利益一致的基础之上。① 国家在面临外部威胁挑战时,要么是与其他国家结盟以反对具有优势的威胁,要么是与引发危险者结盟。② 新现实主义延续这一思想,并以国际无政府状态作为分析出发点,认为安全是国家对外政策的首要动因和目标,通过维持稳定的国际结构从而获得自身的安全。新现实主义代表人物肯尼思·华尔兹认为,两极国际结构的变化影响不同国家提供安全的方式③,最终促使它们加入的安全组织发生一定的变化。进一步说,冷战后国际结构发生了变化,作为安全组织的功能、性质也会发生相应的变化。冷战时期成立的北约是一个政治军事同盟,这种同盟的建立基于抵制共同的外部威胁,从而寻求安全。换言之,同盟更依赖于外部环境,而不是同盟的内部特征。所以随着苏联的解体和华约的解散,欧洲地区的两极对峙局面不复存在,维系大西洋紧密同盟纽带的外界压力减弱或消失,同盟原有的历史使命已经完成,北约已经丧失了继续存在下去的基础,也应该随之解体。此外,欧洲地区的力量分配也发生了新的变化。统一的德国力量迅速上升,有可能成为欧洲地区新的一极,新国际政治结构的出现,使得欧洲处于一种不稳定的状态,而北约面临分崩离析的前景将是不稳定的表现之一。然而,新现实主义理论显然无法解释冷战后北约存续及扩展的事实,它把这种现象理解为大国实力的推动,特别是美国力量的发展,旨在有效压缩俄罗斯的权力空间,限制俄罗斯恢复传统势力范围的机会。总之,现实主义着眼于国际权力结构变化以及国家层面的需求,认为美国、欧洲大陆国家以及俄罗斯三者之间实力的对比与互动关系是决定北约存续与否的主要因素。

(二)新自由制度主义:制度的延续性

自由主义强调北约可以通过调整和转型发挥更大的作用,即北约存续与否在于制度本身。自由主义范式是以国际合作、相互依存为主旨的思想体系,认为国际机制是化解国际无政府状态的有效手段。经济相互依赖只是和平的必要条件,而不是充分条件,能不能产生和平,最终取决于国际制

---

① 〔美〕汉斯·摩根索:《国家间政治:寻求权力与和平的斗争》,徐昕等译,北京:中国人民公安大学出版社,1990年,第241页。

② Stephen M. Walt, *The Origins of Alliances*, Ithaca and London: Cornell University Press, 1987, p.17.

③ Kenneth Waltz, "Structural Realism after the Cold War," *International Security*, Vol. 25, No. 1, Summer, 2000, p. 5.

度的效用。① 新自由制度主义学者认为,如果没有外来因素的影响,国际机制会稳定地自我延续下去,但是机制会变迁,其主要根源是其他网络制度和规范或许会介入特定的组织形态,从而影响国际机制的性质。② 根据这一理论逻辑,同盟从本质上说是一种国际制度,其持续的时间和力量一定程度上取决于制度的特点及内外影响因素;由于同盟为其成员提供能够分享的利益,只要同盟内部的制度是发展的、完善的,同盟客观上就应该永久性存续。从这种视角来看,冷战的结束不仅没有使北约消亡,而且能够使其继续生存并发展下去,正是制度力量发生着作用:北约是一种安全制度,尽管欧洲安全格局发生了改变,但制度仍有较强的稳定性与延伸性,而且美欧国家都是成熟的民主国家,美欧之间存在着高水平的经济相互依赖。新自由主义强调冷战后的北约将以三种方式来适应环境的变化:一是将利用已存的机制,应付新的挑战;二是对现成的制度框架加以修正,以应付新的问题;三是与其他非成员国建立关系。北约在冷战之后的继续存在与它的功能转换是密切相关的,尽管北约成立之初是一个非常明确的针对苏联和东欧国家的军事集团,集中体现了现实主义的权力政治观;但在冷战后期,北约的发展已超越了原来的单一军事目的,开始承担更多的功能和任务,形成了一个政治军事组织。它在冷战期间所建立起来的一套议事规则和程序,已成为应对新的环境挑战的资源,北约并没有因环境的变化而发生急剧的变化。但是,新自由制度主义无法回答同盟应该采用怎样的制度才有利于同盟的发展、制度怎样决定及影响同盟的未来。

(三) 社会建构主义:规范与集体认同型安全文化

社会建构主义对冷战后北约的存续提出了另外一种安全文化的解释,即共同的价值和规范认同决定了同盟的发展。③ 社会建构主义的安全观建立在行为体的规范与认同基础上,认为安全利益是一个社会建构的过程,一个不断被发现、认识的过程,国际共同体和组织把它们的构成规范和价值传授给了国家和社会。同盟中建构而成的共享规范、制度和价值观维

---

① Robert O. Keohane, *After Hegemony:Cooperation and Discord in the World Political Economy*, New Jersey: Princeton University Press, 1984, p.183.
② 罗伯特·基欧汉、约瑟夫·奈:《权力与相互依赖》(第三版),门洪华译,北京:北京大学出版社,2002年,第57—58页。
③ 彼得·卡赞斯坦:《国家安全的文化:世界政治中的规范与认同》,宋伟、刘铁娃译,北京:北京大学出版社,2009年,第372—377页。

系着同盟的存续和发展,而同盟的扩展被看成是一个国际组织社会化的过程。北约东扩意味着北约将自身的行为规范、价值观通过社会建构的过程使中东欧国家接受,中东欧国家通过学习北约的规范与价值观并内化为自身的行为规范,形成对北约的认同并得到北约的认可。施默芬宁认为,如果一个国家分享共同体的价值观和规范,它就可能被一个国际组织接纳为成员。内化的过程越快,它成为国际组织的成员也就越早。① 如果这种进程加速内聚,就极有可能推进集体身份的形成。因为正如温特所言,集体身份指行为体在基本组织形态、功能、因果权力等方面具有相同性。行为体根据将他们构成群体的特征视彼此为同类,并极有可能加大相互依存的程度,加强他们的共同命运。②

从建构主义的视角来看,北约是一种具有规范和价值的共同体,有着特定的规范与认同。它以成员国所共享的自由价值和规范为基础,个人自由、公民自由和政治权利是共同体的集体身份。对于北约后来的东扩,社会建构主义认为这是为了促进和加强这一地区的自由价值、和平和多边主义,旨在建立一个区域安全共同体。③ 但该视角对于北约同盟内部成员国对诸多政策的意见分歧以及某些成员国在北约组织之外另寻共享安全利益等现象,缺乏解释力度。

二、影响北约存续的主要因素

上述主流国际关系理论从各自的角度对北约存续问题进行了阐释,尽管各有其合理性,但它们的重点不同。下文将结合各家之长,依照冷战后国际形势的变化,从国家行为体的单元层次上分析影响北约存续的主要因素,包括探讨在该问题上美国和欧洲各自的认知和利益诉求及其对跨大西洋关系的影响等。

冷战结束之时,欧洲和世界政治经济的格局和发展趋势都在发生重大变化,它们不仅影响着国际体系演变的方向,而且直接作用于跨大西洋关

---

① Frank Schimmelfennig, "NATO Enlargement: A Constructivist Explanation," *Security Studies*, Vol. 8, No. 2, Winter-Spring, 1999, pp.198 – 234.
② 亚历山大·温特:《国际政治的社会理论》,秦亚青译,上海:上海人民出版社,2008年,第342—344页。
③ 彼得·卡赞斯坦:《文化规范与国家安全——战后日本警察与自卫队》,李小华译,北京:新华出版社,2002年,中文版序言。

系内涵的变化和扩展。第一,随着东西方冲突的结束,参与国际政治的行为体不断增加,它们之间不同模式的合作和冲突范围大为拓展,国际危机和战争频发。尽管美国成为世界上唯一的超级大国,但其霸主地位仍不断受到挑战,而欧洲国家尤其大国也面临着本地区或相邻地区冲突和战争的考验。第二,国际关系中经济和贸易议题的重要性上升,而安全议题的地位相对下降。相应地,美欧关系的合作重点发生了转移,防务和安全政策在跨大西洋关系中的重要性不断减弱,而经贸和政治关系逐渐受到重视。第三,冷战期间的东西方意识形态冲突逐渐失去意义,东西欧地缘政治的分野消失,东西欧的融合成为新的关注点,填补东欧的国际政治真空、重塑与东欧的关系成为美欧的共同利益所在。第四,经济全球化和区域经济一体化成为世界发展的一种趋势。传统国家主权观念受到冲击,基于共同利益的国家间的经济合作方兴未艾,一些关系人类共同利益的全球性问题的严重性也逐渐显现出来。为适应上述冷战期间所未有的国际局势的变化,作为西方世界的两大主要行为体,欧美迫切需要调整相互的关系,这也构成了双方处理北约存续问题的宏观背景。

具体来说,大西洋同盟得以存续的现实因素主要有如下几点:

(一)美国护持霸权的意志

美国坚持维系大西洋同盟的意志是北约存续的首要因素。斯蒂芬·沃尔特在《同盟的起源》中指出,同盟能够存在的主要原因是其对美国的优势地位有利,通过拥有卓越潜在能力和能力强大持久的同盟,美国能够保证其全球地位。[1] 亨利·基辛格、汉斯·摩根索、乔治·凯南等现实主义大师在他们关于同盟的论述中也指出,诸如北约的同盟需要一个像美国这样重要的领导者,肩负起保护同盟成员及反侵略的重任。[2] 一般来说,同盟领导者有这样几个特点:第一,同盟领导者是在同盟中占据主导地位的、拥有相当实力和国际威望的国家,或通过承担绝大部分同盟义务,或通过威胁惩罚不忠诚者来阻止同盟的解体。第二,这个领导具有管理的意愿和支配的能力。第三,同盟领导者的能力与同盟经受外界压力的冲击成正

---

[1] Stephen M. Walt, *The Origins of Alliances*, pp. 281–285.
[2] Henry Kissinger, "Some Aspects of American Foreign Policy," *Pakistan Horizon*, Vol. 62, No. 1, January, 2009, pp. 125–133;汉斯·摩根索:《国家间政治:寻求权力与和平的斗争》,徐昕等译,北京:中国人民公安大学出版社,1990年;George Kennan, "After the Cold War: American Foreign Policy in the 1970s," *Foreign Affairs*, Vol. 51, No. 1, Oct., 1972, pp. 210–227.

比。可以说,美国是北约的领导者,北约基本由美国这个超强国家所支配,如果北约继续存在符合美国的国家利益,那么它就会发挥其影响力,主导同盟存续及扩展的走向;反之,北约的继续存在就很难实现。冷战结束后,美国从地缘政治和安全这两个维度设计和部署国家战略,而维持美国在同盟中的霸主地位则是实现其战略的核心。布热津斯基在《大棋局》里声言,控制欧亚大陆是美国取得全球主导地位的主要基础,美国和古老帝国的统治一样,面临三大地缘政治上的任务——防止附庸国家相互勾结并保持它们在安全方面对帝国的依赖性;让附庸国保持顺从并维持向它们提供的保护;防止野蛮民族联合起来。①《大棋局》公开说出美国政策精英们为保持美国唯一超级大国的地位,将怎样对付欧盟或欧亚大陆国家的想法,强调了同盟对美国全球战略的重要性,尤为重要的是,要确保欧亚大陆无力发展独立的国防力量,或者仍处于美国掌控的北约安全架构之内。因此,对美国来说,北约是美国重塑欧洲的战略工具之一,美国维护自己的霸权地位离不开北约的存续。

由于霸主的存在,北约是一种实力结构严重不均衡的同盟体系。美国作为同盟老大,拥有难以撼动的主导权,其他盟国虽然在某些情境下对美国起到某种制衡作用,然而从冷战一直延续到冷战后的事态表明,它们没能从根本上改变这种霸权型不对称同盟体系的基本结构和运作方式,美国继续拥有同盟发展的主导权。本质上,该同盟中大国和小国的关系是一种主导性与辅助性的关系。首先,实力是决定成员国在同盟中地位的关键。其次,同盟的主导国和协同国在利益上必然体现出主从之分,协同国的利益必须服从于主导国的利益,其自身利益的体现必须置于共同利益之下,而绝不能从中剥离。② 换言之,虽然北约中的其他盟国并非经常处于下风,甚至不是完全处于被迫按照美国意志行事的境况,但实力不济终归是捉襟见肘、独木难支。因此,同盟内部权力分配结构的现实状态迫使北约欧洲盟国不得不在抱怨和愤愤不平的情绪波动后继续牵手北约和美国。

(二)欧美的共同利益:应对传统与非传统安全

同盟的存续必须平衡负担与收益的关系。利斯卡认为,结盟实际上是

---

① 〔美〕兹比格纽·布热津斯基:《大棋局:美国的首要地位及其地缘战略》,中国国际问题研究所译,上海:上海人民出版社,2007年,第33—34页。
② 王帆:《美国的亚太联盟》,北京:世界知识出版社,2007年,第156页。

已经对利弊进行了比较,特别是将参加该同盟的利弊与参加其他同盟的利弊以及不参加同盟的利弊进行了比较。① 换言之,同盟的存续在于预期收益大于所负担的成本。在一个不对称的同盟体系里,如果说盟主的意志很大程度上决定了同盟的存续,但也并不意味着其意志所内含的利益与盟国的利益相悖;恰恰相反,双方利益本质上的一致性是霸主意志得以实现、同盟能够存续的一个基本条件。从平衡收益与负担的角度看,如果消除外部威胁仍旧成为同盟的共识或利益所在,且继续超出成员国经权衡为此承受的负担,那么该同盟的延续就成为主基调。冷战后,欧洲所处的外部环境虽然变化了,以前的主要威胁因素消失了,但仍面临着多方面的新威胁及新挑战。除了欧洲潜在多极化因素带来的不稳定,东欧的社会和政治动荡以及俄罗斯潜在的危险依然存在,北约仍然具有比较完善的集体防务功能,其成员国仍然需要该同盟继续为它们国家的安全防御任务服务。可以说北约仍是欧洲集体防务的主要提供者,这种地位和作用仍具有不可替代性。这一点决定了北约在冷战后国际格局发生重大变化后仍有用武之地,且能够继续存在和发展。冷战后美军继续留驻欧洲以及欧洲对于北约存续的探讨也从另一方面反映了美国和欧洲对于自身安全的深切关注。

  冷战后北约能够继续存在的另一个基本条件是自身的改造和转型,以适应冷战后欧洲安全的新形势和新特征,应对多元化的安全威胁,主要涉及传统安全威胁和非传统安全威胁。布赞等学者最初认为,存在性威胁是一种宽泛的安全威胁范畴,主要涉及军事、政治、经济、环境、社会等领域。② 虽然布赞在此并未直接从传统安全和非传统安全视角对威胁来源进行划分,但也大体上将威胁范围从传统军事威胁层面扩大了,即非传统安全威胁——非军事武力的安全威胁。这一转变具有两个显著特征:一是主权的边界被突破,主权性威胁转换成了生存性威胁;二是安全领域被拓展,从军事安全、政治安全拓展到了一切与国家安全、人的安全及社会安全相关的领域。③ 对北约而言,传统安全威胁的内容包括苏联解体后的不安全因素、新兴大国崛起的挑战,以及化学、生物及核武器为少数"不友好"国

---

  ① George F. Liska, *Quest for Equilibrium: America and Balance of Power on Land and Sea*, Baltimore: Johns Hopkins Press, 1977, p.30.
  ② 巴瑞·布赞等:《新安全论》,朱宁译,杭州:浙江人民出版社,2003年,第30—32页。
  ③ 余潇枫、王江丽:《非传统安全维护的"边界"、"语境"与"范式"》,《世界经济与政治》2006年第11期,第57页。

家获得后的安全隐患等;非传统安全威胁指代的是恐怖主义、跨国犯罪、网络袭击、气候变化等全球性安全议题。在欧美盟友看来,传统安全威胁和非传统安全威胁的独立作用或交织融合,都迫切需要各盟国继续借助北约的平台并推动其转型,以更好地维护同盟成员国的共同利益。

应该说,威胁转移或扩散是促进欧美盟国继续聚集在北约旗帜下的巨大动力。因为无论是新的传统安全威胁,还是像恐怖主义袭击等带有跨国和不确定色彩的非传统安全威胁,完全依靠一国的努力来应对,已经凸显出严重的不足。即便作为盟主的美国,也不可能在全球化的今天仅凭本国的力量,解决诸如恐怖主义袭击等带来的挑战。对于欧洲盟国来说,情况更加鲜明,因为对于直接或间接的安全威胁,它们单独应对的能力严重不足,只有继续依靠北约这个有效的组织和制度,才能有效地执行集体防御和域外危机管理的使命。北约为其盟国提供的共同安全保障得到了成员国的肯定和支持,这是北约生命力得以延续的重要基础。

(三)欧洲内部安全的需要:防范统一后的德国

鲍德温指出,新现实主义视角下的安全是国家追求的首要动机和目标。[1] 布赞也指出,安全的底线是生存。[2] 可见,安全是国家利益的一种关键指代,是国家制定对外政策的基础。因此,国家对于安全利益的追求仍然是冷战结束后欧洲国际政治的发展趋势。就同盟而言,其成员国有各自的利益目标,谋求国家利益的最大化是每一个成员国的现实选择。所以,北约内部某一成员国的利益目标与其他成员国的利益目标是否一致,无疑会对北约的存续产生较大影响。事实上,每个成员国在国际政治中都有着本国的特殊利益目标,而由于国际政治更多地表现为大国间政治的特性,所以同盟中大国之间的关系影响着同盟的发展。

从欧洲内部安全来看,东方的威胁消除后,欧洲国家最为担心的是统一后的德国是否会成为欧洲新的安全威胁。因此冷战刚一结束,欧洲国家对德国的防范心理便有所显现。德国的统一打破了西欧原有的安全的地缘结构,重新面对一个统一而强大的德国,法国表现出的忧虑是理所当然

---

[1] David Baldwin, "The Concept of Security," *Review of International Studies*, Vol.23, No.1, January 1997, pp. 5–26.

[2] Barry Buzan, "New Patterns of Global Security in the 21st Century," in William Olson, ed., *The Theory and Practice of International Relations*, 1994, p. 207.

的本能反应。因为历史悲剧一直是法国人挥之不去的梦魇,而限制德国也一直是二战后法国国家安全战略和欧洲安全战略的核心环节,即便当苏联成为西欧压倒一切的安全威胁,而法国加入跨大西洋同盟后,法国人对德国威胁的看法"也从来没有完全消失"。① 法国面临的挑战是,欧洲的地缘安全结构因为德国的统一和冷战的结束而改变了,那么冷战中形成的北约双重安全机制是否会随之失效? 密特朗政府固然在设法通过欧洲的进一步联合来约束德国人,但维持军事安全的正式制度安排仍然是不可或缺的。同时,英国人对德国统一的不安也是易于理解的。作为有着奉行均势外交传统的国家,英国一向不希望欧洲大陆出现一个占据绝对优势的国家,而德国的统一似乎有往此方向发展的趋向。英国顾虑的是,重新统一后的德国可能凭借欧洲大陆腹地的优越地理位置和称雄欧洲的经济实力而改变欧洲安全的基本格局和现有秩序,野心勃勃地寻求一种欧陆主导权。如若那样,英国对欧洲安全事务的影响将被严重削弱,而且伴随着德国的重新崛起,英国在欧洲政治中的地位也会进一步边缘化。

欧洲内部对德国重新崛起的忧虑似乎并没有传染给大洋彼岸的美国,后者的反应相对乐观。在美国看来,两德的统一预示着冷战的终结,它标志着美苏争霸以所谓"和平演变"的方式落下帷幕。这一结局不仅应验了西方国家的"不战而胜"和宣告了遏制战略的最终胜利,而且使得美国成为真正意义上唯一的世界超级大国。弹冠相庆之际,美国人自然不会忘记犒劳长期的、坚定的盟友——一直处于冷战前沿的联邦德国,支持德国统一是美国国内的主流观点。不过,美国政府也清醒地看到,支持德国统一虽然是大前提,但更要时刻观察德国统一后的实际行动及其地缘政治影响。从某种意义上说,在北约内部,德国的统一之所得,可能就意味着英法等国利益之所失。这种此消彼长的逻辑已经潜在地影响着美、英、法等北约大国针对德国的策略选择,如推动欧洲一体化进程以捆绑德国,将美国和北约的保护作为接受德国统一的条件,等等。为了避免陷入争夺相对收益的"内斗",美国及其欧洲盟国至少在一点上达成共识,即美国必须在欧洲继续扮演重要角色,而这种重要角色的桥梁便是北约。如此看来,加上对俄罗斯的防范,作为冷战期间跨大西洋关系中的一种主要安全制度,北约的

---

① Helga Haftendorn, et al., eds., *The Strategic Triangle: France, Germany, and the United States in the Shaping of the New Europe*, p. 12.

第六章 北约的转型和东扩：欧美同盟的存续

双重安全结构功能在冷战结束后仍可发挥其防范俄罗斯和德国的作用；而且只要这两国地缘政治的现实或潜在的重要性足以影响欧洲的势力均衡，作为制衡机制的北约似乎也会持续存在下去，只不过该双重结构的功能内涵和作用方式在不断发生变化，以适应时代的变化。

（四）欧美共同的价值观和较强的集体认同感

跨大西洋同盟基本符合多伊奇关于多元安全共同体的概念条件要求：决策群体具有相互包容的价值观，可以预知彼此的行为且密切合作、相互呼应。[1] 这些条件与主流建构主义理论的基本观点也存在一定的类似性。后者普遍认为，国家共同体主要有三个基本特征：一是共同体内的成员国拥有共有的认同和价值观；二是成员国之间能够进行多方位的直接的互动关系；三是共同体表现出一定程度的互惠和利他主义。这种共同体不是靠武力强制或专注于物质收益的考量，而是以非武力的观念互动与集体认同的塑造为前提。观念互动及集体认同的过程实质上就是群体意识或"群我"的一部分意识，就是社会身份或集体身份，使行为体具有护持自身文化的利益，意味着行为体把群体的幸福本身作为目的。[2] 审视现实可以发现，冷战的终结不仅没有终结西方共同体的价值观，还将这种共同体的价值观扩展至东欧以至苏联解体后的国家，意图创造由自由民主国家组成的"和平联邦"。[3] 同时，按照"民主和平论"的基本逻辑，这些民族国家相互之间和平相处，不打仗或很少彼此开战。[4] 民主国家之间的交往互动密切了联系，开辟了集体认同的新境界。

如果从上述建构主义的视角来考察，北约在其存续进程中确已呈现出部分共同体现象。换言之，跨大西洋盟国之间存在某种共同的价值观和较强的集体认同感。北约成员国基本上都是西方民主国家，并且共享维持政

---

[1] 詹姆斯·多尔蒂、小罗伯特·普法尔茨格拉夫：《争论中的国际关系理论》，阎学通、陈寒溪等译，北京：世界知识出版社，2003年，第560页。
[2] 亚历山大·温特：《国际政治的社会理论》，第328页。
[3] 彼得·卡赞斯坦：《国家安全的文化：世界政治中的规范与认同》，第37页。
[4] 有关"民主和平论"的主要代表著述，可参见：Bruce Russet, ed., *Grasping the Democratic Peace, Principles for a Post-Cold War World*, Princeton, NJ: Princeton University Press, 1993; Christopher Layne, "Kant or Cant, The Myth of the Democratic Peace," *International Security*, Vol.19, No.2, Fall 1994, pp. 5-49; Michael W. Doyle, "Kant, Liberal Legacies and Foreign Affairs," *Philosophy and Public Affairs*, Vol. 12, No. 3, Summer 1993, pp. 205-235 等。

治生活的自由主义价值观,因而北约是一种多元安全共同体,其成员国在相互同情和忠诚的基础上相互负责,从而产生一家人的归属感、信任感和体贴感,有能力预测彼此的行为,并根据预测结果采取协调行动。[①]

基于身份认同的共同体意识是理解冷战后北约存续的一种视角,然而它的解释力是有限的,因为大西洋同盟内部成员国之间的共同价值观和身份认同并不能规避它们之间的矛盾。这种矛盾不仅存在于冷战期间,冷战后欧美盟国之间围绕北约问题的纷争不断以致出现危机,甚至价值观认同本身也受到质疑,而价值观分歧则被一些学者视为欧美摩擦和冲突的深层原因,如罗伯特·卡根所称的"美国人就像来自火星,而欧洲人来自金星"。[②] 换言之,跨大西洋关系中既存在着身份和价值观认同的一面,也存在着分歧的一面。仅仅强调认同的一面无助于全面理解像北约存续这样重大而复杂的问题,还需要考虑共同面对的威胁、同盟的结构、同盟的转型等因素,甚至应视其为更重要的现实性因素。

总之,冷战后的北约既是一个应对外部和内部潜在威胁的同盟,又在某种程度上凝聚了跨大西洋关系中长期累积起来的某种集体认同感。冷战的结束以及苏联的瓦解似乎证明了北约复合角色的重要价值,坚定了美国及其欧洲盟国对同盟的信心,从而使北约的延续和扩大上升为它们主观上的选择。

第二节　北约转型与欧美关系

冷战结束初期,美国政府对于北约存续的讨论较为敏感和担心,因为北约的继续存在和美国维持对北约的领导权非常重要,这不仅是美国对欧洲的地区安全和欧洲国家对外政策施加影响的需要,也是帮助美国处理欧洲范围以外的事务、保障美国全球利益的重要保证。实际上,由于前述原因,大西洋两岸关于北约是否需要继续存在问题的争论并没有持续多久,

---

① Karl W. Deutsch, et al., *Political Community and the North Atlantic Areas: International Organization in the Light of Historical Experience*, Princeton: Princeton University Press, 1957, p.129.

② 罗伯特·卡根:《天堂与实力:世界新秩序下的美国与欧洲》,肖蓉、魏红霞译,北京:新华出版社,2004年,第2页。

第六章 北约的转型和东扩：欧美同盟的存续

如何推进北约的转型，使其功能和机制适应冷战结束后国际格局的变化成为跨大西洋关系中迫在眉睫的课题，欧美之间为此经历了对话协商和政策调整。从时间上看，这一过程主要有两个阶段：一是冷战结束至2001年"9·11"事件爆发前，可视为北约适应性调整阶段；二是"9·11"事件之后，这是北约深度转型阶段。从内容上看，北约变革既涉及它自身功能和机制的变化，包括其军事、政治、民事等方面的调整或创新，又涉及北约地缘战略空间的扩大，主要是北约的东扩。本节主要论述冷战后北约安全战略的变化、自身功能和机制的调整与创新，以及围绕相关问题美欧之间的博弈等，下一节专门讨论北约的扩大问题。

一、北约的新战略及其适应性调整

尽管冷战结束后北约是否需要继续存在的问题引起了广泛的关注，但是跨大西洋同盟的领导人彼时自然心中有数，就是美国不会放弃而欧洲也难以放弃这一经受冷战考验的跨大西洋安全同盟制度。因此，在北约未来发展的方向和前景尚不明确的情况下，美国及其欧洲盟友的首要任务就是增强其存在的合法性：一方面继续发挥美国主导下的北约的军事集团功能，另一方面逐步增强它的新政治安全功能。在此背景下，北约的适应性调整在多维领域陆续展开。

（一）1991年"危机反应战略"：以双边和多边安全合作为手段，建立开放性的泛欧合作体系

冷战后北约以往的主要敌人不复存在，如何面对苏联卫星国是首先要解决的问题。因此，北约调整的主要目标是处理与原华沙条约组织成员国的关系。1990年7月，北约首脑会议在伦敦举行，会议主要议题是调整北约战略，发挥同盟的政治作用，并部署一系列的措施：一是强调发挥欧安会在欧洲事务中的作用；二是调整北约军事战略；三是协调对苏联和东欧政策；四是推动欧洲常规裁军谈判的进程。[①] 北约尝试着一面与原华约成员国"化敌为友"，一面拓展其职能，从军事政治组织逐步转为政治军事组织。

---

① "Declaration on a Transformed North Atlantic Alliance," Issued by the Heads of State and Government Participating in the Meeting of the North Atlantic Council ("The London Declaration"), 05 Jul. 1990 – 06 Jul. 1990, https://www.nato.int/cps/en/natohq/official_texts_23693.htm?selectedLocale=en.

1991年5月,北约国防部长会议决定用"全方位应付危机战略"取代"前沿防御战略",大幅度精简部队,组建一支由7个军组成的主力防御部队、一支7万人的快速反应部队和各成员国武装力量组成的后备部队,以构成北约新的三层防御体系。① 这就改变了北约在冷战时期集体防御的核心使命,将北约的运作空间和职责使命拉入适应冷战后新形势的多元轨道。1991年11月,北约首脑罗马会议出台以"预防冲突和危机处理"为主要任务的"全方位危机反应战略",正式提出将北约与原华沙条约组织国家的合作与对话纳入新战略文件中。②

北约首脑罗马会议的召开标志着冷战结束后北约第一次重大战略调整的完成。危机反应战略出台前,以美国为首的北约普遍认为,北约在冷战后仍旧有存在的价值,北约国家所面临的安全形势不容乐观。首先,俄罗斯仍是北约安全的潜在威胁;其次,极端民族主义成为北约安全的现实威胁;最后,核武器和核扩散将成为北约关注的重要问题。上述情况表明,冷战后的欧洲爆发大规模战争、核战争的概率微乎其微,但局部战争、武装冲突仍将出现,其他类型的危机也会给欧美同盟成员国的安全带来挑战。有鉴于此,危机反应战略应运而生,其核心内容包括"威慑""反应"和"战而胜之"三方面。第一,欧美同盟强调"威慑"的作用,准备以一支高效率的北约一体化部队对敌人实施"威慑",以防止危机的发生;第二,在"危机"出现前兆时,运用政治手段、经济制裁或军事压力作出"反应",及时消除危机或防止危机升级;第三,假如战争不可避免,欧美同盟将打一场现代化的局部战争,实现"战而胜之"。③

大西洋同盟采取危机反应战略后,经过一系列的适应性调整,北约的面貌发生了较大的变化:首先,通过理顺军事一体化指挥系统的内部关系,精简了程序,北约军队的反应能力有所提高;其次,欧洲的地位有所提升,西欧同盟被纳入北约参与解决地区危机的框架;再次,北约的政治功能得

---

① "Final Communiqué," 28 May. 1991–29 May. 1991, https://www.nato.int/cps/en/natohq/official_texts_23864.htm? selectedLocale=en.

② "The Alliance's New Strategic Concept," Agreed by the Heads of State and Government Participating in the Meeting of the North Atlantic Council, 07 Nov. 1991–08 Nov. 1991, https://www.nato.int/cps/en/natohq/official_texts_23847.htm? selectedLocale=en.

③ "The Alliance's New Strategic Concept," Agreed by the Heads of State and Government Participating in the Meeting of the North Atlantic Council, 07 Nov. 1991–08 Nov. 1991, https://www.nato.int/cps/en/natohq/official_texts_23847.htm? selectedLocale=en.

第六章 北约的转型和东扩：欧美同盟的存续

以夯实，北大西洋合作委员会的建立、"和平伙伴关系"计划的出台、域外使命的参与等大大超出了冷战时期北约的主要职能。

1991年12月，北约与原华约国家成立北大西洋合作委员会，决定加强在安全领域的合作。北约将自己的核心使命定为在欧洲地区"维护地区稳定""预防危机"。① 1992年4月1日，原华沙条约5国、独联体11个成员国以及波罗的海三国同北约15个成员国的国防部长在布鲁塞尔举行首次会晤，就共同关心的安全问题展开磋商。同年，北约决定帮助欧安会执行欧洲边缘地带的维和使命，从而开了在同盟防区外执行类似危机管理任务的先河。与此次任务相伴的是北约快速反应部队（The NATO Response Force）的诞生。同年12月17日，北约决定根据联合国安理会授权，在其防区外采取相应的维和行动。1993年4月，北约在波黑实施"禁飞区"计划，走出了域外行动的坚实一步。

1994年1月，北约首脑会议通过了同原华约成员国和其他欧洲国家建立"和平伙伴关系"计划。该计划的主要内容包括：与东欧国家、苏联国家及其他欧洲国家建立和平伙伴关系；与各申请加入国进行双边谈判，商定合作的范围与内容；与伙伴国"磋商"影响它们的安全问题；与伙伴国共建联合特遣部队，执行维持和平及其他人道主义援助任务。不到半年时间，加入"和平伙伴关系"计划的国家多达21个②，此后还有其他国家加入。③ "和平伙伴关系"计划的实施大大增强了大西洋同盟的影响力，是后冷战时代欧洲各国以合作方式解决安全问题的典范，在一定程度上缓解了中东欧国家的安全担忧。"和平伙伴关系"计划受到欧洲国家的普遍欢迎，所有中东欧国家，包括俄罗斯在内的多数独联体国家先后签署了协定。随着时间推进，北约与各和平伙伴国的军事、政治联系不断扩大，为之后的北约东扩奠定了重要基础。

总体上看，北约安全合作的适应性调整包括三个方面：一是调整原有

---

① "North Atlantic Cooperation Council Statement on Dialogue, Partnership and Cooperation," 20 Dec. 1991, https://www.nato.int/cps/en/natohq/official_texts_23841.htm?selectedLocale=en.

② 按照先后顺序，分别为：罗马尼亚、立陶宛、波兰、匈牙利、乌克兰、斯洛伐克、保加利亚、爱沙尼亚、拉脱维亚、阿尔巴尼亚、捷克、摩尔多瓦、格鲁吉亚、斯洛文尼亚、阿塞拜疆、芬兰、瑞典、土库曼斯坦、哈萨克斯坦、吉尔吉斯斯坦、俄罗斯。

③ 陈宣圣：《风云变幻看北约》，北京：世界知识出版社，2009年，第51—52页。

军事机制和政治机制,使其适应新时代的要求;二是增加和设立应对新安全挑战的新机制,有针对性地解决北约发展过程中的瓶颈束缚;三是加强与西欧联盟、欧盟、欧安组织的沟通与协调,着眼于打造具有北约特色的泛欧安全合作机制,从全局视野继续主宰欧洲的安全事务。

(二) 北约1999年"新战略构想":北约传统军事功能的强化

1991年北约危机反应战略出台后,欧洲安全形势发生了较大的变化:北约东扩和全欧范围的"和平伙伴关系"计划进一步确立了以北约为核心的欧洲安全新格局;巴尔干地区战乱凸显了新的安全威胁因素,北约在该地区的维和行动对其新使命、新职能提供了重要启示和经验;欧洲一体化有了新进展,北约欧洲成员国实力和影响增强,北约必须适应"欧洲防务特性"这一新趋势;欧洲周边地区的不稳定对欧洲安全构成隐患,北约需要重新配置力量,提高处置多元化威胁的灵活反应能力;美国霸主地位进一步上升,要求北约除继续作为维系美欧关系的纽带外,还须在更大范围内充当美国的实力工具,满足其推行强权政策的利益需求。与此同时,恐怖活动及大规模杀伤性武器扩散,特别是核生化武器和导弹技术向中东、北非等地区的扩散,对北约安全形成更严峻的挑战。

鉴于上述形势变化,1997年7月北约马德里首脑会议正式决定修改1991年的危机反应战略,并委托北约常设理事会制定修改战略构想的指导方针。同年12月,北约部长理事会批准了指导方针,并委托其政策协调小组制定"新战略构想"的具体内容。1998年12月8日,北约外长理事会在比利时首都布鲁塞尔举行。在此次会议上,美欧同盟国一致认为,冷战后世界上出现了许多新的危险,大规模杀伤性武器的扩散与走私、地区性的民族冲突等,已经威胁到北约成员国的共同利益。因此,北约各成员国对新战略的基本原则达成了共识,即从"集体防御"转为"捍卫共同利益"。[1] 北约新战略雏形由此产生。

1999年是北约成立50周年。当年4月,北约在华盛顿举行第15届首脑会议,通过了面向21世纪的新战略概念。北约的新战略概念强调了五点内容:第一,北约要扩大;第二,危机处理和集体防御是北约的两大使命,

---

[1] "Final Communiqué," Ministerial Meeting of the North Atlantic Council held at NATO Headquarters, Brussels, 08 Dec. 1998, https://www.nato.int/cps/en/natohq/official_texts_25942.htm? selectedLocale=en.

即使任何一个北约成员国没有受到进攻,北约也有权使用武力;第三,北约不仅要保卫成员国的领土主权,更要维护西方的民主、自由、人权等"利益和价值观";第四,北约要执行域外使命,要从"大西洋化"向"全球化"转型;第五,北约拥有最高权力,支持个案基础上的、与其自身程序相一致的、有联合国安理会授权的或者是欧安组织下的维和与其他行动。[①] 这意味着北约的行动不必非得经过联合国安理会的正式授权。这种变化强调的是一种积极行为机制,北约从一个集体防御集团变成一个主动进攻的具有侵略性的集团。

华盛顿峰会是北约历史上一次关键性的会议,是冷战后北约对其新作用进行的一次系统、权威的阐述。然而,从1991年的罗马峰会到这次华盛顿峰会,虽然北约成员国对冷战结束后该组织总体目标的初步确定和调整达成了一致意见,但是,美国与其欧洲盟国之间在北约转型和未来发展的许多重大问题上都存在不同程度的认知差距和政策分歧,表现出冷战后跨大西洋安全关系的复杂性。

二、欧美关于北约适应性调整的主要分歧

在20世纪90年代至2001年"9·11"事件爆发前的这段时间,北约的适应性调整取得了很大进展,这不能不说是北约成员国集体努力的结果。相较于冷战时期北约相对单一的集体防御使命,冷战后欧洲乃至全球层面安全形势的复杂化,使得北约必须通过内部革新和外部职能拓展等多元综合方式获得持续存在的动力。应该说北约盟国都认识到了北约转型的这一层重要意义。然而,在达成北约拓展和延续的基本共识后,欧美之间对其适应性调整的战略方向和具体内涵有着各自不同的解释。同时,北约内部老生常谈的棘手问题又因适应性调整而重新浮现出来,它们在一定程度上影响了北约内部的团结。

第一,关于北约的任务和防区。美国认为北约在成功转型后任务范围应该扩大,不仅可以执行盟国集体防御的使命,而且要增强它的远距离力量投送能力,防区扩大至域外的任何地区。按照美国的设想,北约应承担

---

① "The Alliance's Strategic Concept," Approved by the Heads of State and Government Participating in the Meeting of the North Atlantic Council in Washington D.C., https://www.nato.int/cps/en/natohq/official_texts_27433.htm?selectedLocale=en.

全球责任,除保护和捍卫成员国主权、完整及领土不可侵犯外,还应该在防区外采取军事行动,确保欧美的共同利益。但是欧洲国家并不完全认同美国的主张。西欧虽然同意北约的防务区应该有所扩大,因为大规模杀伤性武器的扩散、海湾地区的原油供应中断或地区冲突等危机都会直接或间接对欧洲利益造成威胁,但是它们不主张北约防务无限度扩大,不愿意使北约成为美国充当"世界警察"进行全球干涉的工具。

第二,关于北约行动的授权,即北约采取干预行动是否需要联合国安理会和欧洲安全与合作组织的授权。美国认为,有联合国的授权当然更好,不过没有也可以行动。它强调北约应有"独立性"和"自主权",不一定任何行动都要获得上述两个组织的授权。英国等国基本赞同美国的意见,而法德等国与美英意见相左,认为没有授权就名不正言不顺,不宜采取行动。尊重和维护联合国的权威性同样是法国制约美国、平衡美国经常利用的武器之一。对美国在北约事务中表现出的日益明显的偏离联合国轨道,谋求世界单极霸权的趋势与现实,法国是坚决反对的。德国并不享有联合国安理会否决权的特权,但是从地缘政治的现实出发,它不愿看到因北约"越轨"而引发同盟内部的关系紧张。德国同样愿意借助联合国的授权,维持地区与世界的和平与稳定。① 不过,法国等欧洲国家并非绝对反对北约在防区外采取军事行动,它们提出应由联合国安理会授权,也并不代表其在欧洲安全问题上的根本利益与美国完全不同。事实表明,在处理科索沃危机的过程中,法国就表现得十分积极。此次会议召开的前一天,法国军队又作为北约快速反应部队首批进驻了马其顿共和国。问题的关键在于,法国及一些欧洲盟国不愿总是按照美国的利益行事,不愿总是由美国一家说了算。它们不是不想像美国那样做"国际警察",而是希望摆脱亦步亦趋的角色,力争在国际问题上有更大的发言权。

第三,关于北约的核战略。对于北约核战略问题,在北约内部有核国家和无核国家之间存在着严重的意见分歧。美国主张,北约应继续奉行"核威慑战略"。冷战结束后,世界安全形势虽发生了很大的变化,但核阴影并未消除,特别是印巴核试验后,国际核不扩散机制受到巨大冲击,国际社会对大规模杀伤性武器进一步扩散的前景感到担忧。然而,美国不仅不

---

① 乔卫兵:《北约组织与八国集团左右夹击联合国》,《世界经济与政治》2000年第3期,第17页。

准备放弃对核武器的依赖,反而设法加强核威慑的作用。美国反复强调,核战略是北约未来新战略的一个重要组成部分,不能动摇。

这一观点受到以德国为首的无核成员国的反对。1998年12月,在北约外长理事会上,时任德国外长菲舍尔建议北约放弃首先使用核武器。2004年,在德国的要求下,美国从德国撤出130枚B-61核弹。2009年10月,德国政府要求美国将核武器从德国和欧洲撤出。2010年2月26日,比利时、德国、卢森堡、荷兰、挪威五国外长向北约秘书长拉斯穆森递交公开信,代表五国政府支持建立一个无核武器的世界。① 针对德国等国关于将美国核武器从德国和欧洲撤出的倡议,2010年4月,美国国务卿希拉里·克林顿在塔林提出指导北约核武器的"五项原则":应该保持核联盟;分享核风险与核责任;继续减少核武器的数量;必须建立导弹防御系统;敦促俄罗斯增加非战略核武器的透明度。②

第四,欧美防务能力的不对称导致的同盟责任分担问题。在大西洋同盟内部,美国是能力不对称性争执的主要挑起者。冷战期间美国就对西欧国家"搭便车"甚为不满,只是碍于同盟团结以共同对付苏联的需要而没有对欧洲盟国施加更大的压力。冷战的终结为欧洲—大西洋地区带来了和平,美国和欧洲盟国竞相削减各自的军事力量。但是美国认为,欧洲盟国在缩小本国军事规模的时候,主要考虑的是如何尽快摆脱过度的军事对峙给本国经济带来的沉重负担,而大大"疏忽"了如何维持适度的国防开支以满足同盟集体防御的需要,旨在将节省下来的军事"红利"转移到发展本国的其他事业中。欧洲这种一边分享"和平红利"、一边继续"搭便车"的行为惹恼了美国。美国尽管也大幅度缩减了在欧陆的军事部署,在一定程度上减轻了本国的负担,但是当看到欧洲盟友寄希望于美国继续提供军事庇护的事实后,它认为自己有理由对欧洲盟国表达愤慨。在围绕北约是否应该继续存在的国内争论中,美国一部分持消极意见的人就提出,应该通过撤出相当的驻欧兵力,让欧洲人担负起保卫欧洲大陆安全的基本职责。

针对美国的不满和指责,欧洲盟友却表达了不同的看法,它们认为美国的抱怨显然只是一面之词。它们给出了一系列反驳理由:一、美欧盟国

---

① 夏立平、孙崇文:《论冷战后时期的北约核战略》,《欧洲研究》2012年第6期,第82—83页。

② Oliver Meier, "NATO Chief's Remark Highlights Policy Rift," *Arms Control Today*, May 2010, p. 27.

都降低了各自的防务支出。从总量上看,没有哪一个欧洲盟国的缩减数额超过美国,它们都做出了力所能及的努力,因此美国的抱怨是站不住脚的。二、美国在付出代价的同时,也收获了丰厚的利益。因为在欧洲维持美国的军事存在其实是作为唯一超级大国的美国的全球战略核心支柱之一,在这方面,美国显然更有求于欧洲盟国的鼎力支持。三、为了继续捍卫同盟的领导权,防止潜在的挑战者,避免欧洲盟国重新陷入权力政治的角斗中,特别是继续遏制潜在的对手——苏联的继承者俄罗斯,美国没有理由不继续通过盟友施展其超级大国的雄心壮志,而必要的付出其实是名利双收的。四、欧洲盟国军事力量的普遍减少有利于营造和平、发展、共同进步的积极氛围,在处理内部事务上借助非军事手段可以从根本上造福欧洲民众。五、北约的调整和变化是美国一手操作的,同时欧洲的主要盟国并不是没有做出相对独立的集体防务努力,由于欧盟在安全与防务领域中的建设不是一蹴而就的,美国不应该操之过急,而应该看到它的积极发展态势。六、域外危机本属于同盟外部事务,如今美国主导着跨大西洋同盟,并有意涉足域外危机管理,这对欧洲盟友来说既是一个机遇,又是一个挑战。在欧洲内部存在分歧的情况下,欧洲盟友在波黑危机和科索沃危机等事件上付出了努力,应对危机的能力差距固然存在,但是美国不应该无视这种努力,而应该看到其中的价值。总之,面对军事上的"能力差距",美国强调盟国成员之间的责任分担,而欧洲国家则强调"搭便车"的合理性,实质上是欧美在维系大西洋同盟的成本和收益分配上持续不断的博弈。

　　第五,欧洲安全的主导权问题。冷战期间,跨大西洋关系的稳定很大程度上取决于大西洋同盟的相对稳定,而后者的稳定又取决于外部威胁的强度。因此,尽管当初戴高乐的法国曾勇敢地向美国在北约内的霸权发起挑战,但终因受制于冷战的安全需要,并没有完全突破同盟的框架。冷战结束后,随着苏联地缘安全威胁的消失,北约的功能发生了转变,其原有作用也随之大为下降,因而关于北约领导权的问题看上去也并不突出,并没有出现其他盟国向美国领导地位发起公开挑战的激烈表现。然而,在这种看似风平浪静的外表下,欧洲国家与美国的博弈却以另一种方式表现出来,即欧洲防务是由欧洲人自己主导还是由美国人支配的北约主导?换言之,欧洲自主防务的发展是否会取代北约?

　　欧洲安全主导权之争,本质上属于美英与法德之争。如果再进一步说,可以大致看作冷战期间法美之争的某种延续。冷战结束后,欧洲国家相互之间外交和安全政策合作的意愿大大增强。在1991年签署的建立欧洲联盟的《马斯特里赫特条约》中明确提出支撑欧盟大厦的三根支柱,其中第二根即为欧洲共同的外交和安全政策。法德是欧洲安全和防务特性发展的主要推动力量,尤其是法国政府继承戴高乐主义传统,积极主张加强欧洲自身的防务力量,这引起了美国对欧洲离心倾向的担心。1996年,美国政府出台了关于"欧洲和北约安全战略"的政策性文件。该文件指出,美国支持欧洲盟友发展北约欧洲防务特性,但同时又批评法国推动欧洲防务特性的企图,认为"一些欧洲国家竭力发展欧洲安全与防务特性,但是其他国家不会增强它们采取独立军事行动的能力。针对包括核威胁在内的任何重大的威胁,欧洲国家仍将主要向美国和北约谋求安全护持"。① 显然,美国凭借欧洲国家对美国的安全依赖,力图强化自己在欧洲安全机制中的主导地位,并未雨绸缪,防止欧洲国家在加强欧洲防务特性的旗号下与美国分庭抗礼。实际上,欧美的欧洲安全主导权之争反映了在冷战结束的背景下,欧洲试图摆脱对美国的安全依赖的诉求,这是符合欧洲自身利益的战略性选择。争取主导权就是争取权力,争取权力也就意味着谋求利益,因此,主导权之争凸显的是利益变量的作用。美国允许欧洲获得一定的利益,但是不允许它过度"侵占"自己的利益,这是欧洲与美国博弈的本质所在。

然而,欧洲国家由于军事能力的不足又不得不倚重北约,因而欧洲安全与防务特性的建设就存在至今难以克服的弱点。这一事实表明,在欧洲安全问题上,欧盟和北约这两个组织受到的支持度不同和集体认同程度不同。欧盟内部经济高度一体化不能掩盖安全与防务领域中合作的有限进展。与北约强大的军事力量相比,欧盟的软硬实力建设都因内部利益的多元化和政策分歧而收效甚微。如果突发事件将欧盟推上应对安全危机的主要行为者位置,那么其能力不足的问题就会立刻暴露无遗,显然它获得的支持度不如北约。与组织内部支持度相关的一个变量就是认同程度,组织内部支持度的差异本身就是集体认同差异的一种反应。与集体认同差异有关的一个指标是时间累积上的差异。很容易看出,欧盟在第二根支柱的建设上还处于幼年阶段,而北约作为一个军事组织至冷战结束时已经存

---

① U.S. Dept. of Defense, *United States Security Strategy for Europe and NATO*, Washington, D.C.: Office of International Security Affairs, June 1995, Section 6.

在了半个多世纪,并且经受了两极格局及"一超多强"格局的考验,因此在安全领域,它的集体认同感远大于欧盟集体认同的程度,或许这也正是"霸权后合作"理论[1]所说的制度维护成本小于重构成本的缘由。

欧洲安全与防务特性建设与北约的冷战后转型是沿着不同的路径发展的,二者的机制虽联系紧密但又区别明显。作为一个"法律共同体",欧盟十分重视共同防务的制度建构,它主要通过《马斯特里赫特条约》、《阿姆斯特丹条约》、1999年科隆峰会及2001年尼斯会议等,逐步建立起欧洲共同防务的制度框架,将欧盟第二支柱的建设提升到一个新阶段。在共同安全和防务领域,欧盟开始尝试扮演独立行为者的角色。北约在这一阶段也发生了较大的制度调整和变化,其两次制定战略概念构想,与苏联及剧变后的东欧国家建立制度性联系,发展北约欧洲安全与防务特性等,为北约的欧洲支柱建设奠定了坚实基础。欧盟和北约沿着不同的制度轨道,构建了属于自身的安全机制。虽然美国试图将欧盟的安全机制纳入北约的范围内,但是这种努力的成效并不显著,安全机制上的差异甚至被认为是欧盟与以美国为首的北约组织之间最直接的分歧。

最后,在对安全威胁的认知问题上,欧洲国家与美国之间也存在着差异。欧洲国家的注意力主要集中在欧洲大陆有限区域的安全威胁问题上,冷战后初期美国和北约也考虑到这些区域安全威胁的严重性,但是从20世纪90年代后半期开始,其关注范围逐渐超越了这些区域。同时,虽然欧洲国家也与美国一样,都认识到域外危机是一种威胁,但是在处理方式上,欧盟更看重使用软实力,而美国则更偏重于硬实力的展现。

三、"9·11"事件后北约转型的发展

2001年"9·11"恐怖袭击是二战后美国遭到的最严重的打击。该事件打破了美国本土绝对安全的神话。一时间,"反恐"成为美国政府的头等大事,小布什政府"要么站在我们的一边,要么站在恐怖分子的一边"[2]之非黑即白的言论,更是将反击恐怖主义的范围和深度推向全世界。在谋划"反恐"的战略布局中,小布什政府直接组织临时性自愿联盟,先后发动

---

[1] Robert O. Keohane, *After Hegemony: Cooperation and Discord in the World Political Economy*, New Jersey: Princeton University Press, 1984.

[2] George W. Bush, Address to the Nation, Washington, DC, September 20, 2001, http://www.presidentialrhetoric.com/speeches/09.20.01.html.

第六章　北约的转型和东扩：欧美同盟的存续

了阿富汗战争和伊拉克战争,其对外安全理念越来越表现出单边主义的倾向。在此过程中,作为北约主导者的美国似乎有主动弃用跨大西洋同盟之嫌。其原因主要包括两方面:一是所谓的"老欧洲"——法德盟友对于美国的"反恐"战略有异议,它们反对伊拉克战争;二是此前北约虽然积极寻求转型,但对"和平"的标榜并不能阻止其能力及效率的降低,北约的地位与作用显著降低,似有不断边缘化的趋势。美国策略的转变一度令转型中的北约无所适从。

虽然北约的实际地位有所下降,但是美国并不真心希望北约仅仅成为其主导下的西方军事政治同盟的一个外壳。由于借助盟友之力至少需要经过同盟内的审议和较长时间的批准程序,美国更愿选择单边主义的"反恐"行动,但这并非意味着北约从此失去了存在的意义。实际上,美国关于北约转型战略的基调没有改变,即希望北约能够扩大防区至欧洲之外,共同应对全球潜在的安全威胁。需要指出的是,"9·11"事件使美国和北约领导人对威胁的认识发生了一些新变化,即从过去强调威胁的分散性和不确定性,转而强调"反恐"与核不扩散,并将其视作北约应对未来挑战的核心议题之一。

(一)"反恐"优先——"9·11"事件成为北约进一步转型的催化剂

1999年北约新战略构想的主导思路表明,除了维护欧洲地区稳定外,北约的防御区间继续外延,至少扩大到周边地区。"9·11"事件后,美国将打击恐怖主义和防止大规模杀伤性武器扩散作为本国最紧要的国家安全战略目标,并试图将本国的安全战略新重点移植到北约框架内,希望北约成员国能够认同恐怖主义和大规模杀伤性武器扩散是当时的主要威胁。[①] 2002年11月下旬的布拉格峰会上,北约以宣言形式确认"反恐"、防扩散是今后相当长一段时期内的战略目标。此外,在具体阐述核心任务时,该峰会宣言将"反恐"提升到十分紧要的关键位次。[②] 由此可以看出,北约同意接受美国的"反恐"倡议,并使同盟沿着多维转型的道路继续前进。实际上,早在"9·11"事件发生后不久,北约就明确启动了同盟集体防御的第5

---

① Kay Bailey Hutchison, "A Club Worth Joining: NATO Needs a New, Relevant Mission," The *Washington Times* (Washington, DC), May 6, 2003.

② "Prague Summit Declaration," Issued by the Heads of State and Government Participating in the Meeting of the North Atlantic Council in Prague, Czech Republic, 21 Nov. 2002, https://www.nato.int/cps/en/natohq/official_texts_19552.htm? selectedLocale=en.

条款,即将恐怖主义对美国的威胁看作针对整个北约集团的威胁①,并在声援美国的同时谋划了初步的应急预案。

(二) 推动北约军事机制的大幅度改革

2003年6月,北约成员国国防部长会议决定精简军事指挥机构,提高北约的应变能力。根据该决定,北约未来的军事指挥系统分为战略指挥部、战区指挥部和战术指挥部三个层次②,现行的20个军事指挥机构将在未来精简到11个。在战略层次上,北约欧洲盟军司令部和大西洋盟军司令部将合并为盟军作战司令部,作为北约"唯一的"最高军事行动指挥部,总部设在比利时蒙斯市。另外,北约建立一个职能性的盟军改革司令部,负责促进和监督军事改革,目标是加强培训、改善军事能力、检验和发展军事原则、通过实验评估新概念。该司令部的总部设在美国弗吉尼亚州的诺福克。在战区层次上,原有的五个战区司令部精简为两个常设联军司令部,直属盟军作战司令部。这两个战区司令部一个设在荷兰的布伦森,另一个设在意大利的那不勒斯。此外,在葡萄牙首都里斯本设立"精悍的"常设联军总部,只负责海上部署任务。在战术层次上,原有的13个下级作战司令部精简为六个,分布在德国、英国、西班牙和土耳其等国,隶属于上述两个常设联军司令部。2003年9月1日,北约欧洲盟军最高司令部正式更名为北约盟军军事行动司令部,全面负责北约所有军事行动的指挥与协调。上述一系列的机制改革旨在提高北约的工作效率,减少官僚主义。

除此以外,北约还适时调整了美国在欧洲的驻军。伊拉克战争爆发后,北约中的"老欧洲"公然反对美国,引起美国的强烈不满。战争刚结束,美国就加速把数万名美国部队撤出德国,并提出在匈牙利、波兰等前东欧国家建立新基地的计划。这种改组使美国进一步扩大了安全势力范围,并通过加强在中东欧的驻军,将美俄对峙的前沿延伸至波罗的海三国,进一步靠近俄罗斯。

(三) 构建北约军事、政治新机制

"9·11"事件发生后,为了适应反恐需要,北约增建了拥有高科技装备

---

① "Statement by the North Atlantic Council," 11 Sep. 2001, https://www.nato.int/cps/en/natohq/official_texts_18863.htm?selectedLocale=en.

② "Final Communiqué," Ministerial Meeting of the Defence Planning Committee and the Nuclear Planning Group held in Brussels on Thursday, 12 June 2003, https://www.nato.int/cps/en/natohq/official_texts_20289.htm?selectedLocale=en.

的快速反应部队,以获得应对突发事件的新的军事能力。2002年11月,北约布拉格首脑会议正式批准建立快速反应部队,并决定允许该部队对世界任何地区出现的潜在安全威胁进行先发制人的打击。① 北约快速反应部队于2002年正式组建,由陆、海、空及特种部队组成,共2.1万人。该部队能应对军事高科技、高强度战争,并且具备在接到命令后的7天内部署到世界上任何地方的能力,后续部队能在30天内到达。② 2003年11月,北约快速反应部队在土耳其南部多安贝伊军事基地举行首次反恐联合军事演习。美国、英国、法国、德国等11个北约成员国的陆、海、空三军参加演习。此次演习使北约快速反应部队初步具备了在任何时间和任何地点执行北约使命的能力。2010年1月20日,北约军事委员会发言人在布鲁塞尔宣布,北约建议乌克兰在2015—2016年间加入该组织组建的快速反应部队,乌克兰从而成为第一个加入该部队的非北约成员国。③

在提高反恐军事能力的同时,北约在政治领域有针对性地加强了与中东地区国家的反恐合作。2004年6月28日,北约首脑峰会发起了针对巴林、卡塔尔、科威特、阿联酋、沙特、阿曼等六国的"伊斯坦布尔合作倡议"(Istanbul Cooperation Initiative)。该倡议的原则包括:非歧视性、区别对待、包容性、非强制性、互补性、多样化等。合作领域涵盖:防务转型、预算、规划及民事—军事关系等方面的建议;通过军事合作促进互助性合作;反恐、反大规模杀伤性武器扩散领域中的合作;与恐怖主义、轻型武器、走私等相关的边界安全合作;民事应急预案合作等。北约政治和伙伴关系委员会负责所有合作项目的协调和实施。④

"伊斯坦布尔合作倡议"的功能主要在政治和实践维度。政治维度指

---

① "Prague Summit Declaration," Issued by the Heads of State and Government Participating in the Meeting of the North Atlantic Council in Prague, Czech Republic, 21 Nov. 2002, https://www.nato.int/cps/en/natohq/official_texts_19552.htm? selectedLocale=en.

② James L. Jones, "Transforming NATO's Military Structures," 1 January 2004, https://www.nato.int/docu/review/2004/partnership-forward/Transforming-NATO-military-structures/EN/index.htm.

③ "Weekly Press Briefing," by NATO Spokesman, James Appathurai and Briefing by the NATO Military Committee Spokesman, Colonel Massimo Panizzi, 20 Jan. 2010, https://www.nato.int/cps/en/natohq/opinions_60829.htm? selectedLocale=en.

④ "Istanbul Cooperation Initiative," 28 Jun. 2004, https://www.nato.int/cps/en/natohq/official_texts_21017.htm? selectedLocale=en.

的是政治对话以及举行高级会议；实践维度指的是扩大新伙伴关系的工具和活动空间，并要求这些国家向北约领导的行动提供资助。与此同时，该伙伴关系的多维特征自 2008 年 11 月第一次"北约理事会＋4"会议就逐步显现出来。年度实践活动目录是对伊斯坦布尔实践的有效记录。2007 年，"伊斯坦布尔合作倡议"的年度实践活动目录为 328 起，2011 年增加到 500 起左右。①

此外，2007 年里加峰会出台了北约培训合作倡议，计划在罗马北约防务学院设立"北约地区合作课程"，目的是增强合作活动的效果。2011 年 4 月，北约外长会议批准了新伙伴关系政策，原则上所有伙伴国均有权参与同一领域和同等规模的活动，这就极大地拓展了"伊斯坦布尔合作倡议"国家的活动空间。在安全领域，它们也逐渐向北约域外行动提供支持，包括阿富汗国际安全援助部队、利比亚"联合保护者行动"等。②

总的来看，反恐的需要、内部调整及新机制的出台有助于拉近或重聚北约的向心力，使其继续沿着正向、健康、和谐、融合的氛围推进。经过改造后的北约的确显现出某些与时俱进的特性，并且暂时缓和了北约盟国内部的紧张关系。然而，影响同盟发展演进的基本障碍仍未消除，主要表现在北约从一个单纯的军事同盟演变成一个成员众多的合作安全体系，由于不像传统同盟那样具有固定明确的对手，北约内部的凝聚力趋于松散，同盟关系难以保持长久稳定，特别是欧洲盟国与美国互信的根基弱化。

一方面，虽然北约的适应性调整和转型取得了一定成效，但美欧关于未来构建什么样的北约以及执行怎样的使命这一核心问题，仍然存在相互猜疑和各打如意算盘的斗争。欧洲主要盟国延续其一贯的主张，认为北约从本质上理应保持其"本土化"特色，以盟国为其安全边界，因而对美国的北约"全球化"战略多有保留。2008 年爆发的美国次贷危机造成全球金融危机乃至欧美经贸关系紧张，一定程度上降低了欧洲国家依靠北约深化合作的意愿，而美国对欧洲国家领导人的"监听门"事件又重创了跨大西洋关系中的互信根基。另一方面，从美国方面看，北约的有限调整和充实无法

---

① "Istanbul Cooperation Initiative(ICI): Reaching out to the Broader Middle East," 18 Nov. 2011, https://www.nato.int/cps/en/natohq/topics_58787.htm?.
② "Active Engagement in Cooperative Security: A more Efficient and Flexible Partnership Policy," 15 April 2011, https://www.nato.int/nato_static/assets/pdf/pdf_2011_04/20110415_110415-Partnership-Policy.pdf.

有效契合美国的战略目标和现实需要。美国人眼中的北约依然是服从美国全球战略需要,进行较大幅度重组或改进的军事、政治、民事组织,且必须具有灵敏度、机动性和前瞻性,能够随美国战略布局的扩张或收缩进行变化,而欧洲盟友狭隘的利己观无助于达成这一目标。

四、2010 年北约新战略的出台

冷战结束后 20 年间,北约已经发生了重要变化。第一,北约依然是一个集体防御性质的军事同盟组织,但除了集体防御外,又增加了维和、危机处理与预防冲突的职能。"9·11"事件后,北约将反恐战略作为首要任务,在全球范围内参与反恐斗争成为北约军事战略调整的新方向。第二,北约政治功能强化,通过"和平伙伴关系"计划、地中海对话等,北约构筑了外围合作与协商机制,强化了泛欧合作安全网络。第三,通过东扩,北约将安全版图伸展到原苏联、中亚地区,并与俄罗斯建立了新的合作机制。

但是,随着北约变革的渐次展开,同盟国内部在参与阿富汗、伊拉克、利比亚等地的域外行动中产生了越来越多的分歧,北约出现了新的困境。第一,北约的政治与军事功能之间存在一定的矛盾。随着同盟规模的扩大,北约的磋商机制和决策机制变得越来越复杂,办事效率急剧下降,在同盟运行机制内部存在着某种难以协调的矛盾。第二,冷战后北约军事战略迅速转变,但大多数欧洲盟国的防务建设跟不上北约战略变化的步伐。一个不争的事实是欧洲长期依赖美国的安全保护,防务投入严重不足。例如,2001 年美国一国的国防开支相当于所有欧洲盟国总数的 1.85 倍。这种情况造成美欧之间的能力差距,带来支出分摊问题上的争吵。①

基于国际政治环境的新变化以及同盟面临的新困境,北约开始新一轮战略新概念的酝酿和制定。2009 年 7 月 7 日,美国前国务卿奥尔布赖特领导组成了 12 人"北约新战略构想"专家小组,研究制定北约未来的新战略构想。2010 年 5 月 17 日,《北约 2020:确保安全、积极接触》报告正式出台。该报告强调了重新制定战略构想的重要性,阐明了北约到 2020 年要达到的目标与应完成的核心任务。② 2010 年 11 月 19 日至 20 日,北约首

---

① 朱立群:《北约的变化及未来发展趋势》,《欧洲研究》2003 年第 1 期,第 65 页。
② "NATO 2020: Assured Security; Dynamic Engagement," Analysis and Recommendations of the Group of Experts on a New Strategic Concept for NATO, 17 May 2010, http://www.nato.int/cps/en/SID-82A7D238-6293AB4B/natolive/official_texts_63654.htm.

脑里斯本会议通过了题为《积极参与现代防御》的"战略新概念",这是冷战后北约出台的第三份指导性文件,其意义被认为仅次于《北大西洋公约》。北约新战略构想文件的核心内容包括五个方面,除了确定2014年年底前从阿富汗撤军的时间表与强调北约的行动要更加"有效"和"灵活"外,值得注意的是以下三点:

第一,强调美欧关系的重要性。美欧之间在伊拉克战争和阿富汗战争中都暴露了严重分歧。美国一再要求北约的欧洲盟友增兵阿富汗,而欧洲国家步调相反,要求撤兵。如荷兰在2010年8月1日就撤走了大部分的驻军;北约战地指挥官要求德国增派机载预警与控制系统侦察机,但德国政府明确表示德国没有这个计划等。这种纷争曾一度恶化了美欧同盟关系,但双方互需的现实又使美欧意识到尽快化解分歧、巩固双边关系的重要意义。

第二,集中精力改善同俄罗斯的关系。报告指出,北约应与俄罗斯在核不扩散、军控、导弹防御系统、打击恐怖主义、打击毒品、维护海上安全等有共同利益的领域展开进一步合作,但在与俄罗斯积极接触的同时,也应消除成员国对俄罗斯的担心。为此,奥巴马一上台就提出"重启"美俄关系;俄总统梅德韦杰夫应邀参加了北约和俄罗斯理事会首脑会议,但是俄罗斯对北约的态度比较冷静。

第三,继续推进北约"全球化"。北约将在东欧推行的"伙伴关系"升格为"全球伙伴关系"。这就意味着,北约不仅可以在欧洲之外的南亚采取军事行动,而且可以在全球范围内采取军事行动。[1]

总之,2010年北约新战略构想继续坚持了北约领土防御的核心任务,但面对安全隐患更大、更难防备的新威胁来源,它强调北约的转变必须"更现代化""更高效化"以及"与全球伙伴的合作性更强"。[2] 新战略的主导思想是北约可以实施先发制人的打击战略,在全球展开军事行动和加强网络

---

[1] "Active Engagement, Modern Defence," Strategic Concept for the Defence and Security of the Members of the North Atlantic Treaty Organisation Adopted by Heads of State and Government in Lisbon, 19 Nov. 2010, http://www.nato.int/cps/en/SID-BE36319F-287AE13B/natolive/official_texts_68580.htm.

[2] "Active Engagement, Modern Defence," Strategic Concept for the Defence and Security of the Members of the North Atlantic Treaty Organisation Adopted by Heads of State and Government in Lisbon, 19 Nov. 2010, http://www.nato.int/cps/en/SID-BE36319F-287AE13B/natolive/official_texts_68580.htm.

战的防御和进攻能力。

北约的新战略构想主要体现了美国的战略意图,它的重心反映了北约主要在三个方面悄然发生了变化:一是地缘空间的逐步扩大;二是职能的日渐拓展;三是性质上的变化。这些变化意味着以美国为首的西方国家为干预全球事务而寻找借口,北约已经由一个防御性军事组织演变为带有进攻性的军事组织,由一个区域性军事集团转变成一个行动覆盖全球的军事集团。北约性质的变化对其本身的发展以及国际政治的影响无疑是巨大的。

北约新战略构想的出台反映了其成员国力图使该组织与时俱进地适应国际安全形势的变化,然而大西洋同盟中的共识并不能掩盖其背后的分歧。首先,欧洲盟国一以贯之地认为,北约的战略重心应紧紧聚焦于条约义务规定的防区范围之内,最多在与同盟防区毗邻地带执行必要的任务;美国则更愿意将北约打造成超越防区甚至走向全球的有效工具。其次,在北约职能上,欧洲盟国虽然赞同增加危机管理、域外行动等职能以灵活应对冷战后新安全的挑战,但又坚持北约的核心职能至少应该被继续置于核心地位,不能本末倒置,舍本求末;美国在继续承认集体防御重要性的基础上,更希望扩充北约其他方面的职能,尤其在欧洲安全形势整体缓和的情势下,美国不愿谨守集体防御而影响北约应对突发事件和危机作用的发挥。最后,"老欧洲"盟国对美国主张的先发制人性质的集体进攻存在异议。北约酝酿新战略构想之际,正值一些欧盟成员国开始实行财政紧缩与削减预算政策。改变集体防御并转而诉诸主动进攻的同盟性质,一方面必然增加盟国的防务开支,很有可能招致同盟内部关于防务分担的新摩擦;另一方面北约主动进攻的"挑衅"姿态势必引起域外大国的连锁反应及采取反制措施,这不仅有可能拖累欧洲盟友,而且会恶化貌合神离的跨大西洋关系。

第三节 北约东扩中的利益博弈

北约东扩的思想可以追溯到20世纪80年代末。1989年下半年,中东欧各国局势急剧变化,特别是柏林墙的倒塌,导致该地区的动荡浪潮如多米诺骨牌一样不断推进,几乎席卷整个地区。西欧与美国密切关注中东欧形势的变化,在此进程中其主要作用是通过政治、文化和经济援助促进变革的持续扩大。是年12月14—15日,北约成员国外长在布鲁塞尔举行会议。会议公报认为,东欧剧变是"欧洲战后发生的最具深远意义的变革,北约的任务是帮助这些国家推动和巩固这项向往更大自由的活动,确保其在和平和稳定的条件下进行"。会上还讨论了如何抓住历史机遇建设不可分割的欧洲这一设想。① 但是直到1993年之前,北约内部并没有将东扩提上议程,主要是与苏联东欧国家开展"对话和合作",循序渐进而不过分刺激俄罗斯。北约通过互访、交流以及经济文化等援助增进了双方的了解,减少了中东欧国家原本存在的敌意,为之后双方外交正常化以及北约东扩奠定了基础。

一、北约东扩的基本进程

北约东扩是冷战后同盟变革和转型过程中的一个重大事件,它本质上是指北大西洋公约组织的安全防务责任区域扩大到东欧国家。北约东扩的根本目的是填补苏联解体后东欧的"安全真空",建立以北约为核心的欧洲安全新机制。1994年1月,北约布鲁塞尔首脑会议正式启动东扩计划,经历了三个阶段的发展进程。

第一阶段(1994年—1995年),北约"和平伙伴关系"计划的建立。

1994年1月召开的北约布鲁塞尔首脑会议批准了由美国提出的关于东西欧国家军事防务合作计划——"和平伙伴关系"计划,从而为西方及中东欧国家开展长期军事合作提供了一个制度框架。该计划的主要内容有:参与国家的防务部署及预算过程的透明性;保证民主地控制防务部队;在联合国授权或欧安会指导下,保持足够的能力,随时准备采取行动;通过联合规划、训练和演习,加强维和、救援、人道主义行动等方面的协调能力,从而发展北约组织与伙伴国的军事合作关系;在较长时期内,发展与北大西洋同盟成员国更好地展开合作的武装力量;积极参加该计划的任何国家如果感到其领土完整、政治独立或者安全受到威胁,可以与北约协商。② 这

---

① "Final Communiqué," 14 Dec. 1989 – 15 Dec. 1989, https://www.nato.int/cps/en/natohq/official_texts_23540.htm? selectedLocale=en.

② "Partnership for Peace: Framework Document," Issued by the Heads of State and Government Participating in the Meeting of the North Atlantic Council, 10 Jan. 1994 – 11 Jan. 1994, https://www.nato.int/cps/en/natohq/official_texts_24469.htm? mode=pressrelease.

一计划提出后,所有中东欧国家、俄罗斯以及多数独联体国家先后签署和加入。克林顿政府提出"和平伙伴关系"计划的目的在于促使东欧国家与西欧在政治、经济、安全结构等方面的融合。美国认为中东欧国家是欧洲安全与稳定的重要因素,北约要加强政治职能,就需要将中东欧国家纳入西方体系中,以消除危机隐患、强化欧洲安全的基础。"和平伙伴关系"计划的实施拉开了北约东扩的序幕。

不过,对于北约是否需要东扩,其内部始终存在两种相反意见。支持东扩者认为北约需要迅速扩展,否则很可能在欧洲安全的主导权上受到西欧同盟、欧洲军团和欧安会的挑战;反对者则认为过快地纳入过多的新成员,将导致欧洲大陆更加不稳定,而且北约吸收军事装备落后、军事人员素质较差的国家加入,将降低同盟作为军事组织的效率等。"和平伙伴关系"计划大体上是这两种意见折中的结果。

第二阶段(1995年5月—1999年3月),美国正式推动北约东扩以及北约第一次东扩。

冷战结束后到克林顿执政初期,美国外交并未对北约东扩给予足够重视,只是在美国思想库的不断推动下,美国政府才逐渐意识到北约东扩的战略重要性。主要的学术论证来自智库兰德公司。1993年,美国兰德公司三位资深欧洲安全专家罗纳德·阿斯穆斯、理查德·库格勒和F.斯蒂芬·拉腊比联名发表题为《建立一个新北约》的文章,获得美国决策者高度重视。文中指出,美欧需要商议新的安全建构,扩大北约集体防务和安全建构至容易引发欧洲冲突的地域:欧洲的东部和南部边界。[①] 1995年,克林顿政府外交决策圈中的重要成员塔尔博特又发表《北约为何要扩大》的专文,详细分析关于北约扩大的理由和方法,并表示向新成员国敞开北约的大门,将会为候选国加强民主制度、实现经济自由化、确保文官对军队的控制、增进对人权的尊重创造动机。[②] 1997年年初,新上任的国务卿玛德琳·奥尔布赖特将北约的扩大视为其任期内最重要的外交任务,在其发表的《扩大北约:为何越大越好》的文章中指出,北约是欧洲安全、美国介入欧

---

① Ronald D. Asmus, Richard L. Kugler and F. Stephen Larrabee, "Building a New NATO," *Foreign Affairs*, Vol. 72, No. 4, Sep.-Oct., 1993, pp. 28-40.

② Strobe Taibott, "Why NATO Should Grow," *New York Review of Books*, Vol.42, No. 13, 10 August 1995, p. 27.

洲的主要机制,北约扩大非常有必要。①

1995年5月30日,在美国对北约扩大的谋划和推动下,北大西洋理事会在荷兰召开会议,讨论北约扩大的理由和方式。同年9月20日,北大西洋理事会批准了《北约扩大研究报告》。该报告为北约东扩作了论证和政策设计,主要阐述了三个问题:第一,北约为什么要扩大;第二,北约扩大的正式标准;第三,北约以何种方式扩大。② 9月28日,北约正式公布了这份报告。

1997年7月,北约首脑会议在西班牙马德里举行,决定邀请捷克、匈牙利和波兰同北约就入盟问题进行谈判。这标志着酝酿了3年多的北约东扩计划迈出实质性的一步,冷战后欧洲安全格局也将由此发生重大变化。1997年12月,在华盛顿峰会上,三国分别签署了加入北约的条约草案。1998年年初,克林顿在国情咨文演讲中再次强调北约扩大的重要性:"我将在数日内恳求参议院同意匈牙利、波兰、捷克成为我们的盟国。50年来,北约遏制了共产主义并保证了美国与欧洲的安全。现在三个苏联国家已经支持民主……与新伙伴国的密切合作,才能够成为保证21世纪欧洲和平的支柱。"③ 1998年4月,美国参议院通过了《参议院关于北约扩大的决议》(The Senate Resolution on NATO Expansion),同意批准波兰、匈牙利、捷克共和国加入北约,北约首次东扩完成。

第三阶段(1999年4月—2009年4月),北约启动第二轮和第三轮东扩,扩大进程不断推进。

2002年11月,北约布拉格峰会上,中东欧、东南欧的斯洛伐克、保加利亚、罗马尼亚和斯洛文尼亚以及波罗的海三国拉脱维亚、爱沙尼亚和立陶宛受邀加入北约。对于北约冷战后的第二次扩充计划,美国国内支持的力量较为强大。2003年5月8日,美国参议院同意北约第二次东扩计划。虽然俄罗斯极力反对,7个候选国还是于2004年正式加入北约,北约成员国发展到26个国家。2009年4月1日,阿尔巴尼亚和克罗地亚正式加入

---

① Madeleine Albright, "Enlarging NATO: Why Bigger is Better?" *The Economist*, February 15, 1997, pp. 17 - 19.

② "Study on NATO Enlargement," 03 Sep. 1995, https://www.nato.int/cps/en/natohq/official_texts_24733.htm? selectedLocale=en.

③ William J. Clinton, "State of Union 1998," http://www.stateoftheunion.com/1998.html.

北约。至此,该组织成员国总数升至 28 个。① 北约继续实行所谓的"门户开放"政策,这将使北约超出欧洲界限,进入中亚、高加索地区。② 当然,北约东扩的进程取决于美、欧、俄三者关系调整互动的结果。

北约东扩的一个直接影响是同盟的防区急剧扩大,由传统的跨大西洋安全地带扩展至亚洲的腹地和接近北极的区域,这为北约填补冷战后初期的地缘政治真空提供了一个合法理由,同时也表明北约成功地推行了扩大机制从而平息了内部的争议。北约扩大不但积累了经验、构建了相关机制和程序,也意味着候选国必须进行一定程度的制度改造,这就突出地推进了所谓西方民主制度的"外溢"。北约扩大是一种使命、空间、领域、制度、理念等综合维度的扩大,为其承担防区及超防区职责提供了后续的合法性依据。

二、北约东扩中的各方利益博弈

北约东扩不仅是该组织地理空间上扩张的过程,更是相关利益的重新分配和博弈的过程。随着东扩的展开和深入,北约内部主要成员国之间、新老成员国之间因利益诉求的差异产生摩擦和矛盾,在一些重要问题上甚至出现严重分歧,而俄罗斯与北约之间的关系则因后者的东扩出现了重大变化。概言之,从北约内部来看,美国是北约东扩的积极倡导者并主导着东扩的进程,在北约未来发展的诸多问题上与欧洲国家,特别是"老欧洲"国家存在分歧;随着同盟的扩大,中东欧新成员国在安全问题上对北约尤其是美国的依赖性更强,使得同盟内部很难达成完全一致的意见,影响北约内部大国关系的变化。从俄罗斯方面看,它强烈反对北约东扩,因而很快终结了它与西方在冷战后维系的短暂蜜月期。在长达十多年的北约东扩进程中,不同角色之间就各自的战略利益及政策取向展开了复杂的博弈。

(一)美国:北约东扩的推动者

苏联的解体使美国成为冷战后唯一的超级大国,而美国也意欲凭借其超强实力谋求在国际政治中的长期主导地位。主宰欧洲安全需求是其维持欧洲大陆以及稳定欧亚地缘政治格局的保证,北约则是其维持和扩展霸

---

① 2017 年 6 月、2019 年 2 月黑山和北马其顿分别加入北约,该组织现有 30 个成员国。
② 乌克兰、格鲁吉亚等独联体国家已提出申请。

权的重要工具。冷战结束后北约的战略转型是在美国的主导下完成的,而美国也是北约东扩的倡导者和积极推动者。美国支持北约东扩的意图主要在于,确保美国在冷战后世界中的单极霸权地位,消除俄罗斯对美国与北约同盟国的安全威胁。具体来说,美国力图占据苏联的势力范围,使俄罗斯失去中东欧地带的战略屏障,进一步挤压俄罗斯的生存空间,使其无法与美国相抗衡;建立以北约为核心的一体化欧洲,确立北约在未来欧洲安全格局中的主导地位,从而确保美国对全欧事务的主宰权;通过强化北约的政治功能推动中东欧国家向西方政治经济体制的转型,扩展美国的价值观。总之,美国希望借助东扩,继续控制欧洲、遏制俄罗斯、防止中东欧形势逆转,确保其在欧洲的主导权和战略利益,但美国并不希望北约东扩的步伐太快,以至于耗资太多使自己负担过重。

(二) 西欧:多元利益的博弈

西欧的意图是建立一个美、俄、西欧相互制衡的欧洲,通过密切与东欧国家的关系,进一步维护自身的安全,并借此加强自身在欧洲安全问题上的发言权和自主能力。西欧国家出于对自身利益的考虑,在北约东扩问题上有着自己的态度、原则和立场,东扩方案的最终实施,是各方利益平衡的结果。德国希望在北约东扩上发挥更大的作用,成为东欧的保护人,借此机会提高其"政治大国"的地位。由于北约东扩使德国在东方有了一道安全屏障,出于地缘政治的考虑,德国在东扩早期呈积极态度。但是德国很快发现这样做可能会触怒俄罗斯,使自己处于不利地位,重新回到与俄罗斯对抗的前沿,因此德国强调在东扩进程中不应损害俄罗斯的安全利益。法国一直强调欧洲国家在北约中的重要性,认为北约东扩会损害俄罗斯的利益,同时担心北约东扩后德国会更加强大,更不愿意北约为美国所利用。因此,法国认为北约东扩时机不成熟,不主张增加新成员。英国秉承其欧陆势力均衡的原则,在东扩问题上并不积极,只是出于美国的传统盟友关系,倾向于支持美国。但是英国担心德国借助北约东扩增强自己的势力从而打破欧陆的平衡,故而意欲加强同法国的合作,同时又担心这样的合作会影响到英美关系,导致其在北约的地位下降,因而英国的态度比较暧昧。意大利在北约东扩的问题上态度比较谨慎,丹麦、荷兰等其他西欧国家则担心如果接纳中东欧的国家加入北约,可能会把历史纠纷、民族矛盾、宗教冲突等问题带入北约,削弱北约的凝聚力,危及欧洲国家的生活。西班牙一度主张北约南下,此议受到法国及意大利的支持。

（三）东欧国家：回归欧洲

冷战后初期北约的战略调整，为东欧国家在政治、经济、安全结构等方面与西欧融合准备了较好的合作框架。同时出于历史、经济、战略、文化等原因，中东欧国家的政治精英渴望成为"欧洲"的一部分，并发出"回归欧洲"的呼吁，[①]表示希望尽快加入北约和欧盟，使自身变成民主和经济发达的欧洲国家以及实现自身的安全。捷克的立场最具代表性："同生来不能保卫自己抵御这一地区大国入侵的其他中东欧小国一样，捷克共和国除了在若干更大的结构中找到自己的安全外别无选择。本质上，共和国需要真正能够提供安全保证的强力组织、同盟或实体的安全保证。"[②] 捷克所指的强力同盟就是北约，同北约的密切合作是所有中东欧国家政府新安全和防务政策的核心。加入北约使中东欧国家能够与一个更大的地理实体联系起来，给中东欧提供在过去几个世纪都不曾有过的安全。因此，中东欧国家加入北约的意义被认为超乎以往所有试图给该地区带来和平的方案。[③]

但是，中东欧国家加入北约不得不付出巨大的代价。首先，它们要在国家利益乃至主权问题上做出让渡，譬如，须按北约的标准对本国的武装力量进行大规模的改组。其次，由于地处北约的战略前沿，便成了与俄罗斯直接对峙的最前沿。最后，由于经济实力不足，仅有的国防预算无法使军队符合北约制式标准，还要缴纳会费和参与维和任务，加重了本国的经济负担。

三、俄罗斯与北约东扩

俄罗斯与北约的关系自冷战结束后可以说是紧张与缓和、抗争与合作交织发展。双方博弈的焦点主要在两个问题上：一是欧洲安全格局的主导权；二是地缘政治的战略利益。北约的扩大将其势力范围延伸至中东欧及苏联国家，昔日的触角延伸到俄罗斯的前沿阵地，形成对俄罗斯战略空间的挤压，这必然导致俄罗斯从一开始就持反对态度。2001年5月，俄罗斯

---

① Stanley Hoffmann, "Back to Euro-Pessimism," *Foreign Affairs*, No. 1, Jan/Feb. 1997, p. 139.

② Richard. Smoke(ed.), *Perceptions of Security: Public Opinion and Expert Assessments in European New Democracies*, Manchester: Manchester University Press, 1996, p. 138.

③ 朱晓中：《双东扩的政治学——北约和欧盟扩大及其对欧洲观念的影响》，《俄罗斯中亚东欧研究》2003年第2期，第55页。

国家杜马通过了反对北约东扩的决议。俄罗斯政府也表态俄罗斯不会加入北约,并希望北约转变为一个更政治化的组织。

俄罗斯虽然不希望北约东扩到自己的边境,但因自身实力的变化又无法阻止,为了不影响整体外交战略的实施,便开始以更务实的态度评估俄罗斯在国际上的地位和北约扩大问题。第一,就冷战后俄罗斯的国力和影响而言,它无力阻止北约东扩,也无力与美国全面抗衡。第二,振兴俄罗斯经济离不开西方的援助和投资。第三,北约的第一轮东扩对俄罗斯的政治安全有潜在影响,但并未威胁到俄罗斯的军事安全,因此俄罗斯决定不在传统的地缘政治问题上挑战西方。为避免危机加深,俄罗斯软化自己在北约东扩问题上的立场,缓和对北约的批评,并逐渐开始积极同北约建立更有机的联系。[1]

(一)被动中寻求主动

首先,调整与北约的合作机制,拓展合作范围和渠道。1995年5月31日,俄罗斯与北约达成扩大和促进双边对话合作领域的共识,决定加强在欧洲政治安全问题上的信息分享、在共同关注的问题上的政治协商及在维和等安全问题上的合作。[2] 同时,双方签署了"和平伙伴关系"文件。1997年年初,俄罗斯总统叶利钦紧急召集政府总理、外交部长以及总统办公厅主任就北约东扩问题商讨对策,向北约提出以下三个条件:第一,北约必须改变其军事性质,成为一个不针对任何国家的泛欧合作与安全组织。第二,北约不应对俄罗斯构成威胁。第三,北约必须与俄罗斯签署包括"北约与俄罗斯互不侵犯"条约在内的双边关系协议,规定俄罗斯在欧洲安全问题上享有与北约平等的发言权和决策权,尤其在涉及俄罗斯安全的问题上北约不能绕开俄罗斯单方面作决定。[3] 从1997年1月到5月,俄罗斯与北约围绕北约东扩和俄罗斯提出的条件展开了多达六轮的谈判。1997年5月27日,俄罗斯与北约16国首脑正式签署了对双方都起约束作用的《俄联邦与北约相互关系、合作和安全的基本文件》。文件强调彼此不把对方视为潜在敌人,加强合作与互信。双边合作的范围包括:安全与稳定或者

---

[1] Dmitri Trenin, "Silence of the Bear," *NATO Review*, Spring 2002, https://www.nato.int/docu/review/2002/Examining-Enlargment/Silence-bear/EN/index.htm.

[2] "Areas for Pursuance of a Broad, Enhanced NATO/Russia Dialogue and Cooperation," 31 May 1995, https://www.nato.int/cps/en/natohq/official_texts_24750.htm?selectedLocale=en.

[3] 吴克礼:《当代俄罗斯社会与文化》,上海:上海外语教育出版社,2001年,第71—87页。

涉及欧洲具体危机的问题;防止发生冲突,包括实施预防性外交;联合维和行动;俄罗斯参加欧洲—大西洋伙伴关系委员会和"和平伙伴关系"计划;互换信息,如俄罗斯和北约的战略、防御政策和军事学说等;军备控制问题;核安全的所有问题;防止扩散大规模杀伤性武器;加强地区航空运输的安全;俄罗斯在军备领域发展合作;国防工业转产;打击恐怖主义活动等。[1] 这一文件标志着俄罗斯与北约的进一步合作,双方都做出了相应的妥协,北约表面上给予俄罗斯大国地位,并成立常设联合理事会(19+1机制)。北约做出的非实质性让步换来了其东扩道路上实质性的进展。

此外,1997年3月21日,美俄签署了《美俄关于欧洲安全的联合声明》《美俄关于化学武器的联合声明》《关于美俄经济倡议的联合声明》《关于未来消减核力量参数的联合声明》《关于反弹道导弹条约的联合声明》共五个文件。俄罗斯希望通过签署具有法律约束力的文件,使北约东扩的损害降至最低。

其次,建立俄罗斯和白俄罗斯政治联盟,强化俄白两国一体化的进程。随着第一次北约东扩的推进,波兰、匈牙利和捷克加入北约,俄罗斯与北约之间的缓冲带就不复存在了。俄罗斯与北约之间仅剩波罗的海三国、乌克兰和白俄罗斯等苏联加盟国家。俄罗斯与乌克兰两国在黑海舰队分割、债务分摊、克里米亚半岛的归属以及独联体一体化等问题上矛盾很深,加之两国对北约的态度分歧也较大,所以相比较而言,俄罗斯与白俄罗斯的关系要融洽得多。1996年4月,俄罗斯和白俄罗斯的议会都批准了建立俄白两国共同体的条约。1997年4月,两国签署《俄罗斯和白俄罗斯联盟条约》,决定把俄白共同体改建为俄白联盟。1998年两国又签订了关于两国公民权利平等的条约。在北约东扩的威胁下,俄罗斯与白俄罗斯建立联盟不失为最积极、最现实的防御措施。

(二)灵活外交应对北约东扩

2000年普京执政后,对叶利钦后期的外交政策进行调整,明确了外交为国家复兴和经济增长服务的基本方向,提出务实外交,避免与西方对抗。

首先,积极修复与北约以及美国的关系。1999年科索沃事件后,俄罗

---

[1] "Founding Act on Mutual Relations, Cooperation and Security Between NATO and the Russian Federation," Signed in Paris, France, 27 May 1997, http://www.nato.int/docu/basictxt/fndact-a.htm.

斯与北约的关系降至最低点。普京紧紧抓住"9·11"事件提供的契机,努力改善俄罗斯与美国的关系,并且寻觅时机同北约接近。在反恐问题上,俄罗斯适时配合美国,一定程度上改善了与西方的关系。此外,俄罗斯还与北约建立了新战略关系,签署了《削减进攻性战略武器条约》及《新战略关系联合宣言》。2002年5月14日,北约成员国与俄外长在冰岛举行北大西洋理事会外长会议,通过了《北约—俄罗斯常设联合理事会》文件,标志着"19+1机制"正式建立并启动。该理事会的建立连同《俄罗斯与北约相互关系、合作与安全的基础文件》,部分地减少了俄罗斯对于北约东扩的疑虑。但常设联合理事会的作用是有限的,作为一种磋商机制,它只是俄罗斯与北约讨论安全问题的论坛,俄罗斯在这一机制框架内只有协商权,没有决策权,处于一种"你提出我接受"的被动地位。①

对于北约的第二次东扩,俄罗斯的态度有所缓和。俄对波罗的海三国加入北约的立场发生了明显变化,即从过去的"坚决反对"转为"较为容忍",认为每个国家都有权选择它们认为应该参加的国际组织,默认了北约的第二次东扩。俄罗斯的态度转变,既是基于对自身与美欧国家实力对比现实的清醒认识,又是基于对北约东扩的重新判断——东扩并没有严重影响欧洲地区政治和军事格局。

其次,以能源为纽带巩固在独联体中的核心地位。"梅普组合"外交政策的核心内容之一是加强独联体的凝聚力,巩固本国在独联体中的中心地位。梅德韦杰夫总统2008年7月批准的《俄罗斯联邦对外政策构想》明确指出,俄罗斯的优先方向是独联体,俄罗斯将与独联体国家在平等互利的基础上发展经贸、人文和安全合作,继续建设俄白同盟国家、发展欧亚经济共同体和集体安全条约组织。俄罗斯希望通过巩固其在独联体中的核心地位,发挥在欧洲安全,特别是中东欧地区安全的影响力,使得由于北约东扩而进一步挤压俄罗斯战略空间的局面有所缓解。②虽然独联体国家貌合神离,但是由于这些国家的经济在很大程度上依赖于俄罗斯的能源供给与市场开放,独联体一体化仍然是成员国的现实需要。2005年至2006年,俄罗斯发动了一场"天然气战争",打击那些试图脱离独联体的国家,俄罗斯将天然气价格一次性调整到国际市场水平,与乌克兰、格鲁吉亚等国

---

① 高华:《俄罗斯与北约关系的变与不变》,《国际观察》2002年第5期,第26页。
② 柳丰华:《评新版〈俄罗斯联邦对外政策构想〉》,《国际论坛》2009年第3期,第64页。

出现纷争。俄罗斯的目的是警告"亲美抗俄"的国家必将为其草率的选择付出重大代价。

另外,俄罗斯加强对亲俄国家的支持。当乌克兰"亲俄派"执政后,俄罗斯又表示暂不提高乌克兰的天然气供应价格。独联体地区许多国家在安全、经济等方面都离不开俄罗斯,这正是俄罗斯借以整合独联体的重要杠杆。对于中亚地区,俄罗斯利用传统优势,在能源领域抢先与中亚国家开展合作,希望通过继续控制中亚能源的流向,有效加强独联体的向心力。如 2007 年 5 月,普京访问中亚,分别同哈萨克斯坦总统和土库曼斯坦总统举行会谈,就环里海天然气管道建设问题达成协议,决定更新和扩建原有的天然气管道。[1] 这大大打击了波兰为遏制对俄罗斯能源过度依赖而召开的"能源峰会",也使得欧美修建跨里海天然气管道计划基本上化为泡影。与此同时,俄罗斯也划拨一定的补偿,不仅同意在核能发电方面帮助哈萨克斯坦,而且在里海划分问题上表态支持土库曼斯坦,以及帮助开发土库曼斯坦大陆架上的天然气资源。

俄罗斯的务实态度和积极应对使得它在北约两次东扩期间与西方的关系能够保持相对稳定。然而,很大程度上由北约东扩造成的俄罗斯与美国和欧洲之间的结构性矛盾并没有消除,特别是北约东扩的步伐没有停止,当对俄罗斯地缘安全至关重要的苏联加盟共和国格鲁吉亚、乌克兰等申请加入北约时,这种结构性矛盾重新浮现并逐步激化,最终酿成至今尚未解决的俄美"新冷战",美国和欧洲的关系也因如何应对俄罗斯的强硬挑战而面对新的考验。

本章小结

如果说冷战的结局是西方胜利的话,那么以北约为载体的跨大西洋安全同盟居功至伟。然而,冷战结束后失去对手的北约将何去何从,就成了一个难以回避的现实问题。不过事实是,这一庞大的军事同盟不仅继续存在,而且经过转型仍能在冷战后的国际安全结构乃至国际体系中扮演着举

---

[1] 《中亚 2007:各国在稳定中求发展 大国势力博弈》,中国网,2007 年 12 月 29 日,http://www.china.com.cn/international/txt/2007-12/29/content_9455035.htm.

足轻重的角色。

　　北约本身是美国和大西洋彼岸的西欧国家建构的产物,它在后冷战时代的存续同样是它们对新时代安全环境和自身安全需求认知的选择结果。一方面,冷战的结束并不意味着传统安全威胁的消失。拥有超强核武库的俄罗斯和已经崛起的德意志看上去并没有让美国人和欧洲人感到放心,对他们来说,潜在对手的影子仍然挥之不去。另一方面或许更为现实,彼时西方的霸主在冷战后成了世界的超强,世界秩序看上去由两极结构变成了美国主导,它需要通过北约的存续来护持霸权,而欧洲既然有对美国的安全依赖,就难以抵抗美国的意志了。而且,在这个传统安全威胁不断又增添非传统安全威胁的时代,欧洲人发现他们竟然也离不开北约,如果加上大洋两岸相对一致的价值观和社会认同感,习惯于"搭便车"的欧洲人就没有理由与美国分道扬镳了。

　　当然,新时代毕竟是新时代。冷战后的北约必须进行适应性调整和转型,既能增加其合法性,又能夯实其合理性,这是欧洲和美国的共识。但是,冷战期间跨大西洋同盟的结构性矛盾并没有因为新时代的到来而消失,冷战后的欧洲随着一体化的长足进步而实力大增,维护自身利益和诉求的愿望更为强烈,随之而来的跨大西洋关系中的纷争在所难免。在北约的调整和转型过程中,美欧双方有关其性质、欧洲安全的主导权、责任分担、战略重心以及应对恐怖主义等问题上的矛盾一一呈现,并随着北约的扩大,它们的分歧和博弈有增无减。

　　必须指明的是,大西洋同盟的结构性矛盾以及双方利益分配上的摩擦和冲突尚未从根本上动摇欧洲安全结构,也没有对北约的根基造成威胁,跨大西洋关系的基本纽带仍然牢固,欧美之间的合作还是大于纷争,更不用说欧洲自身存在着不易克服的内部分歧而影响其与美国讨价还价的能力。此外,北约的存续尤其东扩中的俄罗斯因素既是欧美加强合作的契机,也是其产生分歧的一个原因,并继续作用于欧美关系的发展。

第七章　北约的"域外使命"与欧美分歧

> "除了那些尚存的传统任务外,北约面临着若干新的任务。……在给巴尔干带来某种程度的稳定方面,北约已经起到也许还将起到重要的作用,而欧洲一直没能单独使该地区获得安宁。"①
>
> ——小约瑟夫·奈

欧美跨大西洋同盟的宗旨是消除共同威胁,捍卫成员国的主权、自由和安全。如果说这一使命存在明确的针对性的话,那么冷战后北约的传统使命因苏联的瓦解而受到了挑战。然而,如第六章所论述的那样,它极力以自身目标和结构的转型、应对包括非传统安全在内的新的安全威胁来为自身的存在寻找新的依据。在此过程中,可以说针对冷战后地区安全威胁的北约的所谓"域外使命"给北约的存续打了强心针,增添了新的合法性——作为联系欧美安全关系的核心纽带,在冷战结束后北约依然是成员国处理内部危机和执行"域外使命"的主要载体。20世纪90年代见证了欧洲自身难以通过集体行动解决欧洲边缘地带的危机,以美国为首的北约实际上继续行使了捍卫欧洲安全的职责,欧洲国家则还需继续依赖北约以凝结共识,从而维系和加强一度有所松动的跨大西洋关系。本章围绕冷战结束至20世纪末北约的三场"域外使命"——海湾战争、波黑战争和科索沃战争,研究欧美之间为担负"域外使命"而展开的合作和纷争。

---

① Joseph S. Nye, Jr., "The US and Europe: Continental Drift?", *International Affairs*, Vol. 76, No. 1(2000), p. 54.

第一节 "域外使命"与欧美的国家安全战略

一、北约"域外使命"的产生及其本质

北约的"域外使命"是冷战后国际安全形势变化与北约自身的安全职能转型相结合的产物,也是北约军事战略发生重大调整的结果。冷战结束后,美欧同盟机制出现了扩展与深化的趋势,不仅仅表现为成员国的增加或者与其他国家合作机制的变化,也反映在其安全职能的变化上。究其原因,在于欧洲出现新的政治格局,缓和与合作成为欧洲新战略态势的主旋律。20世纪90年代,跨大西洋同盟军事战略调整的核心是强调缓和与合作的时代特征,减少北约既定军事战略中对抗与冲突的成分,使同盟保持有效的对外威慑力及在欧洲事务中必要的政治与军事影响力,同时构筑一种更为有效、灵活的欧洲安全机制,避免冷战再起或区域冲突。

1990年7月,北约伦敦首脑会议上,欧美成员国首脑经过协商,初步确立并明确了北约新军事战略方针,提出将"前沿防御战略"修正为"有限前沿存在战略"。新的军事战略方针采用全方位多领域防御的新方法,减少防御全面军事进攻的潜在性,增加防御区域性危机的可能性。① 1991年11月,罗马首脑会议发表了联盟战略新概念,即在强调"有限前沿存在"的基础上,增加了预防危机和处理危机战略,一方面强调全方位防御,另一方面则强调向苏东国家扩展,突出在新形势下北约安全防御任务的转变。北约新战略任务应当是以应付来自多方面的危机与威胁为主,同时积极向东扩展,向外发展。与之匹配的是,同盟战略新概念要求北约武装力量应具备机动防御的特点,能够从北极到地中海的广阔地域实施全方位机动防御。过去仅仅受到北约安全防御一般关注的地区,诸如中东、海湾、地中海

---

① "Declaration on a Transformed North Atlantic Alliance," Issued by the Heads of State and Government Participating in the Meeting of the North Atlantic Council ("The London Declaration"),05 Jul. 1990 - 06 Jul. 1990, https://www.nato.int/cps/en/natohq/official_texts_23693.htm? selectedLocale=en.

等,现在都成为北约新安全战略的重点。①

就中东地区而言,1990年8月爆发的伊拉克入侵科威特事件,极大地改变了该地区原有的战略安全格局,直接威胁到美欧同盟成员国的经济及安全利益,迫使大西洋同盟不得不正视同盟防务安全域外地区的存在与影响。尽管北约的安全职能还不甚清晰,却不得不尝试采取新的对策化解和消弭这种突发性的区域危机。

海湾战争是冷战终结进程中欧美国家执行"域外使命"的第一次尝试,也是北约扩大和转型过程中的第一次间接经历。美国纠集了数十个国家通过武力迫使伊拉克退出科威特。在这个过程中,美欧同盟有一个共识:伊拉克突袭科威特,并长驱直入占领科威特这个主权国家,这一行为既违反了《联合国宪章》和公认的国际法准则,也与北约成立的宗旨格格不入。北约虽然捍卫的是成员国的安全,但在制止侵略的具体行动中,北约强调《联合国宪章》、公认的国际法准则,特别是联合国安理会授权的重要性。这一点虽然不能与它的主要行为动因直接挂钩,但是国际社会通行的规则看上去是它实施"域外使命"的宏观依据。

1991年1月的海湾战争加速了欧美盟国对北约未来安全战略以及防务安全框架的全面评估和政策调整。1991年11月至1992年3月,荷兰领导人多次建议北约的维和区域可以扩展到大西洋同盟的防区之外。1992年6月,北约理事会做出决议,明确支持北约可以在欧安会的行动方针指导下采取维和行动。② 同年7月,北约正式获得欧安会的授权,可以在其域外地区采取合法的军事行动,包括武装干涉。至此,域外军事行动正式成为新时期下北约实施安全职能转换的一个重要内容。

"域外使命"一般是指一国武装力量在其常规控制区域以外所执行的军事行动,这是对"域外使命"的一般界定。北约"域外使命"本质上也不例外,但又不仅仅局限于上述界定。作为冷战后北约转型的一大特色,"域外使命"策略的出台和实施意味着大西洋同盟防区的扩大化。这里说的"域

---

① "The Alliance's New Strategic Concept," Agreed by the Heads of State and Government Participating in the Meeting of the North Atlantic Council, 07 Nov. 1991 – 08 Nov. 1991, https://www.nato.int/cps/en/natohq/official_texts_23847.htm? selectedLocale=en.

② "Partnership with the Countries of Central and Eastern Europe," Statement Issued by the North Atlantic Council Meeting in Ministerial Session, 06 Jun. 1991 – 07 Jun. 1991, https://www.nato.int/cps/en/natohq/official_texts_23858.htm? selectedLocale=en.

外",不仅指地理空间上的"域外",而且是内容与手段上的新拓展。在地理空间上,"域外"指的是在1949年华盛顿条约规定的地域——横跨北大西洋,从北美、西欧到德国,纵贯北极到欧洲地中海沿岸,包括东部的土耳其和南部的加纳利群岛(the Canary Islands)——之外的地域。[①] 显然,随着北约成员国的增加,"域外"的含义有所变化。大致可以这样认为,北约成员国领土、领海、领空之外的区域都属于广义上的"域外"。"域外使命"是对"域外"这一空间概念的内容填充,指的是在北约边界以外、代表同盟利益、武力成为优先使用手段时所开展的规模不等的安全行动。波斯湾、波黑、科索沃等地属于域外。"域外使命"并不局限在北约自家后院,即所谓的欧洲边缘地带。事实上,在远离北约的区域,例如非洲、远东等,跨大西洋同盟同样可以执行"域外使命"。[②]

其实,"域外使命"只是北约继续谋取合法性存在的一种手段而已。"域外使命"的基本内涵在于,发生在同盟外部的(潜在)危机和(潜在)灾难如果没有对同盟成员国构成直接威胁,但在间接层次上产生了隐患,为防患于未然,同盟作为一个集体,势必采取适当的行动,尽可能减弱域外事件对本同盟的"损害"。当然,北约在执行"域外使命"前,经常将它实施的行动上升为一种"正义"的事业,是从所谓的国际道义和公正的角度帮助那些处于危机中的国家消除危机,恢复自由、民主与和谐的基本秩序。北约的行动或许客观上帮助了处于紧急状态的国家,但其背后的基本战略取向却是不言自明的,因为"域外"不属于大西洋同盟管辖和操纵的范围,而各种冠冕堂皇的言论主张无疑是其展开合法性行动的必要铺垫。

然而,"域外使命"的合法性不是自封的,而是建立在各方共识和强烈需要的基础之上。合法性是人类社会自形成以来就有的必然要求,任何人类社会的复杂形态都面临着一个合法性问题。[③] 马克斯·韦伯曾经指出,各种机制都是一种人支配人的关系,这种关系是由正当的或被视为正当的

[①] Mariano Aguirre and Penny Fischer, "Discriminate Intervention: Defining NATO for the '90s," *Middle East Report*, No. 177, 1992, pp. 28-29.

[②] Richard L. Kugler, "U.S.-West European Cooperation in Out-of-Area Military Operations: Problems and Prospects," *National Defense Research Institute of RAND*, 1994, pp. 1-2, http://www.rand.org/pubs/monograph_reports/MR349.html.

[③] 〔英〕米勒、波格丹诺主编:《布莱克维尔政治学百科全书》,邓正来译,北京:中国政法大学出版社,2002年,第439页。

第七章 北约的"域外使命"与欧美分歧

暴力手段来支持的,而支配权之内在的根据就是合法性或正当性。① 合法性自诞生以来主要是由单个行为体(王国、城邦及其政府等)为谋取内部统治的持久性而拼命把持,政治理论家们也较多地从行为体内部思考和研究合法性的各种问题。当现代国家观念逐步深入人心时,关于合法性的探讨也就更加精彩纷呈了。其中最为突出的一点就是分析争夺合法性的各种情形,然而这种研究的落脚点还主要局限于一个行为体的内部架构上,即处于一定行为体结构内部的各种组织、集团乃至个人为了获得某些权力甚至统治权而竞相比拼。在国际层面上,合法性问题虽然与国内有别,但也是一个不容忽视的问题。

就现代国际社会的一般观念而言,合法性的框架经过对传统的继承和反思,以及对现代社会生活经验的总结和展望,主要有三种基础:国际规则、国际法和国际民意。国际规则基础包括由国际习惯、传统及共同体观念等构成的价值系统,提供的是管理的神圣性;国际法基础指服务于民主原则的法理精神,由立法、司法和行政等政治程序及其规则构成的国际宪政制度构成,提供的是管理的权威性;民意基础是一定范围内的民众对政治权力的认同感,它主要存在于公共领域范畴,提供的是管理的有效性。② 按照上述三要素的界定,冷战后的北约主动追求继续存在的合法性空间,对国际规则、国际法和国际民意,它表面上积极遵从,其实在同盟内部,以利益为导向的大国政治是维系大西洋同盟生命力的支柱。从北约的实际行动来看,它的存续不仅仅是遵从现行制度、规范、法律及民意的他者肯定,更是一种持续获得共同利益的主观意愿的结果。

在护持大西洋同盟合法性的各类行动中,"域外使命"有着显著的代表性。此类行动的直接表现形式为军事介入,通过武力及威胁使用武力的方式,消除对同盟的显性或隐性安全威胁,是同盟集体防卫的核心要求。这是北约从传统同盟逐步转化为复合同盟的过程中不可缺少的条件之一,也是提升同盟存续合法性的必然要求。然而,如上所述,在20世纪90年代北约"域外使命"的实践中,并没有严格以现有国际法、国际规则和国际民意等普遍要求为行动"红线"。海湾战争和波黑战争尚有联合国的授权,而

---

① 马克斯·韦伯:《学术与政治》,冯克利译,北京:外文出版社,1998年,第41页。
② 王海洲:《合法性的争夺——政治记忆的多重刻写》,南京:江苏人民出版社,2008年,第8页。

科索沃战争则几乎是欧美绕过联合国的单独行动,这就暴露了欧美国家维持北约的本质:维持同盟比解散它更符合它们的共同利益。

虽然从同盟延续的视角来看,维护和获取利益是冷战后跨大西洋同盟关系继续存在的根本动力,但是同盟的延续或者说复合同盟的形成是由多种因素的相互作用产生的。如果仅仅考虑地理空间的远近,那么20世纪90年代北约的"域外使命"并没有特别突出的复合特征;在落实"域外使命"的具体努力上,北约也差不多在波黑内战爆发之后才登场,此前同盟关于海湾战争的各种行动,主要还是以美国领导的自愿联盟(the Coalition of the Willing)为主。当然,这不能排除北约间接参与海湾战争的事实。实际上,在整个90年代,跨大西洋同盟关系在"域外使命"上表现为两条线索,分别以北约和所谓的临时性自愿联盟为载体,其中不乏矛盾纷争。在每次域外行动中,美国和欧洲并没有一直保持高度的共识。随着欧洲主要盟国自主意识的逐渐增强,它们看待"域外使命"的立场也发生了变化,这就难以避免地与美国在诸多方面发生碰撞和摩擦。造成这种不协调局面的主要原因之一是美欧在安全战略上有着各自不同的立场和诉求。

二、欧洲和美国国家安全战略的差异

20世纪90年代,大西洋同盟内部在"域外使命"问题上总体上能够达成共识,欧美在海湾战争、波黑战争、科索沃战争等焦点事件上的合作显然远大于它们之间的纷争,这与2003年围绕伊拉克战争出现同盟危机的状况大为不同。尽管如此,同盟内部的矛盾仍然是不能忽视的,这些矛盾的出现与盟国对冷战后安全战略认知上的分歧有着直接联系。整个20世纪90年代欧美在安全战略上的分歧主要表现在两个重要层面:一是围绕北约新战略概念的分歧,这是它们在有关"域外使命"问题上产生的同盟层面的矛盾;其二,国家层面上美国与欧洲主要盟国安全战略之间的差异,这涉及跨大西洋同盟关系内部利益的分配和同盟层面分歧的深层次原因。本书上一章已经对北约新战略概念以及欧美的分歧进行了论述,这里简要讨论美国及其主要欧洲盟国的国家安全战略。

国家安全战略最初是由美国提出的概念。1986年美国国会通过法案,规定总统每年要向国会提交一份正式的国家安全战略报告。1997年,美国参联会出版的《军语及相关术语》正式对国家安全战略进行了界定,认为国家安全战略是"为达到巩固国家安全目标而发展、运用和协调国力的

第七章 北约的"域外使命"与欧美分歧

各部分(包括外交、经济、军事和信息等)的艺术和科学,也称国家战略或大战略"。① 美国国家安全战略包含了三个要素:国家利益,这一利益所受的威胁,为实现国家利益和克服对此利益的威胁需要采取的手段。② 即克里斯托弗·莱恩所指出的国家安全战略"三部曲":确定国家至关重要的安全利益;辨别哪些利益遭受威胁;运用国家政治、军事和经济资源寻找保护利益的最佳方式。③ 为了实现国家利益,美国政府在各个时期采取的国家安全战略能够根据任务的变化做出动态调整,但又没有完全脱离它的历史传统,在一个相对平稳且没有发生重大突发事件的前提下,美国的国家安全战略不会产生质变。英、法、德等国的国家安全战略也与美国近似,除了在具体细节上有所变化外,它们各自的总体国家安全战略取向是相对稳定的。

从美国方面来看,20世纪90年代老布什和克林顿两任总统的国家安全战略既有主体上的联系又有着细节上的变化。老布什总统提出的"超越遏制"战略是对冷战时期"遏制战略"的继承,从根本上说尚未脱离冷战思维。克林顿提出的"参与和扩张"战略与"超越遏制"战略一脉相承,都是以称霸世界为目标,只不过"超越遏制"战略的主要目标仍然包括与苏联争夺世界霸权,而"参与和扩展"战略则是企图独家称霸。④ 总的来看,冷战后美国的国家安全战略是以加强军事安全、促进经济扩张、推进其他国家的民主和人权为主要内容,以"领导世界"为总体目标。可以说,美国的国家安全战略具有全球性,在利益导向的基础上紧紧抓住欧洲、东亚及中东海湾这三个重心。在20世纪90年代美国的国家安全战略中,欧洲仍具有不可动摇的重要意义。维持欧洲地区的稳定,避免欧洲出现大规模动荡及可能形成的战争局面,是美国国家安全战略的基石之一。在这个基础上,美国紧紧依靠北约这个工具,一方面给欧洲主要盟国一定的自主性和独立性,另一方面也在提防欧洲主要盟国,防止它们脱离它的控制而另立门户,

---

① 军事科学院世界军事研究部:《美国军事基本情况》,北京:军事科学出版社,2004年,第56—57页。
② 朱明权:《领导世界还是支配世界?冷战后美国国家安全战略》,天津:天津人民出版社,2005年,第99页。
③ Christopher Layne, "From Preponderance to Offshore Balancing: America's Future Grand Strategy," *International Security*, Vol. 22, No. 1 (Fall 1994), p. 101.
④ 梁月槐:《外国国家安全战略与军事战略教程》,北京:军事科学出版社,2000年,第17页。

从而走向与美国分庭抗礼的道路。美国这种"鼓励"与"预防"的战略无法消除与欧洲主要盟国之间的战略分歧。

英、法、德等欧洲盟国的国家安全战略①与美国相比,显然具有区位上的差别,即它们几乎都将重心放在欧洲及其边缘地带,总体上是一种地区安全战略,而不是全球安全战略,即便具有全球雄心的英国也无法脱离这种区位限制。其根本原因在于,这三个国家的综合能力虽然位于世界前列,但是远远达不到世界大国的程度,即使它们联合起来也不能真正与美国平起平坐。因此可以大致认为,英、法、德属于地区性力量,而美国属于全球性力量。与之相匹配的是,它们的国家安全战略具有现实地域的限制。同时可以理解的是,英、法、德三国的国家安全战略都毫无例外地将美国作为主要的伙伴和国家安全的基石,只是美国在它们各自国家安全战略中的地位及作用有所不同而已。

具体来说,20世纪90年代的英国延续了其一贯的风格,仍旧保留了其国家安全战略的基本传统——"三环外交"的核心内容,尽管英联邦的地位更多地仅具有象征性。从撒切尔—梅杰保守党政府到布莱尔的工党政府,英国国家安全战略有两大基本倾向:对欧洲独立防务的摇摆态度和坚持北约的主导地位;维持英美特殊关系和寻求新的欧洲均势。英国对欧洲独立防务的摇摆态度反映了英国国家安全观念的国家特征,而不是以欧盟集体为主体的共同安全观。这一点与法德等国的态度不同,后者是欧盟独立防务的中坚力量。英国之所以这样做,是因为它担心这会损害国家主权,限制本国自由行动。与此同时,英国并不反对欧洲防务合作,但与法德不同的是,英国强调任何欧洲防务合作的行动都不应离开北约、疏离美国而另搞一套。②然而,在克林顿任期内,美国看重与德国及欧盟的整体关系,似乎疏远了英国,这使英国迫不得已寻找退路,重新"回归欧洲",寻求欧洲的防务合作,并力争成为一个领导国家。1998年英法《圣马洛宣言》的签署显示,英国决定赋予欧盟在欧洲防务上的自主决策和干预能力,然而后来的事态发展却表明,英国还是坚持英美特殊关系的首要性。可以

---

① 本文这里对作为欧洲区域一体化组织的欧共体/欧盟的安全战略不作讨论,因为长期以来它并没有自己的对外安全战略性文件,只到2003年年底才出台第一份安全战略报告《一个更加美好世界中安全的欧洲:欧洲安全战略》,至2016年6月又发表了题为《共享愿景,共同行动:欧洲外交与安全政策的全球战略》的欧盟全球战略文件。

② 王振华、刘绯主编:《变革中的英国》,北京:社会科学文献出版社,1996年,第152页。

说,在英国国家安全战略的构想中,英国人的"大西洋主义"色彩要强于它对欧洲的重视。在英国人看来,维持英美特殊关系不仅可以给英国带来丰厚的安全和政治收益,在诸如欧洲边缘地带以及世界热点问题上支持美国可以增强英国的国际影响力,而且有利于英国寻求新的欧洲均势。

与英国"大西洋主义"取向不同的是,密特朗和希拉克主政的法国的国家安全战略更偏向于"欧洲中心主义",有着深刻的"戴高乐主义"的印记。戴高乐主义的根本特征是维持法国国家利益至高无上,追求法国领导下的欧洲独立防务,逐步摆脱美国的影响。密特朗总统与希拉克总统表面上看没有戴高乐那么激进,但实际上还是一直坚持法国独立自主的国家安全战略方向。法国《1994年国防白皮书》在充分权衡了法国当时所处的国际安全环境后,提出了国防政策的三大目标:维护和捍卫法国在世界范围内的利益,确保法国的大国地位;促进欧洲一体化建设和维护一个稳定和平的国际体系;落实全面防务。[①] 为了实现以上三个目标,白皮书确定了法国新的安全战略思想,即坚持独立自主的防务力量,强调核威慑与常规军事行动的结合。与此同时,白皮书也指出了冷战之后法国与主要盟国在利益上的相互依赖不断加强,因此强调推进欧洲共同防务建设和强化与北约的合作对于法国的安全具有重要意义。但是,在两者的轻重关系上,法国坚持欧洲共同防务的首要性。此外,白皮书还重新界定了法国对待大西洋同盟的四项基本原则:大西洋同盟应当成为能够确立欧洲防务和安全统一性的场所;应该坚决执行北约对新战略环境的结构性调整;同盟应当成为欧洲和北美与成员国就安全直接相关的重大问题进行磋商的基本场所;鼓励其他欧洲国家开放和参与合作。在与北约军事一体化机构的关系上,法国仍然维持1966年戴高乐总统确立的原则:不参加军事一体化组织,自主支配本国军事行动。[②]

统一后的德国在后冷战时代面临着新的内外安全形势,也遭遇双重矛盾:维护本国的独立自主与融入全球化之间的矛盾;抵御国际社会动荡因素对本国政治的干预与加强国际社会安全合作之间的矛盾。因此,德国的国家安全战略需要反映冷战后世界范围内主流安全观念的变化趋势,不仅要继承德国的传统安全思想,而且要融合时代发展的新变化。在此背景

---

① 丛鹏主编:《大国安全观比较》,北京:时事出版社,2004年,第51—52页。
② 丛鹏主编:《大国安全观比较》,第55页。

下,德国的国家安全战略做出了相应的调整。1994年德国联邦政府发表的白皮书对德国的国家安全利益进行了扩充,主要包括维护德国自身安全、欧洲安全、大西洋同盟及人权等方面的内容,并且指明了德国国家安全战略的三层目标:保卫德国及其盟国的安全;建立有利于德国的欧洲安全机制;成为世界政治大国。德国作为欧洲安全的核心,应致力于在共同的价值和利益的基础上与美国维持持久的同盟,在统一的欧洲与北美之间建立享有平等权利的伙伴关系;突出北约的作用,使其作为欧洲—大西洋民主国家的价值共同体和防务同盟,并使其适应未来现实对安全政策的挑战,在地理空间上尽可能向东方扩展,吸纳所有欧洲国家;通过共同外交安全政策和欧洲安全与防务一体化,深化欧洲一体化;实施欧盟与西欧联盟的东扩计划,建立一种新型的包括所有欧洲国家在内的合作性安全秩序。① 可以看出,德国冷战后的国家安全战略有着很大的雄心,虽然其基石仍然是维护德美关系的稳定和依靠大西洋同盟的安全保护,但对欧盟的安全特性建设倾注了很大的注意力,展示了德国在欧洲发挥更大影响力的意愿。

第二节 海湾战争与大西洋同盟

如果说国家安全战略体现了欧美诸盟国的宏观安全战略取向及差异,那么它们20世纪90年代围绕北约"域外使命"的合作和纷争则是其具体反映。对于这一时期的"域外使命"——海湾战争、波黑战争及科索沃战争,欧美盟国在北约旗帜下不同程度地卷入其中,经历了同盟的政策协调和部队的协同作战。其特别的意义在于,正当人们仍在争论大西洋同盟存续的合法性之际,这三场战争似乎在用它们的合理性和必要性证明了同盟存续的必要性。与此同时,"域外使命"并不完全是盟国紧密合作的体现,它也暴露出冷战后时代美欧之间安全战略的差异及其背后的利益博弈。虽然与2003年的伊拉克战争相比,它们给大西洋同盟造成的冲击似乎没有那么严重,而且如有的学者所指出的那样,大西洋同盟的分歧与矛盾并

---

① 吴学永:《德国安全战略的新发展》,《欧洲》1996年第2期,第41—47页。

不是什么新现象,跨大西洋之间的误解如同北约的历史一样长久,① 但实际上却反映了冷战后跨大西洋关系的新变化,尤其是这一时期欧美矛盾的发展为稍后伊拉克战争引起的同盟危机做了铺垫。

冷战后时代欧美盟国承担"域外使命"的第一场战争是海湾战争。1990年8月2日,伊拉克派兵入侵科威特,推翻科威特政府并宣布吞并科威特。以美国为首的34个国家组成的多国部队于1991年1月16日开始对科威特和伊拉克境内的伊拉克军队发动军事进攻,以较小的代价取得了决定性胜利,重创了伊拉克军队。伊拉克最终接受联合国660号决议,并从科威特撤军。

海湾战争是冷战后美国主导的第一场大规模局部战争。虽然严格意义上海湾战争不属于北约领导的"域外使命",而是美国发起的临时性自愿联盟行动,但北约的主要欧洲盟国英、法、德等均直接或间接参与了这场战争。通过海湾战争,美国进一步加强了与波斯湾地区国家的军事、政治合作,强化了美军在该地区的军事存在,是战争中的最大赢家。然而,欧洲盟国的追随政策很难全然符合美国的需要。事实上,在海湾危机持续升温的时刻,欧洲盟国的步调与美国的希望相距甚远。在战争爆发的过程中,欧美合作也无法掩饰它们各自利益谋划和态度取向上的区别和矛盾。

一、美欧对海湾危机的不同反应及其原因

海湾危机一般来说是指伊拉克入侵科威特后到第一次海湾战争正式爆发前伊拉克与国际社会围绕是否归还科威特领土与主权的力量博弈。在海湾危机持续期间,美国及欧洲主要国家的态度反应虽有相似之处,但也带有各自的偏向。

(一)美国愈益强硬的反应及其原因

海湾危机爆发后,美国的反应强烈,并带头从经济、政治、外交及军事等层面作出了实质性反应,要求伊拉克从科威特撤军。

一是带头采取经济制裁与封锁。这种措施主要发生在海湾危机的中前期。在伊拉克入侵科威特后,美国带头冻结了伊拉克和科威特的资产,

---

① Alexander Moens, Lenard J. Cohen, and Allen G. Sens, eds., *NATO and European Security: Alliance Politics from the End of the Cold War to the Age of Terrorism*, London: Praeger Publishers, 2003, p. 56.

并在 1990 年 8 月 6 日借助联合国安理会决议,呼吁所有国家中止与伊拉克和科威特的一切商业贸易。① 伊拉克的反应较为冷淡,并通过抓捕人质进一步恶化了伊拉克同美国及西方国家的关系。乔治·布什政府推动联合国向伊拉克实施更强的经济制裁甚至封锁行动,如联合多国部队拦截并核查进出伊拉克的船舶,并逐步将封锁和制裁的范围拓展到包括飞机在内的所有运输工具。

二是采取政治强压及外交强制。美国通过单方、盟友及联合国等方式向伊拉克施展政治外交压力。首先,在海湾危机爆发前,美国就已经向伊拉克传递政治外交强压信息。1990 年 4 月,美国参议员代表团访问中东。在伊拉克,他们向萨达姆递交了布什总统的信件,信中指出,伊拉克"挑起整个中东地区险峻的紧张局势"。同年 7 月底,布什在给萨达姆的电报中声明美国希望改善美伊关系,但强调美国不接受伊拉克对邻国使用武力。伊拉克入侵科威特后,布什即刻作出反应,谴责伊拉克的行为是"赤裸裸的侵略"。② 美国认为,如果有必要,美国愿意单独采取对伊拉克的措施,而且没有美国的领导,其他国家也无法承担重任。时任美国总统国家安全顾问斯考克罗夫特(Brent Scowcroft)声言,虽然美国有很多理由不采取行动,但美国应该承担起职责。③ 国务卿贝克(James Addison Baker Ⅲ)也指明,美国拥有政治、军事和经济工具,能够促成国际社会对海湾危机作出成功的反应。④ 其次,在向伊拉克施压的过程中,美国要求盟友提供具体支持。1990 年 8 月底,布什政府公布希望盟友作贡献的具体要求,并派遣高级别官员赴盟国访问,以确保它们的口惠落到实处。⑤ 美国国会还通过专门的修正案,要求盟友提供数额可观的资产保障。此类行为无非是要求盟友分担更多的责任,配合美国的行动。如果盟友不履行更多的职责,美

---

① 军事科学院外军研究部等译:《海湾战争(中):美国国防部致国会的最后报告附录》,北京:军事科学出版社,1992 年,第 2—20 页。

② Richard H. Jacobs, "A Chronology of the Gulf War," *Arab Studies Quarterly*, Vol. 13, No. 1/2(Winter/Spring 1991), pp. 144 – 146.

③ Bob Woodward, *The Commanders*, New York: Simon and Schuster, 1991, p. 237.

④ Andrew Fenton Cooper, Richard A. Higgott, and Kim Richard Nassal, "Bound to Follow? Leadership and Followership in the Gulf Conflict," *Political Science Quarterly*, Vol. 106 (Fall 1991), p. 393.

⑤ Patrick Tyler, David Hoffmann, "U.S. Asking Allies to Share the Costs," *Washington Post*, 30 August 1991, p. A.

国甚至可以威胁放弃解放科威特这一目标。最后,美国利用联合国向伊拉克施加政治外交压力。在海湾危机升级期间,美国利用联合国向伊拉克发出警告、谴责,敦促联合国安理会向伊拉克发出撤军的最后通牒,给伊拉克的侵略行为制造较强的外交舆论压力,希望逼迫萨达姆低头,并为更强硬的行动提供所谓的合法性空间。

三是进行军事集结,为军事行动做准备。伊拉克刚入侵科威特,美国立即进行军事部署,将两艘航空母舰战斗群向波斯湾集结。1990年8月初,为预防伊拉克进攻沙特阿拉伯进而威胁全球石油供应,在只有英国确定支持的情况下,布什总统决定派遣20万军队进驻沙特,实质上是为了威慑伊拉克。此后,伊拉克态度虽然几经变化,但始终没有积极"配合"。1990年10月底,尽管动武已经引起法国等欧洲盟友的不悦,布什政府借助武力强迫伊拉克退出科威特的意图还是越发清晰。1990年10月30日,美国宣布在沙特已部署23万军队的基础上,再增兵17万人,包括欧洲提供的3个装甲师。[1] 布什政府大幅度增兵的计划在国内遇到了较大的阻力,但联合国第678号决议的通过为布什提供了另辟蹊径的机会。该决议要求伊拉克从1991年1月15日前撤出科威特,否则将采取"一切必要的手段"。[2] 这份"最后通牒"终因伊拉克的出尔反尔而产生实效,"沙漠盾牌"逐步演变为"沙漠风暴"。

在处理海湾危机的过程中,美国从较为温和的政治外交施压过渡到军事强压和威逼,整体上显得愈发强硬,并且俨然成了主要领导者。应该说美国的态度比较坚决,除英国外,其他欧洲盟友的态度和行动很难与之匹配。美国如此关注海湾危机,主要涉及三个方面的因素:一是防止海湾危机蔓延到沙特等盛产石油的国家,进而威胁美国的能源供应、安全和国家利益;二是保护盟友沙特和以色列的安全,消除伊拉克这一隐患;三是维护美国的国际声誉和道德原则,给部分盟友树立"可效仿"的榜样。

(二)英国始终如一的强硬态度及其原因

伊拉克入侵科威特后,英国的反应十分迅速,态度较为鲜明,通过单独

---

[1] Stephen J. Cimbala, Peter K. Forster, *Multinational Military Intervention: NATO, Strategy and Burden Sharing*, England and US: Ashgate, 2010, p. 69.

[2] "Resolution 678(1990) of 29 November 1990," United Nations, https://undocs.org/en/S/RES/678(1990).

行动、游说和影响美国及借联合国之力等行为强硬要求伊拉克撤军,并恢复科威特的国家主权。

首先,英国展开单独行动。英国对伊拉克入侵科威特最先做出强硬反应。① 1990年8月3日,撒切尔夫人宣布冻结伊拉克和科威特在英国的所有资产。接着,英国派遣两艘海军护卫舰驶往海湾地区,与在那里值勤的唯一一艘英国军舰会合。8月8日,英国开始向海湾部署空、海军部队,参加多国部队。9月6日,英国下议院就海湾立场展开辩论。与美国国会不同的是,英国下议院相当支持政府立场,隔天即以437票对35票的悬殊票比结束争论。② 撒切尔夫人因而获得了广泛的支持,她愈加倾向于采取军事手段的立场。

在撒切尔夫人因党内斗争被迫辞职的当天,英国政府决定将部署在海湾的兵力提升到师级水平。约翰·梅杰继任首相后对此没有做出太大的调整。与此同时,英国民众支持动武的呼声实际上也加强了英国政府的立场。在支持英国参战的民众中,大部分人希望将伊拉克军队从科威特赶出去,并推翻萨达姆政权。③ 在1991年1月15日的下议院辩论中,英国政府受到的压力远没有美国政府那么强烈,下议院表决通过了对伊拉克动武的决议。

其次,英国影响并压迫美国采取强硬行动。伊拉克入侵科威特之时,正在美国访问的撒切尔夫人向美国总统乔治·布什表达了两点看法:绝不姑息侵略者;如果伊拉克入侵沙特,那将会威胁到英美的石油供应安全。她向布什建议采取干预行动,在中东部署军队将伊拉克军队赶出科威特。布什表示,美国应当保持冷静,由阿拉伯国家自行解决问题。④ 撒切尔夫人意识到布什对动武准备持保留态度,于是在电话交谈中向布什直言,"犹豫不决的时间所剩无几"⑤,强烈敦促布什采取果断行动。可以说,从1990年8月至11月22日,撒切尔夫人抓住离任前的每一次机会显示英国对采

---

① "Just Like Old Times," *The Economist*, 1 September 1990, p. 51.
② 〔英〕玛格丽特·撒切尔:《撒切尔夫人回忆录·唐宁街岁月》,本书翻译组译,呼和浩特:远方出版社,1997年,第551页。
③ Lawrence Freedman and Efraim Karsh, *The Gulf Conflict, 1990－1991: Diplomacy and War in the New World Order*, London: Faber & Faber, 1994, p. 347.
④ 玛格丽特·撒切尔:《撒切尔夫人回忆录·唐宁街岁月》,第543页。
⑤ "Gulf War: Bush-Thatcher Phone Conversation (No Time to Go Wobbly)," Margaret Thatcher Foundation, 26 August 1990.

取进一步行动的决心,并且向美国等盟国施压,要求诉诸军事方式。

英国的施压收到了成效。美国出台了"沙漠盾牌"行动方案。该行动方案分为两个阶段:从8月7日到11月7日为第一阶段,即防御性快速部署阶段。11月8日,美军开始第二阶段,即进攻性快速部署阶段。在美国派兵的同时,英国奉行继续追随美国的策略,向海湾派遣第一装甲师等部队,此后将参战总人数提升至4.2万,派出300多辆坦克、300多辆装甲车等军事装备。

最后,英国推动联合国向伊拉克施压。英国派部队集结海湾的同时,也与美国等盟国一道,积极推动联合国对伊拉克行径进行谴责或制裁。入侵事件发生后,英国积极协助美国,促使联合国安理会通过了谴责伊拉克入侵科威特的第660号决议。8月6日,英美又联合促使安理会通过了第661号决议,要求对伊拉克实行贸易禁运,迫使它全面遵守第660号决议,恢复科威特合法政府的权力。其后,英美不断联手,在近半年的时间内,推动联合国安理会通过了十个决议,旨在对伊采取各种制裁措施,逼它撤军。

然而,美英等国的政治谴责、经济制裁、外交孤立和军事威慑并没有令伊拉克有半点撤军和让步的表示。在此情况下,它们展开了第二阶段的行动。英国的作用除了保持应有的独立姿态外,就是密切配合美国,让联合国或者海湾盟友支持必要时的军事行动。1990年11月29日,在美英等国的外交努力下,联合国安理会通过了授权使用武力把伊拉克军队赶出科威特的第678号决议,并对伊拉克下达了最后通牒。萨达姆则拒绝妥协和外交退让,于是以英美为首的多国部队实施了"沙漠风暴"军事行动,海湾战争就此爆发。

在海湾危机期间,英国的反应最快且威逼伊拉克甚至对伊拉克动武的意志最坚决。英国态度强硬的原因主要包括以下三点:

首先,作为一个曾经的老牌殖民帝国,英国在中东海湾地区有着重要的传统政治经济利益;同时和美国一样,英国对这一地区的石油供给安全十分敏感,而伊拉克入侵科威特的举动毫无疑问影响了英国的根本利益。

其次,英国希望通过追随美国继续发挥所谓的大国责任和作用。英国历来是欧洲主要盟国中追随美国最紧密的一个国家,保持英美特殊关系是二战后初期丘吉尔所设计的英国"三环外交"方针的基础,被视为联结英帝国与联合的欧洲的纽带。① 必须指出的是,英美特殊关系是英国国家利益的需要,并不是从属于美国的关系,其进程并非一帆风顺,二者关系倒退或冷却也不是偶然现象。然而,在长期的发展演变中,英美关系中的紧密合作是主流,海湾危机尤其体现了英国的意图,即通过积极施压,支持和配合美国的行动,进而展现英国的作用。

最后,道义及国内支持是英国态度强硬的另外一个因素。伊拉克入侵科威特事件本身从国际法层面来说带有显而易见的非法性,英国政府抓住了这一点,这在国内享有较高的支持度。

(三) 立足欧洲的法国

法国在中东和海湾地区有着重要利益和传统影响,在海湾危机中采取了既独立自主又支持美国,同时立足欧洲、面向阿拉伯世界的方针,试图突出法国的大国地位和作用。

第一,法国开展了较为独立的政治、外交及军事行动。伊拉克入侵科威特后,法国进行了政治外交表态,在谴责伊拉克侵占科威特的同时要求伊拉克无条件撤军,并宣布冻结伊拉克在法国的财产,对伊拉克实行武器禁运。1990年8月,法国派遣以"克里孟梭"号航空母舰为核心的海空舰队前往海湾,接着向沙特阿拉伯和阿联酋增派军事教官和军事技术人员。9月,法国决定派遣地面部队前往沙特,并主张对伊拉克实行空中封锁。10月,法国派驻中东、海湾地区的总兵力达1.2万人,分别部署在沙特、阿联酋、吉布提以及红海和波斯湾海域。

第二,在部分支持美国的同时强调法国的自主性。一方面,法国支持美国对伊拉克实施制裁和禁运。不过,与美国不同的是,法国把政治解决海湾危机放在优先地位,希望在联合国对伊拉克实行制裁的基础上求得和平解决,避免被美国拖入一场西方和阿拉伯国家之间的战争。在法国看来,对伊拉克实施禁运是避免海湾危机发展成战争的唯一办法。因此,法国主张严格执行安理会的决定,并派海军参与禁运,同时积极进行外交斡旋,寻求非军事解决途径。另一方面,在积极配合美国对伊拉克施加军事压力的同时,法国又不唯美国马首是瞻,保留全部决定的自主权。法国声明不参加以美国为首的多国部队,强调法国系根据《法沙协议》在沙特阿拉伯独立部署部队,其性质纯粹是威慑性和防御性的,即防止伊拉克入侵沙

---

① 陈乐民主编:《战后英国外交史》,第61页。

特阿拉伯。法国在海湾地区的军事力量不受别国的控制和指挥,动用这支力量完全取决于法国自身的决定。

第三,立足欧洲,寻求对策。海湾危机一开始,法国积极推动西欧盟国磋商协调,谋求采取共同行动,显示西欧在中东和海湾的作用,防止美国独揽中东事务。1990年8月4日,在法国的推动下,欧共体决定对伊拉克实施全面禁运。根据法国的倡议,西欧联盟先后于8月21日和9月18日两次召开外长和国防部长联席会议,并邀请希腊、丹麦、土耳其以观察员身份与会。8月27日,西欧联盟还召开了历史上第一次成员国参谋总长会议。会上,法国竭力敦促各成员国参与海湾军事部署,并就派往该地区的军事力量进行一定的协调与配合。然而,除法英两国外,其他西欧盟国均无意派遣地面部队。德国受宪法约束,不得向北约防区之外派遣武装人员,仅派扫雷舰前往海湾。英国部队一开始就与美国联合部署,英法亦无法协调配合。结果,西欧各国基本上各行其是,未能作为整体在海湾危机中发挥作用。

在海湾危机期间,法国总体上采取了以独立为主兼顾与盟友合作的策略,主要原因是:

一、显示法国的大国地位和独立性。法国一贯奉行独立的外交和防务政策,以自己的方式参与处理国际重大问题。在海湾危机中,既要显示自己维护国际正义,又要避免同美国亦步亦趋,以期在处理冷战结束后的第一次国际危机中发挥独特作用。

二、维护法伊关系。自20世纪70年代中期以来,法伊特殊关系一直是法国中东政策的重要支撑点。法国在政治、外交和军事上配合美国对伊拉克施压的同时,又留有充分余地,力求避免以战争手段解决海湾危机。法国政府一再声明,除了要求伊拉克从科威特撤军外,法国别无他求。因此,法国既不想搞垮萨达姆,也无意摧毁伊拉克的全部军事力量。

三、巩固与阿拉伯世界的关系。海湾危机中,阿拉伯世界陷入四分五裂的境地。法国既要支持反对伊拉克入侵科威特的阿拉伯国家,又不想过分刺激伊拉克,也不愿得罪支持萨达姆的阿拉伯国家,还要顾及本国境内几百万穆斯林的情绪。因此,法国采取有别于美国、面向阿拉伯世界的做法,以调停人的姿态积极开展谋求和平解决海湾危机的活动,以便危机过后仍可同各方保持良好关系,从而有利于保持法国在阿拉伯世界的经济、战略利益和扩大政治影响。

（四）德国支持盟国的勉为其难及其原因

在美国领导的自愿联盟中，德国所表达的决心不亚于英法两国，但在付诸实践时却远不及英法，以至于美国这个多国部队的领导者在不同的场合表达它对德国的失望和质疑。即使后来德国迅速提供了资金和人员支持，也没能掩饰它那种勉为其难的基本倾向。

德国在海湾危机中的主要表现，一方面是保持适度关注及倡导和平的方式。重新统一和第一次"大德国"普选的激动感将其他问题暂时挤出德国民众的视线，包括美国领导的联合部队与伊拉克发生的紧张对峙。德国并没有做好应对海湾战争的准备。① 在伊拉克进攻科威特之后，德国的政策主要集中在履行重新统一带来的各种紧要问题；它认为在对待"域外使命"的问题上应该保持谨慎，不能操之过急。德国领导人将外交谈判手段看作解决海湾危机的首选方式，并强调如能和平解决海湾危机，那么此举将为解决其他地区的冲突提供帮助。

另一方面，德国在美国施压下提供了某些支持。在应对海湾危机时，德国不希望被排除在美国领导的联合行动之外，因而为美国分担了一部分责任。当然，德国的责任兑现很大程度上与美国的施压有关，德国主要提供了资金支持。1990年9月，美国国务卿贝克访问德国，科尔在与其会晤后承诺德国将提供21亿美元的援助，其中1990年实际支付了10亿美元。② 与此同时，德国还提供了有限的军事后勤支持。德国对外宣布本国宪法禁止德国参加对外军事干预行动。实际上，在承诺支持美国时，德国同意派遣5艘扫雷艇和2艘补给船去地中海，只不过德国在海湾战争结束后才开始积极介入扫雷军事行动。德国的军事支持很大程度上局限在提供设备上，而它们主要是东德的剩余设备。德国还于1991年1月初在土耳其部署了18架阿尔法喷气式飞机，但其航程又不在袭击伊拉克的范围之内。

德国政府处理海湾危机的方式显然与美国及英法有不同之处，主要原因在于：第一，德国历史包袱及"和平主义"对外政策是宏观根基，这要求德

---

① Helga Welsh, "Four Years and Several Elections Later: The Eastern German Political Landscape after Unification," in David P. Conradt et al, eds., *Germany's New Politics*, Berghahn: Providence, RI, 1995, pp. 43 – 60.

② John M. Goshko, "Germany to Complete Contribution Toward Gulf War Costs Thursday," *Washington Post*, 27 March 1991, p. A26.

国对外行动应摈弃强制、武力或战争方式,以和平方式进行解决。第二,德国需要捆绑盟友,避免被抛弃并发出德国的声音。如果德国不参与对伊行动,那么德国作为值得信任的盟友的声誉将一落千丈,这就使德国很难在冷战后的世界秩序中发挥重大的作用。第三,海湾危机与德国利益的相关性不紧密。除石油利益外,德国在海湾危机上的其他利益比较抽象,更像是一种名义上的利益。基督教民主同盟的反伊拉克声明集中在斥责萨达姆违反人权及经联合国授权而成立的反伊联盟的合法性上,而不是经济或政治利益。即使在石油问题上,德国也不担心伊拉克威胁到其石油供应。尽管德国11%的石油进口来自波斯湾,但德国领导人几乎没有公开暗示过存在伊拉克控制中东地区石油的危险。① 科尔总理更强调科威特被吞并、边界强制变更后所暗藏的威胁,类似于德国统一带来的历史地理重构难题。与此同时,德国领导人担心,如果国际社会联合起来将伊拉克抹掉,那么同样会产生难以预料的结果。换言之,石油供应在德国看来不是伊拉克能够撼动的,德国并不像英美两国那样忧虑。

二、海湾战争期间的美欧协同与矛盾

海湾战争爆发后,欧洲盟国配合美国展开了军事行动,为盟军的胜利作出了重要贡献。就英、法、德三国而言,海湾战争期间它们在军事行动上均与美国进行了有效的协作,但基于上述海湾危机期间的不同态度和反应,又有着各自不同的特点。

英国在海湾作战中与美国一唱一和,配合相对默契,在联盟对伊战争中的贡献仅次于美国。在英国30万军职人员中,大约1/4被派往海湾执行任务,其中第22航空特种兵在联盟空袭伊拉克之前就已经进入战斗状态,而皇家空军共执行了5%的盟军对伊作战任务。但是英美在作战协调过程中也遇到了麻烦,9名英国士兵死于"友好开火",但五角大楼拒绝进行解释或公开联合调查。在地面作战刚进行4天时,美国结束对伊战斗的命令即下达,这与英国将萨达姆赶下台的初衷背道而驰。最令英国人生气的是,华盛顿事先未同盟国协商就作出了上述决定。英国外交大臣道格拉斯·赫德当时正在考虑推翻萨达姆政权,却收到了来自美国的通告:盟军

---

① Walter S. Mossberg, Urban C. Lehner, and Frederick Kempe, "Some in U.S. Ask Why Germany, Japan Bear so Little of Gulf Cost," *The Wall Street Journal*, 11 January 1991, p.A1.

行动结束,"屠杀"不应继续执行。①

应该说,英美在海湾战争中的分歧类似于"小两口"的日常"拌嘴",并没有伤到两者的和气。英国除了发挥急先锋的作用外,还成功地通过影响美国政府的政策走向实现本国的安全利益和影响。英国追随美国的姿态强于法德,是西方三国中与美国联系最为紧密的国家。英美特殊关系并未因海湾战争的结束而冷却下来。1991年4月,英美等国决定在伊拉克北纬36度线以北地区设立"安全区",其目的是限制伊拉克政府在伊北部库尔德地区的军事行动。英美在对伊问题上的态度呈现出了高度的一致性。对于英国来说,海湾地区的和平稳定关乎英国的安全利益、石油利益和经贸军火利益。同时这也是美国的基本考虑之一,但是美国的战略不仅仅局限于此,通过海湾战争,谋求区域乃至世界霸权的地位是其更为关切的问题。可以说,英美在战略观念上有着不同的理解。此外,英国追随美国的策略并不意味着英国没有自主性。英国在海湾危机加剧和海湾战争爆发的过程中还是努力避免惹恼周围的海湾国家,在行动中与美国保留一定的距离,维护独立自主的行动空间。

法国在和平解决海湾危机的努力失败后,才决定参加针对伊拉克的军事行动,同时拉近同美国的距离。1991年1月16日,密特朗下令使用军事手段实施联合国决议。不过,法国军事介入的程度是逐步升级的。战争打响后的最初几天,法国空军只轰炸了驻扎在科威特境内的伊拉克部队。接着,法国宣布将空袭伊拉克境内的军事目标。法国地面部队也不再回避进入伊拉克作战的问题,法军主力第6轻型装甲师深入伊拉克境内160余公里。海湾战争还打破了戴高乐所设的禁区:法国同意以英国为基地的美国B-52轰炸机飞越法国领空前往海湾执行任务,并同意美国空中加油机在法国领土上驻留。自1966年法国退出北约军事一体化组织以来,这是头一次。法国还进而将原来完全由自己支配的海湾部队交由美国统一指挥。

在海湾战争的关键时刻,法国之所以一反独立姿态,向美国靠拢,在军事上通力合作,主要有三个相互联系的原因。首先,法国参加战争是为了避免自己被排斥在重大国际事务之外,同时也要借此表明自己所具有的实力和影响。其次,法国参加战争是期望能够参与中东事务,在战后的海湾

---

① Lawrence Freedman and Efraim Karsh, *The Gulf Conflict, 1990-1991: Diplomacy and War in the New World Order*, p. 405.

第七章 北约的"域外使命"与欧美分歧

事务安排上有发言权。最后一点最为重要,即要维护联合国的权威和国际机制的作用。正如斯坦利·霍夫曼所指出的:"实际上,法国在采取每个步骤时都要求得到联合国安理会的批准,这就使联合国取代北约成了具有最终权威的国际机构。与此同时,法国并不希望看到北约在欧洲以外发挥作用。"① 从更加广泛的国家利益的观点来看,法国坚持把联合国作为对伊拉克采取所有行动的最高权威,这本身就是法国国家利益要求的一个中心因素。法国的盘算显然与美国的目标不一致。

当海湾战争尚在激烈进行之际,在法国的影响下欧洲就开始酝酿战后中东安排问题。3月19日,欧共体外长会议提出了战后安排的总体设想:战后立即向海湾地区派驻联合国维持和平部队;召开中东国际和平会议,解决阿以冲突和巴勒斯坦等问题;控制和裁减中东地区军备,最终在中东建立欧安会模式的地区安全合作机构。这一总体设想反映了法国的基本意图。

然而,在海湾战争中,虽然法国采取了较大规模的海外军事行动,但只起了辅助性作用,没有捞到多少好处。如在对伊空袭阶段,法国空军共出动飞机约1000架次,但仅占联军空军出动架次的1%。以美国为主的多国部队共75万人,法国仅1.2万人。政治上,法国虽一再强调独立自主,但活动余地和作用有限。总的来说,法国在海湾战争和战后安排中得少失多。法国在中东地盘缩小,影响力下降,被排除在中东和谈之外,甚至丢失了传统的军火市场,这倒是事实。这也从一个侧面反映了在世界格局转换中法国地位的下降。

德国对海湾战争的态度比较复杂。战争爆发后,波恩、柏林等德国主要城市相继发生了席卷德国各地的大规模的反战和平游行。② 不过,此时德国的抗议活动并不占据主流,大部分德国人支持采取行动,希望制止伊拉克的行为,因为他们认为萨达姆统治心狠手辣,异常残酷,侵略科威特又公然违反国际法,但其支持盟军对伊拉克采取武力行动的前提是德国军队

---

① Stanley Hoffman, "French Dilemmas and Strategies in the New Europe," in Robert O. Keohane et al., eds., *After the Cold War: International Institutions and State Strategies in Europe, 1989–1991*, Massachusetts and London: Harvard University Press, 1993, p. 138.

② Alice H. Cooper, *Paradoxes of Peace: German Peace Movements since 1945*, Ann Arbor: University of Michigan Press, 1996, p. 252.

不能介入其中。①

实际上,德国政府的政策与其最重要的盟国相比并无太大区别。从海湾危机开始,总理科尔就谴责伊拉克的侵略行为,宣布与美国领导的多国联盟站在一起,支持联合国安理会的种种决议,为美国的军事运输和给养提供后勤服务和物质支持。但是,德国对海湾战争的政策至少有三个方面令盟友美国感到不满:

首先,缺乏承诺。这是与德国当时的处境密切相关的。海湾危机升级之时,德国正深陷于两德统一的进程中,它不仅吸引了民众的注意力,而且占据了政府部门人员的主要工作,他们正抓紧时间制定国内统一所需要的法律文件,政治决策精英更是很少有时间考虑对外政策问题。

其次,保持中立主义与和平主义立场。德国人中存在着这样一种信念,即要让全世界都相信一个统一的德国将是非军事化的、和平的;在欧洲及其近邻区域,应当寻求建立一个不把战争当作国家政策工具的欧洲安全体系。德国政府也倾向于强调依靠非暴力的外交手段而不是军事手段解决国际争端。

最后,宪法上的束缚。当时的德国宪法明确规定,德国的军队是不能够参加域外作战行动的,在海湾战争爆发之前,德国领导人多次向盟友申明这一立场。为了弥补美国等盟友的不满,德国领导人陆续表达了努力改变这种状况的决心。

在美国的强大压力下,参加海湾战争被提上了德国政府的议事日程,德国迫不得已作出了必须在财政上支持盟军的决定。德国为美国提供了33亿马克的资金及相应的军事设施和军火,另外还在东地中海部署了扫雷分队。美国提出,这支扫雷分队应赴苏伊士运河执行扫雷任务,但是德国以本国宪法的规定为由拒绝了美国的要求。

在美国对伊拉克采取军事行动的当头,德国的态度也迥异于其他西方盟国。德国政府一开始采取了回避的方式,避免直接表态,而德国民众则爆发了大规模的反战游行。此时的科尔政府处于两难境地之中,难以解决

---

① Alice H. Cooper, *Paradoxes of Peace: German Peace Movements since 1945*, pp. 256-260.

美国的期待和国内压力之间的矛盾。① 如上所述,德国是继美国、沙特和科威特之后为海湾战争出资最多的国家,然而德国的行为并未满足美国布什政府的期望。美国政府除了期待德国报答美国为德国统一所作的贡献外,还认为德国其实比美国更依赖于海湾地区的石油,所以德国理应参战。但是,德国的政策表明,它不准备为美国分担全球责任。②

总体上看,德国在海湾危机乃至战争中的态度是亲美的,只是在具体行动上有所顾虑和保留,因而遭到来自美国的强大压力,以至于在战争开始后,德国政府加大了参与的力度,试图拉近本国与盟国之间的距离,防止出现被边缘化的情形。另一方面,德国并非完全对美国言听计从。在国际格局正在进行深刻变革的时代,对德国来说,重新统一是头等大事;在对外安全政策上,德国有意践行那种以国际法为准绳、获得联合国授权的非暴力解决危机的多边主义方式。德国方式在海湾战争中处处显现,总理科尔在综合权衡各种利弊后争取为德国找到了一个既能保持本国安全政策一致性,又能维护同盟关系灵活性的结合点。这个结合点在于维持德国安全战略的自主性,同时继续维护同盟关系,特别是德美同盟关系合作的主导性。

三、善后问题上的欧美分歧

在海湾危机和海湾战争期间,欧洲盟友总体上与美国维持了合作基调,保证了反伊联盟迅速地将伊拉克的军队赶出科威特,但双方在若干问题上也产生了内部纷争,其分歧并未因战争的结束而消失。海湾战争结束后欧美矛盾在善后问题上得到了延续。从欧洲方面来看,它们是跨大西洋关系整体上结构性矛盾的某种体现,而英国、法国和德国等主要盟国与美国的分歧又呈现出各自的特点,反映出欧美关系的复杂性。

(一)英美特殊关系的回落

冷战后英国谋求继续保持与美国的特殊关系,并配合美国维护现存国际秩序。英国教授奥尼尔指出,美国需要更多的支持与配合,而英国凭借

---

① David S. Germroth and Rebecca J. Hudson, "German-American Relations and the Post-Cold War World," *Asussen Politik*, No. 1, 1992, pp. 33-42.

② W. R. Smyser, *Germany and America: New Identities, Fateful Rift?* Boulder/San Francisco/Oxford: Westview Press, 1993, pp. 61-62.

其国际经验、能力和地位将成为仅次于美国的国际安全的捍卫者。① 但是,英国在试图发挥"桥梁"作用的同时也与美国保持一定的距离。海湾战争后英美特殊关系继续维持,但英国的战略战术总体上体现其国家意志和利益,难以与美国高度吻合。

一方面,英国对美国的追随具有一定的限度。与法德相比,英国在海湾战争善后问题上似乎与美国的步调更和谐,表现出的一致性更显著,但是英国并非完全听命于美国。后者追求的战略目标不等于英国自身的国家战略目标。"捆绑"美国并不意味着屈膝投降、放弃自己的国家利益。美国优先是英国的核心战略支点,但并非唯一支点。在依靠美国实现不了本国的战略目标时,英国选择欧洲一翼作为重要的平衡点。

另一方面,领导人换届影响到英美两国的海湾战争善后问题的态度走向。梅杰当选英国首相后不仅延续了撒切尔夫人在伊拉克问题上的政策取向,而且与乔治·布什保持了良好关系。然而,自1993年克林顿入主白宫后,英美关系却出现了一定程度上的降温。究其原因,在于梅杰和克林顿都关注国内政治经济问题,在外交上几乎没有任何技巧与经验。克林顿的当选给英美关系蒙上了一层阴影,因为在美国总统竞选过程中,梅杰支持的是布什而不是克林顿,英国保守党贬低克林顿的言论令英美领导人的私人关系短期内难以升温。

(二) 法美分歧的再现

海湾战争结束后,法美两国出现了分歧和矛盾,双方难以在伊拉克问题上保持合作。这种分歧和矛盾的主要根源在于,法国希望延续"戴高乐"传统,构建法国国家利益基础上的伊拉克政策,并且依托联合国等国际机制来展现法国主导下的国际人道主义。

首先,法美在海湾战争后对伊拉克的政策方式存在差异。海湾战争结束后,法国"追随"美国并未获得实质性回报,反而失去了在伊拉克的影响和各种利益。在伊拉克问题上,法国强调联合国和国际法的重要性,反对美国单方面施加的军事压力,主张制裁伊拉克要有限度,并且希望通过规

---

① "Speech by Prof. Robert O'Neill," *Britain in the World: Conference Proceedings*, London: RIIA, March 1995, p.42.

劝伊拉克扩大石油换食品协议的努力减少人道主义灾难。① 美国虽然也强调必须借力联合国,但施压和恫吓显然成了美国逼迫伊拉克的手段。

其次,法美对国际秩序存在不同设想。伊拉克问题的处理是冷战后法美对国际秩序各有盘算的重要表现。法国一向延续戴高乐传统,追求法国政策的独立性并保持对地区热点问题乃至全球事务的影响力,不愿意看到美国单独支配世界。② 与此相反的是,冷战后特别是海湾战争后的美国自认为一枝独秀,极力维持单极格局和对国际事务的领导力,这与法国大相径庭。

最后,法美在中东海湾地区存在着影响力的竞争。中东海湾地区对法美两国的利益至关重要。海湾战争后,法国的地位受到削弱,因而迫切希望在中东海湾地区塑造自己的影响力。法国希望在阿拉伯世界和西方之间扮演成功的调和者,以便再现法国的荣光③,于是在处理伊拉克、中东和平等问题上加大投入,希望减弱美国的影响。而对美国来说,提升渗透中东海湾地区事务的水平是保持美国霸权的重要体现,容不得法国横插一腿,发号施令。

1991年3月14日,密特朗与布什在法国属地马提尼克岛会晤,讨论战后中东安排问题,协调法美立场。双方对中东和谈采取何种方式和途径有分歧。布什不赞成法国关于召开联合国主持下的中东问题国际会议的建议,要求召开美苏联合主持的中东地区和平会议,撇开联合国,排斥西欧。对于巴勒斯坦这一核心问题,双方立场各异。法国认为,中东国际和平会议应全面解决包括巴勒斯坦问题在内的中东所有问题,并重申支持巴勒斯坦人民创建自己国家的权利。美国仍坚持其袒护以色列和打击巴解组织的一贯政策,主张把解决巴勒斯坦问题同解决阿以争端分开,不同意巴解组织作为单独代表参加会议。

(三) 德美对外战略和世界观的差异

德国向海湾战争投入了大量的财力、精力和部分人力,极大地缓解了

---

① Richard N. Haass, ed., *Transatlantic Tension: The United States, Europe, and Problem Countries*, Brookings Institute Press, 1999, p.107.

② Charles Krauthammer, "France's Games," *Time*, March 24, 2003, Vol. 161, No. 12, p. 82.

③ Pia Christina Wood, "François Mitterrand and the Persian Gulf War: The Search for Influence," *French Politics and Society*, Vol. 10, No. 3 (Summer 1992), p. 44.

美国的怨气,但是德国按照其既定国策行事的行为遭到了美国的批评,甚至引发了后续的纷争。

第一,关于处理战后伊拉克问题的方式的纷争。德国从外围涉足了海湾战争,但美国的施压是关键因素。海湾战争后,本已"受苦"的德国出于和平主义和人道主义立场,不愿意看到美国继续用威逼特别是军事施压的方式对待萨达姆,希望用非暴力的政治外交谈判逐步解决当时棘手的问题。而美国并不认同德国的主张,伙同英国继续向伊拉克发出强硬信号,并且采取一系列强制手段。

第二,在中东海湾政策认识上的差异。对统一后的德国而言,影响自身安全的周边地区更重要,对于偏远地区的问题,德国予以关注,但不作为优先处理的问题。中东海湾的稳定是首要因素,德国注重的是自己的石油供应和经济利益。德国的政策目标较为单一,不像美国那样既要谋取石油利益,又要抑制萨达姆的野心,同时还要扩大和拓展在这一地区的影响力。

第三,德国的克制文化与美国的"参与扩展"战略形成鲜明对比。科尔总理主政时期,德国的克制文化使得政治领导人在涉及域外军事部署或军事施压时显得缓慢而谨慎,特别表现在有争议的问题上。克制文化被认为是针对德国历史背景和拒绝过去专制及扩张政策的表现。[①] 与此不同的是,克林顿的"参与扩展"战略强调经济、民主与安全三大支柱。就安全支柱而言,美国应保持强大的军事力量和海外军事存在,以应付重大地区危机,阻止大规模杀伤性武器的威胁,最终保证美国有效参与国际事务,更好地维持美国领导世界的地位。[②]

第三节 波黑战争:欧洲的力不从心

波黑战争是二战结束后欧洲爆发的规模最大的一次战争,在近四年的内战和后期的北约空袭中,有20万人死于非命,200万人流离失所。这次战争是以波黑塞尔维亚人寻求加入塞尔维亚而产生的冲突引起的。西方

---

① 张骥:《统一后德国的政治文化与对外政策的选择》,《当代世界与社会主义》2007年第6期,第74—76页。

② 姜宪明主编:《当代国际关系概论》,南京:东南大学出版社,1998年,第96页。

国家与前南斯拉夫六个加盟共和国存在历史恩怨,而在波黑独立后,这一历史恩怨主要集中在对塞尔维亚的态度上,这些国家在波黑战争爆发过程中起到了推波助澜的作用。波黑战争爆发前后,美国和欧洲总体上维持了合作的局面,但是它们又有各自不同的打算。不同于海湾战争,波黑的冲突发生在南欧,因而引起欧洲的特别关注,欧共体(欧盟)试图用一个声音说话,独自承担维持欧洲局部地区安全与稳定的重任。然而,欧洲内部也存在不同的诉求,加上美国本身对于前南地区格外重视,欧共体最终还是将解决波黑战争的主导权让给了美国。

一、美欧对波黑危机的态度及原因

从1991年6月南斯拉夫解体,到1994年2月北约向波黑塞尔维亚人发出最后通牒,波黑内部的尖锐争吵演变为严重的内战,并呈现出逐渐升级恶化的态势,这一时期被称为波黑危机阶段。美国和欧洲主要盟友对波黑危机所持的态度表现出极大的差异,其中的原因也较为独特。

(一)美国从作壁上观到积极干预

从历史上看,巴尔干地区是著名的欧洲火药桶。但直到二战结束以前,美国在该地区并没有重要的、直接的安全利益。冷战结束之际,前南斯拉夫联邦瓦解,原联邦内部的矛盾逐渐尖锐化,引起了美国的关注。波黑危机跨越了老布什和克林顿两届政府,它们对于危机的态度虽有细微差别,但在危机引发的战争可能对美国的国家利益构成威胁这一问题上显然具有高度的共识。

美国对波黑危机的态度经历了较大的变化。波黑战争爆发前后,美国政府最初是静观其变,将欧共体推向前台。欧共体对调解波黑冲突和矛盾纷争积极主动,但并没有有效化解波黑危机。欧共体转而希望美国出面,但此时美国不愿意起主导作用和过多地介入,并对派遣维和部队奔赴波黑的建议讳莫如深。因此,相对于欧洲盟友来说,美国在危机初期的反应可谓"迟缓愚钝",并未担负起解决危机的关键角色。形成这种态度的原因主要包括:

首先,波黑危机牵涉美国的利益较小。与欧洲主要盟友相比,巴尔干地区不是美国优先考虑的战略支点,美国只是将波黑危机当作欧洲危机管理的一种试验。虽然采取了政治外交施压手段,但由于利益关联度较小,美国人不愿为此冒更大风险。时任国务卿贝克公开声称美国在巴尔干冲突中无利可图。① 克林顿当政后整体上比乔治·布什政府更积极地参加联合国保护部队,更主动地介入巴尔干事务。② 不过,由于克林顿年轻缺乏外交经验,且主要关注国内事务,对于远在巴尔干的波黑危机,因其与美国的利益不直接相关,并未予以充分的重视。

其次,美国国内民众和国会并未向政府施加较强的压力。冷战结束初期,美国公众对于是否介入波黑危机表现出超然事外的姿态。美国国会更是给政府介入波黑危机设置了障碍,在克林顿政府执政的第一年,美国国会几乎两度通过立法,终止政府执行联合国武器禁运的决议。

最后,美国希望获得一定的休养时间。海湾战争刚刚结束,美国领导的多国部队取得了胜利,但是胜利的背后是人力、物力和财力的极大付出。在波黑危机尚未到必须由美国出面摆平的时候,保持和平和休养生息是理想的选择。

然而,随着波黑战事的发展和欧洲主要大国的相继介入,美国改变了此前的态度,开始介入波黑危机并提供非军事解决途径。产生这一转变的导火索是俄罗斯介入了波黑事端。美国认为,苏联解体后的俄罗斯是美国的主要提防对象;俄罗斯在危机中的穿梭外交无疑是对美国作为超级大国地位的挑战,带有扩大影响并威胁美国在欧洲安全中发挥主导作用的苗头。随着战事的深入,美国对南联盟塞尔维亚共和国支持波黑塞尔维亚人搞合并的企图十分恼火。此外,美国不希望波黑境内的塞尔维亚人和克罗地亚人分别同其母国合并,以形成大塞尔维亚和大克罗地亚。这样的话,俄罗斯与德国在巴尔干地区的影响力将大大增强。在这种情况下,美国不再置身事外。一方面,美国不断推动国际社会对南联盟采取越来越严厉的制裁;另一方面,美国撮合波黑克罗地亚人和穆斯林在华盛顿达成了建立联邦的协议,而对穆斯林违反停火协议、无端进攻塞尔维亚人的行动置若罔闻。除此之外,美国国会通过了要求取消对波黑穆斯林武器禁运的决议,也在实质上偏袒了穆斯林。

(二)英国的态度坚决和引领西方的作用

冷战结束后,英国在波黑问题上有着自己独立的立场。在波黑危机逐

---

① J. McAllister and J. Kuzmanovic, "Atrocity and Outrage," *Time*, August 17, 1992.

② Doyle McManus, "Column One: After Cold War What is Security?", *Los Angeles Times*, October 17, 1992.

第七章 北约的"域外使命"与欧美分歧

渐升级期间，英国的态度倾向主要表现在：

一是利用欧共体积极进行外交斡旋与调停。冷战后，欧共体在前南斯拉夫问题上俨然扮演了所谓"拯救者"的角色。欧共体任命英国人卡林顿（Lord Carrington）为调解人，并且提出了解决南斯拉夫问题的建议，但都被塞尔维亚人一一否决。1992年8月，英国首相梅杰作为欧共体轮值主席国在伦敦主持召开了涉及波黑的和平会议，会议通过了包括停火、政治谈判、归还领土、国际监督、难民救助、维持和平及建立指导委员会等内容的决议。① 该会议为从政治上解决波黑问题提供了多方磋商的基础。

二是采取武器禁运、派驻军队、人道主义援助等举措。在波黑危机期间，梅杰政府政策的关注点主要包括两方面：尽可能挽救更多的人免遭屠杀；限制冲突的范围。② 为了有效解决上述问题，英国积极推动联合国决议下对前南斯拉夫地区实行武装禁运，禁止武器流入该地区。1992年8月，英国决定派遣1800名士兵参加联合国驻波黑的维和部队，后来由于波黑局势恶化，英国又加大了其他资产的投入。英国士兵除参加维持和平和安全外，还监督食品、医药、毛毯等人道主义援助物资的安全抵达和分发。

三是推动美国参与危机的解决。在波黑危机的中前期，欧洲忙前忙后，而美国一直没有实质性地参与其中。但是，英国始终没有放弃说服美国的努力。为此，英国政府借助首脑会议及其他高级领导人会晤，向美国强调波黑局势走向的影响，极力引导后者采取实质性行动，虽然其中存在分歧，但在稳步取得成效。在欧共体调解失败、美国参与并促成《代顿和平协议》最终签署之后，梅杰首相发出感慨：美国自波黑危机开始就应介入，并且是达成全面和最终解决方案必不可少的一方。③

英国在波黑危机的应对过程中反应积极，态度坚决，一定程度上引领了西方出台相应的方案，主要有三方面原因：

首先，英国战略调整的需要。冷战结束后，德国的重新统一及法德关系的深化使得英国重新评估自己在欧洲乃至世界上的影响力。为了继续

---

① Steven L. Burg, "The International Community and the Yugoslav Crisis," in Milton J. Esman and Shibley Telhami, eds., *International Organizations and Ethnic Conflict*, Ithaca: Cornell University Press, 1995, pp. 257-258.

② John Major, *John Major: The Autobiography*, New York: HarperCollins Publishers, 1999, p. 535.

③ John Major, *John Major: The Autobiography*, p. 546.

维护自身的安全利益,英国选择了加强它在欧共体中的作用,力图以密切的政治合作确保它在欧共体中获得灵活调整政策的空间,借以维持大国的荣光。在这方面,英国的军事力量足以让它在欧洲共同外交与安全政策的推行中扮演关键的角色。波黑危机给英国从幕后领导欧共体提供了难得的机会。

其次,英国同塞尔维亚的密切关系历史久远。早在19世纪70年代格莱斯顿执政时期,英国就支持巴尔干小国反抗奥斯曼帝国的统治。二战时期,英国公开支持塞尔维亚抵抗纳粹的力量。到了20世纪90年代,英国还与塞方保持传统的密切关系。在对南斯拉夫内战及波黑战争问题上,与其他西方大国不同的是,英国人反对采取有效的军事干预,也没有阻止波黑塞、穆、克三方的冲突。英国决策者认为,没有强大的塞尔维亚,巴尔干地区就难以维持稳定的状态。因此,虽然英国对塞尔维亚人的具体做法颇有微词,但还是坚持维护它的权威,希望塞尔维亚及其波黑代理人保持在南联盟中的主导地位。[①] 英国希望通过限制波黑冲突的范围,尽可能降低人道主义灾难的规模。此外,英国认为,在欧洲东南翼扶植一个相对强大的盟国塞尔维亚,不仅可以对抗德国在欧洲的霸权,还能够抑制欧洲政治军事一体化进程,符合英国的国家利益。

最后,重温英美"特殊关系",借以提升英国的国际影响力。两极冷战体系瓦解后,由于苏联威胁不复存在,英美"特殊关系"逐渐变得不特殊了,而德国在美欧关系中的分量显著上升。在应对波黑危机过程中,英国曾尝试发挥欧洲的独立主导作用,但没有取得较为理想的结果。波黑内战中的平民伤亡事件使处于维和前线的英国认识到,波黑问题的彻底解决必须依靠更强大的美国。

(三)法国对多边主义的坚持和维护

总体上看,法国对波黑危机的态度具有坚持多边主义的特点,借此提升法国的全球影响力。但在具体行动上又经历了一个转变过程,即从寄希望于欧共体到依靠联合国,最后又不得不转向北约的军事行动。当波黑危机爆发时,法国首先推出欧共体来寻求化解危机的办法。法国精英认为,前南冲突是一个欧洲问题,欧共体应该而且能够应对这一危机,通过它更

[①] Jane Sharp, *Honest Broker or Perfidious Albion? British Policy in Former Yugoslavia*, London: Institute of Public Policy Research, 1997, p. 8.

能实现法国在前南斯拉夫(波黑)问题上的利益。① 法国打欧洲牌以无效告终,它又开始要求联合国采取适当的措施控制波黑局势。此后,法国推动安理会通过了禁运武器的第713号决议。法国还推动着北约寻找解决波黑问题的突破口。应该说,波黑危机给法国提供了多边外交的试验场,检验了法国的影响力。

在对待波黑危机的方式上,法国主张尽量避免制裁并实施人道主义援助行动。法国认为波黑问题情况复杂,冲突各方都有责任,应预留时间让波黑塞尔维亚人、克罗地亚人和穆斯林各方进行充分协商,联合国安理会的制裁无助于问题的解决。针对波黑危机可能造成的平民伤亡和所谓的"人道主义危机",法国和英国的立场近似,不但提供了物资援助,而且建立难民运输的专门通道。法国总统密特朗还单独访问萨拉热窝查看波黑危机实情,呼吁各方停火,倡议召开和会。不过,密特朗的倾心努力并未获得有效的回报。

但是,在外交努力并没有取得明显效果的情况下,法国越来越倾向于通过北约使用武力。随着危机的发展,密特朗政府维护南联盟的合法性且指责冲突各方的政策难以为继,因为塞尔维亚的轰炸、围困萨拉热窝及塞方集中营的披露等使得密特朗不得不重新审视他与塞尔维亚之间的友谊。1992年6月27日,密特朗宣称,"即便冲突的源头可以追溯到久远年代,但是今日的塞尔维亚是一个侵略者"。② 因此,密特朗被迫转变对前南的战略,接受对塞尔维亚采取有限的附带条件的行动。法国支持联合国第758号决议,该决议将联合国授权维和部队的范围扩大到波黑地区。同时,法国也支持联合国关于监督波黑航空的第781号决议。当波黑塞尔维亚人于1993年3月拒绝履行《万斯—欧文计划》时,法国也放弃了反对美国设置禁飞区的建议。到了1993年年中,法国领导层清楚地认识到,如果没有北约的支持,西欧联盟和联合国都不可能对南采取军事行动。法国不情愿借助北约的力量,因为北约的介入意味着事态发展的支配权将落入美国手中,那么法国的作用将大打折扣。然而,法国又拿不出更好的办法,迫不得

---

① Julie Kim, "Congress and the Conflict in Yugoslavia in 1992," *CRS Report for Congress*, Washington DC., 16 February 1993, p. 5.

② Pia Christina Wood, "France and the Post Cold War Order: The Case of Yugoslavia," *European Security*, Vol.3, No.1, Spring 1994, p. 138.

已地同意了美国和北约实际参与波黑战争。此后,在联合国的授权下,法国参与到北约在波黑地区的维和使命中。随着战争的不断升级,特别是塞尔维亚的大规模行动,法国也不得不考虑准备对其动武。

法国对波黑危机的态度具有自己的特色,既区别于美国又不同于英德,从中可以观察到戴高乐主义传统在某种程度上的延续。

法国谋求多边主义解决方式与其历史传统并不矛盾。独立性源于戴高乐法国安全利益的至上性,在现实情势中就是要保持法国在欧洲乃至世界事务中的影响力和不受压力束缚的个性。当波黑危机威胁到法国整体的安全时,密特朗总统坚决维护南斯拉夫的完整,同时捍卫法国在国际舞台上的大国荣誉。在他看来,法国主导的欧共体是法国影响欧洲事务和稳定的唯一机制,试图构建一个泛欧的安全体系,确保欧洲国家的和平共处,并将北约的影响力限制在《华盛顿条约》所规定的政治及军事层面。[1] 密特朗还着力借助联合国影响波黑局势,希望达成和平解决危机的最终协议。

但是在波黑局势面临失控的局势下,面临着现实和潜在的安全威胁的法国,又不得不支持美国领导下的北约参与波黑战争,这是一种旨在维护法国利益的选择。如果波黑局势持续震荡和外扩,最终会延展到整个欧洲,欧洲的安全稳定将会受到破坏,法国难以独善其身。鉴于这种威胁,波黑内战期间法国在各国中派出的维和士兵最多,达到6000人。在管控难民方面,法国不希望看到巴尔干再次出现难民危机,因为它不情愿将难民危机管理的重任交给德国,更不想美国插手其中继续担任领导者角色。简而言之,法国的关键目标是尽量将美国排挤出去,限制德国发挥作用的空间。

(四)德国表现活跃、积极介入

冷战结束后,围绕是否应该履行域外使命的问题,德国国内展开了数年的大讨论。海湾战争促使德国重新定义本国的国际角色,特别是和北约有关的承诺和责任。前南斯拉夫内战爆发后,德国在统一后第一次直面欧洲近邻的安全危机,这也使得德国政府面临比海湾战争更为棘手的决策

---

[1] Dominique David, "Independence and Interdependence: Foreign Policy over Mitterrand's Two Presidential Terms," in Mairi Maclean, ed., *The Mitterrand Years: Legacy and Evolution*, Macmillan, 1998, pp. 120-121.

第七章 北约的"域外使命"与欧美分歧

困境。

历史上,德国对待南斯拉夫内部塞尔维亚、克罗地亚的态度有所不同,整体上偏向后者,而限制前者。同样,在波黑三个主要势力中,德国拉拢克罗地亚人和穆斯林,打压塞尔维亚人。这种有所"偏袒"的态度,一直延续到冷战后时代。从德国的角度来看,当然希望由历来亲德国的克罗地亚人和穆斯林来控制波黑,而不希望塞尔维亚人支配波黑。德国这种压塞、挺克穆的态度随着大量难民涌入德国境内而变得更为显著。德国政府非常担心危机在巴尔干地区进一步扩散,因为巴尔干的动荡可能引起国际秩序和欧洲安全的结构问题,而这又会对德国造成非常重大的影响。

与对海湾危机的反应形成鲜明的对比,德国积极介入的态度在波黑危机中就充分表现了出来。首先,德国在某种程度上直接促成了波黑内战。在前南斯拉夫解体的过程中,德国不顾欧共体其他成员的质疑,率先承认斯洛文尼亚和克罗地亚的独立。1992年4月,欧共体即将达成关于波黑前途的原则协议之时,德国宣布承认波黑独立。这一表态不仅严重阻碍了波黑政治谅解的进程,而且引发了波黑内部分裂:塞尔维亚人义愤填膺,穆斯林、克罗地亚人则喜笑颜开。没过多久,欧共体也以集体的姿态公开承认波黑独立。酝酿已久的和谈戛然而止,波黑爆发了大规模冲突。

其次,对波黑塞尔维亚人施加政治、外交和经济压力。德国通过欧安组织、欧共体、五国联络小组等对前南斯拉夫强加政治外交和经济影响,说服盟友和伙伴对前南斯拉夫实施制裁。德国表态支持联合国授权对波黑危机的干预,并声言提供必要的资金帮助。

最后,规避军事介入,但不排斥非军事活动。德国处理波黑危机的方式快速果断,但主要还是非军事途径。1992年波黑发生多起强奸事件后,德国国内曾呼吁采取军事干预措施。但是德国没有进行军事干预,科尔总理强调军事行动并非德国的合理选项,波黑问题只能通过政治途径解决。绿党会议的投票结果也显示,大部分投票者反对德国进行军事干预。虽然没有采取纯军事手段,但德国在非军事行动中表现抢眼。德国国防军从1992年7月起开始空运物资以保证萨拉热窝供应,同时在波黑东部开展针对平民的人道主义援助。从1993年4月起,德国国防军执行了面向波黑冲突各方的武器禁运和波黑机场"禁飞区"的重要活动。德国军队介入波黑危机的程度逐步加深,但与维和及参加作战的性质还不一样。

德国在波黑危机中咄咄逼人、一马当先的姿态显然盖过了英法的风头,其原因主要有二:一方面,德国历史文化对西巴尔干有着持续的影响。由于地理位置上的毗邻,日耳曼文化的辐射效应一直影响到西巴尔干地区。波黑与德国保持了久远的历史联系,主要反映在波黑克罗地亚人和穆斯林曾与德国人并肩作战,而波黑塞尔维亚人则成为反德的典型代表。这种历史"亲缘"在波黑出现危机时充分展现出来。德国带头支持穆克两方,打压塞尔维亚人。但是,德国支持穆克、反塞的鲜明态度其实带有潜在的风险。德国起先的行为不能说过于草率,但这种泾渭分明的立场也引发了困扰。波黑内战产生了几十万难民,这给近在咫尺的德国造成了无法回避的麻烦。波黑局势的不稳定最终影响到德国的利益。

另一方面,统一后的德国追求大国地位。统一后的德国开始重新思考对外政策,并希望重现大国地位。如果能在经济上继续与法国合作推进欧洲一体化,在军事上继续与美国协作重塑北约,在安全上与英国互动共筑欧洲安全,那么德国的理想不难实现。处理波黑危机,对德国而言至少在安全领域是一次扩大影响力的难得机会。德国通过政治、外交和经济手腕,已经向世人展现了本国的姿态。虽然规避军事介入,但德国国防军却获得了走出去实施非军事介入的机遇。1992年德国"防务政策指针"强调,德国国防军需要通过重塑结构参与危机事件和低烈度冲突的预防、限制与解决。[1] 德国国防军涉足波黑的实际行动表明,作为欧洲大国,德国可以在有限的行动范围内发挥本国军队的独特作用。

二、从北约空袭到《代顿协议》的签署

波黑战争时打时停,大体可以分为三个阶段:1992年4月至1994年1月为波黑塞、穆、克三方领土争夺阶段;1994年2月至1995年7月为北约干预阶段;1995年8月到12月为塞尔维亚人被迫妥协、《代顿协议》签署阶段。[2] 因此,北约空袭至《代顿协议》签署期间实际上涉及波黑战争的后两个阶段。在这期间,美欧围绕北约空袭、领导权、政治解决方案、《代顿协议》的目标等关键事项既有合作也有纷争。

---

[1] K. Longhurst, "Strategic Culture: The Key to Understanding German Security Policy?", PhD. Dissertation, University of Birmingham, 2000, p. 157.

[2] 方连庆、刘金质主编:《国际关系史》(第十二卷),北京:世界知识出版社,2006年,第253—254页。

第七章 北约的"域外使命"与欧美分歧

(一)英美主导权的转移

应该说英国实质性介入波黑问题早于美国。在波黑危机期间,美国的表现没有英国那样突出。这一情形延续到北约空袭,此后美国的作用提升。英美两国在北约空袭至《代顿协议》签署期间的总体目标一致——尽快结束冲突,恢复波黑稳定,尽量减少伤亡。为此,英美两国通过双边磋商和多边协调,尽可能扩大共识,拓展合作和共同行动的空间。两国在波黑"安全区"、"隔离区"、人道主义援助、维和等方面维持了总体上的合作。但是,两国在北约空袭的实施、政治解决方案的设计、领导权的变动及《代顿协议》的目标等问题上存在着矛盾。

首先,英美两国对北约空袭的实施存在不同意见。英国人对波黑危机乃至内战的总体态度比较连贯,几乎始终如一,即尽量规避直接的武力或军事干预,即便需要派遣军队奔赴波黑,也应该师出有名,主要参与联合国的维和、人道主义援助等非作战行动。针对萨拉热窝爆炸造成的重大平民伤亡事件,英国的反应较为迅速,在强烈谴责之余,不得已参与到西方主导的空袭行列中。实际上,在北约多次执行空袭行动时,英国均表现出一定的保留,担心空袭会带来更大的灾难和不安。英国对美国提出的"提升和打击"的策略倾向不以为然,认为无论是提升武器禁运,还是实施空中打击,都难以促成波黑三族的最终和解,稍有不慎,出现局势失衡,态势将更难以控制。

美国最初对波黑危机的态度也显得比较谨慎,一心让欧洲打头阵,不但对派兵波黑的建议三缄其口,而且力避卷入其中。随着波黑形势的严峻化,特别是多次发生平民伤亡、人质危机等事件后,美国发现难以独善其身。于是,美国改变了对空袭的消极态度,开始诉诸更强硬的空袭。相比于英国对空袭有保留的或者说被迫的态度,美国的空袭主张显得较为主动直接,回旋余地较小,甚至不顾盟友的反对,强行推进。同时,美国也将解禁武器输送作为一张王牌向欧洲盟友兜售,为单独施压及武装穆克两方提供便利空间。

其次,政治解决方案的设计凸显英美差异。英美两国都致力于波黑问题的和平解决,并且为此主导或参与设计了多版本的政治解决方案。英国的版本整体上同情波黑塞尔维亚人,即便塞方制造骇人听闻的事件后英国仍然将其看作个别事件单独处理,倡导联合国保护部队的介入及政治外交手段的首要性。当波黑穆斯林、克罗地亚人51%和塞尔维亚人49%的领土划分方案出台后,英国基本上继续站在塞尔维亚人的立场奔走呼吁。该方案破产后三分波黑的方案又被提出,英国继续寻求维护塞尔维亚人的权益。应该说在寻求化解波黑问题的方案设计上,英国几乎参与了所有重大的磋商进程,起到了重要的平衡作用。但即便在参与空袭的过程中,英国始终不忘从政治外交过程中设法消解波黑塞尔维亚人的风险。

由于美国迟迟没有介入波黑问题,故在波黑内战爆发一年内它对政治方案设计的实际作用有限。关于波黑问题的和平会议,来自英国的高官或前高官扮演着关键的角色。在这类会议上,美国的声音很难起到主导作用,倒是英美私底下的交流协调比较频繁。在英美各类沟通协调过程中,可以发现美国也是不可或缺的。如果美国愿意主动行动,它就可以依靠本国强大的经济、军事实力,对波黑问题的政治解决方案产生十分强大的影响。但自从北约对波黑进行间歇性空袭以来,美国在政治解决方案的设计上与英国截然相反,即支持有利于穆斯林、克罗地亚人的"路线图",限制或削弱塞尔维亚人的作用。

再次,领导权的变动引发英美两国的龃龉。从某种意义上说,北约空袭到《代顿协议》签署的过程是英美领导权的更替过程。英国联合法国在波黑危机乃至北约空袭的前半期发挥了领导者的作用,它在欧共体、联合国、北约等组织内一直是参与并影响波黑问题发展态势的决定性力量。英国不仅是多次促成波黑冲突方进行外交谈判的主要推动者,还是努力协调西方立场、弥合分歧的关键国家,单独提出了解决波黑问题的相关"路线图"。然而,以英国为代表的欧洲方案经不住波黑内部激烈博弈的冲撞,一次次夭折。当政治外交途径逐渐因波黑冲突加深而失去实际意义时,英国及欧洲在强制干预方面显得力不从心。在这种进退两难的境况中,英国要想继续发挥作用,不得不"请回"美国。

美国接棒英国成为波黑问题主导者的时间较为短暂,却发挥了决定性作用。美国的时机选择颇为及时。此前美国人对欧洲也有顾虑,担心欧洲人抢去风头,并独立建立他们自身的危机管理体系,这样一来就可能将美国撇在一边,弱化美国对欧洲的影响。英国及其他欧洲国家的力不从心使美国适时地掌握了处理波黑问题的主导权。然而,英国不情愿地退居次要地位并不意味着美国可以不顾英国的关切而行动,它的强势领导依然受到英国等欧洲盟友的牵制。在北约空袭的程度、地面战的选择、禁运的延续、制裁的范围、"安全区"管理、人质的处理、国际机制的作用等方面,英美虽有合作和共识,但更多地凸显双边的认识偏差和纷争。英美"特殊关系"实际上在英国和美国之间架起了一座无形的桥梁,英国设法通过它去影响美国的观念认识和行为选择,但问题是美国并不一定买账,这就不能不引发两国公开或暗中的较量。

最后,《代顿协议》凸显英美之间的分歧。美国领导的北约干预是终结波黑战争的决定性因素,但是波黑和谈并非人们想象的那样完全由美国主导:美国特使、助理国务卿霍尔波特强迫波黑领导人接受事先确定的安排,欧洲国家只能扮演美国的跟随者角色。实际上,欧洲的主张是代顿和谈的基础,包括波黑领土版图的划分及让米洛舍维奇参加和谈。在这方面,英国起到了关键作用。

英国与美国在《代顿协议》问题上的合作并不能消除双方在其他问题上的分歧。如美国强调与海牙国际仲裁法庭的合作是所有国家不可推卸的责任,但是英国从一开始就将海牙国际仲裁法庭排除在协议执行之外;在制裁问题上,美国支持武装和培训波黑联邦,英国则倾向于继续进行武器禁运以维持地区军力平衡,而波黑军队只要能够维持安全就足够了。总之,在波黑战争期间,英美为了共同的目标进行了紧密合作,但双方的分歧亦难以掩盖,反映了它们在观点和利益分配上的博弈。

(二)法美分歧与法国对自主性的坚持

在波黑问题的解决过程最后,法国发挥的作用不亚于英国,只是重点稍有差异。同时,法国与美国也进行了有效的合作,主要集中在以下三个方面:第一,通过双边及联合国、北约等多边机制的磋商,双方努力为寻求政治外交解决途径而达成共识;第二,借助于台前幕后的具体行动(如制裁、武器禁运、政治外交压力、军事及民事行动),尽快终结波黑冲突,共同致力于巴尔干地区的和平稳定;第三,关注波黑的人权状况,反对以极端手段伤害无辜平民的行为,双方联合或法国配合美国采取强力干涉行动。

法美合作是欧美合作的重要一环,是促成波黑问题最终解决不可缺少的一个因素。然而,法美合作的同时也不容忽视地存在着分歧。

首先,在北约空袭区域上存在分歧。萨拉热窝、格拉日代(Gorazde)等波黑"安全区"曾发生针对平民的流血事件,这引起法美的一致谴责。法国率先要求北约采取军事行动,而美国国防部最初反对军事干预,后来开始转变态度,积极推动北约的军事干预。之后法美在北约军事干预的具体操作上又产生了矛盾。由于美国军队没有部署到波黑"安全区"开展维和和人道主义援助活动,因此对涉及平民伤亡的区域几乎不加区分地要求北约进行军事干预,而法国虽然整体上赞成北约空袭以制止暴力冲突,但是法国在北约空袭的区域选择上带有"私利",对于可能危及法国派驻北约部队安全的空袭动议,显得十分谨慎,支持的力度有限。① 由此可见,有无本国地面部队的部署,直接牵涉法美各自的国家利益,也决定了双方对北约空袭的地点和范围的选择。此外,在北约执行空袭任务时,法国反对集中猛烈轰炸或长时间的空袭方式,认为轰炸的作用主要是震慑,而不是打击。

其次,法国对后来居上的美国获得处理波黑问题的主导权感到不悦。法国一直希望欧洲国家能够独立处理波黑危机以争取在同盟中与美国分庭抗礼,因此,虽然密特朗和希拉克两位总统的处理方式可能存在差异,但他们的目标却具有较强的一致性——实现法国治下的欧洲事务主导权。

由于自身实力不济,法国设法与英国联合行动,但解决波黑问题的各种和平方案先后失败,法国对原来支持的态度强硬的塞尔维亚人也越来越不满。法国政策的转变发生在希拉克就任总统之后,在他主政爱丽舍宫的最初几个月里,法国从拒绝参与任何强制性军事行动转变为升级军事行动的最坚定支持者。1995年6月3日,由于波黑塞尔维亚人抓捕了350名联合国维和士兵,法国连同英国、荷兰,建议派遣更多的士兵,加入驻扎在波黑境内的快速反应部队中。与此同时,希拉克向国际社会放出狠话,除非塞尔维亚人的行为被制止,否则法国将从联合国撤出其维和部队。② 希拉克的威胁收到了效果。在7月21日召开的伦敦会议上,美国承诺对波黑塞尔维亚人发动大规模的空袭。8月29日,法国参与了空袭波黑塞尔维亚人的军事战略目标,尤其对围困萨拉热窝的塞尔维亚军队发动了空袭。在法国的极力主张下,美国及其欧洲盟友迅速转入对波黑局势的军事干预中。然而,美国后来的举动表明,它对波黑战后的安排是以本国的利益至上为前提的,且有意撇开异常执拗的法国,独享应对波黑局势的领导权。而这恰恰是希拉克所不愿意看到的情形。

最后,法美在应对波黑问题时联合国的作用上存在不同认识。法美两国都赞成基于自卫或国际法的规定可以在危机事件中合法使用武力,但法

---

① Douglas Hurd, *Memoirs*, Little Brown, 2003, p. 474.
② Harvey Sicherman, "Chirac: Beyond Gaullism?", *The National Interest*, Vol. 42, Winter 1995/96, p. v24.

国将国际法视作国际秩序的支柱,在处理波黑问题时,与联合国充分磋商。联合国与北约签署使用武力的协议,被法国当作合法执行军事打击的充要条件。而对美国来说,虽然借助联合国重新磋商对波黑的政策是必要的,但它同时认为,对于像波黑塞尔维亚人这样"难缠"的对象,即使没有联合国授权或充分的国际法效力基础,也可以使用强制性措施予以校正。《代顿协议》的签署从某种意义上反映了美国的这种思路,而这种判断恰恰与法国甚至其他参与国的立场大相径庭。

总之,无论是密特朗的谨慎策略,还是希拉克的主动出击,二者在波黑战争上的态度同样都脱离不了戴高乐主义的影响。如果说密特朗践行的是一种保守的戴高乐主义,那么希拉克追求的则是一种积极灵活的戴高乐主义。应该说,捍卫法国的国家利益,保持法国行动的自主性,掌握欧洲事务的领导权,抵制美国在北约中的霸权,是法国历届政府都推行的对外战略的底色,在波黑问题上也不例外。

(三)德国对美国的支持与保留

德国在处理波黑问题上的表现可谓初期活跃、中后期谨慎。初期活跃主要表现在德国顶住压力对斯洛文尼亚和克罗地亚独立的承认,并在波黑危机的初期态度较为坚决,倾向于支持克罗地亚人和穆斯林。这与美国的立场近似。在波黑战争爆发的中后期,德国虽然多次参与外交斡旋,但转而采取了非常谨慎低调的姿态。因为此前对克罗地亚和斯洛文尼亚的承认已经使德国外交的活动空间大大受阻,它必须小心翼翼地重新赢得欧共体其他国家的信任。当欧共体无法制止波黑战争及美国开始介入波黑问题时,德国又清楚地意识到,它必须设法与美国合作。根据随后美国与盟国达成的《慕尼黑协议》,西方决定向萨拉热窝提供更多的援助,德国据此也决定派遣德国空军参加救援任务,还容许德国海军参加在亚得里亚海的行动。当然,德国的这些活动还是局限在非军事行动层面。

随着波黑局势的进一步恶化,美国开始主导整个局势,动用北约并力图对波黑战争进行军事干预。此后美国及其盟国在波黑强制执行禁飞任务,并且空袭了波黑境内塞尔维亚人的重要目标。德国积极介入北约各项行动的后勤保障,但是关于是否以武力参加联合国在塞尔维亚的禁运问题,德国国内仍存在较大的争议,很多德国人虽然赞同德国担负更多责任,但是认为应该继续限于非军事领域。

从德方来看,它与美国在波黑问题上合作的部分原因在于美国的压力。自从20世纪60年代戴高乐总统公开挑战美国的霸权地位后,联邦德国便逐渐成为美国在欧洲大陆上最为重要的盟国。冷战结束后,统一后的德国获得美国的进一步青睐,德美关系甚至超过了英美"特殊关系"。德国的统一及其后国家地位的提升得到了美国的支持,而美国需要帮助时,哪怕不那么情愿,德国也得投桃报李。如同在海湾战争中那样,德国在波黑问题上受到了来自美国的压力甚至强压,因而不得不分担一定比例的干预责任。1994年年初,美国主导下的北约要求德国在波黑内部及周边地区执行活动。1995年10月,在美国和北约的再次要求下,德国政府宣布将派大约4000士兵参加5000人组成的北约维和部队。如果说德国国内对向北约提供资金和设施支持的异议表现得尚不强烈,那么出动军队参与维和甚至被派往战区却在国内引起了较大的争议。德国总理力排众议做出出兵的决定,这虽是多种因素作用的结果,但来自美国的压力是不容忽视的。

然而,德国对美国的看法仍然是有保留的。一方面,德国对美国渗入自家"后院"深表疑虑。在德国看来,波黑问题应由欧洲或危机发生的周边国家参加协调并找到解决途径。德国得天独厚的毗邻位置决定了它可以在危机处理中发挥关键的作用。美国姗姗来迟却控制了局势,以强大的外交强制和军事打击迫使波黑冲突各方达成了和平协议。德国清醒地认识到美国在巴尔干地区的影响力急速上升,这对于将该地区视为"势力范围"的德国无疑是当头一棒。《代顿协议》的签署从根本上来看不能说是德国的意志体现,而他们却心有余而力不足,只能接受美国的主导。

另一方面,德国还质疑美国动武的合法性基础。与法国一样,德国强调联合国安理会的授权和遵守国际法是任何动武的先决条件,对于动武始终抱有较大的戒心,更愿意将德国对外政策,特别是对外军事安全政策的基础建立在对历史的反思、国内和平主义和宪法的规定之上。此外,德国还有现实的担忧,即不希望军事干预引发更大规模的骚乱、伤亡、难民潮,进而威胁德国自身的安全稳定。德国的确支持了美国和北约,但是从法理层面对于美国强硬施压并获得了所谓合法性的立场并不由衷地认同,更希望在恪守法条、尊重制度、行为合法等内容与形式统一的基础上有限度地动武,严格监控,尽可能减少伤亡。

总之,欧洲盟国在波黑战争中勉为其难地接受了美国的领导地位,这使它们认识到,欧洲必须发展自己的共同外交与安全政策。德国则倾向于选择平衡战略,既支持建立北约、西欧联盟、欧安组织的欧洲安全网络,又谋求强化北约的欧洲支柱,削弱美国对西欧的控制,减少北约对德国的不利影响。

三、波黑内战结束后欧美分歧的延续

1995年11月21日在美国俄亥俄州代顿草签、同年12月14日在巴黎正式签署的《代顿协议》标志着波黑内战的结束,以美国为首的西方暂时给波黑带来了和平,但是欧美在波黑内战中存在的分歧并没有因和平的到来而消弭。

波黑问题从地缘上来说是欧洲地区内的局部问题,并不具有全球性。美国插足波黑并获得了缔结和平协议的主导权,战后的波黑在执行协议时不能不考虑美国的态度。然而,实际上欧洲国家特别是英、法、德三国更关注波黑和平进程,也从事实上分担了较多份额的负担。英、法、德三国虽各有所图,但并不希望美国继续维持在该地区的强势领导。换言之,欧洲主要国家在波黑战后的稳定与重建进程中致力于谋求主导权的回归,让欧洲人管理欧洲的事务。显然,这一理念遭到美国的质疑和反对,"受邀而来"的美国必然不会轻易地将巴尔干地区当作无关重要的棋子扔在一边。这种主导权之争在关于波黑后续稳定与维和的贡献问题上就表现了出来。

应该说,《代顿协议》只是波黑和平曙光降临的第一步,并未真正体现欧洲的意图,而美国将本国意志贯穿于《代顿协议》之中,但美国在实施该协议时必须依靠盟国的支持和帮助才能突破自身的局限。英、法、德等欧洲盟国早在波黑危机乃至波黑冲突爆发过程中就担负起了非军事维和与军事干预的相关职责,比美国较为单纯的军事干预更为老练和富有经验,只是没有自己强有力的力量来统一执行欧洲的意志,因而显得比较尴尬,这种状况在战后也没有多大改善。英德长期追随美国的政策取向,会在美国的压力下继续为波黑的战后和平和稳定贡献设施、人力等资源,但两国未必全然按照美国的意图行事。对法国来说,独立性和国家利益的至高无上性在希拉克总统执政后更为明显。与美国合作固然重要,但法国的波黑政策首先是法国人自身评估的结果,并非完全依照美国的要求。这意味着法国的波黑后续稳定与维和的范围、幅度、方式和目标难以与美国高度吻合。

从欧美大国对待波黑问题的实际态度来看,大体可以分为两大阵营:

英法支持塞尔维亚人,德美支持穆斯林和克罗地亚人。英法参与对塞尔维亚人的空袭表面上看似乎是不支持塞尔维亚人,实际上是因为塞尔维亚人在内部冲突中造成的人员伤亡和设施破坏过大,且将英法两国暂时抛在一边,损害了它们的利益,重创了它们与塞尔维亚人之间的传统关系。英法两国对塞尔维亚人的态度有些下滑和不稳定,但是尚未触底,仍然有改善和恢复的机会。德美两国对穆克两方的支持背景有所不同。德国的支持来自历史文化传统的积淀,由于地理位置接近,德国长期以来对穆克两方有着很大的影响力。而美国作为后起之秀,除了捍卫所谓人权、自由、民主等价值观外,更多的还是出于本国战略利益的考量:既不想让英、法、德借波黑问题加强欧洲的自主性和领导力,又要防止俄罗斯趁火打劫,在巴尔干地区强化其影响。因此,一反前期的观望表现,美国后期稳稳掌握局势发展的主导权,以致战争结束后其仍然能够支配巴尔干事务。

第四节 科索沃战争:北约牙齿的背后

科索沃战争是指 1999 年 3 月 24 日至 6 月 10 日这 78 天北约对南斯拉夫的空袭行动。战争起因于 1996 年科索沃阿尔巴尼亚族穆斯林组织科索沃解放军,以暴力抗争的方式寻求从南联盟独立。这一举动遭到了南联盟当局的打击。从 1998 年开始,科索沃危机酿成了严重的流血冲突,大量平民付出了生命代价。美欧等国开始直接介入科索沃问题中。南联盟拒不接受美国和北约的调停和最后通牒,北约遂对南联盟实施空中打击,科索沃战争由此爆发。北约 19 个成员国中的 13 国直接参与战争,其余 6 国做后勤工作支援前线,就连谨小慎微的德国也投入了空军力量,这种高度合作的局面是冷战结束以来所未有的。然而,与在海湾战争、波黑战争问题上一样,北约牙齿的背后并不是盟国,特别是美国与欧洲盟国之间的精诚团结,跨大西洋伙伴在战争中的一些重要问题上存在着分歧,并具有不同于前两次"域外使命"中的矛盾的特点。

一、科索沃危机及美欧立场的差别

科索沃危机是科索沃的阿尔巴尼亚人试图通过暴力手段争取独立所导致的冲突事件引起的。1990 年科索沃阿尔巴尼亚宣布独立,但并没有获得国际社会的承认。1998年2月28日,科索沃中部的阿尔巴尼亚武装分子袭击了塞尔维亚警察,塞尔维亚军队予以反击。西方国家以南联盟违反人权为理由,对南联盟实行军事禁运。10月13日,北约绕过联合国安理会发布了空中打击行动命令,科索沃危机正式爆发。

(一)美国主导西方对科索沃危机的处理

科索沃问题是冷战结束后美国在巴尔干地区最难应对的棘手问题之一。相较于波黑问题而言,美国在科索沃问题上的态度坚决,投入的精力较多,且扮演了主要参与者的角色。

美国以维护人权和人道主义为名,不断向南联盟政府施压乃至威胁动武。科索沃危机的一个重要特点是伤亡事件不断发生。1998年2月,科索沃阿尔巴尼亚武装分子在首府普里什蒂纳制造流血冲突。3月9日,以美国为首的前南五国联络小组决定对南联盟实行武器禁运。9月23日,联合国安理会通过关于科索沃问题的1199号决议,向南联盟提出撤军、停火等六项要求。美国也发出警告,如果南联盟不执行决议,将会受到北约的空中打击。1999年1月,科索沃拉察克村出现了45具尸体,欧安组织观察团团长在未经证实的情况下对外宣布是塞尔维亚人所为。此举引起南联盟的极度愤怒。而以国务卿奥尔布赖特为首的强硬派主导美国科索沃政策,威胁对南联盟动武。3月22日,美国特使霍尔布鲁克向南联盟发出最后通牒,继续向南斯拉夫施压,同时北约也做好了空袭的准备。

为了避免单边行为,美国要求欧洲盟友加入联合行动并作出贡献。美国打着防止人道主义危机的招牌,对南斯拉夫采取了软中带硬且硬度不断加强的策略。但无论是政治外交方式还是武力威胁,美国均采取了非单边的做法,其中一个典型的方式是借助于宏观引领和控制,敦促欧洲盟友在解决科索沃危机方面不能有口惠而实不至,要作出实实在在的贡献,进而分担美国的风险。与此同时,美国又设法限制欧洲盟国的作用,牢牢控制应对科索沃危机的支配权。

进一步挤压俄罗斯的影响空间是美国的另一个目标。历史上俄罗斯和塞尔维亚维持着传统的友好关系,且具有共同的东正教信仰,俄罗斯对这一地区的影响力一直十分突出。经过冷战后持续数年的经济增长,俄罗斯政府在国际事务中表现的反西方倾向越来越明显。科索沃的自治运动是以美国为首的西方国家压缩俄罗斯战略空间的一大体现。因此,科索沃问题虽然是南联盟阿尔巴尼亚族和塞尔维亚族、阿尔巴尼亚和塞尔维亚之间的矛盾,但在实质上却折射出美俄之间的大国博弈。

总体上说,美国对科索沃危机的立场明确,态度鲜明,保持了较强的连续性,主要原因有三:首先,美国应对科索沃危机的立场符合其欧洲战略利益。冷战结束后,美国一直希望自己能继续主导整个欧洲的安全问题,使北约成为自己的战略工具。西欧国家虽然有着强大的经济实力,但没有可与美国匹敌的军事力量,海湾战争和波黑危机使西欧意识到,在军事安全问题上它们暂时无法离开美国。美国也希望通过处理科索沃危机中的主导地位继续显示自己无可置疑的超级大国地位,并借以警告西欧,在欧洲安全问题上必须听从美国的意志。

其次,这是北约战略调整的需要。北约作为一个集体防御组织,主要使命是保卫成员国的安全。冷战结束后,北约推行所谓的"域外使命",把自己的战略从保卫成员国的领土安全扩展为应付整个欧洲地区有关安全的问题和危机,并有将其使命延伸至全世界的意图。科索沃危机给了北约试验其实施新战略使命能力的机会,也是北约追求合法性存在的具体体现,有助于美国在新形势下通过北约的领导权继续控制同盟。

最后,为了削弱俄罗斯在巴尔干地区的影响力,保持美国对前沿地带的支配权。在科索沃问题上,俄罗斯的历史影响和现实功能充分显现出来,这让如日中天的美国心有不安。对美国来说,插足科索沃危机和北约东扩一样,具有限制俄罗斯的作用。克林顿政府的如意算盘在于,借助多维度的措施,设法将俄罗斯纳入美国主导的西方轨道,这样有利于保证美国在欧洲边缘地带的领导权乃至欧亚地区的霸权。

(二)英国对美国立场的支持及原因

英国对科索沃危机的立场经历了一个发展的过程。1998年年初,科索沃危机尚未列入英国政府的议事日程。1998年2月底3月初,科索沃阿尔巴尼亚人惨遭屠杀事件迅速引起了英国的反应。3月4日,英国外交大臣罗宾·库克访问南斯拉夫,他将屠杀民众事件看作用暴力压制政治见解,将科索沃解放军看作"恐怖主义"组织。随后回国在下议院发言时,库克宣称:"英国反对恐怖主义的立场坚定不移,我们强烈谴责使用暴力达到政治目的,包括科索沃解放军发起的恐怖主义。"[1] 这是英国对科索沃问题的最初表态。

---

[1] House of Commons, *Hansard*, 10 March 1998, C. 317.

第七章 北约的"域外使命"与欧美分歧

科索沃危机越来越严重,英国所持的立场也明确起来。一方面,英国推动危机的政治解决但亦保留武力选项。英国先后借助科索沃危机联络小组、联合国安理会、欧盟及 G8 集团等组织或机制,提出稳定科索沃局势进而形成政治解决方案的倡议,并与南斯拉夫、科索沃及西方国家密切接触,试图以对话、谈判作为解决危机的主要方式。与此同时,由于科索沃断续出现武装冲突,有的造成重大的平民伤亡,英国开始考虑武力干预的途径。当科索沃南斯拉夫安全部队急剧扩充,可能导致更大灾难的时候,英国向南斯拉夫发出了军事干预的威胁暗示,① 后来又参与组织了北约维和和军事干预的方案研制。

另一方面,英国紧跟美国,寻求支持,但又保持距离。1998 年科索沃在战争的边缘。克林顿政府派特使罗伯特·吉尔伯特从中斡旋,他警告米洛舍维奇,称如果后者继续采取暴力行动,他的黑暗时刻将很快到来。② 然而,米洛舍维奇不为所动,在科索沃继续搜捕和镇压科索沃阿尔巴尼亚族解放军,连续制造流血事件。西方世界对此表示了极大愤慨和谴责。不过,除了英国,其他主要国家完全排除了威胁动武或实际采取军事行动的可能性。英国的姿态之所以突出,是与新任工党首相布莱尔密切相关的。1997 年 5 月,布莱尔当上英国首相,他一改其前任梅杰与克林顿之间不温不火的关系,决心重建英美"特殊关系"。当选不到四个星期,布莱尔便在华盛顿召开的英美首脑联合招待会上高调地谈到"克林顿唤醒了英美特有的友谊"。③ 但是,英国人发现,美国在解决欧洲边缘地带冲突或争端中的领导作用固然不可或缺,然而一旦美国掌握了主导权,欧洲就会沦为无可奈何的配角。因此,英国又同时参与打造欧洲自己的防务力量,试图以这种欧洲联合的力量填补美国可能离去后的空白。

英国在科索沃危机的立场具有历史和现实的考量。一是英国与南斯拉夫保持了较强的历史联系。英国的政策取向不能不考虑历史因素,通过非武力途径,可以更好地维持欧洲大陆的稳定,消除潜在的安全风险,这是英国最主要的战略思考。二是保持英美"特殊关系"是冷战后英国的既定国策。新任首相布莱尔深知,英国的国际地位不断下降,若要在国际事务

---

① House of Commons, *Hansard*, 30 April 1998, C. 461-463.
② *New York Times*, March 8, 1998, p. A5.
③ John Dumbrell, *A Special Relationship: Anglo-American Relations in the Cold War and After*, London: St. Martin's Press, 2002, pp. 121-123.

中发挥较大的影响力,仅凭英国自身的力量是无法做到的,因此需要借重美国。不过,在应对巴尔干冲突等问题上,追随美国并不意味着一味迎合美国,英国人有着自己的安全战略,即在偏重大西洋主义的同时,也不忘记欧美平衡。三是英国不希望看到科索沃严重冲突造成更多的平民伤亡。这是英国积极发出军事干预信号的直接导火索。

（三）法国与美国的合作与分歧

法国的立场是倡导采取多边政治、外交手段解决科索沃危机,这与英国初期的立场有一定的相似性。法国对于科索沃危机酿成的流血事件非常震惊,希望借助非军事方式尽快恢复该地区的和平与稳定。为此,法国利用欧盟、联合国等机构帮助斡旋和调停,并试图在多方见证和协助下制定解决科索沃危机的具体方案。当科索沃危机愈演愈烈后,法国认为该地区局势一旦失控将造成新的更大的伤亡和破坏,因此表态支持武力介入。但法国认为,任何武力的干预都要首先获得联合国安理会的授权,以此作为北约威胁动武的前提。因此,针对北约绕过联合国安理会向南斯拉夫发出的武力干预威胁,法国其实是颇有微词的,这一点与美国形成鲜明的对比。

在与美国保持了一定限度的接触并与北约合作的同时,法国更加注重欧洲自身或法国领导下的欧洲对科索沃危机的管控,反映了法国的一贯立场——欧洲应当推进独立自主的安全和防务政策。科索沃危机发生在欧陆边缘,理应由欧洲人自己做主,制定出可行的方案。法国也深刻意识到,科索沃问题纷繁复杂,在后冷战时代,法国单独挑起欧洲安全的重任几无可能。为此必须借助欧陆大国的力量。在欧陆之外,美国这个超级大国是不可忽视的存在。不过,即便如此,法国坚持欧洲应与美国保持距离,而不是完全听命于美国。

法国的上述立场有其特定的原因。一方面,法国与南斯拉夫保持了较为密切的历史联系,对科索沃危机近乎本能地具有促进这一局部动乱恢复稳定的责任。法国同样担心该地区不稳定的态势扩散到西欧乃至法国,这是西欧更大的安全隐患,因而不希望科索沃内部对峙和厮杀的继续,强调以政治、外交途径解决危机的重要性。

另一方面,希拉克总统以戴高乐的继承者自居,强调遵循戴高乐的教导,试图在新的国际环境下使法国具有更突出的国际地位,因此这是戴高乐主义对法国对科索沃政策的持续影响。但在与美国的同盟关系上,希拉克虽然也清楚法国应该和美国保持一定的距离,但他已经不像当年戴高乐坚决退出北约军事一体化机构那样坚决。希拉克采取了双管齐下的策略:一方面,他积极推动法国主导下欧洲安全与防务政策的发展,试图按照法国人的观念构建冷战后的欧洲安全结构;另一方面,他又不失时机地加速与北约的和解,希望法国与北约关系正常化。这种二元战略的实质是欧洲事务法国化及大西洋同盟欧洲化,前者是为了获得欧洲事务的领导权,后者则是争取获得与美国并驾齐驱的影响力。法国在科索沃危机的处理上基本符合戴高乐主义,采取了以欧洲为主、兼顾美国的方式。以欧洲为主,实际上也就是尝试以法国为主。为了抑制美国的单边主义倾向,彰显自己的理念和国际地位,法国还强调威胁动武的合法性。科索沃危机爆发时,法国就多次表示军事干预一定要有法律和道义的支持。为此,法国与美国发生争吵,对升级威胁并试图绕过安理会的决议表示不满。

(四) 德国与北约的协调

如上所述,由于历史和文化因素的作用,加之塞尔维亚当局派遣大量军警进驻科索沃,试图消灭"科索沃解放军"并制造流血事件,德国对塞尔维亚一直持有排斥的倾向。但科索沃危机发生后,施罗德领导下的德国政府一直关注科索沃局势的变化并希望通过非武力途径妥善解决,试图改变诉诸军事行动的政策偏向。[①] 早在1997年11月,德国联合法国发起外交倡议,提出了终止对南斯拉夫制裁并使贝尔格莱德让步的双重思路。此后南斯拉夫局势恶化,特别是1999年1月15日曝光的拉察克事件,对德国的政策提出了挑战。德国顶住外部压力,不过仍然希望通过联络小组找到政治解决途径。在德国的倡议下,有关方面召开了朗布依埃外交谈判。德国在谈判过程中充当了配角,致力于政治解决,尽管没有取得成效。

德国选择非军事手段作为处理科索沃危机的主要方式,但并没有排除它承诺的参加北约的有限军事行动。实际上,冷战结束后,德国军队在应对波黑问题上业已采取了军事和非军事的行动。新执政的红绿联盟表现出更加积极的姿态。施罗德总理在与克林顿初次会晤后表示,德国原则上支持北约空袭南斯拉夫,但德国强调,德国军队参与世界和平和国际安全的使命以联合国授权、国际法和德国宪法为准绳。可是,科索沃危机爆发

---

① Kerry Longhurst, *Germany and the Use of Force*, Manchester and New York: Manchester University Press, 2004, p.72.

后,德国新政府又同意在没有联合国授权的前提下加入北约作战。不过,德国军队配合北约的"域外使命"仍然显得谨小慎微,政治外交手段始终优先于武力手段,只有当前者穷尽而无其他选项时,德国才有限度地参与北约的行动,并严格控制德国军队的作用,尽一切可能规避德国军队参与地面作战。①

德国参与北约军事行动的承诺还因来自美国的压力。施罗德尚未正式就任总理时,美国政府就敦促他及德国候任外长菲舍尔不要对北约在科索沃的任何行动投否决票。此后,美国向德国新政府提出新要求:为了向米洛舍维奇不断施压,德国的国防军应全力参加北约的行动,至少参加包括机载报警与控制系统及其他间接形式的战斗。

德国在处理科索沃危机的立场上具有一定的连贯性,其主要原因有三个方面:首先,德国对北约盟国具有强烈的使命感。在科索沃问题上,德国新政府认为如果不参与北约的军事行动,就会严重削弱德国的国际地位。其次,德国对于科索沃人道主义灾难具有某种道德和政治压力。二战后德国的身份重建要求它与昔日极权主义、法西斯主义彻底决裂,这一历史包袱促使德国的决策者做出有限的军事干预决议,并尽可能以政治外交手段为主予以应对。这种双轨策略源自德国政治文化的三个核心特征:深入人心的反军事主义、近乎本能的多边主义及尊重人权。② 最后,德国担心新一轮的难民涌入德国境内,给国内安全带来麻烦。塞尔维亚人在科索沃大规模的清洗行动对西欧的稳定造成了威胁,德国政府一直避免这一后果的产生。

二、美欧战时的协作与纷争

(一)英国对美国的坚定支持与分歧

早在 1998 年 6 月 10 日,布莱尔公开声称,如果外交无法结束科索沃危机,那么英国将支持采取军事行动。布莱尔的这一表态坚定了英国主动"出击"的决心。事实上,在 1999 年上半年爆发的科索沃战争中,英国坚定地支持美国的主张,多次通过声明为美国撑腰,而且行动上也与美国保持

---

① Scott Erb, *German Foreign Policy: Navigating a New Era*, p.172.
② Hanns W. Maull, "Germany and the Use of Force: Still a 'Civilian Power'?", *Survival*, Vol. 42, No. 2, Summer 2000, pp. 56-80.

第七章 北约的"域外使命"与欧美分歧

一致,在当年3月即派遣空军轰炸塞尔维亚及科索沃境内的目标;而布莱尔本人很快扮演了鹰派的主要角色,成为北约国家中唯一要求发动地面战争者,并且提出要褫夺塞尔维亚领导人米洛舍维奇的权力。因此,在某种意义上,与其说空袭南联盟是美国向其最亲密的盟友"强加的意志",倒不如说是在英国的着意引导下,美国才不断地增强动武的决心。

但是在是否派遣地面部队参战的问题上,英美存在着较大的分歧。在整个空袭过程中,英国一直强烈主张盟国应该考虑派遣部队参加地面作战,认为这样可以更彻底地将塞尔维亚人从科索沃驱逐出去,确保阿尔巴尼亚人的回归。甚至在科索沃战争尚未打响之时,英国人就已经制订了地面作战的计划。① 从朗布依埃谈判到北约发动空袭的前后,英国官员认定,由于美国一直未发出地面进攻的可信威胁,西方同盟针对南联盟的强硬立场大大弱化了。后来的事实显示,美国和北约那种"走一步看一步"的方针并没有取得实效,相反,却助长了南联盟的斗志。英国对此耿耿于怀。正如克拉克将军描述的那样,"克林顿总统和布莱尔首相在派遣地面部队问题上产生了激烈的争论,结果是双方不再讨论实地作战的选择"。②

可是,当猛烈的空袭不能逼迫米洛舍维奇屈服时,西方盟国内部围绕是否发动地面作战又展开了争论。克林顿虽然自始至终声称美国及其盟友不应该远离谈判桌,但实际上他的立场也受到了国内的牵制。随着空袭时间的延长,支持派遣部队参加地面作战的呼声逐渐增强。共和党参议员约翰·麦凯恩(John McCain)、理查德·卢格(Richard Lugar)及民主党参议员约瑟夫·利伯曼(Joseph Lieberman)、约翰·克里(John Kerry)等大佬级人物支持发动地面进攻。在克林顿政府内部,国务卿奥尔布赖特是发动地面进攻的坚定支持者。③

美国国内的争论为英国的地面作战计划提供了契机。英国地面进攻的意图虽然遭到了克林顿总统以及法德的广泛抵制,但是这并不妨碍空袭的效果不佳时北约盟国最终开启了地面进攻的准备。北约官员在英国的劝说下开始讨论地面作战的可能性,克拉克将军被告知要草拟一项地面进

---

① Louise Richardson, "A Force for Good in the World? Britain's Role in the Kosovo Crisis," in Pierre Martin and Mark R. Brawley, eds., *Alliance Politics*, *Kosovo*, *and NATO's War*: *Allied Force or Forced Allies?*, New York: Palgrave, 2000, p. 146.
② Wesley Clark, *Waging Modern War*, New York: Public Affairs, 2001, p. 268.
③ *New York Times*, March 29, 1999, p. A9.

攻科索沃的计划。按照北约预定的计划，它将组建一支15万人的地面进攻部队。1999年5月31日，克林顿总统下达命令，要求克拉克将军做好地面进攻的准备。然而，没过几天，由于米洛舍维奇突然宣布终止战争，此项计划没有付诸实施。

英国在战略上与美国保持步调一致，但在具体战术上却有着一套自己的主张。从结果来看，如果不是米洛舍维奇主动放弃武力，那么真有可能实现英国的北约作战指导方针。英国借着美国的力量，试图发挥它在巴尔干的影响力。当不能说服美国接受自己的策略时，英国人并没有放弃自身的努力，相反，他们在任何可能的时机，不断地推销自己的政策，这足以说明英国人为了自己的国家利益并非完全听从美国的安排。

（二）法美的协作

1999年3月24日，克林顿发表电视讲话，申明北约对南联盟发动空袭的主要目标，即：显示北约对南联盟侵略行为的严重关注；遏制米洛舍维奇对科索沃持续升级的进攻态势；有力地削弱南联盟未来发动战争的军事力量。[1] 克林顿同时认为，美国和其他盟国一样无意派军队参加地面战斗。美国国会以十分微弱的优势批准了空袭南联盟的方案。法国支持克林顿的主张，区别在于，它更强调北约的介入是预防人道主义灾难的保障。法国政府从一开始就为战争辩护，声称这是一场为了实现欧洲价值观、人权、"欧洲文明"的战斗，旨在捍卫欧洲安全和地区稳定。[2] 在整个空袭过程中，法国政府对北约绕过联合国独自空袭南联盟的做法一直惴惴不安，不厌其烦地坚持认为北约的干预只是一个"例外"，并非一个"先例"。战争期间，法国虽然追随美国对南联盟动武，但是仍然主张将有关结束空袭的和平谈判纳入联合国框架中，并把一度打算退出的俄罗斯拉回谈判桌前。因此，在科索沃冲突的各个阶段，法国总是利用它手中的否决权，试图对介入冲突的国际组织（联合国安理会、北约、欧盟等）施加影响，并阻止盟军轰炸南联盟的民事设施。在希拉克看来，法国战略的独立性似乎比维持北约的内部团结或者赢得战争的胜利更为重要。

---

[1] Marc Weller, "The Rambouillet Conference on Kosovo," *International Affairs*, Vol. 75, No. 2, 1999, p. 498.

[2] Alex Macleod, "France: Kosovo and the Emergence of a New European Security," in Pierre Martin and Mark R. Brawley, eds., *Alliance Politics, Kosovo, and NATO's War: Allied Force or Forced Allies?*, p. 117.

第七章　北约的"域外使命"与欧美分歧

在派遣地面部队进入科索沃作战问题上，法国和美德一样，持反对态度，只提倡西方同盟参与空袭行动。官方声明显示，希拉克总统强烈反对地面入侵科索沃的作战计划。不过，在战争爆发的初始阶段，法国内部围绕这个问题也展开了一系列的争论，集中表现在总统希拉克、总理若斯潘领导的政府以及法国公共舆论的态度变化上，反映了法国左右共治的局面下各方立场的不同。若斯潘内阁中除了社会党之外，还包括共产党、绿党及左翼公民运动的成员。共产党和左翼公民运动整体上偏向塞尔维亚，坚决反对法国参战；社会党和绿党开始抱有疑虑，后来决定以人道主义的名义支持战争；而法国的知识分子、右翼国民阵线以及极左的小团体等强烈批评法国在科索沃冲突中的所扮演的角色。法国主流政党在科索沃问题上的裂痕实际上是法国"主权派"和"国际派"之间的分歧。"主权派"包含共产党、左翼公民运动、国民阵线及传统戴高乐主义组织，他们希望维持法国在国际事务中的自主性；而"国际派"则更关注法国在国际机制中的作用和参与度，主要代表为社会党和中右翼政党。然而，政府和反对党内部的"主权派"难以从根本上改变希拉克在科索沃问题上的政策选择。

从另一层面来看，希拉克的主张也不是前后始终一致的。例如，总理若斯潘在空袭进行一周后还未表态排除地面进攻的可能性，这与外长韦德里纳的谈话不一致。希拉克本人紧接着表示，法国可能采取"附加手段"的必要性，其潜在含义是为发动地面进攻预留了可能性。不过，希拉克最终克服了国内政党，特别是左翼力量的反对，同时也打消了他本人对俄罗斯的担心，言明法国反对地面进攻的立场。为此，法国向英国及美国施压，要求它们不要采取任何侵略行为，始终坚持初始立场，即在对南联盟的后续行动中，必须获得联合国安理会动武的授权及排除派遣地面部队的可能性。

（三）德国对北约军事行动的参与

1999年3月24日，德国的14架"狂风"战斗机参与了北约的军事行动，轰炸了南联盟内的战略目标。[①] 在参加空袭之前，总理施罗德煞费苦心地说明，德国是跨大西洋关系中的"可靠的伙伴"，德国的历史责任要求它"采取一切必要的手段预防大屠杀的发生"。在他看来，德国已经发展成

[①] Adrian Hyde-Price, "Germany and the Kosovo War: Still a 'Civilian Power'?", *German Politics*, Vol.10, No.1, April 2001, p.19.

北约的正式成员国,可以毫无顾虑地承担一个正常盟国的使命。① 此外,在空袭行动发生后,德国政府的主要成员不断指责塞尔维亚人对阿尔巴尼亚族采取恐怖袭击的行为是不可接受的,并强调德国动武的目的是防止践踏人权和人道主义灾难的发生。

但是,德国内部由此引起了广泛的争论,焦点在于德国是否仍旧是一种"民事力量"以及威斯特伐利亚体系所确立的主权及不干涉内政原则是否还有效。1999年4月19日,德国总理施罗德引用了一位阿尔巴尼亚族作家的观点:随着北约介入巴尔干冲突,欧洲大西洋地区掀开了世界历史新的一页。这样做,不是为了物质利益,而是谋求建立新的原则:捍卫法律及欧洲大陆穷苦民众的安全。② 施罗德的言论虽然符合德国在冷战后的外交安全政策取向,但主要目的是替德国寻求其参与在科索沃的军事行动的借口,或者说借以掩盖它维护在巴尔干传统的既得利益,巩固它在欧洲事务中的"领头羊"作用。

在整个轰炸过程中,德国还积极介入各种外交努力中。施罗德总理邀请联合国秘书长科菲·安南参加4月14日的欧盟布鲁塞尔非正式峰会,讨论了欧盟在和平解决巴尔干冲突的未来作用。同时,德国不愿意因科索沃战争恶化它与俄罗斯的合作安全关系,因此德国希望俄罗斯参与到巴尔干的和平努力中。4月和5月,德国外交官和政府领导人先后飞赴莫斯科,鼓励俄政府在解决科索沃冲突中发挥积极的作用。此外,德国政府通过牵线搭桥,鼓励美国与俄罗斯密切对话,并利用八国集团平台与俄方达成政治协议。这一行动对于5月5日八国集团在波恩举行的首脑峰会产生了积极作用,与会各方达成了结束科索沃冲突的若干原则。③ 作为欧盟轮值主席国,德国还在谈判终结科索沃战争、构筑地区和平方面发挥了关键的作用。在1999年4月初,外长菲舍尔公布了一项和平方案。接着,德国利用欧盟轮值主席国的地位积极斡旋,希望有关各方缔结《东南欧稳定公约》,并将注意力集中在对阿尔巴尼亚和马其顿的经济财政援助上。

在科索沃空袭行动中,德美能够通力合作,显示出亲密无间的关系,也

---

① Rainer Baumann and Gunther Hellmann, "Germany and the Use of Military Force: 'Total War', the 'Culture of Restraint' and the Quest for Normality," *German Politics*, Vol.10, No.1, April 2001, p.76.

② Adrian Hyde-Price, "Germany and the Kosovo War: Still a 'Civilian Power'?", p.30.

③ Adrian Hyde-Price, "Germany and the Kosovo War: Still a 'Civilian Power'?", p.28.

表明德国在冷战后北约"域外使命"中发挥了越来越大的作用。合作是德美间的共识,这一主导方向一直维系到战争结束。然而,德美之间的合作并非完美无缺。德国对于美国一家独大的领导地位敢怒而不敢言。另外,德国也意识到,在冷战后欧洲的现实形势下,过分依赖美国的力量必然后患无穷,只有欧洲建立自己的维持区域安全与稳定的机制,才有可能从根本上捍卫德国的安全、稳定与繁荣。

三、战争对欧美关系的影响

科索沃危机及科索沃战争的参与并未宣告北约在这一地区"域外使命"的结束,随着情势的发展,战后稳定与重建等议题已成为英、法、德等国必须面临甚至需要承担相应责任的头等问题,即科索沃战争的后续工作仍然需要欧洲盟国与美国协调、周旋乃至博弈。

跨大西洋同盟的延续是科索沃战后稳定与重建继续推进的基石。无论是为了维护共同利益,还是旨在消除共同威胁,与美国维持同盟关系很大程度上都是英、法、德三国自冷战结束以来历届政府所坚持的基本选择。即使与美国之间存在分歧,也不足以颠覆它们与美国业已形成的合作共识。可以说,维持与美国同盟关系的连续性是三国对外安全战略的基石。

就像在第一次海湾战争和波黑战争中那样,在科索沃战争中,英国仍然是美国最坚定的支持者。在地区安全和国际安全领域,英美紧密合作经历了数十年风风雨雨的考验,甚至已经发展成了一种观念认知上的一致性。科索沃战争在很大程度上是波黑战争的延续,即使在这种欧洲地区范围内的安全问题上,英国不仅展现了对美国安全保护的依赖,也反映了双方长期形成的战略默契,甚至是英国对美国的一种影响力,这是法国或德国无法做到的。

可是,虽然梅杰接替撒切尔夫人担任英国首相后的同盟策略没有什么大的变化,但是布莱尔上台后,与其前任有了比较明显的差别。在"第三条道路"理念的影响下,布莱尔的对美同盟战略一改梅杰较为低调、谨慎的倾向,在维持合作关系的同时,更加重视英国塑造同盟形象的功能。在处理科索沃战争的后续问题上,布莱尔政府的策略带有灵活性,即在继续追随美国的同时为欧洲共同安全和防务政策争取更大的发展空间,有效提升英国在欧洲安全与防务领域中的地位和作用。

德国通过参与北约的三场"域外使命",与美国的同盟关系得到了进一步发展，特别是通过参与北约对南联盟的空袭，更紧密地加强了这种同盟关系，而且提高了自己在跨大西洋关系中的地位。在积极发展与美国的良好关系的同时，德国政府还重新制定了相对独立的战略策略，努力在欧洲与美国之间谋求基本的平衡，追求符合德国本身实情的安全战略，力求在欧洲安全上找寻自己的声音，并且按照自统一以来就形成的相对独立自主的理念处理各种外部关系，包括同盟关系。

在科索沃问题上，法国对美同盟战略特点的延续性也是很清晰的，即利用与排斥并存。换句话说，法国对美的同盟战略始终充满着顾虑：一方面离不开与美国的合作，另一方面又害怕合作深入而削弱法国的影响力，尤其担心法国主导欧洲大陆的愿望落空。在这种矛盾心态的指引下，法国可以说是英、法、德中与美国保持距离最远的国家。科索沃冲突没有显著的迹象表明法美冲突的升级，但法国不会轻易跟着美国走，利益需要上的合作，掩饰不住双方的不同目标和追求，这在希拉克政府与密特朗政府的对外政策存在着较大区别上可以表现出来。希拉克总统独特的戴高乐主义情结必然在对外关系中表现出来，因而与美国的对外政策产生一定的矛盾。法美因科索沃战争而产生的摩擦似乎因希拉克的主动塑造而比其前任更为突出。

本章小结

"域外使命"是冷战后北约寻找其存续和发展合理性的一种动力，也是维持其合法性存在的重要表现。通过两次"战略概念"的调整，北约赋予了"域外使命"以更为突出的理论内涵。在"域外使命"的实践方面，毫无疑问，战争的介入极具冲击力和震撼力，它整合了欧美盟友的资源，也聚合了欧美同盟的向心力。大西洋盟国围绕域外战争介入的主题，通过危机预知、危机应对、战争介入、战后监控等阶段性行动展开了总体合作和协调，巩固了冷战后受到质疑的跨大西洋关系。"域外使命"是冷战结束之际北约才开始面临的新使命，因而欧美盟国都有一个逐渐适应和摸索的过程，为此它们在冷战后对本国安全战略进行调整和充实，就需要与整个同盟面临的新任务进行对接，以便更好地巩固和执行本国的安全战略。

但是，在应对海湾战争、波黑战争和科索沃战争这三大"域外使命"的过程中,大西洋同盟内部又确实存在着不同程度的纷争。例如,在海湾战争中,德国对于美国强制德国提供资产贡献的要求感到委屈和不满;在波黑战争中,英法和美德在塞尔维亚人、克罗地亚人和穆斯林的政策偏向上产生分歧;科索沃战争爆发后,法国对于北约和美国绕过联合国安理会对南斯拉夫实施空袭耿耿于怀;等等。因此,"域外使命"与本国战略和利益之间的矛盾和碰撞难以避免,这给冷战后跨大西洋关系的发展带来一定的新挑战。

然而,上述这类矛盾并没有严重妨碍欧美同盟国之间在"域外使命"中的持续合作,美国和英、法、德等欧洲盟国之间的龃龉也远未达到公开对立的程度,它们之间在安全威胁和军事战略上的共识整体上大于分歧。对于美国来说,欧洲的稳定支持对于实现美国的全球战略及继续领导世界事务有着不可替代的作用,而欧洲对美国在安全上的依赖程度决定了欧洲外交空间的大小,同时也决定了大西洋同盟内部关系上美主欧从的结构模式。就像一位中国学者所分析的那样,欧洲对冷战后新安全威胁性质的评估既使其意识到自身对国际安全的责任,又使其认识到美国合作的不可取代性。[①] 这种心照不宣的默契是深入探究"域外使命"发展过程中欧洲盟国与美国关系既合作又纷争性质的关键。换言之,欧美之间不管怎样折腾,都不会使大西洋同盟走向瓦解。然而,从长远来看,欧洲盟国在美国主导下的"域外使命"中经受的挫败感和刺激对跨大西洋关系的未来发展方向具有重要的意义,它们给欧洲新一轮加强自身共同安全与防务建设注入了新动力。

[①] 冯仲平:《欧洲安全观与欧美关系》,《欧洲研究》2003年第5期,第1页。

第八章　新欧洲的崛起：挑战美国的单极世界？

> 跨大西洋关系是不可替代的，欧盟与美国共同行动就能够形成一支追求美好世界的巨大力量。我们的目标是与美国结成有效的和均衡的伙伴关系，这是欧盟进一步提高能力、增进团结的另一个理由。
>
> ——欧盟委员会[①]

冷战的结束改变了世界的面貌，也改变了国际体系的结构，美苏两个超级大国对峙的格局被美国成为世界上唯一的超级大国所取代。实际上，冷战的胜利不仅属于美国，严格地说，它属于西方和大西洋同盟，西欧在其中起到了不可替代的作用。然而，如果说冷战期间面对强大的对手欧美之间在紧密合作的同时尚且纷争不断的话，那么冷战之后，一个政治地图已然发生根本性变化的欧洲如何面对一心护持自身单极霸权的美国？随着欧洲一体化的长足发展，冷战后欧洲的雄心已经不再限于建设一个强大的经济共同体，它更希望通过自身力量的集聚推动一个新欧洲的崛起，在多极化发展的世界舞台上扮演更为重要的角色。正如美国著名学者保罗·肯尼迪在谈到冷战后的欧洲时所说，对欧洲一体化的研究不仅需要把重点放在消除贸易壁垒、建立资本和商品自由流通的市场上，更应该关注加强欧洲议会的权力、协调防务政策等更具有争议的举措。正是在这些领域，"欧洲"具有更大的潜力，使自己转变为与今天的地理概念相去甚远的某种实体。[②] 冷战后成立的欧盟正是有着这样的抱负，并在一体化的深化和扩大方面都取得了举世瞩目的成就。与此同时，它与大洋彼岸的美国的合作

[①] European Commission, "A Secure Europe in a Better World: European Security Strategy," Brussels, 12 December, 2003, p. 13.

[②] 〔英〕保罗·肯尼迪：《未雨绸缪：为21世纪做准备》，何力译，北京：新华出版社，1994年，第255页。

和纷争也在延续和发展,除了在上述的安全和同盟关系中既存在着共识和协作、双方的结构性矛盾又如影随形外,这些还不时在其他领域中表现出来,给冷战后的跨大西洋关系带来新的机遇和挑战。本章的重点在于综合考察后冷战时代跨大西洋关系的变化与发展,对美欧之间的经贸合作与纷争、政治观念的分歧,以及新安全形势下欧洲开展独立防务、欧盟东扩等事态对双边关系造成的影响进行分析。

第一节 冷战后相互依存的欧美经贸关系[①]

一、美欧经贸合作的加强

冷战结束以后,美国和欧洲的经贸联系愈益紧密,形成了高度相互依赖的跨大西洋经济利益共同体。二战后欧美就已经互为彼此主要的经济贸易伙伴,今天双方各自约五分之一的对外贸易、50%至60%的对外投资是在大西洋两岸进行的。美欧之间的经贸互动频繁,虽然存在着很多纷争,但实质上它们仍然以合作为主。[②] 美国和欧洲两边的市场无论从贸易额、资本投资数、技术人员的流动性还是金融活动的活跃程度看,都是世界经济中最为重要的组成部分。2002年,美国和欧盟分别占据了全球商品贸易份额中的19%和22%,占据了全球服务贸易份额的21%和29%,这两项数据都远远超过了其他经济体。在近年来中国后来居上之前,美国和欧盟又都是彼此最大的贸易伙伴。2004年美国是欧盟最大的出口市场,占据了全年欧盟出口额的24.3%;同时欧盟也是美国最大的出口市场,美国全年对外贸易额的15.3%流入了欧洲市场。[③] 虽然自2008年经济危机以来,大西洋两岸的市场都受到了相当程度的冲击,但美欧仍旧是全球经济活动的中心,美国和欧盟仍旧拥有大体规模相同的经济,并且彼此依旧是对方最为重要的贸易伙伴之一。

除了大量的贸易往来外,美欧互为对方最大的投资市场,彼此间的直

[①] 本节的主要内容曾发表于严骁骁:《经贸纷争与合作:美欧关系中的一个重要特征》,《太平洋学报》2014年第6期,第40—50页。

[②] 周弘:《解读当代欧美关系》,《求是》2002年第8期,第62页。

[③] Charlotte Bretherton and John Vogler, *The European Union as a Global Actor*, pp. 61–62.

接投资(FDI)亦构成了美欧当代经济关系的另一个要素,为欧美的经济往来创造了更直接和更深刻的联系,形成了你中有我、我中有你的金融和资本纽带。2010 年,在美国的外国直接投资总额的 84% 来自 8 个重要国家,除去日本和加拿大之外,其他 6 个国家全部是欧洲国家。美国的 10 个主要境外投资市场中有 6 个在欧洲。美国在全世界范围内获得的收益超过一半来自欧洲市场。① 截至 2011 年年底,美国吸收的直接外国投资总额为 26508 亿美元,其中来自欧洲的资金为 18762 亿美元,占资金总额的 70%,远远超过世界其他地区;而美国在其境外地区的直接投资总额为 41556 亿美元,其中投向欧洲的资金为 23077 亿美元,约占对外投资总额的 55%,也远远超过了投向其他地区的资金。

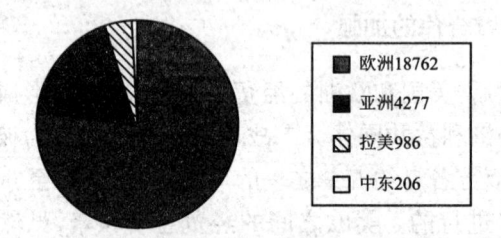

■ 欧洲18762
■ 亚洲4277
▨ 拉美986
□ 中东206

图 1 2011 年各地区在美国的直接投资额(亿美元)

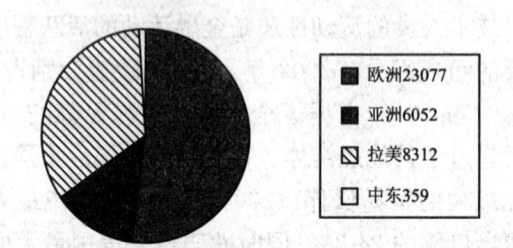

■ 欧洲23077
■ 亚洲6052
▨ 拉美8312
□ 中东359

图 2 2011 年美国对各地区的直接投资额(亿美元)②

---

① David Payne and Fenwick Yu, Office of the Chief Economist, *Foreign Direct Investment in the United States*, US Department of Commerce, Economics and Statistics Administration, June, 2011, p. 4.
② 此处引用数据来源于 James K. Jackson, "US Direct Investment Abroad: Trends and Current Issues," Congressional Research Service Report, October 26, 2012, p. 3;James K. Jackson, "Foreign Direct Investment in the United States: An Economic Analysis," Congressional Research Service Report, December 11, 2013, p. 5. 美国吸纳以及投放到境外的直接投资数额均是在计入原始成本的基础上统计得出的。

第八章 新欧洲的崛起：挑战美国的单极世界？

根据欧盟的统计数据，2007年其直接对外投资总额为5507亿欧元，其中投向美国的资金为1738亿欧元，要超过欧盟在非欧盟成员国的欧洲国家和亚洲国家的直接投资总额。虽然经历了2008年的金融危机，欧盟对美国的直接投资显著减少，但是从2009年到2011年，欧盟对美国的直接投资总额仍远远超过其他国家和地区。表1为2007年至2011年欧盟直接对外投资额在世界上主要国家和地区的变化。

表1 2007—2011年欧盟在世界上主要国家和地区的直接投资额（单位：亿欧元）[①]

欧盟对外投资目标国家或地区	2007	2008	2009	2010	2011
美国	1738	1482	966	662	1235
前独联体国家	235	346	99	34	73
亚洲	550	729	485	489	808
南美	192	191	128	515	340
非洲	170	241	201	205	73

由此可见，美欧之间紧密的经济联系是其他地区之间不具备的。这种通过外国直接投资建立起来的经济关系使得跨大西洋的经济联系有别于世界其他地区的经济，资本的高度相互渗透使得美欧之间的经济密不可分。美欧之间规模巨大的相互投资表明，存在于这两大经济体之间的国际经济分工，无论在产业间层面上，还是在产业内层面上，抑或在产品内层面上，都达到了相当高的水平。美欧由此形成的相互依赖的经济关系是其他经济体之间无法相比的。[②] 因此，这种特殊的经济联系使美欧经济关系在相当长的时间内不会发生重大变故，虽然贸易争端时有发生，但是其经济合作紧密的特征会继续保持下去。

冷战之后，美欧紧密的经济关系还体现为双方之间有着多种渠道的沟

[①] 图表中的数据来自 European Commission, European in Figures (Eurostat Yearbook 2012, p. 97)和 European in Figures, Eurostat Yearbook Online Publication。前独联体国家指俄罗斯和乌克兰。http://epp.eurostat.ec.europa.eu/statistics_explained/index.php/Europe_in_figures_-_Eurostat_yearbook.

[②] 徐坡岭、卢绍君：《试析经贸关系在俄欧美三边关系结构中的意义》，《俄罗斯研究》2007年第5期，第69页。

通手段,协调彼此之间存在的经贸问题,应对经济全球化中的挑战和危机。这种问题解决机制存在于多边和双边协商的框架之内。从多边机制来看,世贸组织(以及其前身关贸总协定)是欧美经贸谈判的一个重要场所,其为欧美之间的贸易互动提供了指导性的原则和规则。最惠国待遇、商品服务和外国投资的非歧视性待遇构成了美欧之间贸易和投资政策的基石。[①] 经济合作与发展组织(OECD)也是美欧经济关系中的另一个重要的多边合作框架,其在评估双方的经济发展状态和经贸政策,以及协调双方的经济政策方面都发挥了重要作用。除此之外,多边首脑峰会也为美欧之间协调经贸关系提供了渠道。例如八国集团首脑峰会和二十国集团会议已经成为世界上主要国家就经济合作问题进行磋商的经济论坛。在此基础上,多边国际组织,比如国际货币基金组织(International Monetary Foundation)、巴塞尔委员会(Basel Committee)、金融稳定理事会(Financial Stability Board)、国际清算银行(Bank for International Settlement),也为大西洋两岸的政府和中央银行提供了沟通、协调财政和货币政策的通道。

  跨大西洋经济合作除了有多边机制之外,还存在着双边机制。为了缓和美欧之间的经济纷争,加强彼此间的沟通和经济合作,1990年11月美国和欧共体发表《跨大西洋宣言》来协调双边关系,该文件成为新时期指导美欧关系发展的纲领性文件。之后双方又共同签署了《跨大西洋新议程》,为进一步的经济合作以及建立跨大西洋经济贸易区做准备。2007年,欧美华盛顿峰会上,美欧签订了《跨大西洋经济一体化框架协议》(Framework for Advancing Transatlantic Economic Integration),提出了"灯塔优先计划"(lighthouse priority project),并成立了跨大西洋经济理事会(Transatlantic Economic Council),旨在加强跨大西洋经济整合,减少管制负担,推动双方在知识产权、贸易安全、金融市场、技术创新、投资领域的合作。[②] 创立和发展这种跨大西洋会谈机制的目的是加强欧美在贸易上的合作,扩大双方在投资领域里的资本渗透,并且通过适时的谈判和协商解决贸易争端。2013年2月,美国总统奥巴马和欧盟理事会主席范龙佩、欧盟委员会主席巴罗佐发表联合声明,宣布双方将于6月份就《跨大西洋贸易与投资伙伴

---

  ① William H. Cooper, "EU – US Economic Ties: Framework, Scope and Magnitude," CRS Report for Congress, Jan 17, 2006.

  ② Framework for Advancing Transatlantic Economic Integration Between The European Union and The United States of America, 30 April 2007.

关系协定》(TTIP,Transatlantic Trade and Investment Partnership)展开谈判。时任欧盟委员会贸易委员卡尔·德·古特评价道:"我很高兴我现在完全回到了欧美贸易对话的轨道上来,在那些我们需要处理以使跨大西洋商业环境更有效率、更有成效的广泛议题上,我们开启了一个良好稳定的进程。① TTIP 谈判是美欧双方在建立一个更加开放的大西洋市场、深化双方的贸易和经济关系上的又一次重大行动,双方在经济、贸易、金融领域的合作会持续下去。②

双边机制的经济合作还包括美国政府或非政府机构与欧盟的相应机构高层之间的直接对话。美国联邦政府、美国联邦储备委员会高级行政部门与欧委会、欧盟部长理事会、欧洲中央银行等部门相应的机构都保持着联系。比如,美国财政部发起的美欧金融市场监管对话(Financial Markets Regulatory Dialogue)就是一个美欧间协商双边金融监管政策的非正式组织。该组织的美方成员包括美财政部、联邦储备委员会和美证券交易委员会的高层,后来扩展到美国商品期货交易委员会(CFTC)和美国保险监督官协会(NAIC)成员。该组织的核心欧盟成员包括欧洲委员会。美欧金融市场监管对话已经成为指导阶段性金融监管过程的机构,并且用来处理美欧间出现的分歧。美国政府和欧洲主要国家政府之间开展的双边经济对话也是跨大西洋经济合作的重要组成部分,这些对话对美欧经济合作与发展提出了许多建设性的意见。③ 还有另一个重要的合作形式,就是美欧的中央银行携手在金融市场进行联合行动。比如,2000 年 9 月 22 日,欧洲中央银行宣布,该行已与美联储以及日本中央银行采取联合行动,对持续疲软的欧元进行干预。2011 年 11 月 30 日,美欧再度联手,美联储以及加拿大、欧盟、英国、瑞士、日本等五大经济体的中央银行宣布采取一致行动支持全球金融体系,来稳定金融市场,解决债务危机。

二、贸易摩擦与经济纷争

随着冷战结束带来的外部安全环境的变化以及欧洲一体化的不断前

---

① EU and US Conclude Second Round of TTIP Negotiations in Brussels. http://trade.ec.europa.eu/doclib/press/index.cfm? id=988.

② 关于 TTIP,详见第十一章第二节。

③ Douglas Elliot, "The Danger of Divergence: Transatlantic Cooperation on Financial Reform," *Atlantic Council and Thomson Reuters*, October 2010, pp. 6-7.

进,在跨大西洋关系中欧洲的自主性日益增强。这种自主性不仅体现在欧洲在处理政治和安全问题上往往坚持自己的立场,也体现在在经济领域中欧洲为了自身利益与美国发生持续不断的经贸摩擦和纷争。

纵观战后至今的欧美经贸关系,双方的摩擦由来已久,在冷战期间就出现过围绕禽类出口和钢铁制成品的关税之争。从整体上看,双方的贸易摩擦主要涉及以下几个领域:第一,农贸产品的准入问题;第二,钢铁制成品的关税问题;第三,飞机制造业的补贴问题;第四,全球贸易规则的制定问题。有学者指出,欧美双方似乎困于永久性危机之中,全面的贸易战仿佛一触即发,但欧美之间利益的巨大互惠性使得双方在最后关头总能悬崖勒马。因此,欧美经贸关系的一大特点即是小摩擦持续不断,但并未发生不可妥协的重大利益分歧。[①]

首先,在农贸产品的准入问题上,美欧之间的最大矛盾在于欧盟采取一系列措施来限制基于转基因技术的农贸产品的进口。从20世纪末开始,欧盟相继颁布了一系列针对进口转基因农产品的严苛法律法规,从而对美国对欧出口的转基因大豆、棉花、玉米以及注射激素的牛肉造成了有形或无形的障碍。美国曾向世贸组织投诉欧盟限制转基因产品的行为,认为这一做法违反了该组织的相关协定。时至今日,双方在这一问题上的冲突仍未完全解决。虽然欧盟在这一问题上的立场有所放松,同意部分转基因食品的进口,但对其用途做了严格限定,只允许在食品加工业和饲料业中使用而禁止直接向消费者出售,或者美国出口到欧盟的转基因食品必须在外包装上准确注明标准,并附上详细生产过程的说明。此外,欧盟委员会建议成员国对欧盟批准的进口转基因产品的风险自行评估,由成员国最终做出是否限制或禁止的决议。

其次,欧美贸易摩擦的另一大来源为美国对钢铁产品进行的贸易调查。有学者统计过,从1980年至2001年年底,美国对进口钢铁发起的贸易调查立案总数大约为550件,其中对欧共体成员国发起的钢铁调查案为148件,占总立案比重的28%。从1995年至2001年这7年时间里,立案数为42件,在其钢铁贸易总立案中所占比重约为21%。[②] 并且在2000年

[①] Ali M. El-Agraa, *The European Union: Economics and Policies* (9th edition), Cambridge: Cambridge University Press, 2011, p. 394.

[②] 邓德雄:《20世纪欧共体遭受美国钢铁贸易救济调查与欧美纠纷回顾》,《国际商务财会》2009年第12期,第7页。

之后,欧美钢铁贸易纠纷不断升级,纠纷涉及各类贸易救济,既有反倾销措施和反补贴措施,也有很大部分的保障措施,其中反补贴措施和保障措施是欧美钢铁纠纷的主要涉案措施。① 有学者认为,美国对钢铁行业实施保障性条款的深层次原因有两点:第一,美国钢铁业的竞争力严重下降,因而美国政府加大了对国内钢铁行业的保护力度;第二,由于美国钢铁行业的高度集中,为了赢得钢铁产业集中州的选票,美国政府往往动用行政力量来实施对钢铁行业的保护。②

再次,除了农产品和钢铁制造业外,欧美对各自的飞机制造商空客公司和波音公司的补贴是欧美贸易摩擦的另一个主要来源。从20世纪90年代开始,德法等欧洲国家开始联合研发一种可以替代美国波音客机的大型民用客机,德法等国政府纷纷给予研发企业大量的资金补贴。到2004年左右,空客已经占据了世界民用航空客机市场约40%的份额。美国认为,欧盟对空客的补贴使其具有了价格优势,遂撕毁了与欧共体在1992年签订的协议,即政府提供研发飞机的资金不超过项目总资金的33%,也开始加大对波音公司的财政补贴。从2004年开始,美欧分别向世贸组织提出诉讼,指责对方通过财政补贴的形式造成了不公平竞争。2011年6月,美国向世贸组织递交了有关空客非法补贴的诉讼,欧盟做出了针锋相对的回应,也向世贸组织提出了波音公司的补贴诉讼,从而将双方的这一争端推向高潮。直至今天,欧美就空客和波音补贴问题的诉讼仍在继续。2018年5月15日,世贸组织发布美国申诉欧盟补贴空客的裁定报告,认为欧盟及法国、德国、英国、西班牙政府对空客A380、A350的补贴造成了美国波音公司在销售同类机型时的损失。美国声称,世贸组织的这一决定为美国寻求数十亿美元的针对欧洲出口的报复性关税扫清了道路。③

最后,除实体贸易的矛盾外,欧美在全球贸易规则制定方面也有一定程度上的分歧,特别是随着欧洲实力的不断上升,其在国际经贸规则、技术标准制定方面也发出了反对美国的声音,对美国单方面制定具有贸易壁垒性质的政策不满。诸如《赫尔姆斯—伯顿法》《伊朗—利比亚制裁法》《伊朗

---

① 邓德雄:《20世纪欧共体遭受美国钢铁贸易救济调查与欧美纠纷回顾》,第10页。
② 崔大沪:《世界钢铁大战与WTO保障措施》,《世界经济研究》2002年第S1期,第51页。
③ 澎湃新闻:《空客和波音反补贴纠纷谁赢了? 空客说WTO驳回94%索赔额》,2018年5月17日,https://www.thepaper.cn/newsDetail_forward_2136030。

不扩散法》等,都带有强烈的治外法权色彩,遭到了欧洲的强烈反对。① 在国际竞争政策的问题上,欧盟基于自身区域一体化的经验倾向于采用多边主义的立场,而美国则更青睐以双边协定为基础的经贸关系,并希望以此为准则来制定国际竞争政策。目前,欧美在跨大西洋贸易与投资伙伴关系谈判中陷入僵局的主要原因也在于此。在"投资者与国家间争端解决机制"(ISDS)、数据跨境流动和隐私保护、医疗食品和数据标准、行业监管合作、服务市场开放与政府采购等问题上,欧美也仍存在较大的分歧。②

总体来看,在经济全球化的今天,欧美经贸关系呈现出了时代的新特征。欧美之间除了大量的贸易往来之外,还有对方大量的直接投资。资本的相互渗透使得美欧在经济上相互依存。欧美都认识到加大它们之间的贸易往来与经济合作、联手解决经济危机是双方共同的利益所在。因此,可以预见的是,尽管欧美之间的贸易摩擦和经济纷争难以避免,有时甚至是非常严重的,但是经济上相互依存仍会作为双方经济关系的一个结构性特征在一定的时期内保持不变,协调与合作仍是双方经贸关系中的主要基调。

第二节　欧盟的 CFSP:新一轮的挑战?

一、欧洲追求独立防务能力之路

欧洲防务合作的最初设计在二战刚刚结束时就已应运而生,其目的性十分明确,即防范德国军国主义的复活。1947 年,英法签订了《敦刻尔克军事同盟条约》,两国共同承担了防御可能的德国入侵的义务。1948 年 3 月,比利时、荷兰和卢森堡三国又加入,五国成立了布鲁塞尔条约组织。随着冷战的爆发,欧洲担心仅依靠自身的实力难以抵御苏联的军事威胁,遂加入美国牵头的北约组织。美国全面介入朝鲜战争后,面对美国不能把所有注意力放在欧洲这个事实,欧洲国家建设自身防务力量的需求也越来越迫切。虽然建立欧洲防务集团的普利文计划因遭到法国国民议会的否决

---

① 仇华飞:《欧盟—美国经贸关系中的合作与摩擦》,《社会科学》2007 年第 12 期,第 52 页。
② 林珏:《近十年的欧美经贸关系以及 TTIP 谈判的背景和难点》,《四川大学学报(哲学社会科学版)》2019 年第 2 期,第 52—53 页。

第八章 新欧洲的崛起:挑战美国的单极世界?

最终化为泡影,但在英国的动议下,法国终于同意在北约的框架内重新武装德国。1955年西欧联盟成立,吸收德国和意大利作为正式成员。西欧联盟作为欧洲防务一体化的标志,是欧洲自身防务的重要组成部分,同时也是用以加强北约欧洲支柱的重要手段。这种双重的身份使得西欧虽有在防务领域进一步加强其合作的政治意愿,但它受制于北约框架的事实又大大钳制了欧洲发展独立防务的能力。而由于美苏两极结构的制约,西欧的安全无法离开美国的军事庇护,这又使欧洲各国对美国产生了安全依赖,发展自主防务的动力并不十分强劲。因此,在客观条件和主观愿望的作用下,直到冷战结束,西欧一直没有真正意义上的独立的防务力量。

冷战的结束改变了欧洲的安全格局,欧洲人不再担忧长期悬于头顶的达摩克利斯之剑。然而,这种局面并未持续多长时间,欧洲的安全形势又由于巴尔干地区爆发的旷日持久的内战而紧张起来。1992到1995年发生在巴尔干地区的南斯拉夫内战不同于以往的战争。从本质上看,冲突的各方并不全是为了争夺领土和抢占生存空间,其根源在很大程度上涉及前南内部的宗教、种族矛盾而引发的种族冲突和种族屠杀。从地缘因素考虑,这场前南内战没有改变冷战结束后形成的欧洲安全格局,对于北大西洋公约组织的成员国来说也并不能构成直接的威胁。但是,东南欧局势的动荡和武装冲突可能的蔓延以及人道主义灾难问题的凸显,不仅危及欧洲整体局势的稳定,而且影响东南欧地缘政治格局的重组,从而引起了欧洲社会和西方大国的高度关注。

对于塞尔维亚警察部队镇压波斯尼亚的穆斯林和克罗地亚人,北约成员国一致表示强烈谴责,都认为塞尔维亚应该停止侵略行为并从波斯尼亚撤军,需要阻止武装冲突和暴力事件从波黑地区向整个巴尔干地区扩散。但是对于制止冲突的手段和方式,美欧却存在较大的分歧。虽然波黑战火并没有扩散到欧共体成员国境内,但由于巴尔干半岛一直是欧洲的一块心病,欧共体成员国从战争伊始就高度关注事态的发展,并且开展积极的外交斡旋活动,极力促成交战双方达成停火协议。当时欧共体认为,波斯尼亚危机并不是塞尔维亚发动的针对波黑的侵略战争,而是奥斯曼土耳其统治巴尔干半岛时期带来的民族和宗教问题所引起的,经过数百年的时间,积怨已久的民族和宗教矛盾最终酝酿成了直接的流血冲突。因此,欧共体认为,解决这场危机的重点并不是惩罚向波斯尼亚派遣军队的塞尔维亚,而是要求冲突双方签订停火协议,就独立问题与领土问题进行谈判和协商。欧共体应当把注意力放到促使双方进行和谈的努力上来,并提供人道主义援助,在有争议的地区执行维和任务。

与欧洲的积极态度相反,美国对巴尔干的战事显得漠不关心。由于波斯尼亚危机没有涉及美国的直接利益,所以美国并不想纠缠其中,而是希望欧洲通过自身的努力来化解危机。① 作为冷战后的唯一超级大国,冷战结束后美国通过海湾战争为自己塑造了全球安全保卫者的形象,但在国内却面临着严重的经济和社会问题,到1991年2月海湾战争结束为止,美国的经济衰退已经持续了8个月。经济的下滑造成失业率不断上升。美国海外干预力量有限,因此在应对众多的区域性武装冲突时,美国显得犹豫不决。② 而且美国并不愿意通过北约来解决此次危机。美国担心如果以北约的名义发动空袭,万一没有实现战略目标,美国就很有可能被其欧洲盟友拖入战争,进而全面介入波斯尼亚危机,重蹈越南战争的覆辙,在波斯尼亚的战争泥潭里越陷越深。③ 所以,老布什的美国政府并不热衷于卷入波斯尼亚危机,而是将解决问题的主导权抛给了欧洲和联合国。

1992年,在联合国的授权下,由6000名英法士兵组成的联合国维和部队进驻波斯尼亚,以监督冲突双方履行停火协议和保护联合国人道主义救援物质的运输。此时的联合国维和部队过于弱小,加之没有被授权使用武力,所以起不到任何维和的作用。1993年1月,联合国特使万斯和欧共体代表欧文提出的解决波斯尼亚危机的一揽子计划——"万斯—欧文计划"又以失败告终。波斯尼亚境内的战火愈演愈烈,内战的规模进一步扩大,波黑塞尔维亚人和穆斯林、克罗地亚人之间骇人听闻的种族屠杀不时发生。1995年春季,在经历了四个月的休战之后,波斯尼亚的战火又重新燃起。波斯尼亚战争的解决,最后还是依靠以美国为首的北约的军事力量。1995年8月,以美国为主的北约空军对波斯尼亚境内的塞尔维亚部队的通讯中心和防御工事进行大规模的空中打击,迫使波黑塞尔维亚人接受了联合国的调停,并签署了《代顿协定》,波斯尼亚战争才最终画上了句号。

历时三年的波斯尼亚战争,暴露了大西洋两岸之间的严重分歧,欧洲

---

① Jeffrey Anderson, G. Ikenberry, Thomas Risse, eds., *The End of West, Crisis and Change in the Atlantic Order*, p. 68.
② 王缉思、朱文莉:《冷战后的美国》,《美国研究》1994年第3期,第10页。
③ Jeffrey Anderson, G. Ikenberry, Thomas Risse, eds., *The End of West*, p. 70.

第八章 新欧洲的崛起：挑战美国的单极世界？

对美国的安全依赖给欧洲带来了严重后果。由于没有直接利益，战争初期美国并不想直接介入。而在缺乏美国军事力量的情况下，面对突发事件和局部危机，欧洲没有一支可供部署的有效武装力量。由于没有独立处理危机的必要手段，一旦外交努力宣告失败，欧洲就难以单独对事态进行有效的控制。①

前南战争的惨痛教训再一次使欧洲感到了建立独立自主的军事力量的迫切性。在1998年圣马洛峰会上，英法两国领导人达成共识：为了缔造欧洲的和平，欧洲盟友需要加强自身的安全和防务合作，特别需要建立一支不依靠华盛顿的快速反应部队。② 圣马洛峰会可以被视为欧洲人重新规划统一防务的开端，标志着欧盟开始着手建设一支独立于美国和北约的防务力量。《圣马洛宣言》也改变了长期以来英国有关欧洲防务建设的态度，使其放弃了几十年来一直持有的反对在北约之外建设欧洲军事力量的立场。③

圣马洛峰会结束不久，巴尔干的局势再一次紧张起来。1999年春，前南科索沃省阿尔巴尼亚族人民要求独立，与塞尔维亚警察发生了流血冲突，从而导致了科索沃独立武装与南联盟部队的全面战争。这次危机中，欧盟希望依靠谈判来解决危机。但当谈判失败后，由于缺乏坚实的武装力量支撑，欧盟动武的决心又表现得不够坚决，结果美国主导了北约对科索沃实行战略空袭的全部计划，绕过联合国对南联盟直接实施打击。科索沃危机的经验再一次加强了欧洲人建立独立防务力量的信念。

1999年6月3日，科索沃危机还未结束之时，欧盟各国领导人在德国科隆召开了欧盟理事会，为进一步加强共同安全与防务政策指明了方向。会议提出"欧洲理事会应当在欧盟条约中所定义的全方位冲突预警和危机管理任务中具有决定的意义"④，并且定义了欧盟的军事角色，即"彼得斯

---

① 关于波黑战争和下述科索沃战争期间欧美的竞合关系，特别是英国、法国和德国的态度，详见本书第七章第三节、第四节的内容。

② Christopher Hill, "Cheques and Balance: The European Union's Soft Power Strategy," in Inderjeet Parmar and Michael Cox, eds., *Soft Power and US Foreign Policy, Theoretical, Historical and Contemporary Perspective*, London and New York: Routledge, 2010, p. 187.

③ Maartje Rutten, *Chaillot Papers: From St. Malo to Nice, European Defence Core Documents*, Institution for Security Studies, Western European Union, Paris, 2001, p. 8.

④ Maartje Rutten, *Chaillot Papers: From St. Malo to Nice, European Defence Core Documents*, p. 41.

堡任务"所提到的人道主义援救、维和等危机管理任务。同年的赫尔辛基理事会上,各国领导人又提出了欧盟的重点目标:组建一支六万人的快速反应部队,并为管理欧盟的军事行动设立新的决策结构——欧盟军事委员会(EU Military Committee)与欧盟军事参谋部(EU Military Staff)。2000年11月,欧盟成员在布鲁塞尔通过了《军事能力承诺宣言》,同意向快速反应部队提供10万名士兵,约400架飞机及100艘舰船。① 2003年1月,欧盟警察团开始正式取代联合国部队在波黑地区执行维和任务。这是自欧盟启动共同安全与防务政策以来,第一次真正独立的军事行动。紧接着,3月份欧盟又在马其顿展开另一场维和行动。2003年的6月,在联合国的安排下,欧盟向刚果派出了一支多国组成的维和部队,稳定当地的局势。2004年12月2日,欧盟正式接替北约的多国稳定部队,在波黑执行维和任务。这是欧盟在安全与防务政策上迈出的重要一步。

经过多年的努力,欧洲独立防务力量的建设取得了一定进展。但是必须正视的是,欧盟与北约不同,它并不是一个军事同盟组织,所以它并非朝着拥有大规模战争能力的方向发展。② 在后冷战时代,非传统安全问题的重要性已经在世界政治舞台上牢牢占据了一席之地。欧盟军事力量的发展显然是为了适应后冷战时代的特点,以反恐、预防民族冲突、维持地区和平等问题为发展方向。因此,欧盟的独立防务和军事能力还有很大的提升空间,而在安全和防务领域,欧盟首先需要解决的是它与美国及其领导的北约之间的关系问题。

二、欧盟CFSP的发展及美国的态度

厄恩斯特·哈斯关于欧洲一体化发展的新功能主义理论,对欧洲一体化发展动力和方式的诠释在某种程度上似乎得到了验证。欧洲一体化会首先在敏感程度低的领域,比如经济领域获得成功,然后通过"外溢"的效应向原本敏感程度高的领域——政治领域扩散。欧洲一体化确实首先在经济、司法、技术等低敏感领域获得了成功。1992年欧洲大市场建成以来,欧共体在经济领域获得的成功有目共睹。伴随着欧元的流通,可以说

---

① Maartje Rutten, *Chaillot Paper: From St. Malo to Nice*, *European Defence Core Documents*, p. 158.
② 保罗·肯尼迪:《未雨绸缪:为21世纪做准备》,第208页。

在经济贸易领域,欧洲一体化的发展使人们对超越"想象的共同体"抱有极大的热忱。欧洲一体化的成就被许多政治家和学者视为区域合作或者后现代政治理念成功的经典案例。

实际上,早在1970年,当时的欧共体就提出了实行统一的对外政策的设想。1970年10月27日,欧共体六国的外长汇集卢森堡,寻求通过外交领域的合作实现欧洲的政治联合。卢森堡报告提出要建立一种政府间的合作程序,其目标在于为各成员国对外政策的合作与协调提供一种机制,为欧共体的对外关系发展指明方向。报告中写道:"当欧洲需要用一个声音说话的时候,执行已经生效或者即将引入的共同政策需要(各国)在特定政治领域的协调发展。通过连续的步骤和不断发展的方式和手段来创立欧洲的重要性,最好的评价方式就是为共同的政治目标而采取的一致行动。"① 该报告后来促成了欧洲政治合作机制的建立。欧洲政治合作成为后来欧盟提出的共同外交与安全政策(CFSP)的前身。欧洲政治合作提供的仅仅是一种国家间安全和外交政策相互协调的政治框架,欧洲依然缺乏强有力的军事手段作为工具来执行欧共体或欧盟制定的政策目标。

冷战后,为了加强欧洲的力量,除了建立一支可以独立应付局部战争和地区冲突的部队,欧洲还必须具备统一和具有连贯性的共同安全和防务政策。1991年旨在建立欧盟的《马斯特里赫特条约》中将欧洲政治合作机制提升为"共同外交与安全政策",并将其确立为欧盟的第二根支柱。《马斯特里赫特条约》明确指出,共同外交与安全政策的目标包括捍卫欧盟的共同价值、根本利益、独立,在遵守联合国宪章的原则下保持联盟的完整性,并且"决定采用共同的战略、共同的行动、共同的立场,加强成员国制定政策时的系统性合作"。② 1999年的《阿姆斯特丹条约》为欧盟共同外交与安全政策设立了高级代表一职,欧盟进一步加大了建立独立外交与安全体系的努力,共同外交与安全政策在决策机制、组织结构、加强行动能力等方面进一步得到改进。2003年生效的《尼斯条约》确认了1999年科隆理事会上做出的有关安全事务的规定。

为了加强欧洲对外政策的统一性,2003年12月欧盟布鲁塞尔首脑会

---

① Davigon Report, *Bulletin of the European Communities*, November 1970, Luxembourg: Office for Official Publications of the European Communities.

② Treaty on European Union, *Official Journal of the European Communities*, July 29, 1992.

议上通过了题为《一个更加美好世界中的安全欧洲——欧洲安全战略》的报告。报告指出,后冷战时代,没有哪一个国家可以仅凭一己之力应对当今所有的复杂问题。为了应付后冷战时代的挑战,报告指明了欧洲安全的战略目标,并对欧洲应采取的政策措施做出论述。这份报告重申了共同外交与安全政策对欧洲安全的重要性,并为欧盟未来的发展动向构建了基本框架。① 欧洲安全战略文件的出台标志着欧盟希望在世界范围内进一步扩大影响力。2004年10月,欧盟25国首脑在意大利首都罗马签署了《欧盟宪法条约》。它们希望通过这部宪法条约,保证欧盟的有效运作,并加速欧洲政治一体化的进程。

《欧盟宪法条约》草案在2005年法国和荷兰的全民公投中遭到否决。为了解决欧盟的制宪危机,欧盟首脑于2006年在里斯本签署了《里斯本条约》以代替先前的条约。新条约的内容大为简化,但仍保留了《欧盟宪法条约》的实质内容,力图大力推行欧盟的机制改革,提高欧盟解决问题的效率。为了加强欧盟对外行动能力和协调能力,条约规定成立欧盟对外行动署并设立欧盟外交与安全事务高级代表一职,统揽有关外交与安全政策的所有对外事务,并设立欧洲理事会常任主席,使欧盟能够采取更加协调一致的行动,动用所有的手段与资源"用一个声音说话",增加其在国际舞台上的分量。

不可否认,虽然欧洲在外交领域努力寻求一个共同的政治框架,但欧盟现有的共同外交与安全政策从本质上来看仍然是政府间合作的产物,而非一个稳固、连贯的整体。欧盟内部存在很多不同的声音,这既削弱了欧盟作为一个整体的对外影响力,也为大西洋彼岸的美国维护其在跨大西洋关系中的结构性霸权提供了条件。

欧盟外交政策的摇摆和不连贯性往往是由英国、荷兰、葡萄牙等注重跨大西洋关系的成员国,与以法德为首的强调欧盟独立姿态的成员国之间的分歧所造成的。2003年,美国国防部长拉姆斯菲尔德在回答一名荷兰记者的提问时,公开抨击德国和法国对美国发动伊拉克战争时所持的反对立场。拉姆斯菲尔德称北约的欧盟成员中,德国和法国是"老欧洲",而如今欧洲的重心已经东移。德国和法国已经成为"欧洲的问题",欧洲的"大

---

① European Council, "A Secure Europe in a Better World: European Security Strategy," Brussels, 12 December 2003, p. 6.

第八章 新欧洲的崛起：挑战美国的单极世界？

多数国家并没有与德法站在一起，而是与美国站在一起"。① 拉姆斯菲尔德的这一席话在表明了美国对德法等老牌欧洲国家不满的同时，也反映了欧洲内部在对待伊拉克战争问题上存在严重分歧的事实。法国和德国反对过早采取军事行动，而英国却表示支持，并将大量的部队部署在海湾地区。第二个影响欧盟对外政策一致性的因素是欧盟成员中的大国和小国不对等的影响力。欧盟中的大国往往会寻求共同外交与安全政策机制之外的路径来讨论和协商彼此的政策。例如在前南战争中，英、法、德、意等国同美国和俄罗斯一道组成联络小组（Contact Group）穿梭于南联盟政府和科索沃阿尔巴尼亚之间，磋商解决此次危机。后来，英、法、德、意四国与美国一起组成了"五方集团"（Quint），在欧盟框架之外讨论欧洲共同外交与安全事务。虽然欧盟大国在欧盟的外交和防务力量的建设中扮演了更重要的角色，但是小国对大国的这种绕过欧盟框架的做法依旧十分不满。② 2004年欧盟东扩之后，由于欧盟成员数量的增加，其经济发展程度的巨大差异又增加了欧盟发展统一外交政策的难度。

从美方来看，"9·11"事件之后，新保守主义成了美国对外政策的指导思想，美国的对外战略发生了重大变化。在反恐的大旗下，美国奉行单边主义外交策略，追求绝对的军事优势，企图缔造"美利坚新帝国"。如果给小布什时期的美国对外战略贴上标签的话，就是美国的"单边主义""先发制人战略""美国领导下的世界秩序"。美国被认为是"新帝国主义"的同义词，虽然美国政府也开始认识到新保守主义的外交政策为美国带来的负面影响，并对美国对外政策进行了调整，但是不难看出，美国外交政策的核心仍是强调美国作为世界上唯一一个超级大国的作用，突出美国领导力对保障自由宪政和维护世界秩序的重要作用。③ 欧洲的安全战略观则不同于美国，虽然欧洲也认为恐怖主义是全球安全最大的威胁之一，但是欧盟反对美国通过超强的军事力量建设一个单极的世界秩序。欧盟主张在国际事务中实行多边主义原则，认同联合国的作用，在使用武力干涉外部危机前需要联合国安理会的授权；同时，欧盟强调国际法、国际规范的重要作

---

① Outrage at "Old Europe" Remarks, http://news.bbc.co.uk/2/hi/europe/2687403.stm.
② Charlotte Bretherton and John Vogler, *The European Union as a Global Actor*, p. 170.
③ John Ikenberry & Anne-Marie Slaughter, eds., *Forging a World of Liberty under Law: US National Security in the 21st Century*, Final Paper of the Princeton Project on National Security, September 27, 2006.

用,肯定合作和对话的重要性。因此,欧盟对世界秩序的憧憬与美国的图景大不相同,它希望建立的是一个多边主义的世界政治秩序,通过国际机制的建设和完善来处理各国面临的共同问题。伊拉克战争造成的美欧分歧为欧洲的安全战略带来了政治压力。在美国入侵伊拉克后,对欧洲安全战略建设的大讨论成为欧盟的一次危机,也是对欧盟凝聚力的一次考验。欧盟负责外交与安全政策的高级代表索拉纳(Javier Solana de Madariage)认为这为欧盟打开了机遇之窗,利用这次机会就"战略宣言"进行讨论会平息欧盟内部的紧张局面,并治愈伊拉克战争带来的外交失败造成的创伤。[1]

虽然伊拉克战争是后冷战时代美欧关系面临的一次重大挑战,然而,此次影响大西洋关系的危机并未动摇美欧同盟关系的实质。美欧之间对跨大西洋关系中所共享的机制和价值没有异议,只是双方在应对恐怖主义威胁的战略上存在较大的分歧。[2] 欧洲在处理安全问题上坚持认为应该在多边主义的框架内进行协商,倾向于奉行"预防性外交"。除此之外,在打击恐怖主义、防止大规模杀伤性武器扩散、人道主义干涉等非传统安全事务上,欧盟反对单纯地采用军事手段,呼吁加强以国际法和国际机制为基础的世界秩序的建设,这体现了欧洲国家独立自主的持续诉求和价值取向。

三、ESDP 的出台和发展:欧洲防务一体化?

在某种意义上,战后欧洲走上一体化之路一个很重要的原因是西欧国家希望通过超国家整合来保障自身和欧洲的安全。二战后,鉴于内部和外部的安全压力,西欧国家为了兼顾彼此间的防务和安全义务,成立了西欧联盟。除北约外,作为欧洲人自己的防务组织,西欧联盟成了欧洲安全和防务体系中的重要支柱。

随着冷战的结束,国际安全格局和形式发生了重大转变,地区性冲突和战争成为新形势下威胁欧洲的重要安全隐患,其中最为突出的地区当属

---

[1] Jan Joel Andersson, et al., "The European Security Strategy: Reinvigorate, Revise or Reinvent," *The Swedish Institute of International Affairs*, No. 7, 10 June, 2011, p. 24.

[2] Henry R, Nau, "Iraq and Previous Transatlantic Crisis, Divided by Threat, Not Institutions, or Values," *The End of West, Crisis and Change in the Atlantic Order*, pp. 82 - 110.

第八章 新欧洲的崛起：挑战美国的单极世界？

"欧洲火药桶"巴尔干地区。针对前南地区频发的种族冲突和局部战争，欧盟清楚地认识到其有责任预防该地区发生冲突并化解危机，而履行这一安全职能必须要有相应的军事能力和手段。不过，如上所述，前南地区冲突的结果表明欧盟这种"期望与实力的差距"[①]使得它未能在地区安全和稳定上发挥出积极的作用。1999年欧盟科隆理事会上，欧盟成员国再次肯定了欧盟需要发展可信赖的军事力量以具备开展一致行动的能力，于是各国同意启动"欧洲安全与防务政策"(ESDP)，作为欧盟共同外交与安全政策的组成部分。为了更好地实现 ESDP 的战略目标，欧盟在机构设置上进行了一些调整，在欧盟理事会的框架下设立了一些新的政治或军事机构，并决定将西欧联盟并入欧盟。欧洲安全与防务政策的出现不仅意味着欧盟开始着手组建自己的军事力量，更标志着欧盟朝着区域安全共同体的方向迈出了坚实的一步。

2003年欧盟理事会发布的《欧洲安全战略报告》第一次分析了欧盟的安全环境，如上所述，它指出了欧盟需要面对的安全威胁，并对欧盟安全战略的目标进行了说明。报告指出，当今针对欧盟任一成员国发动大规模侵略战争已经不可能了，取而代之的是欧洲将会面临更为多样化、可预见性更低的新威胁。这些威胁包括恐怖主义、大规模杀伤性武器的扩散、地区冲突、有组织犯罪等。[②] 为了解除这些威胁，保卫自身的安全，欧盟的安全战略需要具备三个目标：第一个目标是正确处理上述威胁，第二个目标是建设安全的睦邻关系，第三个目标是确立有效多边主义基础上的国际秩序。[③] 从这份报告可以看出，欧洲安全与防务政策中所表达的安全观念同传统安全观念有着一定的区别。欧盟认识到在全球化的今天，非传统安全问题的地位正在上升，基于军事侵略定义的传统安全和防务概念已经落伍了。与冷战时期可视的大规模军事威胁相比，新形势下的安全威胁并非完全是军事化的，因此欧盟也不应当完全采取军事化手段来应对这些威胁。每一种危机都需要混合应用各种手段来应对。比如防止大规模杀伤性武器扩散，不但包括出口控制问题，还受到政治、经济以及其他一些问题的影响；反恐问题不但关乎军事，还涉及情报、警察、司法等多种途径的国际合

[①] Christopher Hill, "The Capability-Expectations Gap, or Conceptualizing Europe's International Role," *Journal of Common Market Studies*, 1993, Vol.31, pp. 305–328.

[②] "A Secure Europe in a Better World: European Security Strategy," pp.3–4.

[③] "A Secure Europe in a Better World," pp. 5–10.

作问题。欧盟认为,在当今这样一个多极化日趋明显的世界中,其安全和繁荣越来越多地依赖于一个更为有效的多边体系。欧盟支持以《联合国宪章》为基本框架的国际关系的发展,并尊重和推崇国际法的发展。这份《欧洲安全战略报告》为欧盟外交和安全政策提供了一个战略框架,而正是在该框架之中,ESDP 成了一个重要的部分。欧盟成员国政府在 2008 年对欧洲安全战略的执行进行了评估,它们肯定了欧盟在国际安全中采取共同措施的重要价值[①]。

为了更好地执行 ESDP,2004 年 6 月欧盟理事会决定成立"欧洲防务总署"(European Defence Agency)来提高欧盟的防务能力,并推动成员国的军事合作。该机构的主要目标和任务有三点:首先,它是用来发展欧盟在危机管理领域的防务能力的,指明了欧洲未来防务能力的发展要求,并协调各成员国的军备需求,对联合行动提出建议等。其次,它策划了新的多边军事合作计划,对现行的军事计划进行调整,以推进和增强欧洲的军事合作。最后,加强欧洲国防工业和军事基地,用以创造一个具有竞争力的欧洲国防装备市场,并促进军事设备的研发,推动军事技术的发展。该机构与欧盟委员会协商,发展相应的政策和战略,协调相关领域的规则和制度。[②] 欧洲防务总署的建立是 ESDP 的又一次重大发展,它不但为成员国之间的防务合作提供了平台,还为 ESDP 的未来发展指明了方向。

2007 年欧盟成员国签订了《里斯本条约》,条约中有关安全与防务政策的内容是 ESDP 的另一次重大革新。《里斯本条约》中增订了一些新的条款,在力图大力推行欧盟的机制改革、提高欧盟解决问题效率的同时,也着手对欧洲安全与防务政策进行了修订,其目标在于推动欧盟共同安全与防务政策的发展,将成员国之间的军事和安全合作推上一个新的台阶。《里斯本条约》中规定,成员国应当努力推动欧洲安全与防务政策在新阶段的发展,并将先前的"欧洲安全与防务政策"改名为"共同安全与防务政策"(CSDP),把它划归为欧盟共同外交与安全政策的内在组成部分。CSDP"将为欧盟提供源于民事和军事资源的可操控能力,联盟可以在域外维和、

---

① Giovanni Grevi, Damien Helly, and Daniel Keohane, eds., *European Security and Defence Policy: The First 10 Years 1999-2009*, EU Institute for Security Studies, 2009, pp.14-15.

② Council Joint Action 2004/551/CFSP of 12 July 2004 on the Establishment of the European Defence Agency, *Official Journal*, L 245/17.

防止冲突以及增强国家安全的任务中使用它们","成员国应当保障其民事和军事能力以执行联盟的共同安全与防务政策"。① 可以说,CSDP 的出现为欧盟成员国之间的安全合作提供了一个框架,在该框架之中欧盟能够执行在第三国或其他地区的任务。

《里斯本条约》不但对欧盟的 ESDP 进行了改革,对欧盟共同安全机制的建设也有着许多积极的意义。第一,条约完善了欧盟现有的安全机制。欧盟设立外交与安全高级代表一职,其职责为在欧盟理事会的命令下执行该政策以及共同安全与防务政策。而且外交与安全事务高级代表同时兼任欧委会副主席一职,这有助于巩固欧盟对外形象的一致性以及安全和防务政策的连贯性。

第二,《里斯本条约》中增加了有关欧盟共同防务的"团结条款"(solidarity clause),并第一次写入了相关成员国之间的互助防卫条款。条约规定,当某个成员国遭到恐怖主义袭击或成为自然、人为灾难的受害对象时,欧盟和其他成员国应当本着团结一致的精神共同采取行动。如果当某个成员国成为武装入侵的对象时,其他成员国有义务使用其能力范围内的所有手段提供援助和协助。为了实现上述目的,成员国应当在欧盟理事会的框架下协调彼此的行动。

第三,CSDP 得到了进一步的完善和发展。《里斯本条约》对 CSDP 的目标、手段和任务、执行方式都做了较为清晰的解释。条约规定 CSDP 应当包括继续推进欧盟防务政策的建设,其最终目标在于推动欧盟共同防务的形成。除此之外,成员国还应当共同建立多国力量作为 CSDP 的可用手段。CSDP 的任务包括共同的解除武装行动、人道主义救援任务、军事顾问以及协助任务、制止冲突和维和任务、危机管理中的军事任务、战后秩序稳定任务。所有的这些任务可能都有助于打击恐怖主义。欧盟理事会是这些任务的最高决策机构,负责决定它们的目标和范围以及一般的执行情况。外交事务和安全政策高级代表应当在理事会的授权下与欧盟政治和安全委员会保持紧密不间断的联系,以确保这些任务中的民事和军事方面的协调。②

---

① Treaty of Lisbon Amending the Treaty on European Union and the Treaty Establishing the European Community, signed at Lisbon, *Official Journal*, C306/34 17.12.2007.

② *Treaty of Lisbon*, Section 2, Provisions on the Common Security and Defence Policy, C306/34 - C306/34.

经过数十年的时间,ESDP 已经发展成欧盟对外关系和国际战略的重要组成部分。欧盟在 ESDP 框架下已经开展了 20 多个军事和民事行动。长期以来,欧盟的安全和防务政策一直依赖于北约组织的框架,而在北约之外,欧盟则缺少相应的渠道和能力来解决安全问题。随着 ESDP 的不断发展和增强,欧盟在安全和防务方面的能力获得了实质性的发展。当北约不愿意介入欧盟面临的安全局势时,欧盟已经初步建立了一套相对完整的危机管理结构和程序,来分析、规划以及开展行动以应对这些问题。[1] 与此同时,ESDP 的发展为欧盟成员国在敏感的安全和防务政策领域内的合作创造了一种沟通和共同行动的渠道,它的不断成熟标志着欧盟共同安全机制的建立已经有了一个成功的开端。不过,ESDP 的政策目标和具体实践之间仍然存在着巨大的鸿沟,EDSP 的未来发展仍然存在着一些不确定的因素。欧盟的安全和防务政策从本质上来说依然是一种政府间合作的形式,因此来自成员国的政治支持是其发展的首要条件。[2] 换言之,成员国对欧盟安全与防务政策的未来发展必须要有一些相似的理念和共同的观点。而成员国在欧盟对有关民事和军事领域的危机管理中,对欧盟作为国际安全行为体的身份仍有争议。因此,如果欧盟想要在共同安全和防务领域获得更大的进展,除了在政府间合作模式下巩固 CSDP 政策外,还应当寻求在超国家层面上的军事和政治一体化。

第三节　美国与欧盟东扩

一、欧盟东扩与美国的态度

从 2004 年到 2005 年,欧盟经历了第五次和第六次扩大,其成员国达 27 个之多。这两次扩大吸收的新成员国主要是前华约集团的中东欧国家。对于已经加入欧盟的国家来说,欧盟东扩可能对它们的社会和经济繁荣带来积极的意义,同时也为加强欧洲安全机制提供了一次新的机会。从

---

[1] Nicholas Moussis, *Access to European Union: Law, Economics, Politics*, European Study Service, 2004, 13th edition, p.162.

[2] Giovanni Grevi, Damien Helly, and Daniel Keohane eds., *European Security and Defence Policy: The First 10 Years 1999-2009*, p.404.

第八章 新欧洲的崛起:挑战美国的单极世界?

地缘政治的角度考虑,"欧盟的外部边界对欧盟自身和国际体系而言都有着决定性的重要意义"①,因此欧盟边界扩大带来的影响非同小可:就欧盟而言,新成员的加入扩大了欧盟外部边界,欧盟原先的东部边界向东又拓展了大约2000公里,从而与俄罗斯为邻,北部边界抵达波罗的海,南部濒临地中海,欧盟在欧亚大陆上获得了更为重要的战略地位。而对新加入的成员国而言,虽然能够通过加入欧盟获得经济、社会福利等好处,但是由于它们特殊的地理位置,毗邻亚欧大陆上相对动荡和不安的地区,所以无形中也增加了欧盟内部和外部的安全压力。

欧盟的东扩给跨大西洋关系带来了一定的影响。美国一方面对欧盟东扩表示欢迎,而另一方面又显得忧心忡忡。美国人肯定不愿意看到一个联合、统一的欧洲给美国治下的世界秩序带来挑战,美国对欧洲的崛起、欧盟扩大对美国全球地位造成的冲击感到不安。有美国学者认为,随着欧盟东扩,"其会主宰欧亚大陆的地缘政治,并逐渐取代美国在这一全球战略核心地带的仲裁者身份"。② 这种对欧盟扩大担忧声音的出现实际上表明,美国人认识到美欧之间存在的重大分歧可能会扩大盟友之间的裂痕,而欧盟东扩则会加快裂痕扩大的速度。

美欧之间分歧的根源在于大西洋两岸持有不同的政治哲学以及安全观念,这种差异导致了美欧在使用武力解决全球问题的意愿上有着截然不同的观点。③ 作为两次世界大战发源地的欧洲对传统权力政治的弊端有着更深刻的理解,欧盟倾向于通过多边主义的对话和协商来实现和平。在应对国际事务时,欧盟体现出了其强大的软实力。反观美国,其在处理全球问题上往往强调以硬实力作为后盾的解决方法。美国依靠其压倒性的军事优势来确立自己在国际体系中的核心权威,并阻止其他力量对自己的霸权构成挑战。美国国内的欧洲怀疑论者甚至认为欧盟只不过是欧洲人的一次实验,会以失败告终。欧盟多边主义模式与美国单边主义模式的这种巨大差异会将联合的、自由的"西方"这一由来已久的概念置于危险的境

---

① Christopher Hill, "The Geopolitical Implications of Enlargement," in Jan Zielonka ed., *Europe Unbound: Enlarging and Reshaping the Boundaries of the European Union*, London and New York: Routledge, 2002, p. 97.

② Charles A. Kupchan, "The End of the West," *The Atlantic Monthly*, November 2002.

③ Richard Sinkin, "The EU and US: From Cooperation to Rivalry," *Journal of European Integration*, Vol. 26, No. 1, p. 95.

地。美国正在迅速失去保障欧洲安全的兴趣,而欧洲人也认识到,当欧洲的边界地区下一次发生冲突时并不能保证美国人会出手相助。欧盟委员会主席普罗迪就曾清晰地表明,欧盟的主要目标之一就是在欧洲大陆上建立一个与美国同等的超级大国。① 欧盟东扩标志着有更多的国家接受欧盟模式,认同欧盟在处理内外事务上的原则、标准和方法。因此,面对欧盟东扩,美国在总体上是持支持的态度,但也时刻提防着欧盟扩大产生的效应给北约以及美国在大西洋体系中的领导地位带来的负面影响。提高欧洲在北约中的军事实力并不意味着美国愿意放弃其在跨大西洋联盟中绝对的核心地位,美国坚持北约应当作为欧洲的主要安全机制。② 因此,美国对欧盟东扩采取的策略是将其纳入美国的全球战略框架内,虽不会公开反对欧盟东扩,但强调"跨大西洋共同体"的作用,突出北约在跨大西洋安全体系中的核心地位。

从欧洲方面来看,冷战的结束、苏联的解体已经对维系美欧关系的基础性机构北约产生了重要影响。欧洲安全对北约的依赖性已经明显下降,欧洲人开始在北约之外建立自己的共同安全机制。为了实现这一目标,欧盟决定协调各国的外交与安全政策,CFSP 与 ESDP 的出现就是最好的佐证。赫尔辛基欧盟峰会的会议决议对欧盟发展自主军事能力做了如下表述:"当作为一个整体的北约不介入时,欧盟要发展决策、启动并指挥欧盟领导的军事行动以应对国际危机的自主能力。"③ 东扩吸收的新成员国无疑对欧盟发展自主军事行动的能力起到了推动作用。这些新成员国在加入欧盟之前就已经证明了其在维护欧洲地区安全上所具有的价值和作用。比如,在 1996 年时中东欧十国就派遣军队前往波斯尼亚,参与由北约领导的特别行动执行部队(IFOR)执行的人道主义救援及维和项目。在 1999 年科索沃战争之后,这些国家中的大部分又都向该地区派遣了军队参与维和任务。在这些行动中,这些国家已经证明了它们执行人道主义救援任务、维持和平任务,以及在危机管理中的意愿和能力都达到了欧盟的要求。④ 这些成员国加入欧盟之后,能够为欧盟多国部队计划提供重要的力量,欧盟也

---

① Richard Sinkin, "The EU and US: From Cooperation to Rivalry," p.96.
② Asle Toje, *America, the EU and Strategic Culture*, p.102.
③ Helsinki European Council, Presidency Conclusion, 10 and 11 December 1999.
④ Antonio Missiroli, "Central European Between the EU and NATO," *Survival*, Vol.46, No.4, 2004 - 2005, p.123.

无疑会拥有更多的资源和手段来实现其在共同安全与防务上的夙愿。

从美国的视角来看,似乎找不到一个充分的理由来反对欧盟扩大政策。虽然美国坚决反对任何可能对美国的优势地位造成威胁的欧洲军事计划,但是其国内一直存在让欧洲分摊美国在全球范围内的安全责任、给美国减压的呼声。美国政府从20世纪60年代开始,一直都力图寻找一个有效的办法来减轻自己的负担,呼吁欧洲人承担起美国对欧洲负有的部分责任。因为从二战结束后,美国的经济、军事力量一直在为欧洲安全提供公共产品,这在无形之中增加了美国的经济负担。这种情况让美国国会内的保守派议员非常不满,认为欧洲是在用美国纳税人的钱来"搭便车",要求欧洲人提高他们的防务支出,加强北约中欧洲支柱的力量,来缩小美欧军事力量之间的差距。[①] 与此同时,在处理一些地区性危机时,美国人也不大愿意牵涉其中,并且有意识地避免以北约作为解决危机的唯一途径。克林顿政府曾表明,美国不愿意干涉欧洲内部的危机。1999年12月欧盟召开赫尔辛基峰会前夕,美国政府认为欧盟各国达成的关于欧洲共同安全与防务政策的决议中应当加入"当作为一个整体的北约不介入时"这一带有限制性意味的语句。当时的美国总统克林顿"以最强烈要求"的形式告诉英国首相布莱尔,要求其说服法国总统希拉克接受美国的这一建议。[②] 东扩之后的欧盟由于吸收了大量的新成员国,其在国际事务中的地位得到了显著的提高。同时,新成员国的加入增加了欧盟在人口、资产、文化价值、政治地位上的实力,欧盟可以在欧洲防务上分摊更多的责任和费用,美国可以减轻自己的负担。而且,一些中东欧国家加入欧盟标志着这些国家认同了欧盟定义的民主、自由、人权的标准,从某种程度上说这符合美国在全球范围内推动西方价值规范的要求。

面对新安全形势的发展,特别是在"9·11"事件之后,美国一方面加强巩固与欧洲的战略伙伴关系,另一方面努力维持其在全球的领导地位和绝对优势的军事能力。因此,美国虽然支持欧盟发展其独立的军事力量,但是"美国要确保欧洲不会发展出一个独立的军事结构造成欧盟和北约之间的分离,并削弱大西洋联盟的功效"。[③] 纵观历史上美欧关系出现的几次

---

① Asle Toje, *America, the EU and Strategic Culture*, p. 99.
② Alexander Moens, "ESDP, the United States and the Atlantic Alliance," p.30.
③ Jack M. Seymour, Cara J. Vacchiano, and Andreea Dutescu, "American Views: Security Implication of EU Enlargement," *European Business Journal*, 1996, p. 23.

大波折,美国在大多数情况下都可以容忍欧洲在外交上偶尔给美国造成的麻烦,但是在美国的安全观中是不会允许一个新欧洲的第三方力量对北约造成威胁的。① 因此,维持北约安全机制的核心地位,并继续巩固以北约为纽带建立的美欧政治军事联盟就成了美国的重要利益。在华盛顿看来,欧盟几乎不被视为一个在安全和外交议题上具有价值的地缘政治伙伴。虽然欧盟建立了 ESDP,但是它在政治军事领域还做不到像在经济事务上那样作为一个统一的行为体来发声和行动。② 因此,在安全问题上,美国更愿意相信北约组织能够发挥更大的作用。2002 年,小布什政府发表的《美国国家战略安全报告》再一次重申了北约对大西洋两岸安全的意义。美国要求扩充北约成员国,吸收愿意且能够共同承担保卫和促进共同利益的民主国家,欢迎欧洲盟国努力制定与欧盟层面上更加一致的外交和防务政策,欢迎它们进行紧密磋商以确保与北约一起从事这些工作。虽然欧盟有在北约之外建立独立的防务和安全力量的意愿,不过欧盟并不打算替代北约在安全事务上发挥职能。欧盟各成员国在 1999 年 6 月科隆理事会上就欧盟自主行动能力进行了讨论,会议决定"在不损害北约行动的情况下,以可信赖的军事力量为支撑,欧盟必须拥有自主行动的能力,有决定使用它们的手段,并且做好实现上述目标的准备以应对国际危机"。③ 这说明欧盟发展可供使用的军事实力,是希望可以在美欧协调失灵时独立地处理危机、执行军事或维和任务,而不是挑战北约在跨大西洋安全结构中的核心地位。

二、美国应对欧盟东扩的基本政策

北约在 1999 年时就已经完成了其冷战后的第一次扩大,吸收了波兰、匈牙利和捷克三国,在这之后美国继续推动北约扩大并进行职能改革。2004 年 3 月,北约又接纳了波罗的海三国和斯洛伐克、保加利亚等中欧国

---

① Christopher Hill, "Cheques and Balance: The European Union's Soft Power Strategy," p.186.

② Peter Dombrowski and Andrew L. Ross, "The 'New Strategic Triangle' and the US Grand Strategy Debate," in Jan Hallenberg and Hakan Karlsson, ed., *Changing Transatlantic Security Relations, Do the US, the EU and Russia form a New Strategic Triangle?*, London and New York, Routledge, p.148.

③ Cologne European Council, 3 and 4 June 1999, Presidency Conclusions.

家。欧盟东扩差不多在同一时间内开展和完成。欧盟15国在2002年11月召开外长会议,决定邀请波兰、匈牙利等中东欧十国加入欧盟,2004年这些国家如期加入欧盟。美国推动北约继续扩大可以认为是美国在欧盟扩大的新形势下对欧政策做出的相应调整。美国对欧盟东扩的基本政策是继续推动北约扩大,并对北约的职能进行调整,通过调整北约的角色和任务试图加大其在北约的政治投资;同时重视与新成员国的双边关系,利用新成员国与老成员国的分歧以对冲欧盟扩大造成的欧洲对美国的离心力。

第一,美国利用欧盟在安全问题上存在的"期望与能力"的差距进一步巩固北约在美欧安全机制中的主导地位,通过推动北约的继续扩大加强欧盟和北约的合作。一方面,美国可以通过北约影响其大西洋彼岸的盟友,协调美国和欧盟之间的政治、军事政策;另一方面,通过提高北约在安全领域的重要性,巩固自己在西方集团中的领导地位,并且企图让北约在全球安全事务中扮演重要的角色。冷战结束后,北约虽然失去了战略意义上的敌手,但是美国仍然强调北约的重要作用,并且积极推动北约的扩大。美国认为,北约的扩大具有影响深远的积极作用,它不但继续构成欧洲—大西洋地区和平与稳定的中流砥柱,还将在四个重要的领域发挥巨大的作用:对欧洲一体化来说,它使新的成员加入了联盟;对与俄罗斯的合作关系来说,它创造了永久性的北约—俄罗斯合作;对大西洋纽带来说,它维护并加强了其作为欧美对话的一个重要平台的地位;对于北约辖区之外的共同危机管理来说,它参与了维护和平的任务。[1] 因此,美国积极鼓励并推动原华约成员加入北约。特别值得注意的是,美国希望通过吸收中东欧国家加入北约,在欧洲内部建立一个亲美阵营,通过新成员国来抑制老成员国,从而达到一种战略平衡,以起到加大对欧盟影响的作用。

第二,美国通过转变北约职能加强北约与欧盟的关系,建立双边制度性的联系,在安全、防务、危机管理等事务上协调彼此的政策。北约最初的职能是建立美欧军事同盟以应对外部威胁,而冷战结束之后为了应对安全环境的新变化,北约除了追求集体防御之外,还增加了维持域内及地区安全的新职能。在安全问题上,北约开始重视与欧盟的合作和战略协调。对

---

[1] Karl-Heinz Kamp, A Global Role for NATO, *The Washington Quarterly*, 1999, Vol. 22, No.1, p. 7.

于北约职能的调整,欧盟给出了积极的回应。2000年6月,欧盟圣玛丽亚达费拉峰会决定,在协商与合作的基础上发展欧盟同北约的关系。欧洲理事会建议欧盟向北约建议,就安全议题、能力目标、欧盟使用北约资源与军事力量的方式,以及欧盟—北约磋商的永久性协议的定义,在欧盟和北约之间建立四个"特别工作小组"。① 2002年12月,美国又与欧盟签订了《柏林附加协议》,双方同意为北约和欧盟的战略合作与协商建立一种永久性的协议框架,双方在危机管理等共同的安全问题上达成了战略伙伴协定。根据该协议,欧盟在处理危机管理活动时拥有对包括情报在内的北约军事和后勤资源的使用权。除此之外,美国还通过建立北约与欧盟之间的直接对话来协调两个组织之间在安全事务上的战略规划。北约和欧盟之间的交流和对话从20世纪90年代后期就开始了,欧盟的扩大以及美国对北约的改革深化了这种双边性的联系。北约和欧盟之间除了外交部长级别的非正式对话之外,北约下属的北大西洋理事会(NAC)和北约军事委员会还与欧盟相对应的机构——欧盟政治与安全委员会(PSC)及欧盟军事委员会举行定期的会晤,就安全合作和战略规划问题交流意见。通过这种渠道的沟通,美国协调了北约与欧盟有关未来应对危机管理的军事、民事合作的问题,实现双方在《柏林附加协议》框架下的行动协作。② 美国此举不但加强了北约内部"欧洲支柱"的建设,让欧盟成员国承担更多的责任,而且使得欧盟发展独立军事能力的计划不会与北约的发展战略相冲突。

第三,利用新成员国与老成员国的分歧,美国通过双边外交的方式对欧盟的决策过程施加影响,在某些问题上给予新成员国支持来换取这些国家继续保持亲美的态度,支持美国在大西洋联盟中的领导地位,以此来制衡欧盟扩大对美国在跨大西洋关系中影响力的冲击。美国对欧盟采取的这种新战略的精髓可以概括为"以欧治欧、分而治之"③,美国利用这一策略来谋求对欧盟发展施加更大的影响,分化欧盟,以保证欧盟扩大不会危及美国的单级霸权。

---

① Annexes to the Presidency Conclusions, Santa Maria Da Feira European Council, 19 and 20 June 2000, Annex 1, Presidency Report on Strengthening the Common European Security and Defence Policy.

② *NATO and the European Union: Improving Practical Cooperation*, a Transatlantic Workshop, Institute for National Strategic Studies, Washington, DC, March 20-21, 2006.

③ 赵怀普:《美国"新欧洲"战略初探》,《欧洲研究》2003年第4期,第22页。

第八章 新欧洲的崛起：挑战美国的单极世界？

一般来说，中东欧国家加入欧盟后，它们对欧盟政策以及欧盟原有成员立场的影响非常有限。在重大问题的决策上，以德法为首的欧洲大国的态度仍旧起到了关键作用，新成员的加入并没有打破欧盟内部的这种不平衡。这种局面使得欧盟内部的纷争往往会发生在新成员国和老成员国之间。新成员国大多数情况下都处于一种被动回应的状态，在一些次等重要的事情上，它们往往会与老成员国的普遍共识达成一致；在一些它们认为更加关键的事务上，则会努力增加它们在协商过程中的分量。① 在对外关系中，由于新近加入的中东欧成员国构成了欧盟新的东部边界，所以它们更为关心欧盟的外交政策和睦邻政策，特别是欧盟对俄罗斯、乌克兰以及巴尔干地区的外交政策。在欧盟扩大的政策上，它们的态度也比法德等老成员国更加开放。比如在土耳其入盟问题上，新成员国的态度明显比老成员国更为宽容，它们认为应该对欧盟的扩大保持一种开放的姿态，从地缘战略的角度考虑也应当接纳土耳其。而在对俄罗斯的态度上，中东欧国家由于历史上曾受到沙皇俄国的压迫和蹂躏，它们普遍比老成员国更加敌视俄罗斯。"欧盟内部的纷争，特别是大多数新成员国与主要西方国家在加里宁格勒、发展双边伙伴与合作协定等问题上就如何与俄罗斯进行磋商产生了争执……所有的这些事件说明，中东欧新成员对俄罗斯表现的批评不但比巴黎和柏林更激烈，而且比伦敦和罗马强烈。"② 美国正是抓住了欧盟内部的这一分歧，利用新成员国达到干预欧盟政策的目的。

在政治和安全的重要问题上，华盛顿更愿意通过与欧盟成员国进行沟通而不是与欧盟机构的双边关系来进行磋商，因为与欧盟成员国的双边外交使得美国能够利用其地缘政治上的优势。有一种观点认为，美国重视与欧盟成员国的双边外交是美国采取的一种"蚕食"战术。因为相较于整体的联合力量，在针对联盟中的一些羸弱成员时，运用这种战术更加有效。而从美国外交的历史来看，这种策略一直存在于美国同欧洲国家的往来中，美国在不同时期会倚重不同的战略伙伴。一般来说，美国在处理跨大西洋关系时会重视与英国的特殊关系，但是也有例外。比如，在冷战时期戴高乐挑战美国的霸权之后它更青睐德国，伊拉克战争之后美国又对苏联阵营中的中东欧国家偏爱有加，这些国家表现得比托尼·布莱尔的英国还

---

① Antonio Missiroli, "Central European Between the EU and NATO," p. 126.
② Antonio Missiroli, "Central European Between the EU and NATO," p. 127.

要合作。① 确实,欧盟东扩之后,美国重视新成员国中的中东欧国家,利用这些国家牵制欧盟中的法德等老成员国。在伊拉克战争期间,几乎所有的中欧国家都坚定地站在美国一边。波兰、捷克和匈牙利联合英国、丹麦、意大利发表了一封公开信支持美国对伊拉克的政策,并表示"跨大西洋关系绝不能成为当前伊拉克政权试图对世界安全连续不断地造成威胁的牺牲品"。② 不久之后,号称"维尔纽斯十国集团"的罗马尼亚、立陶宛、爱沙尼亚等中东欧十国又发表共同声明,支持美国对伊拉克采取军事行动,它们反对法国和德国企图利用欧盟反对美国、分裂北约的做法。与此同时,美国加紧通过双边关系推动欧盟新成员国来支持其行动。2003年5月3日,美国在波兰国庆日当天公开对外宣布,波兰应当在伊拉克负责领导一个占领区的工作,并且美国承担了波兰参与伊拉克军事行动所花费的200万美元的开支。战争期间,波兰还向伊拉克派遣了一支精英部队,并从9月份开始向伊拉克又派遣了大约2500名士兵,参与执行了对伊拉克中南地区实施军事控制的任务。美国驻北约大使尼古拉斯·伯恩斯在谈及波兰在伊拉克的作用时称,虽然波兰为战争作出的军事贡献有限,但其是"欧洲的新力量"。③ 伊拉克战争之后,美国又对其驻欧部队进行了重新部署,减少了驻德美军的人数,把主要力量部署在波兰、匈牙利、罗马尼亚等东欧国家。美国有意突出中东欧新成员的作用无疑是为了打压老欧洲,联合欧盟中的亲美势力来分化和削弱欧盟,以防止扩大的欧盟对美国构成挑战。

第四节 价值观的差异:"规范性力量欧洲"与美国

罗伯特·卡根在他的《理想的终结,历史的回归》一文中对欧盟的形象做出了扼要的概括:"即使欧盟也按照自己的方式表现出泛欧洲的民族主义野心,要在世界上发挥巨大影响力,它已经成为一种工具,以将德国、法

---

① Peter Dombrowski and Andrew L. Ross, "The 'New Strategic Triangle' and the US Grand Strategy Debate," p. 149.

② Asle Toje, *America, the EU and Strategic Culture*, p.123.

③ Wade Facoby, "Military Competence Versus Policy Loyalty: Central Europe and Transatlantic Relations," in David M. Andrews ed., The Atlantic Alliance Under Stress, US-European Relations after Iraq, Cambridge University Press, 2005, pp.252-253.

国、英国的野心纳入欧洲人认为安全的超国家的方向。欧洲人同样寻求荣誉和尊重,但是属于后现代的类别。他们寻求的荣誉是占据世界的道德高地,行使道德权威,发挥政治和经济影响力以作为军国主义的解毒剂,成为全球良心的守护者,希望发挥这个角色而被别人认可和崇拜。"① 与美国依靠其空前强大的军事力量建立起来的形象不同,欧洲人认为欧洲的身份有其特殊性,"民事力量欧洲"和"规范性力量欧洲"的提法成为彼时描述欧盟外部身份时的一种时髦用语。

首先提出"民事力量欧洲"概念的是时任伦敦国际战略研究所所长弗朗索瓦·杜舍瓦(François Duchêne)。1973 年,他在一篇论文中把欧共体描绘成"一个具有经济实力优势,而武装实力相对薄弱的民事组织",欧共体在国际政治中的作用就是"把基于条约和惯例而形成的国家间关系契约化"。② "民事力量欧洲"的概念把欧洲定义为侧重通过经济、外交、国际制度来解决国际问题的行为体。后来,"民事力量欧洲"的概念受到了一些学者的质疑,认为该概念对欧洲形象和身份的定位不够准确。因此,2001 年另一位英国学者伊安·曼纳斯提出了自己的看法,将欧洲定义为"规范性力量"。曼纳斯认为,如果用"民事力量欧洲"来定义欧盟,是将欧盟同民族国家做了一个不恰当的类比,忽略了欧盟的制度或者政策等经验性层面,而将认知过程纳入分析。也就是说,如果用"民事力量"来概括欧盟的特性,就局限了欧盟的身份认同。欧盟是一个具备"观念的力量"和"意识形态的力量"的实体。曼纳斯继而将欧洲的"规范性力量"归纳为五点:和平、自由、民主、法治和尊重人权。欧盟的"规范性力量"意味着可以把欧盟的这种构成性因素本身理解为一种国际规范,那么欧盟是国际规范的直接创造者和实践者。③ 实际上,对欧盟"规范性力量"的探讨,其实是人们对国际舞台上欧盟行为的一种认知。一直以来,欧洲对外产生的重大影响大都集中在经济贸易、环境保护、气候变化、人道主义援助、世界贫困和卫生问题等非政治领域。欧洲通过一体化建立起来一套完整的价值观念和制度

---

① 罗伯特·卡根:《理想的终结,历史的回归》,吴万伟译,光明网,2007 年 12 月 14 日,http://guancha.gmw.cn/content/2007-12/14/content_710404.htm.
② 洪邮生:《"规范性力量欧洲"与欧盟对华外交》,《世界经济与政治》2010 年第 1 期,第 54 页。
③ Ian Manners, "Normative Power Europe: A Contradiction in Terms?", *Journal of Common Market Studies*, Vol.40, No.2, 2002, pp. 242-252.

体系,塑造成员国的价值统一性和整体社会凝聚力,将民主、法治、尊重人权等原则树立为欧盟的价值观,建构出欧盟独具一格的身份认同。同时,欧盟追求将这些"规范"作为普世标准,向世界其他地区输出自己的核心价值,不断扩大其影响力。

欧洲在建构以自我价值观为标尺的规范体系的同时,在对外关系中也积极展现并推动欧盟的这种"规范性力量",其中一个重要的表现就是欧盟积极推行发展援助政策。20世纪70年代末80年代初,世界上大多数贫困地区人民的生活水平都得到了显著的提高。除了这些地区和国家自身经济水平提高外,发达国家的对外援助也起到了一定的作用,其中欧盟贡献显著。欧盟及其成员国提供了全球50%以上的发展援助资金,其中成员国占4/5,欧盟占1/5。① 2000年11月,欧盟发布了《发展政策战略文件》(Development Policy Strategy),用以指导欧盟的对外援助。2005年,欧盟委员会对该文件做了修订,形成了《欧盟发展共识》(European Consensus on Development)。该文件指出,消减贫困作为欧盟发展与合作的首要目标,包括遵循联合国的"千年发展目标"计划。欧盟重申发展援助计划会持续地用来支持所有发展中国家的贫困人群,包括低收入和中等收入国家。欧盟还会持续地优先支持最不发达和其他低收入国家,以实现更加平衡的全球发展。欧盟承诺到2010年实现援助资金达国民生产总值的0.56%,到2015年实现联合国规定的援助资金占国民生产总值(GNP)的0.7%。② 据统计,2005年欧盟年均对外援助的金额虽然只占其GNP的0.4%,但欧盟仍然是对外援助资金最多的行为体。2005的G8峰会上,欧盟承诺,到2010年其对外援助的总额要达到380亿欧元,加上欧盟东扩后的9个新成员,欧盟对外援助的数额可能会从2005年的420亿欧元增长到2010年的630亿欧元,占经济合作与发展组织发展援助资金的64%。③ 欧盟的发展援助政策在帮助发展中国家摆脱贫苦的过程中确实起到了作用。特别是

---

① 张海冰:《欧盟对外援助政策调整的背景及趋势》,《德国研究》2011年第2期。
② Joint Statement by the Council and the Representatives of the Governments of the Member States Meeting with the Council, "The European Consensus on Development," the European Parliament and the Commission.
③ Ian Manners, "The Normative Power of the European Union in a Globalised World," Zaki Laidi, ed., *EU Foreign Policy in a Globalized World: Normative Power and Social Preference*, New York: Routledge, 2008, p. 27.

第八章 新欧洲的崛起：挑战美国的单极世界？

非加太地区的国家，欧洲通过签订经济合作协议的方式将援助政策制度化，例如《洛美协定》和《科托努协定》。

气候变化和环境保护问题是欧盟发挥"规范性力量"的另一个重要领域。20世纪90年代以来，由于温室效应影响的不断增强，气候变化成了国际环境议程的中心。考虑到发达国家对全球变暖所承担的责任，欧盟不参与《联合国气候变化框架公约》的制定和磋商似乎是难以想象的。除了气候问题，欧盟同时也成为保护生物多样性、去沙漠化等一些全球公约的积极参与者。冷战结束后，欧盟就把气候变化与治理工作视为其最重要的外交议程之一，大力推动多边国际环境保护机制的设立。[①]

欧盟成为全球环境保护和气候变化的领导者，首先是因为美国在全球环保问题上放弃了其领导者的身份，比较充分地反映出欧美的价值观和利益取向的分歧。1997年美国克林顿政府虽然签订了《京都议定书》，承诺美国将加大温室气体减排的力度，但小布什总统上台之后立刻宣布退出《京都议定书》。小布什政府虽然同意《联合国气候变化框架公约》中的原则，但是认为《京都议定书》伤害了美国的国家利益，遂退出该协定，并提出了美国的气候变化新方案——《晴空与气候变化动议》(Clean Skies and Global Climate Change Initiatives)。[②]

欧盟在环保领域积极参与行动的一个重要原因是欧盟认识到采取措施减少环境污染，提升欧盟在环保问题上的实际能力能够对欧盟与第三方的贸易、投资和其他活动产生正面的影响。这就为欧盟在政策制定领域加大对环保问题的关注提供了动力。[③] 因此，欧盟在环境保护问题中极力扮演起了全球领导者这一角色。面对美国断然退出《京都议定书》的行为，欧盟及欧洲主要国家在批评美国的同时，积极推进全球环境治理与保护工作。欧盟早在1998年3月就出台了《关于气候变化战略》(Community Strategy on Climate Change)文件，就气候变化问题表明了欧洲的立场。这份文件肯定了《京都议定书》提出的原则在全球气候问题上的重要作用。欧盟理事会相信全球性问题需要全球的反应和所有各方的完全参与，要求

[①] 陈志敏：《中国、美国和欧洲：新三边关系中的合作与竞争》，《世界经济与政治》2010年第1期，第217页。

[②] 更多内容参见本书第十一章。

[③] Charlotte Bretherton and John Vogler, *The European Union as a Global Actor*, pp. 88-89.

发达国家和发展中国家建立合作伙伴关系。① 2000年6月22日,欧盟的环境会议采纳了《关于气候变化战略》的一系列最后决议,包括为不同的环保机制设立不同的规则,以及为消减温室气体排放设置执行工具。② 欧盟委员会接受了《京都议定书》中提出的减排标准,并积极推动各项条款的落实。欧盟虽然具有领导全球环境机制建设的能力和愿望,但并没有完全发挥其在环境问题上应有的作用。究其原因,一是欧盟并没有完全履行其对国际社会做出的承诺,从而导致其领导威信的削弱;另一个是迫于内部过于复杂的协商程序,欧盟不得不转移它与其他国家就环境问题进行协商的注意力。③ 虽然如此,欧盟仍然朝着完善全球环境机制的方向前进。如果欧盟希望在全球环境问题中继续担当领导者的角色,它必须为解决环境问题设立一个清晰的长期发展机制。

除了发展援助和环境保护外,作为"规范性力量"的欧盟,在诸如劳工标准的设立、医疗卫生、保障妇女儿童权利、打击国际刑事犯罪、保护人权等方面也都发挥了重要的作用。通过欧洲一体化的发展,欧盟把它的这种非政治领域的影响力逐渐扩大开来,并且将其建构起来的规范和价值观悄无声息地渗透到国际关系之中。由于欧盟缺乏硬实力,所以它不能够将其规范强加到其他行为体身上。欧盟只有通过赢得其他国际行为体和国际社会的主观认可才能够推行符合自身利益的主张。在国际政治和全球性、地区性问题上,欧盟并不像其大西洋彼岸的盟友美国那样拥有可以讨价还价的政治资本。④ 当美欧关系发生摩擦时,欧洲也没有可供使用的政治工具来压迫或说服美国听从自己的意见。欧盟只能通过引导全球公众和舆论的力量来尝试着改变美国的立场。一个独立的欧洲需要一个独立的身份,欧洲的身份不仅需要其内部成员的认同,更需要获得外部行为体的认

---

① EU Council, "Community Strategy on Climate Change: Council Conclusion," Luxembourg, June, 16, 1998, http://ue.eu.int/ueDocs/cms_Data/docs/pressData/en/envir/011a0006.htm.

② Margo Thorning, "Climate Change Policy: Contrasting the US and the European Union Approaches," *Report for the European Commission Conference on EU-US Relations*.

③ Joyeeta Gupta and Lasse Ringius, "The EU's Climate Leadership: Reconciling Ambition and Reality," *International Environmental Agreements: Politics, Law and Economics*, No.1, 2001, pp. 281-299.

④ Zaki Laidi, "European Preference and Their Reception," *EU Foreign Policy in a Globalized World*, p. 5.

可。欧盟将民主、自由、法治这些规范作为建构身份的核心要素,是希望通过加强自身的"软实力"建设,将自己的模式塑造成国际社会的道德标准,在全球事务中树立一种榜样。这反映了欧盟在国际政治中传递一种不同于美国的声音的意愿和诉求。

本章小结

21世纪来临之际,美国学者查尔斯·库普乾(Charles Kupchan)在其名为《美国时代的终结》的著作中称,作为国际格局中新兴一极的欧洲的崛起将加速美国单极时代的结束。其原因一是欧洲走向联合而聚集了资源和资本,正处于改变全球格局的过程中;二是冷战后大西洋联盟因为欧洲的崛起而使欧美分庭抗礼,"北美和欧洲可能从事于为争夺地位、财富和权力而进行的竞争,这种竞争一直是——并仍将是——人类经验中的重要一部分"。[①] 这位学者敏锐地预见到冷战后欧美权势结构的变化,从长期趋势来看所预见的后果也是站得住脚的。但是现实却是迄今为止欧洲的综合实力,特别是防务能力还不能与美国比肩,如果考虑到欧洲国家的凝聚力,那么就更难说欧美的权势结构已经发生实质性的改变。不过,欧洲的力量确实在增长,基于此的欧洲的雄心和政治诉求也确实在变化,导致跨大西洋关系出现相应的变化,表现为冷战后欧美之间的合作与纷争在深度和广度上都出现了新的态势。

本章主要考察了冷战结束之后欧美关系的变化及特点。在经济贸易领域,虽然美国和欧盟之间的分歧和矛盾仍然十分突出,但是由于双方的经济合作程度之高,所以这两个经济体在经济全球化的今天呈现出高度依存的状态,这种状态将在很长一段时间内作为美欧关系的结构性特征继续存在。在政治和安全领域,随着欧盟发展独立军事力量的愿望和需求越来越迫切,以及美国要求加强北约中欧洲军事支柱呼声的高涨,欧盟启动了独立的安全和防务之路,CFSP和ESDP也获得了长足的进步。不过,由于美欧之间在政治哲学、战略安全观念上的差异,欧盟发展独立防务以及

---

① 查尔斯·库普乾:《美国时代的终结:美国外交政策与21世纪的地缘政治》,潘忠岐译,上海:上海人民出版社,2004年,第144页。

推动欧盟东扩的举动引起了美国的警惕。美国虽然赞同欧盟发展可供使用的独立武装力量,但是依然强调北约在跨大西洋安全体系中的绝对核心地位。面对欧盟东扩,美国采取继续推动北约东扩的战略,加强与新成员国的双边外交关系来抑制欧盟扩大对美国产生的负面影响。

通过本章的分析我们可以看出,在后冷战时代,在影响美欧关系的四个变量中,经济和贸易因素仍然是美国和欧洲紧密联系的重要因素。共同面对的安全威胁——在新的安全形势下,大规模杀伤性武器的扩散、恐怖主义、全球气候等问题仍然是美欧共同利益所在。虽然美欧在价值观和文化上具有一定的相似性,但是政治和社会认同的差异使得美欧在处理国际危机时选择了不同的路径。欧洲人寻求把欧盟打造成一种"民事/规范性力量",通过"软实力"的手段和方法来处理国际问题,在对外援助、环境保护等领域上发挥了重要的作用,通过树立一种榜样来扩大自身的影响。而美国则对传统现实主义权力政治情有独钟,强调绝对优势的军事实力以及对世界秩序的领导权仍然是美国对外战略的核心理念,这些差异势必会对美欧关系在新时代的演变造成更为深刻的影响。

第九章　伊拉克战争与跨大西洋关系的危机

> 如果政治方面真的变糟糕了,欧洲恐怕会有把美国视为竞争者而不是盟友的内部压力。[①]
>
> ——前欧盟驻美国大使雨果·佩曼(Hugo Paemen)

2001年9月11日,美国前所未有地遭受恐怖分子的恐怖袭击,随后美国展开了大规模的阿富汗反恐战争。2003年3月20日,美英等国不顾国际社会的反对,又悍然发动伊拉克战争,推翻了萨达姆政权。从"9·11"事件到伊拉克战争,这是一个大西洋同盟团结起来应对恐怖主义到美欧国家发生严重分歧,进而导致同盟公开分裂的过程,冷战结束后本就不平静的跨大西洋关系出现危机。

如果说"9·11"事件给冷战后的国际政治和国际关系带来了重大变化,那么在伊拉克战争问题上欧美为什么会产生严重分歧,它对跨大西洋关系来说究竟意味着什么?国际学术界,尤其西方学者和舆论场一时众说纷纭。一种观点认为,它标志着二战结束以来经过冷战考验、冷战结束后又相对顺利存续的欧美跨大西洋同盟的终结或者"西方的终结";另一种观点则不那么悲观,认为危机的发生具有偶然性,它不过是长期以来纷争不断的欧美关系中的又一次争吵,大西洋同盟并未伤筋动骨,欧美大国还会和好如初;更为冷静的是从来不会缺席的折中派的观点,即虽然欧美不会分道扬镳,但它暴露了冷战后新形势下跨大西洋关系中的结构性矛盾,欧美关系将出现新的特征和不同以往的走向。

本章将对这场战争中跨大西洋关系危机发展的过程和欧美分歧的原

[①] Sarwar A. Kashmeri, *America and Europe after 9/11 and Iraq: The Great Divide*, Westport: Praeger Security International, 2007, p. 75.

因及其影响进行论述。值得注意的是,与欧洲一体化的设计者们的意愿背道而驰,欧洲在伊拉克问题上并不是发出了一种声音,而是复数种(亲美派和反美派)。欧洲内部阵营的分裂与欧美之间的分歧交织在一起是这场危机的一个重要特点。作为一种方便的表述,本章所用的欧美关系(跨大西洋关系)很多时候是指美国与以法德等为代表的欧洲反战国家之间的关系。具体而言,本章一开始将论述欧美是怎样围绕伊拉克问题一步步走向公开分歧的,紧接着是关于出现跨大西洋危机的三种原因的分析,最后是对三种解释的评估。

第一节 从同盟分歧到分裂之路

如果说一场危机的发生既有远因又有近因,既有偶然性也有必然性的话,那厘清和评估欧美在伊拉克问题上分歧发生的过程则是分析其原因的前提。为了方便,我们把欧美关系走向危机的过程分为四个阶段。需要注意的是,跨大西洋关系的紧张虽然是和伊拉克本身局势同步发展的,但是其程度不是平行的:前者在伊拉克战争爆发前夕就已经达到了高潮,到战争真正爆发时则显得有些反高潮(anticlimax)般的安静。

一、认知的分歧:从"9·11"到阿富汗战争

"9·11"恐怖袭击对欧美关系来说是个悖论。这次袭击在较短时间内激起了跨大西洋两岸的情感共鸣,实现了此刻"我们都是美国人"的难得景观,提出"文明冲突论"的美国学者塞缪尔·亨廷顿也感慨本·拉登出其不意地拯救了西方。[①] 但"9·11"事件又成了美国重新评估其外交政策的开始,因此也埋下了跨大西洋危机的种子:一、"9·11"事件给美国带来的冲击加大了美国与欧洲各国在恐怖威胁,甚至世界事务认识方面的分歧;二、直接导致美国重新审视自己海湾战争后的伊拉克政策。

美国与欧洲因为地理环境和历史进程的不同,本身对威胁的容忍度就

---

① Jiri Sedivy and Marcin Zaborowski, "Old Europe, New Europe and Transatlantic Relations," in Kerry Longhurst and Marcin Zaborowski, eds., *Old Europe, New Europe and the Transatlantic Security Agenda*, London: Routledge Taylor & Francic Group, 2005, p. 4.

第九章　伊拉克战争与跨大西洋关系的危机

有较大的差异。美国傲踞北美大陆中心,以两大洋为翼,再加上北面的大湖区和南面的墨西哥湾,易守难攻。与美国接壤的两个邻国墨西哥和加拿大自比"睡在大象旁边的矮人",自然对美国不能构成任何威胁。美国因此自认为是一个安全的世外桃源,绝缘于险象环生的世界。历史几百年来也慷慨地支持着美国这样的"妄想"——美英1812年战争以降,美国本土就再也没有遭受过外来的直接攻击。与美国不同,欧洲国家林立,很多国家的疆界只是二战后才得以固定,欧洲的历史更是兵燹不绝,写满了国家间杀伐征战的故事。欧洲人更多的是从互动而不是孤立中寻求对自己安全的保障,绝对安全是一种欧洲人无法享用的奢侈品。

在这样的反差之下,欧洲很难对美国所遭受的恐怖袭击真正做到感同身受。对于美国而言,在恐怖袭击中轰然倒塌的不仅仅是世贸大楼的双子塔,更是对美国绝对安全的信念。这样的信念一旦倒塌,草木皆兵和杯弓蛇影的恐慌和过度敏感便填补了留下的心理空缺。受"9·11"恐怖袭击的美国自然会扩大"9·11"恐怖袭击事件的历史意义,认为历史远未"终结",而是进入了后"9·11"时代。而欧洲虽然承认"9·11"事件的灾难性及其给美国带来创伤的严重性,但并不认为"9·11"事件是"三千年未有之变局",毕竟"9·11"在性质上和塞尔维亚民族主义者刺杀奥匈帝国王储、北爱尔兰共和军及西班牙"埃塔"的极端行为别无二致。世界不会因为发生在大西洋另一侧的一场恐怖袭击而一夜之间变得更加危险。在欧洲人眼中,历史仍处在后冷战时代,而不是后"9·11"时代。

与伊拉克更相关的是,美国因为"9·11"事件重新评估了国家安全与世界秩序,特别是与所谓的无赖国家和失败国家的作为或不作为之间的关联。"9·11"事件暴露出美国国家安全的脆弱性,包括北美大陆本土的脆弱性,同时同比例地突出了恐怖主义和一些相关国家的危险性,也突出了在相关国家延续不作为政策的成本。结果衍生出了美国对萨达姆政权政策的调整。约翰·伊肯伯里这样评价"9·11"恐怖袭击给美国带来的意外和影响:"美国在权力巅峰中步入新世纪,但是2001年的袭击无保留地呈现了一个新的威胁和不安全下的世界。在布什政府看来,美国不能再满足于维持国际体系中已有的规则和制度。"① 当然,对伊拉克政策的调整,除了出于在

---

① G. John Ikenberry, *Liberal Leviathan: The Origin, Crisis, and Transformation of the American World Order*, Princeton: Princeton University Press, 2011, p. 256.

新的环境下对伊拉克萨达姆政权的危险性的新的评估外,还因为萨达姆政权的象征性意义以及因此带来的对伊拉克进行政策调整的政治收益。

对于多数美国人而言,中东、阿富汗和伊斯兰世界都是面目模糊的,但他们对伊拉克和萨达姆则不陌生。自海湾战争成功登台演出以来,萨达姆一直受到西方媒体的"青睐",时不时就以独裁者的化身出现在西方媒体的报道中。因此伊拉克和萨达姆在普通美国民众心目中就演化成了一个符号,一个代表着独裁、敢于挑战西方的符号。在这样的背景之下,当美国本土遭到恐怖分子攻击的时候,还有哪一个国家比与美国之间麻烦不断的伊拉克更适合成为想象的敌国,还有谁比萨达姆(本·拉登当时无处可寻)更能具体代表威胁美国的力量呢?难怪,许多美国人凭借先入为主的认知偏见,在毫无根据的情况下,条件反射性地认为伊拉克肯定和"9·11"有关联;有53%的美国人相信萨达姆本人与"9·11"有关;有50%的人错误地认为劫持民用飞机的恐怖分子中至少有一位来自伊拉克。① 如此看来,后来布什政府的政策倒还算是"顺了民意"。

欧洲则没有相应的民众诉求的压力,所以对伊拉克萨达姆政权的观察要客观许多,认为既然没有证据证明萨达姆和"9·11"恐怖袭击有关系,那么就没有理由改变已实施了10年之久的对萨达姆政府的遏制政策。因为不同的地理位置和内部的政治情绪,大西洋两岸对"9·11"恐怖袭击和伊拉克的认识有了很大的差距。如果通过世贸大楼倒下的尘埃,美国人草木皆兵,放大了伊拉克的危险性,那么隔着地中海与中东相望千年的欧洲人则认为无须对萨达姆政权"另眼相看"。如果说在新的冲击下,美国的政策被假象的可能所绑架,要回答的是如果遏制失败,会有什么结果,那么欧洲仍然关注现实,认为只要遏制有成效,就应该对形势持乐观的态度。

"9·11"事件后,美国重新审视了国内安全与失败和无赖国家的作为与不作为之间的关系,对始于海湾战争的遏制伊拉克战略进行了重新评估,伊拉克因而作为一个可能的打击目标再次进入美国决策者的视野。但是这种可能性能否转化为现实,什么时候成为现实则要看美国在阿富汗的军事行动。早在2001年9月17日,小布什总统在国家安全委员会会议上就直言不讳地宣称:"我认为伊拉克参与了("9·11"),但是我现在还不能

---

① Philip H. Gordon and Jeremy Shapiro, *Allies at War: America, Europe, and the Crisis over Iraq*, New York: McGraw-Hill, 2004, p. 83.

打击他们,我现在还没有证据。"三天之后,他又告知英国首相托尼·布莱尔他同意布莱尔的观点,即"眼前的任务是基地组织和塔利班,伊拉克我们择日再对付"。①

可见"9·11"之后不到一周,美国战略打击对象的先后次序就已形成,阿富汗是首要目标。同时,虽然缺乏与"9·11"恐怖袭击有联系的确凿证据,但是伊拉克已经进入了美国打击的候选名单。然而,此时就断定美国一定会发动伊拉克战争,并因此导致跨大西洋关系跌入谷底还为时过早,因为美国在阿富汗的行动还面临诸多的不确定性,如果美国深陷阿富汗战事不能自拔,那么可以想象美国会无暇西顾。而且这时候跨大西洋关系还处在"9·11"事件催化下的"我们都是美国人"的蜜月期,因此双方最终会因为在伊拉克问题上的分歧而"分道扬镳"还是多数人无法预见的事情。

与后来在伊拉克战争中成为众矢之的不同,美国在阿富汗战争中得到了很多国家的同情和支持,盟友主动提出的援助更是"供过于求"。但是美国为了避免受到其他国家不必要的牵制,不顾盟国的好意,冷落北约等组织,邀上一帮能帮上忙的国家推翻了塔利班政权。

阿富汗战争从以下几个方面影响了后来伊拉克问题的演进。第一,阿富汗战事的顺利进行为美国抽出一定的力量解决伊拉克问题创造了条件,也就是为美国所说的把反恐推向新的阶段创造了军事上的条件。

第二,阿富汗战事顺利进行本身成为对美国在"9·11"事件后战略调整的积极回馈,强化了美国走向单边主义外交政策的倾向。推翻了塔利班政权后,美国看到许多曾经被自己冷落的盟国包括作为一个整体的北约,仍愿积极主动地为阿富汗的维和与重建效"犬马之劳",这使布什政府更相信只要作为领导者的美国果敢地做出决定,并将决定付诸行动,盟国就会义无反顾地跟上来。就这样,在阿富汗战争后较短的时间内,布什政府通过2002年《国情咨文》、西点军校演说、《美国国家安全战略报告》,一步步形成了充满自我中心主义的先发制人战略。

第三,从阿富汗战争开始,美国对欧洲盟国的态度在带上强烈的自我中心主义的同时也更具功利主义色彩。美国认为,自己在反恐战争中的领导作用毋庸置疑,为了确保世界和美国的安全而采取先发制人的军事行动无须和盟国商议,而传统盟国也不再是不可或缺的。在任务决定联盟,而

---

① 转引自 Bob Woodward, *Bush at War*, New York: Simon & Schuster, 2002, p. 85.

不是联盟决定任务的功利主义指导下,欧美同盟关系重要性的下降已成必然。

"9·11"恐怖袭击成了美国对外政策的一个拐点,这样的转折给跨大西洋关系所带来的负面影响在阿富汗战争时期已经显露端倪,但是因为塔利班政府的失道寡助和美国作为"9·11"受害者博取的广泛同情掩盖了美欧之间的认识差异,彼此虽有龃龉,但分歧没有公开。事实上,欧洲人只是对美国的冷落和冷漠感到遗憾,而从战争的目标来看,他们对美国推翻塔利班政权、铲除基地组织的庇护者没有异议。

二、通向联合国1441号决议的博弈

阿富汗战争一结束,布什政府就迫不及待地谈及反恐战争新阶段。2002年1月的《国情咨文》更是把伊拉克、伊朗、朝鲜等国指为"邪恶轴心国",从而把邪恶国家和恐怖主义这一流行话语联系起来,为针对所谓的邪恶国家采取强硬措施寻找理由和造势。

小布什政府要求更迭伊拉克政权的逻辑主要源自其对新的安全威胁属性的认识,即认为"严峻的现实是,一小撮恐怖主义者(可能在一些敌对国家的帮助下)会很快获得具有很大破坏力的化武或生化武器,从而带来灾难性的破坏。而这些恐怖分子既不能被安抚,又不能被威慑,所以必须根除"。[①] 而所谓的邪恶国家因为其在政权性质上的独裁性、在对外政策上的不合作和在武器研制方面的野心,理所当然地成了恐怖主义潜在的武器来源地。同时,这些国家自身的"邪恶"性和政权的"独裁"性注定了它们的行为本身和恐怖主义分子一样有很大的不可预测性。因此,防止这些国家获得大规模杀伤性武器是当务之急,也就是布什在《国情咨文》中所说的"美国不会让世界上最危险的政权,以最有破坏性的武器来威胁我们"。[②]

小布什在《国情咨文》中把伊拉克指为"邪恶轴心国"之一,而副总统理查德·切尼(Richard Bruce Cheney)2002年8月26日在田纳西州纳什维尔市给参加过海外战争的老兵的讲话中,第一次把伊拉克从其他的"邪恶"国中"选拔"出来,作为美国借反恐之名对付的下一个目标。这次演讲延续

---

① G. John Ikenberry, *Liberal Leviathan: The Origin, Crisis, and Transformation of the American World Order*, p. 258.

② Office of the Press Secretary, "President's State of the Union Address," Washington, D. C., January 29, 2002.

第九章 伊拉克战争与跨大西洋关系的危机

了布什《国情咨文》和2002年2月西点军校演讲中的一些主题,即在恐怖主义为主要威胁的时代,遏制政策已经失去了其原有的意义,先发制人因此变得必要。同时,较布什之前的演讲,切尼的发言更有的放矢,他不无明确地声称:"简单地说,毫无疑问,伊拉克现在拥有大规模杀伤性武器。毫无疑问,它收存它们意在用来对付我们的朋友、盟国和我们。"切尼甚至瞒天过海地声称"萨达姆很快就会获得核武器"。①

实际上,这时布什政府内部在怎样解除伊拉克武装上还没有取得统一的意见。以副总统办公室和国防部为首的鹰派强调美国无须借助联合国安理会的授权,因为美国已经从伊拉克之前的行径中找到足够对伊拉克采取强硬措施的理由和合法性基础。而以鲍威尔(Colin Luther Powell)国务卿为首的国务院则强调通过联合国安理会获得国际社会支持的重要性。2002年9月12日,布什在联合国的讲话证明,虽然在形式上他接受了国务院的建议,但同时也"保留"了鹰派的立场。他指出在伊拉克问题上联合国面临着一次大考,它要么成功,从而实现联合国成立时的宗旨;要么失败,从而变得毫无意义。实际上布什是在"激将"联合国,联合国"成功"就是要贯彻美国的意志,而如果联合国无法让美国"如愿以偿",美国将采取单独的行动:"要么安理会的决议被贯彻——和平和安全的正义要求得到满足,要么行动将不可避免。"②

英国对伊拉克的态度到这时已形成了民众和政府间的分裂。一方面,英国民众多数反对战争和所谓的伊拉克政权更迭;另一方面,首相托尼·布莱尔坚持自"9·11"以来英国与美国同仇敌忾的姿态。布莱尔上任后将英国定位为跨大西洋的桥梁,促进美欧之间的交流和相互理解,但是"9·11"之后,这座桥梁明显地倚向北美一边。在对外战略理念方面,布莱尔也不回避政权更替等问题,还常依托颇有国际主义和道德主义色彩的说教,以维持国际价值和规则的名义,为军事干预辩护。因此,布莱尔本人对布什政府正在细化的伊拉克方案并无异议,但因为国内民众和舆论的压力,他希望美国先通过联合国安理会对伊拉克发出武力威胁,以观后效。

法国是通过遏制(制裁)解决伊拉克问题最积极的主张者和辩护者,因

---

① 转引自 Philip H. Gordon and Jeremy Shapiro, *Allies at War: America, Europe, and the Crisis over Iraq*, p. 99.
② 转引自 Bob Woodward, *Bush at War*, p. 348.

此当切尼给海外战争老兵的讲话内容传来时,希拉克政府有些愕然和倍感紧迫。2002年9月上旬,在接受《纽约时报》采访时希拉克总统针对性地提出了不同于美国的解决方案,即通过两个相继但独立的联合国决议解决伊拉克问题。第一个决议涉及核查人员重回伊拉克的问题;第二个决议则根据第一个决议的实施情况,决定是否需要干预。

法国是除了美国以外唯一对伊拉克问题有着清醒和独立的思路和方案的国家。两国之间的方案在这个阶段(在布什同意通过安理会解决伊拉克问题后)似乎还有寻找共同点的可能,合作的门似乎还没有完全关闭,但是两种方案之间的分歧也是显而易见的。美国借道联合国,意在给联合国施压,使其成为实现美国既定目标的通道。而法国则认为联合国是解决伊拉克问题的主要制度平台,因此更重视联合国的主体性。

德国则一反常态地成为第一个站出来对美国的伊拉克政策说"不"的国家。施罗德政府开始坚持的政策还不算"出格",表示德国只支持联合国安理会授权的动武,这与德国战后遵循的和平主义和多边主义外交倾向是契合的。但后来施罗德态度进一步明确,在2002年9月初接受《纽约时报》采访时他表示,纵然安理会同意,德国也反对这样的干预。9月22日,德国司法部部长格梅林更是直言布什政府在借用伊拉克问题转移国内民众视线,就如曾经的希特勒一样。把布什和希特勒相提并论引来了美国的一番抗议。

德国最先"揭竿而起",明确反对美国对伊拉克的军事干预,但是美国仍继续高调推进通过联合国实现自己目标的计划。毕竟,德国不是安理会常任理事国,因此美国更看重的是法国以及其他安理会常任理事国的意见。就这样,布什在9月12日联合国演说后的两个月里,以美法为首的安理会成员国针对关于伊拉克问题的决议展开了艰苦的讨价还价。

美国的要求是,在执行新的安理会决议过程中,如果伊拉克出现违反决议内容的情况,那么该决议要自动授权以美国为首的国际社会通过武力解除伊拉克武装。而法国则认为这样的自动授权无异于给美国开了绿灯,所以坚持动用武力解除伊拉克武装的决策权必须牢牢地掌握在安理会手中,任何违背该原则的决议都是对联合国宗旨的背弃。美国和法国之争看似是关于合法性和效率的争论:美国认为没有主动授权,任何武力威胁都只是"纸老虎",第一阶段决议的效力也将大打折扣;而法国则认为联合国必须保留根据事态发展的具体情况,决定下一阶段采取何种措施的最后发言权,这是接下来措施合法性的基础。但是就如本章后面章节所分析的那样,这样的合法性和效率之争的背后是两国关于国际制度和国际秩序的不同理解和认识。

最终,联合国安理会全票通过了1441号决议,美法之争表面上找到了一个双方共同接受的方案,国际社会也因此舒了一口气。从刚一推翻塔利班政权,美国就扬言反恐战争不能"到此为止",到联合国安理会全票通过1441号决议,各主要国家基本阐明了自己在伊拉克问题上的立场。这一阶段的特点是各国仍各自为战(英国和美国例外),没有"拉帮结派"、形成对峙的阵营。各方在交涉过程中也没有后来的充满恶意的"人身"攻击,基本上还能做到"有理有据"。

三、前所未有的同盟分裂危机

联合国安理会最终全票通过了1441号决议,但是事态的发展很快证明该决议没有成为最终的解决方案,而是成为新的争议(争吵)的起点。法国和美国面对同样的文本却有着全然不同的解释。法国认为,该决议已经使自己的主张明确化,即伊拉克问题的最后决定权必须在安理会手中;而美国则认为同样的决议表明,如果伊拉克出现任何违规情况,美国已经获得自动授权,可以通过武力解除伊拉克的武装。

在具体细节上,美国和法国的分歧集中表现在怎样确认伊拉克是否已经显示出足够的合作态度,也就是说两国对伊拉克合作的期待值表现出了很大的差异。这种分歧在2002年12月上旬伊拉克向联合国安理会提交了12000多页关于武器的陈述报告后,暴露无遗。[①] 美国认为该报告不但内容过时,而且漏洞百出,因此再次构成了对联合国安理会1441号决议的重大违背;而法国则认为虽然伊拉克提交的材料没有做到面面俱到,但是只有联合国安理会才能认定伊拉克在多大程度上违反了1441号决议,单个成员国(美国)没有权限做出这样的结论。从这阶段开始到伊拉克战争最终爆发,美国和法国的主张基本没有偏离这样的立场。法国看到的是伊拉克在配合武器核查方面"有水的一半",而美国看到的是"空的一半"。法国认为伊拉克的态度已经较过去积极很多,应该给它更多的时间;而美国

---

① Philip H. Gordon and Jeremy Shapiro, *Allies at War: America, Europe, and the Crisis over Iraq*, p. 115.

则认为，伊拉克只是在延续它过去十多年"猫捉老鼠"的游戏，并无真意配合自废武功。

这样的争吵表明，就法美各自的立场而言，1441号决议只是掩盖了美法分歧，没有任何实质性地改变彼此的立场。相反，对同一文本的不同解读更加集中地凸显了彼此的分歧，大大降低了彼此的善意和信任。与上一阶段相比，这阶段的争论因此少了些为了达到合理的妥协而进行的真挚的外交努力，多了份对彼此的攻击和推卸责任。特别是就美国而言，这一时期同法国在以安理会为竞技场进行的较量，更多的是要为自己无论如何都要采取的军事行动寻求合法性外衣。美国铁了心要通过武力解除伊拉克的武装，这到2002年年底已经昭然若揭。这至少可以从两个方面看出：一、美国已经准备向中东地区转移、部署大量的部队，种种迹象表明美国可能计划在2003年酷暑难耐的中东夏天到来之前结束对伊拉克的军事行动；二、布什政府内部以鲍威尔为首的合作派的态度越来越趋同于鹰派，表明在布什政府内部，对伊拉克动武已经不再是可以辩论的问题。

如果说在联合国1441号决议通过之前，各国还有通过外交合作解决伊拉克问题的可能，美国还在一定程度上在意盟国的方案，试图通过外交途径把盟国争取到自己的立场上来，军事打击也还不是板上钉钉的事，那么当1441号决议无法弥合法美双方的分歧，美国自觉对盟国的外交努力徒劳无功时，外交努力已经基本上名存实亡，仅成为军事准备的障眼法和争取舆论支持的手段。美国的如意算盘是，虽然法国不愿接受美国的立场和方案，且态度强硬，但是只要美国显示出领导者的果敢，法国最终还是会尾随而来的。退一步说，纵然法国最终不愿或者不能支持美国的方案，美国也能获得联合国安理会15票中的多数，这样法国如果要阻拦美国的行动，就需要走得更远，需要动用否决权。如果法国最终破例地对英美两国起草的决议行使否决权，那么也是法国在"无理取闹"，责任不在美国。

让美国始料未及的是，随着美国立场愈来愈坚定，法国反对的动作和声势也越来越大。2003年1月20日，安理会在法国提议下在纽约召开部长级反恐会议。在会后的新闻发布会上，法国外长德维尔潘（Dominique de Villepin）第一次表明法国不但不支持对伊拉克动武，而且会动用否决权，阻止安理会授权任何国家对伊拉克动武，并强调了法国坚持到底的决心。要知道法国上次对美国主导的安理会决议实施否决已是20世纪50年代的事。法国此次外交表态的突破性由此可见一斑。

第九章　伊拉克战争与跨大西洋关系的危机

让美国更为头疼的是，法国不是"一个人在战斗"。在法国外长在纽约记者招待会上的一番表态之后不久，希拉克和施罗德依照早已安排好的日程相聚巴黎，共庆《爱丽舍条约》签订40周年。该条约在欧洲历史，特别是在法德抛弃前嫌、共同引导欧洲一体化的历史中有着举足轻重的作用。当初戴高乐和阿登纳签订该条约意在加固两国因为历史原因导致的脆弱的互信基础，提升两国友谊和在安全上的合作。似乎是要证明前辈们的高瞻远瞩，希拉克和施罗德在这次聚会中协调了两国在伊拉克问题上的立场，在仪式后的新闻发布会上宣布法德立场一致。法德最终在伊拉克政策上走到一起，站在美国的对立面，这是美国决策者没有预料到的。不久，俄罗斯也加入了法德阵营，至此，反战的巴黎—柏林—莫斯科轴心形成。要知道，自德国19世纪70年代统一以来，法、德、俄能联手是前所未有的事，美国的伊拉克政策在这方面可谓"居功至伟"。

在对伊开战变得不可避免的情况下，欧洲其他国家也纷纷表态。这样，以巴黎和华盛顿为中心的两个阵营很快形成：一方是美国、英国、西班牙、意大利、丹麦和所谓的新欧洲国家，另一方是法国、德国、俄罗斯以及比利时。双方立场对立，外交上互不相让。美国已铁了心要通过军事行动推翻萨达姆政权，但是还在努力通过外交途径争取更多国家的支持，以获得所谓的更高的合法性，同时达到孤立法、德、俄诸国的目的。法德等国则试图通过指出武装干预的非法性，阻止美国的战争企图，至少是阻止美国通过联合国获得战争合法性的企图，从而孤立美国，使它为自己的政策和行动付出巨大的舆论和实际代价。双方最终围绕所谓的第二决议，以安理会为平台，进行了直接的拉票战。

本来如果按照美国政府最初的立场和主张，布什政府无须任何所谓的第二决议，因为在萨达姆政府不配合的前提下，1441号决议已经自动授权了美国的军事干预。但美国最终还是选择"走一下程序"，和英国一起提出了所谓的第二决议草案。这有三方面的原因：

首先，虽然布什政府认定通过第二决议的前景黯淡，认为外交努力得不偿失，但布莱尔政府非常需要摆出为第二决议积极奔走的姿态，以向国内民众表明其已穷尽一切外交途径。也就是说，美国需要英国，而英国政府因为国内舆论的压力，至少需要为第二决议进行一番努力。其次，美国这时仍然相信自己能为第二决议赢得至少九票，这样就会把球踢给法国。如果法国不动用否决权，那么美国将如愿以偿，以国际社会的名义入侵伊拉克,推翻萨达姆政权,实现政权更迭;如果法国最终决意要动用否决权,美国则可以声称多数国家支持自己的立场,是法国的"胡闹"使联合国安理会失去了大有作为的机会。最后,第二决议成功与否都不会延误美国的战机。英国提出的决议要求伊拉克全面合作的最后期限是3月17日。如此一来,战争即使要发生也不可能被拖延到酷热难耐的夏天。这也是美国和英国不愿再在最后期限上作出任何让步的原因。

事实证明,美国再次低估了法国的对抗决心。有了德国和俄罗斯的支持,针对美国和英国越来越显露出来的一意孤行,法国不但表示要动用安理会常任理事国的否决权,还选择主动出击,游说没有表态的安理会成员国,以便使美英的立场属于少数。为了一个决议,双方恶意攻击对方,奔走拉票,这样的针锋相对是战后跨大西洋关系史上从来没有过的,甚至也是无法想象的。

法国的"狙击"让布什政府气急败坏,但最终也未能阻止伊拉克战争的爆发。布什政府最后决定不将第二决议提交联合国安理会表决,并在3月17日通过电视发出了对萨达姆的48小时最后通牒,两天之后巴格达雷鸣般的炮声便淹没了以巴黎和华盛顿为中心的争吵。

四、战争进程中的博弈与妥协

伊拉克战争爆发后,法德等反战国家发现自己置身于一种两难境地:一方面希望战争早点结束,从而最大限度地减少战争对当地造成的破坏和带来的损失;另一方面又担心战争的顺利进展会让有单边主义作风的美国更加趾高气扬。就这样,反战国家在伊拉克战争和善后问题上展示出了两面性:一方面仍然坚持对美国进行一种软抵制,拒绝使伊拉克战争合法化;另一方面也试图在一定程度上修好和美国的关系,从而能在伊拉克重建问题上施加有限的影响。

战争爆发当天,法国总统希拉克就在巴黎发表郑重声明,对美国绕过联合国发动伊拉克战争表示遗憾。德国总理施罗德也毫不耽误地向德国民众发表电视讲话,指出美国发动伊拉克战争是一个错误,希望战争尽早结束。两人还在电话交谈中谴责了美国在没有联合国授权的情况下对伊拉克采取的单边主义行为。趁此机会,双方重申了两国在国际事务中的共同主张,即承认联合国安理会在解决国际政治争端中的不可替代性。欧盟委员会对外关系专员彭定康也在伊拉克战争爆发当日表示,伊拉克战争的爆发是大西洋关系中"非常坏的篇章"。①

除了口头抗议,法、德、俄三个反战"轴心国"4月12日还在圣彼得堡举行了峰会,协调立场,但遗憾的是峰会后没有形成共同声明。紧接着,4月29日,法国、德国、比利时和卢森堡在布鲁塞尔举行"微型首脑会议"。在比利时的提议下重新复活了十年前德国提出的核心欧洲方案,即由法、德、比等国在欧盟内部组成核心同盟,加深在安全和外交等方面的一体化进程,以"不等速"方式推进欧洲一体化。② 不久后在雅典举行的第一个战后欧盟峰会上,虽然西班牙、意大利和不少中欧国家都宣布要向伊拉克派部队,但是法德仍然拒绝参与。

在对伊拉克战争表示谴责和保持距离的同时,反战国家(特别是法国)还主动提出自己的方案,要求美国尽快还权于伊拉克,主张让伊拉克重建回到多边框架中,并揭露了美国在处理战后问题中的伪善性。比如,法国一开始拒绝认可伊拉克管理委员会,认为其中的成员不过是美国的傀儡,也曾一度反对安理会通过1551号决议,在伊拉克管理委员会完成起草宪法、选举和自治等任务之前授予美国全盘的管理权。法国的立场(部分地得到了德国的支持)是要联合国在恢复重建中发挥主导作用,认为伊拉克的部队和管理国际化将会减少当地对伊拉克重建的暴力抵制,并将法国是否参与重建与伊拉克治理能否实现"国际化"挂钩,拒绝为美国主导下的伊拉克重建提供援助。

但另一方面,法德等国对美国已经入侵伊拉克并实现占领的既成事实也无可奈何,不少时候只能采取默认和妥协的态度。在战争期间,法国"按照惯例"③ 继续向轰炸伊拉克的美英飞机开放领空,美国在战时和战后仍能一如既往地使用它在德国的军事设施,法德也支持赋予北约训练伊安全部队有限的责任。欧盟国家外长同意为伊培训700名司法人员和警察。德国不无自嘲地感叹,德国为大西洋联盟所作的贡献其实比在伊拉克问题上站在布什政府一边的所有"新欧洲"国家大得多。④

---

① 宋新宁:《从伊拉克战争看欧美关系》,《教学与研究》2003年第4期,第55页。
② 孙敬亭:《美欧同盟走向衰落》,《世界经济研究》2003年第9期,第21页。
③ 冯仲平:《欧美关系:"合而不同"——析伊拉克战争对欧美关系的影响》,《国家安全通讯》2003年第7期,第26页。
④ 冯仲平:《欧美关系:"合而不同"——析伊拉克战争对欧美关系的影响》,《国家安全通讯》2003年第7期,第26页。

如上所述,法国曾拒绝承认伊拉克管理委员会,也反对后来成为安理会1551号决议的美英草案,但是最终它也不得已作出了妥协。事实上,早在1551号决议之前,法、德、俄就投了安理会1483号决议的赞成票。1483号决议在一定意义上为美国占领提供了合法性追认。法国外长德维尔潘的一席话表明了法国等反战国的困境:"投这个决议的赞成票,法国没有改变自己的原则——这个决议没有使战争合法化,而是打开了一个通向我们必须共同建设的和平的出路。"

美国战后的立场则显示出其先硬后软的态度。一开始,美国有些被军事行动的胜利冲昏头脑,拟以党同伐异的逻辑对反战国家进行有区别惩罚,也就是所谓的"原谅俄罗斯,冷落德国,惩罚法国"。如因为反战态度,法国的航空工业蒙受了损失,一些空客客户因为美国的压力,转而投向了波音。① 但后来美国逐步体会到自己占领之下的伊拉克与其说是一个蛋糕,还不如说是一个烫手山芋。事实上,经历了短暂的兴奋后,到5月中旬白宫官员已经把美国在伊战的胜利描述为灾难性的成功(catastrophic success)。② 伊肯伯里认为维和与国家重建是通常被忘记的军事干预的昂贵代价,"这些是每次大的军事行动之后长长的责任和承诺的尾巴"。③ 在这样的形势之下,美国当然希望改善与包括反战国在内的所有国家的关系,希望得到它们的一臂之力。特别是在成功连任后,布什总统把修补与欧洲的关系提升为第二任期初外交政策的一个中心,毫不耽搁地出访欧洲。访欧期间布什"注意营造友好气氛,重点做强烈反对伊拉克战争的法、德、比三国首脑的工作"。④

总之,以"9·11"恐怖袭击事件为起点,跨大西洋关系的曲线一直走低,直至伊拉克战争爆发前夕触底,之后有一定的上扬,但已"人是物非"。

---

① Vittorio Emanuele Parsi, *The Inevitable Alliance: Europe and the United States Beyond Iraq*, New York: Palgrave Macmillan, 2006, p. 134.

② William Shawcross, *Allies: The U.S., Britain, Europe and the War in Iraq*, London: Atlantic Books, 2003, p. 161.

③ G. John Ikenberry, *Liberal Leviathan: The Origin, Crisis, and Transformation of the American World Order*, p. 272.

④ 蔡方柏:《从布什访问欧洲看欧美关系的发展趋势》,《国际问题研究》2005年第3期,第30页。

第二节 关于危机原因的不同解释

那么,是什么原因导致大西洋同盟内部发生二战以来最为广泛和激烈的对峙呢?对该问题的不同答案将直接影响人们对伊拉克问题给双方关系造成的破坏程度的评估。总体而言,关于跨大西洋关系产生危机的原因的观点可以分为三大类。第一种观点认为,是伊拉克问题本身导致跨大西洋关系的危机。换言之,如果没有伊拉克问题,两岸关系的恶化原本可以避免。第二种观点认为,伊拉克战争只是多种结构性因素偶遇的场合,没有伊拉克问题,迟早也会有另外一个问题成为引爆双方矛盾的导火索。即跨大西洋关系蕴含的各种离心力早已蓄势待发,伊拉克问题只是成了压垮骆驼的那根稻草。第三种观点则认为,双方分歧有更深层的文化根源,文化、认知差异导致了"话不投机半句多"的局面。第一种观点突出了危机爆发的偶然性;第二种观点关注冷战后各种力量变化给跨大西洋关系带来的挑战性;第三种观点强调双方在作为对外政策底色的文化上的差异,试图在无形的文化中找到答案。

一、事出偶然?

持没有伊拉克问题跨大西洋危机原本可以避免这一观点的人认为,是伊拉克问题爆发前和走向战争过程中的一些偶然性因素导致了大西洋同盟关系的破裂,因此这场危机的爆发不是不可避免的。这种观点所强调的偶然性可以大致分为天(时)、地(利)和人(和)三个方面。

首先是时间的巧合。一些人指出,如果伊拉克问题发展进程中的一些事件的时间发生改变,那么跨大西洋危机就可以避免,或者说双方的外交冲突就不会像最终呈现出来的那般激烈。第一个时间巧合是阿富汗战争。如果阿富汗战争进程没有这般顺风顺水,如果阿富汗成为美国的又一个越南,或者美国成为阿富汗的第二个苏联,美国都无法如此迅速地把反恐打击目标西移。这样,美欧就可以继续在"9·11"事件后的反恐旗帜下延续"我们都是美国人"的蜜月期。因此欧美在伊拉克问题上的对峙至少要部分归因于美国在阿富汗军事行动的"势如破竹"和"高歌猛进"。

第二个时间巧合是德国大选时间与美国为伊拉克问题展开外交攻势

时间的"对撞"。如果德国大选不是在2002年9月下旬举行,如果争取连任的总理施罗德在2002年夏天的民调中没有落后,他就不会颠覆德国在跨大西洋关系中的传统的"模范生"形象,第一个跳出来反对美国在伊拉克问题上的主张;德国司法部部长格梅林更不可能在选举进行的前两天将小布什与希特勒相提并论,从而使双方的恶意攻击升级。德国大选结束、施罗德如愿以偿获得连任后,德国反美立场出现回潮,也证明了德国大选时间在德国选择挑战美国的决定中所起的决定性作用。而在跨大西洋关系中与美国有着特殊关系的德国第一个站出来对美国说"不",其引领或动员作用自毋庸赘言。事实上,如果没有德国前所未有地对抗美国的举动,法国形单影只的反对本身构成不了美欧矛盾,充其量只能算是美法矛盾,毕竟法国对美国采取对抗态度已不是什么新闻。另一方面,如果布什总统咄咄逼人的《国情咨文》和西点军校讲话,特别是切尼关于美国要对伊拉克用武的发言能避开德国竞选期,施罗德纵然想通过外交出击挽回其在竞选中的颓势,也只能是巧妇难为无米之炊。

还有一个时间巧合是法德首脑纪念签订《爱丽舍条约》40周年的会晤。如果没有围绕伊拉克问题的争论,该会晤原本只是一个无所期待的例行公事,但是希拉克和施罗德却借此机会,协调了两国的立场,形成了反战阵营。法德分别对美国说"不"与联合说"不"的意义是完全不一样的。单个声明只能代表自己国家,而联合的立场则因为两国在欧盟的地位和作用,产生了远远超过两国自身的意义和影响。后来俄罗斯也加入其中,以巴黎、柏林、莫斯科为轴心的反战阵营最终形成。

最后一个时间巧合是土耳其议会关于是否允许美国从其领土借道从北面入侵伊拉克的投票时间。该投票本身有些戏剧性。本来支持美国借道土耳其的赞成票要多于反对票,但是因为土耳其的宪法规定弃权票也算在反对票当中,因此最终土耳其议会的表决结果有些意外地为反对美国借道。与德国一样,土耳其也是美国非常倚重的同盟,如此倚重的同盟都对美国说"不",其他国家当然就更加敢于对美国说"不"了。土耳其议会投票时间的偶然性本身很难扭转伊拉克事态的发展,但是它对前文所说的危机第三阶段的影响却是相当大的,因为如果没有土耳其的反对,美国和法国拉票的结果有可能会大不一样。

其次是地点的巧合。如果引起美欧双方争议的对象国不是伊拉克,有些人认为结局也会大不一样。伊拉克所在的中东地区离欧洲不远,被欧洲

第九章　伊拉克战争与跨大西洋关系的危机

视为后院和南大门,属于欧洲地区视野和美国全球视野的交集地带,所以双方都有"我的地盘我做主"的互不相让。特别是因为中东的石油资源和伊拉克在该地区的位置和影响力,欧洲纵然自二战后在该地区的影响力下降,也不可能不对伊拉克局势的发展表示关切,这也是伊拉克和阿富汗不一样的一个方面。美欧在伊拉克问题上的立场差别可不是一夜间冒出来的。虽然在海湾战争中美国和西欧主要国家能够联手,逼退和惩罚了萨达姆对科威特的入侵,但是到了克林顿政府时期,法国等一些欧洲国家已经就伊拉克问题表达了自己独立于美国的立场,与美国、英国有了分歧和争论。[①] 如此看来,当布什政府选择对伊拉克进行更为强硬和直接的干预时,法国的反对也就在情理之中了。

还有一个与地点巧合相关的问题,是中东夏天 40 摄氏度以上的高温。当美国要通过军事行动推翻萨达姆政权几成定局时,开战的最佳时机成为美国领导人在与其他国家斡旋时挥之不去的顾虑。如果错过春天这个相对有利的天气条件,战争的"天时"将会被迫推迟到年底。这样的结果不但会增加美国维持已部署的远征军的费用,而且从民意支持度来说可能"过了这个村,就没了这个店",永远失去了美国国内民众对用军事行动推翻萨达姆政权的多数支持。这就解释了为什么在给伊拉克最后期限的问题上,美国和英国"斤斤计较",分秒必争。如果没有中东夏天的高温天气时刻占据着美英决策者的头脑,那么他们是否会在最后阶段的外交交锋中显示出一定的灵活性,伊拉克问题是否会在最后时刻出现柳暗花明?

最后是人的巧合。伊拉克危机中跨大西洋关系急剧下降直至历史最低点,双方主要领导人可谓"功不可没"。从一定意义上说,跨大西洋关系的走低是因为"人",而不能"怨天"。与双方领导人密切相关的偶然性因素可以分为两大类,一是领导人之间性格和政策主张的不契合,二是这些关键人物外交行为出现的不当或疏漏。

在危机发展过程中,美欧在位的主要领导人的性格和政治立场碰巧殊异,这对于双方的外交努力可谓是弊多利少。小布什 2000 年击败戈尔当选总统,成为美国历史上第二位总统之位的子承父业者。可惜小布什在外交上却未得其父真传,缺乏老布什的审慎和周全。本来他曾经的浪子经历

---

① Thomas S. Mowle, *Allies at Odds? The United States and the European Union*, New York: Palgrave Macmillan, 2004, p. 115.

和广为流传的德州牛仔形象就不受欧洲人青睐,他后来在环保、死刑、导弹防御体系等方面的政策主张也无益于提升欧洲人对他的好感。当伴随争议入主白宫的布什因为其单边主义外交政策使跨大西洋关系元气大伤时,人们不禁会想:如果更受欧洲人欢迎的戈尔最终胜出,跨大西洋关系是否会是另一番景象?在美国这样一个举足轻重的国家,这样的假设更是具有意义。正如伊肯伯里所说,"在一个单极世界里,谁领导单极国家将会影响很大"。因为单极国家战略选择的灵活性更大,国际无政府条件对它的限制和纪律更弱。①

在大西洋彼岸,当政的施罗德和希拉克也通过自己的方式影响到跨大西洋关系的走低。德国通过联合组阁执政的社会民主党和绿党都以和平主义而著称,社民党的和平主义倾向可以追溯到俾斯麦帝国时期和一战②,而绿党更是强调环保,反对美国主导下的北约。当然,施罗德在执政之初,特别是在"9·11"事件后和后来的阿富汗战争中也显示了足够的大西洋主义的一面,但是他最后甘愿为了国内的选票牺牲德国肇始于联邦德国时期的和美国的特殊关系则展示了他个人作为政治家的善变性,同时也和其党派的长期主张不无关系。如果1998年的选举产生另外一个结果,如果执政16年之久的科尔还在位,这样的反美举动是很难想象的。

法国总统希拉克本身就是一个戴高乐主义者,他当政以来一直视建立多极世界为己任,想通过多极世界提高欧洲(法国)的地位。如果说施罗德的野心只限于国内政治,那么希拉克则常以欧洲代言人自居。这样的政治立场和政策偏好在跨大西洋关系出现危机时,对缓冲对立于事无补。同样,如果2002年四、五月的法国大选产生不同的结果,社会党最终当政,会不会有不同的结果呢?碰巧的是,与美国2000年大选的过程有些相似,希拉克总统的连任也并不是从一开始就是板上钉钉的。如果舍韦内芒没有出走,自组班子参加竞选,从而分散了领先的社会党候选人若斯潘的选票,导致他无法进入竞选第二轮,那么最终爱丽舍的主人很可能就不是希拉克。

这些碰巧在位的核心国家领导人在性格和政策偏好上难以契合,而他

---

① G. John Ikenberry, *Liberal Leviathan: The Origin, Crisis, and Transformation of the American World Order*, p. 147.

② Peter H. Merkel, *The Rift Between America and Old Europe: The Distracted Eagle*, p. 15.

们的左膀右臂看彼此也没有多"顺眼"。美国方面,切尼和国防部长拉姆斯菲尔德等布什家族的两朝元老都是鹰派的主要代言人。相对温和的鲍威尔虽是个例外,但他在内阁内部斗争中可谓寡不敌众,影响力有限。而德国外长、绿党领袖费舍尔(Joschka Fischer)则是欧洲一体化政策的大力支持者,他和施罗德同属激进的"68"一代①,对欧洲的重视远超过对大西洋的重视。法国外长德维尔潘更是一个业余诗人,一个公开的拿破仑崇拜者。② 诗人的诗性必定在重视实效的美国外交界难觅知音。

其次,与这些决策者性格和政策偏好紧密相关的是,他们似乎对跨大西洋关系的处理不够审慎,缺乏外交上的精妙,弄巧成拙地推动了双方关系的恶化。这些个人色彩浓厚的特点可以分为两类:个人之间的恶意攻击和直接向媒体、公众宣布政策主张。

施罗德在国内竞选失势的情况下打出外交牌、宣布反对对伊拉克动武固然有些让人意外,但是小布什政府之后选择孤立施罗德的态度则不但没有大国应有的胸襟,而且尽显一种睚眦必报的行事风格。施罗德再次当选总理后,小布什不顾外交礼节拒绝表示祝贺。从施罗德当选到伊拉克战争爆发之前,小布什也只和他通过一次毫无热情的电话。总统国家安全事务助理赖斯(Condoleezza Rice)用一番话概括了美国对施罗德的态度,她说华盛顿在努力改善和德国的关系,却采取"绕过总理的方式,我们更愿意越过他"。③ 可以说,是这样的冷落让美国失去了抓住施罗德在德国大选之后稍稍改变态度的机会,最终将他彻底推入了法国的怀抱。美国和德国之间充满个人色彩的攻击当然不止这些。德国司法部部长把小布什比作希特勒,拉姆斯菲尔德把德国与利比亚、古巴等被美国视为眼中钉的国家相提并论。这种不恰当的相互攻讦显然不利于双方关系的改善。

布什和希拉克之间也并没有比布什和施罗德之间有更多的化学反应,在伊拉克战争步步逼近的过程中布什也很少与希拉克有直接的联系。而法美之间更充满个人色彩的冲突发生在美国国务卿鲍威尔和法国外长德

---

① Rockwell A. Schnabel, *The Next Superpower: The Rise of Europe and its Challenge to the United States*, New York: Rowman & Littlefield Publishers, Inc., 2005, p. 70.

② Philip H. Gordon and Jeremy Shapiro, *Allies at War: America, Europe, and the Crisis over Iraq*, p. 161.

③ Philip H. Gordon and Jeremy Shapiro, *Allies at War: America, Europe, and the Crisis over Iraq*, p. 103.

维尔潘之间。在前面提及的德维尔潘宣布法国将动用联合国安理会否决权的决定后,鲍威尔大为光火,认为德维尔潘言而无信,而德维尔潘也反过来抱怨鲍威尔最终没有顶住来自鹰派同事的压力,让人失望。就这样,原本关系不错的两个外长走向了对抗,最后更是为了安理会决议拉票奔走,针锋相对。①

双方越过对方政府直接宣布自己重要决定的例子则更多,可以说双方对彼此重要决定的获悉都是通过间接的方式实现的。欧洲只能通过布什2002年《国情咨文》、西点军校讲话、《国家安全战略报告》和2003年《国情咨文》勉强跟上美国不断升级的外交立场。欧洲自身也毫不犹豫地选择通过媒体把自己的立场告知天下,寻求形成对美国的舆论压力。施罗德宣布纵然有联合国授权德国也反对武装干预的决定是在接受《纽约时报》采访时透露的,法国要否决任何针对伊拉克的最后通牒的立场也是在希拉克2003年3月10日的电视采访中声明的。这种直接越过对方通过媒体告知世界(包括对方)自己在相关事件上立场的做法也实在不是联盟成员之间应有的行事方式。摩根索在《国家间政治》一书结尾重新强调外交在国家间政治中不可或缺的作用,基辛格更是在《大外交》中列举了美欧进入现代社会后的各路外交风云人物,但是遗憾的是,在伊拉克问题渐渐铺展开来的时候,从布什到鲍威尔、从希拉克到德维尔潘都缺少力挽狂澜的谋略和气魄。

可见,无论"天时""地利"还是"人和",我们都可以找到不少仅仅局限于当时、当地、当事人的原因,然后让它(他)们背上导致两岸关系恶化的十字架。但是我们仍不禁会追问,在这些偶然因素的背后会不会有更深层的结构性原因呢?

二、大势所趋和力量结构变化?

强调跨大西洋关系危机原因由来已久的观点则认为,这次危机只是始于冷战时期的双方纷争不断的关系在新的历史时期和环境下发生的结构性突破,伊拉克只是一个燃点、一个平台,只是帮助呈现了各种交锋力量的关系,上文所提到的那些偶然性的人和事则顶多是些无关痛痒的"花边新

---

① Philip H. Gordon and Jeremy Shapiro, *Allies at War: America, Europe, and the Crisis over Iraq*, p. 165.

闻"。而要真正理解跨大西洋关系在伊拉克问题上遭遇的危机,就需要深入这些表象背后,观察新的历史时期和环境下各种力量关系的变化。这些变化主要包括:(1) 冷战结束深刻改变了国际力量格局;(2) 突出了美国单极或者"一超"的地位;(3) 欧洲通过一体化进程已经拥有不可忽视的力量。

冷战结束的影响。国家间关系中"没有永久的朋友,也没有永久的敌人,只有永恒的利益",英国首相帕默斯顿的名言无数次地被历史所证明。所谓大西洋联盟也只是 20 世纪后半期的事情,而同属大西洋联盟的美国与英国、西班牙、德国等欧洲主要国家在之前无不发生过大的战争(法国是个例外),欧洲国家内部的恩怨情仇自不待言。因此,大西洋两岸的同盟关系本身就是在二战后的特殊历史条件下被动形成的,是对苏联在二战前后实力(包括声望)大增和很快从反法西斯盟友变为对手的应急反应的结果,是冷战时期遏制秩序的一部分[①],也依赖于东西两大阵营相互对抗下作用力和反作用力的平衡。

然而自 1989 年开始,东方阵营因为各种原因迅速瓦解,两极世界终结,力的一方迅速减弱(如果不是消失的话),维持跨大西洋关系不变的力学依据消失。套用伊斯梅勋爵关于北约功能的精辟表述,如果冷战时期跨大西洋的团结是为了"挡住俄国人、压住德国人、留住美国人",那么冷战结束后俄国人已经不再需要"挡住",德国也已经统一了,那么还需要"留住"美国人吗? 没有共同的敌人,同仇敌忾的团结将难以为继。因此冷战一落幕,不少国际关系(主要是新现实主义派)学者就开始预言跨大西洋关系的团结和合作将会弱化,西方国家间的相互竞争会重现、加剧,历史会"回到未来"。[②] 当然,这类预测在冷战结束后的十年里并未实现,制度主义者因此嘲讽现实主义者的失败,并进而证明制度在国际关系中对国家行为的"锁定"意义。伊肯伯里在 20 世纪 90 年代末这样写道:"尽管两极世界崩塌、全球力量迅速转移,美国与欧洲和日本的关系与过去几十年相比没有

[①] G. John Ikenberry, *After Victory: Institutions, Strategic Restraint, and the Rebuilding of Order after the Major Wars*, Princeton: Princeton University Press, 2000, p. 170.

[②] John Mearsheimer, "Back to the Future: Instability of Europe after the Cold War," *International Security*, Vol. 15, Summer, 1990. p. 5.

变化：合作、稳定、相互依赖和高度制度化。"① 但是与不少研究当下的学者一样，伊肯伯里很快就被现实"打脸"了。

而随着伊拉克危机的爆发，新现实主义又迎来了新的春天。那些曾经唱衰跨大西洋关系的理论，一时之间被认为不是危言耸听，而是更具远见。很多人突然发现，纵然时移世易，国家间关系仍然没有逃出帕默斯顿所归纳的根本法则。共同的敌人苏联解体之后，特别是在俄罗斯对西方的态度改善、有意化敌为友之后，欧美之间的关系已被剥离了曾经使其团结一致的大环境，回归一种国与国关系的常态。纵然是制度主义者的伊肯伯里也承认，在后冷战时代，美国作为剩下的一极，为了降低对自主的限制成本，更愿意发展双边关系而不是多边制度。而欧洲国家则在没有共同威胁的背景下，更不愿意对美国言听计从，要求美国的行为应该满足更高的合法性。②

大多数现实主义者对跨大西洋关系回归到一种正常的国与国关系，并不遗憾或者懊恼，毕竟这才是国际关系的一种常态，而冷战是一种例外。事实上，一开始冷战给世界特别是西方带来的是压倒性的惶恐，人们担心会不小心发展成热战，会变成给人类带来空前灾难的第三次世界大战。但是随着铁幕两边都表现出足够的克制，遏制转为缓和，一些人转而唱起了冷战的赞歌，认为冷战以两极为标志的力量分布，因为其力量关系的明确性，是世界和平最可靠的保证。因此当已经被接受为常态的冷战在 20 世纪 80 年代末突然结束时，已经在冷战格局下生活了近半个世纪的世界又开始变得不适应。但是对于不少现实主义者来说，尤其是那些对历史上的均势政策津津乐道的学者来说，国际关系是经过短暂的改道之后回归了原道。国与国相互制衡是不变的法则，而具体制衡中的联合是短暂的。回顾欧洲自进入近现代以来的那些战争和结盟（包括三十年战争、西班牙王位继承战争、奥地利王位继承战争、拿破仑战争、一战，甚至二战等），哪一次的同盟能做到无视共同威胁的消失而长久延续？而伊拉克问题上跨大西洋危机证明，21 世纪也不会例外。

---

① G. John Ikenberry, *After Victory: Institutions, Strategic Restraint, and the Rebuilding of Order after the Major Wars*, p.246.
② G. John Ikenberry, *Liberal Leviathan: The Origin, Crisis, and Transformation of the American World Order*, p.150.

第九章 伊拉克战争与跨大西洋关系的危机

美国一超独霸的影响。冷战的结束始于东欧剧变,终于苏联自身的瓦解。冷战两个阵营对抗的基础是美苏两极的实力,苏联瓦解后,美国成了存留的一超。一超的特点是:一、国际上再也没有同重量级的"极";二、该超级国家与其他国家的力量差距增大。[1] 没有了老对手苏联,美国自然是没有了同重量级的"极",而因为俄罗斯遭遇过渡困难,同一时期欧洲和日本的经济发展速度落后于美国,再加上美国超常的军费开支比例,美国与其他国家之间的实力差距进一步拉大。美国的这种统治性优势几乎是全覆盖性的,包括经济、军事和技术等领域。

自从进入现代社会以来,人们越来越意识到富国与强国之间的关系,也就是一个国家经济规模在影响国家力量中的决定性作用。这种决定性作用随着军事装备技术的进步和与之相伴的武装成本的提高更加突出。而美国无人能匹敌的优势也首先源于它在经济上的霸主地位。自19世纪末超过英国成为第一大经济体以来,美国就一直占据着世界最大经济体的地位,而且在很长一段时间内在世界经济总量中的比重一直在增加(在大萧条时期有过短暂的减退),直至战后初期占世界近50%的生产总量。后来因为受二战重创的国家经济得到恢复,美国经济总量在世界经济中的比重有所下降,但是也一直维持在总量的25%以上。[2]

20世纪80年代,日本几十年来蓬勃增长的经济似乎给美国世界第一的地位带来了比较现实的威胁,北美大陆也曾一度流行日本威胁论。但是随着《广场协议》后日本经济泡沫的破裂,美国经济一骑绝尘,特别是克林顿执政八年,美国新经济势头强劲,更是把其他经济伙伴远远地甩在了后面。美国的经济除了规模上的优势外,结构也较优越,是创新导向型的经济结构,而技术创新在占领经济竞争高地中尤显重要,而且经济领域的创新能力又会为一个国家军事装备提供难得的技术支持。

美国在军事方面的优势则更是明显。美国是一战和二战的战胜国,美国人更是不厌其烦地重复美国无往不胜的战争史(越战有时被认为是一个例外)。二战结束前夕,美国通过在长崎和广岛小试牛刀,建立了在战略武器上的优势。20世纪50年代初,苏联也成功发展了自己的核武器,于是

---

[1] G. John Ikenberry, *Liberal Leviathan: The Origin, Crisis, and Transformation of the American World Order*, p. 120.

[2] Stephen M. Walt, *Taming American Power: The Global Response to U.S. Primacy*, New York: W. W. Norton & Company, 2005, p. 32.

双方陷入了恐怖平衡的对峙。但后来苏联由于经济出现问题,军事上有些力不从心,被里根的"星球大战计划"拖入了最后的崩溃,美国自此孤独求败。

冷战后西方各国纷纷减少国防开支,享受和平红利。美国的国防开支也一度呈现缩减趋势,但是自20世纪90年代末后又转减为增,并且一直延续下来。这样一减一增的结果是美国和其他国家军事实力的差距进一步增大。到伊拉克战争爆发的2003年,美国国防开支占到了世界国防开支近40%,相当于紧跟其后的13个国家的国防开支的总和。[1] 与美国经济有结构优势相似,美国军事领域因为结构的优越性和技术配置的先进性,实际中会显示出比简单的国防开支数据所表现出的更大的优势性。美国军事结构上的优越性首先源于规模带来的单位成本的降低,也就是说美国单位国防开支带来的战斗力会较其他国家强。同时因为冷战后引入新的军事管理理念和在军事装备上进行毫不松懈的创新,美国提升了单位部队的作战力,也拥有了其他国家望尘莫及的先进军事设备和技术。在阿富汗战争中,美国撇开北约的原因之一就是以美国的作战水平和武器装备标准,欧洲国家基本上帮不了什么忙。这些传统盟友的重要性在美国的战略考虑中远排在那些能提供通道或基地的阿富汗邻国之后也就不足为奇了。阿富汗战争和伊拉克战争本身也展示了美国在精确打击和远程投送方面超凡的能力。

除了这些物质力量,有学者还会突出美国在制度、文化和意识形态影响力方面的优越性,也就是美国著名学者约瑟夫·奈所说的软实力上的优越性。但伊拉克战争之后,被谈及更多的是美国在软实力上所遭受的损失,而不是压倒性优势。所以从伊拉克战争背景看,所谓的软实力与美国实力的相关性不大,因此不再单独分析。

那么,美国一超的实力优势对跨大西洋关系有什么样的影响呢?从美国方面来说,这种实力优势会从两个方面危及跨大西洋亲密关系的继续。一方面,美国从冷战后短暂的"一超"国际地位中尝到了随心所欲地塑造国际重大事件(如前面章节论述的海湾战争、波黑战争和科索沃战争)的甜头,从而坚定了其继续维持这样的优势、推行美国霸权主义的决心,自然就

---

[1] Stephen M. Walt, *Taming American Power: The Global Response to U.S. Primacy*, New York: W. W. Norton & Company, 2005, p. 34.

会打压任何对美国的优势构成威胁的挑战者,无论挑战者是西欧、俄罗斯或是中国。也就是小布什所说的:"美国必须保持让挑战变得不可能的军事力量,从而让不稳定的军备竞赛变得毫无意义,让对手满足于贸易和其他方面的竞争。"①

另一方面,由于在经济、军事等领域实力悬殊,又没有共同的威胁,所以美国对盟国的依赖会大大降低,盟国在美国全球和地区战略中的地位都直线下降。国家之间的合作源于作用互补或互强,国家之间的相互尊重源于彼此在战略相互需求方面的基本对等性。而美国冷战后压倒性的优势地位决定了美国和盟国之间的相互依赖和彼此尊重是不对称的,这就必然导致美国对传统盟国的疏离和冷落,从而导向饱受批评的单边主义。所以布什政府的单边主义外交政策是美国超群实力的反映。

最后,欧洲的崛起改变了大西洋两岸的力量对比,给欧洲以挑战美国霸权的底气。欧洲是现代社会的发祥地,也曾长期是世界政治的中心,特别是十八九世纪时的全球性经济和殖民扩张,欧洲列强把自己的力量投射到世界各地,最终形成了以"英国治下的和平"为标志的欧洲优势。然而,经历两次世界大战后,欧洲列强被打回原形,特别是战后美苏两极对峙格局形成后,欧洲只能依附于两极中的一方,在夹缝中求生存,在国际政治中似乎一蹶不振。但也就是在欧洲实力降到谷底的战后初期,痛定思痛的欧洲之父们开始了曾经几乎不可想象的欧洲一体化实验,并取得了举世瞩目的成果。冷战结束后,随着欧盟的成立、一体化的深化和成员的大幅度增加,欧洲展现出了集体的力量,努力实现自己的复兴之梦。

纵观欧洲一体化的历程,它本身并不一定是国际体系中制衡美国的力量,但是一体化的成功和冷战的结束相结合却造就了欧洲可能抗衡美国的前景。欧洲一体化的初衷只是通过对一些至关重要的战略物资如煤炭和钢铁生产的超国家控制,打破欧洲国家特别是法德每隔几十年就陷入残酷的战争的魔咒。美国则对欧洲联合从一开始就鼎力支持,因为一来这样可以避免美国像一战和二战时那样不得已卷入欧洲内战的可能;二来通过联合提升欧洲整体实力的同时提升西方阵营的实力,从而减轻美国在与东方阵营对抗时的战略压力。

---

① G. John Ikenberry, *Liberal Leviathan: The Origin, Crisis, and Transformation of the American World Order*, p. 257.

但是随着欧洲一体化进程的加速和深化,美国对欧洲一体化的态度到尼克松政府时期开始变得有些暧昧。而冷战结束后,特别是随着货币同盟排上日程和一体化开始向安全与防务领域扩展,美国提高了对欧洲的警惕。如奥尔布赖特国务卿针对欧洲共同防务提出的"三不政策"实际上就是要给欧洲防务一体化进程划出红线,从而使欧洲无法对美国构成挑战。但是随着冷战结束,国际环境变得宽松,欧洲有了更多表现自己实力的意愿和空间。伊拉克战争前,法德联合起来对美国的政策和立场坚决说"不",充分代表了欧洲新时期的自信和在国际事务中发展有别于美国的政策和立场的意愿。当然,总的来说,从欧洲整体发展来说,伊拉克问题只能是喜忧参半。一方面,欧洲国家明确表达了在后冷战时代区别于冷战时期的姿态,尤其是与美国的关系。另一方面,它也暴露了欧洲内部存在的多声部。可见冷战结束不仅影响跨大西洋关系,也同样会影响欧洲内部关系。

冷战的结束使欧洲在安全上依赖美国的外部环境因素作用下降,而新欧洲的崛起则使欧洲有了叫板美国的实力,欧洲国家已经不满足于在国际事务中仅仅充当美国的"小伙伴",而是要在需要的时候表达自己的独立立场和诉求。而这样的发展又是美国所不熟悉(如果不是不能容忍的话)的。结果,当欧美之间在国际事务中的政策立场、利益诉求和价值取向相左时,发生分歧和对抗就难以避免了。虽然欧洲在军事力量方面与美国有较大的差距,但是在经济领域,欧美双方实际上已难分伯仲。伊肯伯里在分析小布什政府政策的失败时说,美国实力在经济方面不是单极,在伊拉克战争爆发前,美国没法赢得土耳其和俄罗斯的支持,因为最终美国"对两国的经济影响力相当有限,两个国家都与欧盟有更重要的经济关系"。[①] 而且,虽然欧洲力量有严重的不对称性,但这在较大程度上不会妨碍欧洲成为美国最有可能的挑战者。因为首先欧洲自身力量的发展存在着很强的动态性,有在较短时期内补齐短板的可能,这就是为什么美国会如此关注欧洲防务一体化的努力。同时,欧洲对美国的挑战并不是传统意义上的粗暴的力量(军事)较量,而是一种"软平衡"[②],在这样的竞争中军事不再是一种

---

① G. John Ikenberry, *Liberal Leviathan: The Origin, Crisis, and Transformation of the American World Order*, p. 271.

② Robert Pape, "Soft Balancing Against the United States," *International Security*, Summer 2005, pp. 7-45.

备选的重要手段,欧洲军事实力上的不足因此不会显得那样突兀。

美国学者查尔斯·库普乾在 2002 年预言美国时代的终结时,在众多可能对美国形成挑战的力量中最看好欧洲,认为欧洲已经成为足以影响世界发展方向的一股力量。美国应该做的是像当初英帝国对待美国崛起的态度一样,对欧洲的力量发展进行建设性的引导,而不是在欧洲崛起的路上设置更多的障碍物。① 但是,在伊拉克问题上美国所展示出的趾高气扬和霸权主义,特别是对欧洲国家的冷落,表明库普乾的告诫还没有为多数美国人所接受。

三、欧美文化和价值观的分歧?

从文化差异寻找原因的专家普遍认为西方在一定意义上是个已过时的概念。以大西洋为分界,西方正在发生文明内部的"板块漂移",取代"西方"的应该是美国和欧洲。这样的观点认为,因为内部文化的悬殊,曾经被推崇的跨大西洋文化纽带,不但在大西洋两岸因为国际格局变化、离心力增加或疏离时不能起到缓冲作用,还增加了跨大西洋关系产生龃龉的可能性。这是因为双方在通过不同的文化三棱镜——大相径庭的认知框架——观察世界,所观察到的难免不一致,政策主张更是难以吻合。这正是跨大西洋关系在伊拉克问题上出现危机的原因。

冷战后关于欧美在文化和价值观方面殊异的论述层出不穷。小到文化品位、生活方式,大到对世界的认知,欧美都被认为正走在不同的道路上,而且趋势是渐行渐远。例如,德国著名学者哈贝马斯(Jürgen Habermas)以美国为参照列举了可以成为欧洲身份认同的六个要素②:(1) 信仰的社会私人化或者说是世俗主义;(2) 更相信政府而不是市场;(3) 对社会进步带来的福利持怀疑态度(通过支持更严格的环境管理表达出来);(4) 一种平均主义的社会精神;(5) 对个人尊严和身体伤害的敏感(通过对死刑的反对表达出来);(6) 对国家主权的相互制约(多边主义)的支持。拉伊迪(Zaki Laidi)也从不同的角度总结出了欧洲的六大偏好③:(1) 抛弃权力政

---

① 查尔斯·库普乾:《美国时代的终结:美国外交政策与 21 世纪的地缘政治》,第 327 页。

② Rockwell A. Schnabel, *The Next Superpower: The Rise of Europe and Its Challenge to the United States*, p. 88.

③ Zaki Laidi, *Norms over Force: The Enigma of European Power* (Translated from the French by Cynthia Schoch), New York: Palgrave Macmillan, 2008, p. 52.

治;(2)信任贸易文明化力量;(3)坚持非市场社会价值;(4)共享责任优先国家主权;(5)重视个人权力,并有意愿扩展这些权力;(6)对世界社会中的不平等方面表现出政治同情。由于文化包罗万象的特点,要对美欧在文化领域出现的各种差异进行无微不至的描述几乎是不可能完成的任务。这里笔者围绕对人的认识和重视程度,通过三组关系考察欧美文化间的殊异程度:在经济文化(个人、市场、政府关系)上的不同主张;在宗教信仰(人、宗教和政府关系)上的态度差异;对世界秩序(人、国家主权和国际关系)的认识悬殊。

  自由放任主义与社会民主主义。美欧宏观经济政策上的不同及孰优孰劣的问题常为学者们津津乐道。总体来说,两者之间的差异是市场和国家干预之间的偏好选择问题。美国向来是自由市场主义国家的代表,这样的传统源于英国殖民时期,思想源头则可以追溯到亚当·斯密的《国富论》,甚至更早。自由放任的传统被移植到美国大陆后与被不断美化的自由不羁的本土边疆生活方式完美契合,最终对个人自主自立(autonomy)文化的推崇和对市场运行力量的推崇化为了美国文化中对政府干预经济的怀疑和警惕。

  欧陆国家所倡导的强调国家干预的社会民主政策则发轫于英吉利海峡彼岸的法国,就源起时间早晚而言,与美国的自由放任主义难分伯仲。早在17世纪,满怀雄心壮志的法王路易十四为了推动法国经济的发展,采纳了其财政大臣让-巴斯特·柯尔培尔(Jean-Baptiste Colbert)的主张,实施了关税、国家投资和为制成品制定统一标准等一系列自上而下的宏观调控政策。这是法国国家干预市场机制传统的源头。法国式的国家干预偏好最终能成为欧洲大陆的模式,很大程度上是因为二战后法国在欧洲一体化进程中充当了领导者的角色。法国政治经济精英们,包括"欧洲之父"让·莫内、《罗马条约》的起草者之一皮埃尔·于里(Pierre Uri)、欧委会主席雅各·德洛尔(Jacques Delors)等人,顺利地把法国式国家干预偏好注入欧洲经济共同体制度之中。同时,欧洲战后长盛不衰的左翼运动也对法国式国家干预的扩散起到了推波助澜的作用,发展和巩固了社会民主主义政治。总之,如果说美国的文化中存在着一种要求市场和政府保持一定距离的谨慎和警惕,那么欧洲的社会民主政治则展示了欧洲文化对市场本身的提防和对政府作为一种调控和补救力量的认可。

  美国人推崇、敬畏市场力量的直接政策后果,是政府对于市场竞争多数时候乐于充当旁观者,放任市场兴风作浪,更倾向于依靠市场机制这只看不见的手平衡经济和社会的发展,而不是通过二次分配实现财富分布的相对平均。欧洲人则认为市场本身的运行虽然总体而言有其规律,并能促进生产要素的合理分配和生产效率的提高,但就社会成员个人而言,市场作用的结果具有很强的偶然性和不可逆性,从而导致不公平;市场可能是高效的,但不是公平的。因此,欧洲人比美国人更加重视社会的再分配和社会公正。例如,根据经合组织统计,美国投入11%国民生产总值用于转让和社会福利等再分配;而欧洲国家在社会福利再分配中的投入比例则超过26%。①

美国文化推崇个人英雄主义,鼓励个体通过个人努力,超越自己现有的(不利)条件出人头地,实现美国梦。如果孤立看待,这样的励志故事似乎无可厚非,但是渲染个人成功神话的背面则是对失败和贫穷的不够包容和同情(如果不是鄙视的话)。而欧洲文化则更善于从个人之外的大环境寻找个人境况的原因,更倾向于把个体的贫困视为整个社会的责任。美国文化对竞争和自强的强调也反映在对企业竞争的态度上。就像美国文化更不愿通过再分配来调节市场作用,在企业竞争中美国政府也更可能选择作壁上观,任企业自主沉浮。欧洲则会在关注竞技场的公正的同时,尽力避免市场某一领域出现一家独大的局面,使竞争沦为一种徒有其名的假象。在企业与消费者关系上,欧洲也通过严格的反垄断法等确保鹬蚌(企业)相争、渔翁(消费者)得利的效果。不难看出,欧洲承认普通个体在市场和企业等面前的弱势地位,并采取措施对个体的利益进行了保障。"欧洲人为了生活而工作,美国人为了工作而生活",这句广为流传的表述,一定程度上反映了大西洋两岸关于人和市场关系上认知的悬殊。

宗教主义与世俗主义。大西洋两岸在宗教信仰方面的不同取向近来也是颇受人们的关注,这可以从两个方面去看待:首先是信不信宗教或者信的程度的差异问题;其次是具体所信教义内容偏重的问题。

欧洲并不是基督教的发源地,但是自罗马皇帝君士坦丁在帝国内认可基督教以降,基督教中心就再也没有离开过欧洲,中世纪一千年的宗教统治更是让欧洲大陆至今教堂星罗棋布,其中很多都是大大小小城市的地标

---

① Jeremy Rifkin, *The European Dream: How Europe's Vision of the Future is Quietly Eclipsing the American Dream*, Cambridge: Polity Press, 2004, p. 43.

性建筑。梵蒂冈也仍然是天主教的教廷所在,罗马教宗仍然手持着所谓的天主教徒通往天国的钥匙;英国的坎特伯雷大主教在英国国教世界的位置也无人能比;欧洲(东欧)还是东正教的主要地盘,该教的所有牧首(patriarch)几乎都在欧洲。因此,基督教文化在欧洲大陆可谓开枝散叶且根深蒂固。但欧洲也经历过文艺复兴和启蒙运动,特别是自法国大革命后世俗主义在政治话语中占上风,欧洲(特别是法国)成了坚持和支持世俗主义的典范。因此,在欧洲我们可以看到这样一个悖论:欧洲大地仍到处见证着历史延续下来的古色古香的宗教的物质"在场",但宗教又被请出了政治主流文化。可以说,宗教之于欧洲更是一种值得珍视的传统,而不是活跃在当下的潮流。

与欧洲形成反差的是,在美国,宗教信仰作为一种社会力量有着更大的影响,宗教界对政治干预的愿望更为强烈。原因有三:首先,美国宗教界对政治干预的热情受到法律的保护,美国宪法第一修正案在保障言论自由的同时,也保障了宗教界干预政治的权利。其次,美国宗教分支林立,各派必须通过各种活动扩大自己的影响力和拓宽收入来源,这就提高了宗教整体的影响力。最后,美国政治选举(包括总统选举和议会选举)容许接受捐款,这样教会就可以合法地通过提供捐款或者发动信徒为候选人投票来影响政治,而欧洲则基本上不容许选举捐款,针对具体政策的游说势力也较弱小。因此,从国家政治的层面看,大西洋两岸相比较,美国更具宗教性,欧洲则更具世俗性。根据民调机构的数据,21%的欧洲人认为宗教很重要,而美国持同样观点的受调者比重则是59%。里夫金(Jeremy Rifkin)认为,绝大多数欧洲人(特别是战后出生的)已经把上帝抛进了历史,欧洲可能已经是世界上最世俗化的地区。①

总之,从宗教影响力的角度考察,宗教信仰在美国国家政治和个人生活中的影响力都较欧洲大很多。如果欧洲是后基督教社会,那么美国则还是基督教社会;如果欧洲人是启蒙的后代,那么美国人则还带有些中世纪的狂热;如果欧洲是世俗主义的典范,那么美国则以自己的宗教信仰自由为傲。而这样的差异因为双方与其他两大宗教(犹太教和伊斯兰教)的关系更加复杂化。例如,与欧洲(基督教)近千年的反犹太主义不同,美国人

---

① Jeremy Rifkin, *The European Dream: How Europe's Vision of the Future is Quietly Eclipsing the American Dream*, p. 211.

对饱受迫害的犹太人有更多的同情和情感共鸣,对犹太人和犹太文化也有一种天然的尊重。美国人与犹太人(犹太教)之间的特殊关系影响到美国的中东政策,并进一步影响到跨大西洋关系。不少人认为,欧洲在伊拉克战争前后的反美主义与欧洲的反犹太主义密不可分,称它们为"表兄弟"甚至"孪生兄弟"。

主权主义与后主权主义。关于市场和宗教上的态度悬殊,还将在更大的国家和国际秩序层面的认识上得到呼应。在个人与国家的关系上,美国是一个传统的主权主义国家,强调个人要忠诚于国家的传统。在主权主义的话语中,国家是公民效忠的对象,个体在国家面前"微不足道"。而在欧洲,通过欧洲一体化过程中法律共同体的建设,欧共体/欧盟法律已具有直接有效原则(欧洲法直接适用于共同体成员国国民)和至上原则(欧洲法在与成员国国内法关系中是上位法,后者若与前者抵触则无效)。在许多方面,欧盟已经成了成员国与个体之间新的维度,这就颠覆了过去只能从国家的框架理解个人的模式。拉伊迪就认为,欧洲正处在一个历史的灰色地带①,三种关系在此展开竞争,第一种是传统的国家(成员国)之间的关系,第二种是欧洲国家(成员国)与欧盟等超国家机构之间的关系,第三种是个人通过欧洲法强调自己的权利,从而对国家构成的挑战关系。

因此,在欧洲人的认知里,单个个体在国家面前不再是一味被动的个体,国家也不可能"一手遮天"。比如,欧洲人已经渐渐接受了这样的观点:国家无权以任何理由剥夺个体的生命,欧洲因此已事实上废除了死刑。而美国则仍有许多州保留死刑,三分之二的民众也支持死刑,认为屠杀者已经因为其残暴的行为失去了作为人类一员的权利。② 所以多数美国人还是乐见"一命抵一命"的传统的法律正义。美国作为一个国家也从政治和社会治理的角度出发,视生命为一种惩罚媒介(量刑的对象)。而欧洲则从生物的角度去看待个体最基本的生命权,坚持认为国家无权夺取个人神圣的生命。

欧洲和美国关于个体与国家关系的不同立场反映的是双方对主权的不同理解。美国对民族国家主权的理解仍停留在以货物贸易为主要特征

---

① Zaki Laidi, *Norms over Force*: *The Enigma of European Power* (Translated from the French by Cynthia Schoch), p. 54.

② Jeremy Rifkin, *The European Dream*: *How Europe's Vision of the Future is Quietly Eclipsing the American Dream*, p. 211.

的工业时代,强调封闭疆界内国家行为和决策的自主权,对国际组织和国际制度少一分尊重,多一分工具性考虑。结果是对国际多边框架采取有用则拿来、无用则踢开的态度。布什主义的出发点就是认为国际条约和承诺与国家主权相比都是次要的,只有后者才是国家行为的最终裁判者。也就是赖斯在2000年为小布什助选时所说的,美国要威风八面"就必须以国家利益坚实的地面为出发点,而不是以似真似幻的国际共同体的利益作为出发点"。①

美国主权主义及其对国际制度的工具性考虑背后是担心美国深度嵌入各种国际法、国际条约协定构成的网络之中而失去越来越多的操控权,以至于不得不听命于一些多边制度。美国认为,凡是超出了自己主导范围的多边制度都缺乏民主根基,若听命于这些制度就会背离美国的民主精神,损害美国的国家利益。当然,如果在个人追求财富、市场运行和宗教信仰方面美国都不愿设置过多障碍,形成制衡,那么要美国主动通过多边框架进行自我约束就更难想象了。

美国对主权的迷恋,实际上与以维护美国霸权为中心的世界秩序是相一致的。伊肯伯里将小布什的外交思想定义为保守民族主义,其表现之一是美国外交政策的"合法性源自国内,根植于主权在民和美国宪法。美国行为正确与否要看是否满足美国国内的民主程序要求,而不是要听其他国家政府的观点"。② 这些保守主义在冷战刚一结束就已显露端倪,20世纪90年代已经在保守的政治家和极端右翼分子中间广为流行。保守主义者们认为美国过多介入全球多边条约和联盟,将损害美国的利益。因为这样做将把美国与其他和美国利益并不一致的国家绑在一块。如此一来,当美国和这些国家的利益发生冲突时,美国难以在照顾国家利益方面面面俱到。新保守主义在小布什上台后走上了美国外交的前台,为美国单边主义呐喊助威,为跨大西洋关系的走低立下了汗马功劳。

欧洲人对主权的理解与美国人差距较大。欧洲国家加入一体化的过程是克服对主权的迷信和迷恋的过程,因此欧洲国家更习惯在具有约束力的国际法之下协调共进。欧洲国家在冷战结束后主张的世界是一个多边

---

① Condleezza Rice, "How to Pursue the National Interest: Life after the Cold War," *Foreign Affairs*, January/February 2000.
② G. John Ikenberry, *Liberal Leviathan: The Origin, Crisis, and Transformation of the American World Order*, p. 267.

第九章 伊拉克战争与跨大西洋关系的危机

主义的世界,这与美国尤其是小布什政府的单边主义外交理念是针锋相对的。美国间歇性爆发的单枪匹马的单边主义行为也是欧洲在世界层面设计和苦心经营的多边合作大厦最大的威胁。

欧洲关于国家主权观念的变化首先要归功于欧洲在二战中的遭遇和对二战的反思。二战深刻地改变了欧洲认识自我和看待民族国家的方式。在欧洲人看来,二战是在一种极端的民族主义麻醉之下人性之恶的大爆发。除了英国,欧洲所有国家都有深深的负罪感,因为它们彼时要么参与或支持了纳粹主义,要么对其视而不见,要么无力阻止。① 战后欧洲逐渐形成的共识是通过国际法和国际合作对民族主义进行约束,而美国则缺乏这样的认知危机和认识重建的过程。这和美国在二战中与欧洲的不同遭遇有关,就像鲁本菲尔德(Jed Rubenfeld)所说:"在很多欧洲人看来,第二次世界大战是反对民族主义斗争的胜利,而在美国人看来,它是民族主义的胜利。"②

其次,欧洲对多边治理的偏好还在欧洲一体化过程中得到不断加强。欧洲一体化最初的目的是要通过超国家组织来避免法德世仇故事增加续集,而这样的实验在实际中通过外溢效应给欧洲整合带来了超乎设计者最初想象的动力和利益。欧洲人通过一体化重新认识了制度本身带来的能动性。一方面,二战后欧洲实现了对民族国家(特别是民族主义)的祛魅;另一方面,一体化本身证明了制度(特别是超国家制度)在治理方面的功效。结果是欧洲开始以在实现治理中的有用性来衡量民族国家,把国家从受人膜拜的神坛请回到一般的制度群当中。可以说,欧洲在认识民族国家方面的最大突破就是把主权部分地与民族国家剥离开,主权因此可以共享,政府不再是国际治理中统治性的行为体,甚至不是最重要的行为体。欧洲的多层治理(或多元治理)一定程度上打破了原有的国内、国外两分法,有利于跨国治理的无缝对接,这在全球化时代有重大的意义。

从对待个人和民族国家(主权)的不同态度,我们已经领略到了欧美在认识和处理国际政治方面的差异。美国眼中的世界更加接近霍布斯的丛林政治,美国也因而多一分忧患意识,特别是对美国在国际政治中的地位

---

① Jiri Sedivy and Marcin Zaborowski, "Old Europe, New Europe and Transatlantic Relations," Kerry Longhurt and Marcin Zaborowski, eds., *Old Europe, New Europe and the Transatlantic Security Agenda*, p. 8.

② Jed Rubenfeld, "Tow World Orders," *Prospect*, January 2004, p. 32.

可能受到挑战的担忧。欧洲则更加接近康德的永久和平。康德的永久和平主要依赖三个方面的要素：一是共和国的特点，二是贸易的文明化作用，三是公共空间的监督作用。欧洲对这三个方面不可谓不重视。从实现世界秩序的手段来看，欧洲强调协调，而美国强调管理一种在权力的威慑之下的秩序。管理需要管理者，美国则自我定义为当今国际秩序的管理者，也就是现实主义霸权稳定理论家们眼中实现稳定的霸权。

三种解释，第一种更加关注双边关系发展的进程，突出双边关系走低过程中的一些细节和节点对整个关系走势的影响。第二种则从力量结构角度解释双边关系的变化，当中的结构包括从冷战到后冷战的过渡以及美国和欧洲在后冷战的角色地位。最后一种则从文化角度把握双边的殊异，文化的殊异会影响认知的差异，进而导致政策的悬殊。

第三节　对三种解释的评价

危机理论研究者赫尔曼（Charles F. Hermann）认为，危机（crisis）一词源于希腊语，是分开（separate）的意思；医学里，危机特指病情发展中一个分水岭式的节点，自此身体可能恢复健康，也可能导向不治和死亡。① 在分析围绕伊拉克问题展开的跨大西洋纷争时，约翰·伊肯伯里也大致延续了对危机"生死攸关"的理解，他认为伊拉克危机可能导致三种情况：可能实现一种彻底解决，从而重建政治体系中原有的规则和制度；可能走向政治体系的转型；可能导致政治体系的基本崩溃和最终消失。② 那么，上文提到的三种解释各自对应着怎样的前景，又如何评价各种解释的得失呢？

第一种解释主要强调引起伊拉克战争爆发和大西洋两岸关系步步走低过程中的偶然性因素，认为冲突发生的时间、冲突聚焦的地点、参与冲突的领导人物的性格和领导风格都以不同的方式合力实现了一种"蝴蝶效应"。这样的机缘巧合可谓"百年难遇"。这种理论的推演结论是：一、关

---

① Charles F. Hermann, "Internaitonal Crisis as a Situational Variable," in John A. Vasquez, ed., *Classics of International Relations* (3rd edition), New York: Pearson, 1995, p. 191.
② John Ikenberry, "Explaining Crisis and Change in Atlantic Relations," in Jeffrey Anderson, G. John Ikenberry, and Thomas Risse eds., *The End of the West? Crisis and Change in the Atlantic Order*, Ithaca: Cornell University Press, 2008, p. 12.

第九章 伊拉克战争与跨大西洋关系的危机

于伊拉克问题的跨大西洋冲突具有很强的时效性,双方关系过了伊拉克这一站之后又会柳暗花明,迎来隧道尽头的亮光;二、这一冲突具有不可复制性,是一个特例,各种偶然因素表明跨大西洋关系在其他地方重演相似冲突的可能性极低。

依据这样的认识,伊拉克冲突本身至多触及跨大西洋关系的"皮毛",没能使其"伤筋动骨",可谓无伤大雅。该认识下的跨大西洋关系自然就不需要任何刻意的修复,只要假以时日,又会完好如初。这就是老布什所说的"在诸如美国和欧盟及其成员这样真正的朋友和盟友内部,问题会最终自我理顺"。① 如此看来,如果套用伊肯伯里的分类,这些由"克利欧佩特拉的鼻子"式的偶然因素引起的冲突,还不能构成一种危机,因为原有的跨大西洋制度、传统等都未受到挑战。经过短暂的偏离,两岸关系必然会回归盟国友好合作的主流。

第二种解释则认为是一些不以人的意志为转移的力量造成了双方关系的疏离,伊拉克冲突只是这些力量相互交汇时必然产生的结果。由于后冷战时代美国在当中的定位、欧洲的崛起都不是短暂性的,跨大西洋关系还会受到来自这些力量的持续的压迫作用。在这样的认识下,人们熟悉的、伊拉克以前的双边关系反映的是冷战时期的国际格局和当时欧洲对美国的战略依赖。这样的关系要反映新的国际格局和力量关系,就要"升级换代",关于伊拉克问题的纷争是新关系形成过程中的磨合。磨合的结果具有不确定性,可能走向复原、转型或终结。

当然,因为新的国际环境和力量关系,简单的复原已经不大可能。那么更可能是一种建设性的转型呢,还是破坏性的终结呢? 认为双方曾经的特殊关系将会结束的声音,冷战结束后就没有断过,到了伊拉克危机时期达到了一个峰值。如果说它曾经是理论家们的预测,那么现在则成了评论家们的判定。而如果我们只关注"大国的悲剧"逻辑②,那么这也是一个必然的结论,毕竟欧洲已经被认为是对美国地位最大的候选挑战者。然而,关于伊拉克的危机也显示双方的实力现实与各自设计的角色——美国的单边主义外交和欧洲独立于甚至与美国针锋相对的政策——不能匹配。

---

① 转引自 Sarwar A. Kashmeri, *America and Europe after 9/11 and Iraq: The Great Divide*, Westport: Praeger Security International, 2007, p. 104.

② John J. Mearsheimer, *The Tragedy of Great Power*, New York: W.W. Norton & Company, 2001.

美国超强的实力优势固然是历史上罕见的,但这并不意味着美国是万能的。伊肯伯里在分析小布什政府伊拉克政策的失败时认为,单边主义政策存在对权力现实的误读。美国无与伦比的超级实力给了美国官员单边主义的信心,但是对美国权力的"过分自信导致了莽撞的雄心壮志,这样的雄心壮志最终又因为没有足够的实力来克服其他国家的抵制和国内削弱的支持而失败"。① 基辛格在评价伊拉克战争时这样归纳:"热战中,美国总是难以确定目标和可能的关系"②,实力最终无法支持目标实现。现实是美国超强的实力和广泛存在的利益,使美国成为最需要和其他国家打交道的国家,"美国需要从许多政府那儿获得很多的帮助"。③ 而环顾四周,有哪些国家和地区比欧洲各国更愿意和更好地为美国的霸权张目呢? 必须看到,这次的跨大西洋冲突远不是因为美国对欧洲的"压迫"而导致欧洲的反抗,双方只是在对第三国的态度上出现了分歧,并滚雪球般地造成最终的政治对立,美国对欧洲本身的影响不是遭遇敌意的直接根源。

另一方面,欧洲一体化的深化、整体实力的增加也未必就给跨大西洋关系造成致命的负面影响。欧洲的崛起本身很大程度上就是在美国主导的西方背景下才能实现的,到伊拉克战争时,欧洲是否已经做好准备摆脱美国的影响还需进一步判断,这就是为什么双方关系被认为处于一个十字路口。事实上,一个更加统一的欧洲不一定就会导致欧洲远离美国,还需要具体看在欧洲,是大西洋主义占了上风,还是欧洲主义占了上风。反过来,与美国关系的紧张不一定就能提高欧洲的认同。伊拉克问题本身也证明了这点。让法国等长期的欧洲主义国家有些失望的是,欧洲采取与美国针锋相对的政策的结果是杀敌一千自损八百。不但没能通过美国这个"他者"巩固欧洲自身的团结,反而导致了欧洲内部的分化,结果"新戴高乐主义在多极的世界中实现单极欧洲的愿景,变成了在单极的世界中欧洲出现多极化"的现实。④ 克林顿时期的国务卿奥尔布赖特曾在科索沃危机时说

---

① G. John Ikenberry, *Liberal Leviathan: The Origin, Crisis, and Transformation of the American World Order*, p. 247.

② Henry Kissinger, *World Order*, New York: 2014, p.327.

③ John Ikenberry, "Conclusion: American Unipolarity: The Sources of Persistence and Decline," in John Ikenberry ed., *America Unrivaled: The Future of the Balance of Power*, Ithaca: Cornell University Press, 2002, p. 308.

④ 转引自 Timothy Gartom Ash, *Free World: America, Europe and the Surprising Future of the West*, New York: Random House, 2004, p. 82.

第九章 伊拉克战争与跨大西洋关系的危机

过这样一番话:"如果我们被迫使用武力,那是因为我们是美国,我们是一个不可或缺的国家。"① 美国之于世界是否不可或缺,这值得商榷,但是对于现阶段的欧洲答案仍然是肯定的。

第三种解释则注意到了跨大西洋关系内部在文化上呈现出的差异,认为这样的差异成了跨大西洋特殊关系可能走向终结的深层原因。若真是沿着大西洋出现了两个文明板块,那么不但基于共同的文化形成的"我们"认同成了空中楼阁,"文明"本身也成了"冲突"的因子。应该说,这种认识对跨大西洋关系发展前景的估计是最不乐观的。文化的差异本身没有第一种解释提到的各种偶然因素具体,也没有第二种解释中的各种力量突兀。但是文化具有无孔不入的特点,它直接构成了各种事件和力量的底色,可能影响它们的性质和倾向性,也就是社会建构主义所认为的物质的力量依赖于话语的建构。因此,如果第三种预设成立,我们可以得出结论,一旦跨大西洋关系受到重创,那么很难再对它进行修复。问题不是修复过程中的"技术性"问题,而是修复的意愿,"我群意识"既不存在,又往什么方向修复?这样的两岸关系套用一句歌词就是"情已绝,难再续"。

那么,欧美之间的文化差异真的如上文提到的那样道不同不相与谋了吗?如果我们跳出西方的视域,从世界的高度鸟瞰世界文明板块中的美欧关系,则会发现与其他地区和国家相比,西方文明内仍然表现出高度的相似性(如果不是同质性的话)。事实上,在伊拉克问题上,欧洲对美国要在伊拉克落实民主政治,从而进一步改变地区秩序的主张并无意见,只是在实现路径和成本上产生了分歧。当然这不是要低估这样的分歧的实质性。萨科齐2007年当选法国总统不久后与时任美国国务卿赖斯之间的一番对话很有说明意义。当赖斯问他"我能为你做点什么"时,萨科齐回答说:"改善你们在世界上的形象。当你们是最强大、最成功——当然也是我们这边的老大——也是世界上最不受欢迎的国家之一的时候,事情会变得困难。这会给你们带来许多问题,也会给你们的盟友带来许多的问题。因此尽一切可能改善你们的形象——这就是你能为我做的。"② 话语中虽然对美国因伊拉克战争成为最不受欢迎的国家表示遗憾,但仍然强调"我们"。维托

---

① 转引自 Vittorio Emanuele Parsi, *The Inevitable Alliance: Europe and the United States Beyond Iraq*, p. 8.

② 转引自 Fareed Zakaria, *The Post-American World*, New York: W. W. Norton & Company, 2008, p.228.

里奥·帕西同样提醒大西洋两岸："当看起来我们的分歧令我们无法忍受时,看看周围吧,记住一些内陆海可比大洋宽阔很多。"① 因此,虽然欧美之间的文化差异是实在的,而且还有增大的趋势,但是这样的差异是同一文明板块内的区分化,这样的区分化在一定程度上,在欧洲内部,甚至美国内部都是存在的。

总的来看,冷战后结构性力量的变化不一定是一味单向的离心力。跨大西洋两岸还因为政治文化、发展水平等方面的相似性,在应对许多国际问题上有相似的立场,包括全球经济治理、失败国家、大规模杀伤性武器、跨国恐怖主义活动等全球安全问题,促进民主、人权和全球正义等政治议题,应对新兴国家的崛起等战略问题等。也就是一些学者所说的面向未来的责任。② 纵然套用拉姆斯菲尔德任务决定同盟的哲学,美欧发现彼此目标一致的可能也比双方与任何第三方大不少,双方合作的机会因此是最大的。

具有讽刺意味的是,伊拉克危机本身也有可能反过来为跨大西洋关系的维系作出自己的贡献。经过伊拉克冲突,双方都更新了对彼此的认知,都不可能再想当然地信任源起于冷战时期的团结和依赖关系,自然也会在双方的交往中多一些外交的审慎,也就可以避免或减少类似于前面提到的那些"失策"。有人甚至把伊拉克战争比作在欧洲大陆曾经延续千年的放血疗法,认为只要通过一场外交冲突把坏血放掉,就会重新恢复体液的平衡,恢复两岸关系的健康。塞尔吉奥·罗马诺(Sergio Romano)就说:"我们已经到了这样一个节点,没有一场小打小闹,就不可能再有和谐。"③

伊拉克战争引起的跨大西洋关系危机并没有导致欧美同盟的破裂,当然这种关系也不可能简单地恢复到危机爆发前带有明显冷战烙印的状态。说到底,在后冷战形势下,欧美也不再需要冷战时期那样步调一致、同仇敌忾的团结,那终归是高度紧张的国际安全局势的产物。从这个角度看,跨大西洋关系正在回归一种常态,它"缺少冷战岁月的独特的情感共鸣和凝

---

① Vittorio Emanuele Parsi, *The Inevitable Alliance: Europe and the United States Beyond Iraq*, p. 139.
② Vittorio Emanuele Parsi, *The Inevitable Alliance: Europe and the United States Beyond Iraq*, p. 9.
③ 转引自 Vittorio Emanuele Parsi, *The Inevitable Alliance: Europe and the United States Beyond Iraq*, p. 130.

第九章　伊拉克战争与跨大西洋关系的危机

聚力,却在享受着和平、经济一体化、频繁的政治合作的福利"。①

本章小结

伊拉克战争问题引起跨大西洋关系发生如此严重的外交、政治对抗,这在冷战时期是不可想象的,在冷战刚结束的20世纪90年代也很难想象,因此危机发生在21世纪之初自然有它不同寻常的复杂原因。

应该说,没有一种分析能够独立解释大西洋同盟的这次危机,偶发因素、力量结构变化和文化差异都在发挥作用。具体来说,冷战结束后欧美所一直面对的来自苏联的共同安全威胁的消失改变了世界安全的态势,欧美的权势结构也在发生变化。虽然美国成了唯一超级大国并竭力护持其在世界秩序中的霸权地位,但随着新欧洲的崛起及其对美国安全依赖的减弱,欧洲的独立自主性也在增强,这在其维护自身利益和坚持多边主义价值理念中不断表现出来。跨大西洋关系中的结构性矛盾并不是冷战结束后才出现的,可以说在伊拉克战争问题上欧美的分歧是冷战期间双方矛盾的延续,然而却是在一种新的国际体系和力量结构下的表现。以法德为代表的老欧洲敢于如此公开地对抗大西洋盟主的霸权行为反映了这种现实力量对比和话语环境的变化,这成了其他两种解释能够发挥作用的前提。如果说危机的发生过程确实展现了偶发性因素的作用,但过分强调这些偶发因素就可能会掩盖欧美关系中结构性矛盾的存在及其长期性,而文化差异则道出了这种结构性矛盾的深层次原因。因此,围绕伊拉克战争问题跨大西洋关系出现的危机可以被视为欧洲人对不对称欧美权势结构下美国霸权的又一次冲击,尽管在现阶段它还不足以改变美国的霸权思维和行为。

---

① Charles A. Kupchan, "The Atlantic Order in Transition: The Nature of Change in U.S.-European Relations," in Jeffrey Anderson, G. John Ikenberry, and Thomas Risse, eds., *The End of the West: Crisis and Change in the Atlantic Order*, p. 124.

第十章　伊拉克战争之后欧美关系的调整

"在推动世界范围的安全和繁荣上,美国没有比欧洲更好的伙伴了。"①

——美国总统巴拉克·奥巴马

由于伊拉克战争,小布什成为冷战结束后最具争议性的美国总统之一,从跨大西洋关系来看更是如此,但是多少令欧洲许多民众失望,同时也反映大西洋两岸立场殊异的是,在 2004 年大选中美国民众还是支持小布什连任。然而,2008 年奥巴马(Barack Hussein Obama)击败共和党候选人约翰·麦凯恩成功入主白宫,在一定程度上表明欧洲人的期待并不是毫无意义的:奥巴马在许多主张和政策上都走到了小布什的对立面,更加接近欧洲的立场。欧洲范围内曾经的反美情绪很快被"奥巴马热"所替代,奥巴马还被授予了诺贝尔和平奖,被普遍认为是自肯尼迪之后最受欧洲欢迎的美国总统。② 但是从跨大西洋关系来考察,有些悖论的是,奥巴马又以第一位美国的亚洲总统自居③,高调宣布了美国"亚洲再平衡"战略。这样的战略调整反映了奥巴马政府所认为的全球地缘政治的变革,所以将从深层结构上影响欧美关系的未来。如果说二战结束以来近 70 年的时间里,欧美关系都被彼此视为世界上最重要的双边关系,那么在 21 世纪接下来

---

① 转引自 Sir Colin Budd, "US-EU Relations after Lisbon: Reviving Transatlantic Cooperation," http://www.lse.ac.uk/IDEAS/publications/reports/pdf/SR003/.

② Puth Hatlapa and Andrei S. Markovits, "Obamamania and Anti-Americanism as Complementary Concepts in Contemporary German Discourse," *German Politics and Society*, Vol. 28, No. 1, Spring 2010, p. 70.

③ Cheng-Chwee Kuik, Nor Azizan Idris, and Abd Rahim Md Nor, "The China Factors in the U.S. 'Reengagement' with Southeast Asia: Drivers and Limits of Converged Hedging," *Asia Politics and Policy*, Vol. 4, No. 3, 2012, p. 321.

的时间里欧美关系将不得不在一个更大的平台上运行,影响它们发展的因素也将更为多样和复杂。

本章将主要论述奥巴马政府时期欧美关系在新形势下的维系和发展。首先考察欧美在一些地区和热点问题上进行的协调和合作。其次,围绕《跨大西洋贸易与投资伙伴关系协定》相关问题,分析在遭遇经济困难时欧美的合作和博弈。在地区及热点问题和经贸领域的合作反映了欧美关系在伊拉克战争结束后的恢复势头,也构成了双方关系改善的主要内容。再次,探讨以中国为代表的新兴国家的崛起以及世界格局正在发生的变化对欧美关系可能产生的影响。最后,考察奥巴马执政期间欧美之间的分歧。与关于伊拉克的跨大西洋关系危机相比,双边关系常态之下呈现出来的矛盾会为我们全面理解跨大西洋关系提供一个不同的视角。

第一节 外交协调与合作

奥巴马上台执政之际,正是美国房地产次贷危机引发的金融危机发生并向欧洲和世界蔓延之时。许多欧洲国家领导人正为金融危机登陆欧洲大陆、欧债危机爆发而焦头烂额,德国等幸免于难的国家也不得不到处充当救火队员。在大洋彼岸金融危机的发源地美国,奥巴马总统一上任也清楚地表明,他工作的重中之重是帮助企业克服金融危机、理顺国家的财政、重振美国的经济活力,为提高美国的长远竞争力打下经济基础。据希拉里·克林顿回忆,奥巴马在邀请她担任国务卿时说:"你知道,我们正在面对这样一个严重的经济危机,它可能会将我们推向萧条。我不可能做许多,以满足世界范围内对我们的角色固有的期待。当我忙于应付所接手的经济灾难时,你将不得不真正地代表我们到那些地方去。"[①]

面对迫在眉睫的经济危机,外交问题并不在大西洋两岸领导人优先选择的范围之内。然而,作为世界政治中的重要国家,美国和欧洲主要国家仍然面临着不断发生或延续的全球性、地区性事件。奥巴马政府时期,虽然没有像"9·11"恐怖袭击那样直击美国本土和美国人心理的事件发生,

---

① Fawaz A. Gerges, "The Obama Approach to the Middle East: The End of America's Moment," *International Affairs*, Vol. 89, No. 2, 2013, p. 305.

但是无论是北非和中东地区的动乱,还是至今都没有了结的乌克兰危机,都是奥巴马所始料未及的。而在应对这些问题时,与小布什不理会欧洲盟友的善意或意见不同,奥巴马政府更强调大西洋两岸的协调与合作。如果说小布什政府强调和倚重的是美国的硬实力优势,那么奥巴马政府更加强调外交中各种力量的集合效益,突出实力运用中的"巧",运用"美国拥有的所有外交工具——外交、经济、军事、政治、法律和文化——根据每个问题的具体情况选择最好的工具或者工具组合"。① 这样就可以避免政策的教条化、立场的顽固化,以便及时反映复杂局势带来的外交或者战略成本。② 奥巴马政府强调外交政策的实用性和灵活性,这不是要直接呼应欧洲长期主张的多边主义,但是在具体处理问题的过程中,这样的实用性和灵活性与欧洲的主张有不少的契合。以至于有人不无讽刺地评价他的外交政策挺"欧洲"的:"一种彻头彻尾的多边主义介入,以牺牲高举民主价值、支持那些以此为标准的盟友为代价……"③

无论是出于修复美国在小布什单边主义外交之下受损的形象,还是自身外交政策主张的自然流露,奥巴马政府似乎一上任就手拿一张被欧洲所诟病的前政府的政策清单,逐一纠正:承诺关掉臭名昭著的关塔那摩监狱;宣布2010年8月前从伊拉克撤出所有的战斗部队;改善与联合国的关系,成为联合国人权理事会的成员;转变在全球气候问题上的立场等。跨大西洋两岸,一边是所谓的"荣誉欧洲人"奥巴马,另一边是以萨科齐和默克尔(Angela Dorothea Merkel)为代表的大西洋主义十足的欧洲领导人,因此这一时期美国和欧洲在许多外交和军事问题上趋于较为紧密的合作。双方从增兵阿富汗,到亚丁湾护航、打击索马里海盗等问题上都能做到步调一致,其中最具有实质性意义的是对北非和中东乱局的政策协调、伊朗核问题上合作的加强和对待俄罗斯政策的趋近。

---

① Mahjoob Zweiri, "Obama's 'Smart-Power' Strategy, One Year on: The Case of the Middle East," *Digest of Middle East Studies*, Spring 2010, p. 2.
② Fawaz A. Gerges, "The Obama Approach to the Middle East: The End of America's Moment," p. 304.
③ Robin Shepherd, "Appeasement Obama Style: The Europeanization of America's Policy in the Middle East?", *European View*, 2010, p. 243.

一、对北非和中东乱局的政策协调

始于2010年的北非和中东地区局势动荡让美国始料未及。奥巴马2009年6月在开罗大学发表演讲,着手改变美国在穆斯林眼中的负面形象时,他肯定不会想到不到两年这里会成为动荡的中心。与小布什时期新保守派们欲改造世界的雄心壮志不同,就像寻求改善与欧洲的关系一样,奥巴马政府在北非和中东问题上主要强调改善与伊斯兰世界的关系。他说:"我来开罗,寻求美国和伊斯兰世界新的开始,一种基于共同利益、彼此尊重的关系,基于美国与穆斯林并非非此即彼的认识。"[①] 在一些学者看来,奥巴马是企图在中东突破美国的以色列优先和只重视与石油生产国(尤其是沙特)之间的关系的传统模式,在以色列与阿拉伯之间寻求一条更为平衡的道路。[②] 这一姿态与欧洲的传统立场已经较为接近,为双方后来的协调和合作定了大的框架。

北非和阿拉伯之春给欧洲带来的意外一点也不亚于美国,而且从许多方面来说,给欧洲带来的情况更加复杂。如果说美国关切的是以色列与周围阿拉伯国家,尤其是与埃及之间的关系以及苏伊士运河及波斯湾的战略安全,那么因为北非和中东地区是欧洲隔海的近邻,所以情况更为错综复杂。有学者将欧洲南部和东部的这种变局对欧洲的影响程度与20年前的中东欧剧变进行比较,只是后者是回到和拥抱欧洲,前者则在政治强人们纷纷走下历史舞台后陷入动荡和不确定状态。[③] 欧洲的措手不及最明显的表现是,动荡发生时欧盟对该地区的指导性政策还是以规划双边长期关系为目标的邻国政策框架,该框架没有任何应对突发性动荡的政策设计,因此欧盟没能对该地区的突然动荡作出任何有效的反应。[④] 所以,欧美双方对北非和中东乱局的爆发都毫无准备,双方的对策因此都是被动性的和反应性的,它们之间的协调与合作具有应急的性质。

[①] "Remarks by the President on a New Beginning," http://www.whitehouse.gov/the_press_office/Remarks-by-the-President-at-Cairo-University-6-04-09.

[②] Mahjoob Zweiri, "Obama's 'Smart-Power' Strategy, One Year on: The Case of the Middle East," *Digest of Middle East Studies*, Spring 2010, p. 2.

[③] Doug Stokes and Richard G. Whitman, "Transatlantic Triage? European and UK 'Grand Strategy' after the US Rebalance to Asia," *International Affairs*, Vol. 89, No. 5, 2013, p. 1094.

[④] Doug Stokes and Richard G. Whitman, "Transatlantic Triage? European and UK 'Grand Strategy' after the US Rebalance to Asia," p.1095.

从2011年3月19日开始,美国和欧洲以所谓联合国安理会授权的名义,对利比亚发动了空袭,并最终通过空袭帮助利比亚反政府力量推翻了卡扎菲政权。与伊拉克战争时不同,在利比亚行动的第一阶段,法国、英国与美国形成了临时的志愿者同盟,后来在法国勉强同意的情况下,由北约接替了空袭任务,3月31日美国把行动指挥权转交给了北约。值得注意也引来不少盟友称道的是,虽然美国在利比亚的军事行动中仍然提供了关键的能力,并完成了60%左右的军事行动任务[1],却不愿接受军事行动领导者之名,坚持让欧洲国家来牵头。美国甘愿充当幕后英雄[2],这在冷战后西方军事干预中当属破天荒。

由于传统地区大国地位,埃及局势的发展引起美国和欧洲更多的关切,埃及局势突变也更有戏剧性,这让美国和欧洲更难判断和采取及时的对策。在较长一段时间里,欧美很大程度上都有些无奈地选择了一种坐观其变的态度。学者戴维·米尔恩(David Milne)如此总结奥巴马政府在应对北非和中东动荡时的公式化反应,这在埃及表现得最明确:第一步是恐慌和犹豫;第二步是对民众诉求谨慎地进行口头支持;第三步是强硬的声明,呼吁现有政权倾听民众的声音,放弃政权;第四步是考虑在无须资源实质性介入的前提下,以怎样的方式实现变革。[3] 欧洲国家的反应也是相似的。到了后期,穆巴拉克(Muhammed Hosni Mubarak)倒台已经不可避免了,美国和欧洲的埃及政策都在寻求支持在动荡中崛起的最强反政府力量,以期能对埃及局势的走向施加影响,也为了在尘埃落定之后,再续较好的合作关系。实际上,虽然欧美双方就一些具体问题可能存在分歧,但它们对于所谓的"颜色革命"都有相似的期待,双方的政策也因此更易于协调和合作。

叙利亚局势的动荡不同于北非,它很快演变为久拖不决的内战,这使美国和欧洲的态度最为纠结不定。美国和欧洲最初延续了在北非的反应模式,即先谴责叙利亚政府的暴行,然后对现政府采取制裁,从个人和个别

---

[1] Eugeniusz Smolar, "Transatlantic Relations and NATO," *European View*, No. 10, 2011, p. 134.

[2] David Milne, "Pragmatism or What?: The Future of US Foreign Policy," *International Affairs*, Vol. 88, No. 5, 2012, p. 941.

[3] David Milne, "Pragmatism or What?: The Future of US Foreign Policy," *International Affairs*, Vol. 88, No. 5, 2012, p. 941.

企业扩展到包括石油和金融银行业在内的基础性行业,以期用经济手段压垮阿萨德政府,同时承认反政府的叙利亚全国联盟为叙利亚人民唯一的合法代表。但是这些举措同样并未起到立竿见影的效果,关于后续政策的争论在大西洋两岸的声音都越来越大,欧洲国家内部和美国两党间就是否武装反对势力、是否直接进行军事干预都有很大的分歧。但是与伊拉克战争时期不同,美国和欧洲最终没有落入来自"火星"和来自"金星"的固有印象。① 一些欧洲国家,尤其是法国,在空袭方面的态度比美国还积极。而由于俄罗斯和叙利亚的传统关系以及极端组织的兴起,叙利亚问题在一定程度上超越了叙利亚本身。欧美国家在各种考量之下,关于叙利亚的政策前后自相矛盾的现象也不少见。但是从跨大西洋关系来看,虽然叙利亚聚集了不少的战略矛盾,包括中东地区大国之间的竞争、西方国家和俄罗斯的较量,但是没有成为欧美国家之间严重的分歧点,没有成为第二个伊拉克。除了极端组织的兴起,2014年乌克兰危机的爆发也一定程度上分散了欧美国家对叙利亚的关注,使叙利亚问题进入了久拖不决的"暗燃"阶段。

二、伊朗核问题上合作的加强

在北非和中东的动荡中,奥巴马采取了比较审慎的策略,用他自己的话说是不想领导美国再进入与伊斯兰国家的战争中。② 这样的审慎在美国国内有时被批评为绥靖,但是很符合欧洲的外交传统。有人因此总结说,奥巴马在中东问题上的政策更接近欧洲,而不是国会。③ 甚至基辛格也批评说,奥巴马在中东(主要是伊拉克)的撤出战略,撤出多,战略少。④ 所以美欧政策的吻合,包括以上提到的协调和合作,在一定程度上是被动和不作为(或者少作为)的结果。但在伊朗问题上双边通过联手应对,取得了突破,被认为收到了一定的成效。

美国与伊朗的关系自1979年伊朗人质事件之后就一直处于紧张状

---

① Robert Kagan, *Of Paradise and Power: America and Europe in the New World Order*, New York: Alfred A. Knopt, 2003.

② Eugeniusz Smolar, "Transatlantic Relations and NATO," p. 134.

③ Johannes Thimm, "Inseparable, but not Equal: Assessing U.S.-EU Relations in the Wake of the NSA Surveillance Affair," *SWP Comments*, No. 4, January 2014, p. 3.

④ Henry Kissinger, *World Order*, New York: 2014, p. 320.

态。该年11月卡特政府向伊朗施加了第一轮制裁,禁止进口伊朗的石油,此后美国对伊朗的经济制裁虽然时紧时松,却从来没有完全取消过。长期制裁的结果是,1979年人质事件发生时美国每天从伊朗进口石油达5万桶,而到1991年美国自伊朗进口的石油降为零,并自此再也没有从伊朗进口过石油。① 但是,随着美国与伊朗的经济联系越来越少,美国也越来越缺乏单方面影响伊朗的外交手段。结果,20世纪90年代中期美国转而通过《伊朗—利比亚制裁法案》,以域外制裁相威胁,迫使其他国家配合对伊制裁。该法令授权总统制裁在伊朗石油和天然气领域投资的外国企业,限制它们在美国的经济活动和机会。

美国本来寄希望于通过这样的方式获得欧洲部分的支持,未料到该法案差点引发了一场欧美双边贸易战争,欧洲国家几乎把美国告到世贸组织。对欧洲人来说,欧洲的反对不仅仅是策略性和就事论事性的,而是原则性的,是反对域外制裁整个做法。因为他们认为"诸如《伊朗—利比亚制裁法案》这样具有域外制裁效果的单边主义制裁违反了国际法、国家主权,是对欧盟权利和利益的歧视"。② 这场风波美国最后只得以同意不制裁欧洲企业收场,到2010年没有一家欧洲公司在《伊朗—利比亚制裁法案》(后来的《伊朗制裁法》)下受到过制裁。

2002年,伊朗被发现在其境内纳坦兹建设铀浓缩设施和在阿拉克建设重水反应堆之后,伊朗问题渐渐地从美国问题变成了国际问题。英、法、德三国曾牵头,努力以外交途径解决伊核问题,而关于对伊制裁,欧洲整体上只愿意在联合国框架内进行,最多只是在联合国制裁人员和企业名单上添加个别名字。这让美国大为不快,认为这严重影响了用经济手段迫使伊朗就范的效果。

奥巴马上任后,随着伊核发展活动的继续曝光,美国采取了进一步的制裁措施。美国国会首先通过2010年《对伊朗全面制裁、究责和剥夺权利法》(the Comprehensive Iran Sanctions, Accountability and Divestment Act),扩充了《伊朗制裁法》的内容,它规定要对伊朗出售煤油和其他化工产品以及炼油设施的行为进行制裁。2011年11月21日,奥巴马又签署了

---

① Thijs Van de Graaf, "The 'Oil Weapon' Reversed? Sanctions Against Iran and U.S.-EU Structural Power," *Middle East Policy*, Vol. 20, No. 3, Fall 2013, p. 127.

② 转引自 Ruairi Patterson, "EU Sanctions on Iran: The European Political Context," *Middle East Policy*, Vol. 20, No. 1, Spring 2013, p. 137.

13590号行政命令,对向伊朗出售能源领域设备和防务设备的外国企业进行制裁。2011年年底《国防授权法》(the National Defense Authorization Act)经总统签字生效,该法令包括对伊朗中央银进行制裁的内容,授权总统拒绝任何与伊朗中央银行有支付往来的银行、金融机构进入美国金融市场。

与之前对美国域外经济制裁反应激烈大相径庭的是,这次欧洲在伊核问题上主动出击配合美国:从2010年开始连续推出了几轮对伊的经济制裁,内容从最初的禁止欧洲企业在伊朗石油、天然气领域投资,扩展到禁止购买伊朗石油及为伊朗石油和石油化工产业提供投资、保险和运输,再到禁止进口伊朗天然气以及为伊朗天然气提供保险和资金等。考虑到欧洲整体对伊朗石油的依赖(2011年从伊朗每天购买石油近60万桶[1]),连续几轮的制裁的确显示了欧洲国家的决心,这与2006年法国总统呼吁不要再用进一步的制裁来威胁伊朗,可谓天壤之别。[2] 当然,这主要是由伊朗核技术的进展以及欧洲法、英、德三国曾经主导的多边外交受阻所致,但是无论怎样,这次在伊朗问题上欧洲坚定地站在了美国一边,美欧的一唱一和给伊朗施加了强大的压力。

美国和欧洲的制裁给伊朗经济带来了明显的损失。据国际能源署(the International Energy Agency)2013年年初的报告,制裁造成伊朗2012年的石油出口收入损失超过400亿美元,估计原油出口较2011年下降40%,石油生产降至30年来的最低点。[3] 无论是国内政府的变化改变了伊朗核发展策略,还是经济制裁确实令伊朗经济伤筋动骨、不得不采取比较灵活的措施,伊朗态度的确出现了缓和。经过艰苦和漫长的谈判,2013年11月23日伊朗与美国、中国、俄罗斯、英国、德国和法国六大国达成了临时性的协议,2015年7月14日相关国家又就限制伊朗发展核武器及解除对伊朗的制裁问题达成正式协议,同月20日该协议在联合国安理会获得一致通过。应该说,为《伊朗核协定》的达成,欧洲三大国和奥巴马

---

[1] Thijs Van de Graaf, "The 'Oil Weapon' Reversed? Sanctions Against Iran and U.S.-EU Structural Power," p. 149.

[2] Ruairi Patterson, "EU Sanctions on Iran: The European Political Context," *Middle East Policy*, Vol. 20, No. 1, Spring 2013, p. 140.

[3] Thijs Van de Graaf, "The 'Oil Weapon' Reversed? Sanctions Against Iran and U.S.-EU Structural Power," p. 153.

政府都付出了很大努力。就欧洲方面而言,由于在伊朗的重要经贸利益,它开始并不支持美国的对伊制裁,但是当伊朗核技术的发展被证实有了较大进展时,核不扩散和安全利益的考虑占了上风,因此欧洲转而支持美国对伊的严厉制裁。《伊朗核协定》的达成使欧伊关系恢复了正常,欧洲大国很快恢复了与伊朗的正常经贸关系,而这一切是建立在欧洲认为伊朗遵守《伊朗核协定》的基础上的。这也为2017年不相信伊朗能够严格遵守《伊朗核协定》的特朗普总统上台后退出该协定、欧美在伊核问题上新的分歧埋下了伏笔。但是无论怎样,伊核问题上的合作是双方关系在该阶段最大的亮点之一。

三、对俄政策的趋近

冷战结束后,东方阵营瓦解,美国和欧洲对俄政策的主要目标是将曾经的东方阵营的国家带入西方的战略轨道,包括俄罗斯联邦,所以它们一方面推动北约和欧盟东扩,另一方面通过北约伙伴关系等机制,加强与俄罗斯的对话和联系。但是与俄罗斯的和解和北约、欧盟的东扩本身有内在的矛盾,尤其是当东扩已经延伸到俄罗斯的近邻时。而欧美对两个东扩的重视程度不尽一致,随着时间的推移,双方的分歧也逐渐明显。

从美国方面来看,它更倾向于用冷战思维来认识俄罗斯,认为后者只不过是过气的帝国(近年来却悄悄地把俄罗斯归入了新兴国家行列),但又始终对其拥有的强大军事力量和不时展现出来的强硬外交保持高度警惕,欲通过维护大西洋同盟及强势的向东扩张,进一步挤压俄罗斯的战略空间。欧洲则更愿意从彼得大帝时代开始的欧俄关系的悠久历史出发,现实地理解俄罗斯的处境和看待其地位,认为俄罗斯仍然是欧洲安全结构中重要的角色,尊重俄罗斯维护大国尊严的努力。美欧的认知差距在北约扩大问题上明显地表现出来。美国急于将北约东扩到俄罗斯边界,欧洲国家则主张稳步推进,尤其是当东扩涉及一些俄罗斯比较敏感的国家和地区时。小布什后期美国就呼吁将乌克兰和格鲁吉亚加入北约纳入议程,急于与两国签订成员国行动计划,但法国和德国等国家却反对这样的急于求成,并在2008年北约布达佩斯峰会上否决了美国的相关提议。[1]

---

[1] Dieter Mahncke, "The United States, Germany and France: Balancing Transatlantic Relations," *The British Journal of Politics and International Relations*, Vol. 11, No. 1, 2009, p. 80.

第十章 伊拉克战争之后欧美关系的调整

奥巴马上任后提出"重启"与俄罗斯的关系。"重启"概念由副总统拜登(Biden)于2009年2月第一次提出,主要目的是改善格鲁吉亚战争之后西方国家与俄罗斯的紧张关系,当中包含对俄罗斯大国心态的理解。这已经比较接近欧洲的传统态度和主张。对小布什时期充满争议的导弹防御系统问题上的政策调整,就可以看出这样的"重启"的意义和效果。

2001年12月小布什政府单方面宣布退出1972年美苏签署的《限制反弹道导弹系统条约》(简称《反导条约》),并在2002年中完成退出手续并开始部署新的反导系统。美国的这一举措动摇了冷战以来国际核平衡体系的基石,引起了俄罗斯的严重不安,也引起国际社会的广泛关注和对新的军备竞赛的忧虑。小布什退出《反导条约》冠冕堂皇的逻辑是,1972年签订的《反导条约》是服务于冷战时期建立在"相互确保摧毁"基础上的战略平衡的,冷战结束10年之后,西方和俄罗斯战略平衡的重要性已不比当年。现在美国更加关切的是可能来自第三国的导弹袭击,尤其是来自所谓"流氓国家"的袭击,所以要恢复反导的防御性意义。换言之,《反导条约》是美苏曾经僵持、对峙的产物;时过境迁,到21世纪初,这样的条约不应该成为对美国的束缚,限制美国有效应对来自其他方向的威胁。有意思的是,美国认为退出《反导条约》是在抛弃不合时宜的冷战时期的产物,而俄罗斯则结合北约步步进逼的东扩,认为美国是在与俄罗斯的关系中延续着冷战思维。

美国退出《反导条约》正值国际社会对美国单边主义外交的担心不断增加之时,进而成了美国单边主义的铁证之一,大西洋彼岸的法国、德国和荷兰等欧洲盟国都对美国放弃《反导条约》表示反对。[1] 欧洲的顾虑有两个方面:一方面,如果把美国退出《反导条约》与北约东扩联系起来,欧洲担心会让俄罗斯产生美国(西方)逼人太甚的感受;而且退出《反导条约》放开了对"盾"的限制,势必会打破国际核战略的平衡,导致"矛"即进攻性核武器的军备竞赛和扩散。另一方面,欧洲还对美国导弹防御系统部署的方式和效果难以苟同。首先,美国所计划部署的国家防御系统主要是拦截可能飞往美国本土的洲际导弹,而不是拦截可能针对欧洲的更短程的导弹。所谓的陆基中段防御系统将由位于美国本土的发射基地和位于马萨诸塞州

---

[1] Jeffrey Mankoff, "The Politics of US Missile Defence Cooperation with Europe and Russia," *International Affairs*, Vol. 88, No. 2, 2012, p. 333.

和英国等地的雷达设施构成,欧洲大陆只有位于波兰波罗的海沿岸的"第三址"(the third site),以及与之相配套的拟设在布拉格西南山地上的雷达设施。其次,美国在筹划和落实"第三址"方案时,撇开欧洲整体,只与华沙和布拉格通过双边形式进行,这增加了欧洲国家被美国忽略的感觉。[①] 也就是说,在美国设计者看来,该国家导弹防御系统主要是美国的系统,所以与欧洲整体基本没有关系,美国只是需要正好处于较好侦测位置的前沿国家的支持和协助。

奥巴马上任后不久就抛弃了小布什政府的"第三址"方案,推出了自己的"欧洲分阶段适应方案"(European Phased Adaptive Approach)。在新的方案中,与对俄"重启"概念相一致,奥巴马政府努力把导弹防御系统从西方和俄罗斯的分歧点变成西方和俄罗斯的合作点,支持在建设导弹防御系统时与俄罗斯合作,分享追踪数据等。当然,美国仍然坚持"北约保卫北约,俄罗斯保卫俄罗斯"的立场,坚持各建两个分开但协作的系统,拒绝了俄罗斯建立一个单一、统一的系统的提议。无论怎样,奥巴马在导弹防御系统问题上策略的改变,连同总体对俄关系的"重启",改善了美国及西方作为一个整体与俄罗斯的关系。2010年梅德韦杰夫参加北约里斯本峰会之后,北约俄罗斯理事会同意将导弹防御作为北约与俄罗斯未来合作的一个领域。美国和俄罗斯也在这一年签署了新的《战略武器削减条约》和一个关于民用核能合作方面的协议(即所谓的"123协议")。[②]

从欧洲角度来看,顾名思义,奥巴马推出的"欧洲分阶段适应方案"更明确地包括了欧洲的关切和主体性。与只为美国国家反导系统提供"第三址"不同,该方案的重点位于欧洲,在一定意义上是为欧洲量身定做的,主要拦截以欧洲领土为主要目标的、可能来自伊朗等国的中程导弹;反导系统还将根据第三国导弹技术发展状况分阶段建设,美国最终要将该系统的指挥权转交给北约。总之,通过"欧洲分阶段适应方案",奥巴马政府将导弹防御系统转变成了加强北约能力的组成部分。2010年北约峰会后发布的《战略概念》正式将导弹防御系统视为北约集体防御的核心内容之一,美国也借机再次督促欧洲国家承担更多的防务责任。

---

① Jeffrey Mankoff, "The Politics of US Missile Defence Cooperation with Europe and Russia," p. 336.

② Jeffrey Mankoff, "The Politics of US Missile Defence Cooperation with Europe and Russia," p. 344.

因此，奥巴马政府"重启"对俄关系以来，美国与欧洲的对俄政策和态度趋于接近，俄罗斯和西方的关系也出现了回暖。当然，自从普京从总理重新回到总统职位之后，俄罗斯与西方的关系渐趋紧张，特别是在2014年乌克兰危机发生后，双边关系又降到了冷战之后的最低点，奥巴马的"重启"也重新回到了原点。① 乌克兰危机宣告奥巴马的"重启"政策失败，但是没有结束欧美双方对俄政策上协商和合作的趋势。双方最终协调政策，针对俄罗斯发起了多轮制裁，虽然各自制裁名单上的内容不尽相同。

可以看出，欧美国家对俄罗斯的政策在乌克兰危机前后，发生了重要的改变。但是无论如何，双方的立场都比较一致。如果说乌克兰危机之前，奥巴马政府的立场趋近曾经的欧洲政策，强调与俄政策的和解一面，那么乌克兰危机之后，双方的立场就更加趋于曾经美国的立场，更加强调俄罗斯的威胁一面。这样的在威胁认识上的一致应该还会维持比较长的一段时间。

奥巴马的竞选口号之一是"变革"，他上任后的确为遭遇伊拉克战争危机重创的跨大西洋外交关系带来了不少积极的变化，从北非到中东再到俄罗斯，双方都保持了政策的协调和合作。

第二节　TTIP：欧美强化经济合作的努力

一、TTIP 谈判的启动

在跨大西洋关系中，紧密的经贸联系具有重要的地位，经济相互依赖是大西洋共同体不可或缺的基石，但该领域与外交、防务等领域有很大的不同，有着自身的特点。第一，跨大西洋关系在经贸领域相对更为对称和平等。通过冷战后20多年的发展，尽管欧盟的实力和国际地位得到了很大的提高和改善，欧洲的力量和优势仍然主要体现在经贸领域，美国更倾向于把欧洲视为平等的经贸伙伴或者竞争对手，经济总量与美国大致相等

---

① William Mauldin, Carol E. Lee, Jay Solomon, "U.S.-Russia Relations Come Full Circle After Ukraine," http://online. wsj. com/news/articles/SB10001424052702304810904579510081779229084? mg = reno64-wsj&url = http％3A％2F％2Fonline. wsj. com％2Farticle％2FSB10001424052702304810904579510081779229084.html.

的欧洲也更倾向于认为自己与美国能够平起平坐。第二,双方的经贸关系在一定程度上能够超越传统地缘政治和外交的影响,具有某种自主性。罗伯特·基欧汉和小约瑟夫·奈在提出复合型相互依赖概念时,美欧经贸关系就是一个范例,传统外交在该关系中已经不再占有统治性的地位。这是因为经贸关系有其与政治关系有区分的自身逻辑和动力,一个主要表现是,在美国政府内部,对外经贸关系已经远远超出了国务院的管辖范围,主要由商务部牵头;在欧洲,则已经超出了伦敦、巴黎以及柏林的直接控制,由欧盟委员会负责主导。因此,伊拉克战争期间的跨大西洋危机在很大程度上并没有殃及欧美的经济关系①,在大西洋两岸严重的外交纷争之下,欧美经贸关系仍在按部就班地依照自己的逻辑和动力发展。

所以如果说在政治和传统的外交领域,奥巴马政府需要修复跨大西洋关系,那么双边经贸关系主要是延续、发展,而不是恢复。在各种因素的综合作用下,欧美在经贸关系方面取得了较大的突破,集中体现在启动了旨在签订《跨大西洋贸易与投资伙伴关系协定》的自由贸易区谈判。

TTIP 的产生可以追溯到 20 世纪 90 年代。当时在欧洲大市场建设获得成功的背景下,美国和欧盟作为世界上两大主要经济体有了直接建立关系的可能;同时正值贸易自由化谈判受到青睐的时期,双方高层对签订跨大西洋自由贸易协定表现出兴趣,欲使它成为关贸总协定乌拉圭回合谈判的补充。② 这样的兴趣可以理解为冷战结束后所流行的自由主义市场经济观在跨大西洋关系中的具体反映,但当时美国还忙于谈判建立北美自由贸易区,欧洲也还在疲于消化一体化的深化和扩大的双重压力,所以双方没有进行深入的研究和讨论。

1995 年 12 月欧美首脑在马德里举行峰会,会上双方达成《新跨大西洋议程》(New Transatlantic Agenda),首次提出创立"新跨大西洋市场",以提升双边经济合作。这在一定程度上为讨论跨大西洋经济关系提供了框架,从而确保建立双边自由贸易区的想法自始至终不至于从视野中彻底消失。1997 年双方签署《互认协议》(Mutual Recognition Agreement),提

---

① Michael Smith, "Transatlantic Economic Relations in a Changing Global Political Economy: Achieving Togetherness but Missing the Bus?", *The British Journal of Politics and International Relations*, 2009, p. 95.

② Shayerah Ilias Akhtar and Vivian C. Jones, *Transatlantic Trade and Investment Partnership (TTIP) Negotiations*, Congressional Research Service, February 4, 2014, p. 2.

出建立"可比较性标准"的可能性,并对六类产品进行了相关标准测试。1998年,在欧盟贸易委员布里坦的推动下,欧洲委员会发表题为《新跨大西洋市场》的公报,提出欧美间进行经济整合,到2010年前实现完全取消双边工业制成品关税,创建双边服务贸易免税区等。① 此后,即使在小布什政府时期跨大西洋关系处于低谷时,双方尤其是欧盟的努力也没有停止。2006年,西班牙的分析和社会研究基金会(Foundation for Analysis and Social Studies)发布了一份题为《支持一个开放的大西洋繁荣区》的倡议,建议欧美进行全方位的经济整合,实现100％无壁垒跨大西洋贸易。② 2007年,在德国总理默克尔的提议下,设立了大西洋经济理事会。

2008年美国爆发次贷危机,很快蔓延到全球许多地方,2009年欧盟国家继而发生债务危机,美国和欧洲都面临着严峻的全球性金融危机的挑战。在这种情况下,大西洋两岸都急切希望通过抱团取暖的方式走出经济危机的泥潭,这为TTIP的进展提供了强大动力。2011年11月在欧美峰会上,双方领导人同意在跨大西洋经济理事会的框架下,设立由欧盟贸易委员古德特和美国贸易谈判代表罗恩·柯克共同领导的"就业与增长高级工作小组",旨在明确增加跨大西洋贸易和投资的方式,以支持双边就业、经济增长和国际竞争力。2012年6月工作组发布中期报告,2013年2月11日发布最终报告,呼吁"一个解决双边贸易和投资问题,包括监管问题,以及为全球制度作出贡献的综合协议,将会为双边提供最多的收益",③ 建议欧美双方就此进行谈判。很快,该建议为欧美领导人所接受,美国总统奥巴马、欧洲理事会主席范龙佩和欧盟委员会主席巴罗佐宣布启动谈判程序,谈判分别由美国和欧盟委员会牵头。2013年3月20日,美国方面贸易代表办公室书面告知国会要参加伙伴关系谈判的决定,并在90天的提议时间结束后,获得谈判授权,欧盟委员会也在6月14日获得欧洲理事会关于谈判的授权,TTIP谈判正式启动。

---

① 崔洪建:《欧美TTIP:由来、目标与影响》,《国际问题研究》2013年第5期,第62页。
② José María Aznar López, "Europe and America, Partners in Prosperity," *European View*, No. 9, 2010, p. 56.
③ High Level Working Group on Jobs and Growth, *Final Report of the U.S.-EU High Level Working Group on Jobs and Growth*, February 11, 2013. http://www.ustr.gov/about-us/press-office/reports-and-publications/2013/final-report-us-eu-hlwg.

二、欧美推动 TTIP 谈判的动因和目的

那么，为什么冷战后就不时被提及的跨大西洋自由贸易区构想到了 2011 年之后会获得重视，并付诸实践进行谈判呢？为什么美国和欧盟都在各自与不少国家和地区签订一系列的自由贸易区协定之后，才"蓦然回首"般地发现彼此之间具有签订自由贸易协议的需要和条件呢？双方的动机既有面对挑战的应急性，也有长期战略性。

作为世界上最大的两个经济体，冷战结束以后，无论是美国还是欧盟都将经济的持续增长作为自己的主要职责，但除了克林顿政府时期美国的经济表现，西方的整体经济运行乏善可陈。而与此同时，世界上其他不少国家和地区，尤其是新兴国家却维持了较高的经济增长速度，结果世界经济重心有偏离大西洋的倾向。在这样的背景下，推动 TTIP 有助于挖掘双方关系中的经济潜力，助推大西洋两岸经济的发展。

而正当西方政要们想方设法提振自己的经济时，肇始于美国次贷危机的全球金融危机让大西洋两岸更加被动，让他们的一些规划成为具有讽刺意义的空谈。① 在欧洲，为了应对金融危机，不少政府采取了一系列的刺激计划，而这些刺激政策最终成了压垮不少收支失衡国家财政的最后一根稻草。金融危机及其应对措施的弊端，因为欧洲一体化过程中的阶段性独特的安排而变得更加突出。由于欧元区货币财政的二元结构，相关国家在遭遇金融危机时，没有了独立的货币政策工具作为应对手段，只能依赖财政手段频发债券，结果导致这些国家的财政赤字激增。当这些国家不能偿付它们担保的债务时，便引发了债务违约，导致了主权债务危机。从希腊、爱尔兰、葡萄牙，再到西班牙，一时间欧元区国家除了德国以及芬兰等个别北欧国家外，可谓人人自危，而危机的肇始国美国也最终未能幸免。金融危机爆发后，美国推出了 7000 亿美元的问题资产救助计划，7870 亿美元的复兴和再投资计划，2000 亿美元的房利美和房地美救助计划，这使美国国债大幅度上升，② 2010 年年底突破 14 万亿美元大关，最后因为两党在

---

① 最有代表性的莫过于欧盟的"里斯本战略"（the Lisbon Strategy）。该战略目标是到 2010 年把欧洲建设成"世界上最有竞争力和知识型的最有活力的经济体，能够可持续增长，提供更多更好的就业机会"。

② 陈欣：《欧洲与美国主权债务危机治理思路、方案及效果之比较》，《理论导刊》2012 年第 6 期，第 106 页。

提高债务上限问题上不能达成一致,国际评级机构将美国长期主权信用评级由 3A 降至 AA+。①

面对财政入不敷出、失业率上升的困境,欧美各国积极寻求促增长保就业的途径,而建立双边自由贸易区被认为会带来明显的成效。这主要表现在以下两个方面:一方面,自贸区能够通过降低贸易成本惠及消费者,包括作为采购主体的政府。根据一份研究报告,美国每户四口之家可能每年从中获益 865 美元,欧洲同样规模的家庭也能获益 720 美元。② 另一方面,自贸区能够从整体上提高双方的竞争力,增加经济活力,进而促进就业。对自贸区最终会给双方经济总量的贡献的评估差别比较大,有的认为能达到 3%～3.5%,有的认为是 0.5%～3.5%,还有的认为会给美国带来高达 13%、给欧洲带来 5%的收益。③

除了应对金融危机,建立 TTIP 还有着长远的考虑。奥巴马本人对 TTIP 有这样的期许:"美国和欧洲以前在一起取得过辉煌的成就,我相信就像能打造史上最强大的外交、安全同盟一样,我们能建设强大的经济同盟。同时,以这样的方式我们能够加强多边贸易体系……该跨大西洋贸易与投资伙伴关系将是我和我政府工作的重中之重。把它推进好很重要,这就要避免为达成协议而达成协议,从而降低了我们的目标,以及对困难问题避而不谈。"④

这样的长期规划考虑源于近代以来形成的欧洲中心思维、二战后西方在世界经济中的主导地位,也源于当前美欧整体在世界经济中的比重。欧洲中心思维最直白的表达莫过于英国学派的国际社会理论,该理论认为国际社会最先在欧洲形成,然后一步步地扩展到世界其他地区。虽然很多时

---

① 周宗安、范磊、周沫:《欧洲美国主权债务危机的比较与展望》,《经济与管理理论》2012 年第 2 期,第 28 页。

② Tyson Barker, Anne Collett, and Garret Workman, *TTIP and the Fifty States: Jobs and Growth from Coast to Coast*, Washington, DC: Atlantic Council, Bertelsmann Foundation and British Embassy in Washington, p. 1.

③ OECE, "The Transatlantic Trade and Investment Partnership: Why Does it Matter?", p. 3. http://www.oecd.org/trade/.

④ "Remarks by President Obama, U.K. Prime Minister Cameron, European Commission President Barroso, and European Council President Van Pompuy on the Transatlantic Trade and Investment Partnership," http://www.whitehouse.gov/the-press-office/2013/06/17/remarks-president-obama-uk-prime-minister-cameron-european-commission-pr.

候类似的表达没有如此直接,但是这样的思维和逻辑却是明确无误地存在的,这主要表现在强调欧美标准的规范性及普适性上。

同时,二战之后西方在世界经济秩序建设和发展中的主导地位也培养了欧美规划世界未来经济秩序的惯性思维。二战结束之后,以美国为首的西方国家主导了世界经济秩序的构建,这从它们在当今主要国际经济组织(国际货币基金组织、世界银行、世贸组织、G7等)中的权重可见一斑。而在新兴国家群体性崛起、世界经济力量重心发生转移的背景下,西方国家的主导权受到了越来越多的挑战,有些国际组织被认为成了众说纷纭、不利于西方控制的聊天室(talk shop)。欧美国家越来越感受到维护和调整现存国际经济秩序的压力,因而力图通过 TTIP 的建立,理顺彼此的经济关系,继而将双方达成的标准推动为国际标准。就谈判进程中的一些具体内容看,双方"在知识产权保护方面的高标准、新兴产业规则的制定、国有企业全球标准、产业技术与安全标准的统一,将影响 WTO 原有的规则"。① 可见,欧美国家有一种默契,要通过新的协议确立新的标准,并将这些标准国际化,以体现和保护自己的利益。

最后,欧美经济力量现在处于这样一个节点,即单方面对世界的影响已大不如前,但是双方联合仍能产生决定性的影响力。欧美经济整体占据了世界经济总量的 45%,跨大西洋区域内涵盖的货物贸易达 30%,直接投资占 20%,② 如果加上双方各自与世界其他地区的经贸往来,那么整体上它们所展示出来的经济影响力将会更大。此外,欧美是世界上经济最发达的地区,有利于影响经济发展后进的国家和地区。面对不断缩短的经济发展周期和急速变化的世界经济版图,欧美国家明显感受到了压力,因此急于抓住机遇,通过 TTIP 的建设保持自身的经济优势。

在具体设计中,欧盟通过 TTIP,欲以以下三种方式实现长期目标:一、通过双边自由贸易促进多边自由贸易进程。现有的各种自由贸易区或自贸区谈判多以区域内贸易自由化为目标,而被认为与全球层面的多边治理不完全吻合,而 TTIP 谈判虽然是跨大西洋的双边行为,但是却被认为与多边努力并行不悖。欧美两个发达经济体先牵头达成"黄金标准"③,

---

① 林钰:《近十年的欧美经贸关系以及 TTIP 谈判的背景和难点》,《四川大学学报(哲学社会科学版)》2019 年第 2 期,第 54 页。
② OECE, "The Transatlantic Trade and Investment Partnership: Why Does it Matter?", p. 1.
③ OECE, "The Transatlantic Trade and Investment Partnership: Why Does it Matter?", p. 3.

并通过保持TTIP的开放性,或者将其中的一些新内容引入欧美各自与第三方签订的协议中,带动更多关于相关议题的谈判。所以欧美的行为会有示范效应,会带来更多相似地区甚至全球的努力。

二、通过协调双方标准,将一致的标准统一为国际标准。作为世界上两个最大的发达经济体,欧美之间长期存在欧洲标准和美国标准各自为战和彼此竞争的局面。TTIP将监管兼容性作为谈判的一个重点,如果双方能够就相关标准达成最大限度的一致,不仅会减小进入对方市场的成本,而且会提升达成一致后的标准的世界性意义,"如果双方就某一点达成了一致,那么该一致最终变成世界规则的概率就很高了"。[1]

三、TTIP将覆盖现有多边机制没有包括的一系列议题,从而补充现有多边协议的不足。现有多边自贸区谈判,因为参加者众多,所以只能寻求各方的最大公倍数,结果一些议题要么被搁置,要么达成的协议实质性意义有限。而因为TTIP谈判双方经济实力和发展水平相当,所以能为双方提供一些解决现有多边平台没有解决或者没有充分解决的问题的机会,包括知识产权、劳工标准、环境、国有企业标准、歧视性地方化贸易壁垒等。[2]

安全和军事同盟关系经常被看成是跨大西洋关系皇冠上的宝石,但是在伊拉克战争中跨大西洋关系出现危机时,欧美双方甚至无法维持表面的团结。而与此同时,双方"你中有我,我中有你"的经济相互依赖没有遭受太多的影响,这体现出了双方关系深厚的根基。如果说安全、外交是双方关系出彩的地方,双方的经济关系则是彼此关系的稳定器,给了双方关系以厚度。通过TTIP,主要是将这样的经济关系制度化,欧美致力于建设一个"综合的、高水平的"自由贸易区,[3] 旨在给跨大西洋关系添加一个"经济北约"。

然而,TTIP的谈判过程并不是一帆风顺的。由于维护各自的利益以及欧盟内部政策协调的艰难,在一些重大问题和关键议题上,欧美进行了

---

[1] Shayerah Ilias Akhtar and Vivian C. Jones, *Transatlantic Trade and Investment Partnership (TTIP) Negotiations*, Congressional Research Service, February 4, 2014, p. 5.

[2] Shayerah Ilias Akhtar and Vivian C. Jones, *Transatlantic Trade and Investment Partnership (TTIP) Negotiations*, p. 5.

[3] High Level Working Group on Jobs and Growth, *Final Report of the U.S.-EU High Level Working Group on Jobs and Growth*.

复杂的博弈。双方关于市场、社会和政府关系的认知分歧明显,因而在一些敏感领域的市场开放、整体市场监管和政府采购等方面都存在很大的分歧,谈判进程超乎预期地缓慢,谈判结束期限一拖再拖,直到奥巴马总统离任也未能达成最终协定。

TTIP 谈判反映了跨大西洋双方在全球经济格局变化过程中的命运相连,但也暴露了双方在经济治理中长期形成的观念和政策的差异及其协调的难度。2017年1月特朗普政府上台后,美国的对外战略发生了较大的变化,外交格局的重点有了重大调整,跨大西洋关系趋于紧张,TTIP 谈判陷于停顿。特朗普政府在经贸领域不断向欧盟施加压力,美欧贸易战成为热点话题。在这种背景下,虽然美方至今没有放弃 TTIP 谈判,但其前景尚不明朗。

第三节 新兴力量的崛起与欧美关系

埃尔万·拉加代克(Erwan Lagadec)的著作《21世纪跨大西洋关系:欧洲、美国和世界其他地区的崛起》的题名对理解跨大西洋关系很有说明意义。[1] 在21世纪,只有将欧美关系置于世界舞台的大背景中,尤其与其他地区和国家的崛起紧密联系在一起,才能更好地进行把握。那么,新兴国家和地区的崛起以及美国的"亚洲再平衡"战略会给欧美关系带来什么样的影响呢?本节接下来在分析"亚太再平衡"战略的表现和原因的基础上,结合世界格局正在发生的变化,阐述新兴力量的崛起可能给欧美关系带来的影响。

一、美国"亚太再平衡"战略:表现和动因

奥巴马对小布什政府外交政策进行批评的整体逻辑是小布什政府的政策因近失远、因小失大,具体包括:过度关注眼前的反恐,忽略了世界发展的更大态势;忽略了基础性的国内经济建设;意气用事、破坏了与传统盟友之间的友谊;忽视新兴力量,特别是亚洲崛起的意义。奥巴马政府因此

---

[1] Erwan Lagadec, *Transatlantic Relations in the 21st Century: Europe, America and the Rise of the Rest*, New York: Routledge, May 16, 2012.

第十章　伊拉克战争之后欧美关系的调整

在着眼诸如反恐等眼前棘手的问题的同时,强调不失大局,重视和应对正在兴起的挑战。这一点,在关于 TTIP 的谈判的分析中已见一斑,在"重返亚洲"及之后的"亚太再平衡"战略中则表现得更加明显。

美国的"亚太再平衡"战略因时任国务卿希拉里·克林顿 2011 年 11 月在《外交政策》上发表的一篇题为《美国的太平洋世纪》而广为人知。但是实际上就像她在文中强调的那样,重视亚洲是奥巴马政府的既定政策,"已经显现出成效"。[1] 奥巴马政府对亚洲的重视从高层出访就可见一斑:2009 年希拉里打破国务卿首访欧洲的惯例,选择亚洲作为她出国访问的第一站,而且仅 2009 年一年就三次出访亚洲,从外交上明确了美国的"重返亚洲"。奥巴马也于 2009 年 11 月访问日本、新加坡、中国、韩国,且此后大体保持每年一次出访东亚(除 2013 年 12 月因政府关门取消了预定的访问外)的频率。

同一时期,奥巴马政府的政策文件也支持和充实了"亚太再平衡"战略。2010 年的美国国家安全战略就强调了亚洲的重要性,它指出"亚洲急速的经济增长已经增加了亚洲与美国未来繁荣之间的联系,亚洲正在兴起的影响力使它越来越重要"。[2] 2012 年年初出台的美国防务战略指南《维持美国 21 世纪的全球领导地位:21 世纪防务优先选择》呼应了上述希拉里的文章,明确无误地规定"美国军队将从强调、专注于今天的战争过渡到为未来的挑战做好准备",亚太地区将是美国集中注意力和资源的地区,[3] "亚太再平衡"战略基本确立。

"亚太再平衡"战略的主要举措包括防务、外交、经济等方面。防务领域是最受关注也是动作最为明显的领域,具体表现包括:从 2012 年起,美国将派 259 名海军士兵驻扎在澳大利亚北部达尔文港,每半年一轮换,六年中人数将增至 2500 名;计划在新加坡派驻四艘新型濒海作战舰;重新回到菲律宾,包括开始侦察机和部队的轮换部署,增加联合军演频率,到 2014 年 4 月 28 日美菲签署为期 10 年的《加强防务合作协议》。与兵力部署向亚洲的转移相一致,美国政府承诺,防务开支的缩减不会影响其在亚洲地区的支出;在裁军过程中,也要减少与"亚太再平衡"战略更相关的海

---

[1] Hillary Clinton, "America's Pacific Century," *Foreign Policy*, Nov. 2011.
[2] *National Security Strategy 2010*, p. 49. http://nssarchive.us/.
[3] US Department of Defense, *Sustaining US Global Leadership: Priorities for 21st Century Defense*, Washington DC: Department of Defense, 2012, p. 2.

军裁减数。

经济领域最大的再平衡举措是,美国参与和主导《跨太平洋伙伴关系协定》(TPP)谈判。TPP 最初于 2005 年由文莱、智利、新西兰和新加坡四国签署,2008 年美国申请加入,2010 年马来西亚加入,2011 年与美国有着密切关系的日本、加拿大和墨西哥也加入。在美国的加入和推动之下,它将成为真正具有泛太平洋意义的世界上最大的自由贸易区。由于在美国主导下扩大了参与国的同时也限制一些国家的参与,所以 TPP 有了某种集团化色彩。经济领域与防务关联密切,美国以中国南海位于国际航运大通道为借口,表达了对维持该地区所谓的海上自由航行的持续关切。

外交领域与以上防务和经济领域多有重叠,总体而言美国提升了自己在亚洲的外交存在。除了上文提到的美国领导人对该地区国家的频繁访问以及推动诸如 TPP 等经济外交外,美国还通过参加现有的多边组织来施加影响。2009 年美国决定与东盟签订《友好合作条约》,2011 年奥巴马成为参加东亚峰会的第一位美国总统,同时美国也扩大和提升了对东盟地区论坛的参与。

在推进"亚太再平衡"战略过程中,美国主要采取以下三种外部动员方式:一、巩固与传统盟友的关系,并以此作为再平衡的基石。对此希拉里有这样的评价:"我们的条约盟友日本、韩国、澳大利亚、菲律宾以及泰国是我们太平洋再平衡战略的支点……它们在安全挑战不断变化的时代,体现了我们的存在,增加了我们的地区领导力。"[1] 二、力图培养新的伙伴关系。奥巴马政府不但密切了与新加坡、马来西亚、印度、印度尼西亚等原本有些基础的国家的关系,而且还试探性地探索与柬埔寨、缅甸等过去为美国冷落的国家的关系。[2] 三、有意识地整合各种力量。在改善、加强、提升美国与各相关国家对点联系的基础上,经济上以 TPP 为聚合点,外交上以东盟为平台,防务上以同盟关系为纽带,努力构建以美国为中心的轴—弧关系网,将地区相对分散的力量整合在美国周围。

那么奥巴马政府推进"亚太再平衡"战略的动因是什么呢?归结起来,主要有以下几点:一、美国认识到亚洲的重要性,并决心搭上亚洲的顺风

---

[1] Hillary Clinton,"America's Pacific Century".
[2] Cheng-Chwee Kuik, Nor Azizan Idris, and Abd Rahim Md Nor,"The China Factors in the U.S.'Reengagement' with Southeast Asia: Drivers and Limits of Converged Hedging," p. 316.

车。按照希拉里的说法,美国已经在大中东地区投入太长的时间,现在是把注意力转移到亚洲的时候了。因为这里代表着未来,因为这里能够找到真正的增长点,因为亚洲包括了两个世界上正在崛起的超级力量——中国和印度。搭顺风车的心理在经济领域最明显,与世界上人口最多和经济增长最快的地区亚洲的经济合作,给美国带来的机会不可限量。事实上,奥巴马的"国家出口计划"(National Export Initiative)本身很大程度上是寄希望于在亚太地区的出口表现,2011年出口战略提及的新兴出口市场中包括了四个亚太国家(中国、印度、印度尼西亚和越南)。①

二、制衡中国的崛起。随着中国经济持续几十年高速增长,曾经"谁来养活中国"的担心变成了"谁来制衡中国"的问题。制衡中国的必要性首先源于中国崛起所导致的所谓的地区力量的失衡。美国认为自己需要离岸去平衡这样的力量失衡。从这一点说,"重返亚太"是给相关国家吃定心丸,在亚太地区重复"邀请来的帝国"的故事。奥巴马2011年11月就在澳大利亚议会演说中多少带有保证性地说:"让我们表达得明明白白,在21世纪的亚太地区,美国将会完全存在,这是一个深思熟虑和战略性的决定,美国将会在这儿待下去。"② 另外,中国的崛起被看成对美国本身的挑战,被认为是该地区继西班牙和日本之后对美国的又一次有力的挑战。从这样的分析看,美国的"亚太再平衡"是一种遏制战略,无论TPP的安排,还是强调岛链防御都不争地说明着这样的事实。

三、与以上两点相关联的是,美国要牵头形塑正在变化中的亚洲秩序和制度安排。无论是动员现有同盟资源,加大在地区多边平台的介入,还是培养新的战略伙伴,作为制衡中国的手段,都只能是权宜之计。只有未雨绸缪,利用美国的结构性力量,通过更深层的制度设计稳定当前权力分布结构,才能对中国持续的崛起形成较长时间的疏导和防范。这是自由制度主义理论家们所主张的,③ 美国的决策者及其盟友们也深谙这样的道理。

---

① Mark E. Manyin, et al., *Pivot to the Pacific? The Obama Administration's "Rebalancing" Toward Asia*, Congressional Research Service, March 28, 2012, p. 20.

② 转引自 Major Sandris Gaugers and Latvian Army, "The Rise of China and the Departure of America: Operational Implications for Erurope," *Baltic Security & Defence Review*, Vol. 15, Issue 2, 2013, p. 231.

③ G. John Ikenberry, *After Victory: Institutions, Strategic Restraint, and the Rebuilding of Order after the Major Wars*, Princeton: Princeton University Press, 2000.

二、全球权势转移对欧美关系的影响

亚洲的崛起促使奥巴马政府提升了亚太地区在美国外交选择中的排位,使亚太成为美国对外战略中最重要的地区之一。但是,正在崛起的不仅仅是亚洲,金砖国家就分布在全球四大洲,它们成为所在地区国家群体性崛起的代表。以金砖国家为代表的世界新兴国家群体性崛起不可逆转地推动了全球经济重心的转移和权势格局的变化。这是世界历史进入现代以来没有出现过的新现象,必将对长期习惯于以西方为中心的欧美国家产生难以估量的冲击和影响,也会间接影响跨大西洋关系。

在全球权力格局的变化过程中,与新兴国家的崛起形成对比的是欧美等西方国家实力的相对下降。冷战刚结束时,学界还在为国际格局的结构是单极还是一超多强而争论不休,但是不到20年这样的争论就在新兴力量的崛起和美国经济力量的相对下降的背景下失去了意义,用克里斯托弗·莱恩具有冲击力的文章标题来说就是《单极与美国治下的和平的终结:这次是真的了》。[1] 这样的终结可以用许多经济数据来支撑。[2] 在对外关系方面,小布什政府可以迅速推翻一两个国家的政权,但是在战后重建中却显得力不从心,而奥巴马政府比较实用主义的外交也被认为是美国实力下降的表现。

与美国衰落相联系的是美国主导的西方整体地位的下降。西方在世界舞台上的传统中心地位主要来自两个方面的优势,一是其经济水平和规模,二是其对国际制度的控制。但是随着新兴经济体的崛起和发达国家自身经济的长期疲软,经济力量的对比已经悄然发生变化,这从经合组织和亚洲的比较中清楚可见:2000年经合组织国家整体占世界财富的55%,亚洲只占24%;但是据估计,到2025年两者比例将基本持平,而且平衡会继续向亚洲倾斜。如果考虑人口因素,西方的长期发展趋势将更加不利,因为到2025年可能世界人口中的一半在亚洲,而美国和欧洲整体的人口比

---

[1] Christopher Layne, "This Time it's Real: The End of Unipolarity and the Pax Americana," *International Studies Quarterly*, Vol. 56, Issue 1, March 2012.

[2] Amitav Acharya, *The End of American World Order*, Malden: Polity Press, 2014, pp. 13-32.

例将仅为世界人口的 9%。① 与经济实力变化相伴随的是,反映西方在当今世界事务中的主导性角色的国际制度(世界银行、国际货币基金组织、联合国等)已不合时宜,需要进行调整和改革。2008 年全球金融危机后出现的二十国集团就反映出历史发展的这种趋势。在主要新兴经济体的参与下,二十国集团正在取代西方七国集团成为世界经济治理的主要平台。

西方整体实力下降和新兴国家崛起势将促进国际格局多极化的发展,然而在不少西方人看来,这更可能会导致对现有秩序的挑战,而不是多极协调下的和平共治。有趣的是,正在兴起的多极世界也让一些长期以来支持世界多极化的欧洲人深感忧虑,因为这样的多极和当初他们主张的多极有着明显的不同:他们设想的多极是以世界的名义,主要在西方内部实现的多极,是欧洲和美国分庭抗礼的多极。而正在兴起的多极是新兴力量异军突起的结果,是对整个西方主导的秩序的挑战。事实上,有学者认为,因为美国尚能保持人口增长并维持发达国家中较高的经济发展水平,受新兴国家崛起影响最大的是欧洲和日本等地区和国家,美国只是因为可能要失去最大经济体的地位而更敏感。② 阿米塔夫·阿查亚(Amitav Acharya)则认为,美国是否衰落尚不能确定,但是美国主导的世界的结束是肯定的。③ 美国主导的世界的主要利益攸关者也包括欧洲。在这里,欧洲不再是挑战甚至超越美国的力量,而是与美国一起成为经济力量转移过程中的失势一方。这样的力量转移将带来如下忧虑:"国际体系最危险的时刻出现在当位于全球科层顶端的社会,由于人口较小,而且已经达到了比较稳定的增长速度,被一个迅速增长的、拥有更多人口的国家超过时。"④

那么,新兴力量的崛起、全球权势的转移会给跨大西洋关系带来什么样的影响呢? 首先,双方相对于新崛起的国家和地区的地缘区位关系不一样。欧洲作为"旧大陆",周围是更古老的北非和中东地区,这些地区没有非常明显地加入"其他地区"的行列。而无论是南美还是亚太地区,美国都

---

① Reflection Group, *Reshaping EU-US Relations: A Concept Paper*, Notre Europe, March 2010, p. 4.

② Fareed Zakaria, *The Post-American World*, New York: W.W. Norton & Company, 2008, p. 41.

③ Amitav Acharya, *The End of American World Order*, Malden: Polity Press, 2014, p. 4.

④ 转引自 Major Sandris Gaugers and Latvian Army, "The Rise of China and the Departure of America: Operational Implications for Europe," p. 231.

将它们视为自己的毗邻地区。所以,新兴力量的崛起给美国带来的更多的是挑战和机会并存,而给欧洲带来的更多的可能是无奈。从世界权势重心转移的历史轨迹来看,西方话语中从地中海盆地转移到欧洲大陆,再从欧洲大陆转移到跨大西洋的权力重心,正在从大西洋转移到太平洋。对此,欧洲人只能望洋兴叹。一方面,美国与不少新兴地区有毗邻关系,而且有维持霸权的强烈意愿;另一方面,二战后欧洲整体保持了相对保守的外交姿态,结果美国会更加多维度介入这些新兴地区,而欧洲则会继续观望。这样一来,美国会继续批评欧洲"搭便车",不能给美国提供必要的帮助。

在美国对新兴地区和国家重视和介入的同时,欧洲人正在产生某种受冷落感。因为随着新兴地区尤其是亚太地区在美国外交优先排位中的上升,美国会分配给相关国家和地区更多的精力、资源和时间。换言之,它给予曾经作为美国对外战略重心的欧洲的关注会减少,跨大西洋关系整体上对美国的重要性也会下降。例如,为了实施2011年通过的《预算控制法案》,美国2012年之后10年将削减国防开支达4870亿美元①,而因为奥巴马政府已承诺此次削减不影响对亚太地区的投入,所以欧洲和其他地区投入的削减比例将会增加。美国对亚洲和欧洲的重视的变化在民调中同样有体现。据皮尤公司的民调,2001年还有44%的美国人认为欧洲对美国来说最重要,但是10年之后亚洲已被视为最重要的。②

美国对外战略重心从大西洋向亚太转移的趋势开始引起大西洋彼岸的不安和忧虑。希拉里·克林顿就任国务卿后首访亚洲,奥巴马2009年缺席柏林墙倒塌20周年纪念活动和缺席2010年5月举行的欧盟—美国马德里峰会等都被媒体解读为对欧洲的疏远。据《纽约时报》报道,欧洲领导人因为"美国对欧洲传统盟友关系的冷漠而很伤心"。③ 美国领导人会时不时出来强调,美国不会抛弃欧洲,但关键问题是欧洲担心的不是被美国彻底抛弃,而是失去在美国对外关系中座上宾的待遇。这样的担心与对欧洲在世界上整体地位和历史作用下降的认识相结合,令欧洲人对美国人

---

① Travis Sharp, "Over-Promising and Under-Delivering? Ambitions and Risks in US Defence Strategy," *International Affairs*, Vol. 88, No. 5, 2012, p. 975.
② Michael Cox, "Too Big to Fail?: The Transatlantic Relationship from Bush to Obama," *Global Policy*, Vol. 3, Supplement 1, December 2012, p. 76.
③ 转引自David Skidmore, "The Obama Presidency and US Foreign Policy: Where's the Multilateralism?" *International Studies Perspectives*, No. 13, 2012, p. 44.

第十章 伊拉克战争之后欧美关系的调整

的有关言行比较敏感。

不过,全球权势格局正在发生的变化也将为欧美之间的合作增添新的动力,为双边关系的加强提供新的机遇。一方面,在实力相对下降的背景下,美国在推行其全球和地区战略时需要跨大西洋传统盟友的支持。虽然在介入地区冲突或国际热点问题的过程中,美国会更加重视与当地盟友或追随国之间的关系,但是它也会尽量争取从欧洲盟友那里获得帮助和支持,包括希望欧洲在后勤保障方面作出更多的贡献。另一方面,虽然在全球和地区问题上,美国和欧洲态度和政策时常相左,但对于维护西方主导的国际秩序和国际体系,双方的意愿差距不大。由于共同的历史传统和价值取向,以及对二战后国际体系中的基本规范和制度的大体认同,与其他力量相比,欧美双方的外交姿态和政策主张往往更为接近。随着新兴国家实力不断增强、影响力不断扩大,欧美团结的愿望会更加强烈,合作的可能性也更大。

伊拉克战争后跨大西洋关系的一个显著特点是,它可能不是最亲密的,在不少重要问题上也不一定是最重要的,但对于双方来说在很长一段时间内它仍是最可靠的。在某种意义上,当奥巴马说"在推动世界范围的安全和繁荣上,美国没有比欧洲更好的伙伴了"[1],副总统拜登说"奥巴马总统和我继续相信欧洲是我们介入世界其他地区的基石,也是我们全球合作的催化剂"时[2],他们的表态不仅仅是一种外交辞令。

第四节 欧美分歧的延续

奥巴马总统的上台为弥补伊拉克战争问题上欧美的严重分歧提供了机会,奥巴马政府调整对欧政策,在一系列外交和国际问题上协调与欧洲的关系,美欧之间的合作得到了恢复和加强,看上去这一时期跨大西洋关系总体上波澜不惊。但是,平静的表象之下欧美分歧的暗流仍在不断涌动,反映出奥巴马执政时期跨大西洋关系的另一面。

---

[1] 转引自 Sir Colin Budd, "US-EU Relations after Lisbon: Reviving Transatlantic Cooperation," http://www.lse.ac.uk/IDEAS/publications/reports/pdf/SR003/.

[2] 转引自 Derek E. Mix, *The United States and Europe: Current Issues*, Congressional Research Service, March 20, 2013, p. 3.

一、"奥巴马热"与欧洲反美主义

2008年当奥巴马借着"希望与变革"的口号开始角逐总统宝座时,欧洲就已经迫不及待地掀起了一股席卷整个欧洲大陆的"奥巴马热"。同年7月24日,奥巴马出现在柏林时,更是万人空巷。这样的狂热在奥巴马入主白宫之后有些减退,但是他仍然被欧洲看作肯尼迪总统之后最受欢迎的美国总统。

那么,应该如何理解欧洲出现的"奥巴马热"与小布什执政时期欧洲高涨的反美情绪之间的强烈反差呢?更加细致的研究表明,奥巴马不是手持魔棒,瞬间驱散了欧洲的反美主义,而是"奥巴马热"和反美主义并行不悖地存在着。[①]一方面,与被欧洲人称为西部牛仔的小布什相比,奥巴马身上有许多令欧洲人,特别是欧洲青年所喜欢的个人特征:年轻精干、口若悬河、毕业于名校、有大都市背景;另一方面,仍有不少欧洲人视美国为物俗主义的始作俑者,在许多方面是欧洲的"他者",表现出不少的文化陋习。所以,对奥巴马的狂热更多的是对奥巴马作为个体的疯狂,而不是对奥巴马作为美国总统的狂热。实际上,在奥巴马政府之下,欧洲持反美观念的人成功地将奥巴马从美国本身抽离了出来,认为奥巴马就是个典型的欧洲人,是一个荣誉欧洲人,美国人选择奥巴马作为总统,是在往正确的方向前进。

事实上,从一开始,不少人就意识到"奥巴马热"可能难以为继,奥巴马自己也提醒那些希望自己进入白宫就产生立竿见影的政策效果的人:美国更像一艘超级油轮,而不是一艘快艇,"你不得不慢慢挪动它"。[②]事实上,美国宪政结构决定了奥巴马虽尊为总统,但也不得不镶嵌在复杂且相互制约的官僚机构和美国悠久的政治传统当中。果不其然,很快有学者就指出,奥巴马政府"并没有追寻一种完全不一样的外交政策,而是尽量不去挑战占统治地位的叙事",是华盛顿改变了奥巴马更多,而不是奥巴马改变美

[①] Puth Hatlapa and Andrei S. Markovits, "Obamamania and Anti-Americanism as Complementary Concepts in Contemporary German Discourse," p. 87.

[②] 转引自 David Skidmore, "The Obama Presidency and US Foreign Policy: Where's the Multilateralism?", p. 46.

第十章 伊拉克战争之后欧美关系的调整

国更多。① 就像一上任就承诺要立即关掉关塔那摩监狱但终其两个任期也未能兑现一样,奥巴马对多边主义的强调也并没有带来一张漂亮的成绩单。奥巴马政府在国际刑事法庭上关于禁止地雷的《渥太华条约》、《生物多样性公约》、《全面禁止核试验条约》、《经济、社会、文化权利国际公约》、联合国《儿童权利公约》等问题的态度都趋向保守。②

事实上,在奥巴马政府时期,虽然美国与欧洲在许多方面都进行了很好的合作,但是从一些细节上仍能看到美国与法德在伊拉克战争中的分歧留下的阴影。例如,在利比亚战争期间,虽然萨科齐被认为是冷战后最大西洋主义的法国总统,但是他一开始也延续了法国对北约传统的不信任,拒绝让北约参与,只是在美国的高压下最后才作出了妥协;③ 德国则呼应施罗德的反战立场,就利比亚设立禁飞区问题投了弃权票,最后也拒绝参加任何军事行动。

可见,一个拥有欧洲"良心"的美国总统也难让美国变得更合欧洲人的意。结果,欧洲人倾向于把奥巴马的口头主张和美国政策的现实之间的悬殊解读成势单力薄的"荣誉欧洲人"输给了美国(尤其是以国会为代表的美国)的政治文化和传统。奥巴马是无辜的,美国则仍然不尽如人(欧洲)意。

因此,奥巴马固然给跨大西洋关系添上了一层富有人情味的表面,他的外交努力也在很大程度上修复了跨大西洋关系在伊拉克战争期间遭受的冲击,但是这样的努力并不能抵消欧洲一定程度上存在的反美情绪。这样的情绪许多时候是长期的认知结构所决定的,超越了美国具体的政策表现,按照安德烈·马科维茨(Andrei S. Markovits)的说法,已经拥有了"有理三扁担,无理扁担三"(damned if you do, and damned if you don't)的常态性。④ 更有学者将反美情绪追溯到19世纪晚期,越战、伊拉克战争时期的反战运动只不过是一脉相承的反美主义在特定时期的集中表现。⑤ 这

---

① Fawaz A. Gerges, "The Obama Approach to the Middle East: The End of America's Moment," *International Affairs*, 89: 2(2013), p. 299.

② David Skidmore, "The Obama Presidency and US Foreign Policy: Where's the Multilateralism?", p. 49.

③ Eugeniusz Smolar, "Transatlantic Relations and NATO," p. 135.

④ 转引自 Puth Hatlapa and Andrei S. Markovits, "Obamamania and Anti-Americanism as Complementary Concepts in Contemporary German Discourse," p. 74.

⑤ Philipp Gassert, "The Anti-American as Americanizer: Revisiting the Anti-American Century in Germany," *German Politics and Society*, Vol. 27, No. 1, Spring 2009, p. 2.

样的"反美主义"已经成为一套比较巩固的话语结构。

二、欧美分歧的结构性特点

伊拉克战争前夕,多种因素的结合使欧美关系跌落到低点,双方分歧集中喷发,令人眼花缭乱。奥巴马政府上台后,大西洋两岸关系渐回正轨,趋于平静。如果说结合伊拉克战争对跨大西洋分歧的判断可能会得出比较悲观的结论,那么奥巴马政府时期的判断则可能更趋于客观(如果不是太乐观的话)。总的来看,抛开一些偶发性因素,双方在伊拉克战争时期的结构性分歧多少在奥巴马时期都有显示,这也是结构性的意义。总的来看,包括实力悬殊、视角差异、文化分歧、信任不足四个方面。

首先,就像罗伯特·卡根所言,欧美的分歧源自两个不同的实体属性以及在此基础上显示出来的不同的实力。[①] 诚然,美国正在失去冷战后短暂的"单极时刻",但是它仍然是一个超级大国,在未来一段时间里还将继续是世界上最强大的国家。在新大陆上特殊的建国历史又造就了所谓的美国"例外论",并经"美国世纪"形成了一种非我莫属的霸权意识或文明优越感。这样的霸权意识纵然是在美国实力下降的情况下,也还会延续很长一段时间。而欧盟则主要由"小国寡民"的成员国构成,正经历一种复合的类邦联的治理结构。21世纪初的欧盟制宪和建设欧洲共同安全与防务政策等努力,曾经让不少人对欧洲在国际上的角色充满期待,但是后里斯本时代的现实证明,成员国对主权的迷恋不会在短时期内成功克服,相对于美国的超强实力,欧盟在很长一段时间内仍将是一种不相对称的力量。更重要的是,真正的欧洲公民身份还远未形成,成员国百姓仍从本国视角观察和认识世界事务。结果在美国看来,欧洲看似巨人的体魄之下仍跳动着一颗小国寡民的心,与美国的霸权主义心态相去甚远。

结果是,美国为自己的世界角色而自豪,而欧洲则满足于安居乐业的"小日子",这就是为什么欧洲国家感受到了自己与美国的实力悬殊,却仍不愿在防务上加大投入。以2012年为例,在北约现有的28个成员国中,只有美国、英国和希腊的国防支出比例超过了北约规定的国内生产总值2%的下限。根据时任美国国防部长罗伯特·盖茨(Robert M. Gates)2011

[①] Robert Kagan, *Of Paradise and Power: America and Europe in the New World Order*, New York: Alfred A. Knopt, 2003.

第十章　伊拉克战争之后欧美关系的调整

年在布鲁塞尔的一次演讲中所说,"美国目前在北约防务开支的比重增加到了75%以上"。① 投入上的悬殊直接反映在能力方面的差距上,根据安东尼奥·米西罗利(Antonio Missiroli)的说法,除法国和英国之外,其他欧洲国家的军队越来越变成所谓的"盆景部队"(bonsai armies)②,欧洲现在整体上缺乏远程军事行动所必需的一系列关键资产。

如此一来,就产生了这样的恶性循环:欧美不同的实力造成了对各自角色的不同期待,不同角色期待又影响各自防务支出的不同比重,而防务比重又反过来影响行为体作为整体的实力。这种状况所造成的直接后果是双方关于责任分担的分歧。以上盖茨的一席话就是在抱怨欧洲盟友的投入不足,前北约秘书长索拉纳在卸任前也多次抱怨,因为欧洲一些国家的防务支出不足,北约正在成为一个"双层同盟"。

实力本身通过影响国家心理、政治家的思维导致不同的立场,而这些立场结合具体环境会进一步产生视角差异。首先,美国习惯了全球视野,而欧洲绝大多数国家仍保持着相对狭隘的地方视野,即使双方视野在一些地区,如欧洲近邻有些交集,各自的关注点也多有不同。欧洲因为与这些地区近在咫尺,更加关注这些地区,包括经济发展和政治稳定等在内的具体问题;美国则因为距离相对遥远,所以重在包括地区秩序在内的战略考虑。随着北美的能源愈益自足,这样的差异还会进一步加大。欧美考虑重点的不同也导致了各自主要依赖的手段不同。比如,在北非中东地区,美国主要依靠打造、支持盟友,而欧洲则主要依靠建立以经济关系为主的邻国政策。虽然在应对北非和中东地区动乱时,双方基本做到了彼此协调政策,但是欧洲仍不得不考虑一些美国人无须担心的问题,例如非法移民、难民问题。在俄罗斯问题上,由于欧盟整体上对俄罗斯有严重的能源依赖,所以双方的政策差异也日益明显。如果西方和俄罗斯关系进一步恶化,欧美分歧的可能性还会更大。俄罗斯对这样的分歧显然心知肚明,例如对于美国的咄咄逼人,俄罗斯外长拉夫罗夫(Sergei Lavrov)就不屑一顾地说,

---

① 转引自 Major Sandris Gaugers and Latvian Army, "The Rise of China and the Departure of America: Operational Implications for Europe," *Baltic Security & Defence Review*, Vol. 15, Issue 2, 2013, p. 221.

② Antonio Missiroli, *Enabling the Future European Military Capabilities 2013—2025: Challenges and Avenues*, Paris: European Union Institute for Security Studies, May 2013, p. 12.

俄罗斯更愿意听到"欧盟的成人的声音"。①

此外，就像本书第九章所提到的，欧美双方在包括市场、主权和宗教信仰等在内的诸多方面的理解都表现出了明显的差异。奥巴马时期，这些差异仍有各种表现；在一些政治和文化精英的归纳下，它们正逐渐发展成对彼此的脸谱化印象。欧洲人认为，美国是市场操控下的消费主义国家，自私而暴力，而美国人又反过来视欧洲为躺在福利摇篮中的旧大陆，缺乏生机；欧洲认为美国的文化狂躁、肤浅、虚伪，美国则认为欧洲的文化迂腐而小气。② 这种"自我"与"他者"的划分一旦形成，就会有自我强化（self-reinforcing）的趋势，产生比较深远的影响。马科维茨甚至认为，通过强调美国作为欧洲的他者，反美已经成为把欧洲这个新的、多样化的共同体捏成一团的手段之一，"替代反共产主义成了欧洲新的意识形态之锚"。③

最后，有了这样的实力和视角差异、文化抵牾，彼此之间存在一定程度的不信任就不足为奇了，这也是奥巴马政府时期欧美双边关系中主要的负面表现之一。2013年6月5日，《华盛顿邮报》和英国《卫报》披露美国国家安全局通过电信服务商获得国内和国际电话内容，后来美国国家安全局前工作人员斯诺登更是披露，美国在以国家安全之名对世界包括盟友进行监听。④ 一些盟国领导人的私人电话也没有幸免。本来欧洲国家对美国与英国和澳大利亚等英美文化圈国家之间更为密切的情报共享安排早就颇有微词，监听行为更暴露出了彼此的不信任。情报之于国家，就像私密之于个人，最能说明两个国家的亲疏远近。美国怀疑欧洲盟友有什么不能说的秘密，且非得用通常对付对手的谍报手段非法获取，本身就能说明跨大西洋关系的一些微妙方面。

---

① Will Englund, William Booth and Scott Wilson, "As Biden Lands, Russia Warns Kiev to Back off," http://www.washingtonpost.com/world/europe/russia-blames-kiev-for-new-violence-in-eastern-ukraine/2014/04/21/5f19edee-c951-11e3-95f7-7ecdde72d2ea_story.html? hpid=z1.

② Puth Hatlapa and Andrei S. Markovits, "Obamamania and Anti-Americanism as Complementary Concepts in Contemporary German Discourse," p. 73.

③ Andrei S. Markovits, *Uncouth Nation: Why Europe Dislikes America*, Princeton, NJ: Princeton University Press, 2007, p. 2.

④ Caspar Bowden, *The US Surveillance Programmes and Their Impact on EU Citizens' Fundamental Rights*, European Parliament: September 2013, p. 6.

第十章　伊拉克战争之后欧美关系的调整

本章小结

　　伊拉克战争刚一结束,跨大西洋关系就有了一定程度的缓和,奥巴马的上任加速了双边关系恢复的进程。双方能够在一些地区和大国关系上协商和协调政策,还发起了 TTIP 谈判。某种程度上,关于伊拉克战争的跨大西洋危机的阴影在消散。但是因为双方实力的悬殊以及与之相关的自我角色定位和视角的殊异,助推(如果不是导致的话)关于伊拉克的双方关系危机的一些结构性因素仍然存在。需要看到的是,奥巴马时期美国的主要外交活动是收拾小布什政府留下的残局和应对一些突发的状况,而因为这些反应性外交本身没有具体体现美国的战略野心,所以双方意见也较一致。但是,作为主动出击的"亚太再平衡"战略就引来了欧洲的焦虑。因此,人们可以这样认为,当美国的外交目标相对有限、路径相对低调时,双方协调、合作的可能性就大;反之,双方分歧、冲突的可能性就增加。

　　同时,伊拉克战争结束后,美国和欧洲很快发现自己不得不面对新的全球性挑战,包括新兴国家崛起和因此加速发生的全球(经济)力量重心的转移。这将会在今后很长时间内构成欧美关系运行的新的、重要的背景。从更远的历史视角看,大西洋两岸的关系其实一直都在越来越大的关系中展开:最初主要是美国与西欧主要国家的双边关系,后来与包括欧洲更多地区的关系,再后来是两个阵营下的跨大西洋关系,而目前正进入以新兴国家为代表的更多国家和地区的崛起的时代。

　　如果伊拉克战争期间不少人的判断是欧美关系不可能更坏了,那么考虑到奥巴马更加符合欧洲人期待的政策主张和风格,可不可以判断双方的关系不能更平和了呢?这将在很大程度上取决于双方各自与其他地区和力量的关系,这也是今后跨大西洋关系与之前比较最大的不同。

409

第十一章　气候变化、《京都议定书》与欧美纷争

> "今天我们正处在交叉路口：一条路通向新的全面气候协定，另一条路通向背叛我们的星球和我们的儿童。选择是显而易见的。"①
> ——联合国秘书长潘基文，2007年巴黎气候大会

　　冷战结束后，国际关系中传统的战争与和平主题并没有退出历史舞台，反而因为各种区域性问题的复杂性而变得突出。与此同时，本来属于所谓"低政治"的问题也纷纷登台，因其全球性特征而成为影响国际政治的新的不容忽视的因素，作为"非传统安全"范畴中的全球气候变化问题即是其中之一。正如一些欧洲学者所指出的，"近年来，气候变化已经从一个边缘政治问题转变为一个实际上对所有政治领域都具有潜在变革性和灾难性后果的问题"。② 这一问题为冷战后时代欧洲与美国的合作和纷争提供了另一个引人注目的舞台。在应对气候变化问题上欧美的博弈不仅影响着这一关系人类未来的问题的解决，而且我们可以从中考察欧美关系发展的新的时代特点和趋势。本章从欧美气候变化政策分歧入手，以欧美利益的分析为视角，围绕《京都议定书》签订前后双方在有关问题上的博弈，探讨影响它们在应对气候变化国际合作中各自的对策及其主要动因。

---

① Joseph E. Aldy and Robert N. Stavins, *Post-Kyoto International Policy: Summary for Policymakers*, Cambridge: Cambridge University Press, 2009, p. xxiv.
② Andrew Jordan, et al., *Climate Change Policy in the European Union: Confronting the Dilemmas of Mitigation and Adaption?*, Cambridge: Cambridge University Press, 2010, p. 3.

第一节 欧美围绕《联合国气候变化框架公约》展开斗争

早在19世纪末、20世纪初,气候变化问题就开始引起科学界的关注与重视,并在科学认知方面不断取得进展。但是,由于传统安全问题一直占据着国际政治议程的中心位置,该问题直到20世纪80年代初都没有真正引起各国政治家的兴趣。随着冷战的结束,非传统安全问题逐渐进入国际政治议程,气候变化问题从科学化到政治化的进程也正式开始。在气候变化议题政治化的初期,欧美都形成和表达了各自有关政治的立场,并围绕第一个全球气候公约的谈判展开了激烈的斗争。

一、欧美在气候变化问题上立场的形成

1990年12月联合国批准了气候变化框架公约谈判,随后从1991年2月到1992年5月,有150多个国家和地区代表参加的《联合国气候变化框架公约》(下简称《框架公约》)政府间谈判委员会先后举行了五次会议,就该公约的宗旨、原则、目标等进行磋商、谈判。

实际上,从20世纪80年代末,欧盟及其主要成员国就开始制定气候变化应对战略与方案。欧盟成员国在地理位置、能源需求、能源供应结构和经济发展等方面具有多样化特征,尤其是一些成员国的可再生能源对该国的能源供应平衡有很大贡献,而其他成员国却是化石燃料的主要生产国。[①] 虽然如此,欧盟仍然作为一个整体制定了在2000年将二氧化碳排放量稳定在1990年水平的战略目标,并为其气候变化战略确定了四大支柱:节能和能源技术方案、财政措施、国家方案和监测机制。[②] 与此同时,欧盟还要求各成员国采取各种方案并主动实施行动,在工业、能源转换、运输、服务和非工业部门推动向环境友好的方向转型,提高能源效率,控制二氧化碳的排放。以上这些目标、战略、方案、宣言和承诺最终成了欧盟参与

---

① "Report on the In-Depth Review of the National Communication of the European Community," 15 July 1997, FCCC/IDR.1/EUR.

② "Report on the In-Depth Review of the National Communication of the European Community," 15 July 1997, FCCC/IDR.1/EUR.

《框架公约》谈判的主要政策基础。①

除了作为一个整体发布气候宣言和做出承诺外,协调各成员国的气候政策与能源政策也是欧盟气候政治的一个重要组成部分,因为只有如此才能在气候变化国际谈判中形成合力,占据更有利的位置。为此,欧盟主要采取了以下几方面措施:

首先,建立成员国共同协商机制。欧盟成员国的能源状况差异很大,只有经过充分协商的政策和措施才能适应欧盟整体市场结构的变化②,为此欧盟在气候政策等相关方面积极推动建设成员国共同协商机制。其次,成员国共同实施强制性措施。欧盟在税收和标准制定等方面制定了一定的强制性措施,作为各成员国在应对气候变化行动方面的最低标准。③ 例如,欧盟不仅制定了最低能效标准以及各种家用电器的能源标签方案,还于1992年通过了一项对成员国具有普遍约束力的关于热水锅炉的指令。④ 再次,通过激励措施对成员国气候政策进行协调。欧盟为促进应对气候变化目标的实现,采取了一定的激励措施,主要是在信息共享和补贴方面为各成员国开展应对气候变化行动提供便利。⑤ 最后,协调成员国之间的可再生能源目标。利用可再生能源替代化石能源促进碳减排是欧盟气候政策的一项重要内容。为协调成员国开展行动,欧盟制定了一个旨在推动成员国使用新的可再生能源的计划,促进生物质能、太阳能、风能、地热能的发展。为此,欧盟提出了雄心勃勃的目标:2005年可再生能源的市场份额从1991年的4%提高到8%,可再生能源的产量增加2倍,确保生物燃料在机动车消费中占5%的份额。⑥ 为使上述目标落到实处,欧盟还

---

① "Report on the In-Depth Review of the National Communication of Italy," 1995年11月21日,FCCC/NC/10.

② "Report on the In-Depth Review of the National Communication of the European Community," 15 July 1997, FCCC/IDR.1/EUR.

③ "Report on the In-Depth Review of the National Communication of the European Community," 15 July 1997, FCCC/IDR.1/EUR.

④ "Report on the In-Depth Review of the National Communication of the European Community," 15 July 1997, FCCC/IDR.1/EUR.

⑤ "Report on the In-Depth Review of the National Communication of the European Community," 15 July 1997, FCCC/IDR.1/EUR.

⑥ "Report on the In-Depth Review of the National Communication of the European Community," 15 July 1997, FCCC/IDR.1/EUR.

第十一章 气候变化、《京都议定书》与欧美纷争

制定了财政支持方案,以加强技术和信息基础设施建设。①

在欧盟努力促进各成员国形成相对统一的气候政策的同时,美国在气候变化问题上的政治立场也逐渐形成。随着气候变化科学研究进展的不断深入和国际社会对气候变化的政治关注持续加强,美国政界也开始重视气候变化应对政策。20世纪90年代初,克林顿总统发表地球日专题讲话,强调了应对气候变化的重要意义。他在讲话中称:"我们必须率先应付全球变暖的挑战,因为这种挑战可能使我们的星球和气候变得恶劣,对人的生命缺乏'善意'。今天,我重申我个人的决心,并宣布我们国家承诺到2000年将我们的温室气体排放降到1990年的水平。"②

不仅如此,美国政府还发布了《气候变化行动计划》,阐述了美国对气候变化的初步应对方案。该计划列出了一套减少所有经济部门温室气体净排放的综合性措施,尤其侧重于政府部门和私营部门在应对气候变化问题上结成伙伴关系。③ 根据美国政府向《联合国气候变化框架公约》秘书处提交的《气候行动报告》,美国在20世纪90年代初的气候政策基本立场主要有以下方面:

第一,在气候认知方面确认全球变暖对人类社会构成威胁。该报告认为,美国和国际社会面临着全球气候变化的威胁,大多数科学家认为这种威胁是确实存在的,人类活动在不断增加温室气体特别是二氧化碳、甲烷和氧化亚氮在大气中的浓度;各种试验模型预测,温室气体的增加将造成局部、区域和全球气候的变化,可能对生态和社会经济系统造成不良影响。④

第二,开展应对气候变化行动需要市场和政府双重因素。报告认为,美国既是迄今世界上最大的经济强国,也是世界上最大的能源生产者和消

---

① "Report on the In-Depth Review of the National Communication of the European Community," 15 July 1997, FCCC/IDR.1/EUR.

② "Report on the In-Depth Review of the National Communication of USA," 1995年7月25日, FCCC/NC/7 25.

③ "Report on the In-Depth Review of the National Communication of USA," 1995年7月25日, FCCC/NC/7 25.

④ "Report on the In-Depth Review of the National Communication of USA," 1995年7月25日, FCCC/NC/7 25.

费者,所以它产生的温室气体最多。① 与此同时,美国不仅实行市场经济,而且政府一直也在发挥重要作用,为纠正市场失灵和实现各种社会目标而进行干预;美国各级政府都需要参与环境保护。②

第三,自愿方案和市场刺激措施应当成为应对气候政策的核心。报告认为,从自愿方案和市场刺激措施的角度看,美国应对气候变化最主要的措施是"绿灯方案"和"气候挑战方案"。③ 有1500多个组织自愿参加了绿灯方案,承诺开展一项全国性提高照明系统效率的活动,有750多家公司自愿参加了气候挑战方案,这些公司的生产能力占美国公用电力生产能力的80%以上。④

第四,需要通过国际合作应对全球气候变化。报告认为,美国可以通过各种国别方案、双边减缓和适应气候变化项目、信息交换和便利贸易等措施提供技术,援助和促进节能技术的转让。⑤ 技术转让的关键内容是使外国政府机构和私营部门企业能够得到关于现有技术的资料,并帮助他们获得购置有益技术所需要的资金。⑥

从上述20世纪90年代初欧美气候政策的基本立场可以看出,欧美在气候变化政策上既有共同点,也有差异之处。一方面,双方都认识到气候变化是人类社会所面临的重大威胁,应当积极采取行动加以应对,而且国际合作是推动行动取得成果的重要方式。这个政策共同点决定了欧美并不排斥气候谈判与合作,为双方共同构建《框架公约》这个气候合作与博弈平台奠定了基础。另一方面,美国更倾向于采用自愿化和市场化的措施来推动行动,而欧盟则更倾向于采取强制性和政府干预的方式来推动行动。双方在气候政策上存在实质性的分歧,这就决定了欧美双方在《框架公约》

---

① "Report on the In-Depth Review of the National Communication of USA," 1995年7月25日,FCCC/NC/7 25.

② "Report on the In-Depth Review of the National Communication of USA," 1995年7月25日,FCCC/NC/7 25.

③ "Report on the In-Depth Review of the National Communication of USA," 1995年7月25日,FCCC/NC/7 25.

④ "Report on the In-Depth Review of the National Communication of USA," 1995年7月25日,FCCC/NC/7 25.

⑤ "Report on the In-Depth Review of the National Communication of USA," 1995年7月25日,FCCC/NC/7 25.

⑥ "Report on the In-Depth Review of the National Communication of USA," 1995年7月25日,FCCC/NC/7 25.

第十一章 气候变化、《京都议定书》与欧美纷争

下的斗争与较量难以避免。

二、欧美围绕《联合国气候变化框架公约》的博弈

自《框架公约》谈判开始，欧美根据各自在气候变化问题上的政治立场，围绕该公约应当如何确定目标这个核心议题，展开了三个阶段的激烈博弈。

在谈判的开始阶段，美国努力争夺国际气候政治的领导权。冷战结束后，美国成为唯一的超级大国，并试图成为世界政治的领导者和世界秩序的塑造者。当气候变化问题逐渐进入国际政治议题后，美国自然希望能够在这个新的国际政治领域中同样扮演领导者的角色。早在《框架公约》谈判开始之初，时任美国总统布什就向国际社会高调宣布要用"白宫效应"战胜"温室效应"，毫不掩饰地向国际社会声称"白宫"将是国际气候政治的领导核心。在此背景下，美国参加《框架公约》谈判的代表在一些不需要美国承担实质性义务的问题上，表现出十分积极的姿态，提出了呼吁国际社会采取植树、节能和加强气候变化科学研究等政策的建议，试图为美国在气候变化这个新的国际政治领域中争夺领导权"加分"。

到了公约的实质性谈判阶段，欧美的分歧就暴露了出来，欧盟激烈反对美国的政策立场。随着谈判进入实质性权利与义务磋商阶段，国际社会愈来愈认识到，仅仅通过呼吁和倡议等不具有法律约束力的措施，不可能实质性地改变全球温室气体排放增加的趋势。因此，德国和法国等欧盟主要成员国纷纷在公约谈判中提出建议，要求在该公约的最终文本中纳入一个具体的量化温室气体减排目标，这样就可以使国际气候合作在一个有明确目标指引下的国际协议框架下取得可预期的进展。早在1989年5月内罗毕会议上，德国要求美国立即对温室气体减排问题展开谈判，使得美国不得不摆出被动的防御姿态。此后，德国、法国与荷兰等国又努力推动欧盟在国际气候会谈中形成共同立场，并最终促成欧盟理事会在1989年6月欧盟环境部长会议上宣布其成员国将寻求集体行动应对气候变化挑战①，这更加有利于欧盟在与美国的气候政治斗争中形成合力。

---

① Loren R.Cass, *The Failures of American and European Climate Policy, International Norms, Domestic Politics, and Unachievable Commitments*, Albany: State University of New York Press, 2006, p. 44.

但是，欧盟及其主要成员国的政策建议与正处于经济增长期的美国的利益需求发生了重大冲突。美国认为，随着其经济增长，温室气体排放必然也会呈现出增长的趋势；欧盟提出要在《框架公约》中纳入一个具体的温室气体排放目标的政策建议，必然会对美国经济的发展空间构成限制，并对美国的国际竞争力构成负面影响。为此，美国在对公约具体条款展开谈判的实质性阶段，明确表态反对在该公约谈判的最终文本中纳入一个具体的温室气体量化减排目标。

对于美国的态度与立场，欧盟及其主要成员国予以严厉的批评，并采取行动进行反击。1991年10月，欧盟委员会针对美国的消极立场发表了立场申明文件，要求温室气体排放应当在2000年之前减少11%。1992年，在巴西里约热内卢会议召开之前，欧洲一些主要国家发起了专门针对《框架公约》的宣言，明确对美国的做法进行谴责，并公开批评美国试图破坏公约的谈判。[1]

但是，在《框架公约》的谈判文本最终签署阶段，欧盟迫于美国的政治压力还是做出重大妥协。面对欧盟及其主要成员国的激烈反对，美国坚持不愿意做出政治让步，甚至以退出公约谈判为要挟。在此形势下，长期试图与美国保持紧密关系的英国首先表达出妥协的意愿，并主动与德国和法国等欧盟成员国沟通与斡旋，最终促使欧盟做出了妥协，放弃了在《框架公约》中对温室气体量化减排目标做出具体规定的主张。1992年6月，在巴西里约热内卢召开的有世界各国政府首脑参加的联合国环境与发展峰会上，欧美双方各自掩藏着对于对方政策立场的不满，在公约的最终谈判文本上签了字，标志着欧美围绕《框架公约》的博弈暂时告一段落。

第二节 《京都议定书》：新一轮博弈

《联合国气候变化框架公约》的通过不仅意味着气候变化已经正式成为一个国际政治议题，而且意味着世界各国围绕气候变化问题进行政治谈

---

[1] Loren R. Cass, *The Failures of American and European Climate Policy*, *International Norms, Domestic Politics, and Unachievable Commitments*, Albany: State University of New York Press, 2006, pp. 62-69.

判与博弈有了一个长期的国际平台。在此框架下,美国与欧盟的政治分歧又进一步扩大,尤其是围绕着《京都议定书》的生效与实施开展了激烈的政治博弈。

一、《框架公约》通过后欧美分歧的加大

美国虽然签署了《框架公约》,但是并没有采取实质性措施减少温室气体排放。在联合国气候变化大会京都回合谈判开始之前,美国的经济规模为世界第一,其二氧化碳排放量约占全球的1/4,人均高达20吨,是全球人均二氧化碳排放量最高的国家之一。[①] 事实上,拟议中的《京都议定书》谈判开始前后,美国人均二氧化碳排放量已经达到经济合作与发展组织成员国人均排放量的1.67倍[②],这不仅意味着美国的碳排放水平远高于欧盟,而且意味着欧美围绕《京都议定书》谈判展开博弈是建立在十分现实的物质基础之上的。

进一步来看,美国低廉的能源价格对美国提高能效和减少温室气体排放量将起到长期的阻碍作用,因为这意味着美国在相当长的时期都没有较强的意愿迅速推动经济与社会向低碳方向转型。因此,美国在京都气候大会前后的气候政策基调仍然是避免采取强制性措施,主要依靠利用各种机制促进和加快自愿行动,试图借此缓解二氧化碳、甲烷、氧化亚氮、氟烷和全氟化碳排放量全面增加的趋势[③],以更少的经济成本推动美国应对气候变化的行动。美国的立场导致美欧围绕《京都议定书》的政治斗争很难在短期内得到调和。

值得一提的是,事实上美国在执行气候变化行动计划的第一年,其国会批准的经费还不到所需经费的50%,而且第二年经费更少。这意味着美国根本不可能真正地履行其在《框架公约》下应当承担的国际义务。不仅如此,美国根据1992年《能源政策法》等有关规定调拨的用于开展温室

[①] "Report on the In-Depth Review of the National Communication of USA," 1996, FCCC/IDR.1(SUM)/USA 26.

[②] "Report on the In-Depth Review of the National Communication of USA," 1996, FCCC/IDR.1(SUM)/USA 26.

[③] "Report on the In-Depth Review of the National Communication of USA," 1996, FCCC/IDR.1(SUM)/USA 26.

气体减排重要项目的资金也被削减了40%以上。① 美国的上述措施表明，它必然会在《京都议定书》谈判与履行中继续采取十分消极的态度。

其实，对于美国在《框架公约》签署后的气候政策与立场，包括欧盟在内的国际社会成员已经有明显的察觉，这就意味着新一回合的欧美气候博弈已不可避免。在京都气候大会召开之前，《框架公约》秘书处审查小组对美国应对气候变化的行动做出了评价。总体而言，审查小组认为美国并没有真正履行其在气候变化问题上所签订的国际协议。

具体而言，审查小组对美国应对气候变化行动的评价主要有以下5个方面：第一，虽然对于多数的自愿方案，美国已达到或超越了最初的执行目标，但不太可能在未来实现比较重大的目标。第二，美国大幅度削减能源部和环境保护署等机构的预算也影响了气候变化方案的继续执行。第三，虽然工业界对自愿行动呼吁作出了积极的反应，但气候变化行动计划中的许多措施仍处在初期发展阶段，这意味着工业界在现阶段一般只是会泛泛地承诺减少温室气体排放量，而不会有具体的实质性行动。第四，与公布行动计划时相比，美国温室气体净排放量回落到1990年水平的可能性更小了。根据预定的行动计划，在1990年至2000年期间，消耗能源造成的碳排放量将增加3%左右。而审查结果表明，二氧化碳和氟烷排放量的增幅会更高，1993年美国二氧化碳排放量比1990年的水平可能增加4.1%，1994年美国消耗能源造成的二氧化碳排放量进一步增加。第五，美国虽然声称努力确保在各多边机构的财政援助方案中考虑应对气候变化的需求，但目前仍不清楚国会是否会调拨足够的资金，使美国维持目前的官方发展援助水平和履行对各多边机构的财政义务。②

与美国相比，欧盟主要成员国在《框架公约》签署后却大多采取了具体有效的措施，推动应对气候变化的行动取得了实质性进展，这就为欧盟在京都回合的谈判中继续积极促进国际行动并与美国的阻挠行为进行斗争奠定了重要基础。

---

① "Report on the In-Depth Review of the National Communication of USA," 1996, FCCC/IDR.1(SUM)/USA 26.

② "Report on the In-Depth Review of the National Communication of USA," 1996, FCCC/IDR.1(SUM)/USA 26.

第十一章 气候变化、《京都议定书》与欧美纷争

在欧盟主要成员国中,英国人均能源耗费量高于欧洲共同体的平均水平①,这也是英国在《框架公约》谈判中持相对消极立场的一个重要原因。但是,《框架公约》签署以后,英国用于发电的燃料比例出现了重大变化,煤炭所占份额从65%左右下跌至约50%,而石油份额则从11%减少至5%,核能份额从21%增加至29%,而天然气的份额则从不到1%的比例跃升至13%,这些能源发展情况使得英国温室气体排放量大幅度削减。② 在此背景下,英国为履行《框架公约》的义务,决定进一步减少煤炭和石油的使用,扩大利用低含碳燃料和增加使用天然气和核能等措施,加强二氧化碳减排力度③,英国决定至2000年把其二氧化碳排放量减少至低于1990年4%~8%的水平。④ 英国碳减排政策的改变,为其在国际气候行动中从消极立场转向积极立场创造了条件,也在一定程度上促使英国在《京都议定书》的谈判中成为欧盟抨击美国消极立场的"急先锋"。

法国在1980年至1990年期间人均二氧化碳排放减少量不仅远高于美国,也高于除瑞典以外的欧洲联盟任何其他成员国。⑤ 事实上,法国在此期间二氧化碳排放量减少了26%,而欧盟成员国同期平均碳减排幅度仅为19.3%。⑥ 1990年法国人均产出相同的国内生产总值所使用的矿物燃料排放二氧化碳量比其他欧洲国家的平均水平低了近三分之一,比经合组织的平均水平低了40%左右。⑦ 由于碳排放水平如此之低,法国有"底气"在欧美气候博弈中长期扮演着比较重要的角色。1994年3月25日法国批准了《联合国气候变化框架公约》后,积极履行公约义务,继续通过有

---

① "Report on the In-Depth Review of the National Communication of Britain," 1997, FCCC/IDR.1(SUM)/GBR 4.

② "Report on the In-Depth Review of the National Communication of Britain," 1997, FCCC/IDR.1(SUM)/GBR 4.

③ "Report on the In-Depth Review of the National Communication of Britain," 1997, FCCC/IDR.1(SUM)/GBR 4.

④ "Report on the In-Depth Review of the National Communication of Britain," 1997, FCCC/IDR.1(SUM)/GBR 4.

⑤ "Report on the In-Depth Review of the National Communication of France," 14 December 1995, FCCC/NC/11.

⑥ "Report on the In-Depth Review of the National Communication of France," 14 December 1995, FCCC/NC/11.

⑦ "Report on the In-Depth Review of the National Communication of France," 14 December 1995, FCCC/NC/11.

效的能源政策进一步减少二氧化碳排放,使得其在京都气候大会前后成为国际碳减排行动的重要推动者。值得一提的是,除了在国内促进减排外,法国还积极参与应对气候变化国际援助行动。1992年法国政府提供的官方发展援助数额约为440亿法郎,并逐年增加至国内生产总值的0.7%。① 法国在《框架公约》签署后所采取的各项推动碳减排的政策措施,为其在《京都议定书》的谈判中反对美国的消极立场奠定了基础。

德国也是欧盟气候行动的重要推动力量之一,并被认为是欧共体成员国中最早制定环境政策的,早于其他成员国引进了主要的环境保护立法,以致德国工商界呼吁其他成员国实行同样的环境要求和提供平等的竞争条件。② 但是,1990年德国人均与能源有关的二氧化碳排放量约为12.8吨,远高于欧洲共同体国家的8.9吨的平均水平。③ 尽管面临艰巨的碳减排形势,德国仍然制定了超预期的减排目标,即到2005年把二氧化碳排放量降低到比1990年排放量少25%的水平。④ 实际上,德国采取了比计划更加严格的减排措施,这些措施使得德国的实际减排量大大超过了目标减排量⑤,这也使得德国能够在京都回合的谈判中继续成为推动欧盟反对美国消极减排的重要力量。

除了上述在欧美气候变化博弈中扮演欧洲最重要角色的行为体外,意大利、葡萄牙、卢森堡和爱尔兰等欧盟成员国也在《框架公约》签署后采取了相当积极的应对气候变化的政策与措施,这有助于欧盟在《京都议定书》的谈判与履行中以"一个声音"发言,采取共同的立场对美国试图阻挠国际碳减排的行为展开斗争。

二、美国极力阻挠《京都议定书》的谈判及生效

《框架公约》的通过与生效只是暂时缓解了欧美之间在气候变化问题

---

① "Report on the In-Depth Review of the National Communication of France," 14 December 1995, FCCC/NC/11.

② Lyn Jaggard, *Climate Change Politics in Europe: Germany and the International Relations of the Environment*, London and New York: Tauris Academic Studies, 2007, p. 95.

③ "Report on the In-Depth Review of the National Communication of Germany," 21 July 1997, FCCC/IDR.1/DEU.

④ "Report on the In-Depth Review of the National Communication of Germany," 21 July 1997, FCCC/IDR.1/DEU.

⑤ "Report on the In-Depth Review of the National Communication of Germany," 21 July 1997, FCCC/IDR.1/DEU.

第十一章 气候变化、《京都议定书》与欧美纷争

上的分歧。随着国际社会要求进一步采取措施减缓并适应气候变化的呼声日趋高涨,如何制定一个更具有法律约束力的国际碳减排协议的问题再一次被提到国际政治议事日程中。经过《框架公约》缔约方的多轮磋商与谈判,国际社会多数成员表示,希望能够于 1997 年在日本京都召开的国际气候大会上形成一个包含量化碳减排目标的《京都议定书》。

对美国而言,《京都议定书》并不符合其利益需求,因此在该议定书的形成进程中美国始终扮演着阻挠者的角色。具体而言,美国的阻挠作用主要体现在以下两个方面:

一方面,美国极力阻挠在《京都议定书》中设置一个具有实质性意义的量化减排目标。在《京都议定书》谈判伊始,美国就反对欧盟要求在《京都议定书》中设置具体的量化减排目标的主张。此后,在欧盟持续不懈的推动下,美国虽然表面上似乎退让了一步,同意在《京都议定书》中设置具体的量化减排目标的要求,但是提出了一个几乎不需要努力就可以完成的减排目标,其实并没有实质性的减排意义。

另一方面,美国试图在发展中国家参与的问题上为《京都议定书》的生效与实施设置障碍。欧盟为了能够推动国际碳减排行动尽快取得实质性进展,通过与发展中国家的沟通,基本接受了鉴于发达国家与发展中国家在历史排放、现实排放和减排技术与能力等方面存在重大差异而由发达国家率先减排的主张。但是,美国却坚决反对欧盟的这种主张,要求发展中国家与发达国家同时减排。[①] 在《京都议定书》的谈判过程中,美国多次提出发展中国家也必须在《京都议定书》下与发达国家一起承担碳减排义务。[②] 在京都气候大会上,美国继续强调发展中国家应当根据其能力做出碳减排承诺。[③] 其实,美国的这种主张在很大程度上是企图"搅局",以发展中国家为"挡箭牌"来阻挠欧盟推动《京都议定书》的生效与实施。

1997 年 12 月,在《京都议定书》谈判的最后关头,美国代表公开对欧盟的提议表示反对,并嘲讽欧盟虽然表面上在减排问题上雄心勃勃,但实际上是在提出一个根本就不准备履行的碳减排目标。[④] 但是,积极应对全

---

① Loren R. Cass, *The Failures of American and European Climate Policy*, *International Norms*, *Domestic Politics*, *and Unachievable Commitments*, p. 79.
② *Earth Negotiations Bulletin*, Vol. 12, No. 68 (2 December 1997), p. 1.
③ *Earth Negotiations Bulletin*, Vol. 12, No. 72 (6 December 1997), p. 2.
④ *Earth Negotiations Bulletin*, Vol. 12, No. 68 (2 December 1997), p. 1.

球气候变化已经成为国际社会的共识和大势所趋,京都国际气候大会最终通过了《联合国气候变化框架公约京都议定书》,即《京都议定书》。它规定到 2010 年,所有发达国家二氧化碳等 6 种温室气体的排放量要比 1990 年减少 5.2%。然而,美国虽然在该议定书上签了字,但并未核准之。2001年,小布什政府又不顾欧盟的强烈反对,以"减少温室气体排放将会影响美国经济发展"和"发展中国家也应该承担减排和限排温室气体的义务"为借口,公开宣布退出《京都议定书》,全盘推翻了其在京都气候大会上承诺的量化减排目标。2004 年 12 月,美国在第 10 届联合国气候变化年会上拒绝了欧盟提出的为《京都议定书》第一承诺期后限排进行准备的建议,并表示美国仅同意在非正式会议上"交换意见",认为正式讨论京都第一承诺期后的问题"为时过早"。[1] 2007 年,美国又进一步明确表示,不会"认真对待"欧盟与控制碳排放相关的提议,认为设定强制性的二氧化碳减排目标无助于全球气候变化问题的解决,并指责欧盟起草的政策文件超越了美国的"红线"。[2] 2007 年 12 月,美国再一次指责欧盟在碳减排目标设定问题上"管得太宽了"。[3]

三、欧盟积极推动《京都议定书》生效与实施

面对美国对《京都议定书》生效的阻挠,欧盟做出了积极的应对。一方面,统一成员国内部的立场,通过协调气候认知、能源政策和减排目标,使得欧盟在国际气候谈判中能够用一个声音说话,形成政治合力。另一方面,欧盟努力与发展中国家沟通,尤其是加强与在气候变化方面最具有脆弱性的小岛屿发展中国家的合作,争取这些国家的支持,使得这些国家成为支持欧盟主张和反对美国阻挠的重要政治力量。除此以外,欧盟还努力与俄罗斯进行沟通,成功地争取了俄罗斯对《京都议定书》的支持,终于使《京都议定书》满足了法定的生效条件。

在《京都议定书》生效后,欧盟及其主要成员国还继续在重要的国际场合宣传气候变化的危害性和应对行动的重要性,反对美国阻挠国际气候行

---

[1] 梁晓华:《制止全球变暖欧美对立加剧》,http://www.gmw.cn/01gmrb/2004-12/17/content_150126.htm.

[2] 殷赅:《G8 峰会前夕德美僵持"气候政治战"》,《第一财经日报》,2007 年 5 月 28 日,第 A05 版。

[3] *Earth Negotiations Bulletin*, Vol. 12, No. 354 (18 December 2007), p. 15.

第十一章 气候变化、《京都议定书》与欧美纷争

动的消极做法,积极推动《京都议定书》所确定的目标的实施。

在2009年联合国气候变化首脑大会上,瑞典首脑代表欧盟发言,对美国阻挠《京都议定书》的理由进行了系统的驳斥。他在发言中首先强调了气候变化的严峻性,称:"我们正面临着我们这一代人最大的挑战之一。我们的世界在发热,而且温度仍在升高。在世界最脆弱的国家里,气候变化的后果将令人震惊。即使我们遵守联合国确定的使气温降低两度的目标,饥饿、严重水灾和气候变迁仍将成为现实。"① 紧接着,欧盟代表要求发达国家继续行动,推动《京都议定书》的实施。他说:"无疑,发达国家将必须带头遏制气候变化。到2020年,我们必须使排放量较1990年减少25%至40%。"不仅如此,他还在发言中表示:"发展中国家需要我们的帮助。他们需要我们的帮助来为我们自己的排放所造成的后果买单。"②

可以看出,欧盟代表所做出的上述发言主要是针对美国。在仅有的几个拒绝承担《京都议定书》义务的发达国家中,美国始终扮演着领头者的角色。正是美国退出了《京都议定书》,才导致欧盟提出的雄心勃勃的全球碳减排计划遭到重挫。欧盟的上述发言实际上是对美国反对《京都议定书》的一次系统的反驳:首先,美国认为气候变化科学证据不足,而欧盟的上述发言则强调气候变化是当代人类所面临的最大挑战;其次,美国认为设定强制性碳减排目标无助于应对气候变化,而欧盟则强调必须制定更严格的具有法律约束力的碳减排目标;最后,美国以发展中国家为"挡箭牌"拒绝履行《京都议定书》的义务,而欧盟则强调发达国家不仅应当率先减排,而且应当对发展中国家进行帮助,并且强调这并非发达国家施给发展中国家的"恩赐",而是发达国家为其历史排放所必须承担的责任。

值得一提的是,在2009年联合国大会上,曾经长期试图与美国气候政策保持协调的英国也高调地推动全球碳减排行动,这表明欧盟在与美国的气候博弈中已经形成了高度统一的阵营。时任英国首相布朗在会议上发表讲话,称"气候变化"是人类社会面临的"五大紧迫挑战"之一,包括美国在内的国际行为体都"需要做出具有堪称划时代意义的重大决定"。布朗还表示,如果"不能达成共识以保护我们这个星球,那么我们就不能指望今后某个时候会轻易出现第二次机会"。布朗在会议上还有针对

---

① 联合国大会第64届会议第3次全体会议记录,A/64/PV.3,2009年9月23日。
② 联合国大会第64届会议第3次全体会议记录,A/64/PV.3,2009年9月23日。

性地强调,"未来不会出现任何追溯既往的全球协议来还原我们已造成的破坏"。①

第三节 欧美气候政策背后的利益驱动

欧盟与美国在气候变化问题上的政策与立场存在重大分歧,不仅仅是两者之间对气候变化科学认知方面存在重大差异,更重要的是欧盟与美国在气候变化问题上的利益需求不同,这就导致双方之间的纷争与博弈在短期内难以消除。

一、欧盟气候政策背后的利益驱动

对于气候变化和环境保护问题,欧盟从自身的价值观出发去看待,将其视为欧盟发挥"规范性力量"的一个重要领域,以便有助于欧盟能够在国际社会中占据某种道德高地和发挥更大的世界影响。② 不过除此之外,欧盟的气候政策及其在该领域与美国的博弈也存在着现实的自身利益诉求。

第一,发展可再生能源产业的利益需求。欧盟在国际气候合作中努力扮演推动者的一个重要原因,是发展自身可再生能源产业的需要。从经济发展的角度看,欧盟营业额排名前25的企业名单中,有一部分是可再生能源公司。在这些公司中,德国、英国、法国和西班牙等欧盟主要成员国的公司占据了很大比例。根据欧洲可再生能源理事会(EREC)的数据,欧洲可再生能源部门的总营业额为450亿欧元,该行业包括约1000家公司和45万名员工③,这表明可再生能源产业对于欧盟经济发展具有十分重要的意义。

从能源供应平衡的角度看,可再生能源产业也对欧盟具有十分重要的意义。《京都议定书》生效前后,水电已经能够为欧盟提供9.2%的电力,是当时欧盟最大的可再生能源。2006年欧盟安装的小型水电站的总容量达

---

① 联合国大会第64届会议第3次全体会议记录,A/64/PV.3,2009年9月23日。
② 可参见本书第八章第四节的相关分析。
③ Study on the Competitiveness of the EU Eco-Industry Within the Framework Contract of Sectoral Competitiveness Studies, ENTR/06/054, Final Report - Part 2, Ref. Ares(2014)74637 - 15/01/2014, Brussels, 22 October 2009.

到了11723.7兆瓦,营业额达到了1.5亿欧元。生物资源在很多欧盟成员国中同样占据较大比例。《京都议定书》生效前后,欧盟的生物柴油产量为571.3万吨,燃料乙醇总消耗量达到了25亿升到27亿升。[1]

《京都议定书》生效前后,欧盟在全球风力涡轮机制造业中所占份额更是达到了75.9%,远高于美国。很多欧盟主要成员国都是风电大国,德国、西班牙和丹麦这三个国家在全球风力涡轮机制造业中所占份额分别达到了35.5%、22%和18.4%,远高于美国的15.5%。2007年,欧盟风电容量达到56346.9兆瓦,相比2006年年底的48122.7兆瓦增加了17.1%。与此同时,全球排名前十的风力涡轮机制造商,其中六个为欧盟企业,远多于美国的一个和中国的两个。此外,在《京都议定书》签署与生效期间,欧洲的太阳能供热也在以惊人的速度增长,运营能力从1997年到2004年间增加了一倍。[2]

在《京都议定书》生效后的一次联合国安理会公开辩论中,欧盟代表分析了应对气候变化与可再生能源利用的密切关联性,为欧盟试图通过推动国际气候合作促进可再生能源产业发展的战略做出了理论解释。他说道:"因为我们感到通过正视气候变化对集体安全的影响,世界将作出较明智的决定,开始建设一个以低碳能源为基础的全球经济,但不是以牺牲发展为代价,使我们能够建成一种新型的、事实上可持续的发展……如果我们的共同努力成功,或许能够实现这一目标。"[3]

第二,应对环境安全挑战的需求。欧盟非常重视气候变化对全球环境安全的挑战。《京都议定书》生效后,欧盟成员国一位代表在联合国安理会发言中的观点便具有典型性,他声称气候变化是对人类未来及环境安全的主要威胁之一,这是一个基本的威胁,其初期后果已经在影响各国人民,特别是最脆弱国家的人民。因此,人们必须毫不拖延地采取行动,正如2002年9月法国总统希拉克在约翰内斯堡讲话中所批评的:"房子已经着火,我

---

[1] Study on the Competitiveness of the EU Eco-Industry Within the Framework Contract of Sectoral Competitiveness Studies, ENTR/06/054, Final Report – Part 2,Ref. Ares(2014)74637 – 15/01/2014,Brussels, 22 October 2009.

[2] Study on the Competitiveness of the EU Eco-Industry Within the Framework Contract of Sectoral Competitiveness Studies, ENTR/06/054, Final Report – Part 2,Ref. Ares(2014)74637 – 15/01/2014,Brussels, 22 October 2009.

[3] Security Council 5663rd Meeting, S/PV.5663, April 17, 2007.

们却在看别处。"① 这位代表还强调:所有的气候变化威胁都是真正的威胁;在中长期,这些威胁将影响各国的安全;今天,没有人敢质疑气候变化的现实;政府间气候变化问题小组在其第四项报告中得出科学结论,认为有90%的把握可以说,全球升温是人类活动所致。②

荷兰代表在安理会发言中则结合本国实际情况,深入分析了气候变化对环境安全的挑战。他指出,众所周知,荷兰与水有着特殊的关系,它的大部分面积低于海平面,荷兰不仅要预防来自海洋的威胁,还要考虑从邻国流入荷兰的河流,例如莱茵河。"水供应将发生变化,这很可能影响国家之间——甚至地区之间——的稳定。"③

欧洲人还从环境难民的角度分析了气候变化对全球环境安全的挑战。根据联合国的估计,到2010年,世界上将有5000万环境难民,这甚至不包括环境变化的影响。政府间气候变化问题小组的报告提到,80%的可能性是亚热带地区的水供应将大幅度下降。到2050年,数10亿人将面临水供应不足甚至无水供应的问题。因此,"存在着全体居民大迁移的严重危险,从而引发严重的社会经济不稳定和潜在的人道主义危机。据估计,到2010年,气候变化引起的环境退化可能导致发展中国家5000多万人被迫迁移——成为名副其实的气候难民"。④

第三,应对气候变化脆弱国家治理失败的需要。欧洲人认为,气候变化的影响在已经存在其他脆弱因素的地区更为剧烈,而且会加剧这些脆弱因素。最易受影响的国家,特别是非洲的国家,已经面临发展不足、族裔紧张、流行病和难以预计的气候条件等问题,它们可能付出更高的代价。它们将更难以面对这些困难,因为它们缺乏能力,而且还因为这些国家的结构过于软弱,无法充分满足其人民的需求。为了应对上述问题,他们认为:"局势需要国际社会采取果断、积极和紧迫的行动,应对气候变化并将其后果限制在可以容忍的水平上,这意味着必须保持在2摄氏度的临界之内。"⑤

例如,欧盟代表在安理会会议的发言中强调,国际社会需要重视小岛国和非洲国家等气候变化脆弱国家所面临的治理挑战。他指出,可以想

---

① Security Council 5663rd Meeting, S/PV.5663, April 17, 2007.
② Security Council 5663rd Meeting, S/PV.5663, April 17, 2007.
③ Security Council 5663rd Meeting, S/PV.5663, April 17, 2007.
④ Security Council 5663rd Meeting, S/PV.5663, April 17, 2007.
⑤ Security Council 5663rd Meeting, S/PV.5663, April 17, 2007.

象,缺乏水——正如很多代表提到的那样——以及缺乏粮食和肥沃的土地会助长冲突的发生。最容易受环境压力因素影响的国家是小岛国、低地沿海国以及干旱和半干旱地区国家。它们对气候问题的责任最小,但受到的影响却最大。一些小岛国的自身存在正受到海平面日益升高的威胁。预计最早于2020年,非洲就将有多达2.5亿人因为气候变化而面临缺水程度加重的情况。另外,频繁和严重的洪涝灾情和旱情,可能给粮食生产、粮食保障和人类生命造成破坏性影响,并可能给人们的生计造成毁灭性影响。①

第四,预防地区性冲突的需要。在2007年安理会关于气候问题的公开辩论中,欧盟代表指出,应对气候变化是从根源上消除冲突因素的重要措施。他在发言中指出:"我们需要考虑不可避免的气候变化所造成的后果。为此,我们认为,安全问题应在未来关于气候变化影响的研究和报告中得到适当体现。如果我们认识到这些因素是相互依存的,就会更容易制定连贯和整体的措施,也会更容易加强因应能力。"②欧盟代表还强调正确的国际气候政策对预防冲突的重要意义。他称:"没有国家能够独自解决如此重大的问题。世界某个地区的环境、经济和能源政策会直接或间接地影响到其他地区的人们,并可能成为那里的冲突根源。因此,健全的国际环境政策是全球预防冲突不可或缺的一部分。"③

二、美国气候政策背后的利益驱动

应当看到,虽然美国在国际气候合作中主要扮演阻挠者的角色,但也并非完全拒绝开展应对气候变化的行动。其实,美国退出《京都议定书》之后又继续参加国际气候谈判,主要原因之一在于美国也存在着气候变化脆弱性的问题,并需要通过适应行动来降低其脆弱性,这主要表现在以下方面:

第一,生物多样性的脆弱性和适应需求。美国在向《框架公约》秘书处提交的国家通信报告中指出,美国很可能因为气候变化而导致植被带发生变化。此外,动物物种多样性、范围和分布也可能因为气候变化而发生变

---

① Security Council 5663rd Meeting, S/PV.5663, April 17, 2007.
② Security Council 5663rd Meeting, S/PV.5663, April 17, 2007.
③ Security Council 5663rd Meeting, S/PV.5663, April 17, 2007.

化,湿地、森林、草原、河流和湖泊等生态系统也可能因为气候变化而受到负面影响。① 该报告认为,美国需要深入了解气候变化对生物多样性的潜在影响以及林业、农业和水资源的脆弱性,减少与气候变化相关的不确定性,并通过气候变化科学方案和其他机制向决策者提供实用的科学信息和工具。②

第二,沿海地区的脆弱性和适应需求。美国在向《联合国气候变化框架公约》秘书处提交的国家通信报告中指出,在美国大部分海岸,海平面每年上升2~3毫米。报告认为,美国需要在《联邦海岸带管理法》中对气候变化的潜在影响予以立法承认,并制订沿海地区适应计划,尤其需要收集海平面上升可能对这些地区产生影响的资料和数据,为长期适应行动打下基础。③

第三,在水资源方面的脆弱性和适应需求。美国在向《框架公约》秘书处提交的国家通信报告中指出,气候变化可能导致美国春季降雪量下降,河流径流显著减少,河口盐度增加,并出现严重和极端的干旱。报告认为,美国需要资助和推动对水资源气候变化脆弱性的科学评估,还需要收集干旱及其危害性的信息,制定应对方案。④

第四,交通方面的脆弱性和适应需求。美国在向《框架公约》秘书处提交的国家通信报告中指出,预计沿海风暴强度和频率的变化将影响美国沿海地区的交通基础设施及其运行。报告认为,需要对此加以研究,为交通规划人员和决策者提供指导,并在此基础上把潜在的气候变化影响纳入政策和规划决策中,努力构建可靠和稳健的交通网络。⑤

值得注意的是,除了上述方面以外,对公共健康问题的关注也是美国采取应对气候变化行动的重要原因。美国白宫就曾发布题为《气候变化对

---

① Report of the In-Depth Review of the Fourth National Communication of the United States of America, 17 February 2009, FCCC/IDR.4/USA.
② Report of the In-Depth Review of the Fourth National Communication of the United States of America, 17 February 2009, FCCC/IDR.4/USA.
③ Report of the In-Depth Review of the Fourth National Communication of the United States of America, 17 February 2009, FCCC/IDR.4/USA.
④ Report of the In-Depth Review of the Fourth National Communication of the United States of America, 17 February 2009, FCCC/IDR.4/USA.
⑤ Report of the In-Depth Review of the Fourth National Communication of the United States of America, 17 February 2009, FCCC/IDR.4/USA.

美国人民健康的影响》的报告,其中指出气候变化主要可能对美国居民的健康构成威胁。同样,促进清洁能源产业的发展也是美国应对气候变化的利益驱动因素之一。在2009年联合国大会上,时任美国总统奥巴马发言称:"为应对气候变化,我们已投资800亿美元发展清洁能源。我们大幅度提高了燃料效率标准。我们制定了新的鼓励节能措施,并在美洲发起了一项能源合作计划。"①

在奥巴马总统的支持下,2016年4月22日时任美国国务卿克里代表美国政府在《巴黎协定》上签字。该协定于2015年12月12日在巴黎国际气候变化大会上通过,其主要目标是将21世纪全球平均气温上升速度控制在2摄氏度之内,并将全球气温上升控制在前工业化时期水平之上1.5摄氏度之内。随后,G20杭州峰会开幕前的同年9月3日,奥巴马总统与中国国家主席习近平以及联合国秘书长潘基文在杭州共同出席《巴黎协定》批准文书交存仪式,标志着两国正式批准了具有重要历史意义的该协定,也表明奥巴马政府在全球气候问题上与欧盟立场的距离在拉近。

然而,虽然存在上述推动气候行动的利益驱动因素和奥巴马政府的积极行动,美国的气候政策总体上是与欧盟的政策相冲突的,主要原因有以下两方面:

一方面,美国化石能源利益集团始终坚持反对美国在应对气候变化国际合作中采取任何实质性行动。应对气候变化国际行动的最关键环节就是减少碳排放,而美国的石油、煤炭等化石能源利益集团的利益势必因此而遭受重大损失,因此自从气候变化问题进入国际政治议程以来,美国化石能源集团就持续不断地在美国国会、白宫寻找利益代言人,阻挠美国履行任何可能导致实质性减排的国际协议。

另一方面,美国军方是全球最大的温室气体排放单位,而美国军队的运转一天也不可能离开化石能源的消耗。因此,要美国降低温室气体排放,就势必要减少美国军方的碳排放,这必然会限制美国军方的训练和作战的能源消耗,影响美国军方在全球部署军事力量的能力。

美国国防部曾经在《京都议定书》通过后对此做出评估分析,认为如果美国军方真的要履行相应的碳减排义务的话,军队的训练、部署和作战都会受到重大影响。具体而言,陆军的坦克训练将因此而每年减少32.8万

---

① 联合国大会第64届会议第3次全体会议记录,A/64/PV.3,2009年9月23日。

公里,海军将因此每年不得不削减 2000 个航行日的训练,空军将因此每年不得不减少 21 万个飞行小时的训练。① 在京都气候大会召开之前,美国参议员海格尔(Chuck Hagel)曾经发起伯瑞德—海格尔决议,坚决反对美国参加《京都议定书》。此后,海格尔又在参议院发言,分析《京都议定书》可能对美国国防造成的不利影响,认为美国军队才是"美国最大的化石燃料使用者",《京都议定书》可能严重影响美军准备和应对战争的能力。②

正是基于以上两方面因素,虽然美国也存在着一些推动应对气候变化行动的需求,但是终究不能摆脱在国际气候变化合作中扮演阻挠者角色的政策套路。2017 年 6 月 1 日,新任美国总统特朗普以《巴黎协定》对美国不公平为由,悍然宣布美国退出该协定。这一决定引起世界舆论的强烈反应,欧洲主要国家德国、法国和意大利领导人发表联合声明,对美国宣布退出《巴黎协定》表示遗憾,并强调欧洲不会对该协定进行任何重新谈判和修改,这表明在全球气候变化问题上,美欧之间未来还将不可避免地继续展开长期而激烈的政治博弈。

本章小结

如果按照美国学者查尔斯·赫尔曼根据威胁大小、时间长短和预期程度三个变量对国际危机进行情境分析的理论③ 来考察,在其八种危机情境中,欧美围绕气候变化问题的博弈属于"审慎情境"(高威胁、时间长和可预期)模式或"常规化情境"(低威胁、时间长和可预期)模式。前者应是欧盟的认知,它将增加博弈者讨价还价的艰巨性;而后者应是美国的理解,它或者按照既往的惯例发展,或者导致问题无法解决或等待决策者的变更。显然,两种模式的区别在于对全球气候变化对于人类社会造成的威胁之大小和紧迫程度的不同理解。欧盟将气候变化看作全球化时代对人类的一种

---

① Thomas Gale Moore, "In Defense of Defense," 2011 - 8 - 29, http://www.worldclimatereport.com/archive/previous_issues/vol3/v3n20/health1.htm.

② Proceedings and Debates of the 105th Congress, October 3, 1997, 143 Cong. Rec. S10308 - 01.

③ Charles Hermann, "International Crisis as a Situational Variable," in J.A. Vasquez, ed., *Classics of International Relations*, New Jersey: Prentice-Hall, Inc., 1996, pp. 197 - 198.

第十一章 气候变化、《京都议定书》与欧美纷争

严重且迫切的威胁,试图站在道德高地上抓住解决这一问题的主导权;而美国似乎并不认可这一问题的严重性和紧迫性,但也不愿放弃作为超级大国所习惯持有的主导权,欧美的纷争由此而来。对于欧洲人来说,他们对气候变化问题的诉求和积极行动不仅反映了其价值取向,也迎合了国际社会对全球气候变化和环境保护问题的强烈呼声,这倒给他们改变跨大西洋关系中不对称权势结构增加了有利的筹码。因而人们就可以理解,在欧美有关气候变化问题的博弈过程中,欧洲往往占据上风,而美国的招架似乎力不从心。然而,欧美矛盾的焦点并不在于气候变化本身,而在于隐藏在气候变化问题背后的利益博弈,即欧洲人所关注的自身能源安全利益和美国人所极力维持的自身军事霸权利益之间的冲突。因此无论是欧盟还是美国,它们在这场气候博弈中都需要维护自身的特殊核心利益。不过,无论根据赫尔曼上述哪一种情境分析模式,欧美的博弈都将是艰难的和长期的。必须指出的是,在这种博弈中,当欧美安全利益与发展中国家的正当利益需求相冲突时,欧美都会不惜以牺牲发展中国家的利益为代价来维护其核心利益,这正是国际社会构建公平与有效的气候变化国际制度的重要阻力之一。[①] 因此,包括中国在内的发展中国家在未来相当长的时间里仍将继续面临气候变化所带来的严峻挑战。

---

① *Earth Negotiations Bulletin*, Vol. 12, No. 359 (2 December 2008), p. 1.

第十二章 渐行渐远？欧美关系面临新的考验

"最近几天的经历让我感受到,从某种程度来讲,我们互相完全依赖对方的时代已经结束。……出于这一原因,我只能说:我们欧洲人真的要把命运掌握在自己手中。"①

——德国总理默克尔

2017年1月唐纳德·特朗普就任总统后,美国外交出现了不同于前届奥巴马政府的新格局。商人出身的特朗普更看重实际收益,即美国国际行为的回报是否大于付出,与他国的讨价还价能否使美国获得更多的利益。早在竞选期间,特朗普就向美国民众传递了他思维中的因果逻辑:美国人之所以感到不满,是因为他们对世界其他国家太过慷慨,包括接纳移民和保卫盟国,同时美国的政治精英达成了一系列有缺陷的国际协议,损害了美国的利益。② 因此,上台后的特朗普刻意强调"美国优先",减少美国的国际责任和义务,退出多种双边和多边协定、国际条约,以维护并加强美国的自身实力。特朗普的这种外交政策和行为被认为是"向国际义务与合作宣战"③。有学者认为,自特朗普上任以来,世界一直在经历令人担忧

---

① 2017年5月28日默克尔总理在谈及刚刚结束的七国集团意大利峰会时所说。见《欧洲人的命运应掌握在自己手中》,搜狐网:http://www.sohu.com/a/144529558_181366。

② Edward Alden, "Changing Economic Fortunes for Americans: Implications for Foreign Policy," in Daniel S. Hamilton and Teija Tiilikainen eds., *Domestic Determinants of Foreign Policy in the European Union and the United States*, Washington, DC: Center for Transatlantic Relations and Finnish Institute of International Affairs, 2018, p. 101.

③ Thomas G. Weiss, "The United Nations and Sovereignty in the Age of Trump," *Current History*, Philadelphia, Vol. 117, Iss. 795 (Jan. 2018), pp.10-15.

的发展,民族主义、种族主义、孤立主义和单边主义再次抬头。①

　　特朗普政府"美国优先"的理念和外交不仅针对中国这样的新兴经济体,而且毫不迟疑地对准作为美国安全盟友的欧洲国家和欧盟,给跨大西洋关系带来了猛烈的冲击。在对美国的责任与负担进行"再平衡"的思想的指导下,美国的对欧政策做出了重要调整,特朗普不仅提出"北约过时论",质疑欧洲一体化,而且要求欧洲盟国为北约防务负担更公平的财政份额,更对欧盟和欧洲大国施加前所未有的强大压力,要求它们对美开放市场和贸易平衡。特朗普政府对欧政策的变化使正面临重重内部危机和地缘政治挑战的欧盟难以适应,欧洲人感到欧洲可能并不像许多人想象的那样和平与安全②,以致欧洲领导人多次强调欧洲的命运必须掌握在欧洲人手中,欲推进欧洲的"战略自治",欧美关系中矛盾和冲突的一面凸显。

　　特朗普上台后欧美之间分歧增大和关系紧张引起了学术界的高度关注和热烈讨论,对于当前欧美关系的态势及未来发展趋势存在两种分析观点和判断。一种认为传统的欧美关系正在发生变化,甚至已经到了一个重大转折关头,大西洋同盟难以为继。如有学者力图通过事实和证据表明欧盟和美国的关系正在减弱甚至破裂。玛丽安·里德尔和阿卡塞米·纽瑟姆认为,这是欧美在国际问题、国际制度和规范以及跨大西洋关系的价值等方面的观点和立场日益分歧的结果。③ 美国著名学者伊肯伯里等质疑特朗普的行为是否正在破坏整个"自由主义国际秩序",跨大西洋关系本身

---

① Younes Abouyoub, "A Perilous Legacy: From Trumping Multilateralism to the Demise of the U.S. Storytelling?", in The OCP Policy Center, *Atlantic Currents: Overcoming The Choke Points*, 5th edition of the Annual Report on Wider Atlantic Perspectives and Patterns, December 2018, p. 39.

② Daniel S. Hamilton and Teija Tiilikainen, "Domestic Drivers of Foreign Policy in the European Union and the United States," in Daniel S. Hamilton and Teija Tiilikainen, eds., *Domestic Determinants of Foreign Policy in the European Union and the United States*, Washington, DC: Center for Transatlantic Relations and Finnish Institute of International Affairs, 2018, p. xii.

③ Marianne Riddervold, and Akasemi Newsome, "Transatlantic Relations in Times of Uncertainty: Crises and EU - US Relations," *Journal of European Integration*, Vol. 40, Issue 5, 2018, pp. 505 - 521.

处于危机状态。① 夏皮罗和戈登更是评论称"联盟已死",特朗普对跨大西洋关系造成了致命打击,旧的联盟难以恢复。② 俄罗斯《观点报》专栏作者彼得·阿科波夫认为,欧美分手已不可逆转,只是"何时""以何种形式"的问题。③ 而另一种观点则坚持,跨大西洋关系并未发生实质性的变化。厄尔代古伊认为大西洋联盟是一个不断演变的战略概念,现在只是需要围绕"北约分担责任"和集体防御达成新的战略共识。④ 英国皇家国际事务研究所出台的政策报告称,欧美仍是不可替代的伙伴,"历史表明,将双方聚集在一起的问题的深度远远大于可能使它们分裂的问题的深度"。⑤ 安德森认为"美国目前正在进行的政策转变还只是表面的,还没有形成结构性变化",并预计"它不会成功推翻美国70年来的外交政策共识"。⑥ 不少学者对第二种观点持相似的看法。⑦

---

① G. John Ikenberry, "The End of Liberal International Order?", *International Affairs*, Vol. 94, Issue 1, January 2018, pp. 7 – 23; Gideon Rose, "Letting Go," *Foreign Affairs*, Vol. 97, Issue 2 (March/April 2018), p. x; Fareed Zakaria, "FDR Started the Long Peace. Under Trump, It may be Coming to an End," *Washington Post*, Jan 26, 2017, https://www.washingtonpost. com/opinions/global-opinions/fdr-started-the-long-peace-under-trump-it-may-be-coming-to-an-end/2017/01/26/2f0835e2 – e402 – 11e6 – ba11 – 63c4b4fb5a63_story.html? utm_term =. a3b8e163ae02.

② Jeremy Shapiro and Philip H. Gordon, "How Trump Killed the Atlantic Alliance," March 5, 2019, https://www.ecfr.eu/article/commentary_how_trump_killed_the_atlantic_alliance.

③ 《俄专家:欧盟"注定接受"中国建议》,《参考消息》,2019年04月14日。

④ Rachid El Houdaigui, "The Atlantic Alliance: Between Revived Europeanism and Restless Atlanticism," in The OCP Policy Center, *Atlantic Currents: Overcoming the Choke Points*, 5th edition of the Annual Report on Wider Atlantic Perspectives and Patterns, December 2018.

⑤ Patricia Lewis, Jacob Parakilas, et al., *The Future of the United States and Europe: An Irreplaceable Partnership*, Chatham House Report, The Royal Institute of International Affairs, 2018.

⑥ Jeffrey J. Anderson, "Rancor and Resilience in the Atlantic Political Order: The Obama Years," *Journal of European Integration*, Vol. 40, Issue 5, 2018, pp. 621 – 636.

⑦ Laetitia Langlois, "Trump, Brexit and the Transatlantic Relationship: The New Paradigms of the Trump Era," Revue LISA / LISA e-journal, 9/10/2018, Vol. XVI, No. 2, https://journals.openedition.org/lisa/10235; Ian Bond, "Has the Last Trump Sounded for the Transatlantic Partnership?", Center for European Reform, May 2018, p. 15, https://www.cer.eu/sites/default/files/pbrief_trans_trumpIB_4.5.18.pdf; Xenia Wickett, *Transatlantic Relations: Converging or Diverging?*, Chatham House Report, The Royal Institute of International Affairs, 2018, p. 30.

那么，特朗普上台后跨大西洋关系变得持续紧张甚至恶化的原因究竟是什么？在特朗普的欧洲政策冲击下，欧盟是否会更加独立自主？跨大西洋关系又将何去何从？当前，国际体系和国际秩序正处在深度调整的关键时期，无论如何，欧美关系的变化和欧洲未来的发展对当代世界秩序和国际关系的嬗变必将产生深远的影响。①

第一节 特朗普上台后欧美关系的持续紧张

我们认为，长期以来跨大西洋关系中一直存在着结构性矛盾，即不对称的欧美权势结构及因其产生的利益分配的不平衡，但是特朗普政府"美国优先"的对外方针和强硬的外交风格却激化了原有的矛盾，并产生了新的矛盾。而相对于此前的同盟危机，从总体上看，特朗普上台后欧美的矛盾和纷争在广度和深度上都是前所未有的。欧洲盟友甚至越来越质疑美国的领导力，并在是否保持与美国同盟关系的问题上产生了分歧：一派仍然支持维护与美国的同盟关系，另一派则宁愿寻求新的地缘政治选择，以取代这个令人尴尬的同盟。②

二战结束以来，大西洋同盟一直被欧洲视为其对外关系的基石。而美国也十分重视在欧洲的战略存在，有种形象的说法是"美国一只脚站在美洲，而另一只脚站在欧洲"。没有欧洲，美国就等于失去了一只脚，无法实现其称霸全球的战略目标。战后历届美国总统都十分重视与欧洲的伙伴关系，他们认为，欧洲的安全和繁荣是美国的核心利益，所以他们一直对疏远欧洲、不顾欧洲人的感受持谨慎态度。相比之下，特朗普领导的美国，"既对自己在欧洲的传统角色不感兴趣，也无法履行自己的角色"。③ 特朗普只相信人造屏障（筑墙）和天然屏障（海洋）带给美国的安全感，所以他希

---

① 本章主要内容已发表在宋芳、洪邮生：《特朗普执政以来欧美关系新变化》，《国际论坛》2019年第5期。

② Younes Abouyoub, "A Perilous Legacy: From Trumping Multilateralism to the Demise of the U.S. Storytelling?", p. 51.

③ Jeremy Shapiro, "Trump is a mere Symptom of the Rot in the Transatlantic Community," September 25, 2017, https://warontherocks.com/2017/09/trump-is-a-mere-symptom-of-the-rot-in-the-transatlantic-community/.

望美国"能够而且应该置身事外,不去理会其他地区的问题"。而特朗普的新政策虽然提高了美国的议价能力,但代价可能是让整个跨大西洋同盟陷于危险境地。①

一、原有矛盾的加深:利益分配的分歧加深

在冷战期间,虽然欧美大西洋同盟在防范苏联和西方安全等问题上能够保持一致,但是它们内部的分歧从来没有间断,合作与纷争并存成为跨大西洋关系的一个明显特征。冷战结束后,无论在军事安全还是在经贸等领域,欧美之间的利益分歧进一步扩大和增强,这很大程度上是它们原有矛盾的延续与凸显。因此,冷战后的欧美关系本来就面临着更大的挑战。曼德尔鲍姆认为,冷战期间,即使面临着单一的来自苏联的威胁,西方联盟尚难保持团结,而如今面对多种威胁,建立和维持类似的联盟将更加困难。② 在齐妮亚·维克特(Xenia Wickett)看来,"当外部威胁不再是主要利益时,就会出现分歧"。冷战结束以来,美国和欧洲常常难以维持密切关系,虽然"9·11"事件和恐怖主义威胁给双方带来了更密切的合作,但"威胁的范围和处理威胁方式的不同导致了双方比冷战几十年间更大的分歧"。③ 她的看法有一定道理,共同的威胁是凝聚同盟的重要因素,威胁的消失使得利益的分歧凸显。但实际上,无论是否存在共同的外部威胁,联盟内部的结构性矛盾一直是影响联盟关系的主要原因之一,它就像卡在联盟中的一根隐形的刺,当盟友的看法一致时,这根刺就像不存在一样不发挥作用,但当盟友发生分歧时,这根刺就会成为一把利剑。

(一)特朗普对欧洲的经贸打压

经贸关系一直是影响美欧关系的一个重要方面。欧美同属西方阵营,贸易往来十分密切,这种经济上的相互依赖一直持续至今。但是,行为体互动越频繁,发生摩擦的概率也会增加,所以很容易理解,贸易摩擦在欧美

---

① Jeremy Shapiro and Dina Pardijs, "The Transatlantic Meaning of Donald Trump: A US-EU Power Audit," European Council on Foreign Relations, September 2017, p. 11, https://www.ecfr.eu/page/-/US_EU_POWER_AUDIT.pdf.

② Michael Mandelbaum, "The New Containment: Handling Russia, China, and Iran," *Foreign Affairs*, Vol. 98, Iss. 2 (March/April 2019), p. 129.

③ Xenia Wickett, *Transatlantic Relations: Converging or Diverging?*, Chatham House Report, The Royal Institute of International Affairs, 2018, p. 30.

第十二章 渐行渐远？欧美关系面临新的考验

之间一直存在。从20世纪50年代末欧洲经济复苏后开始，欧洲就逐步成为美国强有力的经济竞争对手，直到冷战结束以来美欧贸易纷争甚至贸易战并不鲜见。然而，特朗普上台后实施的贸易保护政策重新引发了围绕保护主义和全球化未来的激烈辩论，加剧了美欧同盟的矛盾。例如，德国是欧盟经济实力最强的国家和欧洲经济的发动机，与美国有着密切的经贸往来。然而，美国在对德贸易上呈现逆差，这引发了特朗普的强烈不满，他说："我们对德国有巨大的贸易逆差，加上他们在北约和军事上的支出远远低于应有水平。这对美国来说非常糟糕，这将会改变。"[1]

美欧的经贸摩擦首先表现为特朗普政府宣布从2018年6月1日起，将向来自欧盟的钢铝产品分别征收25%和10%的惩罚性关税。美国的威胁引起欧洲人的强烈不安。欧盟委员会主席容克（Jean-Claude Juncker）表示："我对这一决定感到担忧。欧盟认为，美国的这些单边关税是不合理的，与世界贸易组织的规则不符。这纯粹是保护主义。"[2] 针对美国的这一决定，欧盟宣布将向世界贸易组织对美国提起诉讼。[3] 欧盟对美国最大的铝出口国是德国，占欧盟对美出口总额的29%，其他依次为法国（15%）、意大利（12%）、奥地利（9%）和英国（7%）。就钢铁而言，欧盟对美出口最大的国家也是德国，占欧盟出口的23%，紧随其后的是英国、瑞典、荷兰和意大利，这些国家的钢铁出口占欧盟出口的11%。[4] 特朗普对欧盟征收钢铝税，影响最大的无疑是欧盟的大国、美国的传统盟友。法国等国家希望"通过世贸组织对美国采取惩罚性措施，而德国和其他国家更愿意在冲突达到全面贸易战之前将其规模缩小"。[5]

欧盟面对美国挑起的贸易摩擦别无选择，只能进行报复，对从美国进

---

[1] Donald J. Trump, "We have a MASSIVE Trade Deficit with Germany, plus they Pay FAR LESS than They should on NATO & Military. Very bad for U.S., This will Change." Twitter, May 30, 2017, https://twitter.com/realDonaldTrump/status/869503804307275776.

[2] European Commission, "European Commission Reacts to the US Restrictions on Steel and Aluminium Affecting the EU," Press Release, 31 May 2018, http://europa.eu/rapid/press-release_IP-18-4006_en.htm.

[3] K. B. Kanat, "Transatlantic Relations in the Age of Donald Trump," *Insight Turkey*, Vol. 20, No. 3, Summer 2018, p. 85.

[4] Agelos Delis, "How US Tariffs will Affect Different Parts of the EU," June 7, 2018, http://theconversation.com/how-us-tariffs-will-affect-different-parts-of-the-eu-97651.

[5] K. B. Kanat, "Transatlantic Relations in the Age of Donald Trump," p. 85.

口的一些产品征收额外关税,而美欧关税战的结果只会是双输,类似于"囚徒困境"博弈模型:当双方都选择自由贸易时,双方都可以获利。当一方进行自由贸易而另一方实行贸易保护时,贸易保护方的收益可能会高于双方自由贸易的收益,而自由贸易方可能会受到严重的伤害;但当双方都选择贸易保护时,双方都是负收益。如果单考虑一方,实行贸易保护增加关税是最优选择,能够通过禁止进口占据更大的市场份额,但因为博弈是与另一方互动的过程,对于双方来说实行自由贸易才是最佳选择。然而,特朗普的眼中只有美国利益,所以选择了实行贸易保护增加关税。2019年4月9日更是加大了施压力度,宣称"欧盟对空客的补贴对美国产生了负面影响,美国将对欧盟110亿美元的产品征收关税"[1],欧盟随后以美国对波音公司的补贴为理由宣布对来自美国的进口产品加征200亿美元的关税。特朗普对贸易保护主义的推崇和对盟友利益的忽视给欧洲带来了巨大的经济损失和心理伤害。

(二)特朗普在同盟责任分担问题上的施压

几乎所有的同盟都会遇到"搭便车"的问题,占主导地位的成员通常会支付超出其公平份额的费用。在大西洋同盟中,美国承担集体防务主要责任的传统由来已久,始于二战后美国的欧洲盟友经济重建时期,但即使后来欧洲经济恢复并且实力不断增强之后,美欧在北约军费开支中较大不平衡的现象仍然存在。在冷战期间,每一位美国总统都试图让欧洲国家为北约付出更多,虽然都没有取得多大成功,但没有哪位总统真正去努力推动这个问题的实际解决,因为其首要任务是保持同盟的团结以抵御苏联的威胁。[2]

实际上,早在2014年北约各国就达成共识,同意各国的军费开支应占到各自GDP总额的2%。但目前欧洲盟国中只有个别国家达到了标准,北约的主要经费仍由美国承担。特朗普上台后对欧洲国家这种"搭便车"

---

[1] Donald J. Trump, "The World Trade Organization finds that the European Union subsidies to Airbus has adversely impacted the United States, which will now put Tariffs on \$11 Billion of EU products! The EU has taken advantage of the U.S. on trade for many years. It will soon stop!" April 9, 2019, https://twitter.com/realDonaldTrump/status/1115578769518018560?ref_src=twsrc%5Etfw%7Ctwcamp%5Etweetembed%7Ctwterm%5E1115578769518018560&ref_url=https%3A%2F%2Fwww.rt.com%2Fbusiness%2F455973-tariffs-eu-products-trump%2F.

[2] Michael Mandelbaum, "The New Containment: Handling Russia, China, and Iran," pp. 129–130.

的行为无法容忍,认为这样的经费分摊非常不合理,多次指责欧洲盟友"占美国便宜",称欧洲国家接受北约安全保护,对北约的投入却太少。在2017年5月24日布鲁塞尔北约峰会上,特朗普批评欧洲领导人没有兑现对北约的开支承诺。虽然冷战结束后的前几任总统都表达了类似的抱怨,但特朗普以美国将不再继续对《北大西洋公约》作出承诺来威胁,将这种抱怨推进到了一个新的高度。特朗普声称北约"过时了",并警告说,如果美国"为保护这些拥有巨额财富的大国所付出的巨大代价没有得到合理补偿",他就让这些国家自己保护自己。① 在特朗普看来,美国没有必要像过去那样大举投资欧洲防务,而且在欧洲东部和南部邻国的稳定方面,美国的利益比欧盟低得多。② 因此,特朗普在北约财政责任分担问题上敢于向欧洲强硬施压的背后,似乎不仅是简单地对金钱投入后的回报的计算,而且是对于美国对欧洲安全的保护责任并不像其前任们那样的重视乃至公开说出北约"过时"的言论,这不能不引起欧洲人的忧虑。

二、新矛盾的产生:特朗普的"另类"观念

（一）单边主义退群:欧美价值观分歧加大

如果说在经贸和防务问题上的美欧矛盾是老生常谈,那么"单边主义退群"则是特朗普的"另类"作风,美国退出了一系列国际组织和国际协议,引发了欧洲盟友的强烈不满。"唯利是图"的商人特质决定了特朗普的世界观"不是基于国际秩序的原则,而是更具交易性"③。如果某一多边机制与美国利益相悖,特朗普就选择单方面"退群",正所谓"合则用,不合则弃"。

在经济领域,特朗普的单边行为表现为保护主义政策的实施。"保护主义"政策是指"在国内产业与国际竞争中提供不公平优势的政策",始于十五六世纪的重商主义(各国通过有利于本国经济的监管来增强自己的实力)时期,一直盛行到18世纪。但是,随着贸易成为19世纪和20世纪经

---

① Elliott Abrams, "Trump the Traditionalist: A Surprisingly Standard Foreign Policy," *Foreign Affairs*, Vol. 96, Issue 4, July/August 2017, p. 11.
② Jeremy Shapiro & Dina Pardijs, "The Transatlantic Meaning of Donald Trump: A US-EU Power Audit," European Council on Foreign Relations, September 2017, p. 10, https://www.ecfr.eu/page/-/US_EU_POWER_AUDIT.pdf.
③ Laetitia Langlois, "Trump, Brexit and the Transatlantic Relationship: The New Paradigms of the Trump Era," Revue LISA / LISA e-journal, 9/10/2018, Vol. XVI, No. 2, https://journals.openedition.org/lisa/10235.

济增长的引擎之一,在英国的积极推动下,自由贸易成为基准和目标。① 二战后,美国在建立、推动和监管国际贸易的机构方面走在了世界前列,比如关贸总协定及其后继者世界贸易组织等。然而,正是这样一个致力于国际机制创建与维护的大国,现在要退出各种多边机制,回归"保护主义"和"单边主义"。

2017年1月20日,特朗普就职当天就宣布从"跨太平洋贸易伙伴关系"中退出。随后,他还相继退出了《巴黎气候变化协定》、联合国教科文组织、《移民问题全球契约》制订进程、伊核协议等多边条约和框架。其中,最令欧洲国家担心的要数2018年10月20日特朗普宣布美国将退出1987年与苏联签订的《中导条约》。2019年2月1日美国正式退出该条约,随后,克里姆林宫于3月4日也宣布停止履行该条约。双方都表示,他们将开始研发条约禁止的新型可携带核弹头的导弹。《中导条约》是一个核军备控制条约,它规定消除和禁止地面射程在500公里至5500公里的陆基巡航导弹和弹道导弹。欧盟呼吁美国考虑退出《中导条约》的可能后果,这不仅关系到美国自身的安全,也关系到其盟友乃至整个世界的安全,因为任何中程导弹的重新部署都将使欧洲再次处于战略核武器的火力线上。② 正如默克尔在慕安会上所说,"美国和俄罗斯正在终止一项基本上是为了欧洲而达成的条约,一项影响我们安全的裁军条约"。③

相比之下,欧盟是"多边主义"的信奉者和捍卫者。冷战后,欧盟逐渐形成一种新的战略文化,即运用多边的和国际法的方式来解决国际问题。这种战略文化是基于欧洲人在军事选择方面的谨慎或犹豫,源于既"搭便车"又对美国安全依赖的怀疑、欧洲和平主义的社会心理和文化、欧盟民事/规范性力量的优越感。对欧洲国家来说,多边主义不仅预示着收益,而

---

① Alexander Tziamalis, "Explainer: What is Protectionism and could it Benefit the US Economy?", March 1, 2017, https://theconversation.com/explainer-what-is-protectionism-and-could-it-benefit-the-us-economy-73706.

② "The End of the INF Treaty? A Pillar of European Security Architecture at Risk," February 4, 2019, http://www.europarl.europa.eu/RegData/etudes/BRIE/2019/633175/EPRS_BRI(2019)633175_EN.pdf.

③ Angela Merkel, "Speech by Federal Chancellor Dr. Angela Merkel on 16 February 2019 at the 55th Munich Security Conference," Feb 16, 2019, https://www.bundeskanzlerin.de/bkin-en/news/speech-by-federal-chancellor-dr-angela-merkel-on-16-february-2019-at-the-55th-munich-security-conference-1582318.

且能够遏制霸权国家。正如帕拉格·坎纳所说,"欧盟越是支持联合国安理会的权威,就越能限制美国行使单边权力"。① 所以,特朗普的这种单边退群的行为所体现的价值观与欧洲所坚持的价值观背道而驰。欧盟是一个相对开放的经济体,在多边体系中受益颇多,而特朗普政府的目标似乎是用双边协议取代多边主义。②

（二）特朗普对欧洲一体化的态度触犯了欧盟的底线

特朗普与欧洲的矛盾还体现在质疑欧洲一体化的意义和前景上。欧洲一体化是二战后欧洲人探索的复兴欧洲的道路,从冷战时期一直延续至今,历任美国总统都支持欧洲一体化的成功,并鼓励欧盟扩大进程。而特朗普却与他的前任们截然不同,他不仅支持英国退出欧盟,而且赞扬试图瓦解欧盟的欧洲右翼民族主义者,结束了美国70年来对欧洲一体化的支持立场。③ 特朗普在接受采访时说:"欧盟成立的部分原因是为了在贸易上打败美国","所以,我真的不在乎它是分开的还是在一起的,对我来说无所谓"。④ 特朗普把欧盟视为美国的经济竞争对手,除了强硬要求欧盟在经济上做出让步,还明显地利用英国脱欧来打击欧盟,提高美国的影响力。⑤ 例如,特朗普支持英国彻底脱离欧盟和欧洲单一市场,因为"硬脱欧"后伦敦将面临与华盛顿签署协议的压力,这将有利于美国贸易。⑥ 这种对欧洲一体化的轻慢不恭和对欧洲的漠不关心,触犯了欧盟的底线,着实伤了欧洲盟友的心。

---

① Parag Khanna, "The Era of Infrastructure Alliances," in Mark Leonard, ed., *Connectivity Wars*, European Council on Foreign Relations, 2016, p. 137.

② Maria Demertzis, et al., "Europe in a New World Order," Wirtschaftsdienst, Vol. 98, No. 13, 2018, p. 24, https://archiv.wirtschaftsdienst.eu/jahr/2018/13/europe-in-a-new-world-order/.

③ Ronald E. Powaski, *Ideals, Interests, and U.S. Foreign Policy from George H. W. Bush to Donald Trump*, Palgrave Macmillan, 2019, p. 239.

④ "Full Transcript of Interview with Donald Trump," *The Times*, January 16, 2017, https://www.thetimes.co.uk/article/full-transcript-of-interview-with-donald-trump-5d39sr09d, accessed on January 20, 2018.

⑤ Erik Brattberg & Nathaniel Rome, "The Limitations of the U.S. Approach to Brexit," November 28, 2018, https://carnegieendowment.org/2018/11/28/limitations-of-u.s.-approach-to-brexit-pub-77820.

⑥ Erik Brattberg, "What's in Store for Trump and Europe in 2019?", January 08, 2019, https://carnegieendowment.org/2019/01/08/what-s-in-store-for-trump-and-europe-in-2019-pub-78082.

特朗普对英国脱欧的支持有着深层的原因。英国脱欧虽然体现的是英国与欧盟之间的关系,但很大程度上却是欧洲民粹主义的复苏,在大西洋彼岸与之遥相呼应的是特朗普对民粹主义的青睐。民粹主义的本质是对传统精英的敌视,因为外交政策的设计和实施是精英活动的领域,他们倾向于美国在世界上扮演强有力的角色①,而民粹主义认为美国应该远离世界的纷扰,专注自身发展。同样在欧洲,一些欧洲领导人和民粹主义政客鼓吹,如果欧盟解体,他们的国家会变得更好。英国脱欧无疑是民粹主义和民族主义势头增强的警示,它不是一起孤立的事件,而是一场将重新定义西方政治范式的风潮。②

(三)大国竞争与欧美的分歧

特朗普政府出台的国家安全战略报告称,"大国竞争回归"③,提出"要在竞争的世界中捍卫美国国家利益"④,将中国和俄罗斯置于美国的对立面,称其为"修正主义国家"⑤,认为"中国和俄罗斯挑战美国的权力、影响力和利益,威胁美国的安全与繁荣"⑥。

但是,欧美之间是有分歧的。在日益复杂的地缘政治竞争中,特朗普政府优先考虑的是来自中国的威胁。对美国来说,一个更加自信的中国发起"一带一路"倡议,联通了欧、亚、非,来自中国的挑战不断增加。同时,在美国人看来,中国的崛起表明太平洋地缘战略重要性的不断增强,这意味着美国需要将更多的注意力转移到亚太地区。相比之下,有人研究后认为,很少有欧洲国家认同特朗普政府将中国看作挑战国际秩序的修正主义

---

① Michael Mandelbaum, "The New Containment: Handling Russia, China, and Iran," p. 131.

② Laetitia Langlois, "Trump, Brexit and the Transatlantic Relationship: The New Paradigms of the Trump Era," Revue LISA / LISA e-journal, 9/10/2018, Vol. XVI, No. 2, https://journals.openedition.org/lisa/10235.

③ The White House, *National Security Strategy of the United States of America*, December 18, 2017, p. 27.

④ The White House, *National Security Strategy of the United States of America*, December 18, 2017, p. 3.

⑤ The White House, *National Security Strategy of the United States of America*, December 18, 2017, p. 25.

⑥ The White House, *National Security Strategy of the United States of America*, December 18, 2017, p. 2.

大国的观点。① 欧洲人虽然对于什么构成欧洲的最大安全威胁还没有达成共识(对一些南欧国家来说最大的威胁是恐怖主义,而在东欧国家看来最大的威胁是俄罗斯),但可以肯定的是,就威胁来说,"中国不是欧洲人的优先考虑"②。在美国想方设法遏制中国的时候,欧洲国家却纷纷加入了中国倡议建设的亚洲基础设施投资银行和"一带一路"倡议,因为"欧洲一直在寻找适应中国崛起和亚洲增长的最佳方式"。③

面对俄罗斯,欧美之间也存在分歧。美国最大的地缘政治任务是防止出现具备挑战美国能力的地区霸权,俄罗斯实力的恢复以及在欧洲的强势使得美国加强了对俄遏制的力度,特别是2014年乌克兰危机后更有美俄开始"新冷战"的说法。欧盟虽将俄罗斯看作威胁,但并不是非要将俄罗斯置于死地,相反,与一个安分的俄罗斯和平共存才是符合欧盟利益的选择。正如冯仲平所评价的那样,"与美国矮化、妖魔化俄,并高调反俄相比,欧洲国家倾向于就事论事"。④

欧洲对大国竞争的态度存在两面性:一方面,欧洲的态度较为审慎,欧洲人对冷战后来之不易的和平十分珍惜,不愿意成为大国地缘政治竞争的战场,更希望使用多边方式解决国际争端;另一方面,欧洲希望利用美国与中国、俄罗斯等国的竞争,牵制中俄,甚至牵制它的盟友美国。欧盟与中俄的贸易往来十分密切,经济上相互依赖,欧盟与中国没有核心利益的冲突,与俄罗斯是邻居,担忧与俄彻底决裂会带来地缘政治的紧张局势,所以欧盟不愿意与美国一道遏制中国和俄罗斯。这引起了美国的不满,美国认为欧洲态度"过软",没有坚定地与美国并肩应对中国和俄罗斯的威胁。

---

① Erik Brattberg and Etienne Soula, "Continental Drift?", *Berlin Policy Journal*, February 15, 2018, https://berlinpolicyjournal.com/continental-drift-2/.
② Xenia Wickett, *Transatlantic Relations: Converging or Diverging*?, Chatham House Report, The Royal Institute of International Affairs, 2018, p. 30.
③ Ulf Sverdrup and Bjørnar Sverdrup-Thygeson, "Transatlantic Troubles and the EU's Pivot toward Asia," July 18, 2017, https://www.brinknews.com/transatlantic-troubles-and-the-eus-pivot-toward-asia/.
④ 冯仲平:《当前欧美矛盾及其影响》,《当代世界》2015年第7期,第7页。

第二节 "战略自主":欧洲要掌握自己的命运？

在很大程度上,特朗普上台后的外交方针和欧洲政策导致了大西洋同盟关系的紧张和不确定性,欧洲人对特朗普政府的信心显著下降。默克尔总理2019年5月中旬在德国媒体《南德意志报》上谈到对欧盟未来的担忧,称欧洲各国应联合起来应对来自中、美、俄等世界大国的竞争。人们对德国将中国和俄罗斯的崛起看作挑战并不感到奇怪,但德国总理将美国与中俄并列为欧洲的挑战者多少有些出人意料,以致多家西方媒体忽略了默克尔关于中俄的表态,而是强调这表明欧洲已经不把美国当盟友了。① 确实,不少欧洲人持有同样的认识,即美国不仅在经济、政治上与欧洲渐行渐远,而且欧洲越来越不能完全依赖跨大西洋同盟(尤其是美国)来保护其安全利益,欧洲必须加强自主性,提高自身防务能力。因此,特朗普上台后,无论默克尔总理还是马克龙总统,都在不同场合多次强调欧洲的命运应该掌握在欧洲人自己的手中。正如马克·莱昂纳德所说,"在这个危险的世界,5亿欧洲人再也不能依靠3亿美国人来保障他们的安全。他们既需要投资于自身的安全,也需要转变思维"。②

一、维护自身利益的需要

欧盟逐渐认识到,特朗普的一系列举动是对国际规则的挑战,换句话说,是对多边主义的破坏。欧盟一直为多边主义辩护,认为"多边主义是一种允许所有国家(无论大小)参与全球事务的方式"。③ 美国在这方面立场的改变,促使欧盟加大力度维护和支持联合国和世贸组织等多边机制。同时,欧盟从内心里不情愿与一个其领导人质疑欧洲一体化所依据的一些基本原则的美国政府进行合作。欧盟将尽可能使合作伙伴多样化,减少对这

---

① 青木:《默克尔:欧盟需应对美俄中挑战》,《环球时报》,2019年5月17日。
② Mark Leonard, "The Era of Mutually Assured Disruption," in Ulrike Esther Franke, Manuel Lafont Rapnouil and Susi Dennison, eds., *The New European Security Initiative*, European Council on Foreign Relations, December 2017, p. 8.
③ Maria Demertzis & Gustav Fredriksson, "The EU Response to US Trade Tariffs," *Intereconomics*, ISSN 1613-964X, Springer, Heidelberg, 2018, Vol. 53, Iss. 5, p. 261.

第十二章　渐行渐远？欧美关系面临新的考验

个反复无常的合作伙伴——美国的依赖。① 一个明显的例子是德国与俄罗斯合作建设"北溪-2"天然气管道项目。针对特朗普对该项目的敌视，默克尔在2018年慕尼黑安全会议上呼吁美国摒弃冷战思维，并反问美国，在东西方对峙的冷战时期联邦德国甚至可以大量进口苏联的天然气，为何如今的德国却不能与俄罗斯进行天然气管道项目合作。②

一些欧洲人担心，欧洲对美国采取独立甚至挑衅的立场，将会危及欧洲对大西洋安全同盟的依赖。但特朗普的态度已经清楚地表明，其政府的安全政策主要反映了他对自身利益的考量，而不是回报盟友的忠诚，这将破坏盟友间友好合作的基础。欧盟只有把自己视为一个独立的战略行为体，并据此采取行动，才能更好地处理好与美国的关系，并支持一个以规则为基础的国际体系的构建。③ 欧洲理事会主席唐纳德·图斯克（Donald Tusk）在致欧盟领导人的一封信中写道："华盛顿的变化使欧盟陷入困境，新政府似乎对美国过去70年的外交政策质疑"，"欧盟的解体不会导致其成员国恢复某些虚构的、完全的主权，而是使它们真正和实际地依赖于超级大国——美国、俄罗斯和中国"。④ 他呼吁欧洲人团结起来，应对来自各方面的挑战。在保持欧盟整体影响力的同时，欧盟应具备扩大外交接触所需的灵活性和敏锐度，做好英国脱欧的准备，协调欧盟与英国的关系。在处理与美国的关系上，欧盟继续保持与美国的合作，但需要对美国展现更独立的姿态，"应将对基于规则的秩序的承诺置于追随美国领导的传统本

---

① Daniel S. Hamilton and Teija Tiilikainen, "Domestic Drivers of Foreign Policy in the European Union and the United States," in Daniel S. Hamilton and Teija Tiilikainen, eds., *Domestic Determinants of Foreign Policy in the European Union and the United States*, Washington, DC: Center for Transatlantic Relations and Finnish Institute of International Affairs, 2018, pp. xviii-xix.

② Angela Merkel, "Speech by Federal Chancellor Dr. Angela Merkel on 16 February 2019 at the 55th Munich Security Conference," Feb 16, 2019, https://www.bundeskanzlerin.de/bkin-en/news/speech-by-federal-chancellor-dr-angela-merkel-on-16-february-2019-at-the-55th-munich-security-conference-1582318.

③ Anthony Dworkin & Mark Leonard, *Can Europe Save The World Order?*, European Council on Foreign Relations, May 2018, pp. 25-26.

④ "United We Stand, Divided We Fall," letter by President Donald Tusk to the 27 EU Heads of State or Government on the Future of the EU before the Malta Summit, European Council, Press Release, 31/01/2017, https://www.consilium.europa.eu/en/press/press-releases/2017/01/31/tusk-letter-future-europe/.

能之上"。①

二、加强自身军事和防务能力的需要

欧美之间的战略分歧,决定了欧盟加强自身军事和防务能力的需要。美国的战略重心无论是转移到了亚太地区还是美国本土,有一点可以确定,美国不那么关心欧洲事务了。在丹尼尔·汉密尔顿(Daniel S. Hamilton)看来,从马歇尔计划开始,美国其实已经成了一个"欧洲大国"(European power),即全面参与欧洲所有机构的事务,实际上它是欧洲建立的所有联盟中的一部分。而现在,美国不想再做"欧洲大国",而是成为"在欧洲的大国"(a power in Europe),选择性地参与欧洲事务,这意味着分担和减轻负担。② 特朗普只会在符合自己利益的情况下才会关注跨大西洋关系,并且在做决定时,他不会被传统、规范或需要尊重伙伴所困扰。③

而欧洲面对特朗普咄咄逼人的对欧政策显得无所适从,因为近 70 年来欧洲已经习惯于依赖美国的安全保障,欧洲人没有意愿也缺乏能力进行防务建设。在两次世界大战期间,英国军事家巴兹尔·里德尔·哈特爵士曾试图推动英国军队的改革,他说:"处理公开的反对意见比原则上达成一致的专业意见要容易得多,后者掩盖了不愿将其付诸实践的根本原因。虽然明确的反对意见是可以克服的障碍,但犹豫不决的默认态度是对进展的不断破坏。"④ 他的这番话恰好可以用来描述欧洲目前的防务状况,成员国对于国家主权和共同安全的权衡各有盘算,不明确反对共同防务的提案却又不积极推动,往往导致各种防务计划的流产。

或许是特朗普对欧政策的转变点醒了欧洲人。为了提高欧洲的军事

---

① Anthony Dworkin & Mark Leonard, *Can Europe Save The World Order?*, European Council on Foreign Relations, May 2018, p. 25.

② David M. Herszenhorn, "Europe Thinks Trump 'Hates Us'," *Politico*, July 15, 2018, https://www. politico. eu/article/donald-trump-trade-war-europe-diplomacy-nato-transatlantic-lamentations/.

③ Laetitia Langlois, "Trump, Brexit and the Transatlantic Relationship: The New Paradigms of the Trump Era," Revue LISA / LISA e-journal, 9/10/2018, Vol. XVI, No. 2, https://journals.openedition.org/lisa/10235.

④ Basil H. Liddell Hart, *The Memoirs of Captain Liddell Hart*, (Vol. II), London: Cassel, 1965, p. 73.

能力,在某种程度上获得战略自主权,2017年12月11日,欧盟理事会确定了《里斯本条约》所设想的"永久结构性合作"(Permanent Structured Cooperation,简称PESCO)的框架性协议。该防务合作协议旨在共同发展防务能力、投资防务项目及提高军事实力,有义务定期增加国防预算、投入一定比例资金开展国防技术研发并联合对外派遣军队。这一决定是过去几年安全与防务政策领域一系列举措中最新的一个。"永久结构性合作"一经提出就受到了欧盟各成员国的热烈欢迎。有学者认为,这一次欧洲一体化将在一个被认为是国家主权堡垒的政策领域取得实质性进展,从而使欧盟能够保卫自己的安全。① 斯文·比斯科(Sven Biscop)对"永久结构性合作"抱有极大的信心,因为与以往的协议不同,它具有法律约束力,同时拥有奖励机制,更重要的是这项倡议是由成员国发起的,而不是欧盟。这些国家自己承担起了增强防务的责任,而没有受到美国、北约或欧盟的敦促。② 但批评人士指出,软弱的承诺和官僚主义的增加不会带来任何附加值,反而有可能完全抹掉欧盟防务项目的信誉,这将又是一个雄心勃勃但终会令人失望的计划。③ 然而,支持者和批评者都认识到,在过去几年里,欧洲各国国内、地区和全球安全环境显著恶化,要求采取政治行动的压力从未像现在这么大。④

三、英国脱欧背景下欧洲内部整合的需要

特朗普的欧洲政策和行为刺激了欧洲人寻求更大的自主,但是摆脱美国的控制并不简单,当下的一个问题就是欧洲如何应对英国脱欧带来的冲击和影响。英国是欧盟中的军事和经济强国,英国的离开无疑是欧盟的巨大损失。英国脱欧后安全合作问题不应是欧盟条约和脱欧进程等程序性

---

① Kyriakos Revelas, "Permanent Structured Cooperation: Not a Panacea but an Important Step for Consolidating EU Security and Defence Cooperation," Centre International de Formation Européenne, 2016, p. 1.
② Sven Biscop, "European Defence: Give PESCO a Chance," *Survival*, Vol. 60, No. 3, June-July 2018, pp. 162 – 164.
③ Nick Witney, "EU Defence Efforts Miss the Open Goal again," in Ulrike Esther Franke, Manuel Lafont Rapnouil & Susi Dennison, eds., *The New European Security Initiative*, European Council on Foreign Relations, December 2017, pp. 10 – 13.
④ Kyriakos Revelas, "Permanent Structured Cooperation: Not a Panacea but an Important Step for Consolidating EU Security and Defence Cooperation," p. 1.

问题,它本质上应该是一个政治和战略问题。欧洲人要思考的,一是在英国脱欧后某种新的、自主性的欧洲安全结构应该如何建立,二是如何发展一种新的欧盟—英国安全伙伴关系,以增强欧洲的综合安全及其在世界上的影响力。①

对于欧盟的未来,欧盟高层有两种不同的思考。由容克领导的欧盟委员会相信,欧洲需要通过更多的一体化进程来实现其目标,这意味着应该赋予欧盟机构更多权力。但是欧洲理事会主席图斯克却持不同的观点,他认为,更多的中央集权将使公民反对欧盟。他说:"痴迷于当前和全面一体化的想法,没有注意到欧洲的普通民众不像他们的领导人那样对欧元抱有热情。"德国财政部部长沃尔夫冈·朔伊布勒(Wolfgang Schäuble)批评"布鲁塞尔和卢森堡的机构过于自负……在某种程度上(我们)与公民失去了联系"。② 在欧盟考虑如何应对英国脱欧之际,图斯克的实用主义而不是容克的联邦主义理想占了上风。

英国脱欧将削弱欧盟内部那些支持进一步一体化的力量,并将使德国更具优势,而对德国更大主导地位的担忧是欧盟政界人士对英国脱欧前景感到恐惧的一个原因。近年来,法国的疲弱和英国的半独立地位,都使德国成为欧盟的主导国家。在欧元区危机、难民和乌克兰危机等问题上,很大程度上德国在决定欧盟的反应。同时,德国也非常不希望英国退出欧盟,一方面德国将英国视为经济自由主义和欧盟预算缩减事业的盟友,英国的离开将使它缺少在欧盟中推行改革的有力的支持者;另一方面,德国担心其他欧盟国家对德国主导地位的担忧会导致它们结成联盟反对德国。③

2018年6月25日,旨在建立一个独立于北约和欧盟的干预机制——欧洲干预倡议(European Intervention Initiative,简称EII)启动,九个欧洲国家(法国、德国、比利时、丹麦、荷兰、西班牙、爱沙尼亚、葡萄牙和英国)参与其中。该倡议的目的是促进欧洲战略文化的形成,并为今后就危机管理作出协调一致的承诺奠定基础。这实际上是一个将英国包括在内的西欧

---

① Susi Dennison, ed., *Keeping Europe Safe after Brexit*, European Council on Foreign Relations, March 2018, p. 2.

② Charles Grant, "The Impact of Brexit on the EU," Centre for European Reform, 24 June 2016, https://www.cer.eu/insights/impact-brexit-eu.

③ Charles Grant, "The Impact of Brexit on the EU," Centre for European Reform, 24 June 2016, https://www.cer.eu/insights/impact-brexit-eu.

俱乐部(爱沙尼亚除外)。尽管英国脱欧,但英国仍是欧洲防务的重要伙伴,正如法国总统马克龙所说:"不管英国脱欧与否,与英国的深层次战略关系将继续深化。"①

第三节 跨大西洋关系的变局还是延续?

欧洲人掌握自己的命运并不是一个新话题,而当下似乎比历史上任何一个时期都为欧洲人所重视,"物理上,大西洋正在以每年20厘米的速度变宽;政治上,欧洲和美国面临着加速分裂的风险"。② 但是,问题在于,目前跨大西洋关系所呈现出来的紧张状态会不会导致本章开篇提到的一些西方学者所认为的那种欧美之间出现分道扬镳的大变局。换言之,大西洋同盟关系会不会真的终结?抑或如另一些学者所言,尽管特朗普政府上台后欧美之间弥漫着对立情绪,但欧美关系并没有脱轨,跨大西洋盟友关系还将维持下去。笔者认为,特朗普政府与欧洲的紧张关系和博弈乃是美欧之间结构性矛盾又一次强烈爆发的表现,是同盟内部围绕利益分配的又一次痛苦的争斗。不同于以往的欧美纷争,特朗普的欧洲外交具有明显先发制人的主动性和粗鲁直接的强硬性特征,损害了欧洲人的利益和感情、恶化了欧美关系,使后者更加坚定了"战略自主"的信念,并在争取更大自主权以至"掌握自己的命运"的路上向前迈进了一大步,因而今后欧美关系的某种调整不可避免。然而,总体来看,跨大西洋关系的现有框架在一段时间内很难有实质性突破,欧美关系合作与纷争并存、合作大于纷争的状况还将延续下去。具体来看,这种判断主要有以下几个方面的理由:

首先,跨大西洋关系的权势结构难以改变。欧美的结构性矛盾分为两个层次:第一个层次是欧美实力对比的结构,这是一种稳定的客观物质因素,短时间内无法改变。欧洲的军事实力与美国相比差距甚远。同时,虽然欧洲的经济总实力不弱,但欧盟各国实力差距太大。德国是欧盟中经济

---

① Rachid El Houdaigui, "The Atlantic Alliance: Between Revived Europeanism and Restless Atlanticism," p. 63.

② Ian Bond, "Has the Last Trump Sounded for the Transatlantic Partnership?", Center for European Reform, May 2018, p. 10, https://www.cer.eu/sites/default/files/pbrief_trans_trumpIB_4.5.18.pdf.

实力最强的国家,但由于历史原因,军事实力不强;法国和英国有一定的军事和经济实力,但缺乏活力;意大利、西班牙和北欧几国都差不多,剩下的欧盟国家军事和经济实力都很弱。就军事实力来说,欧洲人不是没有人才和技术,而是缺乏意愿和野心。第二个是外交或战略层面的结构,即美主欧从的结构。从某种意义上说,这种结构是可以改变的,欧洲人也一直努力试图改变对美从属地位,表现为欧洲对该结构的不满,不服从美国的指挥。比如20世纪60年代法国总统戴高乐对美国的挑战(退出北约、建立独立核力量、缓和与苏东国家关系等),以及2003年美国入侵伊拉克时"老欧洲"的强硬态度引发的跨大西洋关系的危机等。这种结构性矛盾在跨大西洋同盟面对危机时会表露无遗。然而,历史上的这些挑战终究没有成功,欧洲人仍然生活在美国人的霸权阴影之下。其主要原因不能不说是欧洲的综合实力不敌美国,这不仅造成欧洲对美国的安全依赖,而且当双方发生矛盾时,欧洲对美国霸权的抵制有心无力,最后以失败告终。

其次,欧洲内部的团结难以达成。从理论层面来解释,国家在制衡霸权或威胁问题上所面临的第一道难题就是如何克服因行为体过多而导致的集体行动困境。集体行动理论是由美国著名经济学家曼瑟尔·奥尔森首次系统提出的。这一理论的核心内容是,在一个存在共同利益的大集团中,除非存在独立的激励或者外部强制力,否则理性的、寻求自我利益的个体是不会自动采取行动以达到他们的共同目标或集团目标的。[①] 从实践层面来解释:第一,由于欧盟既不是一个国家,也不是其各部分的总和,欧盟动员其大量资源的能力取决于其成员国在具体问题上协调其政策的能力。在涉及美国的问题上,欧盟动员往往是困难的,因为不同的欧盟成员国有不同的利益和政策优先项。例如,面对特朗普对欧洲的挑战,德国等"老欧洲"强调"要加强欧洲的韧性和团结",而波兰等"新欧洲"的反应是"接受新的政治现实的机遇,并加强与美国的双边伙伴关系"。[②] 第二,欧盟不是军事同盟,没有军事上的义务。虽然欧盟确实有一定的能力推动其共同安全和防务政策,但各个主权国家对自身经济和军事力量的调配拥有决定权,而一直以来,它们自身安全防务主要依赖北约的集体防务体系,欧

[①] 曼瑟尔·奥尔森:《集体行动的逻辑》,陈郁等译,上海:上海人民出版社,2003年,第3页。

[②] Piotr Buras & Josef Janning, "Divided at the Centre: Germany, Poland, and the Troubles of the Trump Era," European Council on Foreign Relations, December, 2018, p. 1.

洲人也并不想增加军费开支,所以欧盟不具备与美国抗衡的能力。第三,欧盟缺乏一个明确的领导国,就如美国在北约的角色那样,可以在国际危机中担起责任。即使德国和法国有意愿担负起领导欧盟的重任,但在涉及成员国切身利益的问题上,没有人会服从任何人的领导,故而导致共同政策的流产。

事实上,自第二次世界大战结束以来,欧洲一直在寻求一种自己的外交和安全政策。将其成员国的防务资源集中起来,无疑是欧洲最老生常谈的政治问题之一。应用于政治学的公共选择理论提出了一些概念来解释"公共产品"的特征。奥尔森承认,"集团规模越大,获得的集体红利就越少"①,因为规模过大的集团"表现出战略互动的可能性小于小规模集团"。② 因此,为了在国际组织,特别是防务组织中取得共同立场,需要以艰苦谈判为代价作出妥协。欧盟的性质决定了其难以迅速做出反应和行动。由于它是拥有不同历史、不同身份的主权国家的联盟,它在采取行动之前必须不断达成协议,这也限制了它的国际行动。或许这次欧盟加强集体防务的决心比以往更坚决,但究竟能够做到哪种程度尚不可知。

再次,欧洲在地区和国际安全问题上难以摆脱对美国的依赖,很大程度上欧洲的自主性是有限的。关于欧洲的"战略自治"有两种不同的观点:"后大西洋主义者"(Post-Atlanticists)认为,"战略自治"是必要的,因为美国对欧洲的承诺存在不确定性。这种"战略自治"的理念在法国尤其流行。"大西洋主义者"(Atlanticists)则担心采取"战略自治"措施的方向将加剧美国脱离欧洲,认为在任何情况下欧洲自治几乎是不可能的,只能继续依赖美国。③ 但现实是,正如汉斯·库德纳尼和贾纳·普格里林所指出的那样,欧洲的"战略自治"既是必要的,又是不可能实现的④,这正是欧洲人在

---

① Mancur Olson, *The Logic of Collective Action*, New York, Schocken, 1968, p. 35.
② Kevin Martin, "European Defense: An Initial Response to its Challenges," September 8, 2018, https://www.thenewfederalist.eu/defense-europeenne-une-premiere-reponse-a-ses-defis.
③ Hans Kundnani, "The Necessity and Impossibility of 'Strategic Autonomy'," January 10, 2018, The German Marshall Fund of the United States (GMF), http://www.gmfus.org/blog/2018/01/10/necessity-and-impossibility-strategic-autonomy.
④ Hans Kundnani & Jana Puglierin, "Atlanticist and 'Post-Atlanticist' Wishful Thinking," The German Marshall Fund of the United States, 2018, No. 01, pp. 1–5, http://www.gmfus.org/publications/atlanticist-and-post-atlanticist-wishful-thinking.

地区和国际安全问题上面临的困境。例如,中东北非地区对欧洲的安全至关重要,欧盟在其2016年全球战略中提出要加强在欧洲相邻地区的"韧性",但如果没有美国的合作甚至主导,欧洲是很难单独在该地区有所作为的。

最后,欧美之间仍然存在着共同利益,美国也需要维护跨大西洋关系。这主要体现在三个方面:一是美国维护霸权需要欧洲的支持,在应对中国和俄罗斯崛起的问题上,美国需拉上欧洲盟友一起应对全球和地缘政治的挑战。未来几十年的全球稳定将在很大程度上取决于美国、中国和俄罗斯之间的关系,一个强大的跨大西洋同盟能够为美国在与中俄的竞争中取得优势打下坚实的基础。二是美国和欧盟仍然是彼此最大的贸易和投资伙伴,二者经济上的相互依赖有助于维持跨大西洋同盟的稳定性,特朗普也不会跟钱过不去。三是美国的建制派和社会对美欧关系的基本认知没有改变,支持美国维持与欧洲的传统政经合作和安全同盟,表现为美国国会对加强北约的压倒性的支持。① 其实跨大西洋关系是一种持久的战略关系,很难因为某一任总统的言辞作风而发生根本性转变。对美国来说,即使是特朗普执政,他也不可能完全抛弃欧洲这个重要的战略盟友。跨大西洋关系的稳定符合美国的利益,因此欧洲始终没有,在可预见的将来也不大可能成为特朗普的大国战略竞争对手。前美国国务院欧洲及欧亚事务局助理国务卿韦斯·米切尔曾这样谈欧美关系:"在每一个转折点上,我们都找到了走到一起的方法",原因很简单,"在价值观、利益、贸易和安全方面,团结我们的力量远远大于分裂我们的力量"。②

尽管促成大西洋联盟成立的原因已经不复存在,尽管美国总统发表了针对欧洲的强硬而不友好的言论,但它仍未解体,跨大西洋关系的纽带仍然具有韧性。然而,它的变化还是清晰可见的。按照拉希德·厄尔代古伊的分析,"这场游戏在复兴的欧洲主义和躁动不安的大西洋主义之间展开","欧洲—大西洋共同体和以它为基础建立的欧洲秩序(欧盟、北约)现

---

① Von Naz Durakoglu, "Don't Let Late-Night Tweets Distract You," February 16, 2019, https://www.faz.net/aktuell/politik/sicherheitskonferenz/trump-and-nato-don-t-let-late-night-tweets-distract-you-16037832.html.

② A. Wess Mitchell, "Remarks at Carnegie Europe," June 21, 2018, https://www.state.gov/p/eur/rls/rm/2018/283432.htm.

第十二章 渐行渐远？欧美关系面临新的考验

在似乎正在失去动力"。这种局面是由三个相互独立的因素（按影响力排序：特朗普效应、欧洲主义的复兴以及欧盟、北约之外的制度安排的扩张）共同推动的，这三个过程最终将相互作用，形成一种新的格局。① 这种新的格局可以被称为"后西方世界"（Post-Western World），特朗普领导下的美国逐渐脱去"国际警察"的制服，在多边机制中越来越后撤。欧盟努力迈向战略自治，将变得更强大、更自主，同时更重要的是，新兴大国崛起带来了一系列反映其经济能力的制度安排。下一个问题在于，大西洋两岸将如何适应这种"新的格局"。

本章小结

在当今世界中，跨大西洋关系的变化和走向十分重要但仍然存在不确定性。美国特朗普政府的强硬欧洲政策无疑是导致其上台后欧美关系紧张的主要变量。在欧洲人看来，昔日"仁慈"的霸主已经变得在"美国优先"的口号下明哲保身和自私自利了，这是否会使美国"重新伟大"还有待观察，因为领导者的影响力不仅需要自身实力的维护和增强，或许更需要世界上其他国家的接受和支持，遑论欧洲这样的盟国了。在特朗普政府的强大压力下，欧洲痛感自立自强的重要性和紧迫性。可是一方面，跨大西洋关系中也确实存在着如责任分担等长期悬而未决的问题。在支持特朗普的美国人看来，他们的总统对欧洲的一些要求看上去合情合理。另一方面，欧美双方共同利益迄今毕竟仍然是主要的，而欧洲的实力不足和凝聚力的缺乏又决定了欧美外交关系的斗而不破，甚至欧洲最终不得不又一次屈从美国的要求。因此，今天欧美关系某种程度上的恶化，看上去就如同戴高乐对美国霸权的挑战、法德在伊拉克战争问题上公开反对美国那样，乃是同盟内部围绕利益分配的又一次复杂的博弈。不过，不同于上两次，这次却是特朗普向欧洲的主动发难，既涉及双方长期缠斗、关乎美国人钱袋子的老问题，又踩到了长期以来的美国对欧战略的红线。美国历届政府

---

① Rachid El Houdaigui, "The Atlantic Alliance: Between Revived Europeanism and Restless Atlanticism," p. 65.

一直是为了后者而对前者并不很较真,现在却是既不谨慎维护后者,又对前者抓住不放,因而不得不让人对其含意多点思考:通过长期的矛盾累积和欧洲实力的不断增长,跨大西洋关系是否真的逐渐发展到了实质性变化前的某个节点?正如上文所论述的那样,笔者并不认为当今欧美关系已经或将要发展到这种程度,但显然欧洲自主性加强的趋势是难以逆转的,这将有助于促进世界格局多极化的发展。

结束语　合作与纷争：二战后欧美关系演进的逻辑

第二次世界大战结束后,由于冷战局面的形成和发展,大战后期和战后初期构建的所谓"雅尔塔体系"逐渐演变为分别以苏联和美国为首的东西方对峙的冷战体系。冷战结束后,美国成为唯一的超级大国,一超多强的国际格局至今仍支配着当代国际关系的发展。在二战后国际格局的形塑和演变中,欧洲与美国关系的重要性得到了充分的体现。总体上考察,在美国强有力的支持下,二战后西欧从战争的废墟中比较迅速地得到了重建和经济繁荣;而为了应对苏联的威胁,在西欧的帮助下美国构建了跨大西洋同盟,它成为战后美国建立自己全球霸权地位的重要支柱,同时欧洲的安全也获得了某种保证。在前面提及的伊斯梅勋爵关于建立北约的目标和西欧安全所面临的主要任务"挡住俄国人、压住德国人和留住美国人"的著名表述中,与美国结盟是核心,只有在美国的支持下其他两项目标才能有效实现。冷战结束后,虽然美国对欧洲的重要性因苏联的瓦解而有所下降,但对美国来说,与欧洲的关系仍然具有不可替代的作用,它极力维持大西洋同盟的存续即为明证。为了维护超级大国的地位和利益,美国不仅需要维持跨大西洋安全同盟,而且需要欧洲帮助它维持战后建立起来的一系列国际制度来护持其霸权,以应对冷战后纷繁复杂的国际政治局势的变化以及对战后体系的各种新挑战。

然而,伴随着二战后欧美之间的密切合作,它们的纷争也同样引人注目,从杜勒斯、基辛格、拉姆斯菲尔德,直到特朗普总统,他们分别成为冷战前期、缓和时代、冷战后时期以及当下美国在依靠欧洲盟国合作的同时又不满甚至厌恶欧洲的代表。可以说,一部二战后欧美关系的演进史,也是双方矛盾、摩擦乃至冲突的历史。美国著名美欧关系史学者威廉·希区考克(William I. Hitchcock)总结了二战后欧美同盟内部发生的摩擦,将其分为五次"危机",即:1950—1955年关于德国重新武装的争论,1956年的苏伊士运河危机,20世纪60年代戴高乐的挑战,20世纪90年代初期关于波斯尼亚战争的同盟内冲突,以及2003年伊拉克战争导致的同盟分裂。① 另一位美国学者亨利·诺(Henry B. Nau)则把这种"危机"总结为六次,即:苏伊士运河事件,第二次柏林/古巴危机,法国退出北约军事一体化机构、越南战争和石油危机,北约在欧洲部署导弹/阿富汗战争,以及伊拉克问题和反恐战争等。② 实际上,无论怎样列举,将以上欧美之间的摩擦和冲突都称为"危机"还是有些夸大。在笔者看来,只有戴高乐政府退出北约军事一体化机构和伊拉克战争导致的欧美分裂具有同盟危机的含义,前者公开挑战了同盟的体制和结构,后者将同盟的分歧公开化而挑战了冷战后同盟的性质。那么,我们究竟应该如何理解二战后欧美关系演进中既紧密合作又纷争不断的现象及其背后的本质?

在本书绪论中我们提出了理解二战后欧美关系的分析框架,即:自19世纪末以降,国际体系中的欧美力量对比发生转移,二战后初期即已形成影响至今的美强欧弱的权势结构,在战略和外交上则具体表现为美主欧从的跨大西洋关系结构;在此结构框架下,四大自变量——共同安全威胁、经济相互依赖、政治和社会认同、价值观和文化纽带——构成了二战后欧美关系的利益链和基础,决定其性质,它们的向度及变化影响着二战后的欧美关系,成为欧美关系演进的主要动力。上述基本观点已经各有重点地运用于本书对二战后欧美关系演变的实证论述之中,以下就四大自变量的向度变化及其相互关系作进一步总结性阐述。

在维系二战后欧美关系的利益链中,安全维度具有特别重要的意义,这是它们合作的强有力纽带,尤其在冷战时期。在国际关系理论中,生存和安全历来被视为国家的核心价值和要务,例如美国著名学者阿诺德·沃尔弗斯(Arnold Wolfers)把国家安全与财富和权力一起看作"国际事务中

---

① William I. Hitchcock, "The Ghost of Crises Past: The Troubled Alliance in Historical Perspective," in J. Anderson, et al, eds, *The End of the West: Crisis and Change in the Atlantic Order*, p. 54.

② Henry B. Nau, "Iraq and Previous Transatlantic Crises: Divided by Threat, not Institutions or Values," in J. Anderson, et al, eds., *The End of the West: Crisis and Change in the Atlantic Order*, pp. 89 - 96.

非常重要的价值"。① 正是为了应对来自苏联的威胁,随着二战后东西方关系的急剧恶化,自身孱弱的西欧国家迫切需要大西洋彼岸美国的军事支持,在英国的主导和周旋下,它们与美国结成了跨大西洋军事同盟。苏联的威胁犹如悬于头顶的达摩克利斯之剑,使得西欧与美国有了共同的敌人,形成了共同的安全利益。西欧人不得不依靠美国的安全庇护,在东西方冷战的格局下,西欧与美国的其他矛盾,包括权力和利益的分配都得服从这一大局。因此我们看到,尽管二战后初期法国在"谁是法国的主要威胁"——德国还是苏联——的问题上非常纠结②,并力图通过肢解和严惩德国来保证法国的安全因而与美国等国矛盾重重,但最终还是接受了以美国为首的西方联盟,不得不在此框架下寻求束缚德国的途径。因为尽管不情愿,它还是承认法国乃至欧洲的安全离不开美国的参与和主导。

但是,由苏联威胁和冷战而产生的共同安全利益并没有消除欧美在安全问题上的分歧,这很大程度上源自对安全内涵和利益分配上的不同认知。一方面,虽然大西洋同盟和战后西欧一体化为法国的安全焦虑提供了解决途径,即在冷战格局下它们形成了遏制苏联和束缚德国的双重安全结构,但是大西洋同盟中美主欧从的结构却是昔日欧洲霸主法国心中挥之不去的阴影,以恢复法兰西大国地位为己任的戴高乐挑战美国的霸权就成为题中应有之义,大西洋同盟经历了世人瞩目的一场"危机"。另一方面,虽然沦为二流强国,西欧的老殖民帝国仍然念念不忘传统的殖民权益,顽固地维护这些权益也成为它们"安全"的内容,而不满旧式权力政治的美国从冷战全局看问题则不容小伙伴们影响自己的全球战略,从而爆发了所谓的苏伊士运河危机。随着美国的冷战"灵活反应战略"取代"大规模报复战略"以及"缓和战略"的提出,对欧洲来说,美国的"核保护伞"是否有效和充分成了一个敏感的问题;而20世纪七八十年代美苏限制核军备谈判和美国在欧洲部署中程导弹则引起欧洲国家普遍的恐慌,它们担心美国只顾建设自己的"美洲堡垒"而会牺牲欧洲盟友的利益。围绕这些问题欧美之间在安全问题上的矛盾有了进一步发展,欧洲国家以实际行动作出反应,复

---

① Arnold Wolfers, "'National Security' as an Ambiguous Symbol," in J. A. Vasquez, *Classics of International Relations*, third edition, Upper Saddle River, NJ: Prentice Hall, 1996, p. 151.

② Georges-Henri Soutou, "France," pp. 96 – 98.

活西欧联盟,加强欧洲国家的防务合作,以图自立自强。

当然,欧美冷战期间在安全问题上的分歧和争论并没有撼动它们之间以大西洋同盟为核心的共同安全利益纽带。面对苏联集团的头号安全威胁,欧洲盟国并不想与美国搞僵关系,更遑论分道扬镳。换言之,安全向度的重要性和正方向得到了小心翼翼的维护。因此,戴高乐虽然使法国退出了北约军事一体化机构以示其对同盟结构的强烈不满,但是法国毕竟没有退出北约组织,它仍然是大西洋同盟中的一员,而看到底线没有被突破的美国也未作出强硬反应而是采取顺其自然的态度,维护同盟的存在正是双方共同安全利益所在。然而,冷战结束、苏联瓦解后,欧美安全关系面临更为严峻的考验。

冷战结束意味着苏联的紧迫威胁不复存在,北约的存续失去了直接的理由,这是影响欧美关系安全向度变化的主要因素。大西洋同盟是否解体成为冷战后初期的一个热门话题,但是与许多人的预期相反,冷战后北约得到了存续且其功能在某种程度上得到了扩张和强化。如何对此进行解释?一方面,俄罗斯的潜在威胁依然存在,冷战后地区性(尤其涉及欧洲安全的)武装冲突不断,"9·11"事件后全球恐怖主义成为新的更为重大的安全威胁,北约的存续和"转型"也因此有了新的理由。另一方面,制度的惯性和延后效应因习惯于"搭便车"的欧洲人不愿意提高防务投入而得到加强。但是,某种程度上"领导人的意志"仍然是关键因素,为了维护其冷战后唯一超级大国地位和世界霸权,美国极力维持大西洋同盟的存在。然而,随着冷战后新欧洲的崛起,欧洲多数国家对同盟结构的不满有增无减,从海湾战争、波黑战争和科索沃战争到伊拉克战争,它们不同程度上对美国的行为表现出异议。与此同时,冷战后欧洲的国际安全观也发生了变化,对威胁以及如何处理威胁的认识与美国相左,美国的单边主义受到了严厉批评,最终导致伊拉克战争问题上"老欧洲"与美国的公开对立,欧美同盟经受了又一次重大危机。因条件的限制,欧洲并没有与美国"离婚",但是冷战后从欧盟外交和安全政策到欧洲安全和防务政策,欧洲独立自主的防务有了重要发展,这不能不对欧美关系中安全向度的进一步变化产生重大而深远的影响。

自2017年年初特朗普担任美国总统以来,他的"北约过时论"引起欧洲的严重不安,欧洲领导人的"欧洲的命运应该掌握在欧洲人手中"的想法一再被提起,并在欧盟的框架内出现了加强自身防务力量的新动向。然

结束语 合作与纷争:二战后欧美关系演进的逻辑

而,在当下的环境中,欧洲人的"战略自主"的言论与其说是准备独立于美国,不如说是对美国重返孤立主义的某种担心,或是对特朗普强硬态度不满的反映,大西洋两岸都远没有做好分道扬镳的准备。就欧洲人而言,它们长期对美国的安全保护有着"路径依赖"而不愿增加自己的国防投入,更遑论各国的安全取向难以形成一致了。实际上,欧美双方在安全领域一直存在着的共同利益仍在延续,包括应对来自俄罗斯的地缘政治威胁的明显加强,在地区和全球的安全领域的合作仍是其安全关系的主要方面。

如果说安全向度将欧美紧紧地捆绑在一起的话,那么跨大西洋经贸关系的向度便是它们合作的基石——同属发达经济体的欧美国家建立起高度依存的经贸联系,这涉及沃尔弗斯所说的另一个非常重要的价值——"财富"。二战结束时欧美的经济实力和形势形成了强烈的反差,一边是西欧国家因战争的浩劫而普遍财富损耗巨大、经济复苏举步维艰,另一边美国却因战争国力大增,工业产出和黄金储备在西方世界中的比例达到了历史的顶点。但是美国深知,没有欧洲的复兴和繁荣,美国要想维持其经济地位和进一步发展是不可能的。更重要的是,战争给美国以自己的意愿构建一种新的世界经济秩序、全面取代欧洲传统的优势地位(包括大英帝国的霸权)提供了良机。因此,在美国的主导下,布雷顿森林国际货币金融体系、关贸总协定等一系列战后国际经贸制度建立了起来,它们为美国战后塑造并巩固一种自由开放的国际经济秩序准备了制度条件。同时,美国通过马歇尔计划等举措向欧洲国家提供经济援助,欧洲经济得到了较快的重建和复兴,并促进了大西洋两岸经贸联系的空前加强。显然,美国对欧洲的经济援助也有着政治安全意图,因为东西方冷战局面同时正在形成,强化与欧洲的经贸联系促进了欧洲政治和社会的稳定,推动它成为美国反对苏联的强有力的同盟者。正是在这样的考虑下,当西欧六国选择经济一体化道路时,美国给予了大力支持,因为它有助于美国对欧政策目标的实现:经济上欧洲的复兴和政治安全上德国问题的解决。

但是,经济向度随着欧洲的复兴和实力的增长也在悄悄地发生变化,带来了美国学者理查德·库珀在20世纪60年代就观察到的问题:经济高度依存导致双方经贸矛盾的激增和管理的困难。[①] 一方面,在美国看来,

---

① Richard Cooper, *The Economics of Interdependence*, New York: Mcgraw-Hill Companies, Inc., 1968.

欧洲一体化的发展并没有使欧洲的市场像美国所期望的那样更为自由开放,反而成为贸易保护主义越来越盛行的封闭的内部市场(尤其在农业和农产品贸易问题上),欧洲作为一个"搭便车者"享受了美国提供的公共产品(自由开放的国际经济制度)之利,却没有为维护这些产品作出相应的贡献。另一方面,在欧洲国家看来,在战后建立的主要国际制度中美国占据了支配地位,成了制度霸权国,它利用自己制定的各种国际规则越来越为自己牟利而不顾其对其他国家的不利影响,这比较集中地表现在布雷顿森林国际货币金融体系和关贸总协定中美国自行其是及对欧洲的打压。围绕着权力和利益的分配,欧美之间由此展开了一波又一波的贸易和经济摩擦,双方的相互博弈给欧美关系带来了不少负面影响。冷战结束后,虽然欧美经贸关系不断发展,但是围绕保护主义、单边主义等问题的争论和摩擦仍然是它们不得不面对的严峻挑战。特朗普政府在美欧贸易不平衡问题上企图通过增加进口关税对欧盟特别是对德国等欧洲国家施加强大压力,跨大西洋经贸关系势将受到很大影响。然而,经济高度相互依赖所导致的共同经济利益仍然是影响欧美关系经济向度变化的主要因素,面对经济全球化和区域一体化的深入发展以及新兴经济体的崛起,虽然纷争不可避免,但它们在经济领域的合作看上去还会进一步加强,这从近年来欧美致力于谈判"跨大西洋贸易伙伴关系"上可见一斑,尽管其前景在特朗普上台后变得模糊起来。

　　影响二战后欧美关系演进的第三大变量是政治和社会认同的向度。现代美国国家的形成是以欧洲白人移民所开拓的北美十三州殖民地为基础的,他们从欧洲移植了资本主义政治和社会制度,这使美国主流精英和社会中上阶层与欧洲有着天然的联系,美国成为从欧洲发源的"西方"文明的一个有机组成部分,并随着美利坚的不断成长、壮大乃至实力超群而成为"西方"的领袖。欧美对于各自"西方的"政治和经济社会制度的认同是相对于"他者"而言的,此"他者"既是那些传统和文化不同于"西方"的国家和地区,更是政治和社会制度不同的国家和地区。这样一种认同感就使得二战后欧美在看待苏联等社会主义国家时有着大体类似的态度,即苏联的威胁是一种"共产主义扩张"的性质,这种威胁不是对某一个或者几个欧洲国家的威胁,而是对实行资本主义政治和社会制度的"西方"的挑战。因此,强大的政治和社会认同不仅有力地推动欧美之间各种关系的发展,而且是它们结盟反苏的另一条强有力的纽带。冷战结束后,虽然苏联解体、东欧也发生了剧变,但是基于共同政治和社会制度的"西方"认同继续有效地维持着欧美的合作。一方面,它们通过北约和欧盟的东扩以及其他各种政治和经济途径和手段(包括所谓的"颜色革命")扩张"西方"的边界;另一方面,在诸如朝鲜和伊朗的核扩散问题上紧密合作——"流氓国家"拥有数件核武器要比英国人拥有数百件核武器有更为严重的威胁,同时对于中国的崛起疑心重重,所谓战略互信难以建立,因为中国仍然在坚持社会主义政治和社会制度。①

实际上,欧美关系的政治和社会认同向度也并不是稳定的和一成不变的,虽然它们都实行资本主义制度,各自的理解和具体制度设计却有着明显的差别。作为资本主义发源地的欧洲有着几百年资本主义发展的历史,特别是经历了资本主义制度造成的贫富悬殊和社会不公正而引发社会动荡和阶级冲突,二战后欧洲社会精英进行了反思,社会公正问题受到正视,战后进一步发展了比较完善的福利国家制度,形成了社会市场经济模式。大洋彼岸的美国虽然在资本主义高度繁荣的同时也注意普通民众的福利和社会公正,并相应地建立了自己的福利国家体系,但是它推行的是一种所谓的自由市场经济模式,更多地保护既得利益集团和富裕阶层的利益。正如美国著名学者约瑟夫·奈所指出的,"许多欧洲人认为美国资本主义的特征是没有人性的,认为欧洲的福利国家与更深层的社会价值更为协调"。② 这种分歧涉及影响欧美关系变化的深层原因,尽管在冷战背景下并不突出,但仍然在欧美关系的政治、安全、社会经济等各个领域表现出来。例如在欧洲人看来,欧美在经贸领域的摩擦很大程度上源自它们政治和社会制度上的差异;冷战结束后该分歧有进一步扩大的趋势,尤其2008年美国次贷危机引发全球性金融危机以来,欧洲受其波及造成自己的主权债务危机,欧洲人对美国资本主义的性质和运行表现出很大的不满,而美国人也通过"占领华尔街运动"等方式对制度带来的"1﹪ vs. 99﹪"的严重社会问题进行了反思。

与政治和社会认同变量有着密切联系的是价值观和文化向度。毫无

---

① 王辑思、李侃如:《中美战略互疑:解析与应对》,北京:社会科学文献出版社,2013年,第3页;Hugh White, *The China Choice: Why America should Share Power*, Collingwood: Black Inc., 2012, pp. 147-149.

② Joseph S. Nye Jr., "The US and Europe: Continental Drift?", *International Affairs*, 76, 1(2000), p. 56.

疑问,欧美关系是建立在它们共享的价值观和传统西方文化基础上的。欧洲启蒙运动以来形成的自由、平等、民主、法制、市场经济等西方价值观不仅导致欧美政治和社会制度的认同,而且它们都把这些价值观视为其安全战略和对外政策的共同基石。美国学者认为,西方文明"一直是某种文明内的对话——持续的跨大西洋观念的交流":美国国父在美国宪法制定过程中汲取了许多欧洲的哲学思想,主要是洛克、孟德斯鸠的信条;反过来,从法国大革命到20世纪,美国的政治实践又深刻影响了欧洲政府结构的形成。① 美国和欧洲国家不仅将西方的价值观念和文化当作立国之本,而且依恃自己的强权着力向非西方世界传播和推广,从而成为一种西方的"意识形态"。可以说,观念和文化的认同是二战后欧美关系的另一条强有力纽带,它为冷战时期它们结成盟友以应对苏联的威胁提供了深层次的观念基础,也为它们冷战后的合作提供了理由:"共享的价值观毫无疑问帮助增强了这个政治共同体的力量。"②

然而,影响欧美关系的价值观和文化向度也并不是稳定的,它们的价值观差异一直存在,人们可以明显地看到它们之间的"意识形态"分歧。即使在二战后冷战形成时期,欧洲的"文化反美主义"就使美国的决策者们感到深深的忧虑。正如一位美国人所指出的,就维护文化霸权而言,美国遇到了极大的麻烦,因为尽管第二次世界大战造成物质和心理上的崩溃,但是"欧洲有教养的精英们并没有放弃过去的'优越情结',那意味着他们是某种'文明国家'。在他们看来,美国还没有真正合格。美国精英们对这种优越感深怀不满";③"与'年轻的'和'头脑简单的'美国人相比,欧洲人有一种强烈的意识,即他们才是成熟的、'更伟大的'文化传统的代表"。④ 冷战过程中美国极力通过各种渠道包括金钱资助来影响欧洲人对美国的看法,力图建立与其政治安全霸权相称的美国的"文化霸权",可是并没有也不能弥合欧美之间的价值观和文化分歧,以至于罗伯特·卡根认为,"当美国人和欧洲人制定对外政策时,他们的共同理念和理想却无法取代大西洋

---

① Walter F. Hahn and Robert L. Pfaltzgraff, eds., *Atlantic Community in Crisis: A Redefinition of the Transatlantic Relationship*, p. 3.
② 查尔斯·库普乾:《美国时代的终结:美国外交政策与21世纪的地缘政治》,第143页。
③ Volker R. Berghahn, *American and the Intellectual Cold Wars in Europe*, p. iii.
④ Volker R. Berghahn, *American and the Intellectual Cold Wars in Europe*, p. xiv.

两岸关于世界秩序以及国际事务中实力的作用等问题的观念冲突"。① 冷战结束后,新欧洲崛起,冷战中提出的欧洲"民事力量"进一步上升为欧洲"规范性力量"。欧洲利用自身自认为优越的价值观和"民事/规范性力量"积极争取占据道德高地,在国际政治和外交上主张世界的多极化和多边主义。欧洲不仅利用应对全球气候变化等一系列全球性问题向美国的霸权地位挑战,而且在伊拉克战争问题上"老欧洲"与美国的单边主义发生了直接冲突,所谓"价值观分歧"凸显,"欧洲知识分子不再分享共同的'战略文化'"——欧洲人认为"美国人对于安全有着非理性的'绝对'安全要求"。②

罗伯特·卡根对围绕伊拉克战争欧美分歧的"文化"解释不屑一顾,而是从双方实力对比悬殊的角度来考察欧洲失衡的心态,并称"美国人来自火星、欧洲人来自金星"。实际上,虽然没有必要加以夸大,但欧美的价值观分歧确实是客观存在的,并对二战后欧美关系的演进有着不可忽视的影响。因而可以认为,观念和文化向度及其变化有理由成为分析这种演进的主要变量之一,并因它的深层次性质给人们以重要启示,即使如当下特朗普总统与欧洲领袖之间的不和谐,除了利益博弈,难免不让人联想到价值观上的分歧。

总之,通过本书的研究及以上阐述,我们验证了四大自变量向度及其变化是二战后欧美关系演进的主要动力,它们内含的权力和利益的分配是否均衡决定了欧美的合作和纷争及其性质。同时值得注意的是,四大自变量在二战后跨大西洋关系的演变中所起的作用既相互联系又相对独立,其各自领域的向度和作用程度各有特点,因而二战后欧美之间的各种合作和纷争既有问题导向,又相互勾连,呈现出错综复杂的态势。

就二战后欧美关系演进的总体趋势而言,尽管这一时期欧弱美强的权势结构并没有出现实质性的改变,但欧美综合实力的差距在逐渐缩小。而很大程度上正是这种变化导致欧洲人对美国霸权的不满也在增加,以至于双方在保持合作的同时,外交和战略上的龃龉和摩擦也相应增多、难以消弭,甚或愈演愈烈。对于这种趋势,我们大抵可以理解为,在不均衡的跨大西洋关系结构中,欧洲人一直在力图抗争美国的霸权,希望欧美关系能够

---

① 罗伯特·卡根:《天堂与实力:世界新秩序下的美国与欧洲》,第63页。
② 罗伯特·卡根:《天堂与实力:世界新秩序下的美国与欧洲》,第3页、第44—45页。

向着合理、均衡、双方平等合作的方向发展,旨在最终使欧洲能够真正独立自主。

对欧洲人而言,有利于实现上述愿景的因素首先在于欧洲安全需求和利益的变化。毋庸置疑,在二战后的跨大西洋关系中的大部分时期,安全问题具有头等的重要性,欧洲对美国的安全依赖一直影响着欧美关系的全局。然而,欧洲的安全依赖很大程度上是与对抗苏联联系在一起的。换言之,欧洲最重要的安全关切是来自苏联对欧洲国家本土的威胁,除此之外,这种安全依赖对欧洲来说似乎就不那么直接,至少不那么迫切了。因此,人们看到,二战后跨大西洋关系史上两次最严重的危机,一次发生在20世纪60年代中叶东西方关系开始进入缓和期,涉及同盟内部政治权力的分配而与东西方冷战并无直接关系,另一次发生在冷战结束后且关乎欧洲之外的伊拉克战争问题。其次,欧美之间在政治和经贸领域的摩擦和纷争伴随着战后跨大西洋关系演进的整个过程,它们虽然受到双方同盟关系的影响,但往往又相对独立于安全和战略变量,这就使欧洲人在与美国进行相关博弈时拥有更大的空间。正因如此,我们就能够理解为什么即使在冷战期间,欧美的政治较量和经贸摩擦依然存在,甚至双方屡屡发生冲突。最后,大西洋两岸的价值观和文化差异具有相对稳定性,即使在双方出现分歧时会比较明显地呈现出来,并起到推波助澜的作用,但重要的是,在二战后跨大西洋关系发展的整个过程中,欧洲人总会不自觉地、顽强地表现出其价值观和文化相对于美国的优越感。

进入21世纪后,新欧洲的崛起和美国霸主地位的结构性矛盾有了进一步发展,查尔斯·库普乾甚至认为新世纪对美国的挑战既非来自伊斯兰世界也非来自中国,而是来自一体化不断发展中的欧洲——"就现在而言,恰恰是欧洲正在成长为美国的唯一竞争者"。① 显然,库普乾的预判存在偏差,相反,从长期的历史眼光来考察,影响当今跨大西洋关系的自变量向度仍然具有相对的稳定性,不仅二战后欧美之间的合作仍然大于纷争,而且为了应对冷战后全球性问题和事关共同利益的问题,它们的合作有时还呈现出新的加强趋势。例如,乌克兰危机发生后,美欧共同对俄罗斯进行

---

① 查尔斯·库普乾:《美国时代的终结:美国外交政策与21世纪的地缘政治》,第188页。这种观点在不同程度上也得到一些其他学者的认同,例如,可见 Rockwell A. Schnabel, *The Next Superpower: The Rise of Europe and its Challenge to the United States*, 2005。

经济制裁,甚至出现了"第二次冷战"的说法。又如,欧美之间所谈判的TTIP,就被解读为具有很强的针对新兴经济体尤其是中国的全球战略意味,而美国不断修补伊拉克战争造成的欧美分歧,并如伊肯伯里所说,将强化美欧关系视为制约中国、维护美国霸权的有效途径。[①] 当然,伊肯伯里这样的学者是希望通过美欧合作将中国的发展纳入美国主导的所谓自由主义国际秩序的轨道,而特朗普政府则声称要打造一个西方反华联盟,两者对华政策手段不同,但看上去都重视欧洲盟友的作用。由此我们或许可以预测,如果说特朗普政府真的将崛起的中国视为如冷战时期的苏联那样的竞争对手而加以遏制的话,那么试金石就是它是否会因此而愿意付出实际代价,缓和并加强与欧洲的关系以联手应对中国的崛起。当然,欧洲是否会愿意唯美国马首是瞻则是一个很值得怀疑的问题,因为时过境迁,今天的世界毕竟与当年欧洲人主动"邀请"美国充当欧洲霸主的时代不可同日而语。展望未来,不仅在应对中国崛起的问题上,而且在包括乌克兰危机等一系列国际问题和欧美双边关系的问题上,坚持维护自身利益的欧洲国家与美国的博弈和纷争也还会继续下去。因此,在一个无论是美国人定义的重返大国竞争时代,抑或是欧洲人所希望延续的全球化与多边主义秩序的当今世界,欧洲注定要面临新的国际环境的挑战,包括在多大程度上和如何形塑未来跨大西洋关系的严峻挑战。

[①] G. John Ikenberry, "The Rise of China and the Future of the West: Can the Liberal System Survive?", *Foreign Affairs*, Vol.87, No.1, Jan/Feb 2008.

参考文献

一、外文文献

(一) 外文著作

1. Acharya, Amitav, *The End of American World Order*, Malden: Polity Press, 2014.

2. Aldy, Joseph E., and Robert N. Stavins, *Post-Kyoto International Policy: Summary for Policymakers*, Cambridge: Cambridge University Press, 2009.

3. Anderson, Jeffrey, G. Ikenberry, Thomas Risse, eds., *The End of the West: Crisis and Change in the Atlantic Order*, Ithaca and London: Cornell University Press, 2008.

4. Ash, Timothy Gartom, *Free World: America, Europe and the Surprising Future of the West*, New York: Random House, 2004.

5. Barnet, Richard J., *Intervention and Revolution: the United States in the Third World*, London: Paladin, 1972.

6. Berghahn, Volker R., *American and the Intellectual Cold Wars in Europe: Shepard Store Between Philanthropy, Academy, and Diplomacy*, Princeton and Oxford: Princeton University Press, 2001.

7. Bert, Wayne, *The Reluctant Superpower: United States' Policy in Bosnia, 1991–1995*, N.Y.: St. Martin's Press, 1997.

8. Bozo, Frédéric, *Two Strategies for Europe: De Gaulle, the*

United States, and the Atlantic Alliance (translated by Susan Emanuel), Lanham, Maryland: Rowman & Littlefield, 2001.

9. Bretherton, Charlotte and John Vogler, *The European Union as a Global Actor*, London and New York: Routledge, 2006.

10. Bullen, R. & M. E. Pelly, eds., *Documents on British Policy Overseas*, Series 2, Vol. 1, London: HMSO, 1986.

11. Cass, Loren R., *The Failures of American and European Climate Policy, International Norms, Domestic Politics, and Unachievable Commitments*, Albany: State University of New York Press, 2006.

12. Clark, Wesley, *Waging Modern War*, New York: Public Affairs, 2001.

13. Conradt, David P. et al., eds., *Germany's New Politics*, Berghahn: Providence, RI, 1995.

14. Cooper, Alice H., *Paradoxes of Peace: German Peace Movements since 1945*, Ann Arbor: University of Michigan Press, 1996.

15. Cooper, Richard, *The Economics of Interdependence*, New York: Mcgraw-Hill Companies, Inc., 1968.

16. Crabb, Cecil V., Jr., *Policy-Makers and Critics: Conflicting Theories of American Foreign Policy*, New York: Praeger, 1986.

17. Dear, Ian, and Michael Richard Daniell Foot, eds., *The Oxford Companion to World War II*, Oxford: Oxford University Press, 2001.

18. Deighton, Anne, *The Impossible Peace: The Decision of Germany and the Origins of the Cold War*, New York: Clarendon Press, 1990.

19. Dobson, Alan P., *Anglo-American Relations in the Twentieth Century: Of Friendship, Conflict and the Rise and Decline of Superpowers*, London and New York: Routledge, 1995.

20. Dockrill, Michael L. and Michael F. Hopkins, *The Cold War, 1945-1991* (second edition), New York: Palgrave Macmillan, 2006.

21. Dodds, Felix, Andrew Higham and Richard Sherman, *Climate Change and Energy Insecurity: The Challenge for Peace, Security and*

Development, London: Earthscan, 2009.

22. Dumbrell, John, *A Special Relationship: Anglo-American Relations in the Cold War and After*, London: St. Martin's Press, 2002.

23. El-Agraa, Ali M., *The European Union: Economics and Policies* (9th edition), Cambridge: Cambridge University Press, 2011.

24. Ellison, James, *The United States, Britain and the Transatlantic Crisis: Rising to the Gaullist Challenge, 1963-68*, New York: Palgrave, 2007.

25. Erb, Scott, *German Foreign Policy: Navigating a New Era*, Boulder: Lynne Rienner Publishers, 2003.

26. European Communities, *European Union Foreign Direct Investment Yearbook 2008 Data 2001-2006*, Luxembourg: Office for Official Publications of the European Communities, 2008.

27. Feis, Herbert, *From Trust to Terror: the Onset of the Cold War, 1945-1950*, New York: Norton, 1970.

28. Freedman, Lawrence and Efraim Karsh, *The Gulf Conflict, 1990-1991: Diplomacy and War in the New World Order*, London: Faber & Faber, 1994.

29. Gaddis, John Lewis, *The Long Peace: Inquiries into the History of the Cold War*, New York: Oxford University Press, 1987.

30. Gardner, Richard N., *Sterling-Dollar Diplomacy: The Origins and the Prospects of Our International Economic Order*, New York: McGraw Hill, 1969.

31. Gompert, D.C., & F.S. Larrabee, eds., *America and Europe: A Partnership for a New Era*, Cambridge & New York: Cambridge University Press, 1997.

32. Gordon, Philip H., and Jeremy Shapiro, *Allies at War: America, Europe, and the Crisis over Iraq*, New York: McGraw-Hill, 2004.

33. Grazia, Victoria de, *Irresistible Empire: America's Advance Through Twentieth-Century Europe*, Cambridge, Massachusetts: The Belknap Press of Harvard University Press, 2005.

34. Grosser, A., *The Western Alliance: European-American Rela-

tions since 1945, New York: Random House, 1980.

35. Gutjahr, Lothar,*German Foreign and Defense Policy after Unification*, London: Pinter Publish Ltd., 1994.

36. Guzzini, Stefano,*Realism in International Relations and International Political Economy: The Continuing Story of a Death Foretold*, London and New York: Routledge, 1998.

37. Haftendorn, Helga, *NATO and the Nuclear Revolution: A Crisis of Credibility, 1966–1967*, Oxford: Clarendon Press, 1996.

38. Haftendorn, Helga, et al., eds., *The Strategic Triangle: France, Germany, and the United States in the Shaping of the New Europe*, Baltimore: The Johns Hopkins University Press, 2006.

39. Hahn, Peter L.,*The United States, Great Britain, and Egypt, 1945–1956: Strategy and Diplomacy in the Early Cold War*, Chapel Hill: The University of North Carolina Press, 1991.

40. Hahn, Walter F., and Robert L. Pfaltzgraff, eds., *Atlantic Community in Crisis: A Redefinition of the Transatlantic Relationship*, New York: Pergamon Press, 1979.

41. Halliday, Fred,*The Making of the Second Cold War*, London: Verso, 1983.

42. Hanrieder, Wolfram F., and Graeme P. Auton, *The Foreign Policies of West Germany, France, and Britain*, Redwood City, Calif.: Prentice-Hall, 1980.

43. Hogan, M. J.,*The Marshall Plan: America, Britain, and the Reconstruction of Western Europe, 1947–1952*, Cambridge: Cambridge University Press,1989.

44. Holmes, J.W., *The United States and Europe after the Cold War: A New Alliance*, Columbia, S.C.: University of South Carolina Press, 1997.

45. Holm, Michael,*The Marshall Plan: A New Deal For Europe*, New York: Routledge, 2017.

46. Hamilton, Daniel S., and Teija Tiilikainen, eds.,*Domestic Determinants of Foreign Policy in the European Union and the United*

States, Washington, DC: Center for Transatlantic Relations and Finnish Institute of International Affairs, 2018.

47. Ikenberry, G. John, ed., *America Unrivaled: The Future of the Balance of Power*, Ithaca: Cornell University Press, 2002.

48. Ikenberry, G. John, ed., *American Foreign Policy: Theoretical Essays*, Princeton University, 2005.

49. Ikenberry, G. John, *Liberal Leviathan: The Origin, Crisis, and Transformation of the American World Order*, Princeton: Princeton University Press. 2011.

50. Ikenberry, G. John, *After Victory: Institutions, Strategic Restraint, and the Rebuilding of Order after the Major Wars*, Princeton: Princeton University Press, 2000.

51. Jaggard, Lyn, *Climate Change Politics in Europe: Germany and the International Relations of the Environment*, London and New York: Tauris Academic Studies, 2007.

52. James, Robert Rhodes, ed., *Winston S. Churchill: His Complete Speeches 1897–1963*, London: Chelsea House Publishers, 1974.

53. Johnson, Lyndon, *The Vantage Point, 1963–1969*, New York: Holt, Rinehat and Winston, 1971.

54. Jones, Peter, *America and the British Labour Party: The Special Relationship at Work*, London: I.B. Tauris Publishers, 1997.

55. Jordan, Andrew, et al., *Climate Change Policy in the European Union: Confronting the Dilemmas of Mitigation and Adaption?*, Cambridge: Cambridge University Press, 2010.

56. Junker, Detlef, ed., *The United States and Germany in the Era of the Cold War, 1945–1990, a Handbook, Vol. 1: 1945–1968*, Cambridge: Cambridge University Press, 2004.

57. Junker, Detlef ed., *The United States and Germany in the Era of the Cold War, 1945–1990, a Handbook, Vol. 2: 1968–1990*, New York: Cambridge University Press, 2004.

58. Kagan, Robert, *Of Paradise and Power: America and Europe*

in the New World Order, New York: Alfred A. Knopf, 2003.

59. Kaiser, Karl, and Klaus Becher,*Deutschland under Irak-Konflikt*,Bonn:Forschungsinstitut der Deutschen Gesellschaft für Auswärtige Politik, 1992.

60. Kajser, Arne, Erik van der Vleuten, and Per Högselius, eds., *Europe's Infrastructure Transition: Economy, War, Nature*, Basingstoke: Palgrave Macmillan, 2016.

61. Kashmeri, Sarwar A., *America and Europe after 9/11 and Iraq: The Great Divide*, Westport: Praeger Security International, 2007.

62. Kennan, George F., *Memoirs: 1925 – 1950*, Boston: Little, Brown, 1967.

63. Keohane, Robert O., et al., eds., *After the Cold War: International Institutions and State Strategies in Europe, 1989 – 1991*, Massachussetts and London: Harvard University Press, 1993.

64. Kissinger, Henry A., *The Troubled Partnership: A Reappraisal of the Atlantic Alliance*, New York: McGraw-Hill Book Co., 1965.

65. Kissinger, Henry,*Years of Upheaval*, Boston: Little, Brown & Co., 1982.

66. Kissinger, Henry, *World Order*, New York: The Penguin Press, 2014.

67. Lacy, Mark J.,*Security and Climate Change: International Relations and the Limits of Realism*, New York: Routledge, 2005.

68. Laidi, Zaki, ed., *EU Foreign Policy in a Globalized World: Normative Power and Social Preference*, New York: Routledge, 2008.

69. Laidi, Zaki, *Norms over Force: The Enigma of European Power* (Translated from the French by Cynthia Schoch), New York: Palgrave Macmillan, 2008.

70. Lagadec, Erwan, *Transatlantic Relations in the 21st Century: Europe, America and the Rise of the Rest*, New York: Routledge, 2012.

71. Langer, William L. and S. Everett Gleason, *The Undeclared*

War: *1940-1941*, New York: Harper & Row, 1953.

72. Leffler, Melvyn P., *A Preponderance of Power*: *National Security, the Truman Administration, and the Cold War*, Stanford: Stanford University Press, 1992.

73. Leffler, Melvyn P. and David S. Painter, eds., *Origins of the Cold War*: *An International History*, New York: Routledge, 1994.

74. Leffler, Melvyn P. and Odd Arne Westad, *The Cambridge History of the Cold War*, Vol. II: *Crises and Détente*, Cambridge: Cambridge University Press 2010.

75. Leffler, Melvyn P., and Odd Arne Westad, eds., *The Cambridge History of the Cold War*, Vol. III: *Endings*, New York: Cambridge University Press, 2010.

76. Lehmkuhl, Ursula, & Gustav Schmidt, eds., *From Enmity to Friendship*: *Anglo-American Relations in the 19th and 20th Century*, Augsburg: Wissner-Verlag, 2005.

77. Letiche, John M., *European Integration*: *An American View*, Berkeley: Press of University of California, 1965.

78. Lewis, Patricia, et al., *The Future of the United States and Europe*: *An Irreplaceable Partnership*, Chatham House Report, The Royal Institute of International Affairs, 2018.

79. Longhurst, Kerry and Marcin Zaborowski, eds., *Old Europe, New Europe and the Transatlantic Security Agenda*, London: Routledhe Taylor & Francic Group, 2005.

80. Lundstad, Geir, ed., *No End to Alliance*: *The United States and Western Europe*: *Past, Present and Future*, New York: St. Martin's Press, 1998.

81. Lundestad, Geir, *Empire by Integration*: *The United States and European Integration 1945-1997*, Oxford: Oxford University Press, 1998.

82. Lundestad, Geir, *The United States and Western Europe since 1945*: *From "Empire" by Invitation to Transatlantic Drift*, Oxford: Oxford University Press, 2003.

83. Maclean, Mairi, ed., *The Mitterrand Years: Legacy and Evolution*, Houndmills: Macmillan, 1998.

84. Markovits, Andrei S., *Uncouth Nation: Why Europe Dislikes America*, Princeton, NJ: Princeton University Press, 2007.

85. Martin, Pierre, & Mark R. Brawley, eds., *Alliance Politics, Kosovo, and NATO's War: Allied Force or Forced Allies?*, New York: Palgrave, 2000.

86. Mason, John W., *The Cold War, 1945 – 1991*, New York: Routledge, 1996.

87. McCauley, Martin, *Origins of the Cold War, 1941 – 1949*, (revised third edition), London: Pearson Education, 2008.

88. McIntyre, W. David, *Background to the ANZUS Pact: Policy-Makers, Strategy and Diplomacy, 1945 – 55*, London: Macmillan, 1995.

89. McMahon, Robert, *The Cold War: A Very Short Introduction*, Oxford: Oxford University Press, 2003.

90. Merkel, Peter H., *The Rift Between America and Old Europe: The Distracted Eagle*, London: Routledge, 2005.

91. Milward, Alan, *The Reconstruction of Western Europe, 1945 – 1951*, Berkley: University of California Press, 1984.

92. Moens, Alexander, Lenard J. Cohen, and Allen G. Sens, eds., *NATO and European Security: Alliance Politics from the End of the Cold War to the Age of Terrorism*, London: Praeger Publishers, 2003.

93. Möckli, Daniel, *European Foreign Policy during the Cold War: Heath, Brandt, Pompidou and the Dream of Political Unity*, New York: I.B.Tauris, 2009.

94. Morgenthau, Hans J., *Politics among Nations: The Struggle for Power and Peace*, sixth edition, New York: McGraw-Hill Companies, Inc., 1985.

95. Mowle, Thomas S., *Allies at Odds? The United States and the European Union*, New York: Palgrave Macmillan, 2004.

96. Newhouse, John, *De Gaulle and Anglo-Saxons*, New York: The Viking Press, 1970.

97. Nixon, Richard, "Inaugural Address" (January 20, 1969), *Public Papers of the President of the United States*, Washington, DC: US Government Printing Office, 1970.

98. Northedge, F.S., *Descent from Power: British Foreign Policy 1945-1973*, London: George Allen & Unwin Ltd, 1974.

99. Nuenlist, Christian, Anna Locher, and Garret Martin, eds., *Globalizing de Gaulle: International Perspectives on French Foreign Policies, 1958-1969*, New York: Lexington Books, 2010.

100. Olson, Mancur, *The Logic of Collective Action*, New York: Schocken, 1968.

101. Parmar, *Inderjeet, Special Interests, the State and the Anglo-American Alliance, 1939-1945*, New York: Routledge, 2013.

102. Parsi, Vittorio Emanuele, *The Inevitable Alliance: Europe and the United States Beyond Iraq*, New York: Palgrave Macmillan, 2006.

103. Patton, David F., *Cold War Politics in Postwar Germany*, New York: Palgrave Macmillan, 2001.

104. Paxton, Robert O. & Nicholas Wahl, eds., *De Gaulle and The United States: A Centennial Reappraisal*, Oxford, Providence, R.I.: Berg Publishers, 1994.

105. Payne, David and Fenwick Yu, *Foreign Direct Investment in the United States*, US Department of Commerce, Economics and Statistics Administration, June, 2011.

106. Pollard, Robert A., *Economic Security and the Origins of the Cold War: 1945-1950*, New York: Columbia University Press, 1985.

107. Powaski, Ronald E., *Ideals, Interests, and U.S. Foreign Policy from George H. W. Bush to Donald Trump*, Palgrave Macmillan, 2019.

108. Reynolds, D., ed., *The Origins of the Cold War in Europe: International Perspective*, New Haven: Yale University Press, 1994.

109. Rifkin, Jeremy, *The European Dream: How Europe's Vision of the Future is Quietly Eclipsing the American Dream*, Cambridge: Polity Press, 2004.

110. Ruane, Kevin, *The Rise and Fall of the European Security Community*, Chippenham Wiltshire: Antony Rowe Ltd, 2000.

111. Sanders, David, and David Patrick Houghton, *Losing an Empire, Finding a Role: British Foreign Policy since 1945*, London: Palgrave, 2017.

112. Schnabel, Rockwell A., *The Next Superpower: The Rise of Europe and its Challenge to the United States*, New York: Rowman & Littlefield Publishers, Inc., 2005.

113. Schwartz, Thomas, *Lyndon Johnson and Europe: In the Shadow of Vietnam*, Cambridge, MA: Harvard University Press, 2003.

114. Schweiger, Christian, *Britain, Germany and the Future of The European Union*, New York: Palgrave Macmillan, 2007.

115. Sharp, Jane, *Honest Broker or Perfidious Albion? British Policy in Former Yugoslavia*, London: Institute of Public Policy Research, 1997.

116. Shawcross, William, *Allies: The US., Britain, Europe and the War in Iraq*, London: Atlantic Books, 2003.

117. Simoni, Serena, *Understanding Transatlantic Relations: Whither the West?*, New York: Routledge, 2013.

118. Smyser, W. R., *Germany and America: New Identities, Fateful Rift?*, Boulder/San Francisco/Oxford: Westview Press, 1993.

119. Treharne, Sally-Ann, *Reagan and Thatcher's Special Relationship: Latin America and Anglo-American Relations*, Edinburgh: Edinburgh University Press, 2015.

120. Villaume, Poul, and Odd Arne Westad, eds., *Perforating the Iron Curtain: European Détente, Transatlantic Relations, and the Cold War 1965–1985*, Copenhagen: Museum Tusculanum Press, 2010.

121. Xu, Ruike, *Alliance Persistence within the Anglo-American Special Relationship: The Post-Cold War Era*, London: Palgrave Macmillan, 2017.

122. Walt, Stephen M., *Taming American Power: The Global Response to U.S. Primacy*, New York: W. W. Norton & Company, 2005.

123. White, Hugh, *The China Choice: Why America should Share Power*, Collingwood: Black Inc., 2012.

124. Wickett, Xenia, *Transatlantic Relations: Converging or Diverging?*, Chatham House Report, The Royal Institute of International Affairs, 2018.

125. Woodward, Bob, *Bush at War*, New York: Simon & Schuster, 2002.

126. Zakaria, Fareed, *The Post-American World*, New York: W.W. Norton & Company, 2008.

127. Zelnick, Bob, *Gore, A Political life*, Washington, D.C.: Regnery Publishing, Inc., 1999.

（二）外文论文

1. Abouyoub, Younes, "A Perilous Legacy: From Trumping Multilateralism to the Demise of the U.S. Storytelling?", in The OCP Policy Center, *Atlantic Currents: Overcoming the Choke Points*, 5th edition of the Annual Report on Wider Atlantic Perspectives and Patterns, December 2018.

2. Abrams, Elliott, "Trump the Traditionalist: A Surprisingly Standard Foreign Policy," *Foreign Affairs*, Vol. 96, Issue 4, July/August 2017.

3. Adelle, Camilla, & Marc Pallemaerts, Joana Chiavari, "Climate Change and Energy Security in Europe: Policy Integration and its Limits," June 2009. http://www.policypointers.org/Page/View/9542.

4. Aguirre, Mariano and Penny Fischer, "Discriminate Intervention: Defining NATO for the '90s," *Middle East Report*, No. 177, 1992.

5. Albright, Madeleine, "Enlarging NATO: Why Bigger is Better?", *The Economist*, Feb. 15, 1997.

6. Anderson, Jan Joel, et al., "The European Security Strategy: Reinvigorate, Revise or Reinven," *The Swedish Institute of International Affairs*, No. 7, 10 June, 2011.

7. Anderson, Jeffrey J., "Rancor and Resilience in the Atlantic Po-

litical Order: The Obama Years," *Journal of European Integration*, Vol. 40, Issue 5, 2018.

8. Asmus, Ronald D., Richard L. Kugler, and F. Stephen Larrabee, "Building a New NATO," *Foreign Affairs*, Vol. 72, No. 4, Sep.-Oct., 1993.

9. Bailes, Alyson J. K., "The European Security Strategy: An Evolutionary History," February 2005. http://books.sipri.org/files/PP/SIPRIPP10.pdf.

10. Banchoff, Thomas, "Historical Memory and German Foreign Policy: The Cases of Adenauer and Brandt," *German Politics & Society*, Vol. 14, No. 2(Summer 1996).

11. Bartlett, Roland W., "France and West Germany in the European Common Market," *Illinois Agricultural Economics*, Vol. 7, No. 1, Jan., 1967.

12. Baumann, Rainer and Gunther Hellmann, "Germany and the Use of Military Force: 'Total War', the 'Culture of Restraint' and the Quest for Normality," *German Politics*, Vol.10, No.1, April 2001.

13. Biscop, Sven, "European Defence: Give PESCO a Chance," *Survival*, Vol. 60, No. 3, June–July 2018.

14. Bond, Ian, "Has the Last Trump Sounded for the Transatlantic Partnership?", Center for European Reform, May 2018.

15. Bozo, Frédéric, "Détente Versus Alliance: France, the United States and the Politics of the Harmel Report, 1964–1968," *Contemporary European History*, Vol. 7, No. 3, November, 1998.

16. Brattberg, Erik, and Etienne Soula, "Continental Drift?", *Berlin Policy Journal*, 15 February 2018, https://berlinpolicyjournal.com/continental-drift-2/.

17. Demertzis, Maria, et al., "Europe in a New World Order," *Wirtschaftsdienst*, Vol. 98, No. 13, 2018.

18. Dumbrell, John, "The US–UK Special Relationship: Taking the 21st-Century Temperature," *The British Journal of Politics and International Relations*, Vol.11, 2009.

19. Germroth, David S., and Rebecca J. Hudson, "German-American Relations and the Post Cold War World,"*Asussen Politik*, No. 1, 1992.

20. Grant, Charles, "The Impact of Brexit on the EU," Centre for European Reform, 24 June 2016. https://www.cer.eu/insights/impact-brexit-eu.

21. Greenwood, "Frank Roberts and the 'other' Long Telegram: The View from the British Embassy in Moscow, March 1946,"*Journal of Contemporary History*, Vol. 25 (1990).

22. Gupta, Joyeeta and Lasse Ringius, "The EU's Climate Leadership: Reconciling Ambition and Reality,"*International Environmental Agreements: Politics, Law and Economics*, No. 1, 2001.

23. Had, M. and V. Handel,"The Czech Republic," in R. Smoke, ed., *Perceptions of Security, Public Opinion and Expert Assessments in European New Democracies*, Manchester: Manchester University Press, 1996.

24. Haftendorn, Helga, "Ostpolitik Revisited 1976," *The World Today*, Vol. 32, No. 6 (Jun., 1976).

25. Hanrieder, Wolfram F., "The Foreign Policies of the Federal Republic of Germany, 1949 – 1989,"*German Studies Review*, Vol. 12, No. 2 (May, 1989).

26. Harris,Paul G., "Misplaced Ethics of Climate Change: Political vs. Environmental Geography," *Ethics, Place & Environment*, Vol. 13, Issue 2 (June 2010).

27. Harrison, Michael M., "Mitterrand's France in the Atlantic System: A Foreign Policy of Accommodation,"*Political Science Quarterly*, Vol. 99, No. 2 (Summer, 1984).

28. Hellmann, Gunther and Reinhard Worf,"Neorealism, Neoliberal Institutionalism, and the Future of NATO," *Security Studies*, Vol.3, No.1(1993).

29. Hendershot, Robert M., "Manipulating the Anglo-American Civilizational Identity in the Era of Churchill," in Alan P. Dobson &

Steve Marsh, eds., *Churchill and the Anglo-American Special Relationship*, New York: Routledge, 2017.

30. Hoffmann, Stanley, "De Gaulle, Europe, and the Atlantic Alliance,"*International Organization*, Vol. 18, No. 1 (Winter, 1964).

31. Hoffmann, Stanley, "Back to Euro-Pessimism," *Foreign Affairs*, No. 1, Jan/Feb. 1997.

32. Houdaigui, Rachid El, "The Atlantic Alliance: Between Revived Europeanism and Restless Atlanticism," in The OCP Policy Center, *Atlantic Currents: Overcoming the Choke Points*, 5th edition of the Annual Report on Wider Atlantic Perspectives and Patterns, December 2018.

33. Hyde-Price, Adrian, "Germany and the Kosovo War: Still a 'Civilian Power'?", *German Politics*, Vol.10, No.1, April 2001.

34. Ikenberry, G. John, & Anne-Marie Slaughter, eds., *Forging a World of Liberty under Law: US National Security in the 21st Century*, Final Paper of the Princeton Project on National Security, September 27, 2006.

35. Ikenberry, G. John, "The End of Liberal International Order?", *International Affairs*, Vol. 94, Issue 1, January 2018.

36. Ikenberry, G. John, "The Rise of China and the Future of the West: Can the Liberal System Survive?", *Foreign Affairs*, Vol.87, No. 1, Jan/Feb 2008.

37. Intoccia, Gregory Francis, "American Bombing of Libya: An International Legal Analysis,"*Case Western Reserve Journal of International Law*, Vol.19, 1987.

38. Kanat, K. B., "Transatlantic Relations in the Age of Donald Trump," *Insight Turkey*, Vol. 20, No. 3, Summer 2018.

39. Kieninger, Stephan, "Diplomacy Beyond Deterrence: Helmut Schmidt and the Economic Dimension of Ostpolitik," Cold War History, Published online, May 2019.

40. Krell, Gert, "West German Ostpolitik and the German Question," *Journal of Peace Research*, Vol. 28, No. 3 (Aug., 1991).

41. Kugler, Richard L., "U.S.-West European Cooperation in Out-

of-Area Military Operations: Problems and Prospects," National Defense Research Institute of RAND, 1994. http://www.rand.org/pubs/monograph_reports/MR349.html.

42. Kundnani, Hans, "The Necessity and Impossibility of 'Strategic Autonomy'," 10 January 2018, The German Marshall Fund of the United States, http://www.gmfus.org/blog/2018/01/10/necessity-and-impossibility-strategic-autonomy.

43. Layne, Christopher, "From Preponderance to Offshore Balancing: America's Future Grand Strategy," *International Security*, Vol. 22, No. 1 (Fall 1994).

44. Leiserowitz, Anthony, "Climate Change Risk Perception and Policy Preferences: The Role of Affect, Imagery, and Values," http://www.uoregon.edu/~ecotone/pubs_assets/LeiserowitzClimaticChange.pdf.

45. Langlois, Laetitia, "Trump, Brexit and the Transatlantic Relationship: The New Paradigms of the Trump Era," Revue LISA / LISA e-journal, 24 September 2018, Vol. XVI, No. 2. https://journals.openedition.org/lisa/10235.

46. Leonard, Mark, "The Era of Mutually Assured Disruption," in Ulrike Esther Franke, Manuel Lafont Rapnouil and Susi Dennison, eds., *The New European Security Initiative*, European Council on Foreign Relations, December 2017.

47. Lopez, Jose Maria Aznar, "Europe and America, Partners in Prosperity," *European View*, No.9, 2010.

48. Lundestad, Geir, "Empire by Invitation? The United States and Western Europe, 1945-1952," *Journal of Peace Research*, Vol. 23, No. 3 (Sep., 1986).

49. Mandelbaum, Michael, "The New Containment: Handling Russia, China, and Iran," *Foreign Affairs*, Vol. 98, Iss. 2 (March/April 2019).

50. Manners, Ian, "Normative Power Europe: A Contradiction in Terms?", *Journal of Common Market Studies*, Vol. 40, No. 2, 2002.

51. Maull, Hanns W., "Germany and the Use of Force: Still a 'Ci-

vilian Power'?", *Survival*, Vol. 42, No. 2, Summer 2000.

52. Mayer, Frank A., "Adenauer and Kennedy: An Era of Distrust in German-American Relations?", *German Studies Review*, Vol. 17, No. 1 (Feb., 1994).

53. Mearsheimer, John, "Back to the Future: Instability of Europe after the Cold War," *International Security*, Vol. 15, Summer, 1990.

54. Mitchell, John V., "Europe's Energy Security after Copenhagen: Time for a Retrofit?", *Energy, Environment and Resource Governance*, November 2009. http://www.chathamhouse.org.uk/publications/papers/view/-/id/808/.

55. Monson, Robert A., "Association Star Wars and Air Land Battle: Technology, Strategy, and Politics in German-American Relations," *German Studies Review*, Vol. 9, No. 3 (Oct., 1986).

56. Moravcsik, Andrew, "Negotiating the Single European Act: National Interest and Conventional Statecraft in the EC," *International Organization*, Vol.45, No.1, 1991.

57. Nye Jr., Joseph S., "The US and Europe: Continental Drift?", *International Affairs*, 76, 1(2000).

58. Nixon, Richard, Report to the Congress, May 3, 1973.

59. Ott, Hermann E., "Climate Change: An Important Foreign Policy Issue," *International Affairs*, Apr. 2001, Vol. 77, Issue 2.

60. Pape, Robert, "Soft Balancing Against the United States,"*International Security*, Summer 2005.

61. Parsons, Michael, "China, Korea and the Special Relationship Between the United States and the United Kingdom 1945–1953," in Celcia, ed., *The "Special Relationship"*, Rouen: France: Universitaires de Rouen, 2003.

62. Pickles, Dorothy, "The Decline of Gaullist Foreign Policy,"*International Affairs*, Vol. 51, No. 2 (Apr., 1975).

63. Prince, K. Michael, "Under Construction: The Berlin Republic," *Washington Quarterly*, Vol. 22, No. 3 (1999).

64. Revelas, Kyriakos, "Permanent Structured Cooperation: Not a Pan-

acea but an Important Step for Consolidating EU Security and Defence Cooperation," Centre International de Formation Européenne, 2016.

65. Rice, Condleezza, "How to Pursue the National Interest: Life after the Cold War," *Foreign Affairs*, January/February 2000.

66. Riddervold, Marianne, and Akasemi Newsome, "Transatlantic Relations in Times of Uncertainty: Crises and EU-US Relations," *Journal of European Integration*, Vol. 40, Issue 5, 2018.

67. Romano, Angela, "Untying Cold War Knots: The European Community and Eastern Europe in the Long 1970s," *Cold War History*, Vol. 14, No. 2 (2014).

68. Rubenfeld, Jed, "Tow World Orders," *Prospect*, January 2004.

69. Sawani, Mustafa, Assma Sawani & Casey Copeland, "The US-EU Relationship: How European Integration affects US Exports to the European Union," *Journal of Case Research in Business and Economics*, April, 2009.

70. Schoellgen, Gregpr, "Deutschlands neue Lage: Die USA, die Bundesrepublik Deutschland und die Zukunft des westlichen Buendnisses," *Europa-Archiv*, 5/1992.

71. Shapiro, Jeremy, "Trump is a mere Symptom of the Rot in the Transatlantic Community," 25 September 2017. https://warontherocks.com/2017/09/trump-is-a-mere-symptom-of-the-rot-in-the-transatlantic-community/.

72. Shapiro, Jeremy, and Philip H. Gordon, "How Trump Killed the Atlantic Alliance," 5 March 2019. https://www.ecfr.eu/article/commentary_how_trump_killed_the_atlantic_alliance.

73. Shapiro, Jeremy, and Dina Pardijs, "The Transatlantic Meaning of Donald Trump: A US-EU Power Audit," European Council on Foreign Relations, September 2017.

74. Shlaim, Avi, "Britain, the Berlin Blockade, and the Cold War: The European Dimension, 1945 – 1951," *Historical Journal*, Vol. 28, No. 2, 1985.

75. Sicherman, Harvey, "Chirac: Beyond Gaullism?," *The National*

Interest, Vol. 42, Winter 1995/96.

76. Simpson, John, "The US-UK Special Relationship: The Nuclear Dimension," in Alan P. Dobson, Steve Marsh, eds., *Anglo-American Relations: Contemporary Perspectives*, New York: Routledge, 2013.

77. Smouts, Marie-Claude, "The External Policy of Francois Mitterrand," *International Affairs*, Vol. 59, No. 2 (Spring, 1983).

78. Straus, Ira, "Atlanticism as the Core 20th Century U.S. Strategy for Internationalism," http://streitcouncil.org/uploads/PDF/Straus-%20Atlanticism%20as%20the%20core%2020th%20century%20US%20Strategy%20for%20internationalism.pdf.

79. Sverdrup, Ulf, and Bjørnar Sverdrup-Thygeson, "Transatlantic Troubles and the EU's Pivot toward Asia," 18 July 2017. https://www.brinknews.com/transatlantic-troubles-and-the-eus-pivot-toward-asia/.

80. Taibott, Strobe, "Why NATO Should Grow," *New York Review of Books*, Vol. 42, No. 13, 10 August 1995.

81. Trenin, Dmitri, "Silence of the Bear," *NATO Review*, Spring 2002, Internet edition.

82. Warner, Geoffrey, "The Anglo-American Special Relationship," *Diplomatic History*, Vol. 13, No. 4, 1989.

83. Weiss, Thomas G., "The United Nations and Sovereignty in the Age of Trump," *Current History*, Philadelphia, Vol. 117, Iss. 795, January 2018.

84. Weller, Marc, "The Rambouillet Conference on Kosovo," *International Affairs*, Vol. 75, No. 2, 1999.

85. Wolfe, James H., "West Germany's Ostpolitik," *World Affairs*, Vol.134, No.3 (Winter, 1971).

86. Wolfers, Arnold, "'National Security' as an Ambiguous Symbol," in J.A. Vasquez, *Classics of International Relations*, Third Edition, Upper Saddle River, NJ: Prentice Hall, 1996.

87. Wood, Pia Christina, "France and the Post Cold War Order: The Case of Yugoslavia," *European Security*, Vol. 3, No. 1, Spring 1994.

(三) 外交文件、报告等外文文献

1. Bullen, Roger, & M. E. Pelly, eds., *Documents on British Policy Overseas*, Series Ⅱ, Vol. Ⅲ, London: MHSO, 1989.

2. *Bulletin of the European Communities*, "Davigon Report"(Luxembourg, 27 October 1970), Luxembourg: Office for Official Publications of the European Communities, November 1970.

3. Carbon Labels Inform Consumers on Environmental Cost, 2010 - 12 - 10, http://ec.europa.eu/environment/etap/inaction/pdfs/jan08_carbon_label.pdf.

4. Council of the European Union, "Council Conclusions on International Financing for Climate Action, 2948[10] The Economic and Financial Affairs," Luxembourg, 9 June 2009.

5. *CSU Presse-Mitteilungen*, January 22, 1991.

6. Department of Public Information: News and Media Division of Security Council, UN, "Security Council Holds First-Ever Debate on Impact of Climate Change, SC/9000," 17 April 2007. http://gc.nautilus.org/Nautilus/australia/reframing/cc-security/sec-council.

7. Department of State, US, *FRUS*, Vol. Ⅳ, 1945, Europe, Washington: United States Government Printing Office.

8. Department of State, US, *FRUS*, 1948, Western Europe, Vol. Ⅲ.

9. Department of State, US, *FRUS*, 1950, Western Europe, Vol. Ⅲ.

10. Department of State, US, *FRUS*, 1964 - 1968, Vol. ⅩⅢ, Western Europe, Document 55.

11. Department of State, US, *FRUS*, 1958 - 1960, Western Europe, Vol. Ⅶ, Part Ⅱ.

12. Diary Entry by Herbert Blankenhorn, May 19, 1958, Federal Archive, Koblenz (BA), Blankenhorn Papers, Vol. 87.

13. Douglas Elliot, "The Danger of Divergence: Transatlantic Cooperation on Financial Reform," *Atlantic Council and Thomson Reuters*,

October 2010.

14. European Commission, "A European Strategy for Sustainable, Competitive and Secure Energy," March, 2006. http://europa.eu/documents/comm/green_papers/pdf/com2006_105_en.pdf.

15. European Commission, "A Energy Policy for Europe," 10 January 2007. http://ec.europa.eu/energy/energy_policy/doc/01_energy_policy_for_europe_en.pdf.

16. European Commission, "Action Plan for Sustainable Consumption, Production and Industry," 16 JULY, 2008. http://eur-lex.europa.eu/LexUriServ/LexUriServ.do? uri=COM:2008:0397:FIN:EN:DOC.

17. European Commission, "Second Strategic Energy Review, an EU Energy Security and Solidity Action Plan," 2008. http://news.bbc.co.uk/2/shared/bsp/hi/pdfs/14_11_08euenergy.pdf.

18. European Commission, "Towards a European Strategy for the Security of Energy Supply," http://ec.europa.eu/clima/policies/brief/eu/package_en.htm.

19. European Commission, "The EU Climate and Energy Package," October 2010.

20. European Council (drafted under the responsibilities of the EU High Representative Javier Solana), "Report on the Implementations of the European Security Strategy: Providing Security in a Changing World," Brussels, 11 and 12 December 2008. http://www.consilium.europa.eu/uedocs/cms_data/docs/pressdata/en/reports/104630.pdf.

21. European Council, "A Secure Europe in a Better World: European Security Strategy," Brussels, 12 December 2003. http://www.consilium.europa.eu/uedocs/cms_data/docs/pressdata/EN/foraff/111827.pdf.

22. European Council, "European Council Conclusions 10/11," December 2009, EUCO 6/09, Brussels, 11, December, 2009. http://www.consilium.europa.eu/uedocs/cms_data/docs/pressdata/en/ec/111877.pdf.

23. Europeans Overwhelmingly Consider the Environmental Impact of Products They Buy, Brussels, 9 July 2009. http://europa.eu/rapid/

pressReleasesAction. do? reference=IP/09/1201 & format=HTML & aged=0&language=EN&guiLanguage=en.

24. *Interview in Spiegel*, 18 February 1991.

25. "Gulf War: Bush-Thatcher Phone Conversation (No Time to Go Wobbly)," Margaret Thatcher Foundation, 26 August 1990.

26. Jackson, James K., "US Direct Investment Abroad: Trends and Current Issues," Congressional Research Service Report, October 26, 2012.

27. Kim, Julie, "Congress and the Conflict in Yugoslavia in 1992," *CRS Report for Congress*, Washington DC, 16 February 1993.

28. Kinkel, Klaus, "Gerhard Schröder," Plenarprotokoll 13/ 248 vom 16. 10. 1998, www.bundestag.de.

29. Lamers, Karl, "Zur Einstellung der Feindseligkeiten in Golfkrieg,"*CDU/CSU Pressedienst*, February 28, 1991.

30. *Livre Blanc sur la Défense 1994*, Union générale d'Editions, 1994.

31. Message From Turnberry, 7 - 8 June 1990, www.nato.int.

32. Moore, Thomas Gale, "In Defense of Defense," 2011 - 8 - 29. http://www. worldclimatereport. com/archive/previous _ issues/vol3/v3n20/health1. htm.

33. OECD, "Main Economic Indicators: Purchasing Power Parties," February 2004, www.oecd.org.

34. Office of the Press Secretary, "President's State of the Union Address," Washington, D.C., January 29, 2002.

35. Outrage at 'Old Europe' Remarks, http://news. bbc. co. uk/2/hi/europe/2687403. stm.

36. Piebalgs, Andris, "Europe's Energy Future: The New Industrial Revolution," November 2008. http://www. energy. eu/news/Europes_Energy_Future_The_New_Industrial_Revolution.pdf.

37. Public Papers of the Presidents of the US, John F. Kennedy, 1962, p. 538.

38. Proceedings and Debates of the 105th Congress, Second Session,

May 20, 1998, 144 Cong. Rec. H3505-01.

39. Proceedings and Debates of the 105th Congress, Second Session, Thursday, January 29, 1998, 147 Cong. Rec. S4394-02.

40. President Bush Discusses Global Climate Change, June 11, 2001. http://www.whitehouse.gov/news/releases/2001/06/20010611-2.html.

41. Rutten, Maartje, *Chaillot Papers: From St-Malo to Nice, European Defence: Core Documents*, Institution for Security Studies, Western European Union, Paris, 2001.

42. Senate Proceedings and Debates of the 110th Congress, First Session, 153 Cong. Rec. S7582-02.

43. Senate Floor Statement by U.S. Sen. James M. Inhofe, 4 January 2005. http://inhofe.senate.gov/pressreleases/climateupdate.htm.

44. Solana, Javier, "A Secure Europe in a Better World—European Security Strategy," December 2003. http://www.iss.europa.eu/uploads/media/solanae.pdf.

45. "Späth Mahnt Solidarität mit den Alliierten an," *Stuttgarter Zeitung*, January 28, 1991.

46. Statistics in Focus: Economy and Finance, Eurostat, 2011/25.

47. Stoltenberg, Gerhard, *ARD-Aktuell Extra*, January 30, 1991.

48. "Study on NATO Enlargement," www.nato.int.

49. Testimony of Dr. Janet Yellen, Chair, Council of Economic Advisers, before the House Commerce Committee on the Economics of the Kyoto Protocol, March 4, 1998. http://clinton2.nara.gov/WH/EOP/CEA/html/19980304.html.

50. Text of 2007 State of the Union Address, January 23, 2007. http://www.govexec.com/dailyfed/0107/012307sotutext.htm.

51. The Council and the Representatives of the Governments of the Member States Meeting with the Council, the European Parliament and the Commission, "The European Consensus on Development". http://www.consilium.europa.eu/uedocs/cms_data/docs/pressdata/en/reports/99387.pdf.

52. Treaty on European Union, *Official Journal of the European*

Communities, July 29, 1992.

53. Waigel, Theo, "Wir stehen zu Unseren Freunden!" *Bayernkurier*, February 2, 1991.

二、中文文献

(一) 中文著作

1. 〔德〕马克斯·韦伯:《学术与政治》,冯克利译,北京:外文出版社,1998年。
2. 〔德〕维尔讷·魏登菲尔德主笔、彼得·瓦格纳、埃尔克·布鲁克合著:《德国统一史(第四卷:争取德国统一的外交政策:决定性的年代1989—1990)》,欧阳甦译,北京:社会科学文献出版社,2016年。
3. 〔德意志联邦共和国〕康拉德·阿登纳:《阿登纳回忆录(三)(1955—1959)》,上海外国语学院德法语系德语组译,上海:上海人民出版社,1973年。
4. 〔德意志联邦共和国〕康拉德·阿登纳:《阿登纳回忆录(一)(1945—1953)》,上海外国语学院德法语系德语组译,上海:上海人民出版社,1976年。
5. 〔德意志联邦共和国〕康纳德·阿登纳:《阿登纳回忆录(二)(1953—1955)》,上海外国语学院德法语系德语组译,上海:上海人民出版社,1976年。
6. 〔俄〕斯·日兹宁:《国际能源政治与外交》,强晓云、史亚军、成键译,上海:华东师范大学出版社,2005年。
7. 〔法〕阿尔弗雷德·格罗塞:《法国对外政策:1944—1984》,陆伯源、穆文等译,北京:世界知识出版社,1989年。
8. 〔法〕法布里斯·拉哈:《欧洲一体化史(1945—2004)》,彭姝祎、陈志瑞译,北京:中国科学社会出版社,2005年。
9. 〔联邦德国〕赫尔穆特·施密特:《伟人与大国——施密特回忆录》,梅兆荣等译,北京:世界知识出版社,1989年。
10. 〔联邦德国〕维·赫·德拉特:《维利·勃兰特传》,陈安译,北京:商务印书馆,1989年。

11.〔美〕W. F. 汉里德,G. P. 奥顿:《西德、法国和英国外交政策》,徐宗士等译,北京:商务印书馆,1989年。

12.〔美〕查尔斯·库普乾:《美国时代的终结:美国外交政策与21世纪的地缘政治》,潘忠岐译,上海:上海人民出版社,2004年。

13.〔美〕戴维·卡莱欧:《欧洲的未来》,冯绍雷等译,上海:上海人民出版社,2003年。

14.〔美〕丹·考德威尔:《论美苏关系——1947年至尼克松、基辛格时期》,何立译,北京:世界知识出版社,1984年。

15.〔美〕哈里·杜鲁门:《杜鲁门回忆录》(第二卷),李石译,北京:世界知识出版社,1965年。

16.〔美〕汉斯·摩根索:《国家间政治:寻求权力与和平的斗争》,徐昕等译,北京:中国人民公安大学出版社,1990年。

17.〔美〕亨利·基辛格:《大外交》,顾淑馨、林添贵译,海口:海南出版社,1998年。

18.〔美〕亨利·基辛格:《白宫岁月——基辛格回忆录》(第二册),吴继淦、张维、李朝增译,北京:世界知识出版社,1980年。

19.〔美〕罗伯特·达莱克:《罗斯福与美国对外政策:1932—1945》(下册),陈启迪等译,北京:商务印书馆,1984年。

20.〔美〕沃尔特·拉菲贝:《美苏冷战史话:1945—1975》,游燮庭等译,北京:商务印书馆,1980年。

21.〔美〕兹比格纽·布热津斯基:《大棋局:美国首要地位及地缘战略》,中国国际问题研究所译,上海:上海人民出版社,2007年。

22.〔苏联〕斯大林:《斯大林选集》(下卷),中共中央马克思恩格斯列宁斯大林著作编译局编译,北京:人民出版社,1979年。

23.〔西德〕维利·勃兰特:《会见与思考》,张连根等译,北京:商务印书馆,1979年。

24.〔英〕J. F. 佩克:《国际经济关系——1850年以来国际经济体系的演变》,卢明华、程亦赤、王在邦等译,贵阳:贵州人民出版社,1990年。

25.〔英〕保罗·肯尼迪:《未雨绸缪:为21世纪做准备》,何力译,北京:新华出版社,1994年。

26.〔英〕彼得·卡尔沃科雷西编:《国际事务概览:1949—1950年》,王希荣等译,上海:上海译文出版社,1991年。

27.〔英〕理查德·克罗卡特:《50年战争》,王振西主译,北京:新华出版社,2003年。

28.〔英〕玛格丽特·撒切尔:《撒切尔夫人回忆录·唐宁街岁月》,本书翻译组译,呼和浩特:远方出版社,1997年。

29.〔英〕迈克尔·曼:《社会权力的来源》(第一卷),刘北成、李少军译,上海:上海人民出版社,2002年。

30.〔英〕米勒、波格丹诺主编:《布莱克维尔政治学百科全书》,邓正来译,北京:中国政法大学出版社,2002年。

31.陈乐民:《战后西欧国际关系》,北京:中国社会科学出版社,1987年。

32.陈乐民主编:《战后英国外交史》,北京:世界知识出版社,1994年。

33.陈志敏等:《中国、美国与欧洲:新三边关系中的合作与竞争》,上海:上海人民出版社,2011年。

34.丛鹏主编:《大国安全观比较》,北京:时事出版社,2004年。

35.崔宏伟:《欧盟能源安全战略研究》,北京:知识产权出版社,2010年。

36.方连庆、刘金质等编:《战后国际关系史(1945—1995)》(上),北京:北京大学出版社,1999年。

37.洪丁福:《德国的分裂与统一:从俾斯麦到柯尔》,台北:台湾商务印书馆,1994年。

38.洪邮生:《英国对西欧一体化政策的起源和演变(1945—1960)》,南京:南京大学出版社,2001年。

39.洪邮生:《欧洲国际关系的演进:现实逻辑与价值取向》,北京:生活·读书·新知三联书店,2013年。

40.黄嘉敏等编:《欧共体的历程——区域经济一体化之路》,北京:对外贸易教育出版社,1993年。

41.军事科学院世界军事研究部:《美国军事基本情况》,北京:军事科学出版社,2004年。

42.连玉如:《新世界政治与德国外交政策:"新德国问题"探索》,北京:北京大学出版社,2003年。

43.连玉如:《国际政治与德国》,北京:北京大学出版社,2012年。

44. 梁月槐:《外国国家安全战略与军事战略教程》,北京:军事科学出版社,2000年。

45. 刘金质:《冷战史》(中),北京:世界知识出版社,2003年。

46. 马瑞映:《疏离与合作:英国与欧共体关系研究》,北京:中国社会科学文献出版社,2007年。

47. 牛军:《战略的魔咒:冷战时期的美国大战略研究》,上海:上海人民出版社,2009年。

48. 潘琪昌:《走出夹缝——联邦德国外交风云》,北京:中国社会科学出版社,1990年。

49. 石磊、鲁毅主编:《现代国际关系史辞典》,郑州:河南人民出版社,1988年。

50. 王飞麟:《联邦德国重新武装与入盟西方战略:1949—1955》,武汉:武汉大学出版社,2009年。

51. 王海洲:《合法性的争夺——政治记忆的多重刻写》,南京:江苏人民出版社,2008年。

52. 王辑思、李侃如:《中美战略互疑:解析与应对》,北京:社会科学文献出版社,2013年。

53. 王绳祖主编:《国际关系史》(第五卷),北京:世界知识出版社,1995年。

54. 王绳祖主编:《国际关系史》(第六卷),北京:世界知识出版社,1996年。

55. 王绳祖主编:《国际关系史》(第七卷),北京:世界知识出版社,1996年。

56. 王绳祖主编:《国际关系史》(第九卷),北京:世界知识出版社,1996年。

57. 王绳祖主编:《国际关系史》(第十卷),北京:世界知识出版社,1996年。

58. 王绳祖主编:《国际关系史》(下册),武汉:武汉大学出版社,1983年。

59. 王振华、刘绯主编:《变革中的英国》,北京:社会科学文献出版社,1996年。

60. 吴克礼:《当代俄罗斯社会与文化》,上海:上海外语教育出版社,

2001年。

61. 吴友法：《德国现当代史》，武汉：武汉大学出版社，2007年。

62. 武正弯：《德国外交战略 1989—2009》北京：中国青年出版社，2010年。

63. 萧汉森、黄正柏主编：《德国的分裂、统一与国际关系》，武汉：华中师范大学出版社，1998年。

64. 叶江：《解读美欧——欧洲一体化进程中的美欧关系》，上海：上海三联书店，1999年。

65. 张锡昌、周剑卿：《战后法国外交史(1944—1992)》，北京：世界知识出版社，1993年。

66. 赵怀普：《当代美欧关系史》，北京：世界知识出版社，2011年。

67. 中国国际关系学会主编：《国际关系史》（第十一卷），北京：世界知识出版社，2004年。

68. 周琪、王国明主编：《战后西欧四大国外交（英、法、西德、意大利）1945年—1980年》，北京：中国人民公安大学出版社，1992年。

69. 朱明权：《领导世界还是支配世界？冷战后美国国家安全战略》，天津：天津人民出版社，2005年。

70. 朱忠武：《联邦德国总理科尔》，成都：四川人民出版社，1997年。

（二）中文论文与评论

1. 罗伯特·卡根：《理想的终结，历史的回归》，吴万伟译，光明网，2007年12月14日，http://guancha.gmw.cn/content/2007-12/14/content_710404.htm。

2. 蔡方柏：《欧美矛盾及其发展趋势》，《国际问题研究》2003年第6期。

3. 蔡方柏：《从布什访问欧洲看欧美关系的发展趋势》，《国际问题研究》2005年第3期。

4. 曹荣湘：《气候谈判格局变动 坎昆会议上演"后三国演义"》，《中国社会科学报》第148期14版，2010年12月10日。

5. 陈德照：《美国经济"衰落"的历史比较》，《国际问题研究》2011年第4期。

6. 楚树龙、陈松川：《"太平洋主义"与21世纪亚太地区体系和秩序》，

《当代亚太》2008年第4期。

7. 崔大沪:《世界钢铁大战与WTO保障措施》,《世界经济研究》2002年第S1期。

8. 崔大鹏:《施密特的均势战略思想刍议》,《西欧研究》1989年第5期。

9. 崔宏伟:《欧盟天然气供应安全困境及其对策》,《现代国际关系》2009年第7期。

10. 戴超武:《美国的政策、英美"特殊关系"与第二次台湾海峡危机——兼论联盟关系对美国外交决策的作用和影响》,《河北师范大学学报(哲学社会科学版)》2004年第3期。

11. 丁菲娅:《美欧分歧对北约发展的影响》,《国际问题研究》2004年第1期。

12. 董勤:《西方国家碳标识规范法律正当性之缺失及其应对》,《法学》2011年第2期。

13. 杜岗:《论中国和平发展中的军事力量需求——军事与经济互动规律下的中国军事发展战略结构性研究》,《战略与管理》2004年第3期。

14. 冯仲平:《欧洲安全观与欧美关系》,《欧洲研究》2003年第5期。

15. 冯仲平:《欧美关系:"合而不同"——析伊拉克战争对欧美关系的影响》,《国家安全通讯》2003年第7期。

16. 冯仲平:《当前欧美矛盾及其影响》,《当代世界》2015年第7期。

17. 韩长青:《罗伯茨电报和英国对苏政策方针的转折(1946—1947)》,《历史教学(高校版)》2008年第6期。

18. 洪邮生:《"规范性力量欧洲"与欧盟对华外交》,《世界经济与政治》2010年第1期。

19. 洪邮生:《论战后初期英国对欧政策的形成》,《世界历史》1999年第1期。

20. 洪邮生:《英国与德国的重新武装》,《史学月刊》2002年第12期。

21. 李大光:《美国的石油利益与伊朗核问题》,《国际石油经济》2008年第1期。

22. 李海东:《从边缘到中心:美国气候变化政策的演变》,《美国研究》2009年第2期。

23. 联合国开发计划署:《2007—2008年人类发展报告——应对气候

变化:分化世界中的人类团结》中文版,http://www.un.org/chinese/esa/hdr2007-2008/hdr_20072008_ch_complete.pdf。

24. 林珏:《近十年的欧美贸易关系以及TTIP谈判的背景和难点》,《四川大学学报(哲学社会科学版)》2019年第2期。

25. 梁晓君:《抉择,在大西洋主义和欧洲主义之间——英国与战后欧洲安全和防务建设》,《国际论坛》2005年第5期。

26. 刘芝平:《联邦德国与北约危机的处理——以法国退出北约军事一体化机构为例》,《河南师范大学学报(哲学社会科学版)》2009年第6期。

27. 鲁桐:《从西雅图会议看经济全球化过程中的矛盾》,《世界经济与政治》2000年第2期。

28. 孟晓雪:《浅析20世纪60年代美国的"多边核力量"计划》,《兰州学刊》2008年第2期。

29. 强玉才:《九十年代爆发第三次石油危机的可能性在减少》,《世界经济》1991年第9期。

30. 裘元伦:《欧美经济关系:竞争与合作》,《国际经济评论》2001年第4期。

31. 仇华飞:《欧盟—美国经贸关系中的合作与摩擦》,《社会科学》2007年第12期。

32. 石磊:《关于开辟第二战场的一些浅见》,《历史研究》1984年第2期。

33. 宋新宁:《从伊拉克战争看欧美关系》,《教学与研究》2003年第4期。

34. 孙敬亭:《美欧同盟走向衰落》,《世界经济研究》2003年第9期。

35. 涂荣娟:《评析北约新战略》,《绵阳师范学院学报》2003年第3期。

36. 王缉思、朱文莉:《冷战后的美国》,《美国研究》1994年第3期。

37. 王新谦:《战后初期美国在西欧确立经济霸权过程中的矛盾性》,《史学月刊》2012年第8期。

38. 吴学永:《德国安全战略的新发展》,《欧洲》1996年第2期。

39. 徐坡岭、卢绍君:《试析经贸关系在俄欧美三边关系结构中的意义》,《俄罗斯研究》2007年第5期。

40. 徐瑞珂:《特朗普与英美特殊关系的嬗变》,《国际展望》2019年第3期。

41. 严双伍、高小升:《欧盟在国际气候谈判中的立场与利益诉求》,《国外理论动态》2011 年第 4 期。

42. 阎学通:《美欧冲突及其启示》,《国际问题研究》2003 年第 4 期。

43. 姚椿龄、杨宇光:《舒曼计划及其产生的国际背景》,《西欧研究》1985 年第 5 期。

44. 叶三梅:《从哥本哈根会议看西方大国的"气候霸权主义"》,《当代世界与社会主义》2010 年第 3 期。

45. 于军:《相对平等的伙伴——新东方政策时期的德美关系》,《天津师范大学学报(社会科学版)》2003 年第 5 期。

46. 张才圣、吴友法:《德国"新东方政策"与欧洲一体化研究》,《武汉大学学报(人文科学版)》2009 年第 1 期。

47. 张海冰:《欧盟对外援助政策调整的背景及趋势》,《德国研究》2011 年第 2 期。

48. 张建:《北约新概念战略解析》,《现代国际关系》2010 年第 12 期。

49. 张心怡:《论英美特殊关系的特质及其维系原因》,《欧洲国际评论》2009 年第 5 期。

50. 周弘:《解读当代欧美关系》,《求是》2002 年 8 月。

51. 朱立群:《北约的变化及未来发展趋势》,《欧洲研究》2003 年第 1 期。

52. 朱晓中:《双东扩的政治学》,《俄罗斯中亚东欧研究》2003 年第 2 期。

53. 朱正梅:《1984 年撒切尔政府与欧共体预算矛盾的解决》,《史学月刊》2011 年第 3 期。

图书在版编目(CIP)数据

二战后欧美关系的演进及其动力研究 / 洪邮生等著.
—南京：南京大学出版社，2020.12
 ISBN 978-7-305-24010-2

Ⅰ.①二… Ⅱ.①洪… Ⅲ.①国际关系-研究-美国-欧洲-现代 Ⅳ.①D871.22 ②D850.2

中国版本图书馆 CIP 数据核字(2020)第 244948 号

出版发行	南京大学出版社
社　　址	南京市汉口路 22 号　　邮　编 210093
出 版 人	金鑫荣
书　　名	**二战后欧美关系的演进及其动力研究**
著　　者	洪邮生 等
责任编辑	田　甜
照　　排	南京紫藤制版印务中心
印　　刷	南京人文印务有限公司
开　　本	718×1000　1/16　印张 31.75　字数 580 千
版　　次	2020 年 12 月第 1 版　2020 年 12 月第 1 次印刷
ISBN	978-7-305-24010-2
定　　价	128.00 元
网　　址	http://www.njupco.com
官方微博	http://weibo.com/njupco
官方微信	njupress
销售热线	025-83594756

* 版权所有，侵权必究
* 凡购买南大版图书，如有印装质量问题，请与所购
　图书销售部门联系调换